孔子語錄文篇
공자어록문편 下

上海博物館藏戰國楚竹書
상해박물관장전국초죽서

孔子語錄文篇
공자어록문편 下

마승원 馬承源 주편 · 최남규 崔南圭 역주

⑩ ≪孔子見季桓子≫공자견계환자
⑪ ≪顏淵問於孔子≫안연문어공자
⑫ ≪史䉽問於夫子≫사류문어부자
부록

學古房

머리말

≪상해박물관장전국초죽서上海博物館藏戰國楚竹書≫(≪상박초간上博楚簡≫)의 '공자어록문孔子語錄文'이란 제 1권에서 9권 중 '공자왈孔子曰'·'자왈子曰'·'부자왈夫子曰'·'중니왈仲尼曰'의 문장 구조 형식으로 되어 있으며, 공자가 자신의 사상을 다른 사람에게 대답해주는 내용을 말한다. 모두 14편이 있다. 공자의 언행과 사상을 엿볼 수 있는 가장 초기적인 유학 자료이다. 전통적으로 공자 어록문은 ≪예기禮記≫·≪논어論語≫·≪공자가어孔子家語≫나 ≪공총자孔叢子≫ 등을 통해서 공자의 사상을 연구해 왔다. 그런데 20세기 후반에 들어서 정주한간定州漢簡·부양한간阜陽漢簡·≪곽점초간郭店楚簡≫과 ≪상박초간上博楚簡≫·≪청화대학장전국죽서淸華大學藏戰國竹書≫ 등 지하 출토 자료가 발견됨으로써 선진 사상 연구에 새로운 방향을 제시해 주었다. 그 중에서도 ≪상박초간上博楚簡≫의 풍부한 수량과 내용은 공자의 사상, 유가儒家의 도덕관과 인생관을 전면적으로 이해할 수 있는 중요한 자료라 할 수 있다.

≪상박초간上博楚簡≫의 공자언론문의 14편 중 ≪상박초간上博楚簡(一)≫의 ≪공자시론孔子詩論≫과 ≪치의紂衣≫는 소명출판사(최남규 역주, 2012)에서 이미 출간이 되었기 때문에, 이 두 편의 내용은 본 책 마지막 부분 '석문 및 우리말 해석'에서 석문과 우리말 해석만 첨부하기로 하고, 나머지 12편을 주석 정리하기로 한다.

≪上博楚簡(一)≫(2001):[1] ❶≪孔子詩論≫(총29간, 마승원馬承源 정리), ❷≪치의紂衣≫(총24간, 진패분陳佩芬 정리)

≪上博楚簡(二)≫(2002, 上海古籍出版社): ①≪民之父母≫(총14간, 복모좌濮茅左 정리), ②≪子羔≫(총14간, 마승원馬承源 정리), ③≪魯邦大旱≫(총6간, 마승원馬承源 정리), ④≪從政(甲)(乙)≫(≪甲篇≫총19간 ≪乙篇≫총6간, 장광유張光裕 정리)

---

[1] '2001'은 馬承源 主編의 ≪上海博物館藏戰國楚竹書≫ 제1권 上海古籍出版社 출판연도를 가리킨다. '정리'는 해당하는 각 편의 책임 정리 주석한 학자를 가리킨다. 이하 같음.

≪上博楚簡(三)≫(2003, 上海古籍出版社): ⑤≪仲弓≫(총28간, 이조원李朝遠 정리)
≪上博楚簡(四)≫(2004): ⑥≪相邦之道≫(총4간, 장광유張光裕 정리)
≪上博楚簡(五)≫(2005): ⑦≪季康子問於孔子≫(총23간, 복모좌濮茅左 정리), ⑧≪君子爲禮≫(총41간, 장광유張光裕 정리), ⑨≪弟子問≫(총25간, 장광유張光裕 정리)
≪上博楚簡(六)≫(2007): ⑩≪孔子見季桓子≫(총27간, 복모좌濮茅左 정리)
≪上博楚簡(八)≫(2009): ⑪≪顔淵問於孔子≫(총14간, 복모좌濮茅左 정리)
≪上博楚簡(九)≫(2012): ⑫≪史蒥問於夫子≫(총12간, 복모좌濮茅左 정리)

≪민지부모民之父母≫는 자하子夏가 공자孔子에게 「民之父母」와 관련된 다섯 가지 문제를 물어보는 내용으로 ≪예기禮記·공자한거孔子閒居≫, ≪공자가어孔子家語·논례論禮≫에 이와 관련된 내용이 보이나 다른 점도 있어 ≪민지부모≫를 통하여 그동안 전해 내려오는 판본과 그 변화들을 이해할 수 있다.

≪자고子羔≫는 자고가 공자에게 요堯·순舜·우禹·설契과 후직后稷에 대하여 묻는 내용이다. ≪노방대한魯邦大旱≫은 노魯 나라 애공哀公 15년에 심한 가뭄이 들자, 哀公이 공자에게 가뭄을 극복할 수 있는 방법을 묻는 내용이다. 공자는 규벽圭璧과 폐백幣帛을 매장하는 제사는 물론, 더 중요한 것은 백성에게 형법刑法과 덕치德治로 다스려야 한다는 것을 강조하였다. 공자의 천재天災에 대한 사상을 이해할 수 있는 내용이다.

≪종정從政≫은 공자에게 들은 내용을 적은 것으로, '문지왈聞之曰'의 형식으로 되어 있으며, 《甲篇》과 《乙篇》으로 나누어져 있다. 종정從政과 도덕道德적 수양에 대한 공자의 사상을 이해할 수 있는 내용이다. 이외에도 '정교政敎'·'법치法治' 및 공손恭遜과 충경忠敬의 덕목에 대해서도 언급하고 있어, 선진 유가의 정치사상을 이해할 수 있는 중요한 자료이다.

≪중궁中弓≫은 중궁仲弓(염옹冉雍)이 계환자季桓子의 가신이 되자, 공자에게 정치는 무엇부터 해야 하는지를 자문하는 내용이다. 공자의 제자 중궁은 공자보다 약 29살 쯤 어리다.

≪상방지도相邦之道≫는 공자와 자공子貢이 나라를 보좌하여 다스리는 도리인 '상방지도相邦之道'에 대해서 서로 토론하는 내용이다. 선진시기 군주의 왕도王道 개념을 이해할 수 있는 내용이다.

≪계강자문어공자季康子問於孔子≫ 중의 계강자季康子(계경자季庚子, 환자桓子. ?-BC 477)는 춘추春秋시기 노魯나라 대부大夫이다. 계강자季康子가 공자에게 나라를 구하는 방법을 상의하자, 나라를 다스리는데 '인의 실천을 덕으로써 하라.(인지이덕仁之以德)'을 가장 먼저 실행하도록 권유하였다.

≪군지위례君子爲禮≫와 ≪제자문弟子問≫은 유사한 내용으로 공자와 제자 혹은 공문孔門 제자들

이 서로 대화하는 문답 형식으로 되어 있다. 공자와 재아宰我 혹은 안회顔回의 대화, 안연顔淵과 자유子由, 자우子羽와 자공子貢의 대화 등 다양하다. ≪군자위례君子爲禮≫는 주로 예禮와 인仁의 관계, 혹은 '독지獨智'·'독귀獨貴'와 '독부獨富' 즉 '홀로 지식을 누리는 것'·'홀로 귀함을 누리는 것'·'홀로 부유함을 누리는 것'은 사람들이 싫어하는 것이라고 공자가 제자들을 가르치고 있다.

≪공자견계환자孔子見季桓子≫는 공자와 계환자가 「이도二道」와 노나라를 부흥시킬 방법에 대하여 논하는 내용이다. 시기는 대략 노魯나라 정공定公 5년(BC 505年)에서 정공定公 14년(BC 496年) 사이의 약 10년간의 기록이다. 계환자의 나라를 다스리는 개념을 이해할 수 있는 자료이다.

≪안연문어공자顔淵問於孔子≫는 안연顔淵이 공자에게 「내사內事(벼슬자리에 나아가는 길)」·「내교內敎(내적인 교양)」·「지명至明(지극히 밝음)」의 도道에 관하여 가르침을 청하는 내용이다.

≪사류문어공자史䇂問於孔子≫는 제齊나라 관리의 아들 사류史䇂가 나라를 다스리는 방법과 관련된 「세습世襲」·「팔八」·「경敬」 등에 관하여 공자에게 가르침을 구하는 내용이다.

이러한 내용은 전래본(현행본)의 공자의 어록에 보이지 않기 때문에 고대의 유가 경전 사상을 이해하고 보충할 수 중요한 자료이다. 또한 이러한 어록문은 문답체로 이루어져 있기 때문에 공자나 공자 후학자의 사상, 고대 산문散文의 형식과 내용, 고대 언어 현상을 이해할 수는 값진 자료임에 틀림없다.

본 책이 나오기까지 도와주신 분의 이름을 일일이 나열하지는 않지만, 이 자리를 빌어 감사의 말씀을 전한다. 아울러 미미점이 많을 것이다. 많은 지도편달 부탁드린다.

全州 訓詁樓에서
2018년 12월

일러두기

- 【상박초간원주上博楚簡原註】란 ≪上海博物館藏戰國楚竹書(一)~(九)≫(馬承源主編, 上海古籍出版社, 2002-2012年, 이하 ≪上博楚簡≫으로 간칭함)의 각 편의 정리주해整理註解 중의 설명을 가리키며, 이를 '정리본'이라 칭하기로 한다. 【原註】의 '각주'는 정리본 설명 중의 일부이다.(예: 참고 문헌 등의 표기)
- 【역주譯註】는 본문의 역주를 가리킨다. '上博楚簡原註'는 '①'·'②' 등 원 부호를 사용하고, 본문의 역주는 '1'·'2' 등으로 표시하기로 한다.
  그러나 【譯註】의 분량이 많은 경우는 예를 들어, ≪從政≫ 등은 【上博楚簡原註】 아래 바로 번호 없이 역주를 붙이기로 한다.
- 간문簡文 중에 보이는 구두句讀와 중문重文 등의 부호는 원문에 따라 표시하며, 동시에 괄호 안에 직접 해당되는 문자로 표기하기로 한다.
- 통가자通假字나 고금자古今字는 ( )로 표시하며, 부가적 설명이 필요한 경우를 제외하고는 별도로 주석하지 않기로 한다.
- 내용 등을 고려하여 잘못 누락한 자는 보충할 수 있는 자는 [ ]로 표시한다.
- 다른 경서와 문맥 전후를 살펴 죽간문에 오자誤字가 있는 경우에는 〈 〉로 표시한다.
- 문맥을 고려하여 보충할 수 있는 경우의 자는 '□'이나 혹은 '……'로 표시한다. 초간楚簡 중 결문缺文된 문자의 수는 알 수 있으나, 해당하는 자를 모르는 경우에는 □로 표시하며, 문자의 흔적이 있어 추정할 수 있는 문자가 있을 경우에는 □ 안에 문자를 표기하며, 확실한 자수字數를 모르는 경우에는 '……'로 표시한다.
- 연문衍文(잘못 추가된 문자)은 { }로 표시한다.
- 죽간의 배열 순서에 대해서는 각 학자마다 의견이 분분하다. 죽간배열은 정리본整理本을 기본 순서로 하나, 학자의 주장을 참고하여 필요한 곳에서는 추가설명하기로 한다.
- 한자는 우리말 음을 표시하는 것을 원칙으로 하나, 한자 자체를 한자로 풀이하는 경우가 많기 때문에 이러한 경우엔 원 문장은 그대로 남겨 놓고 주해注解에서 우리말로 해석하기로 한다. 또한 서명이나 전문용어가 중복되는 경우엔 앞 부분에서 우리말 음으로 표기하고 뒤 부분에서는 한자를 그대로 쓰기로 한다. 또한 한문 원문과 우리말 번역을 함께 놓으면 번잡하기 때문에 이 중 하나를 선택하여 주해부분에 위치하도록 한다. 주해 부분에 한문 원문을 넣을 것인가 혹은 우리말 해석을 놓을 것인가 문장 내용

- 상황에 따르기로 한다.

- 각종 문자 자형의 자료는 아래의 각종 임모본臨摹本 문자편文字編과 자전을 참고하기로 한다.

  李守奎 編著, ≪楚文字編≫, 華東師範大學出版社, 2003年
  _____, ≪上海博物館藏戰國楚竹書(一)-(五)文字編≫, 作家出版社, 2007年
  張守中 選集, ≪郭店楚竹簡文字篇≫, 文物出版社, 2000年
  _____, ≪包山楚竹簡文字篇≫, 文物出版社, 1996年
  _____, ≪郭店楚竹簡文字篇≫, 文物出版社, 2000年
  _____, ≪睡虎地秦竹簡文字篇≫, 文物出版社, 1994年
  滕壬生 者, ≪楚系簡帛文字篇(增訂本)≫, 湖北敎育出版社, 2008年
  湯餘惠 主編, ≪戰國文字編≫, 福建人民出版社, 2001年
  陳松長 編著, ≪馬王堆簡帛文字篇≫, 文物出版社, 2001年
  駢宇騫 編著, ≪銀雀山漢竹簡文字篇≫, 文物出版社, 2001年
  陸錫興 編著, ≪漢代簡牘草字編≫, 上海書畫出版社, 1989年
  容庚 編著, 張振林·馬國權 摹補, ≪金文編≫, 中華書局, 1985年
  漢語大字典字形組 編, ≪秦漢魏晉篆隸字形表≫, 四川辭書出版社, 1985年
  徐中舒 主編, ≪漢語古文字字形表≫, 四川人民出版社, 1981年
  高明 編著, ≪古文字類編≫, 臺灣大通書局印行, 1986年
  中國科學院考古研究所 編輯, ≪甲骨文編≫, 中華書局, 1965年
  漢語大字典編輯委員會, ≪漢語大字典≫, 四川辭書出版社, 1993年
  湯可敬, ≪說文解字今釋≫, 岳麓書社, 2001.

- 컴퓨터 주요 참고 사이트는 아래와 같다.

  殷周金文暨青銅器資料庫: http://app.sinica.edu.tw/bronze/qry_bronze.php
  小學堂: 臺灣小學堂文字學資料庫, http://xiaoxue.iis.sinica.edu.tw/.
  中國古代簡帛字形辭例數據庫, http://www.bsm-whu.org/zxcl/index.php.
  簡帛研究: 山東大學文史哲院, http//www.jianbo.org. http//www.bamboosilk.org
  簡帛: 武學大學簡帛研究中心, http//www.bsm.org.
  孔子2000: 淸華大學簡帛研究, http//http://www.confucius2000.com/
  復旦大學出土文獻與古文字研究中心: http://www.gwz.fudan.edu.cn/http://www.guweni.com/

- '부록: 공자 어록문 석문과 우리말 해석'은 본문이 이해하는 통가자, 죽간의 순서(편련), 우리말 해석 부분이다.

목 차

孔子語錄文篇
공자어록문편 ⑦

머리말 ··· 4
일러두기 ··· 7

10. 孔子見季桓子 (총27간) ·· 11
부록: 季桓子와 孔子의 상관 계보 ·· 179

11. 顏淵問於孔子 (총14간) ·· 215
부록: 고전적 중 공자와 안연의 어록문 ·· 308

12. 史䌛問於夫子 (총12간) ·· 339
부록: 공자 어록문 석문 및 우리말 해석 ·· 424
  ❶ 孔子詩論 ·· 424
  ❷ 紂衣 ·· 437
    ① 民之父母 ·· 460
    ② 子羔 ·· 462
    ③ 魯邦大旱 ·· 465
    ④ 從政 (甲) (乙) ·· 467
    ⑤ 仲弓 ·· 472
    ⑥ 相邦之道 ·· 475
    ⑦ 季康子問於孔子 ·· 476
    ⑧ 君子爲禮 ·· 481
    ⑨ 弟子問 ·· 484
    ⑩ 孔子見季桓子 ·· 487
    ⑪ 顏淵問於孔子 ·· 491
    ⑫ 史䌛問於夫子 ·· 494

10 孔子見季趄子

복모좌濮茅左 정리整理

12 상해박물관장 전국초죽서 공자어록문

10. 공자견계환자

【說明】 (복모좌濮茅左)

　본편의 죽간은 그 길이가 비교적 긴 편에 속한다. 하지만 죽간이 전해지는 과정에서 심하게 파손되어 상태가 온전하지 못하여, 상해박물관 실험실 전문가들의 처리 과정을 걸쳤다. 죽간은 가장 긴 죽간인 제 5간은 길이가 50.2cm이고, 가장 짧은 제 23간은 9.5cm이다. 죽간의 폭은 0.6cm이고 두께는 0.12cm 정도이다. 그러나 완전한 형태는 없다.

　《상박초간》 초죽서 중 다른 편은 양쪽 끝이 타원이나 혹은 사다리꼴의 모양이나, 본 죽간은 양쪽 끝이 편평하게 다듬어진 모양이다. 완전한 형태의 죽간이 없어 정확히 알 수 없으나, 전체 길이는 대략 54.6cm이었을 것이고, 3개의 편선이 있다. 상단에서 첫 번째 홈(계구契口)까지의 길이는 1.1cm이고, 첫 번째 홈에서 두 번째 홈까지의 길이는 25.5cm이며, 두 번째 홈에서 세 번째 홈까지의 길이는 26.5cm이다. 또한 세 번째 홈에서 끝단까지의 길이는 1.5cm로, 홈은 죽간의 오른쪽에 있다.

　대나무 안쪽(황면黃面)에 문자를 썼고, 대나무 바깥쪽(청면靑面)은 문자를 빈 상태로 남겨두었다. 또한 죽간에는 천두天頭(제일 위에서 첫 번째 홈까지)와 지각地脚(제일 아래에서 세 번째 홈까지)에는 문자를 기록하지 않고, 문자는 첫 번째 편선과 세 번째 편선사이에 썼으며, 완전한 죽간의 글자 수는 약 41자 정도인 것으로 보인다.

　서체는 공정工整하며 글자와 글자 사이의 거리(자간字間)는 기본적으로 일정하다. 서체는 간결하고 통속적이면서도 개성적인 독특한 특징을 지니고 있다.

　문장 부호는 한 개의 「┗」(제10간)와 한 개의 「┛」(제27간. 검은 색 고리 부호, 墨鉤)가 있다. '┛'의 아랫부분에는 문자를 쓰지 않고 있는 것으로 보아, 한편의 문장이 끝났다는 부호로 쓰인 것을 알 수 있다.

　본편은 원래 제목이 없었는데 첫 번째 구절을 참고하여 제목으로 취했다.

　죽간은 모두 27간이며, 문자는 총 554글자가 있고, 그 중에 합문은 6자이다.

　본편의 내용은 이미 산실된 중요한 유가 문헌 중의 하나이다. 문장은 대화형식으로 되어 있으며, 공자와 계환자가 상호 「이도二道」와 노나라를 부흥시키는 방법에 대하여 토론하는 내용을 기록하고 있다. 시기는 약 노魯 정공定公 5년(BC 505年)에서 정공定公 14년(BC 496年) 사이 약 10년간의 기록물에 해당된다. 만약에 계씨季氏의 가신 양호陽虎[1]가 국정을 농간하고 공자가 벼슬을 하지 않는 기간을 제외한다면, 노魯 정공定公 9년(BC 501年)부터 정공定公 13년(BC 495年)인

5년간에 해당되는 기간이다. ≪공자가어孔子家語≫에 공자가 두 번 계환자를 만났다는 기록이 있지만 구체적인 내용은 남아있지 않다. ≪한시외전韓詩外傳≫와 ≪신서新序≫에는 「孔子侍坐於季孫」[2]라는 기록이 있지만 구체적인 내용은 남아 있지 않고, 다만 「君使人假馬」[3] 내용이 있긴 하지만, 공자와 계환자의 대화 내용은 역사의 수수께끼로 남아있다.

본 죽서가 발견됨으로써 우리는 공자와 계환자가 나눈 대화 내용의 일부를 알 수 있게 되었다. 공자의 '二道'에 대한 논리, 옛것을 본받아 노나라를 부흥시키고, 어진정치를 하여 백성에게 사랑을 베풀며, 관리는 사람을 잃지 말아야 한다는 사상을 엿볼 수 있게 하였다.

본문 중의 「季趄子」와 「趄子」는 역사서에서 말하는 「계환자季桓子」와 「환자桓子」를 가리킨다. 계환자季趄(桓)子(?-BC493年)는 노魯나라의 대부大夫로, 계季씨 집안 제 7대손이다. ≪상박초간(三)·중궁仲弓≫은 「계季씨의 가족은 하동河東 지방에서 세력이 큰 집안이다.」[4] 라 하였다. 계환자季桓子는 계평자季平子(계손의여季孫意如)의 아들로 이름은 「사斯」이고, 「계손사季孫斯」혹은 「환자桓子」라고 부르기도 한다.

역사서에서 계환자季桓子에 관한 주요 내용은 주로 아래와 같다.
1. 계평자季平子가 죽고 아들인 계환자季桓子가 왕위를 이어 받았다. 계季씨 집안의 가신인 양호陽虎가 욕망으로 인하여 국정을 강제 장악하고, 계환자季桓子를 가두었으며 노魯나라를 국정을 농간하였다.

---

1) 양호陽虎는 노나라의 삼환씨三桓氏 중 계손사季孫斯의 가신家臣이다. 일찍부터 많은 재물과 인력을 자기 휘하에 모아 계손씨는 물론 삼환씨의 가신들 중 가장 강력한 세력을 구축하였다. 그 위세를 믿고 B.C.502년에 자신의 일당들인 계오(季寤, 계손사季孫斯의 아우), 공서극(公鉏極, 계손씨 일족), 공산불뉴(公山不狃, 계손씨의 가신), 숙손첩(叔孫輒, 숙손씨 일족), 숙중지(叔仲志, 숙손씨 일족) 등을 선동해 삼환가三桓家를 차지하려고 반란을 일으켰다.
2) "공자가 계손을 모시고 앉아있다."
3) "임금이 말을 빌려달라고 한 일."「孔子侍坐於季孫, 季孫之宰通曰: "君使人假馬, 其與之乎？" 孔子曰: "吾聞君取於臣謂之取, 不曰假." 季孫悟, 告宰通曰: "今以往, 君有取, 謂之取, 無曰假." 孔子曰正假馬之言, 而臣之義定矣. ≪論語≫曰: "必也正名乎！" ≪詩≫曰: "君子無易由言." 名正也.」(공자가 계손을 모시고 있는데 계손의 가신 통通이 와서 이렇게 알렸다. "임금께서 말을 빌려달라고 사람을 보냈는데 빌려 주어도 될까요?" 이에 공자가 나서서 이렇게 말했다. "내가 듣건대 임금이 신하에게 무엇을 요구할 때는 취한다(取)고 하였소. 빌린다(假)는 말은 가당치 않소." 계손이 분명히 깨닫고 가신에게 이렇게 말하였다. "지금부터 임금께서 무엇을 요구하면 취한다고 하시오. 빌린다고는 하지 마시오." 공자가 이렇게 말하였다. "'假馬之言(말을 빌린다는 말)'을 바로잡아 임금과 신하의 명의名義가 바로 잡아졌다. ≪논어≫에 '먼저 반드시 명분상의 부당한 용어를 바로잡으리라!' 라 하였고, ≪시경≫에는 '군자는 말을 쉽게 마구해서는 안된다'라고 하였으니, 이는 이름이 바로 세워져야 한다는 뜻이다.")
4) ≪上海博物館藏戰國楚竹書(三)·仲弓≫: "夫季氏, 河東之城(成)家也."

2. 양호陽虎는 계환자를 강압하여 맹약케 하여 季桓子가 군사를 이끌고 晉나라에 가서 운운郓을 포위했다.

3. 계환자季桓子(계손사季孫斯)가 맹헌자孟獻子(중손하기仲孫何忌)5)와 더불어 장수를 이끌고 위衛나라를 침략했다. 陽虎는 삼환을 제거하려 묘책을 꾸려 계환자를 죽이려 하였다. 후에 음모가 탄로나 삼환三桓이 공격하자 양호陽虎는 제齊나라로 도망갔다.

4. 계환자는 공자의 옛 법(法古) 제도의 하나인 "가정에 갑옷을 간직해 두지 않으며, 마을은 백치의 성을 쌓지 않음"6)과 , "타삼도墮三都"7)라는 건의를 받아들여 중손하기仲孫何忌와 더불어 장수를 이끌고 가 비읍費邑을 무너뜨렸다.

5. 계환자가 여자와 음악에 빠져 삼일 동안 조회에 나가지 않고 정사에 태만하고, 현인들을 소홀히 하며 예를 지키지 않자, 이에 실망하고 공자는 위衛나라로 떠났다.

6. 계환자는 주邾를 정벌하고, 곽수漷水 동쪽의 땅과 기수沂水 서쪽의 땅을 취하였다.

7. 계환자는 임종할 때 "이전에 이 나라는 흥성할 수 있었는데 내가 공자에게 죄를 지어 흥성치

---

5) 맹의자孟懿子(? - BC481년)는 시호諡號는 의懿이며 맹희자孟僖子의 아들로, 노魯나라 맹손씨孟孫氏의 제 9대 종주宗主이다. 이름은 하기何忌이고 일반적으로 중손하기仲孫何忌라 부른다.
≪左傳·昭公十一年≫: "泉丘人有女夢以其帷幕孟氏之廟, 遂奔僖子, 其僚從之. 盟於清丘之社, 曰: "有子, 無相棄也." 僖子使助葘氏之簉. 反自祲祥, 宿於葘氏, 生懿子及南宮敬叔於泉丘人. 其僚無子, 使字敬叔."(천구泉丘사람에게 딸이 있었는데, 그 여자는 자기 방의 장막으로 맹씨 가문의 사당에 치는 꿈을 꾸었다. 그래서 그녀는 바로 맹희자孟僖子에게로 달려갔다. 그때 그 여자의 친구가 그녀를 따라 청구清丘의 지신地神을 제사지내는 사우社宇에서 맹서하기를 "우리가 맹씨의 아들을 낳게 되면 서로 돕고 버리지 말자."라고 했다. 맹희자는 그 두 여자를 첩인 원씨葘氏집의 부엌일을 돕게 했다. 맹희자는 침상에서 돌아와 첩 위씨의 집에서 묵어, 의자(懿子: 仲孫何忌)와 남궁경숙南宮敬叔을 친구의 여자한테서 낳게 되었으나, 여자의 친구는 아들을 낳지 못하여 경숙敬叔을 기르게 했다.)

6) '家不藏甲, 邑無百雉之城'의 제도에 대하여 ≪孔子家語·相魯≫에서는 "家不臧甲, 邑無百雉之城, 古之制也. 今三家過制, 請皆損之.』. 乃使季氏宰仲由隳三都. 叔孫不得意於季氏, 因費宰公山弗擾, 率費人以襲魯. 孔子以公與季孫·仲孫·叔孫, 入於費氏之宮, 登武子之臺. 費人攻之, 及臺側, 孔子命申句須·樂頎, 勒士衆, 下伐之, 費人北, 遂隳三都之城, 強公室, 弱私家, 尊君卑臣, 政化大行."(공자가 정공에게 말했다. '가정에 갑옷을 간직해 두지 않고 고을에 백치의 성을 쌓지 않는 것은 옛날부터의 제도입니다. 그런데 오늘날 저 세 집은 너무 지나치니, 청컨대 그 제도에 맞게 줄이도록 하십시오.' 이에 계씨의 재상 중유로 하여금 삼도를 헐어버리게 했다. 숙손이 자기의 뜻을 보전하지 못할 까 염려하여 비라는 고을을 맡고 있는 공산불요를 시켜 비 고을 사람들을 거느리고 노나라를 습격하게 했다. 이때 공자는 마침 공사가 있어 계손, 숙손, 맹손 세 사람과 함께 비씨의 궁에 들어가 무자대로 올라갔다. 바로 이때 비 고을 사람들이 쳐들어와 무자대 밑까지 이르렀다. 이에 공자는 신구수와 악기에게 명하여 여러 군사를 독려하여 이를 내리치게 하니, 비 고을 사람들을 패하고 삼도성도 드디어 무너지게 되었다. 이렇게 하여 공자는 국가를 강하게 하고 사삿집을 약하게 하며, 임금을 높이고 신하를 낮춤으로써 정치의 풍화가 크게 행해졌다.)라 하였다.

7) '타삼도墮三都'는 '삼도 성을 무너뜨린다.'는 의미이다. 삼도三都는 계손씨季孫氏의 비읍費邑, 맹손씨孟孫氏의 성읍郕邑, 숙손씨叔孫氏의 후읍郈邑을 가리킨다.

못하게 되었다."8)라 하고, 강자康子를 불러 "나는 곧 죽으니 노나라를 이끌려면 반드시 공자를 불러야 한다."9)고 하였다. ≪春秋左傳·哀公三年≫에서는 애공哀公 3년에 "가을 7월 병자 일에 계손사가 세상을 떠났다."10)라 했고, 계손사季孫斯의 시호는 환자桓子이다.

본 죽간의 내용은 전래본(현행본)에서는 보이지 않기 때문에 계환자의 집정기간 동안 그의 정치에 관한 역사적 사실을 보충할 수 있다.

죽간에서는 바로 직접 공자와 계환자가 만나 서로 대화하는 내용을 기록하고 있다. 공자가 계환자와 만나자, 계환자는 공자를 보고 바로 "무엇을 이도二道라 하는지 제가 들어 볼 수 있겠습니까?"11)라고 묻는다. 「二道」는 즉 「道二」를 가리킨다. 공자가 말하는 '二道'는 ≪孟子≫에서 언급하고 있는 내용을 통하여 「仁與不仁(어진 것과 어질지 않은 것)」이라는 것을 알 수 있다. 이 문제에 대하여 맹자는 ≪맹자孟子·이루상離婁上≫에서 다음과 같이 설명하였다.

> 그림쇠와 곱자는 모지고 둥근 것의 지극함이고, 성인은 인륜의 지극함이니라. '인륜은 군신보다 더 큰 것이 없고, 성인은 요순보다 더 성한 이가 없다.' 그러니 임금이 되고자 할진댄 임금의 도를 다하고, 신하가 되고자 할진댄 신하의 도를 다하여 둘 다 요·순을 본받을 따름이다. '대개 요순의 임금 되고 신하 됨은 그 도의 지극한 것이다.' 그러므로 순이 요를 섬기던 바로써 임금을 섬기지 아니하면 그 임금을 공경치 아니하는 자요. 요가 백성을 다스리던 바로써 백성을 다스리지 아니하면 그 백성을 해롭게 하는 자이니라. 孔子께서 일찍이 "천하의 도가 둘이니, 어진 것과 어질지 아니한 것일 따름이라. 그 백성을 사납게 함이 심한 경우인 즉 몸이 죽임을 당하며 나라가 망하고, 심하지 아니한 경우인 즉 몸이 위태하며 나라가 깎이나니 그를 이름 하여 가로되 '유幽'와 '여厲'라 하면, 비록 효자며 효손이라도 백대에 능히 그 나쁜 시호를 고치지 못하느니라. 시경에서는 '은나라를 거울삼을 것이 멀지 아니한지라 가까이 하걸의 세대에 있다'라 하였으니 이것을 말하는 것이라."고 하였다. 또 맹자가 말씀하시기를 "하·은·주 삼대가 그 처음에 천하를 얻은 것은 인하심으로써요, 천하를 잃은 것은 인하지 않음으로써 이니라. 나라가 쇠하고 흥하며, 보존하며 망하는 바가 또 그러하니라. 천자가 인하지 아니하면 나라를 보전하지 못하고, 제후가 인하지 않으면 사직을 보전하지 못하고, 경대부가 인하지 않으면 종묘를 보전하지 못하고, 사서인士庶人이 인하지 않으면 몸을 보전하지 못하느니라. 이에 죽고 망하는 것을 싫어하되 인하지 아니한 것을 즐기나니 이는 취하는 것을 싫어하되 술을 억지로 마시는 것과 같으니라."12)

---

8) "昔此國幾興矣, 以吾獲罪於孔子, 故不興也."
9) "我即死, 若必相魯.相魯必召仲尼."
10) "秋, 七月, 丙子, 季孫斯卒."
11) "二道者可旻(得)甾(聞)异(歟)？"(第2簡)

본 죽간을 통하여 우리는 '二道'에 대한 공자의 직접적인 답변을 확인할 수 있는 자료이다. 공자는 "윗사람은 인에 어긋나는 행위를 하지 않으며, 은덕을 널리 베풀어야 하며"(제3간),13) 혹은 "관리는 민심을 잃지"(제3간)14) 말아야 하며, 季桓子에게 밝은 덕으로 베풀고 넓은 사랑으로 다스리며 仁의 길을 가야 한다고 하였다.

季씨 집안의 가신 양호陽虎는 일찍이 "부富하게 되는 일을 하면 인仁하지 못하고, 인仁하면 부富하지 못하다."15)고 말하는데, 이를 통하여 양호陽虎가 계씨로부터 부富를 취하려 했음을 알 수 있다.

공자는 계환자에게 「부부粲(溥)専」16)를 하여 널리 은혜를 베풀어 민중을 구제하고, 仁을 밝혀 포악한 정치를 하지 않도록 하며, "윗사람이 베풀기를 즐겁게 하면 아랫사람은 더욱더 마음이 너그러워 질이니"17), "관리가 민심을 잃지 않아야"18)한다고 하였다.

공자는 仁을 주장하면서, "성인의 도를 행해야"(제4간)19)하고, 인의로 교화시키고 널리 사랑하고 진정한 마음을 강구해야지, 강력한 전제정치專制政治를 해서는 안 된다고 하였다. 공자가 계환자에게 "성인의 도"20)를 행하라 하는 것은 마땅히 인仁을 근본으로 하여야 하며 "군자는 그 근본에 힘쓰며, 근본이 세워져야 도道가 생긴다."21)는 것을 말한다. 또한 계환자에게 충고하기를 "윗사람을 믿음으로써 섬겨야 만이"22), "윗사람이 지혜를 도모할 수 있고 혼란이 일어나지 않는다."(제5간)23)라 하였다. 군자는 충성된 믿음으로 윗사람을 섬겨야 하고, 예의를 갖춰 나라를

---

12) 「孟子曰: 規矩, 方員之至也. 聖人, 人倫之至也. 欲爲君, 盡君道; 欲爲臣, 盡臣道, 二者皆法堯舜而已矣. 不以舜之所以事堯事君, 不敬其君者也; 不以堯之所以治民治民, 賊其民者也. 孔子曰: 『道二, 仁與不仁而已矣.』暴其民甚, 則身弒國亡, 不甚, 則身危國削, 名之曰『幽』・『厲』, 雖孝子慈孫, 百世不能改也. ≪詩≫云: 『殷鑒不遠, 在夏後之世.』此之謂也.」
    孟子曰: 「三代之得天下也以仁, 其失天下也以不仁. 國之所以廢興存亡者亦然. 天子不仁, 不保四海; 諸侯不仁, 不保社稷; 卿大夫不仁, 不保宗廟; 士庶人不仁, 不保四體. 今惡死亡而樂不仁, 是由惡醉而強酒.」
13) "上不辠(罪)悬(仁)而粲(溥)専."(제3간)(윗사람은 어진사람과 친하게 지내 은덕을 널리 행하려 하지 않다.)
14) "司於㒰(失)人."(제3간)(관리가 민심을 잃다.)
15) ≪孟子・滕文公上≫: "爲富不仁矣, 爲仁不富矣."
16) "粲(溥)専."(제3간)(은덕을 널리 베풀다.)
17) "上樂施則下益寬, 上親賢則下擇友."(≪孔子家語・王言解≫)(윗사람이 선을 즐기고 베풀기를 좋아하면 아랫사람은 더욱 더 관대해지고, 윗사람이 어진사람과 친해지면 아랫사람은 좋은 친구를 택하여 사귄다.)
18) "司於㒰(失)人."(제3간)
19) "行耴(聖)人之道."(제4간)
20) "行耴(聖)人之道."(제4간)
21) "君子務本, 本立而道生."(≪論語・學而≫)
22) "爲信㠯(以)事亓(其)上."(제5간)(윗사람을 믿음으로써 섬겨야 한다.)
23) "上唯逃智, 亡不矙(亂)矣."(제5간)(윗사람이 지혜를 모을 수 있고, 혼란이 야기되지 않는다.)

다스리되 다투지 아니하고, 실례失禮를 범하지 말고, 공실公室을 우롱하거나 인仁이 아닌 일을 행해서는 안 된다 하였다.

또한 공자는 계환자에게 인仁의 행함은 외형으로부터 시작하여야하기 때문에,「의복을 올바르게 입어야 하고, 자신과 맞지 않는 과분한 복장을 탐하지 않아야 한다」[24]《第七簡》라 하였다. 공자는 "인은 천하 사람들의 외형적인 규범표지"[25]라 하여 의복은 신분의 모범을 보이는 것이니 먼저 의복을 중시하라하였다. "衣服此中"은 의복을 올바르게 입어야 한다는 뜻이다. 의복은 신분 지위의 상징으로 보아 존비귀천을 밝히는 것으로 제후는 왕과 같은 옷을 입을 수 없다 하였다. 이를 어기는 자는 자신보다 더 높은 사람이 없다고 여기는 것으로 보여 질 수 있기 때문에, 군자는 의관을 올바르게 하여야 한다 하였다. 《周禮》에도 사복司服[26]라는 관직이 있듯이 이 시기엔 의관을 중시했어야 함을 알 수 있다. 천한 사람이 귀한 사람의 옷을 입는 것은 분수에 넘게 윗사람을 넘보는 행동이고 不忠하는 것이며, 귀한사람이 천한사람의 옷을 입는 것은 아랫사람을 핍박하여 제 이치를 잃는 것이라 하였다. 공자는 "선대의 성왕은 제정한 법도에 맞는 의복이

---

24) "衣服此中, 觀佟不求"(제7간)
25) "仁者, 天下之表也"에 대하여 《禮記·表記》에서는 "孔子曰: 仁者天下之表也, 義者天下之制也.(공자께서 말씀하시기를 인은 천하 사람들의 외형적 표지이고, 의는 천하의 사람들이 바로잡는 제도이다.)"라 하였다.
26) 《周禮·春官宗伯·司服》: "司服掌王之吉凶衣服, 辨其名物, 與其用事. 王之吉服, 祀昊天上帝則服大裘而冕, 祀五帝亦如之. 享先王則袞冕, 享先公饗射則鷩冕, 祀四望山川則毳冕. 祭社稷五祀則希冕, 祭群小祀則玄冕. 凡兵事, 韋弁服視朝則皮弁服. 凡甸冠弁服, 凡凶事服弁服, 凡吊事弁絰服, 凡喪爲天王斬衰. 爲王後齊衰王爲三公六卿錫衰. 爲諸侯緦衰, 爲大夫士疑衰. 其首服皆弁絰. 大劄大荒, 大災素服. 公之服自袞冕而下如王之服, 侯伯之服自鷩冕而下如公之服. 子男之服自毳冕而下如侯伯之服, 孤之服自希冕而下如子男之服. 卿大夫之服自玄冕而下如孤之服. 其凶服加以大功小功士之服自皮弁服而下如大夫之服其凶服亦如之. 其齊服有玄端素端. 凡大祭祀大賓客, 共其衣服而奉之大喪共其複衣服·斂衣服·奠衣服·廞衣服皆掌其陳序."(사복(司服)은 왕이 길사와 흉사 때 입는 의복을 관장하여 의복의 좋은 품질과 그 의복이 필요한 때를 판단하여 때에 알맞은 의복을 제공한다. 왕의 길복은 하늘의 상제에게 제사지낼 때는 대구를 입고 면류관을 쓰며 오제에게 제사 지낼 때도 이와 같이 한다. 선왕에게 제사 지낼 때는 곤면하고 선공에게 제사 지낼 때나 연회를 베풀어 빈객을 접대하거나 활쏘기 할 때는 별면한다. 사망이나 산천에 제사 지낼 때는 취면하고 사직이나 오사에 제사지낼 때는 희면하고 모든 소소한 제사에는 현면한다. 군사의 일에는 위변을 쓴 예복을 입고 조회 볼 때는 피변을 쓴 예복을 입는다. 사냥할 때는 관변을 쓴 예복을 입고 모든 흉사에는 복변을 쓴 예복을 입고 조사에는 변질한다. 상사에 천왕은 참최하고 왕후는 자최한다. 왕은 삼공이나 육경을 위해서는 석최하고 제후를 위해서는 시최하고 대부나 사를 위해서는 의최하는데 그 머리에는 다 변질을 한다. 대대적인 돌림병이나 크게 흉년이 들거나 큰 재앙이 있을 때에는 소복한다. 공의 의복은 곤면부터 아래로 왕이 입는 것과 같고 후작이나 백작의 의복은 별면부터 아래로 공이 입는 것과 같고 자작이나 남작의 의복은 취면부터 아래로 후작과 백작이 입는 것과 같고 고의 의복은 희면부터 아래로 자작과 남작이 입는 것과 같고 경이나 대부의 의복은 현면부터 아래로 고가 입는 것과 같다. 그 흉복은 대공이나 소공을 더하고, 사의 의복은 피변부터 아래로 대부의 복과 같고 그 흉복은 또한 같다. 그 재복은 현단과 소단이 있다. 큰제사나 대빈객을 접대할 때는 의복을 장만하여 받들어 가며 대상에는 초혼의 의복이나 염할 때의 의복이나 진열하는 의복이나 관 속에 넣는 의복 등을 제공한다. 모든 의복의 진열이나 서열 등을 모두 관장한다.)

아니면 감히 입지 아니한다."27)라 하였다. 군자는 법과 동떨어진 행동을 하지 않고, 제도를 맞지 않으면 등용을 하지 않았다. "관효불구觀俲不求"(제7간)는 "자신과 맞지 않는 분한 복장을 탐하지 않아야 한다."28)는 뜻이다. 이것은 계환자가 권세를 탐하지 않고, 군대를 욕심 부리지 않고, 땅을 넓히는데 욕심 부리지 않고, 조세를 욕심 부리지 않아야 한다는 것을 암시적으로 설명한 것이다.

죽간에서 "어진사람이 어진 일을 진언하도록 하고, 어질지 않은 일은 진언하지 않도록 해야 한다."29)라 하였는데, 이는 모든 일은 仁으로 처리해야 예禮와 덕德을 이룰 수 있다는 뜻이다. ≪논어論語·팔일八佾≫에서 "사람이 어질지 아니하면 어떻게 예의 제도를 대할 것이며, 사람이 어질지 아니하면 어떻게 음악을 대할 것이냐?"30)라 하였듯이, 공자는 仁한 사람만이 실질적으로 "베풀어 줄 수 있는"31) 것이라 하였다. 따라서 계환자에게 백성을 사랑하고 백성을 부유하게 하고, 백성들이 "오곡五穀을 먹지 못해 굶주리거나 위험에 처하게 되지 않도록"32)하고, 굶주리고 불안정한 생활에 처하지 않도록 해야한다 하였다.

공자는 또한 수양을 해야 하고 문무를 익혀야 하며, "뜻을 두고 남과 다른 새로운 표준을 세우며, 무예를 익혀 방비하는 방법을 알도록 하고, 비유(興)·유추(道)·모방학습·서술 발표 등의 방법을 알도록33) 하여야 한다하였다. 즉 마차 끄는 법과 방어하는 법을 익히며, 비흥比興·개금刱今·방효仿效·칭술稱述과 직언直言 등과 같은 백성을 교화하고 인도하는 방법을 알아야 한다고 하였다.

또한 공자는 "무릇 사람을 대함에 사납지 않고, 예禮를 행함에 게을리 하지 않아야 한다."34)라 하여, 사람을 보고 정중하고 공손하며 교활하지 않고, 禮를 듣는 것에 꺼려하지 않으며, "예악을 보존하고 삼가 신중히 하여야"35)한다고 하였다. 오직 "중용의 덕에 구하고 미혹되지 않고, 이로써 백성들을 인도해야지"36), 천하의 정도를 추구할 수 있고, 굳은 믿음으로 의심하지 않게 되고, 이치에 따라 행할 수 있어 백성들이 반드시 좋은 인도를 받게 될 것이라 하였다.

---

27) "非先王之法服不敢服."(≪孝經·卿大夫章≫)
28) "見大不貪."(자신과 맞지 않는 과분한 복장을 탐하지 않아야 한다.)
29) "惪(仁)而炁惪(仁)進之, 不惪(仁)人弗旻(得)進矣."(≪第 9簡≫)
30) "人而不仁, 如禮何? 人而不仁, 如樂何?"(≪論語·八佾≫)
31) "昜(賜)予(與)."(≪第 11簡≫)
32) "不飤五穀, 嗚仉(居)危杚, 則不難虗(乎)? 戝(則)身(與)民之行也. 好刾(砌)兇(嬐)目(以)爲苴."(≪第 14簡≫)
33) "□旨求異於人. 璜(閑)葷(車)戉(衛), 興·道·學·侮(稱)·言."(≪第 17簡≫)
34) "見人不暜(狡), 聑(聞)豊(禮)不佘(倦)."(≪第 20簡≫)
35) "保新(愼)亓(其)豊(禮)樂."(≪第21簡≫)
36) "求之於中, 此目(以)不惑, 而民道(導)之."(≪第27簡≫)

공자의 '二道'에 대한 언급은 공자가 노나라 재상을 지낼 때, "국가를 강하게 하고 사삿집을 약하게 하며, 임금을 높이고 신하를 낮추겠다"37)는 선언이기도 하였다. 노나라는 "대부의 가신이 나라의 정권을 좌지우지"38)하는 상황에서 "가정에 갑옷을 간직해 두지 않고 고을에 백치의 성을 쌓지 않음"39)과 "삼도성을 무너뜨림"40)의 행동을 할 수 있었다. 이것은 공자의 사상이론이 중대한 작용을 발휘했음을 증명한다.

관련사적은 ≪春秋左傳≫·≪公羊傳≫·≪禮記≫·≪論語≫·≪孔子家語≫·≪孟子≫·≪韓詩外傳≫·≪史記≫·≪염철론鹽鐵論≫·≪설원說苑≫·≪논형論衡≫·≪荀子≫·≪상박초간(三)·仲弓≫과 ≪상박초간(五)·季康子問於孔子≫ 등 문헌을 참고할 수 있다.

본문은 이해를 돕기 위하여 끝 부분에 부록 ≪季桓子와 孔子의 상관 사적 계년繫年≫을 수록하였다.41) 이를 통해 본문의 배경이 되고 있는 계환자季趄(桓)子의 정책적 사상과 공자가 노魯나라에서 정책에 참여할 때 사상과 그 업적을 이해할 수 있다.

---

37) "强公室弱私家尊君卑臣."(≪孔子家語·相魯≫)
38) "陪臣執國命."(≪論語·季氏≫)
39) "家不藏甲, 邑無百雉之城."(≪孔子家語·相魯≫)
40) "墮三都."(≪史記·孔子世家≫)
41) ≪季趄(桓)子與孔子的相關事蹟繫年≫

第1簡

孔見季趉子庳睧之害□者是矣□

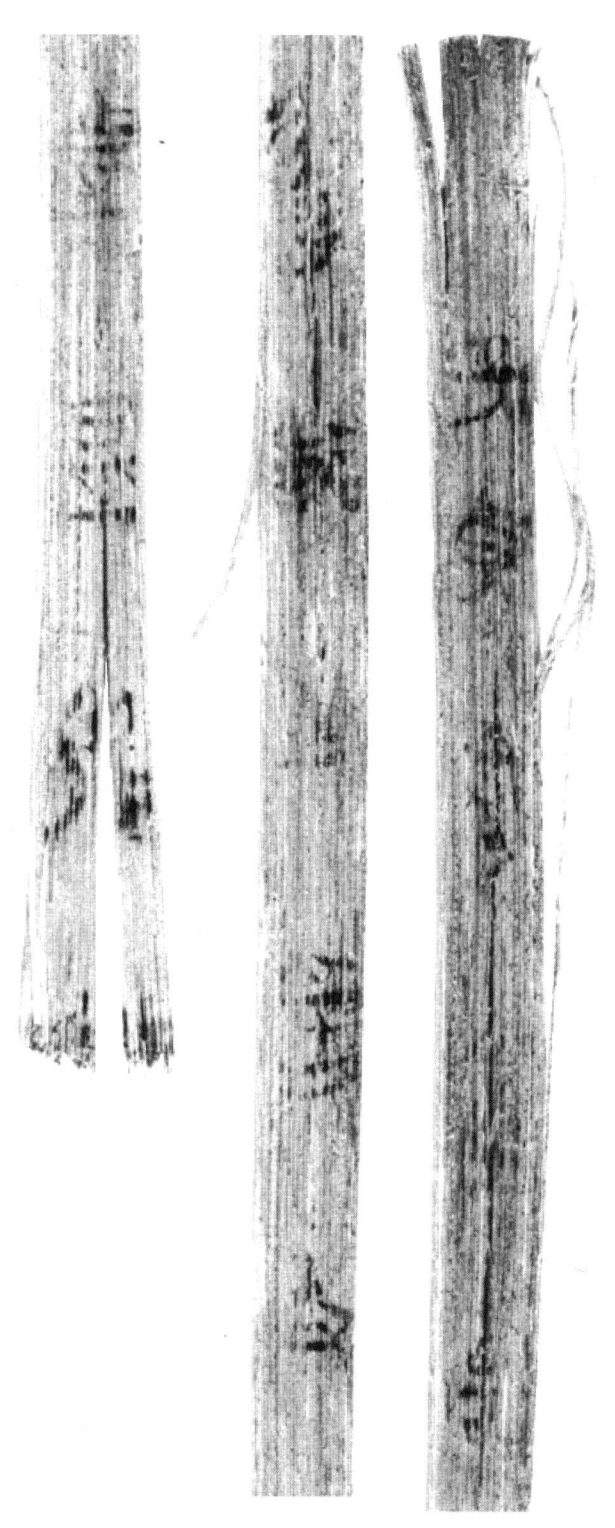

第 1 簡

孔(孔子)見季趄(桓)子①:「虐(予)睧(聞)之害□者是矣②. □……」

【해석】

공자가 계환자를 뵈었다. 공자가 말하기를「내가 들은 ……을 해치는 것은 바로 이것이다. ……」

【上博楚簡原註】

본 간은 하단이 파손되었다. 총 길이는 21.3cm이고, 첫 번째 홈은 상단과의 길이가 1.1cm이다. 문자는 모두 13자이다.

① '孔見季趄子'

「孔」자는 죽간에서 합문부호가 빠진 것으로 보이지만, '공자孔子'(BC 551-BC 495)라고 읽어야 옳다.

'계환자季趄子'는 '季桓子'(?-BC 492)이다. '趄'자는 ≪포산초간包山楚簡≫(제134第一三四, 135간一三五簡)·≪망산초간望山楚簡≫(1·109)·≪중산방호中山方壺≫와 ≪증희무훀호曾姬無卹壺≫등에도 보인다. ≪설문계전說文繫傳·주부走部≫에서는 "'趄田'은 '거처를 바꾸다'는 뜻이다. 의미부 '走'와 소리부 '互'로 이루어진 형성자이다."42) ≪춘추좌전春秋左傳≫에서는「진나라는 이에 원전爰田제도를 마련했다.」43)라 했는데, ≪國語≫에서는 '원전轅田'으로 쓴다. 이 글자들은 가차자이고 '爰'자가 正字이다. '田'을 서로 서로 바꾼다는 뜻이다.」44)라 하였다.

계환자季趄子는 노나라의 대부大夫로 계季씨 집안 제 7대손이며, ≪상박초간(三)·仲弓≫에서는「季씨의 가족은 河東 지방에서 세력이 큰 집안이다」45)라 하였다. 계환자季桓子는 계평자季平子(계손의여季孫意如)의 아들로 이름은「사斯」이고,「계손사季孫斯」혹은「환자桓子」라 부르

---

42)「趄田, 易居也. 從走·互聲.」
43) ≪春秋左傳≫: "晉於是乎作爰田."
44) ≪說文繫傳·走部≫: "趄田, 易居也. 從走·互聲. 臣錯案: ≪春秋左傳≫「晉於是乎作爰田.」≪國語≫作轅田. 皆假借, 此乃正字. 謂以田相換易也."
45) ≪上海博物館藏戰國楚竹書(三)·仲弓≫: "夫季氏, 河東之城(成)家也."

기도 한다. 노魯 정공定公 5년에서 노魯 애공哀公 3년까지 상경上卿으로 정치를 집권하였다. ≪春秋左傳·哀公三年≫에서는 애공哀公 3년「7월 가을 병자 날에 계손사가 세상을 떠났다.」46)라 했고, 시호諡號가 '환자桓子'이다.

역사책에는 계평자季平子가 죽고 나서 계季씨 집안의 가신인 양호陽虎가 국정을 장악하여 계환자季桓子를 가두고 노魯나라의 국정을 전횡專橫하였다.

> 정공5년 계평자季平子가 세상을 떠났다. 양호가 혼자 노여워하면서 계환자를 가두었다가 회맹을 약속하고는 곧 그를 풀어주었다. 7년, 제齊나라가 노魯나라를 쳐 운읍을 빼앗고 노나라의 양호陽虎에게 이것을 봉읍으로 삼아 국정에 참여하게 했다. 8년, 양호가 삼환의 적자를 모두 죽이고 그가 좋아하는 서자를 다시 세워서 대신하려고 했다. 그는 계환자를 수레에 싣고 가다가 죽이려 했으나, 환자는 속임수로 벗어날 수 있었다. 삼환이 함께 양호를 공격하자, 양호는 양관陽關을 거점으로 삼았다.47)

후에 계환자가 가희歌姬를 맞아들이고 정사에 태만해져 현자를 경시하고 예의절차를 무시하며 3일 동안 조회를 하지 않자, 공자는 이것이 고쳐질 수 없다는 것을 알고 노魯나라를 떠났다.

> 공자가 노나라 재상이 되었다. 제나라 사람들은 노나라가 장차 패왕노릇을 하지 않을까 걱정하여 공자가 정치를 하지 못하게 하고자 했다. 이에 예쁜 여자 80명을 뽑아서 비단 옷을 입히고 용기容璣에 맞추어 춤을 추게 하며, 또 문채 나는 말 400필을 보내서 노나라 임금에게 바치게 했다. 그리고 한편으로는 여악女樂을 노나라 남쪽 성문 밖에 베풀어 놓았다. 이 때 계환자가 미복으로 세 차례나 가서 그것을 보고 받아들이기로 마음먹고 이 사실을 임금에게 고했다. 이에 노나라 임금도 역시 가서 해가 지도록 정신없이 빠지자 자연 국가의 정치에는 게을러지게 되었다. 자로가 이것을 알고 공자에게 고했다. "선생님께서는 왜 벼슬을 버리고 떠나지 않으십니까?" 공자가 말했다. "이제 노나라에서 장차 교제郊際를 지내게 되면 대부에게 번육膰肉을 보내주는 법이니, 이 떳떳한 법을 폐해 버리는지 지켜 나가는지를 보고서 나의 거취를 결정지을 것이다." 그러나 이 때 계환자는 이미 제나라에서 보낸 여악을 받아들여 임금이나 신하나 할 것 없이 모두 여기에 빠져서 사흘 동안이나 국가 정치를 잊어버리게 되었다. 이렇게 되고 보니 교제를 지냈다 해도 번육을 보내주지 않았다. 이에 공자는 드디어 노나라를 떠나게 되었다. 공자는 노나라를 떠나 성문 밖에 숙소를 정했다. 여기에 진을 치고 있던 군사들이 공자에게

---

46) ≪春秋左傳·哀公三年≫: "秋, 七月, 丙子, 季孫斯卒."
47) "定公五年, 季平子卒. 陽虎私怒, 囚季桓子, 與盟, 乃舍之. 七年, 齊伐我, 取鄆, 以爲魯陽虎邑以從政.八年, 陽虎欲盡殺三桓適, 而更立其所善庶子以代之, 載季桓子將殺之, 桓子詐而得脫.三桓共攻陽虎, 陽虎居陽關."(≪史記·魯周公世家≫)

작별하며 말했다. "오늘날 선생님께서 떠나시게 되는 것은 저희들에게 무슨 죄가 있어서 가시는 겁니까?" 공자는 이에 이렇게 말했다. "내가 노래 한 곡조를 부를 테니 너희는 들어보라." 공자는 다음과 같은 노래를 불렀다. "저 부인의 입은 (신하를)떠나게 할 수 있고, 저 부인의 알현은 (당신으로 하여금)죽음으로 내몰 수 있네, 한가하게 유유자적하며 달리 일생을 편안하게 지내리라."48)

또한 ≪상박초간(三)·仲弓≫에서는 「계환자季桓子가 중궁仲弓에게 가신이 되어주기를 청했다」49)라 하였다. 계환자가 임종할 때 이를 깨닫고 강자康子에게 공자를 불러 노魯나라의 돕도록 하였다.

≪史記·孔子世家≫에서 「계환자가 병이 심해져 마차에 올라 노나라의 도성을 바라보고 한탄하며 말했다. 옛날에 이 나라는 거의 흥성할 수 있었는데 내가 공자에게 죄를 지어 이에 흥성하지 못했다. 그러고는 다시 회고하면서 그의 계승자인 강자康子에게 일러 말했다. "내가 죽으면 너는 반드시 노나라의 정권을 이어받을 것이다. 그렇게 되거든 반드시 공자를 불러들여라."」50)라 하여, 결국 노魯 애공哀公11년(BC44년)에 「계강자는 사람을 보내 예물로써 공자가 노魯나라로 오는 것을 맞이하게 하였다.」51). 이 내용은 ≪春秋左傳≫·≪公羊傳≫·≪禮記·曾子問≫·≪孟子·萬章下≫·≪論語≫의 ≪八佾≫과 ≪微子≫·≪史記·魯周公世家≫·≪史記·孔子世家≫·≪孔子家語·相魯≫·≪孔子家語·子路初見≫·≪상박초간(三)·仲弓≫과 ≪상박초간(五)·季康子問於孔子≫ 등에 보인다.

【譯註】

'공자孔子'를 ≪상박초간·공자시론孔子詩論≫은 합문 부호를 써서 '𠅘'로 쓰고,52) ≪民之父母≫는 합문부

---

48) "孔子相魯. 齊人患其將霸, 欲敗其政, 乃選好女子八十人, 衣以文飾而舞容璣, 及文馬四十駟, 以遺魯君. 陳女樂, 列文馬於魯城南高門外. 季桓子微服往觀之再三, 將受焉, 告魯君爲周道遊觀. 觀之終日, 怠於政事. 子路言於孔子曰: '夫子可以行矣.' 孔子曰: '魯今且郊, 若致於大夫, 是則未廢其常. 吾猶可以止也.' 桓子既受女樂, 君臣淫荒, 三日不聽國政, 郊又不致俎. 孔子遂行, 宿於郭屯. 師已送, 曰: '夫子非罪也.' 孔子曰: '吾歌可乎?' 歌曰: '彼婦人之口, 可以出走, 彼婦人之請, 可以死敗.優哉遊哉, 聊以卒歲.'"(≪孔子家語·子路初見≫)
49) ≪上海博物館藏戰國楚竹書(三)·仲弓≫: "季桓子使仲弓爲宰."
50) ≪史記·孔子世家≫: "季桓子病, 輦而見魯城, 喟然歎曰昔此國幾興矣, 以吾獲罪於孔子, 故不興也.顧謂其嗣康子曰"我即死, 若必相魯, 相魯, 必召仲尼."
51) "季康子派人以幣迎孔子(時年六十八)歸魯."
52) ≪楚系簡帛文字編≫, 1271 쪽.

호를 쓰지 않고 '虎'로 쓴다.53) 본 죽간의 자는 '虎'의 형태와 비슷하게 쓰는 것이 아닌가 한다.

② '虐睧之害□者是矣'

「虐」의 의미부가 '虍'이고 소리부는 '車'이거나, 혹은 의미부가 '車'이고 소리부가 '虍'인 형성자이다. ≪說文解字≫에는 보이지 않는다. 이 자는 '여餘'·'여予'나 혹은 '오吾'로 읽는다. '虍'·'車'·'餘'·'予'나 '吾'의 고음은 모두 어부魚部에 속한다. 하지만 이 자 이외에 본편에는 「虐」자가 있으며, 초죽서楚竹書에서 일반적으로 1인칭「오吾」의 의미로 주로 쓰인다. 또한 본편에서 공자가 자기를 지칭할 때는 「虐」자를 많이 쓰고, 계환자季桓子가 자기를 지칭할 때는 「虐」자를 많이 쓰는데, 이것으로 보아 이 두 자는 서로 용법적 차이가 있는 것으로 보인다.

≪說文解字≫에서는 「睧」자는 「문聞」자의 고문이라 하였다. ≪說文解字·耳部≫는 「'문聞'은 '소리를 알아듣다'는 뜻이다. 의미부 '耳'와 소리부 '門'으로 이루어진 형성자이다. 고문은 소리부 '혼昏'을 쓴다.」54)라 하였고, ≪五音集韻≫은 「'聞'은 또한 '問'으로 읽는다.」55)라 하였다.

'해害'자 아래는 한 자 정도가 잔손되어 잘 보이지 않는다.

【譯註】

' '자를 정리본은 「虐」자로 예정하고 소리부가 '虎'이며 '여予'로 읽었다. 제 3, 4간에서는 ' '·' '로 쓴다. 문자의 형태로 보아 윗부분이 '虒(뿔 범 사, sī)'인 것으로 보인다. 진위陳偉는 〈讀≪上博六≫條記〉에서 윗부분이 소리부 '사虒'로 계환자의 이름인 「사斯」자로 읽을 수 있다하였다.56) ≪左傳·襄公十年≫에서 「적사미狄虒彌는 큰 수레의 바퀴 하나를 세우다」57)라 하였는데, ≪漢書·古今人表≫에서는 '狄斯彌'로 쓴다. 「虒」자는 「斯」의 통가자로 쓰인다. ≪說文解字≫에서는 ' (虒)'자에 대하여 "'뿔범(委虒)'의 의미이다. 뿔 달린 호랑이. 의미부 '虎'와 소리부 '厂'으로 이루어진 형성자이다."라 하였고, 진대秦代 ≪수호지진간睡虎地秦簡≫은 ' '로 쓴다.58)

---

53) ≪楚系簡帛文字編≫, 967 쪽.
54) ≪說文解字·耳部≫: "聞, 知聲也. 從耳, 門聲. 古文從昏."
55) ≪五音集韻≫: "聞, 又音問."
56) "此字疑是季桓子之名. 季桓子名斯, 見於≪春秋≫定公十一年. 此字上部或是'虒', 是從虒得聲的字. ≪左傳≫襄公十年'狄虒彌建大車之輪', 釋文: '虒音斯', ≪漢書·古今人表≫正作'狄斯彌'."(陳偉, 〈讀≪上博六≫條記〉, 武漢大學簡帛研究中心, 2007-07-09)
57) ≪左傳·襄公十年≫: "狄虒彌建大車之輪".
58) ≪睡虎地秦簡文字編≫, 72 쪽.

따라서 이 자는 소리부 '虍'와 의미부 '車'로 이루어진 '𤜼'자로 예정할 수 있고 계환자 자신을 가리키는 '斯'로 읽을 수 있다(부록 참고).

제 1간의 '是'자 다음 ▨자를 정리본은 '矣'로 예정하고 있는데, 문자의 형태로 보아 '能'자가 아닌가 한다. 또한 본 죽간은 제 4간의 내용과 연결되는 내용이고,59) 문장 전체 내용으로 보아 '能'자가 아닌가 한다.60) '能'자는 ≪郭店楚簡·緇衣≫는 ▨(제7간)으로 쓰고, ≪上博楚簡·性精論≫은 ▨(제2간)으로 쓴다(부록 참고).61)

▨자를 정리본은 '해害'자로 예정하고 있다. 혹은 '할割'자로 예정하기도 하나, 문자의 형태로 보아 '害'자로 예정해야 옳다. '害'자는 초간에서 종종 '개蓋'의 의미로 쓰인다.62) ≪上博楚簡·孔子詩論≫은 '害'자를 ▨(제8간)으로 쓰고, ≪郭店楚簡·老子甲≫은 ▨(제28간)으로 쓴다.63) '臤'자를 ≪郭店楚簡·五行≫은 ▨(제35간)으로 쓰고, ≪上博楚簡 孔子詩論≫은 ▨(제10간)으로 쓴다.64)

정리본은 '▨'자를 알아 볼 수 없는 자로 여기고 '□'로 표시하고 있는데, 남아 있는 문자의 형태로 보아 '臤'자가 아닌가 한다.

또한 마지막 자 '▨' 중 윗부분은 제 3간의 '▨(辠)' 중의 윗부분 '自'와 비슷하다. 따라서 이 자는 '죄辠'자를 예정하기로 하기로 한다. '辠'자이며 초죽서에서 자주 '친親'의 통가자로 쓰인다. 사실상 초간에서 '辠'자와 '親'자는 서로 다르다. 일반적으로 '辠'자는 자건 '自'를 써서 '辠'로 쓰나,65) '親'자는 '目'을 써서 '▨'·'▨'·'▨'으로 쓴다.66) 본편에서는 '親'자를 '辠(허물 죄, zuì)'자로 잘 못 쓴 것으로 보인다.67)

복전철지福田哲之(2007-08-06)는 제 1간을 "孔子見季桓子. 斯問之: 曷臤(賢)者是能辠(親)"으로 읽고 있고,68) 梁靜(2008-03-03)은 제 1간과 제 4간이 이어지는 내용으로 보고 "孔子見季桓

---

59) 陳劍, 〈≪上博(六)孔子見季桓子≫重編新釋〉, 復旦大學出土文獻與古文字研究中心, 2008-03-22. 梁靜, 〈≪孔子見季桓子≫校讀〉, 武漢大學簡帛研究中心, 2008-03-04.
60) '害□者是能(1號簡)', '仁心者是能行聖人之道(4號簡)', 1號簡'能', 原釋文作'矣', 結合4號簡查看圖版, 應是'能'字.(何有祖, 〈讀≪上博六≫札記〉, 武漢大學簡帛研究中心, 2007-07-09)
61) ≪楚系簡帛文字編≫, 868 쪽.
62) ≪楚系簡帛文字編≫, 429 쪽.
63) ≪楚系簡帛文字編≫, 693 쪽.
64) ≪楚系簡帛文字編≫, 294 쪽.
65) ≪楚系簡帛文字編≫, 1218 쪽.
66) ≪楚系簡帛文字編≫, 794. 쪽.
67) 陳偉, 〈.讀≪上博六≫條記〉, 武漢大學簡帛研究中心, 2007

子. '斯聞之, 蓋賢者是能親【1】仁, 仁者是能行聖人之道. 若子親仁, 行聖人之道, 則斯【4】"로 읽고 있다.

68) "鄙人再次對1號簡中的未釋字進行了仔地的觀察, 在與其他諸簡的文字進行比較後, 發現依'曷□者'中的未釋字的下方'又'的字形以及其上方的痕跡可以看出, '曷□者'中的未釋字有可能與3號簡中可見的'臤'爲同一字. 另外, 關於簡末的殘缺字, 可見如"自"的字痕, 所以簡末的殘缺字也有可能與3號簡和4號簡中均可見的'皋'爲同一字. 據以上的推定, 可對1號簡進行如下釋讀: 孔子見季桓子. 斯問之: 曷臤(賢)者是能皋(親)【1號簡】"(福田哲之,〈≪孔子見季桓子≫1號簡的釋讀與綴合〉, 武漢大學簡帛研究中心, 2007-08-06)

第2篇

矣趯子曰二道者可見斟异夫子曰言卽至矣□

第 2 簡

矣.」趉(桓)子曰:「二道者可䙷(得)䎽(聞)斈(歟)① ?」夫子曰:「言即至矣②, □」

【해석】

계환자가 말하기를 「무엇을 이도二道라 하는지 제가 들어 볼 수 있겠습니까?」 공자가 말하기를 「매우 지극한 도道입니다.……」

【上博楚簡原註】

본 간의 윗부분은 평평하고, 하단은 파손되었다. 길이는 22cm이고, 상단에서 첫 번째 홈까지의 길이가 1.1cm이다. 총 9자로 구성되어 있다.

① '二道者可䙷䎽斈'

「이도二道」는 「도이道二」와 같다. 맹자孟子에서는 「道二」에 관하여 아래와 같이 설명하였다.

그림쇠와 곱자는 모지고 둥근 것의 지극함이고, 성인은 인륜의 지극함이니라.「인륜은 군신보다 더 큰 것이 없고, 성인은 요순보다 더 성한 이가 없다.」 그러니 임금이 되고자 할진댄 임금의 도를 다하고, 신하가 되고자 할진댄 신하의 도를 다하여 둘 다 요·순을 본받을 따름이다. 「대개 요순의 임금 되고 신하 됨은 그 도의 지극한 것이다.」 그러므로 순이 요를 섬기던 바로써 임금을 섬기지 아니하면 그 임금을 공경치 아니하는 자요. 요가 백성을 다스리던 바로써 백성을 다스리지 아니하면 그 백성을 해롭게 하는 자이니라. 孔子께서 일찍이 "천하의 도가 둘이니, 어진 것과 어질지 아니한 것일 따름이라. 그 백성을 사납게 함이 심한 즉 몸이 죽임을 당하며 나라가 망하고, 심하지 아니한 즉 몸이 위태하며 나라가 깎이나니 그를 이름 하여 가로되 '유라, 여라' 하면 비록 효자며 효손이라도 백대에 능히 그 나쁜 시호를 고치지 못하느니라. 시경에서는 '은나라를 거울삼을 것이 멀지 아니한지라 가까이 하걸의 세대에 있다'라 하였으니 이것을 말하는 것이라."고 하였다. 또 맹자가 말씀하시기를 "하, 은, 주 삼대가 그 처음에 천하를 얻은 것은 인하심으로써요, 천하를 잃은 것은 인하지 않음으로써 이니라. 나라가 쇠하고 흥하며, 보존하며 망하는 바가 또 그러하니라. 천자가 인하지 아니하면 나라를 보전하지 못하고, 제후가 인하지 않으면 사직을 보전하지 못하고, 경대부가 인하지 않으면 종묘를 보전하지 못하고, 사서인이 인하지 않으면 몸을 보전하지 못하느니라. 이에 죽고 망하는 것을 싫어하되 인하지 아니한 것을 즐기나니 이는 취하는 것을 싫어하되 술을 억지로 마시는 것과 같으니라."[69]

「辷」자는 「歟(어조사 여, yú)」로 읽는다.

【譯註】

정리본은 '二道'는 ≪孟子·離婁上≫에서 "천하의 도가 둘이니, 어진 것과 어질지 아니한 것일 따름이라"[70]라고 말하는 '道二'라 하였다. 진위陳偉는 '二道'를 제 4간과 7간에서 언급한 '聖人之道'와 '仁人之道'를 가리킨다 하였다.[71] ≪순자荀子·해폐解蔽≫에서는 "어진사람이 도를 실천함에는 작위가 없으며, 성인이 도를 실천함에는 힘써 노력하는 것이 없다."[72]라 하였다. 하지만 제 7간 중 '이도二逃'의 '逃'는 '道'자와 통하여 '二道'에 대한 내용이며 제 2간과 연결되는 내용으로 볼 수 있다.[73] 진검陳劍(2008.3.22)은 ≪孔子見季桓子≫의 편련은 '12+2+7+26+14+11+22+19+17+18+13'으로 볼 수 있다하였다.[74] 제 7 간에서는 '仁人之道' 중 군자가 응당히 갖추어야 할 의복에 관하여 언급하고 있으나, 이 뒤에 연계되는 죽간의 내용이 이와 반대되는 '사민邪民'에 대하여 언급하고 있기 때문에, 정리본의 견해에 따라 '어진 도'와 '어질지 않은 도'로 이해할 수 있다.

② '言即至矣'

「즉即」은 '즉則'이다. ≪戰國策·秦四≫「진왕秦王이 돈약頓弱을 만나보려고 하자 돈약이 말했다. 저의 의리義理로는 왕에게 절을 하지 못합니다. 왕께서 저에게 절을 하지 말도록 하시면 되지만 그렇지 않으면 만날 수 없습니다.」[75]) 구절 중의 '卽'자의 용법과 같다.

「至」자는 '極(다할 극, jí)'을 말하는 것으로 '지극히 미미하고, 지극히 세세함'을 말한다.

---

69) 「孟子曰: 規矩, 方員之至也. 聖人, 人倫之至也. 欲為君, 盡君道; 欲為臣, 盡臣道, 二者皆法堯舜而已矣. 不以舜之所以事堯事君, 不敬其君者也; 不以堯之所以治民治民, 賊其民者也. 孔子曰:『道二, 仁與不仁而已矣.』暴其民甚, 則身弒國亡, 不甚, 則身危國削, 名之曰『幽』·『厲』, 雖孝子慈孫, 百世不能改也. ≪詩≫云:『殷鑒不遠, 在夏後之世.』此之謂也.」
   孟子曰:「三代之得天下也以仁, 其失天下也以不仁. 國之所以廢興存亡者亦然. 天子不仁, 不保四海; 諸侯不仁, 不保社稷; 卿大夫不仁, 不保宗廟; 士庶人不仁, 不保四體. 今惡死亡而樂不仁, 是由惡醉而強酒.」
70) ≪孟子·離婁上≫: "道二, 仁與不仁而已矣."
71) "整理者引≪孟子·離婁上≫孔子語解之:'道二: 仁與不仁而已矣.' 今按: 據4號簡(詳下)·7號簡所云, '二道'當指'聖人之道'與'仁人之道'. ≪荀子·解蔽≫: '故仁者之行道也, 無爲也. 聖人之行道也, 無強也.' 可參看."(陳偉, 〈讀≪上博六≫條記, 武漢大學簡帛研究中心〉, 2007-07-09)
72) ≪荀子·解蔽≫: "故仁者之行道也, 無爲也. 聖人之行道也, 無強也."
73) 李銳, 〈≪孔子見季桓子≫新編(稿), 武漢大學簡帛研究中心, 2007-07-11.
74) 陳劍, 〈≪上博(六)孔子見季桓子≫重編新釋〉, 復旦大學出土文獻與古文字研究, 2008.03.22.
75) ≪戰國策·秦四≫: "秦王欲見頓弱, 頓弱曰: 臣之義不參拜, 王能 使臣無拜, 即可矣 .不, 即不見也."

【譯註】

정리본은 제 2간의 '至'자 다음 '▨'자를 '矣'로 예정하고 있으나, 본 죽간의 첫 번째 '矣'자와 자형이 약간 다르다. 이 자는 왼쪽 부분이 소리부 '以'이고 오른쪽 부분이 '矢'이다. 혹은 '矣'자를 ≪곽점초간·어총2語叢二≫(제 50간)에서는 '矣'로 쓰기도 한다.76) ≪說文解字≫에서는 '羕(矣)' 자에 대하여 "어미조사의 용법으로 쓰이는 조사이다. 의미부 '矢'와 소리부 '以'로 이루어진 형성자이다."77)라 하였다.

'言即至矣'의 구절을 계욱승季旭昇은 "내가 바로 이야기하려 했다(我快要說到了)"로 해석하였고,78) 상패우常佩雨는 "話很快就說過來.(곧 바로 이에 대해 말을 하겠다)"로 해석하였다(부록 참고).79)

마지막 '▨'자는 남아있는 자적字蹟으로 보아 '唯(오직 유, wéi)'자가 아닌가 한다. 전체적인 문맥을 고려하여 '雖(비록 수, suī)'로 읽을 수 있다.

---

76) "簡2夫子曰: '言即至△1', '△1'作▨. 整理者釋爲'矣', 諸家未見異說. 整理者一樣直接釋爲'矣'. 建洲案: 此字顯然與'矣'字形不同, 比對簡24的'矣'可知. 本字應釋爲'㠯', 讀爲'矣'. 字形如同≪郭店·語叢二≫50'㠯'作'矣'. 對於'矣', 原亦誤釋爲'矣'."(蘇建洲. 〈讀≪上博(六)·孔子見季桓子≫筆記之二〉, 武漢大學簡帛研究中心, 2007-08-28)

77) ≪說文解字≫: "矣, 語已詞也. 从矢, 以聲."

78) 季旭昇, 〈≪上博六·孔子見季桓子≫譯釋, 229 쪽.

79) 常佩雨, 〈上博簡孔子言論研究〉, 鄭州大學博士學位論文, 2012年5月. 217 쪽.

第3簡

虐忠=樂之夫子曰上不皐息而縈專睹亓司於僁人君夫士品勿

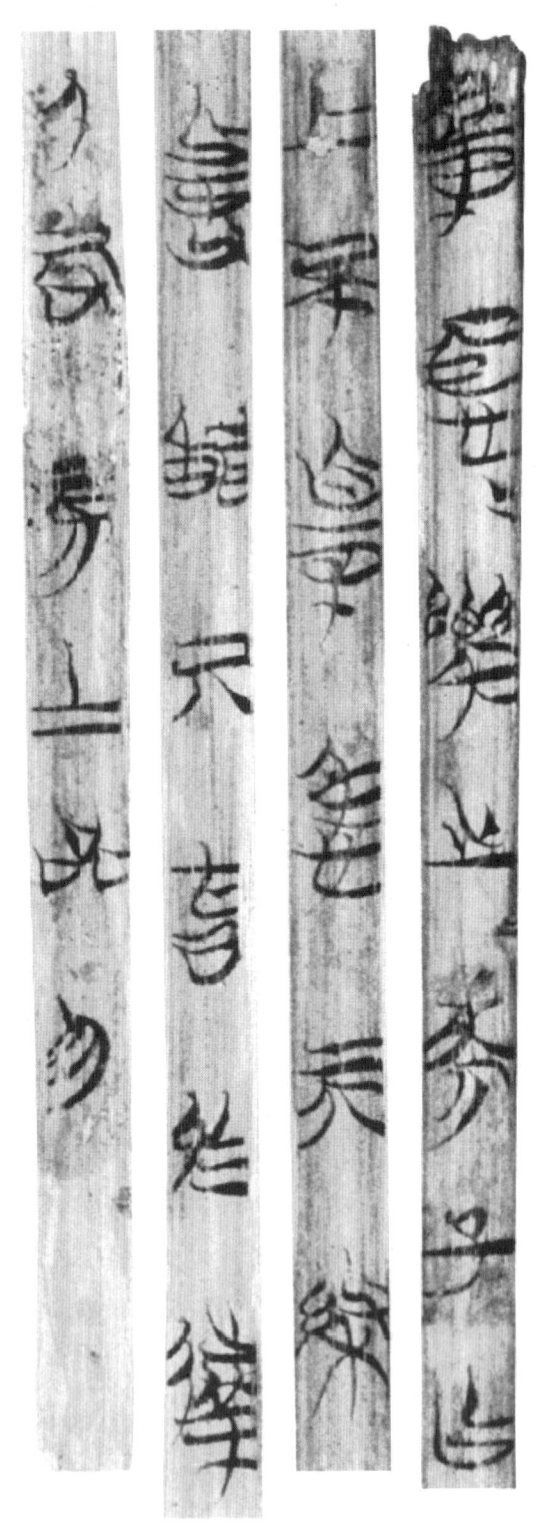

第 3 簡

虗(予)忠=(中心)樂之①.」夫子曰:「上不皋(罪)息(仁)而粲(溥)專②, 睧(聞)亓(其)司於僻(失)人③, 君(？)夫士品勿④」

【해석】

제 마음은 기꺼이 즐거운 마음으로 행하기를 바랍니다.」공자가 말하길「윗사람은 어진 인仁에 어긋남이 없으며 은덕을 널리 베풀어야 합니다. 다스림은 사람을 잃는 것에 있다는 말을 들어보았는가? 사인士人은 복잡한 세상 만물을 마주하고,」

【上博楚簡原註】

본 간의 상단은 파손되었고, 하단은 편평하다. 길이는 33.2cm이다. 상단에서 두 번째 홈부터 세 번째 홈까지의 길이는 26.5cm이다. 세 번째 홈에서 하단 끝까지는 1.5cm이다. 문자는 26자이고, 그 중 합문은 1자이다.

① '虗忠=樂之'

「虗忠=樂之」은「여중심낙지予中心樂之」의 의미이다. 마음에서 진심으로 우러나와 행하고, 또한 그것을 즐기며, 정성스럽게 일을 처리함을 말한다.

한대漢代의 조기趙岐와 청대淸代의 손기봉孫奇逢이「中心樂之」에 대하여 언급한 적이 있다. ≪맹자주소孟子注疏·이루장구상離婁章句上≫에서 맹자는 "인의 핵심은 어버이를 섬기는 것이요, 의의 핵심은 형을 따르는 것이니라. 지혜의 핵심은 이 두 가지를 알아서 버리지 아니하는 것이고, 예의 핵심은 이 두 가지를 규정하고 문채 나게 하는 것이다. 樂의 핵심은 이 두 가지를 즐거워하는 것이니 즐거워한즉 마음속에 효도하고 공경할 뜻이 스스로 생겨나니 그 뜻이 생기면 어찌 가히 그칠 수 있는가? 가히 그치지 못한즉 발이 뛰며 손이 춤추는 것을 알지 못하느니라."[80] 하였고, 이에 대해 조기趙岐는「예의의 핵심은 예절을 규정하는 것이다. 어버이를 섬기고 형을 따름에 그 예절을 잃지 않도록 하는 것이며 예의와 공경하는 모양새는 더욱 빛나도록 하는 것이다.

---

80) ≪孟子注疏·離婁章句上≫: "仁之實, 事親是也, 義之實, 從兄是也. 智之實, 知斯二者弗去是也, 禮之實, 節文斯二者是也, 樂之實, 樂斯二者. 樂則生矣, 生則惡可已也. 惡可已, 則不知足之蹈之, 手之舞之."

이 때문에 마음에서 그것을 즐기는 것이다. 어버이를 섬기고 형을 따르는 즐거움은 마음에서 나오는 것이니 그 가운데서 즐거움이 생기는 것이다."81)라 하였다.

≪논어·옹야雍也≫에서 공자는 "안회는 그의 마음이 석달이나 仁을 어기지 않았고, 다른 사람들은 하루 또는 기껏해야 한 달 동안 仁에 생각이 미칠 따름이다."82)라 하였고, 손기봉孫奇逢은 이에 대하여 "仁은 사람의 마음이니 마음이 仁에 어긋나지 않아야 마음이 올바름을 얻을 수 있는데 이것은 격치와 성의로부터 온 것이다. 안자는 덕으로써 일을 하고 마음으로 즐겨하여 仁을 위배하지 않는다. 그런데 다른 제자들은 자신의 재능으로만 일을 처리하여 자신감 넘치는 자신의 능력만을 믿는다. 그래서 하루 또는 기껏해야 한 달 동안에게 생각이 미치는 것은 그 마음이 仁에 미치야 하는데 재능으로 드러내려하기 때문에 스스로 순수한 인을 얻을 수 없는 것이다."83)라 하였다.

【譯註】
　정리본은 첫 번째 '㦿'자를 '虐'로 예정하고 '여予'로 읽고 있으나, 제 1간에서와 마찬가지로 계강자의 이름인 '斯(이 사, sī)'로 읽을 수 있다(부록 참고).

　② '上不辠忌而繠專'
「辠」는 「罪(허물 죄, zuì)」자와 같다. ≪설문해자≫에서 '辠'자에 대하여 "'辠'는 법을 위반하는 것이다. '辛'과 '自'로 이루어진 자이다. 이것은 죄인의 찡그리고 고통스러워하며 슬퍼하는 모습을 말한다. 진나라의 '皇'자와 비슷해 '罪'로 바꾸었다."84)라 하고, 서현徐鉉은 "'自'는 고문자에서 '비鼻'자였기 때문에 의미부로 '自'로 쓴다."85)고 하였다.
　≪춘추좌전春秋左傳·장공11년莊公十一年≫에서는 "하나라 우임금과 은나라 탕임금이 모든 것을 자기 죄로 돌리다."86)고 하였다. 「不罪」는 「문책하지 않다(不詰)」의 의미로 '관대하게 용서

---

81) "禮義之實, 節文事親, 從兄使不失其節, 而文其禮敬之容, 故中心樂之也. 樂此事親從兄, 出於中心, 則樂生其中矣."
82) ≪論語·雍也≫: "回也其心三月不違仁, 其餘則日月至焉而已矣."
83) "仁人心也, 心不違仁, 心才得正, 是從格致誠意來. 顏子以德用事, 中心樂之, 故不違. 其餘諸子以才用事, 氣魄功能降伏不下, 故日月至焉, 至是心之至於仁, 以才見者自不得純耳."
84) ≪說文解字·辛部≫: "辠, 犯法也, 從辛, 從自, 言罪人蹙鼻苦辛之憂. 秦以辠似'皇'字, 改爲罪."
85) "自, 古者以爲鼻子, 故從自."
86) ≪春秋左傳·莊公十一年≫: "禹湯罪己."

하고 꾸짖지 않는다'는 것이다. ≪禮記·月令≫에서는 "이 중동仲冬의 달에 천자는 농작물을 거둬들여 저장하지 않고 모아 쌓아두지 않은 것과 말이나 소와 같은 가축들 중에 방목 상태로 나둔 것들에 대해서 다른 사람이 그것을 가져가더라도 그를 힐책하지 않는다."87)고 하였고, 이에 대해 정현鄭玄은 "이 달은 거둬 수렴하는 일이 더욱 급박한 시기이니, 사람들 중에서 그대로 놓여 있는 것을 가져가는 자가 있더라도 죄를 주지 않는 것은 그 주인에게 경고하는 것이라고 주를 달았으며, ≪王居明堂禮≫에서는 '孟冬의 달에는 농작물을 모두 쌓아 보관하고, 소와 말들은 거둬들여 매어두기를 명령한다.'라 하였다."88)고 하였다.

죽간문에서는 「인仁」자가 「㥎」자로 많이 쓰인다. ≪집운集韻≫에서 "'仁'은 古文에서 '㥎'로 쓴다."89)라 하였다. 공자는 ≪孔子家語·유행해儒行解≫에서 "대체로 따뜻하고 참된 것은 인의 기본이며, 삼가고 공경하는 것은 인의 바탕이며 너그럽고 넉넉한 것은 인의 행동이며, 겸손한 대우는 인의 재능이며, 예의에 대한 절차는 인의 형용이며, 말로 이야기 하는 것은 인의 문채(文彩)이며, 노래와 음악은 인의 화락이며, 재물을 나눠주고 흩어주는 것은 인을 베푸는 것이다. 선비로서 이 모든 것을 자기 몸에 겸해 갖추어 있다 할지라도 오히려 어질다고 감히 말할 수가 없으니 그 존경하고 양보하기를 이같이 하는 사람도 있습니다.90)"라 하였다. 또한 ≪論語·顔淵≫에서는 "자기를 억제하고 말과 행동이 모두 예에 맞도록 하는 것이 곧 인이다. 일단 이렇게 하면 천하 사람들이 모두 너를 인한 사람이라고 칭찬할 것이니 인을 하는 것이 자기에게 의지해야지 어찌 다른 사람을 의지할 것이냐."91)라 하였다.

공자는 '인仁'에는 세 가지가 있다하였다.

> 인에는 세 가지가 있으니 더불어 인애하는 공로를 한 가지로 하였어도 심정을 달리하는 것이다. 더불어 인하는 공로를 한가지로 하면 그 인을 아직 구별하여 알지 못하는 것이요, 더불어 인하는 허물이 같은 다음에야 그 인을 구별하여 알 수 있는 것이니라. 인한 사람은 인에 편안하고, 지혜로운 사람은 인을 이롭게 여기며, 죄를 두려워하는 사람은 인을 힘써 하나니 비유하자면 인이라는 것은 오른 손이요 도라는 것은 왼손이다.(인이라는 것은 인간됨이요, 도라는 것은 정의인 것이다.) 인에 두터운 사람은 정의에 얄팍하여 친근하면서 존경하지 아니하고 정의에

---

87) ≪禮記·月令≫: "是月也,農有不收 藏積聚者,馬牛畜獸有放佚者,取之不詰."
88) "此收斂尤急之時, 有人取者不罪, 所以警其主也.≪王居明堂禮≫"孟冬之月, 命農畢積聚, 系收牛馬."
89) ≪集韻≫: "仁, 古作㥎."
90) ≪孔子家語·儒行解≫: "夫溫良者, 仁之本也, 愼敬者, 仁之地也, 寬裕者, 仁之作也, 遜接者, 仁之能也, 禮節者, 仁之貌也, 言談者, 仁之文也, 歌樂者, 仁之和也, 分散者, 仁之施也.儒皆兼而有之, 猶且不敢言仁也."
91) ≪論語·顔淵≫: "克己復禮爲仁. 一日克己複禮, 天下歸仁焉! 爲仁由己, 而由人乎哉."

두터운 사람은 인仁에 얄팍하여 존경하면서 친근하지 아니하니라.92)

　　인에는 헤아림이 있고, 정의에는 길고 짧음과 크고 작음이 있으니 마음속이 슬프고 아픈 사람을 사랑하는 인이요, 법을 따라서 힘써 노력하는 것은 인에 바탕을 둔 것이니라. ≪시경詩經≫에서는『풍강의 물에는 시화가 있으니 무왕이 어찌 살피지 않으리오, 그 후손에게 도모할 일을 남겨서 아들을 편안하게 도우니라』하여 세대를 헤아리는 사랑(仁)을 노래하였고, ≪國風≫에서는『나는 이제 용납해 주지 않거늘 어느 겨를에 나의 뒤를 근심하랴』라 하여 죽을 때까지의 인을 노래하였다.93)

「縏」자는 의미부 '糸'·'木'과 소리부 '父'로 이루어진 형성자이다. ≪說文解字≫에는 없는 자이지만, 소리와 뜻으로 볼 때 '부溥'로 읽을 수 있다. ≪集韻≫에서는 '부溥'자에 대하여 「'부溥'는 ≪說文解字≫에서 '크다'라고 하였고, 일반적으로 '普'자로 쓴다」94)고 하였다.

「부尃」자는 「포佈」자와 같은 자이다. ≪集韻≫에서는 「포佈」는 고문古文에서 '부尃'로 쓴다.」95)라 하였다. 따라서 「縏尃」는 '明德普施(명덕을 널리 베푼다.)'·'博施廣濟(널리 백성에게 베푼다)'나 혹은 '上樂施則下益寬(윗사람이 모든 일을 즐거운 마음으로 베풀어 주며 아랫사람은 더욱 너그러워진다)'의 의미이다. 이 또한 孔子가 주장한 일곱 가지 교훈(七敎)96) 중의 하나로 군자가 백성에게 널리 베풀고 도와주면 백성의 인심을 얻을 수 있다는 것이다.

≪論語·雍也≫에서 자공이 "만약 백성들에게 널리 이로움을 주고, 또한 모두의 생활이 나아지도록 도와줄 수 있는 사람이 있다면 어떻습니까?"라고 묻자 孔子는 「어찌 어질기만 하겠느냐!

---

92) "仁有三. 與仁同功而異情. 與仁同功. 其仁未可知也. 與仁同過. 然後其仁可知也. 仁者安仁.知者利仁. 畏罪者強仁. 仁者右也. 道者左也. 仁者人也. 道者義也. 厚於仁者薄於義. 親而不尊. 厚於義者薄於仁. 尊而不親."(≪禮記·表記≫)

93) "仁有數. 義有長短小大. 中心憯怛. 愛人之仁也 率法而強之. 資仁者也. ≪詩經≫:『豐水有芑. 武王豈不仕. 詒厥孫謀. 以燕翼子. 武王烝哉.』數世之人也. ≪國風≫:『我今不閱. 皇恤我後.』終身之仁也."(≪禮記·表記≫)

94) ≪集韻≫: "溥, ≪說文解字≫:『大也.』通作普."

95) ≪集韻≫: "佈, 古作尃."

96) ≪孔子家語·王言解≫: "昔者明王內修七敎, 外行三至…… 曾子問: '敢問何謂七敎?' 孔子 曰: '上敬老則下益孝, 上尊齒則下益悌, 上樂施則下益寬, 上樂賢則下擇友, 上好德則下不隱, 上惡貪則下恥爭, 上廉讓則下恥節: 此之謂之敎.七敎者, 治民之本也.'"(그러한 까닭에 옛날의 현명한 임금은 안으로 일곱 가지 교훈을 닦고 밖으로 세 가지 지극한 일을 행했었다. 증자가 물었다. '일곱가지 교훈이란 무엇을 말하는 겁니까?' 공자가 이에 대답했다. '윗사람이 노인을 공경하면 아랫사람이 더욱 효도를 할 것이며, 윗사람이 나이를 따져서 존경하면 아랫사람이 더욱 우애할 것이며, 윗사람이 베풀기를 즐거워하면 아랫사람은 더욱 마음이 너그러워질 것이며, 윗사람이 어진 이를 친절히 대한다면 아랫사람은 더욱 친구를 가려 사귈 것이며, 윗사람이 덕을 좋아하면 아랫사람은 더욱 모든 일을 숨기지 않을 것이며, 윗사람이 재물 탐하는 것을 싫어하면 아랫사람은 더욱 재물을 가지고 서로 다투기를 부끄러워할 것이며, 윗사람이 청렴하고 겸양한다면 아랫사람은 더욱 절개를 지킬 것이다. 이것이 일곱 가지 교훈이니 이것이 바로 백성을 다스리는 근본이다.')

그것은 반드시 성인의 덕일 것이라! 요임금이나 순임금도 아마 그렇게 하기 어려울 것이다! 대저 어질다는 것이 무엇이냐? 자기가 서려면 동시에 다른 사람도 서게 하고, 자기가 일에 통달하려고 하면 동시에 다른 사람도 일에 통달하게 할 수 있어야 한다. 눈앞의 사실을 예로 택하여 하나하나씩 해 나갈 수 있다면 어짊을 실천하는 방법이라 할 수 있느니라."97)라 하였다. 또한 ≪孔子家語·王言解≫에서 공자는 "총명한 임금의 정치는 마치 때 맞추어 비가 오듯이 백성들의 마음을 기쁘게 해주는 것이다. 이런 까닭에 행하고 베푸는 것이 더욱 넓고, 얻고 친해지는 것은 더욱 많은 법이니 이것을 가리켜 편안하게 군사를 회군한다는 것이다."98)라 하였다.

【譯註】

▣ 자를 정리본은 '皐(罪)'자로 예정하고, '不罪'는 곧 어긋나지 않음이라 하였다. 그러나 '親'자와 자형이 비슷하기 때문에 잘못 쓴 것으로 보인다.99) "上不皐悥而絭専"은 "上不親仁而溥専"로 읽을 수 있으며, '윗사람이 인자와 친하지 않고 은덕을 널리 퍼지 못한다면', 곧 현자를 잃는 것이다. 그래서 그 다음 구절에 "睧(聞)亓(其)坷(治)於獬(失)人虐(乎)?"라 하여 '정치(다스림)는 현자를 잃는 것에 달려 있다('매우 중요한 관건이니, 현자를 잃어서는 안된다는 것'을 강조하는 말)는 것을 그대는 들었는가?'라고 공자가 묻는 것이다.

'絭'자에 대하여 학자마다 의견이 분분하다. '榜(매 방, bǎng,bàng)'100)·'附(붙을 부, fù)'101)나 혹은 '富(가멸 부, fù)'102) 등으로 읽기도 한다.

---

97) ≪論語·雍也≫: "如有博施於民而能濟眾, 何如? 可謂仁乎?" "何事於仁, 必也聖乎! 堯舜其猶病諸! 夫仁者, 己欲立而立人, 己欲達而達人. 能近取譬, 可謂仁之方也已."
98) ≪孔子家語·王言解≫: "故明王之政, 猶時雨之降, 降至則民悅矣.是故行施彌博, 得親彌眾, 此之謂還師衽席之上."
99) "親, 整理者釋爲'皐'. 今按: 此字所從的'自'疑是'目'字誤寫, 參看上文≪景公虐≫第6條. '親仁'習見於先秦古書, ≪論語·學而≫引孔子語即云: '泛愛眾而親仁.'." (陳偉, 〈讀≪上博六≫條記〉, 武漢大學簡帛研究中心, 2007)
100) "濮茅左先生根據A字從'父'得聲及在簡文中的用法, 讀A爲'溥', 通作'普', 應該是比較可取的.但由於沒有解釋A到底是什麼字, 濮先生的意見似乎沒有引起大家足夠的重視.我們懷疑, A應該是'榜'字.≪說文解字≫: '榜, 所以輔弓弩.從木, 旁聲.' 王紹蘭≪段注訂補≫: '弓弩或有枉戾, 縛木輔其旁, 矯之令直, 謂之榜.' ≪說文解字≫: '絭, 榜也.' A字從木從糸, 正與'縛木'相合. ≪說文解字≫: '專, 布也.' '敷, 㢱(施)也.' '布'與'施'義近. 所以'榜専'與 '普施'·'博施'義同.(張崇禮, 〈釋≪孔子見季桓子≫中的"榜専"〉, 簡帛研究, 2007)
101) "'上不皐〈親〉仁而附賢, 問其方於逸人乎?'(3號簡)', 附, 簡文從糸從父從木, 讀爲'附'." (陳偉, 〈讀≪上博六≫條記之二〉, 武漢大學簡帛研究中心, 2008.
102) "専, 從整理者意見, 疑當讀作'富'. ≪左傳≫襄公十年'偪陽', ≪穀梁傳≫·≪漢書·地理志≫作'傅陽'. ≪漢書·地理志≫並云: '傅陽, 故偪陽國.' 可見從'畐'之字與從'專'之字上古音當較近. '親人而附富'應當是夫子對'上'

진위陳偉는 ≪左傳·定公九年≫에서 포문자鮑文子가 군주에게 충간忠諫하기를 "……저 양호는 노나라의 계손씨에게 총애를 받았으나 계손씨를 죽이려 했고, 노나라를 불리하게 하려 하여, 우리나라에 용납되기를 구하고 있나이다. 그는 이익이 있는 편을 친하게 대하고, 어진 사람을 친하게 대하지 않사온대, 군주께서 어찌 그를 쓴단 말씀이옵니까?"103)라고 한 구절을 참고하여 간문簡文의 '不親人而附富'의 뜻은 ≪左傳≫의 '親富不親仁'과 비슷하기 때문에 '富'로 읽을 수 있다하였다.104) '槃'자 다음의 '▨'자를 정리본은 '專'자로 예정하고 있으나, 이 자를 '賢'자의 이체자로 보기도 하지만,105)106) ≪上博楚簡≫ 중 ≪孔子詩論≫은 '▨'로 쓰고 ≪郭店楚簡≫이 '▨'로 쓰는 것으로 보아107) '專(펼 부, bù,fū)'자가 옳다.

문자의 형태나 문자의 내용으로 보아 '槃(溥)專'에 대한 정리본의 주장이 옳다. "上不皋悥而槃專"는 "上不親仁而溥專"로 읽을 수 읽고, 즉 '윗사람이 어짊(仁)에 어긋남이 없으며 은덕을 널리 베풀어야 한다'는 공자의 가르침이다. 따라서 전체적인 의미는 정리본의 견해가 옳은 것으로 보인다(부록 참고).

③ '睯亓司於儕人'

「실인失人」은 '사람을 잃으며 나라의 큰 우환이 된다'는 뜻으로, 그래서 ≪史記·商君列傳≫에서는 "관리가 사람을 잃으면, 나라가 망하는 위험이 있을 수도 있고", "사람들의 마음을 얻는 자는 흥하고, 사람들의 마음을 잃는 자는 망한다."108)라 하였다.

≪論語·衛靈公篇≫에서 공자가 말하기를 "그와 함께 이야기 나눌 수 있는데도 오히려 그와 말을 하지 않는다면 이것은 인재를 놓치는 것이고, 그와 함께 이야기 나눌 만하지 않은데도 오히려

的批評之語. ≪左傳≫定公九年載鮑文子諫齊侯云: '……夫陽虎有寵於季氏, 而將殺季孫, 以不利魯國, 而求容焉. 親富不親仁, 君焉用之?……' '親富不親仁'正與簡文 '不親仁而附富'相合. (凡國棟·何有祖. ≪孔子見季桓子≫劄記一則. 武漢大學簡帛研究中心, 2007)

103) ≪左傳·定公九年≫: "……夫陽虎有寵於季氏, 而將殺季孫, 以不利魯國, 而求容焉. 親富不親仁, 君焉用之?"
104) "專, 從整理者意見, 疑當讀作'富'. ≪左傳≫襄公十年'偪陽', ≪穀梁傳≫·≪漢書·地理志≫作'傅陽'. ≪漢書·地理志≫並云: '傅陽, 故偪陽.' 可見從'冨'之字與從'專'之字上古音當較近. '親人而附富'應當是夫子對'上'的批評之語. ≪左傳≫定公九年載鮑文子諫齊侯云: '……夫陽虎有寵於季氏, 而將殺季孫, 以不利魯國, 而求容焉. 親富不親仁, 君焉用之?……' '親富不親仁'正與簡文 '不親仁而附富'相合. (凡國棟·何有祖. ≪孔子見季桓子≫劄記一則. 武漢大學簡帛研究中心, 2007)
105) 凡國棟·何有祖, 〈≪孔子見季桓子≫劄記一則〉, 武漢大學簡帛研究中心, 2007
106) 陳偉, 〈讀≪上博六≫條記之二〉, 武漢大學簡帛研究中心, 2008.
107) ≪楚系簡帛文字編≫, 302 쪽.
108) ≪史記·商君列傳≫: "司失人者, 亡國其危.", "得人者興, 失人者崩."

그와 말을 한다면 이것은 말을 낭비하는 것이다. 총명한 사람은 인재를 놓치지 않으며 또한 말을 낭비하지도 않는다."109)라 하였고, 또한 ≪管子·五輔≫에서는 "옛날 성왕들이 성대한 이름과 큰 명예와 풍성한 공과 위대한 업적을 성취하여 천하에 드날리고 후세에 잊히지 않는 것은 민심을 얻었기 때문이다. 포악한 왕들이 나라를 잃고 사직을 위태롭게 하고 종묘를 전복시켜 천하에 멸망당한 것은 민심을 잃었기 때문이다. 지금 영토를 소유한 군주들 모두 거처를 편안히 하려 애쓰고, 거동을 위엄있게 보이려 애쓰고, 전쟁을 이기고 수비를 견고히 하려 애쓰고, 크게는 천하에서 왕 노릇하려 애쓰고, 작게는 제후에게 霸者가 되려고 애쓰면서도 민심 얻기에 힘쓰지 않는다. 그러므로 작게는 전쟁에 패배하여 땅이 줄고, 크게는 자신이 죽으며 나라가 멸망한다. 그러므로 말하기를' 민심을 얻는 일은 힘쓰지 않으면 안 된다. 이것이 천하의 근본이다."110)라 하여 민심 얻는 것을 중요시 하고 있음을 알 수 있다.

【譯註】

'台'자를 정리본은 '사司'로 예정하고 있으나, '台'으로 예정해야 옳은 것 같다. 이 자를 '辭(詞, 말씀 사, cí))'로 읽거나111) 혹은 '방方'자로 예정하기도 하지만,112) 문자의 형태로 보아 '台'가 확실하고, 본 구절에서는 '治(다스릴 치, zhī)'로 읽는 것이 아닌가한다. '司'자는 또한 '治'자와 통하여 '다스리다'는 뜻으로 쓰인다. "台於僺人"는 "治於失人"으로 '다스림은 곧 현자를 잃음에 있기' 때문에 윗사람은 나라를 다스릴 때 '仁'에 어긋나는 일을 하지 말아야 하며, 백성에게 널리 은덕을 베풀어야 한다. 나라를 다스리는 자는 현자를 얻는 것을 매우 중시해야 한다. 그렇지 않으면 나라가 망하게 때문에 '정치를 하는 것(治) 곧 현자를 잃는 것'에 그 운명이 달려 있는 것과 같은 것이다.

본 편은 내용상 그 편련을 '20+3+24'로 볼 수 있다. 제 20간에서는 계강자季康子는 공자의 가르침을 열심히 노력하여 실천하도록 힘쓰겠다는 내용이고, 제 3간에서는 나라를 다스리는 군주

---

109) ≪論語·衛靈公篇≫: "可與言而不與之言, 失人, 不可與言而與言, 失言. 知者不失人, 亦不失言."
110) ≪管子·五輔≫: "古之聖王, 所以取明名廣譽, 厚功大業, 顯於天下, 不忘於後世, 非得人者, 未之嘗聞.暴王之所以失國家, 危社稷, 覆宗廟, 滅於天下, 非失人者, 未之嘗聞.今有土之君, 皆處欲安, 動欲威, 戰欲勝, 守欲固, 大者欲王天下, 小者欲霸諸侯.而不務得人, 是以小者兵挫而地削, 大者身死而國亡, 故曰: 人不可不務也.此天下之極也."
111) "台, 原讀作'治'. 按之文意, 恐當讀作'辭', 指言詞.≪禮記·曲禮上≫: '毋不敬, 儼若思, 安定辭.' 孔穎達疏: '辭, 言語也.'."(凡國棟, 何有祖, ≪孔子見季桓子≫劄記一則〉, 武漢大學簡帛研究中心, 2007)
112) "方, 上部是反向書寫的'方'"(11號簡'方'亦然), 原釋文作'司'."(陳偉, 〈讀≪上博六≫條記之二〉, 武漢大學簡帛研究中心, 2007)

가 나라를 잘 다스리고 다스리지 못하는 것은 곧 현자를 얻고 잃음에 있다는 공자의 가르침이고, 제 24간에서는 현자는 천지만물의 이치를 깨닫고 두루 관찰하여야 되지 만약 그렇지 않으면 큰 덕을 이룰 수 없다는 뜻이다.

'{width=15}'자를 정리본은 '𢢦'자로 예정하고 '실失'로 읽고 있다. 그러나 일부 학자는 '逸(달아날 일, yì)'로 읽고 '逸人'은 공자를 가리킨다고 하기도 하고,113) 혹은 은둔자를 가리킨다고 하기도 한다.114) 그러나 '𢢦'자는 초간에서 자주 쓰이는 자이고 '失'의 의미로 자주 쓰인다. ≪郭店楚簡·緇衣≫는 ''로 쓰고, ≪上博楚簡 紂衣≫는 ''로 쓴다.115) 정리본이 이미 자세히 설명하였듯이 '실인失人'은 '득인得人'의 반대되는 개념으로 쓰인다(부록 참고).

④ '君夫士品勿'

「군君」은 글자의 흔적이 부명하지 않지만 '君'자와 비슷하다. 「品」자는 字部 'ㅁ'가 세 개로 이루어진 자로, '日'이 세 개로 이루어진 간문의 '晶(三)'자와는 다르다.

【譯註】

''자를 정리본은 '君(?)'이라고 하였듯이 확실히 '군君'자의 일반적인 형태와 다르다. 이 자를 '호虎'자의 생략형으로 보고 '乎'자로 읽거나,116) 혹은 '虖(울부짖을호, hū,hú)'자로 예정하고 '乎(어조사 호, hū)'로 읽거나,117) 혹은 '幾'로 읽기도 한다.118)

---

113) "逸, 原釋文讀爲'失'. 逸人, 此處似孔子自謂.(陳偉, 〈讀≪上博六≫條記之二〉, 武漢大學簡帛研究中心, 2007)
114) "逸, 原釋文讀爲'失', 這裏從陳偉老師的讀法. 不過'逸人'在此處恐非'孔子自謂', 而是指孔子所引述的話語的原說話人.疑指隱逸之當世賢人或先前之古人.≪後漢書·趙岐傳≫: '漢有逸人, 姓趙名嘉.有志無時, 命也奈何！'當然也可能是孔子并不知道或不願意說其確切名字, 而托以'逸人'."(凡國棟·何有祖, 〈≪孔子見季桓子≫劄記一則〉, 武漢大學簡帛研究中心, 2007)
115) ≪楚系簡帛文字編≫, 1004 쪽.
116) "乎, 簡文上部所從的'虍'有省寫."(陳偉, 〈讀≪上博六≫條記之二〉, 武漢大學簡帛研究中心, 2007)
117) "虖, 今細審圖版並按察文意, 仍從陳偉老師意見, 讀作'乎'. 從簡文來看, 夫子言外之意在於指出'上不親仁而附富'的毛病, 並借用'逸人'之語來教導季桓子."(凡國棟·何有祖, 〈≪孔子見季桓子≫劄記一則〉, 武漢大學簡帛研究中心, 2007)
118) "幾, 原釋爲'君'且下讀. 陳老師往上讀幷釋爲'乎'. 今按: 此字從'幾'從'口', 疑讀作'幾', 指希望.≪左傳≫哀公十六年: '國人望君, 如望歲焉, 日月以幾'. 杜預注: '冀君來.' 陸德明≪釋文≫: '幾, 音冀, 本或作冀.' ≪漢書·杜欽傳≫: '爲國求福, 幾獲大利.' 簡文似在責備'上'不用仁賢之人, 而用'失'人, 幷對威望不是很高的士保有期望. 結合下文提及君子的幾種品格, 可見'上'所用之人缺乏君子品格的衡量. 故而這裏的'失人'讀作'逸人'."(何有祖, ≪上博六劄記(三)≫, 武漢大學簡帛研究中心, 2007)

문자의 형태로 보아 '唐'의 이체자이고, '乎'로 읽는 것이 아닌가 한다. ≪上博楚簡·容成氏≫는 '唐'자를 '🔳'로 쓰고,119) ≪上博楚簡 弟子問≫은 '🔳'로 쓴다.

따라서 "君(?)夫士品勿" 중 "唐(乎). 夫士品勿(物)"로 읽을 수 있다. 즉 '唐(乎)'자는 앞 문장의 의문어기조사로 쓰인다(부록 참고).

---

119) ≪楚系簡帛文字編≫, 488 쪽.

第4簡

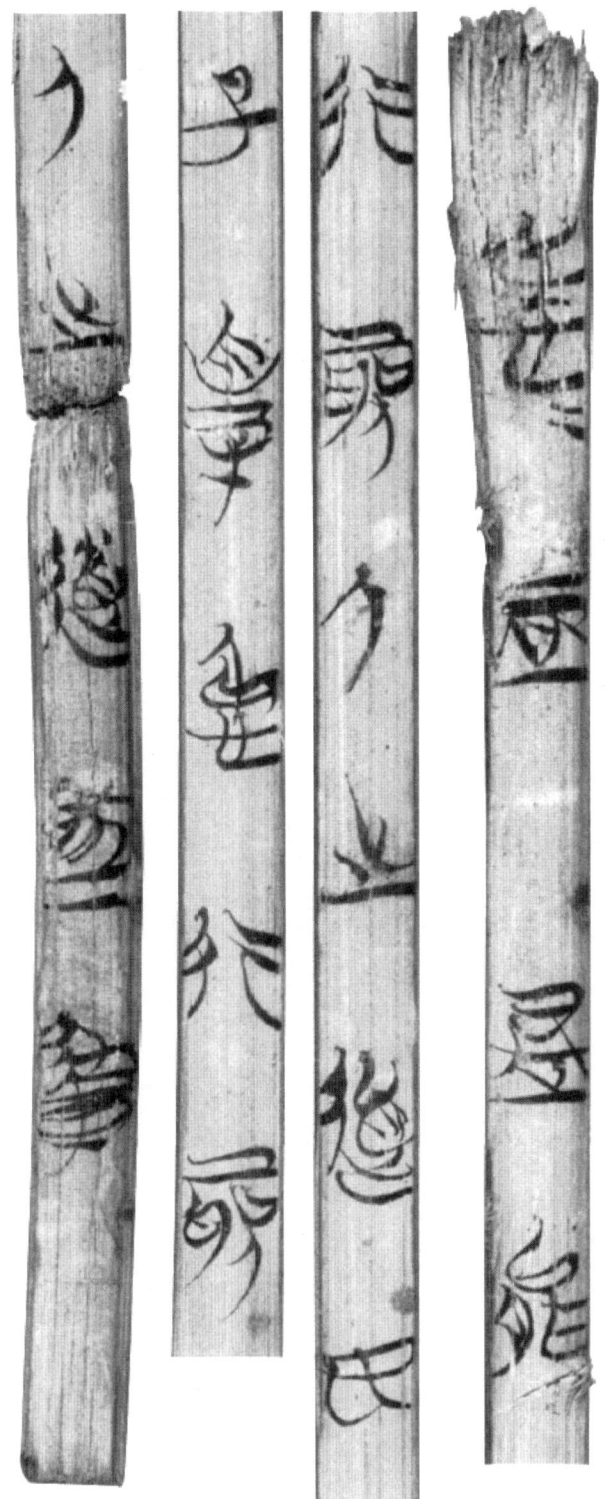

□悬=者显能行䂒人之道女子皋悬行䂒人之道則庳

第 4 簡

□悥=(仁心)者盅(盟)①, 能行䙴(聖)人之道②, 女(如)夫辠(罪)悥(仁)③, 行䙴(聖)人之道, 則虗

【해석】

어진 마음은 굳게 지키고자 맹세를 해야 하고 성인의 도를 능히 행할 수 있어야 합니다. 만약 당신께서 어짐을 어기고 성인의 도를 행하고자 한다면, 즉 저는

【上博楚簡原註】

본간은 상단이 파손 되었고, 하단은 평평하다. 길이는 33cm이다. 두 번째 홈에서 파손된 부분까지의 길이는 5cm이고, 두 번째 홈에서 세 번째 홈까지의 길이는 26.4cm이며, 세 번째 홈에서 하단 끝부분까지의 길이는 1.5cm이다. 문자는 총 21자이고 그 중 합문은 1자이다.

① '□悥=者盅'

첫 번째 글자는 파손 되어서 분명하지 않다. '悥'은 '인심仁心'의 합문이다.

≪孟子·離婁上≫에서 "이제의 임금 된 사람이 백성을 사랑하는 어진 마음과 백성을 사랑하는 어진 소문이 있으되 백성들이 실제로 그 은택을 입지 못하여 가히 후세에 본받음직하지 못한 것은 선왕의 도(仁道)를 하지 않기 때문이다.」120)라 하였고, 이에 대하여 주희朱熹는 「인심仁心은 사람을 사랑하는 마음이요, 인문仁聞이라는 것은 사람을 사랑한다는 소리가 사람들에게 들림이 있는 것이다. 선왕의 도는 어진 정사라는 것이다."121)라 하였다.

「盅」자는 「盟(盟, 맹세할 맹, méng,míng)」자와 같다. ≪說文解字·囧部≫에서 "'盟'자에 대하여 ≪주례周禮≫에서는 '나라가 서로 뜻이 맞지 않은 상황이 있어 의심하는 상태에는 맹세를 한다'라 하였다. 제후들이 다시 만나서 12년에 1번 맹약을 맺는다. 북쪽을 향해서 맹약을 하늘의 사신과 사명에게 고한다. 盟은 희생물 가축을 죽여 그 피를 마시고, 붉은 쟁반과 옥 제기에 소 귀를 세워 놓는다. 「盟」은 의미부 '囧'과 '血'로 이루어진 형성자이며, 음은 '武兵'切이다. 전문篆文은 의미부가 朙인 盟으로 쓰고, 古文은 字部가 明인 盟자로 쓴다."122) 라 하였다.

---

120) "今有仁心仁聞, 而民不被其澤, 不可法於後世者, 不行先王之道也."
121) "仁心, 愛人之心也, 仁聞者, 有愛人之聲聞於人也. 先王之道, 仁政是也."

옛날에는 「사맹司盟」의 직책이 있었는데, ≪周禮·秋官司寇·司盟≫에서도 볼 수 있다.

> 사맹司盟은 맹서하는 글을 쓰는 법을 관장한다. 큰 나라와 작은 나라가 회동할 때 서로 뜻이 맞지 않으면 맹약하는 문서와 그 예에 관한 사항을 관장한다. 북쪽을 보고 하며 신명神明에게 아뢰고 맹서의 의식이 종료될 때 까지 모든 일을 보좌한다. 천하의 모든 백성에게 맹세한 후 그 맹세를 어긴 자는 비방하게 하고 신용이 없는 자도 또한 같이 비방하게 한다. 백성가운데 약제(藥劑: 어음으로 약속함)한 자가 있으면 해결되도록 도와주는 일이 司盟에게 있다. 옥사나 송사가 있는 자들에게 맹세하게 하거나 비방하게 한다. 맹세하거나 비방하는 일은 각 지역의 백성에게 희생을 제공하게 하여 이루어지도록 한다. 맹세가 이루어지면 司盟에게 술과 포脯를 제공하게 하여 맹세를 기원하게 한다.123)

사맹司盟은 맹약이나 증서를 교환 할 때 입회하여 희생의 피를 마시게 하고 그 신용을 보증하는 직책이자 맹서의 문장을 관장하고 예식도 거행하는 직책을 맡는다.

어진 마음(仁心)을 가진 자는 맹세할 때 실언을 하지 않는 법이다. 공자는 ≪論語·팔일八佾≫에서 「어질지 못한 사람은 곤궁한 곳에 오래도록 거하지 못하며 또한 안락한 곳에서도 오래 거하지 못한다. 인덕이 있는 사람은 인에 안주하고, 총명한 사람은 인을 이롭게 한다.」124)라 하였다.

「昷」은 「明」의 의미로 쓰이기도 한다.

【譯註】

정리본은 '煮'자는 '息='로 예정하고, 부호를 '합문부호'로 보고 있다. 그러나 본 구절은 '仁者'가 '聖人之道'를 행할 수 있음에 관한 내용으로, '息=者'은 '仁, 仁者'로 읽을 수 있다. 즉 문장부호는 '중문부호'이다.125)

'昷'자를 정리본은 '盟(盟)'자로 보고 있다. 그러나 이 자는 '是'가 옳다.126) 본편 제 5간에서

---

122) ≪說文解字·囧部≫: "盟, ≪周禮≫曰: 『國有疑則盟.』諸侯再相予會, 十二歲一盟. 北面召天之司愼司命. 盟, 殺牲歃血, 朱盤玉敦, 以立牛耳.從囧, 從血, 武兵切. 盟, 篆文從朙, 盟, 古文從明."
123) "司盟掌盟載之法. 凡邦國有疑, 會同, 則掌其盟約之載, 及其禮儀.北面詔明神, 旣盟, 則貳之.盟萬民之犯命者. 詛其不信者, 亦如之.凡民之有約劑者, 其貳在司盟.有獄訟者, 則使之盟詛. 凡盟詛, 各以其地域之衆庶, 共其牲而致焉.旣盟, 則爲司盟共祈酒脯."(≪周禮·秋官司寇·司盟≫)
124) ≪論語·八佾≫: "不仁者不可以久處約, 不可以長處樂. 仁者安仁, 知者利仁."
125) "'仁者是能行聖人之道(4號簡)'. '仁'字下有二點標識, 整理者以爲合文符, 讀作'仁心'. 今按: 此處更可能是重文符, 其中前一個"仁"字當屬上讀.(陳偉, 〈讀≪上博六≫條記之二〉, 武漢大學簡帛研究中心, 2007)
126) "是, 整理者釋爲'昷', 讀爲'盟'或'明', 於其後斷讀. 今按: 類似寫法的'是'字見於上博竹書≪曹沫之陳≫26·28 號簡和≪交交鳴鳥≫3·4號簡等處.其實, 寫法大致相同的字, 還見於本篇5號簡, 整理者已連同下一字'古'讀作

'![是古]'(是古)'의 '是'자의 형태와 같다. 따라서 본 구절은 "仁. 仁者是能行聖人之道."로 읽을 수 있다(부록 참고).

② '能行聖人之道'

「聖人之道」는 인의를 가르치고, 넓은 사랑을 주고, 진실한 믿음을 강구하는 것이다.

　　성인의 도는 능히 홀로 위엄과 세력으로써만 정치를 이루지 못하고 반드시 교화가 있어야 한다. 그러므로 이르기를 먼저 널리 사랑함으로써 하여 仁과 義로써 가르치는 것이다. 얻기가 어려운 것을 군자는 귀하게 여기지 않고 義로써 가르치는 것이다. 비록 천자가 반드시 존엄함이 있으나 효도로써 가르치고 반드시 먼저 하는 것이 있는 것은 공경으로써 가르치는 것이다. 이러한 것은 위엄과 권세가 족히 홀로 믿을 것만은 아닌 것이니 교화교화의 공로가 크지 않겠는가?127)

　　요임금과 순임금이 이미 돌아가시니 성인의 인의의 바른 도가 쇠하여 하나라와 상나라 사이에 사나운 임금이 대대로 일어나 백성의 집들을 헐어서 웅덩이와 못을 만들어서 백성들이 편안히 쉴 곳이 없으며 백성들의 밭을 버려서 동산을 만들어서 백성으로 하여금 의식을 얻지 못하게 하고, 간사한 말과 사나운 행실이 또 일어나서 동산과 웅덩이와 못과 초목이 난 곳과 물이 모인 곳이 많아서 새와 짐승이 이르니 주왕에 이르러 또 한 번 천하가 크게 어지러웠느니라.128)

【譯註】

　　'성聖'자를 갑골문은 '![甲骨]'·'![甲骨]'으로 쓰고,129) 금문은 '![金]'·'![金]'으로 쓴다.130) '![古]'자는 금문의 '![金]'자와 같은 형태이다. 초간에서 혹은 의미부 '耳'와 '口'만을 써서 '![聖]'으로 쓰기도 한다.131) 고문자에서 '聖'자는 '청聽'·'성聲'과 '성聖'의 의미로 쓰이는데, 본문에서는 '성聖'의 의미로 쓰

"'是故', 在此卻釋爲'昷', 應該說是一個疏忽.(陳偉, 〈讀≪上博六≫條記之二〉, 武漢大學簡帛研究中心, 2007) "4號簡'是', 原釋爲'顯(盟)', 應參考第1·6號簡釋爲'是'. 簡文讀作'仁心者是能行聖人之道'."(何有祖, 〈上博楚簡≪孔子見季桓子≫字詞考釋〉, 中國文字研究.2012)

127) "聖人之道, 不能獨以威勢成政, 必有教化, 故曰先之以博愛, 教之以仁義也. 難得者, 君子不貴, 教以義也, 難得者, 君子不貴, 教以義也, 雖天子必有尊也, 教以孝也, 必有先也, 教以弟也. 此威勢之不足獨恃, 而教化之功不大乎？"(≪春秋繁露·爲人者天≫)
128) "堯舜既沒, 聖人之道衰, 暴君代作, 壞宮室以爲汙池, 民無所安息, 棄田以爲園囿, 使民不得衣食. 邪說暴行又作, 園囿·汙池·沛澤多而禽獸至. 及紂之身, 天下又大亂."(≪孟子·滕文公下≫)
129) ≪甲骨文編≫, 466쪽.
130) ≪金文編≫, 771쪽.
131) ≪楚系簡帛文字編≫, 996쪽.

인다.

③ '女子辠息'

「女」자는 「如」로 읽는다.

공자는 계환자에게 「聖人之道」에 대해 일깨우는데, 마땅히 인이 근본이 되어야 하고, 인을 범해서는 안 된다 하였다. 인은 사랑의 이치이고 마음의 덕이다. 군자는 근본을 힘쓰고, 근본을 세워 도道가 생겨나게 해야 한다.

공자는 '인仁'에 대하여 아래와 같이 설명하였다.

人而不仁, 如禮何? 人而不仁, 如樂何?(≪論語·八佾≫)
사람이 어질지 아니하면, 어떻게 예의 제도를 대할 것이며, 사람이 어질지 아니하면 어떻게 음악을 대할 것이냐?

唯仁者能好人, 能惡人.(≪論語·里仁≫)
단지 어진 사람만이 사람을 좋아할 수 있고, 사람을 싫어 할 수 있다.

富與貴, 是人之所欲也, 不以其道得之, 不處也. 貧與賤, 是人之所惡也, 不以其道得之, 不去也. 君子去仁, 惡乎成名? 君子無終食之間違仁, 造次必於是, 顚沛必於是.(≪論語·里仁≫)
돈을 많이 벌고, 높은 벼슬을 하는 것, 이것은 사람들 모두 바라는 것이지만, 정당한 방법으로 그것을 얻지 않는다면 군자는 그것을 받아들이지 않는다. 곤궁하고, 천한 것, 이것은 사람들 모두가 싫어하는 것이지만, 정당한 방법으로 그것을 버릴 수 없다면 군자는 벗어나지 않는다. 군자가 인덕을 버리면, 어떻게 그의 명성을 이루겠는가? 군자는 한 끼의 밥을 먹는 시간조차도 인덕에서 멀어지지 않으니, 황급한 때에도 인덕과 같이 있고, 곤경에 빠져 있을 때에도 반드시 인덕과 같이 있다.

【譯註】

'辠'자를 정리본은 '辠'로 예정하고 '罪(허물 죄, zuì)'자로 읽고 있으나, 앞 죽간에서와 마찬가지로 '親(친할 친, qīn,qìng)'의 의미로 쓰인다(부록 참고).

第5簡

10. 공자견계환자

第 5 簡

爲信㠯(以)事亓(其)上①. 息(仁)亓(其)女(如)此也②. 上唯逃智, 亡不䎡(亂)矣③. 是古(故), 魚(吾)道之, 羣=(君子)行, 羣=(君子)弗見也④, 吾䜈(諗)弗見也, 魚(吾)夢(?)弗見也⑤.

【해석】
믿음으로 윗사람에 충성하여야 합니다. 인이란 이런 것입니다. 윗사람이 이를 알지 못한다면 바로 어지러워집니다. 그러므로 내가 군자의 도를 행함은 군자가 이를 행하나 볼 수 없고, 내가 꾀하는 말을 볼 수 없고, 내가 □하는 것도 볼 수가 없습니다.

【上博楚簡原註】
본간의 상단은 평평하고 하단은 파손되었다. 길이는 50.2cm이고, 상단 끝부분에서 첫 번째 홈까지의 길이는 1.1cm이며 첫 번째 홈에서 두 번째 홈까지의 길이는 25.6cm이다. 문자는 총 12자이며, 그 중 합문은 2자이다.

① **爲信㠯事亓上**

「위신爲信」두 글자 앞에「충성忠誠」이 추가되어야 하는 것이 아닌가 한다. 군자는 충성스런 믿음으로 윗사람을 섬기고 소인은 농사에 힘씀으로써, 윗사람을 섬기는 방식이 각기 달랐다. 윗사람은 순박한 덕으로 아랫사람을 대우하고, 서로 예의를 지키고 사양하여 다투지는 않는다. 이러한 사상은 당시 사회에 적극적으로 반영되었다. 예를 들면 아래와 같다.

> 겸양은 예의의 근본이다. 범선자範宣子가 사양하니, 그의 아랫사람들이 다 사양했다. 난염欒黶이라는 사람은 본시 거만했지만, 감히 다른 사람들이 사양함을 어기지 못했다. 진나라가 화평하고 여러 대 동안 그 힘을 입었으니, 그것은 법이 훌륭했기 때문이다. 한 사람이 법을 잘 운용하여 백성들이 안락하게 되었다. 그러니 법을 운용함에 힘쓰지 않을 수 있으랴? ≪서경≫에서 이르기를 '천자가 선을 행하면, 모든 백성이 그 힘을 입으며 국가의 안녕은 영원하다.'고 하였는데, 이때의 진나라 사정 같은 일을 두고 말한 것일까? 주周나라가 흥성했을 때에 ≪시경≫에서 '문왕을 본받아 모든 나라가 성실하도다.'라고 하였다. 이는 범을 잘 운용하였음을 말한 것이다. 그리고 주나라 세력이 쇠퇴해졌을 때 ≪시≫에서 '대부들이 고르게 나랏일에 종사하지 못하나 나는 늘 나랏일 보아 홀로 어진가 보다.'라고 하였다. 이것은 서로 양보하지 않음을 말한 것이다. 세상이 다스려질 때에는 윗사람들은 유능한 자들을 숭상하고 아랫사람들에게 겸양하며 소인들

은 농사에 힘써 그 윗사람들을 섬긴다. 그러므로 상하에 예의가 있게 되어 간사한 마음을 품은 자들이 멀어지니 이것은 사람들이 서로 다투지 않음으로 말미암아서이니, 이것을 미덕의 세상이라 이른다. 그러나 세상이 어지럽게 되면, 윗사람이 자기의 공을 앞세워 자랑하여 아랫사람에게 압력을 가하고, 아랫사람은 자기 재주를 과장하여 윗사람을 능멸하게 된다. 그러므로 상하 간에는 예의가 없어 혼란과 포학暴虐이 한꺼번에 일어난다. 이것은 상하가 서로 잘한다고 다툼으로 말미암아서이니 이런 세상을 악덕의 세상이라고 이르는 것이다. 국가가 쇠퇴하여 짐은 언제나 반드시 이 때문인 것이다.132)

이와 같이 신의를 귀중함으로 삼았음을 알 수 있다. ≪論語·學而≫에서 공자는 "천대의 병거兵車를 가지고 있는 국가를 다스리려면 엄숙하게 일을 대하고 신용있게 하고 비용을 절약하며, 인재를 아껴야 하고, 백성을 부릴 때에도 농사일이 한가할 때에 한다."133)라 하였고, ≪論語·위령공衛靈公≫에서는 "군자는 일에 대해 의로움을 원칙으로 삼고, 예절에 따라 그것을 실행하며, 겸손한 말로 그것을 이야기 하고, 성실한 태도로 그것을 완성하니, 참으로 군자구나!"134)라 하여 믿음이 있는 인을 갖춘 자의 마음에 대하여 말하였다.

【譯註】
초간에서 '신信'자는 일반적으로 '㪍'·'𧥺'·'𧦝'으로 쓴다.135) 의미부 '言'과 소리부 '千'이다. 본 죽간의 두 번째 '𧦝'자는 일반적인 '信'자와 약간 그 형태가 다르나, 이 다음 문장이 "悬(仁)亓(其)女(如)此也(인이란 바로 이와 같은 것이다)"의 뜻으로 보아 '𧦝'자는 인仁에 대한 한 항목에 해당되는 자로 '信'자의 이체자이다. '千'자에 장식부호인 한 획이 더 추가된 것으로 보인다.

② '悬亓女此也'
「女」는 「如(같을 여, rú)」로 읽는다.

---

132) "讓, 禮之主也. 範宣子讓, 其下皆讓, 欒黶爲汰, 弗敢違也. 晉國以平, 數世賴之, 刑善也夫. 一人刑善, 百姓休和, 可不務乎? ≪書≫曰:'一人有慶, 兆民賴之, 其寧惟永.'其是之謂乎? 周之興也, 其≪詩≫曰:'儀刑文王, 萬邦作孚.'言行善也. 及其衰也, 其≪詩≫曰:'大夫不均, 我從事獨賢.'言不讓也. 世之治也, 君子尚能而讓其下, 小人農力以事其上, 是以上下有禮, 而讒慝黜遠, 由不爭也. 謂之懿德. 及其亂也, 君子稱其功以加小人, 小人伐其技以馮君子, 是以上下無禮, 亂虐並生, 由爭善也. 謂之昏德.國家之敝, 恒必由之."(≪春秋左傳·襄公十三年≫)
133) ≪論語·學而≫:"道千乘之國: 敬事而信, 節用而愛人, 使民以時."
134) ≪論語·衛靈公≫:"君子義以爲質, 禮以行之, 孫以出之, 信以成之. 君子哉!"
135) ≪楚系簡帛文字編≫, 218 쪽.

③ '上唯逃智, 亡不瞓矣'

'逃(달아날 도, táo)'자에 대하여 ≪說文解字·辵部≫에서는 "'逃'는 '도망하다'의 의미이다."[136]라 하였고, ≪광운廣韻≫에서도 "'逃'는 '피해가다', '가다'의 의미이다."[137]라 하였다.

「지智」는 「지知」자의 통가자이다.

명군名君이란 그 이후 백대百代라도 미리 알 수 있는 것이다. 공자는 ≪論語·爲政≫에서 「은나라는 하나라의 예의제도를 답습하였으니 그 폐지되고 첨가된 것을 알 수 있고, 주나라는 은나라의 예의 제도를 답습했으니 그 역시 폐지되고 첨가된 것을 알 수 있다. 그렇다면 가령 주나라를 계승해서 정치를 베풀 사람이 있다고 할 때, 그 이후 백대百代라도 미리 알 수 있다.」[138]라 하였다.

「亡」은 「無(없을 무, wú,mó)」로 읽는다.

간문에서 「亂(어지러울 란, luàn)」자를 대부분 「瞓」자로 쓴다. ≪詩經·大雅·소민召旻≫에서 「가뭄이 든 해에 풀이 무성히 못 자라듯, 나무 위의 시든 풀 같이 되었으니 우리나라를 보건대 어지럽기 짝이 없네.」[139]라 하였는데, 정현鄭玄은 「'궤潰'는 '어지러운 것'이다. 어지럽히지 않는 자가 없다는 것은 모두 다 어지러운 것을 말한다. ≪春秋傳≫은 국란國亂을 「潰(무너질 궤, kuì,huì)」라 하고, 읍란邑亂을 「叛(배반할 반, pàn)」이라 한다.」[140]라 하였다.

본 구절의 내용은 윗사람은 알지 못하고, 귀를 막아. 충언 듣기를 거부하고, 아첨하는 말을 믿어, 민정이 위에 전달되지 못하니 천하가 혼란하지 않을 수 없다는 것이다.

【譯註】

'逃'자를 정리본은 원 문자의 뜻으로 해석하고 있으나, 혹은 '도陶'의 의미로 해석하기도 한다.[141] 하지만 다음 문장이 "亡(無)不瞓(亂)矣.(혼란이 야기되지 않은 것이 없다)"라 하였기 때문에 '도지逃智'는 혼란이 야기된 원인으로 볼 수 있기 때문에 정리본의 주장에 따라 해석하기로 한다.

---

136) ≪說文解字·辵部≫: "逃, 亡也."
137) ≪廣韻≫: "逃, 避也, 去也."
138) ≪論語·爲政≫: "殷因於夏禮, 所損益可知也. 周因於殷禮, 所損益可知也. 其或繼周者, 雖百世可知也."
139) ≪詩·大雅·召旻≫: "如彼歲旱, 草不潰茂, 如彼棲苴, 草不潰茂."
140) 鄭玄: "潰, 亂也. 無不潰者, 言皆亂也. ≪春秋傳≫曰: '國亂曰潰, 邑亂曰叛.'"
141) 何有祖, 〈讀≪上博六≫札記〉, 武漢大學簡帛研究中心, 2007-07-09. 李銳는 ≪廣雅≫를 인용하여 '陶'는 '喜'의 뜻이라 하였다.(≪≪孔子見季桓子≫重編(稿)≫, 武漢大學簡帛研究中心.)

④ '是古, 魚道之, 羣=行, 羣=弗見也'

「고古」는 「고故」로 읽고, 「어魚」는 「오吾」로 읽는다. 「羣=」는 '君'과 '子' 두 글자의 합문이다.

【譯註】

'행行'자 다음의 '⿳' 자를 정리본은 '羣='로 예정하고 있으나, 일반적인 '羣='의 형태와는 확실히 다르다. '冠(갓 관, guān,guàn)'자를 초죽서 중 ≪包山楚簡≫은 '⿳'·'⿳'으로 쓰고,142) ≪上博楚簡≫은 '⿳'(≪內禮≫)·'⿳'(≪容成氏≫)으로 쓴다. '⿳'자와 형태가 비슷하다. 따라서 이 자는 의미부 '月'와 소리부 '元'으로 이루어진 '冠'자가 아닌가 한다.143) '冠'자는 본 문장 내용으로 보아 '忨(탐할 완, wàn)'로 읽을 수 있다(부록 참고).

'魚道之' 중의 '魚'자를 '虞(헤아릴 우, yú)' 혹은 '禦(막을 어, yù)'로 읽어, '도를 헤아리는(보호하고자 하는) 자'로 해석하기도 한다.144) 이 구절 다음 내용이 '행동은 헛된 욕심을 부리리는 것(行忨)'·'말을 함부로 하는 것(語諗)'·'말을 함부로 모는 것(馭馳)' 등을 행하지 않는 자가 군자이기 때문에 '虞' 혹은 '禦'자로 해석할 수 있으나, '吾道之'는 '내 자신이 도를 행하고자 한다면'의 뜻으로 그 뜻이 명확하기 때문에 정리본의 주장에 따라 해석하기로 한다.

⑤ '吾詥弗見也, 魚䎽(?)弗見也'

「詥」는 의미부 '曰'과 소리부 '僉'으로 이루어진 형성자 이다. ≪자휘字彙≫에서는 「噞(입 벌름거릴 엄, yàn)'자를 ≪석경石經≫에서는 '驗(증험할 험, yàn)'자의 가차로 쓰인다.」145)라 하였다. '䎽'자에 대해서는 좀 더 연구가 필요하다.

【譯註】

하유조何有祖(2012)는 '吾詥'을 '어험語險'으로, '魚䎽'를 '어신御迅'으로 읽었다.146) 계욱승

---

142) ≪楚系簡帛文字編≫, 714 쪽,
143) 何有祖, 〈讀≪上博六≫札記〉, 武漢大學簡帛研究中心, 2007-07-09.
144) 李銳, 〈讀≪孔子見季桓子≫札記〉, 簡帛研究, 2008-03-27. 季旭昇, 〈≪上博六·孔子見季桓子≫譯釋〉, ≪國際儒學研究≫第17輯, 228 쪽.
145) ≪字彙≫: "噞, ≪石經≫借作驗."
146) "僉, 原從金從日(或甘). ≪淮南子·道應訓≫: '多聞博辯,守之以儉.' ≪文心雕龍·銘箴≫: '李尤積篇,義儉辭碎.' 御, 原釋為'魚', 讀作'吾'. 按: 當讀作'御', 指駕馭車馬. 周時為六藝之一. ≪詩·鄭風. 大叔於田≫: '叔善射忌, 又良御忌.'≪周禮·地官·大司徒≫: '三日六藝: 禮·樂·射·御·書·數.', 迅, 原從西從角, 右上待考. 迅指速度很快. 劉向≪九歎·惜賢≫: '挑愴揚汰,蕩迅疾兮.' ≪史記·趙世家≫所載趙之先祖, 古之善御者, 曾日馳千裏

季旭昇은 '𩡺'자는 소리부 '尾'이고 '馳(달릴 치, chí)'로 읽어야 한다하였다.147) 문자의 자형으로 보아 윗부분은 의미부 '馬'자의 변형이고 아랫부분은 소리부인 '尾'가 아닌가 한다. 따라서 '魚𩡺'로 예정하고 '어치馭馳'로 읽을 수 있다. 말을 급하게 무절제적으로 함부로 모는 것을 말한다. '吾𩡺'은 '자신의 도를 실천하고자 하는 내용'이기 때문에 '말을 험하게 하다'라는 뜻의 '어험語險'이나 '어험語譣'으로 읽을 수 있다(부록 참고).

馬, 其御當可用'迅'來形容. 簡文當是在形容君子在行·語·御三個方面應有的良好表現.(何有祖, 〈上博楚簡 ≪孔子見季桓子≫字詞考釋〉, 中國文字研究, 2012)

147) 季旭昇, 〈≪上博六·孔子見季桓子≫譯釋〉, ≪國際儒學研究≫第17輯, 236쪽. "'馳', 車馬疾馳, ≪詩經·唐夙·山有枢≫: '子有車馬, 弗馳弗驅.' 可見得馳驅是一種享樂的行爲."

第6簡

繇怠ヨ害君子覞之趄子ヨ女夫怠人之未耆兀□

第 6 簡

繇息(仁)夫(歟), 害(曷)君子眈(聽)之①?」趄(桓)子曰:「女(如)夫息(仁)人之未箸(對)亓□②

【해석】
어짊(仁)에서 비롯되는 것이니 어찌 군자는 어진 사람의 말을 듣지 않아야 하겠는가?」계환자가 말하기를「어진사람이……만약에 대답하지 않는다면

【上博楚簡原註】
본 간의 상단과 하단이 파손 되었다. 총 길이는 24cm이다. 상단에서 첫 번째 홈까지의 길이는 0.8cm이고, 문자는 총 19자이다.

① '繇息夫, 害君子眈之'

《집운集韻》은「繇(따를 요, yáo,yóu)」자에 대하여,「《설문해자》에서는 '繇'자는 '따르다의 의미이다'라 하였다. 혹은 '우憂'이나 '유由'의 의미로 쓰이기도 한다. 혹은 '繇로 쓴다.」148)라 하였다. 혹은 어조사語助辭로 쓰인다.

「害」자는「曷(어찌 갈, hé)」로 읽고, '왜 그렇지 않은가'라는 의미이다. 《詩經·有杕之杜》에서「中心好之, 曷飲食之?」149) 중의「曷」자의 용법과 같다.

「眈」자는 약간 변형된 형태이나, 「聽(들을 청, tīng)」자의 이체자가 아닌가 한다. 군자는 겸허한 마음으로 인한 사람과 어진 사람의 말을 들어야 한다는 뜻이다.150)

【譯註】
'害'자를 초간에서는 혹은 '蓋(盍)'로 읽고 '어찌 ……하지 않느냐?(何不)'의 뜻으로 쓰인다.

② '女夫息人之未箸亓□'
문장이 완전하지 않고, 죽간의 하단은 파손되었다.

---

148) 《集韻》: "繇, 《說文解字》: 『隨從也.』 一曰憂也, 由也. 或作繇."
149) 《詩·有杕之杜》: "中心好之, 曷飲食之?"(마음속으로는 좋아하나 어찌 마시게 하며 먹게 할까?)
150) 《孟子·盡心下》: "不信仁賢, 則國空虛."(맹자가 말하기를 인인과 현인을 믿지 아니하면 나라가 공허하다.)

「女」는 「如(같을 여, rú)」로 읽는다.

「息人」은 '어진사람'으로 덕을 이룬 사람을 말한다.151) 어진사람(仁人)에 대하여, ≪論語·위령공衛靈公≫에서 공자는「숭고한 뜻을 가진 사람과 어진 사람은 삶에 연연하여 인덕仁德을 손상시키지 아니하고, 다만 용감하게 자신을 희생하여 인덕을 이룬다.」152)라 하였고, ≪孔子家語·大婚解≫에서는「어진사람은 물욕에 너무 지나치지 않고, 효도하는 자식은 부모의 마음에 너무 지나치지 않습니다. 그런 까닭으로 어진 사람의 부모 섬기는 것을 보면 하늘 섬기듯 하며, 하늘 섬기는 것을 보면 부모 섬기듯 하니 이것을 가리켜 효자로써 몸을 이루었다는 말이다.」153)라 하였다.

「䇞」자는 의미부 '䇞'·'口'와 '對'의 생략형으로 이루어진 자로 '對(대답할 대, duì)'자와 같은 자이다. ≪설문해자·䇞≫에서는 '對'자에 대하여 「'써도 무방하다'의 뜻이다. 의미부 '䇞'·'口'와 '寸'로 이루어진 자이며, 의미부 '士'를 쓰기도 한다.」154)라 하였다. '不對'는 대답하지 못한다는 말이다. ≪論語·述而≫에서는 「葉公問孔子於子路, 子路不對.」155) 중의 '不對'의 뜻과 같다.

【譯註】
마지막 '▩'자는 남아있는 문자의 형태로 보아 '行'자가 아닌가 한다.156)

---

151) ≪論語集注·衛靈公≫: "志者, 有志之士.仁人, 則成德之人也.理當死而求生, 則於其心, 有不安矣, 是害其心之德也, 當死而死, 則心安而德全矣."(志者는 뜻을 가진 선비이고,仁人은 덕을 이룬 사람이다. 이치상 마땅히 죽어야 할 때 살기를 구하면 그 마음이 편안하지 못할 점이 있으니, 이는 마음의 덕을 해치는 것이고 마땅히 죽어야 할 때 죽으면 마음이 편안하고 덕이 온전할 것이다.)
152) ≪論語·衛靈公≫: "志士仁人, 無求生以害仁, 有殺身以成仁."
153) ≪孔子家語·大婚解≫: "仁人不過乎物, 孝子不過乎物. 是故仁人之事親也如事天, 事天如事親. 是故孝子成身."
154) ≪說文解字·䇞≫: "對, 應無方也, 從䇞, 從口, 從寸. 或從士."
155) ≪論語·述而≫: "葉公問孔子於子路, 子路不對."(섭공이 자로에게 공자에 대해 물으니, 자로가 대답을 하지 못했다.)
156) 李銳, 〈≪孔子見季桓子≫重編, 簡帛, 2007-08-22.

第7簡

虐子勿睯古牉呂告急人之道衣備此中觀俿不求赢收人不增

第 7 簡

虐(吾)子勿睧(聞)①, 古(故)牅(將)吕(以)告悥(仁)人之道②, 衣備此中③, 觀俤不求④, 羸收人不增 (？)⑤

【해석】
당신께서는 들어 보시지 않으셨나요? 그래서 인인仁人의 도道에 대하여 말씀드리려 했습니다. 어진사람의 도란, 의복은 알맞아야 하고, 용모는 다른 사람과 다를 필요는 없으며, 적절하지 않으면 ……

【上博楚簡原註】
본 간의 상단은 파손되었고, 하단은 평평하다. 길이는 32.7cm이다. 두 번째 홈에서 파손된 부분까지의 길이는 5.2cm이고, 두 번째 홈에서 세 번째 홈까지의 길이는 26cm이며, 세 번째 홈에서 하단까지는 1.5cm이다. 문자는 총 25자이다.

① '虐子勿睧'
「虐」는 「오吾」로 읽는다.

② '古牅吕告悥人之道'
「古」는 「고故」로 읽는다.
「牅」은 「醬(젓갈 장, jiàng)」자의 古文이다. '醬'자에 대하여, ≪說文解字≫에서는 「'육(肉)장'이다. 의미부 '肉'과 '酉'로 이루어진 형성자이다. 술로 육장(醬)의 맛을 조절한다는 뜻이다. '醬'자의 고문은 소리부 '爿'을 써서 '牅'으로 쓴다.」157)고 하였다. 「牅」자는 「將(장차 장, jiāng,jiàng)」의 의미로도 쓰인다.
「悥人之道」는 즉 「仁人之道」이다. ≪孔子家語·致思≫에서 자로子路가 공자孔子에게 관중管仲이 어떤 사람인지 물을 때에, 「仁人之道」에 대해서 이야기하였다.

---

157) ≪說文解字·酉≫: "醢也. 從肉·酉. 酒以龢醬也. 爿聲. 牅, 古文醬如此."

"관중은 어떤 사람입니까?" 공자가 말했다. "어진 사람이었느니라." 자로가 다시 물었다. "그러하오나 그 옛날 관중은 양공을 달랬으나 양공이 이를 받아주지 않았사오니, 이것은 그의 언변이 부족하다 할 것이오며, 또 공자규公子糾를 임금으로 세우고자 하였으나 성사치 못하고 말았사오니 이것은 지혜가 있다고 할 수 없사오며, 자기 집이 제나라에서 망했으나 걱정하는 빛이 없었사오니 이것은 자애로운 마음이 있다고 할 수 없사옵니다. 또 자기 몸이 질곡을 당해서 함차檻車에 실리게 되었어도 부끄러워하는 마음이 없었사오니 이것은 악한 것을 꺼려하는 마음이 없는 것이오며, 자기가 쏘아 죽이려던 임금을 다시 섬겼으니 이것은 정절이 있다고 할 수 없사오며, 소홀召忽은 죽었는데 관중은 죽지 않았으니 이것은 충성스럽다 하지 못할 것이옵니다. 어진 사람의 하는 일이 어찌 이 같습니까?" 공자가 말했다. "관중이 양공을 달랬으나 이것을 양공이 받아들이지 않은 것은 그가 어둡기 때문이며, 공자규를 임금으로 세우려다 이루지 못한 것은 때를 못 만났기 때문이다. 제나라에 있을 때 집안이 망하게 되었어도 걱정하는 빛이 없었던 것은 권도權道와 천명天命을 알기 때문이다. 또 형틀에 오르게 되었는데도 부끄러운 마음이 없는 것은 자량自量하기를 분명히 한 때문이며, 자기가 쏘아 죽이려던 임금을 도리어 섬기게 된 것은 변통을 잘하기 때문이며, 공자규에게 죽임을 당하지 않은 것은 일의 경중을 알았기 때문이다. 당시에 공자규는 아직 임금이 되지 않았고, 관중도 신하가 되지 않았으니 관중으로서는 의리를 헤아릴 때가 아니었다. 그렇다면 관중이 구속을 당해 가면서도 죽지 않고 공명을 세운 것을 그르다고는 못할 것이며, 또 소홀이 죽은 것이 아깝기는 하지만 어질게 일을 처리했다고 과도히 칭찬할 것은 못되느니라."

"管仲之爲人何如？"子曰"仁也."子路曰："曰昔管仲說襄公, 公不受, 是不辯也, 欲立公子糾158)而不能, 是不智也159), 家殘於齊, 而無憂色, 是不慈也, 桎梏而居檻車, 無慚心, 是無醜也, 事所射之君, 是不貞也, 召忽死之, 管仲不死, 是不忠也.仁人之道, 固若是乎？"孔子曰"管仲說襄公, 襄公不受, 公之暗也, 欲立子糾而不能, 不遇時也, 家殘於齊而無憂色, 是知權命也, 桎梏而無慚心, 自裁審也, 事所射之君, 通於變也, 不死子糾, 量輕重也.夫子糾未成君, 管仲未成臣, 管仲才度義, 管仲不死束縛, 而立功名, 未可非也.召忽雖死, 過於取仁, 未足多也."(≪孔子家語・致思≫)

---

158) 공자규公子糾는 제나라 양공의 아들이다.
159) ≪春秋左傳·莊公八年≫「初, 初襄公立, 無常.鮑叔牙曰："君使民慢, 亂將作矣."奉公子小白出奔莒. 亂作, 管夷吾·召忽奉公子糾來奔.……鮑叔帥師來言曰："子糾, 親也, 請君討之.管·召·仇也, 請受而甘心焉." 乃殺子糾於生竇, 召忽死之.(제나라 양공襄公이 군주가 되었을 때, 양공의 정치가 정당성을 잃었다. 그러자 포숙아鮑叔牙는 "그대가 백성들에게 거만하게 구니 장차 난리가 일어날 것이요"라 말하고 공자소백公子小白을 모시고 거莒 땅으로 도망했다. 난리가 일어나자 관이오(管夷吾, 管仲)와 소홀召忽은 공자규를 모시고 노나라로 달아났다. ……포숙아가 군사를 거느리고 노나라로 와 말하기를, "공자규는 우리 군주의 육친이어서, 우리가 데려다 죽일 수가 없으니 군주께서 죽이시기를 원하옵니다. 그리고 관중管仲은 우리 군주의 원수이오니, 제가 체포하여 마음대로 처치하겠사옵니다."라고 했다. 이에 공자규를 생두生竇에서 죽이니, 소홀은 그를 따라 죽었다.」(문선규 역. ≪신완역 춘추좌씨전上≫. 명문당. 2009. 221-222쪽)

부모에게 효도하고 형을 따르는 것은 인仁의 근본이다. ≪論語·學而≫에서 「유자가 말했다. 그 사람됨이 부모에게 효도하고, 윗사람을 공경하면서, 오히려 상급자를 거스르기 좋아하는 사람은 매우 드물다. 상급자를 거스르기 좋아하지 않으면서 오히려 반란을 일으키기 좋아하는 사람은 일찍이 없었다. 군자는 온 힘을 다해 근본에 힘쓰니, 기초가 서면, 도道가 곧 생겨날 것이다. 부모에게 효도하고 윗사람을 공경하는 것이 곧 인仁의 근본인지고!」160)라 하였다.

③ '衣備此中'

「衣備」는 「의복衣服」의 의미로 '평상복'을 뜻한다. '차此'자는 부사로 '則'·'就'의 의미로 쓰인다. ≪禮記·大學≫에서 「덕이 있으면 사람이 있게 되고, 사람이 있으면 여기에는 땅이 있게 된다.」161)라 하였다. 「중中」은 '바르다'는 뜻이다. ≪晏子春秋·內篇問≫에서는 「의관이 정결하지 않다.」162)라 하였다. 황제는 치마를 늘어뜨리기 시작하였다고 하고, 요堯임금은 천상天象을 보고 옷을 만들었고, 우禹임금은 제왕의 정복에 갖추는 면류관에 수를 놓는 아름다움에 이르렀다고 전해진다. 이처럼 의복은 신분, 지위의 상징으로, 의복은 존비귀천尊卑貴賤을 밝히는 것이었다. 제후들은 왕과 같은 옷을 입을 수 없고, 이런 의복 규정을 거스르는 사람은 예의 없는 것으로 비춰졌다. ≪周禮≫에서 의복과 마차의 깃발에 관한 제도를 설명하였다. ≪주관총의周官總義≫에서는 「의복의 제도는 사복司服에서 볼 수 있고, 마차의 깃발에 대한 제도는 건거巾車에서 볼 수 있으며, 궁실의 제도는 전명典命에서 볼 수 있다. 이것들은 모두 춘관春官에 속 한 것이다.」163)라 하였다. 예악제도는 의복으로 바르게 하는 것이다.

공자는 「의복衣服」을 중시하였으며, 「服」은 「용모(容)」나 「언사(辭)」와 밀접한 관련이 있다고 여겼다. 혹은 「服」을 「언행(言)」이나 「덕德」보다 우위에 두었다. ≪論語·鄕黨≫에서 「군자는 검은색에 가까운 감색과 검푸른 회색으로 테를 두르지 아니하고, 적색에 가까운 엷은 붉은 색과 자줏빛으로 평상복을 만들지 아니하였다. 더운 날에는 굵거나 가는 칡베로 만든 홑옷을 입고 있었으나 반드시 속옷을 안에 입어, 그 옷이 밖으로 드러나도록 했다. 검은 옷에는 양털 갖옷, 흰옷엔 새끼 사슴 갖옷, 누른 옷엔 여우 갖옷을 속에 입었다. 평상복으로 입는 가죽 저고리는 길게 했으나, 오른 소매는 조금 짧게 만들었다. 잠을 잘 때는 반드시 작은 이불이 있었으며,

---

160) ≪論語·學而≫: "有子曰: 其爲人也孝弟, 而好犯上者, 鮮矣, 不好犯上, 而好作亂者, 未之有也. 君子務本, 本立而道生. 孝弟也者, 其爲仁之本與!"
161) ≪禮記·大學≫: "有德此有人, 有人此有土."
162) ≪晏子春秋·內篇問≫: "衣冠不中."
163) ≪周官總義≫: "衣服之制見於司服, 車旗之制見於巾車, 宮室之制見於典命. 皆春官之屬也."

길이는 키의 한 배 반이었다. 여우와 담비의 두꺼운 털로 방석을 하였다. 상복 입는 기간이 다 된 후에 무슨 물건이든지 패용 할 수 있었다. 조회와 제사 때 입는 것이 아니면 천 한 폭 전부로 치마를 만드는데 사용하지 않으시고, 반드시 약간의 천을 재단하셨다. 검은 양털 갖옷과 검은 색 예모를 하고 조상 하지 않았다. 음력 정월 초하루에는 반드시 조복을 입고 조회에 나갔다.」164) 라 하였다. 그리고 ≪禮記·表記≫에서는「이런 까닭으로 군자가 그 옷을 입으면 군자의 용모로써 문채를 내고, 그 용모가 있으면 군자의 말로써 문채를 내고, 그 말을 했으면 군자의 덕으로써 실천하나니, 이런 까닭으로 군자는 그 옷을 입고도 그 용모가 없음을 부끄러워하며, 그 용모가 있으면서도 그 말이 없음을 부끄러워하며, 그 말을 마치고도, 그 덕이 없음을 부끄러워하며, 그 덕이 있고도 그 행실이 없음을 부끄러워하니라. 이런 까닭으로 군자는 상복을 입고 수질을 쓰면 슬픈 얼굴빛이 있고, 현단복을 입고 면류관을 쓰면 공경하는 얼굴빛이 있고, 갑옷 입고 투구를 쓰면 욕될 수 없는 얼굴빛이 있나니,〈시경〉에 이르기를 '사다새가 징검다리에 있으니 그 날개를 적시지 않는구나, 저기 그 집 아들이여, 그 옷이 어울리지 않네'하니라.」165)라 하였다.

또 ≪孝經·卿大夫章第四≫에서는「선대의 성왕이 제정한 법도에 맞는 의복이 아니면 감히 입지 아니하고, 선대의 성왕이 제정한 법도에 맞는 언사가 아니고서는 감히 말하지 아니하며, 선대의 성왕이 제정한 덕행이 아니고서는 감히 실행치 아니한다. 그러한 까닭에 법도에 어긋나는 것은 말하지 아니하고, 도리에 어긋나는 것은 행하지 아니하는지라. 입은 굳이 말하기 위해 가려야 될 것이 없어지고, 몸은 굳이 행위를 위해 가려야 될 것이 없어지게 된다.166)」라 하였고, 이융기李隆基는 이에 대해「의복은 신분의 표시니라. 선왕은 오복五服을 제정하였는데, 각 등급의 차이가 있다. 경대부卿大夫는 예법을 지켜 감히 자신의 분수를 넘거나, 아랫사람을 핍박하지 않음을 뜻한다.」167)라 하였다.

≪고문효경공씨전古文孝經孔氏傳≫에서「존비귀천은 각 등급에 차이가 있다. 천한 사람이 귀한 사람의 옷을 입는 것은 자신의 분수를 넘는 것이고, 이것은 불충不忠이다. 귀한사람이 천한

---

164) ≪論語·鄕黨≫: "君子不以紺緅飾, 紅紫不以爲褻服.當暑, 袗絺綌, 必表而出之.緇衣羔裘, 素衣麑裘, 黃衣狐裘. 褻裘長, 短右袂.必有寢衣, 長一身有半. 狐貉之厚以居. 去喪無所不佩.非帷裳, 必殺之.羔裘玄冠不以吊.吉月, 必朝服而朝."
165) ≪禮記·表記≫: "是故君子服其服, 則文以君子之容, 有其容, 則文以君子之辭, 遂其辭, 則實以君子之德. 是故君子恥服其服而無其容, 恥有其容而無其辭, 恥有其辭而無其德.恥有其德而無其行. 絰則有哀色, 端·冕則有敬色, 甲冑則有不可辱之色.≪詩≫云:'惟鵜在梁, 不濡其翼. 彼記之子, 不稱其服.'"
166) ≪孝經·卿大夫章第四≫: "非先王之法服, 不敢服. 非先王之法言, 不敢道. 非先王之德行, 不敢行. 是故非法不言, 非道不行, 口亡擇言, 身亡擇行."
167) "服者, 身之表也. 先王制五服, 各有等差. 言卿大夫遵守禮法, 不敢借上偪下."

사람의 옷을 입는 것은 아랫사람을 핍박하는 것이고, 이것은 지위를 잃는 것이다. 이런 까닭에 군자는 거동을 함에 있어서 법을 위반하지 않고, 행하는데 있어 제도를 어기지 않아야지 그 덕을 이루는 것이다.」168)라 하였고, 주희朱熹는 ≪孟子注疏·告子章句≫에서「요왕은 의복을 정결케 하여 예를 넘지 않아서, 인의仁義의 말을 하고, 부모에게 효도하고 형에게 공손한 행동을 하였다. 걸왕은 부정한 옷을 입어, 인의의 말을 하지 않고, 음탕하고 포악한 행동을 하였다. 요왕대로 하면 요왕처럼 되고, 걸왕대로 하면 걸왕처럼 될 뿐이다.」169)라 하였다. 공자가 ≪禮記·表記≫에서「인仁은 천하의 뛰어난 표상이다.170)」라 하였고,「服」은 신분의 표상이다.

　본 구절은「仁人之道」를 '의표儀表'로 부터 설명하고 있는 것이다.

【譯註】

　≪한시외전韓詩外傳≫에서는 자로의 화려한 복장을 보고 소인은 '겉모습을 통해 자기가 잘났음을 알리려 하는 자'라 하였다.

　　자로子路가 옷을 잘 차려 입고 공자를 만나 뵙자 공자가 물었다. "자로(유由)야, 왜 그리 잘 차려 입었느냐? 옛날에는 강물이 분수濆水171)에서 발원하여 흘러갈 때에는 술잔을 띄울 정도도 되지 못하였지만 강가의 나루에 이르면 배를 띠우지 않거나 거센 바람을 피하지 않으면 건널 수 없다. 이는 바로 여러 곳의 물이 많이 모이기 때문이 아니겠느냐? 너는 지금 옷차림이 그렇게 화려하고 얼굴에 자신감이 넘치니 천하에 누가 너에게 더 보태 주려 하겠느냐?" 그러자 자로는 얼른 나가 옷을 갈아입고 들어와서는 옷깃을 잘 여미며 공손한 태도를 취하였다. 그러자 공자가 다시 말하였다. "유由야 잘 기억해두라. 내가 너에게 말해 주마. 무릇 말을 신중히 하는 자는 떠벌리지 않으며, 행동을 신중히 하는 자는 자랑하지 않는 법이다. 겉모습을 통해 자기라 잘났음을 알리려 하는 자는 소인이다.172)

---

168) ≪古文孝經孔氏傳≫: "尊卑貴賤, 各有等差. 故賤服貴服, 謂之僭上, 僭上爲不忠. 貴服賤服, 謂之逼下, 逼下爲失位. 是以君子動不違法, 擧不越制, 所以成其德也."
169) 朱熹 ≪孟子注疏·告子章句≫: "堯服衣服不逾禮也, 堯言仁義之言, 堯行孝悌之行. 桀譎詭非常之服, 桀言不行仁義之言. 桀行淫虐之行. 爲堯似堯, 爲桀似桀而已矣."
170) ≪禮記·表記≫: "仁者, 天下之表也."
171) '濆水'를 혹은 '문수汶水' 혹은 '민산岷山'으로 쓰기도 한다.
172) ≪韓詩外傳≫(卷三): "子路盛服以見孔子, 孔子曰: 「由疏疏者何也? 昔者江於濆, 其始出也, 不足以濫觴. 及其至乎江之澤也, 不方舟, 不避風, 不可渡. 非其下流衆川之多歟? 顏色充滿, 天下有誰加汝哉?」子路趨出, 改服而入, 蓋揖如也. 孔子曰: 「由志之. 吾語汝. 夫愼於言者不譁, 愼於行者不伐. 色知而有長者小人也."

'▦'자를 정리본은 '此'자로 예정하고 있으나, 일반적인 '此'자와는 그 형태가 다르다. 혹은 '北'자의 변형이 아닌가 한다.173) 초간에서 ≪郭店楚簡·語叢三≫은 '北'자를 '▦'로 쓰고 '필必'의 의미로 쓰인다.174) '北'자는 '才'와 소리부 '匕'로 이루어진 자이다. '才'자를 ≪상박초간≫ 중 ≪民之父母≫는 '▦'(제8간)·'▦'로 쓰고 쓴다.175) '▦'자 중 아래 부분은 '才'자의 변형이 아닌가한다.

④ '觀俲不求'

「俲(점잖을 효, hāo)」자에 대하여 ≪玉篇≫에서는「'俲'자의 음은 '火交' 반절反切이고, 크게 하는 모양(大貌)을 뜻한다.」176)라 하였다.

「불구不求」는 탐하지 않는 것이다. ≪論語·子罕≫에서「떨어진 무명옷을 입고 여우와 담비의 가죽으로 만든 갖옷을 입은 사람과 함께 서있어도 부끄러워하지 않을 사람은 아마도 중유仲由뿐일 것이라! ≪시경≫에 이르기를 '시기하지 아니하고, 탐하지 않는다면, 어찌 좋지 않겠는가?' 하였느니라.」177)하였고, 주희朱熹는「구하는 것은 탐하는 것이다.」178)라 하였다. 공자는 군자란 바라지만 탐하지 않고, 仁하지만 탐하지 않는 것이라 여겼다. ≪論語·堯曰≫에서 공자가 말하기를 「군자는 백성들에게 좋은 일을 베풀되 스스로는 낭비함이 없으며, 백성들에게 일을 시키되 원망을 사지 않고, 원하기는 하면서도 탐내지는 않고, 태연하게 자중하되 교만하지 않고, 위엄이 있으되 사납지 않은 것이다.」라 하였고, 「백성들의 이익이 될 만한 것으로 그들을 이롭게 하면, 이것이 백성들에게 좋은 일을 하되 스스로 낭비함이 없지 않겠느냐? 일할 수 있는 조건, 즉 시간, 상황, 백성을 가려서 시키면 누가 원망을 하겠느냐? 스스로 인덕이 필요해서 인덕을 얻었으면 무엇을 탐하겠느냐? 사람이 많건 적건, 세력이 크건 작건, 군자는 그들을 소홀히 대하지 않으니, 이것이 태연하면서도 교만하지 않는 것이 아니겠느냐? 군자는 의관을 정제하고, 한눈을 팔지 않고 한길만 가며, 장엄하게 사람들로 하여금 우러르고 두려워하게 하니, 이것이 위엄이 있으면서도 사납지 않은 것이 아니겠느냐?」179)라 하였다.

---

173) 陳劍,〈≪上博(六)孔子見季桓子≫重編新釋〉, 復旦大學出土文獻與古文字研究中心, 2008
174) ≪楚系簡帛文字編≫, 562 쪽.
175) ≪楚系簡帛文字編≫, 562 쪽.
176) ≪玉篇≫:"俲, 火交切, 大皃."
177) ≪論語·子罕≫:"衣敝縕袍, 與衣狐貉者立而不恥者, 其由也與? '不忮不求,何用不臧?'"
178) 朱熹:"求, 貪也."
179) ≪論語·堯曰≫:"君子惠而不費, 勞而不怨, 欲而不貪, 泰而不驕, 威而不猛." "因民之所利而利之, 斯不亦惠而

【譯註】

'㒵'자와 '㑞'자를 정리본은 각각 '觀'과 '佽'로 예정하였다. '㒵'자는 자형으로 보아 '覍'으로 예정할 수 있고, '㑞'자는 '億'자로 예정할 수 있다. '覍'자는 왼쪽부분은 '容'자의 변형으로 소리부이고, '億'자는 의미부가 '心'과 '人'이고 소리부가 '爻'인 것으로 보인다. 본 구절에서는 '용모容貌'로 읽는 것이 아닌가한다.180) ≪論語·泰伯≫에서는 「君子所貴乎道者三: 動容貌, 斯遠暴慢矣, 正顔色, 斯近信矣, 出辭氣, 斯遠鄙倍矣.」181)라 하였듯이 고대 사회에서는 '容貌'를 중시하였다.

⑤ '贏收人不增(?)'

「贏」자에 대하여 ≪설문해자·肉部≫는 「혹자가 말하기를 짐승이름으로 상형자이다. 음은 '낭과절郎果切'이다.」182)라 하였다.

제일 마지막 '㑞'자는 자형이 일반적인 간문의 「增」자와 비슷하여 「증增」이라고 석문釋文하였지만 아직 확실치 않다. 이 구절에 대해서는 좀 더 연구할 필요가 있다.

【譯註】

'㒵'자를 정리본은 '贏'자로 예정하고 있나, 혹은 '이異'자로 보기도 한다.183) 그러나 초간의 일반적이 '異'자의 형태와 다르기 때문에 정리본의 견해를 따르기로 한다.184) '㑞'자를 정리본은 '수收'자로 예정하고 있으나, 문자의 형태로 보아 '於'자가 아닌가 한다.185) 제 3 간에서는 '於'자를

不費乎？擇可勞而勞之, 又誰怨？欲仁得仁, 又焉貪？君子無眾寡·無小大·無敢慢, 斯不亦泰而不驕乎？君子正其衣冠, 尊其瞻視, 儼然人望而畏之, 斯不亦威而不猛乎.”

180) "'貌', 原釋爲'佽'. 簡文可以分析爲從人·爻·口·心.楚簡中有從人從爻之字, 如: 郭店≪五行≫32號簡有'貌'從人從爻作. 簡文亦當讀爲'貌'. '貌'前一字, 原釋爲'觀', 主體部分似從公從見, 疑當釋爲"容". ≪論語·泰伯≫: '君子所貴乎道者三: 動容貌, 斯遠暴慢矣, 正顔色, 斯近信矣, 出辭氣, 斯遠鄙倍矣.' ≪史記·老子韓非列傳≫: '良賈深藏若虛, 君子盛德, 容貌若愚.'"(何有祖, 〈讀≪上博六≫札記〉, 武漢簡帛研究中心, 2007)

181) "군자가 도를 실천함에 있어서 귀중하게 여기는 것이 세 가지가 있으니 그것은, 자신이 표정을 지으면 부드럽고 예의에 맞아서 다른 사람의 난폭하고 오만한 행동을 멀리할 수 있게 되는 것, 자신이 안색을 바르게 하면 진실되고 믿음성이 있어서 다른 사람의 신뢰를 얻을 수 있게 되는 것, 자신이 말을 하면 말투가 온화하고 예의에 맞아서 다른 사람의 야비하고 사리에 어긋나는 행동을 멀리할 수 있게 되는 것입니다."(≪論語·泰伯≫)

182) ≪說文解字·肉部≫: "贏, 或曰: 獸名, 象形. 郎果切."

183) "異, 原釋爲'贏'. 按: 此字也見於17號簡, 當釋爲'異'."(何有祖, 〈上博六劄記(三)〉, 武漢大學簡帛研究中心, 2007)

184) "簡7'㒵'字, 整理者釋爲'贏', 何有祖先生根據簡17的'異', 改釋爲'異'. 但是仔細比較二字, '異'的下半部有'大'形, 但是'△'字顯然是看不到.筆者以爲釋爲'贏', 恐怕還是比較合理."(蘇建洲, 〈讀≪上博六·孔子見季桓子≫筆記〉, 武漢大學簡帛研究中心, 2007)

'㾟'로 쓴다.

마지막 '㙇'자를 정리본이 '增(?)'로 예정하였듯이 정리본 역시 어떤 자인지 확신을 하지 못하고 있다. 이 자를 혹은 '埴'자로 예정하거나,186) 제 17간 '㙇'자와 같은 자로 보고 '墾'자로 예정하고 '閑(막을 한, xián)'로 읽기도 한다.187) 문자의 자형으로 보아 의미부 '土'와 소리부 '宜'로 이루어진 형성자가 옳은 것 같다. 초간에 '의宜'자를 '㝉'·'㝉'로 쓴다.188) '㙇'자의 오른쪽 소리부와 매우 유사하다. 따라서 본문은 '埴'자로 예정하고 '誼(옳을 의, yì)'로 읽기로 한다(부록 참고).

---

185) "'異於人 (7號簡)'. '於', 原釋爲'收'.(何有祖, 〈上博六札記(三)〉, 武漢大學簡帛硏究中心.2007)
186) "簡7'恐(仁)人之道, 衣備(服)此(？)中, 容貌不隶, 異於人不△1'. 其中'△1'作'㙇', 而≪包山≫140有字作'㙊', 李家浩先生釋爲'膻'. 字形與'△1'接近, 不排除'△1'右旁是'宜'字的訛變, 可以隸定爲'埴'. 簡文讀作'容貌不隶, 異於人不宜'.(蘇建洲, 〈讀≪上博(六)·孔子見季桓子≫筆記之二〉, 武漢大學簡帛硏究中心.2007-08-28)
187) "'容貌不求異於人, 不閑', '閑'原疑釋爲'增', 今查看圖板, 發現此字與簡17'閑車衛'的'閑'應爲同一個字: 㙇簡7, 㙇簡17暫讀爲'閑', 則簡7與簡17構成對文, 故排列在一起. 季桓子進一步向孔子請敎'二道'. 從簡文推測, '二道'應是'仁人之道'和'不仁人之道'.之後二人的對話轉移到治民這個話題上."(梁靜, 〈≪孔子見季桓子≫校讀〉, 武漢大學簡帛硏究中心, 2008)
188) ≪楚系簡帛文字編≫, 688 쪽.

第8簡

也敉又易佁也而亡曰言者炀矣唯非息人也乃

第 8 簡

也. 敾(親)又(有)昜佲(佼)也①, 而亡(無)㠯(以)盲者, 㣻(?)矣②. 唯非㒸(仁)人也, 乃

【해석】

친근한 자에게는 가르침을 줄 수 있으나, 모두가 이러한 혜택을 누릴 수 없는 것은 해가 되는 것이다. 이는 어진사람이 하는 것이 아니라,

【上博楚簡原註】

본 간의 상단과 하단은 파손되었다. 길이는 총 24.2이고, 문자는 총 19자이다.

① '敾又昜佲也'

「敾」자는 ≪說文解字≫에 나오지 않지만 「親(친할 친, qīn,qìng)」의 의미가 아닌가 한다. 「又」는 「有」의 의미이다.

「佲」자는 의미부「口」를 쓰거나 혹은 생략하고 쓸 수도 있다. 이 자는 「佼(예쁠 교, jiǎo)」자와 같은 자이다. 의미부「夂」와 의미부「交」를 쓰는 자는 서로 통가자로 쓰인다. 예를 들어, ≪집운集韻≫에서는 「較」자는 의미부 「夂」를 쓰기도 한다.」라 하였다. ≪집운集韻≫은 「佼」자에 대하여, 「'佼'란 일반사람들의 민첩한 행동을 말하는 것으로 '교활하다'는 말이다.」189)라 하였다. 「敏」은 「총혜聰慧(총명하고 슬기로움)」, 「총민聰敏(총명하고 민첩하다)」의 뜻을 갖고 있다. ≪國語·晉語四≫에서 「진晉 공자公子는 총명하고 학식이 있다.」190)고 하였다. 「교佼」는 혹은 「教(본받을 교; 攴-총11획; jiào,jiāo)」로 읽는 것이 아닌가한다.

의문이 있으면 가르침을 주고, 우매하고 구별을 가리지 못하는 자를 지도하는 것은 평범한 사람을 총명하게 하는 것이지 인인仁人의 가르침이 아니다. 친함이란 고르지 않아 모두 다 친해지기 어렵다. 공자는 ≪孔子家語·시주始誅≫에서 「가르침이 어렵기만 하고 형벌이 번잡하기만 해서 백성들을 미혹하게 하여 함정에 몰아넣고 말았다.」191)라 하였다.

---

189) ≪集韻≫: "較, 或從夂." ≪集韻≫: "佼, 庸人之敏, 謂之佼."
190) ≪國語·金語四≫: "晉公子敏而有文."
191) ≪孔子家語·始誅≫: "亂其教, 繁其刑, 使民迷惑而陷焉."

【譯註】

본 죽간의 전체적인 내용 이해가 쉽지 않다. 내용은 군자가 갖추어야 할 용모에 대한 언급으로 보인다. 본문은 전체적으로 교육에 대한 내용으로 만약에 그 교육이 모든 사람에게 미치지 않는다면 인인仁人이 행할 바가 아니라는 뜻이 아닌가 한다.

''자에 대하여 정리본 '敎'자로 예정하고 '親'으로 읽고 있다. 그러나 진위陳偉는 ≪郭店竹書 · 語叢四≫(제 8간)의 '竊(훔칠 절, qiè)'자를 참고하여 '竊'자로 예정하였고, ''자를 정리본은 '昜'자로 예정하고 있으나 '勿'자로 보아야 하며, ''자는 '效'자로 읽어야 한다 하였다.192) ≪곽점초간 · 어총4語叢四≫ "數(竊)鉤(鈎)者或(誅), 數(竊)邦者爲者(諸)侯, 者(諸)侯之門, 義士【8】之所鷹(存).【9】"193) 중의 '(數)'자는 소리부가 '業'로 초간에서 '察' · '淺' · '竊'자 등으로 읽으나 본 구절에서는 '竊'의 의미로 쓰인다.194) ''자는 초간에서 쓰는 일반적인 '此'나 '勿'자와 다르다. 본 자는 '昜'자이다. '賜賜'의 용법으로 쓰인다. '昜'자를 초간에서는 '' · '' · ''로 쓴다.195) ''자는 소리부가 '爻'로 본 구절에서는 '敎'로 읽는 것이 아닌가 한다(부록 참고).

② '而亡呂盲者, 㳋矣'

「亡」은「無」의 의미이다.

「盲」은 고문의「亨享」자 이다.

「㳋」는 의미부「勿」과 소리부「爻」로 이루어진 형성자이고, ≪說文解字≫에는 나오지 않는다. 「㳋」자는「狡」의 의미로 '해를 끼친다'는 의미이다. ≪後漢紀 · 明帝記≫에서는「해를 끼쳐 천하를 어지럽히다.」196)라 하였다.

【譯註】

''자를 혹은 '合'자로 예정하기도 하나,197) 문자의 형태로 보아 '盲'자가 옳다. 초간에서

---

192) "竊又勿效也(8號簡)" 第一字, 整理者隸作從'親'從'女'之字, 讀爲'親'. 今按: 此字與郭店竹書≪語叢四≫8號簡中的兩個'竊'字類似, 疑當釋爲'竊', 謙詞. 第三字, 整理者釋'昜'. 第四字, 整理者讀爲'佼'或'敎', 姑且讀爲'效'.(陳偉,〈讀≪上博六≫條記〉, 武漢大學簡帛研究中心, 2007)

193) "갈고리를 훔친 자는 죽임을 당하고, 나라를 훔친 자가 제후가 되는 것은 제후의 집안에 인의의 선비가 있기 때문이다."

194) ≪郭店楚墓竹簡≫, 218 쪽, 注7.

195) ≪楚系簡帛文字編≫, 850 쪽.

196) ≪後漢紀 · 明帝記≫: "狡亂天下."

197) "整理者原釋爲'盲'之字, 其下所從爲'曰'形(即'口'形中多一筆)而非'日'形, 與'盲'字之形不盡合. 疑當釋爲

일반적으로 '合'자는 '🔲'으로 쓰고198) '言'자는 '🔲'자로 쓴다.199) 본 구절에서는 '享'으로 읽는 것이 아닌가 한다.200).

'🔲'자를 정리본은 「狡」로 읽고 있으나, 이해하기 쉽지 않은 자이다. 전후 문맥을 고려하여 본문은 '교敎'로 읽기로 한다. "敎易侉也, 而亡㠯言者易矣"은 "竊賜敎也, 而無以享諸敎矣"로 읽을 수 있다. 인인仁人이 일반백성에게 가르침을 주어야 하는데 만약에 모든 백성이 제대로 교육을 받지 못한다면 이는 어진 군주가 취할 바가 아니라는 뜻이다(부록 참고).

'合'."(陳劍, 〈≪上博(六)·孔子見季桓子≫重編新釋〉, 復旦大學出土文獻與古文字研究中心, 2008)
198) ≪楚系簡帛文字編≫, 509쪽.
199) ≪楚系簡帛文字編≫, 521쪽.
200) "也, 竊又易效也, 而亡(無)以言(享)者(諸)易矣. 唯非息(仁)人也, 乃【8号簡】"(李銳, 〈≪孔子見季桓子≫重編〉, 武漢大學簡帛研究中心, 2007)

第9簡

息爱息而進之不息人弗旻進矣詞旻不可人而与

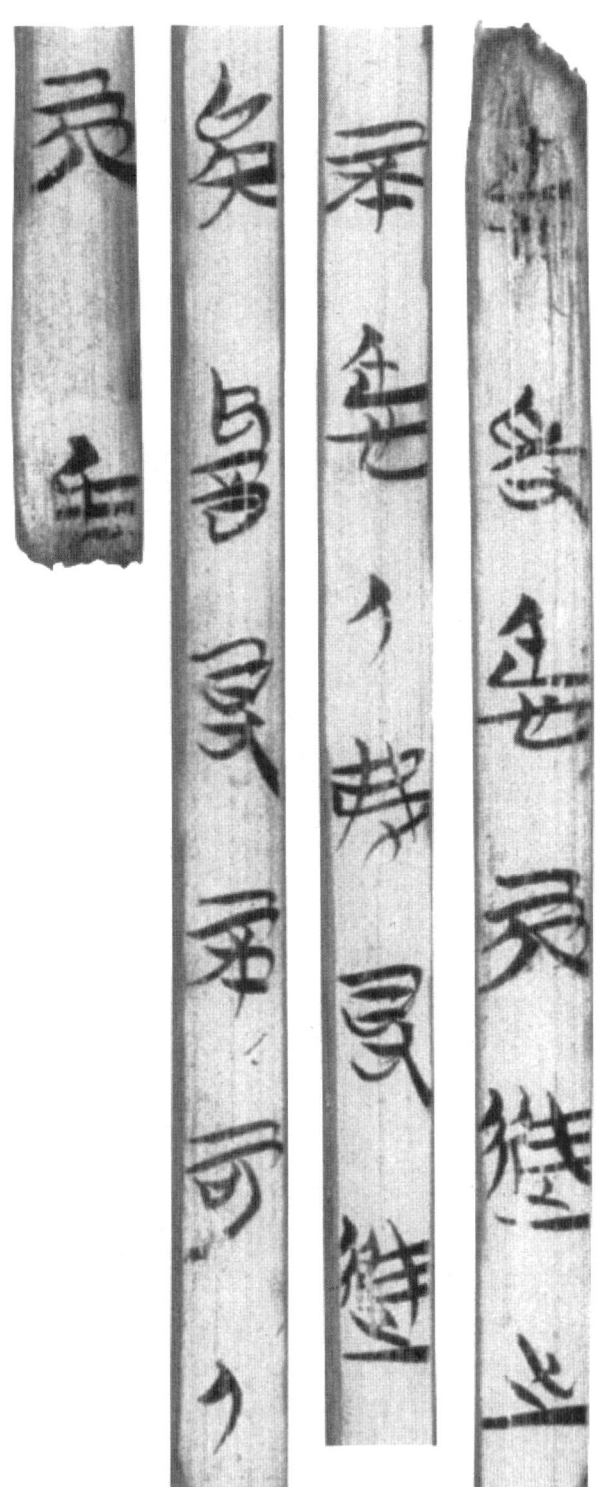

第 9 簡

息(仁)爰息(仁)而進之①, 不息(仁)人弗夏(得)進矣②, 訂(治)夏(得)不可人而与(歟)③?

【해석】

인한 사람은 이른바 인한 사람으로 인하여 덕德으로 나아갈 수 있고, 불인한 사람은 앞으로 나아가지 못하는 것이다. 세상을 제대로 다스릴 수 없으니, 어진사람이 나서야 하는 것입니까?

【上博楚簡原註】

본 간은 상단과 하단이 모두 파손되었다. 길이는 25cm이고, 두 번째 홈에서 하단의 파손된 부분 까지는 7.7cm이다. 문자는 총 20자이다.

① '息爰息而進之'

「爰(이에 원, yuán)」자에 대하여 ≪集韻≫에서는 「'爰'자에 대하여 ≪설문해자≫에서 '끌어당기다의 뜻이다'하였다. 발어사이다. 혹은 '於'의 용법으로 쓰인다」201)라 하였다.

'인이진덕仁而進德'202)에 관한 내용은 ≪論語≫에 많다. ≪論語·里仁≫에서 공자는 「나는 아직 인을 좋아하는 사람과 불인을 싫어하는 사람을 보지 못했다. 인을 좋아하는 사람은 이보다 더 좋을 수가 없으며, 불인을 싫어하는 사람은 그가 인을 행함에 있어서 불인한 것이 자신의 몸에 달라붙도록 놓아두지 않는다. 하루 동안 자신의 힘을 인에다 쓸 수 있는 사람이 있었는가? 나는 힘이 부족해서 인을 다 행하는 사람을 보지 못했다. 아마 힘이 부족해서 더 이상 인을 행할 수 없을 정도로 최선을 다하여 인을 행하는 그런 사람이 있었을 테지만 나는 아직 보지 못했다.」203)라 하였고, 또한 「사람의 과실은 각각 그 부류에 따라 결정된다. 과실의 성질을 보면 곧 그 사람의 인의 정도를 알 수 있게 된다.」204)라 하였다. ≪論語·里仁≫에서 공자는 「참으로 인에 뜻을 둔다면 악한 짓을 하지 않는다.」205)라 하였고, ≪論語·泰伯≫에서는 「용맹스러운

---

201) ≪集韻≫: "爰,≪說文解字≫引也, 謂引詞也 .一曰於也."
202) "인함으로 덕으로 나아간다."
203) ≪論語·里仁≫: "我未見好仁者, 惡不仁者. 好仁者, 無以尙之, 惡不仁者, 其爲仁矣, 不使不仁者加乎其身. 有能一日用其力於仁矣乎? 我未見力不足者. 蓋有之矣, 我未之見也."
204) "人之過也, 各於其黨. 觀過, 斯知仁矣."
205) ≪論語·里仁≫: "苟志於仁矣, 無惡也."

것을 좋아하면서 가난을 싫어하면 난동을 부리고, 사람이 어질지 못하다고 해서 그것을 미워함이 너무 심하면 난동을 부린다.」206)고 하였다.

【譯註】
　　정리본은 '인한 사람은 인으로써 덕德으로 나아갈 수 있다'는 인격적 수양의 내용으로 보았다. 그러나 '爰'자는 '援(당길 원, yuán)'로 읽고, 훌륭한 군주는 인한 사람을 추천해야 한다는 내용이 아닌가 한다.207)

　　② '不悬人弗叟進矣'
　　어질지 않은 사람은 덕으로 나아갈 수 없는데, 이러한 도리道理에 대하여 공자는 분명히 밝히고 있다. ≪論語·八佾≫에서「사람이 어질지 않다면 예를 해서 무엇 하며, 사람이 어질지 않다면 음악을 해서 무엇하랴?」208)라 하고, ≪論語·里仁≫은「어질지 못한 사람은 오랫동안 곤궁에 처할 수 없고 오랫동안 즐거움에 처할 수 없다. 어진 사람은 인을 편안하게 여겨서 그것을 실행하고, 지혜로운 사람은 인을 이롭게 여겨서 그것을 실행한다.」209)라 하였다. 또한 ≪論語·里仁≫에서는「오직 어진 사람만이 다른 사람을 좋아할 수 있고 또한 미워할 수 있다.」210)라 하였다.

　　③ '訋叟不可人而与'
　　「訋」는「治(다스릴 치, zhì)」로 읽는다.
　　「与」는 글자 아랫부분이 파손되었고, 「歟(어조사 여, yú)」로 읽는다.

【譯註】
　　본 죽간은 '어진 사람을 추천하여 나라를 다스릴 수 있도록 하는' 내용인 것으로 보인다. 정치란 옛날이나 지금인 인선人選이 가장 중요하다. "訋叟不可人而与"은 "治得不可, 人而歟"로 읽을 수 있다. '나라를 잘 다스릴 수 없는 것은 곧 그 사람 본인과 관련이 있는 것이다!'는 뜻이다.

---

206) ≪論語·泰伯≫: "好勇疾貧, 亂也. 人而不仁, 疾之已甚, 亂也."
207) "字原考釋如字讀, 實講不通. '爰'當讀爲援引之'援', 簡文意謂, 仁人在上, 所援引(舉薦·提拔)的也是仁人, 不仁之人也就無由進仕了."(陳劍, ≪≪上博(六)·孔子見季桓子≫重編新釋≫, 復旦大學出土文獻與古文字研究中心, 2008)
208) ≪論語·八佾≫: "人而不仁, 如禮何? 人而不仁, 如樂何?"
209) ≪論語·里仁≫: "不仁者不可以久處約, 不可以長處樂. 仁者安仁, 知者利仁."
210) ≪論語·里仁≫: "唯仁者能好人,能惡人."

第10簡

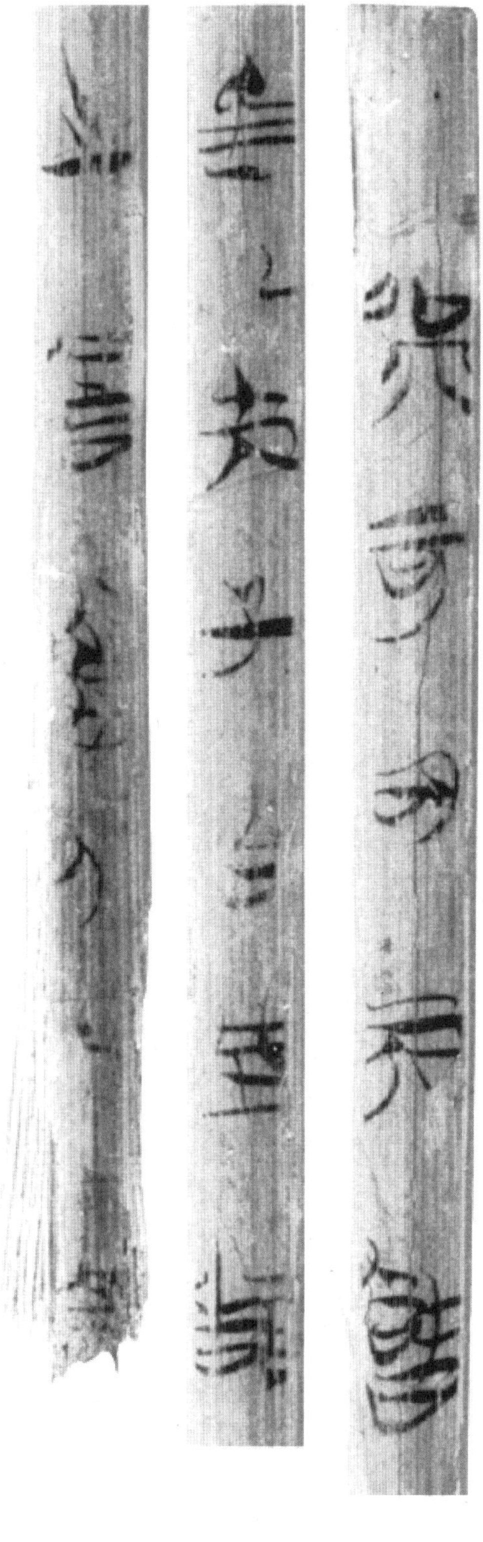

偪可明而智与˼夫子曰虐䁅之唯㥥人□□

第 10 簡

佁①, 可明而智與(欸)▁ ?②」夫子曰:「虗(吾)䎽(聞)之, 唯忌(仁)人□□③

【해석】

만약에 기만한다면 그것을 명확하게 알 수 있습니까?」 공자가 말하기를 「제가 듣건대, 어진사람은……」

【上博楚簡原註】

본 간의 상단은 평평하고, 하단은 파손되었다. 길이는 21.5cm이다. 첫 번째 홈에서 상단까지의 길이는 1.1cm이다. 문자는 총 17자 이다.

① '佁'

「佁」자는 9간의 내용에 속한 글자이다. 「佁」자는 의미부 「人」과 소리부 「䇂」로 이루어진 형성자이다. 「䇂」자는 「期(기약할 기, qī,jī)」자의 古文이다. ≪설문해자≫에서 「'期'는 '만나다'의 뜻이다. 의미부 「月」과 소리부 「其」로 이루어진 형성자이다. 古文에서는 의미부 「日」과 소리부 「丌」로 쓴다.」211)라 하였다. 그래서 「佁」자는 「伽」로 쓰이기도 하며, 「倛(탈 기, qī)」와 「欺(속일 기, qī)」자와 같은 자이다. ≪당운唐韻≫에서는 「伽」와 「倛」자는 같다고 하였다. ≪집운集韻≫에서 「欺」자에 대하여 ≪설문해자≫에서는 '속이는 것이다'라 하였다. 혹은 '倛'로도 쓴다.)212)라 하였다.

② '可明而智與▁'

「智」는 「知」로 읽는다. 「與」는 「欸(어조사 여, yú)」의 의미이다. 「與」자의 아랫부분에는 구두부호 「▁」가 있다.

【譯註】

'佁'자를 정리본은 「佁」로 예정하고 「伽」자와 같은 자이며 「欺」자로 쓰기도 한다 하였다. 이

---

211) ≪說文解字≫: "期, 會也. 從月, 其聲. 古文從日, 丌聲."
212) ≪集韻≫: "欺, ≪說文解字≫『詐欺也』. 或作倛."

자를 제 16간에서는 '󰂘'로 쓰고, 제 14간에서는 오른쪽 윗부분을 생략하여 '󰂘'로 쓴다. 정리본은 제 16간의 자는 「佁(欸)」로 예정하고 제 14간의 자는 '尻(居, 있을 거, 㞐)'로 예정하였다. '󰂘'자는 '󰂘'자를 복잡하게 쓴 형태로 같은 자가 아닌가 한다.

'󰂘'자를 정리본은 '명明'자로 예정하고 있으나, 형태로 보아 '명名'자이다. '名'자는 동사로 쓰여 '형용하다'·'명명하다'의 뜻이다.213) ≪論語·泰伯≫에서는 「위대하도다, 요의 임금 됨됨이여! 숭고하도다, 오직 하늘만이 광대하거늘 유독 요임금만은 그것을 본받았으니! 넓디넓도다. 백성들이 무어라 칭송하지도 못했으니!」214)라 하였고, 주희朱熹는 「물건이 아무리 높고 크다 하더라도, 하늘보다 더한 것은 없는데, 요 임금의 덕만은 하늘과 같다. 그 덕이 넓고도 먼 것은 역시 하늘처럼 말로는 형용할 수 없는 것이다.」215)라 하였다.

③ '虐聕之, 唯㥯人□□'

「인인仁人」뒤의 두 자는 파손되어 뚜렷하게 보이지 않는다. ≪孔子家語·안회顏回≫에서 「안회가 물었다. "친구간의 교제는 어떻게 해야 합니까?" 공자가 말했다. "군자는 친구를 사귈 적에 자기 마음속에 그른 것이 없으며 이것을 몰랐다고 하지 않으며 어진 사람에게는 아무리 오래되어도 덕이 되는 일이 있었으면 이것을 잊어버리지 않으며, 아무리 오래되어도 원망할 생각을 하지 않기 때문에 어질다고 하는 것이다."」216)라 하였고, ≪論語·위령공衛靈公≫에서 「공자께서 말씀하셨다. "지사와 인자는 자신의 삶을 추구하느라고 인을 해치는 일은 없고 자신을 죽임으로써 인을 이루는 일은 있다."」217)라 하는 등 공자는 여러 차례 「인인仁人」에 대해 언급하였다.

---

213) "可名而智(知)與(歟)？(10號簡), '名', 原釋爲'明'. 按: 此當釋爲'名', 疑指形容."(何有祖,〈上博六札記(三)〉, 武漢大學簡帛研究中心, 2007)
214) ≪論語·泰伯≫: "大哉, 堯之爲君也！ 巍巍乎, 唯天爲大, 唯堯則之！ 蕩蕩乎, 民無能名焉！"
215) ≪集注≫: "言物之高大, 莫有過於天者, 而獨堯之德能與之準.故其德之廣遠, 亦如天之不可以言語形容也."
216) ≪孔子家語·顏回≫: "顏回問:『朋友之際, 如何？』孔子曰:『君子之於朋友也, 心必有非焉而弗能, 謂吾不知其仁人也, 不忘久德, 不思久怨, 仁矣夫.』"
217) ≪論語·衛靈公≫: "子曰:『志士仁人, 無求生以害仁, 有殺身以成仁.』"

第11簡

易与悥人䜌者也夫民虐之求亓述多方安

10. 공자견계환자

第 11 簡

易(賜)与(與)息(仁)人⿱(?)者也①. 夫民虐之, 求亓(其)述(術)多方安(焉)②

【해석】

은혜를 베풀어 주는 것은 어진사람의 ……인 것이다. 이른바 백성이 학대를 당하면 그 기술과 방안을 구하는 것이다.

【上博楚簡原註】

본 간의 상단은 평평하고, 하단은 파손되었다. 총 길이는 21cm이다. 첫 번째 홈에서 상단까지의 길이는 1.1cm이다. 문자는 총 17자이다.

① '易與息人⿱(?)者也'

「易」은 「賜」로 읽고, 군자에게 쓰는 말이고, 「予(與)」는 소인小人에게 하는 말이다.

≪禮記·옥조玉藻≫에서 「무릇 군자와 소인에게 하사함은 날을 같이하지 아니하니라.」218)라 하였고, ≪일강예기해의日講禮記解義≫에서는 「사賜와 여予는 다르다. 군자와 소인은 지위로 말을 한다. 군자는 賜라 하고, 소인은 予라 한다. 귀천이 다른 까닭이다. 군자에게 사하는 것과 소인에게 주는 것은 같은 날에 할 수 없는 것이니, 대개 賜하고 또 予하는 것은 혜택을 베푸는 것이다.」219)라 하였다.

「사여賜予」는 혜택을 베푸는 방법으로 인한 사람은 혜택을 아랫사람에게 베풀 수 있었는데 옛날에는 사賜와 여予의 예禮가 있었다.

≪禮記·제통祭統≫에서는 「혜택이 균등하면 정사가 행하고, 정사가 행하면 사업이 성공하고, 사업이 성공하면 공적이 확립하나니 공적이 확립되는 방법은 알지 않으면 안 되니라. 도마제기는 혜택이 반드시 균등함을 밝히는 원리인 것이니 정치를 잘하는 사람은 이와 같이 하니 그러므로 말하기를 정사의 균등함을 보인다고 하니라. 무릇 제사를 지내고 집단적으로 음복주의 술잔을 내릴 때에 소가 한 줄이 되어 소는 소와 더불어 나이순으로 하고, 목은 목과 더불어 나이순으로

---

218) ≪禮記·玉藻≫: "凡賜, 君子與小人不同日."
219) ≪日講禮記解義≫: "賜予之, 有不同也.君子·小人以位言. 君子曰『賜』, 小人曰『與』. 惟其貴賤殊故. 賜君子及予小人不可以同日, 蓋有賜而亦有予者恩也."

하며, 무릇 여러 책임자가 모두 나이순으로 술을 마시나니 이것을 일컬어 어른과 어린이가 차례에 있다고 하니라. 무릇 제사에 병사와 요리사와 악사와 문지기에게 내림이 있나니 아랫사람에게 혜택을 베푸는 방법이다. 오직 덕이 있는 임금이야 능히 이것을 시행하시나니 밝음이 족히 보이며, 사랑을 족히 주시리라. 내린다는 말은 주는 것이니 능히 그 나머지 음식으로 그 아랫사람에게 주는 것이다. 병사라는 것은 무장군인의 낮은 사람이고, 요리사라는 것은 고기를 요리하는 낮은 관리이며, 악사라는 것은 음악을 연주하는 낮은 관리이며, 문지기라는 것은 문을 지키는 낮은 관리이다. 옛날에 형벌 받은 사람으로 하여금 문을 지키게 하지 아니하더니 이 네 가지 일을 맡은 사람은 벼슬아치 가운데 가장 낮은 사람인 것이다. 시동은 또한 지극히 높으니 지극히 높은 이가 제사 지낸 마지막에 지극히 낮은 사람을 잊지 아니하여 그 남은 음식으로 내려 주나니 이런 까닭으로 현명한 왕이 위에 계시면 영토 내의 인민이 얼거나 주린 사람이 없는 것이니 이것을 일컬어 위와 아래가 교제한다고 하니라.」220)하였다.

「사여賜予」는 인仁한 사람의 도道이며,「선善은, 인간의 도리」(≪곽점초간·五行≫)221)이고, 어진 사람의 도리仁道는 인간의 도리人道 중의 하나이다.

≪禮記·喪服四制≫에서「은혜에 보답하는 것은 사랑의 원리요, 의리를 밝히는 것은 정의요, 절도를 지키는 것은 예절이요. 상황에 알맞게 조절하는 것은 지혜이니 인·의·예·지에서 인간의 도리가 갖추어지는 것이니라.」222)라 하였고,≪곽점초간·어총1≫에서「사람의 도는 사람의 마음에서 나올 수도 있고, 밖에서 들어올 수 도 있는데, 마음에서 나오는 것은 인仁, 충忠, 신信이다.」223)라 하였다.

「䜌」자는 좀 더 연구가 필요하다.

【譯註】

'䜌'자를 정리본은 '易'자로 보고 있으나, 초간의 일반적인 '易'자와 다르다. 진검陳劍224),

---

220) ≪禮記·祭統≫: "惠均則政行, 政行則事成, 事成則功立.功之所以立者, 不可不知也.俎者, 所以明惠之必均也. 善爲政者如此, 故曰:『見政事之均焉.』凡賜爵, 昭爲一, 穆爲一.昭與昭齒, 穆與穆齒, 凡群有司皆以齒, 此之謂長幼有序.夫祭有畀輝胞翟閽者, 惠下之道也.唯有德之君爲能行此, 明足以見之, 仁足以與之.畀之爲言與也, 能以其餘畀其下者也.輝者, 甲吏之賤者也, 胞者, 肉吏之賤者也, 翟者, 樂吏之賤者也, 閽者, 守門之賤者也.古者不使刑人守門, 此四守者, 吏之至賤者也.尸又至尊, 以至尊旣祭之末, 而不忘至賤, 而以其餘畀之.是故明君在上, 則竟內之民無凍餒者矣, 此之謂上下之際."
221) ≪郭店楚墓竹簡·五行≫: "善, 人道也."
222) ≪禮記·喪服四制≫: "恩者, 仁也, 理者, 義也, 節者, 禮也, 權者, 知也. 仁·義·禮·智, 人道具矣."
223) ≪郭店楚墓竹簡·語叢一≫: "人之道也, 或遙(由)中出, 或遙(由)外內(入), 遙(由)中出者, 息(仁)·忠·信."

계욱승季旭昇225), 양정梁静226), 이예李鋭227)는 모두 본 간의를 정리자가 예정한 '易'자가 아닌 '차此'자로 보았다. '此'자의 초죽서에서 일반적으로 ' ّ '(≪포산초간包山楚簡≫)자로 쓴다.228) 죽간의 자와 초죽서 '此'의 자형을 비교해 보면 비슷함을 알 수 있다.

' '자는 확실히 알 수 없는 자이다. 그러나 혹은 문자의 형태로 보아 의미부 '辵'과 소리부 '弋'로 이루어진 자로 '迗'자로 예정할 수 있지 않을까 한다. ≪郭店楚簡≫은 '二'자를 ' '자로 쓴다.229)

② '夫民虐之, 求亓迖多方安'

「민학民虐」이라는 것은 폭군의 가혹한 정치를 가리키는 것으로, 백성을 해치고, 민중을 학대하며, 지나친 가혹함을 방치하여, 백성이 모진 고통 속에 있게 함을 나타내는 말이다. ≪大戴禮記·少間≫에서「걸왕은 선왕의 밝은 덕을 따르지 않아서 이에 주색에 흠뻑 빠지고, 음악에 미혹되어 덕이 혼란해지고, 정치가 어지러워졌다. 궁실과 높은 누각, 웅덩이를 만들어, 토지에 있던 농작물을 없앴으니, 이것은 백성들을 가혹하게 하여 그 지역의 백성들은 별안간 홀연히 떠났다.」230)라 하였다.

≪곽점초간·존덕의尊德義≫에서도「요임금은 인도로 그 백성을 다스렸고, 걸 임금은 인도로 그 백성을 혼란스럽게 하였다.」231)라 하였다.

「迖」은「術(꾀 술, shù,zhú)」로 읽는다.「多方」은 '다양한 방도'라는 말이다.「安」은「焉(어찌 언, yān)」으로 읽는다.

---

224) "此与(與)㥪(仁)人弌(弍/貳/二)者也. 夫與(邪)蟻(偽)之民, 亓(其)迖(術)多方. 女(如)☐【11】"(陳劍, 〈≪上博(六)·孔見季桓子≫重編新釋〉, 復旦大學出文獻與古文字研究中心, 2008)
225) "此与(與)㥪(仁)人弌(弍/貳/二)者也. 夫與(邪)蟻(偽)之民, 亓(其)迖(術)多方. 女(如)【一一】"(季旭昇, 〈≪上博六·孔子見季桓子≫譯釋〉, 國際儒學研究.2010)
226) "此與仁人二者也. 夫邪偽之民, 其術多方. 如【11】"(梁静, 〈≪孔子見季桓子≫校讀〉, 武漢大學簡帛研究中心, 2008)
227) "此与(與)㥪(仁)人口者也. 夫與罵之民, 亓(其)迖(術)多方安(焉).【11】"(李鋭, 〈≪孔子見季桓子≫重編〉, 武漢大學簡帛研究中心, 2007)
228) ≪楚系簡帛文字編(增訂本)≫, 140 쪽.
229) ≪楚系簡帛文字編≫, 1117 쪽.
230) ≪大戴禮記·少間≫: "桀不率先王之明德, 乃荒耽於酒, 淫泆於樂, 德昏政亂, 作宮室高臺, 汙池土察, 以爲民虐, 粒食之民, 惛焉幾亡."
231) ≪郭店楚墓竹簡·尊德義≫: "堣(禹)以人道訂(治)其民, 桀以人道亂其民."

【譯註】

본 "夫民虐之, 求亓述多方安" 구절에 대하여 학자마다 의견이 다르다. 주요 주장을 정리하면 아래와 같다.

정리본: 夫民虐之, 求亓(其)述(術)多方安(焉).
何有祖: 夫與(邪)蝝(僞)之民, 亓(其)述(遂)多方安(焉)232)
陳劍: 夫與(邪)蝝(僞)之民, 亓(其)述(術)多方. 女(如)233)
李銳: 夫與(邪)蝝(僞)之民, 亓(其)述(術)多方. 女(如)234)
季旭昇: 夫與(邪)蝝(僞)之民, 亓(其)述(術)多方. 女(如)235)

위의 의견들을 종합해 보면 '　'자는 '與'로 예정하고 '邪(간사할 사, xié)'로 읽고, '　'자는 '蝝'자로 예정하고 '僞(거짓 위, wèi)'로 읽을 수 있다. 제 12간에서는 '여與'자를 '　'로 쓴다. '　'자는 제 12간의 '　'자와 같다.

따라서 정리본의 "夫民虐之, 民求亓(其)述(術)多方安(焉)" 구절은 "夫與(邪)蝝(僞)之民, 亓(其)述(術)多方安(焉)"으로 읽을 수 있다. 전체적으로 만약에 인자와 같지 않은 백성들은 '이른바 사악하고 위선적이어서 다양한 술책을 모색하려 든다'는 뜻이다.

---

232) "「夫與(邪)蝝(僞)之民, 亓(其)述(遂)多方安(焉)【11號簡】」. 與, 原釋爲'民'. 按:此字與'民'不類. 筆畫雖有殘失, 仍能辨識出是'與', 這裏從陳劍先生讀作'邪'. 民,原釋爲'求', 字當釋爲'民'. 遂, 原釋爲'述'. 遂, 指通達……'方'也可能讀作'謗'. ≪競建內之≫7號簡有'遠者不謗', 其中'謗'即寫作'方'. '謗'在此當指民對行政的譏評."(何有祖,〈上博楚簡≪孔子見季桓子≫字詞考釋〉, 中國文字研究, 2012)

233) "我們隸定作'蝝'之字原作如下之形: (　簡19　簡11　簡12) 簡19·11之字整理者原釋爲'虐', 簡12之字原隸定作'罷'釋爲'覷'字. 此三形當以簡19之形較爲近眞, 其下面的　形即'蟲'旁, 其最下一斜筆在簡12之形中還保存著,　即'爲'旁之變. 楚簡中一些極常用之字如'爲'·'者'·'於'等, 其寫法往往變化多端,試將簡19之形與郭店≪唐虞之道≫簡21的'蝝'字對比:　其大致結構·整體形態還是非常接近的.進一步分析其訛變軌跡, 也並非完全無蹤可尋. 上引第二形, 其右上部分比前一形來, 已經出現了筆畫分解·重新組合書寫的變化. 再進一步分解, 就容易變下引'爲'字的右上部分之形:　本篇簡14'爲'字此形右上代表'象'之長鼻和頭部的筆畫已變爲簡單的四直筆書寫. 這四筆中的下兩橫筆交接形態再略爲變化, 就很容易變成前舉簡19'蝝'字右上之形了."(陳劍,〈≪上博(六)·孔子見季桓子≫重編新釋〉, 復旦大學出土文獻與古文字研究中心, 2008)

234) "此與(與)息(仁)人忎(弌/貳/二)者也. 夫與(邪)蝝(僞)之民, 亓(其)述(術)多方·女(如)□□□【11】"(李銳,〈讀≪孔子見季桓子≫札記〉, 공자2000, 2008)

235) 季旭昇,〈≪上博六·孔子見季桓子≫譯釋〉, 國際儒學研究, 2010.

第12簡

亓易與罷之民亦呂亓勿審二逃者呂觀於民唯又詔弗遠

10. 공자견계환자

第 12 簡

丌(其)昜(賜)予(與) 罠(覷)之民①, 亦吕(以)丌(其)勿審二逃者吕(以)觀於民②, 唯又(有)訧(?)弗遠③

【해석】
　두려워하는 백성에게 은덕을 베풀어야 하고, 또한 이 둘이 서로 다름으로 백성을 관찰하지 말아야 한다. 그래야 너무 잘못 되지는 않을 것입니다.

【上博楚簡原註】
　본 간의 상단은 파손되었고, 하단은 평평하다. 길이는 33cm이다. 두 번째 홈에서 세 번째 홈까지의 길이는 26.5cm이고, 세 번째 홈에서 하단까지의 길이는 1.5cm이다. 문자는 총 23자이다.

　① '丌昜與罠之民'
　「昜」는 「사賜」로 읽는다.
　「罠」자는 의미부 '目'과 소리부 '虎'로 이루어진 형성자이다. 이 자는 의미부 '見'과 소리부 '虎'로 이루어진 「혁覷」자와 같은 자가 아닌가 한다. ≪집훈集韻≫에서는 「覷覷驚懼皃.」236)라 하였고, 여기서는 놀라 곤궁에 빠지게 된 백성들을 말한다.

【譯註】
　' '자를 정리본은 '昜'로 예정하고 '사賜'로 읽었다. 이 자와 제 3 간의 제일 마지막자 '品勿(物)' 중 '勿'자를 ' '자로 쓰고 제 12 간의 '其勿' 중의 '勿'자를 ' '자로 쓴다. 모두 같은 자이다. 모두 '물物'의 의미로 쓰인다.
　' '자를 정리본은 '罠'자 예정하고 '혁覷'로 읽었다. '두려움을 갖고 있는 백성에게 하사하다'라는 뜻으로 이해하고 있다. 그런데 만약에 ' (逃)'자를 '道'로 읽는다면 본 구절의 내용은 '二道'와 관련된 내용이다. ≪공자견계환자孔子見季桓子≫의 본 구절에서 '二道'는 '與民'과 '仁人'의 대립된 개념으로 보인다.

---

236) ≪集韻≫: "覷覷驚懼皃."(놀라 두려워하는 모양.)

≪孔子見季桓子≫에서 ''자와 비슷한 자로 '· 등이 있다. 그리고 이 자 앞에는 모두 '여與'자를 쓴다. 즉 '·'과 '로 쓴다. '![]'자는 '![]'자의 변형이 아닌가 한다. 제 13간에 '與民'이라는 단어가 두 차례 보이는데, '與民'은 곧 '與罷之民'과 같은 뜻의 단어가 아닌가 한다. ≪곽점초간≫ 중 '![]'자와 형태가 비슷한 자로, ≪老子甲≫ "我亡爲而民自鬻"237) 구절 ''(32간)자와 ≪당우지도唐虞之道≫의 '蠕(化)民'과 '蠕(化)道'한다는 뜻의 ''(21간)자가 있다. ≪老子≫의 ''자는 윗부분이 '爲'이고, 아랫부분이 '蚰'으로 이루어진 자이다. '![]'자는 '蠕'자에 '虫'을 추가하여 쓴 형태이며, '訛'자를 '譌'자로 쓰듯이 소리부 '化'와 '爲'로 쓰는 자는 서로 통한다.238)

따라서 '![]'자 역시 '蠕'로 예정할 수 있다. 본 절에서 '仁人'과 반대되는 개념으로 쓰이기 때문에 '蠕'는 '위선적이다'·'속이다'의 뜻인 '위僞'로 읽는 것이 아닌가한다. 한편 '與'자 역시 '僞'자와 관련이 있는 자로 '사邪'로 읽는 것이 아닌가한다.239) ''자는 '舁'와 소리부 '与(牙)'로 이루어진 자로 고문은 '舁'로 쓴다.

② '亦呂亓勿審二逃者呂觀於民'

「審(살필 심, shěn)」자에 대하여 ≪설문해자≫에서는 「'寀'자는 '다 안다'는 뜻이다. '이치를 완전하게 안다'는 뜻이다. 의미부 '宀'과 소리부 '釆'으로 이루어진 형성자이다. '寀'자의 전문篆文은 '番'을 써서 '審'으로 쓴다. 서개徐鍇는 '宀'은 덮는 것이다. '釆'은 분별하는 것이다. 감싸고 덮지만 깊이 있게 분별해 내는 것이다. 그래서 '寀'은 모든 것을 다 안다는 것이다.」240)라 하였다. 「審」자는 「詳察(상세히 살피다.)」·「考察(고찰하다.)」는 의미로 파생되어 쓰인다. ≪新書·過泰下≫ 「권세의 마땅함을 살핀다.」241) 구절 중의 '심審'자는 '살피다'는 의미로 쓰인다.

「도逃」자는 「피避」나 「거去」의 의미이다. 제 5간을 참고할 수 있다.

---

237) 백서본帛書本은 "我无爲也, 而民自化."로 쓴다. "내가 인위적으로 일을 처리하지 않으니, 백성이 저절로 순화된다."
238) ≪楚系簡帛文字編≫은 '![]'자 등을 '遷'로 예정하고 있다. 160 쪽 참고.
239) 陳劍(2008): ≪〈上博(六)孔子見季桓子〉重編新釋≫, 復旦大學出土文獻與古文字研究, 2008年3月22日
240) ≪說文解字·宀部≫: "寀, 悉也. 知寀諦也. 從宀, 從釆. 審, 篆文寀從番. 徐鍇曰: '宀, 覆也. 釆, 別也. 包覆而深別之. 寀, 悉也.'"
241) ≪新書·過泰下≫: "審權勢之宜."

【譯註】

'이도二逃'는 '二道'로 읽을 수 있다. 본 구절 중의 '二道'는 '邪僞之民'과 '仁人之道'를 가리킨다.

③ '唯又訛弗遠'

「訛」자는 의미부가 '言'으로 이루어진 형성자로, 글자의 오른쪽 부분이 파손되었다.

【譯註】

'▨'자는 왼쪽 부분은 '言'이고 오른쪽 하단은 '月'임을 알 수 있으나, 오른쪽의 위쪽 부분이 보이지 않아 확실히 알 수 없다. 문맥으로 보아 혹은 '諭(깨우칠 유, yù)'자로 예정하기도 하나, 혹은 ≪禮記·大學≫의 "雖不中不遠矣"242) 구절을 참고하여 '▨'자는 혹은 '失'이나 '過'의 뜻으로 쓰이는 자가 아닌가 한다. 우측 아랫부분에 '骨'자의 자형이 남아있는 것으로 보고, '謂'자가 예정하며, 소리부가 '骨'인 자는 음이 '過'와 통하는 자로 보기도 한다.243) 그러나 남아 있는 자형은 '兪'자에 더 가깝다. ≪상박초간·공자시론孔子詩論≫은 '兪'자를 '▨'나 '▨'로 쓰고, ≪곽점초간·오행五行≫은 '▨'로 쓴다.244) 따라서 본 자는 '諭'자로 예정할 수 있고 '逾(넘을 유, yú)'로 읽을 수 있다.

---

242) ≪禮記·大學≫: "雖不中不遠矣."(비록 정곡을 맞추지는 못했으나 목표에서 동 떨어지지 않음.)
243) "簡文'雖有□弗遠矣', 其意猶≪禮記·大學≫之'雖不中不遠矣'. 缺字應當爲'失'·'過'一類的意思. 此字原作: ▨ 整理者隸定作左半从'言', 右半殘缺.何有祖(2007b)釋爲'信', 恐不可信.細審其右半下方殘存筆畫似是'肉'形, 頗疑此字右半所从聲符本是'骨'字, 全字讀爲'過'.(陳劍, 〈≪上博(六)·孔子見季桓子≫重編新釋〉, 復旦大學出土文獻與古文字研究中心, 2008)
244) ≪楚系簡帛文字編≫, 782 쪽.

第13簡

□易與民也昂不僕此言不忨見於䢔=大為毋槀易與民

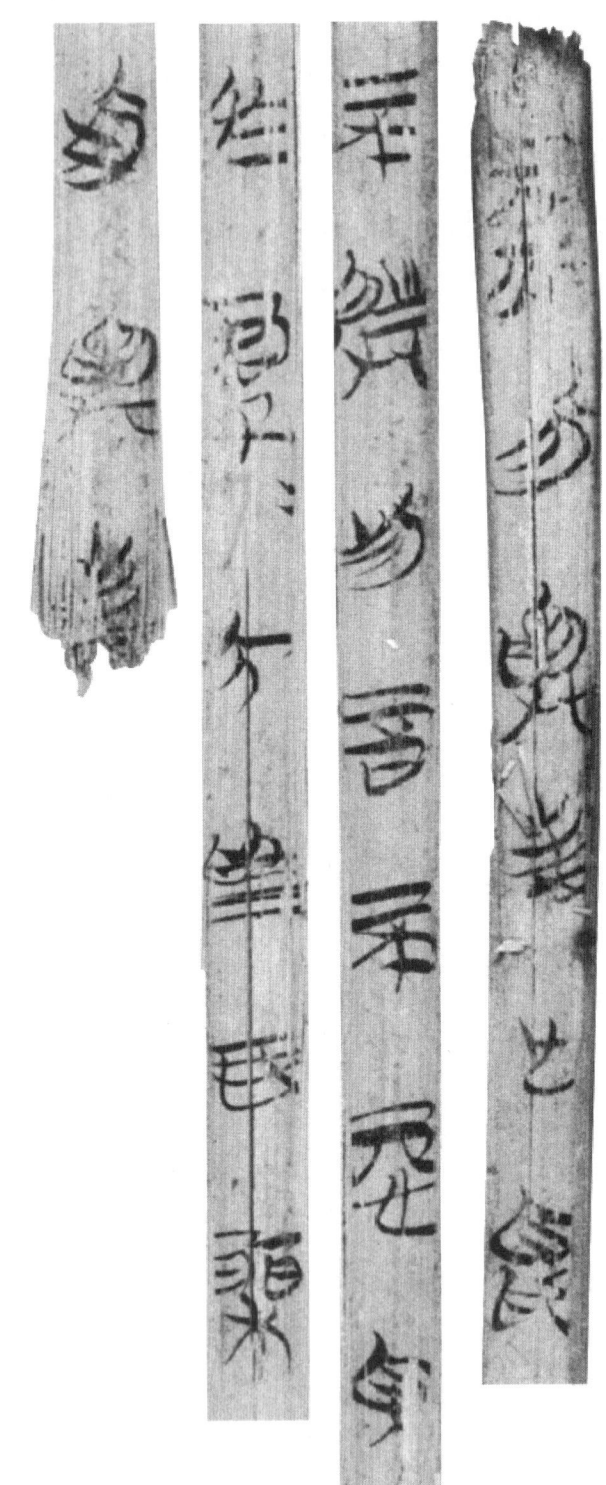

第 13 簡

□易(賜)與民也①. 昂不僕此②, 言不忧(願)見於羣=(君子)③, 大爲毋槩(聏)④, 易與民⑤

【해석】

(녹祿을) 백성에게 은덕을 베풀어 주어야 한다. 우러러 그것을 따르지도 않고, 언행은 군자를 가까이 하려 하지 않고, 군자를 만나도 매우 편안해 할 줄 모르기 때문에 이런 백성에게 은덕을 베풀어야 한다.

【上博楚簡原註】

본간의 상단과 하단은 파손되었다. 길이는 27.3cm이고, 첫 번째 홈에서 상단의 파손된 부분까지의 길이는 5.1cm이다. 문자는 총 23자이고, 그 중 합문은 1자이다.

① '□易與民也'

첫 번째 글자는 잘 보이지 않아 고찰할 필요가 있지만 「彔」자와 비슷한 것 같기도 하고 아닌 것 같기도 하다.

「易」는 「賜」로 읽는다.

【譯註】

첫 번째 자를 제 15간의 '☒(拜)'자와 비교하여 '拜'자로 예정하기도 하나, 문자의 형태와 문장 내용으로 보아 확실치 않다.245) ≪포산초간≫은 '拜'자로 '☒'로 쓴다.

정리본이 석문한 "易(賜)與民也" 구절은 이미 앞에서 언급하였듯이, "此與(邪)民也"로 읽을 수 있다. 즉 인인仁人과는 다른 아직 교양이 부족한 '간사한 백성'이라는 뜻이다.

② 昂不僕此

「昂(오를 앙, áng)」은 ≪集韻≫에서 「'昂'은 눈을 들어 보는 것이다.」246)라고 하였다. 「僕(종

---

245) "「拜易與民也,【13號簡】」拜, 原釋文未釋. 按: 此字與15號簡拜字同, 疑當釋爲'拜'."(何有祖, ≪上博六劄記(三)≫, 武漢大學簡帛硏究中心, 2007)

복, pú,pū)」은 '따르다'의 의미이다. ≪詩經·大雅·既醉≫「君子萬年, 景命有僕.」247) 구절 중의 「僕」자는 '따르다'는 의미로 쓰였다. 모형毛亨은 ≪傳≫에서 「'僕'은 따른다는 것이다.」248)라 하였다.

【譯註】

「앙昂」자를 제 26간의 '色'자를 참고하여 '邑'으로 예정하기도 하나,249) 아랫부분은 '卬'의 변형
이 아닌가 한다.

이 자는 '邑'자로 예정할 수 있고, '卬'으로 읽는다.

정리본이 석문한 "昂不僕此" 중의 '此'자에 해당되는 자는 '㠯'로 쓴다. 일반적인 '此'자와 다르다. 문자의 형태와 문장 내용으로 보아 '출出'자가 아닌가 한다. '出'자는 그 다음 문장에 속하는 자이다.

③ '言不忨見於孯='

「忨(탐할 완, wàn)」자에 대하여 ≪설문해자≫에서 「'忨'은 '탐하다'의 의미이다. 의미부 '心'과 소리부 '元'으로 이루어진 형성자이다. ≪春秋傳≫에서는 '허송세월을 보낸다'고 하였다.」250)라 하였다. 「忨」자는 「願(원할 원, yuàn)」으로 읽는다.

「孯=」는 합문「君子」이다.

【譯註】

'㤅'자를 정리본은 '忨'자는 예정하고 '원願'으로 읽고 있다. 사실상 윗부분이 '兀'인 '忢'로 예정할 수 있다. 본 구절에서 '忢'는 '忌(꺼릴 기, jì)'로 읽는 것이 아닌가 한다.

정리본이 석문한 "此, 言不忨(願)" 구절은 사실상 "出言不忢(忌)"로 읽을 수 있다.

---

246) ≪集韻≫: "昂, 擧目視."
247) ≪詩·大雅·既醉≫: "君子萬年, 景命有僕."(임금님은 만년도록 하늘의 명이 따르리라.)
248) 毛亨≪傳≫: "僕, 附也."
249) "原釋文隸定'昂', 當是據簡26而得, 疑簡26乃'色'字之訛, 此處今隸定爲'邑'."(李銳, 〈≪孔子見季桓子≫重編〉, 武漢大學簡帛研究中心, 2007) "……口易與民也, 邑(色)不僕(樸), 此(眥)言不(忌), 視於君子, 大爲毋(珥), 此與民□□□."(李銳.≪孔子見季桓子≫新編.武漢大學簡帛研究中心, 2007) "拜賜與民也, 色不樸, 眥言不忌, 視于君子, 大爲毋珥, 此與民【13】."(梁静, 〈≪孔子見季桓子≫校讀〉, 武漢大學簡帛研究中心, 2008)
250) ≪説文解字·心部≫: "忨, 貪也. 從, 元聲.≪春秋傳≫曰: 『忨歲而渴日.』"

④ '大爲毋槢(聑)'

「槢」자는 의미부 '目'과 소리부 '聑(편안할 접, dié,zhāi,zhé)'으로 이루어진 형성자이며, 「聑」로 읽는다. ≪說文解字≫에서 「'접聑'자는 '편안하다'의 뜻이다. 의미부는 두 개의 '耳'를 쓴다.」251)라 하였다.

【譯註】

본 구절에 「槢」자는 '攝(당길 섭, shè)'의 의미로 쓰인 것이 아닌가 한다.252) '섭懾'자는 ≪論語≫ 중의 '외畏'자의 의미와 유사하다. ≪論語·季氏≫에서는「군자에게는 두려워해야 할 것이 세 가지 있으니, 천명을 두려워하고, 지위가 높은 사람을 두려워하며, 성인의 말을 두려워해야 할 것이다. 소인은 천명을 알지 못하므로, 그것을 두려워하지 않고, 지위가 높은 사람을 경시하며, 성인의 말을 업신여긴다.」253))라 하였다.

⑤ '昜與民'

「昜」자는 형태적으로 차이가 있지만 「사賜」로 읽는 것이 아닌가한다.

【譯註】

본 "昜與民"은 앞 문장과 같이 "此與(邪)民"으로 읽어야 한다.

---

251) ≪說文解字≫: "聑, 安也. 從二耳."
252) "'槢'字亦見信陽楚墓2·15, 讀爲'攝'(參≪曾侯乙墓≫, 503頁, 裘錫圭·李家浩釋文注釋15), 此疑讀爲'懾'." (李銳, 〈≪孔子見季桓子≫重編〉, 武漢大學簡帛研究中心, 2007)
253) ≪論語·季氏≫: "君子有三畏: 畏天命, 畏大人, 畏聖人之言. 小人不知天命而不畏也, 狎大人, 侮聖人之言."

第14簡

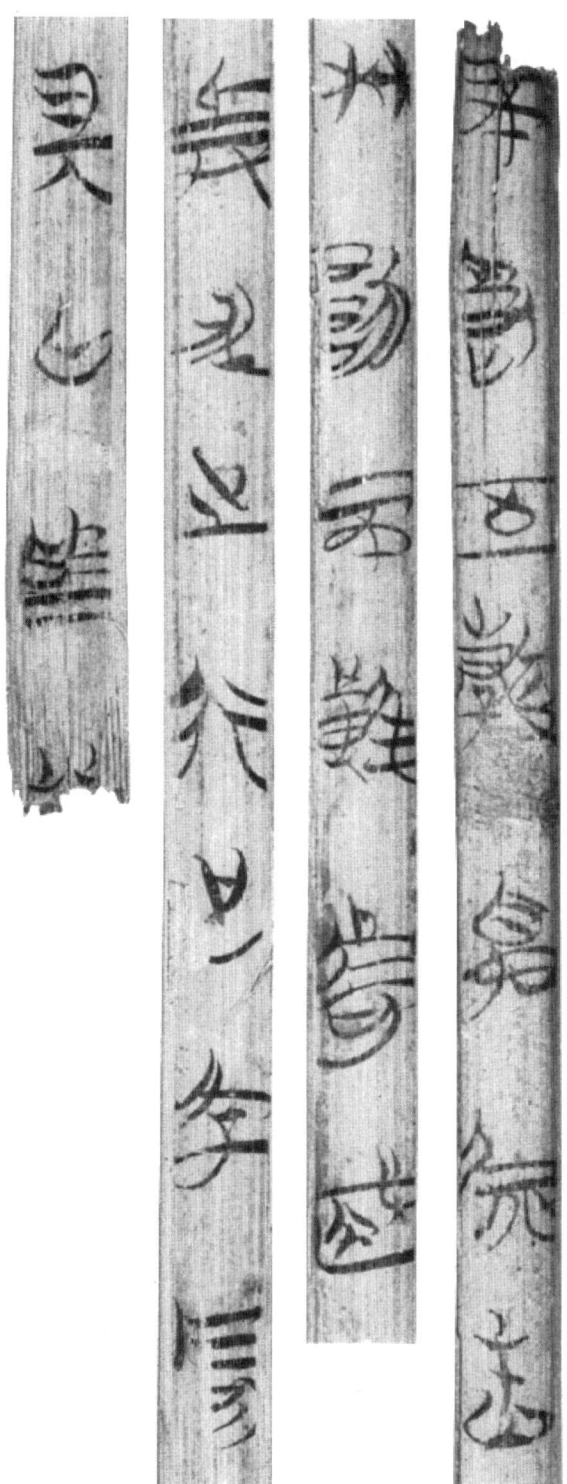

不飲五穀鳴虒危朷則不難虐毆异民之行也好刉咣曰為芎

第 14 簡

不飤五穀, 鳴𠂤(居)危朳, 則不難唐(乎)? 戝(則)身(與)民之行也. 好䂳(砌)兇(嫩)㠯(以)爲茍

【해석】

　　오곡五穀을 먹지 않고 수양을 하고, 새가 위태로운 나뭇가지 위에서 거처한다는 것은 곧 어렵지 않겠습니까? 백성이 행함에 손실이 적도록 해야 합니다. 아름답고 섬세하게 잘 다듬는 것으로 茍를 삼으면……

【上博楚簡原註】

　　본 죽간의 상단과 하단이 모두 파손되었다. 길이는 27.8cm이다. 두 번째 홈(계구契口)으로부터 상단까지의 거리는 4.3cm이다. 문자는 모두 23字가 있다.

① '不飤五穀'

「사飤」는 「식食」과 통용된다.

「不飤五穀」은 도가道家의 용어이다. 고대에 곡기穀氣를 끊고 허정虛靜한 상태에서 吐納(토납: 입으로 묵은 기운을 내뿜고 코로 새로운 기운을 들이마시는 도가 수련법 중의 하나)함을 가리킨다. 바람을 들이마시고, 이슬을 마시면, 구름을 타고, 사해四海를 자유롭게 떠다니는 고인高人이 될 수 있다고 한다.

≪莊子·內篇·소요유逍遙遊≫에서는「연숙連叔이 말하였다. "그의 이야기는 어떤 내용인가?" 견오肩吾가 말하였다. "막고사藐姑射의 산에 신인神人이 살고 있는데, 피부는 빙설氷雪처럼 희고 몸매가 부드러운 것은 처녀처럼 사랑스럽다. 곡식은 일체 먹지 않고 바람을 들이키고 이슬을 마시고서 구름 기운을 타고 비룡飛龍을 몰아 사해四海 밖에 노닌다. (신인들의) 정기精氣의 작용력이 응집凝集하면 모든 것을 상처나고 병들지 않게 성장시키고 해마다의 곡식이 풍성하게 영글도록 한다'라는 이야기입니다. 나는 이 때문에 〈접여의〉의 이야기가 상식에서 벗어난 것으로 여겨져 믿을 수가 없습니다."」254)라 하였다.

---

254) ≪莊子·內篇·逍遙遊≫: "連叔曰:「其言謂何哉?」曰:「藐姑射之山, 有神人居焉. 肌膚若冰雪, 綽約若處子, 不食五穀, 吸風飮露, 乘雲氣, 御飛龍, 而游乎四海之外, 其神凝, 使物不疵癘而年穀熟' 吾以是狂而不信也.."

또한 ≪列子・黃帝第二≫에서는 「열고사산列姑射山은 해하주海河洲의 가운데에 있다. 그 산 위에 신인神人이 있는데, 바람을 마시고 이슬을 마시되 곡식은 먹지 않았다. 마음은 깊은 샘물과 같았고, 모습은 처녀와 같았다. 무엇을 아끼지도 아니하고 사랑하지도 아니하며, 선인仙人과 성인聖人이 그의 신하 노릇을 하였다. 위압하지도 아니하고 노하지도 아니하여 성실한 사람들이 그의 부림을 받았다. 베풀어 주지도 않고 은혜를 입히지도 않았으나 물건은 저절로 풍족하였고, 모으지도 아니하고 거두지도 않았으나 자기에겐 부족함이 없었다. 음陰과 양陽은 언제나 조화를 이루고 해와 달은 언제나 밝게 비추었다. 사철은 언제나 순조로웠고 바람과 비는 언제나 고르게 불고 내렸다. 생물의 번식과 양육은 언제나 때에 맞았고, 곡식은 해마다 풍년이 들었다. 그리고 땅에는 질병이 없었고, 사람에게는 요절夭折과 불행이 없었고, 만물에는 병폐가 없었고, 귀신은 요사스런 짓을 하지 않았다255).」256)라 하였고, 또한 ≪列子・赤將子輿≫(上卷)에서는 「적장자여赤將子輿는 황제 때 사람이다. 오곡五穀은 입에 대지도 아니하고 온갖 꽃을 먹었다. 요堯임금 때 이르러 그는 목공木工이 되었다. 그는 능히 바람과 비를 따라 하늘을 오르내릴 수 있었으며 때때로 시장에서 격繳이라는 사냥도구를 팔기도 하여 그 때문에 역시 그를 '격보繳父'라고 불렀다. 말하기를 "일반 사람들은 곡식을 먹으니, 누가 무병장수를 누릴 수 있겠는가? 자여子輿는 속세를 벗어나, 꽃봉오리를 밥으로 삼고 이슬을 마셨다네. 그 몸을 바람과 비에 맡기니, 아득히 그 걸음이 크도다. 구름 속에서도 가히 노닐 수 있어 생명을 길게 하는 법을 터득하였네."라고 하였다.」257)라 하였다.

【譯註】

'飤(飤, 먹일 사, sì)'자에 대하여 ≪설문해자≫에서는 "'양식'의 의미. 의미부 '人'과 '食'로 이루어진 자이다."라 하였고, 단옥재段玉裁는 "'음식물로 사람에게 먹이다'는 의미이다. 원래는 '食'으로 쓴다. 속자는 '사飤'로 쓰고, 혹은 '사飼'자로 쓴다."258)라 하였다.

---

255) ≪列子・黃帝≫: "物無疵厲, 鬼無靈響焉. 張湛注: "≪老子≫曰: '以道涖天下者, 其鬼不神.'"(張湛의 주에서 말하기를 '도가 천하에 다다르니, 귀신도 신령스럽지 않았다.'라고 하였다.)
256) ≪列子・黃帝第二≫: "列姑射山在海河洲中, 山上有神人焉, 吸風飲露, 不食五穀, 心如淵泉, 形如處女, 不偎不愛, 仙聖爲之臣, 不畏不怒, 愿慤爲之使, 不施不惠, 而物自足, 不聚不斂, 而己無愆. 陰陽常調, 日月常明, 四時常若, 風雨常均, 字育常時, 年穀常豐, 而土無札傷, 人無夭惡, 物無疵厲, 鬼無靈響焉."
257) ≪列仙傳・赤將子輿≫(卷上): "赤將子輿者, 黃帝時人, 不食五穀, 而噉百草花. 至堯帝時爲木工, 能隨風雨上下, 時時於市中賣繳, 亦謂之繳父. 云: 『蒸民粒食, 熟享遐祚. 子輿拔俗, 餐葩飲露. 托身風雨, 遙然矯步. 雲中可遊, 性命可度.』"
258) ≪說文解字≫: "飤, 糧也. 从人・食." 段玉裁: "以食食人物, 本作食, 俗作飤, 或作飼."

'穀(곡식 곡, gǔ)'자를 ≪包山楚簡≫은 '(槃)'자로 쓴다.

② '鳴仉危朷'

「鳴(울 명, míng)」은 ≪說文解字·鳥部≫에서 「鳴은 새소리이다.」라고 하였다.259) 혹은 「鳥」의 파생의미로 쓰이는 것이 아닌가한다.

「仉(處)」자는 「居(있을 거, jū)」와 통한다.

「朷(고갱이 도, dāo)」자에 대하여 ≪集韻≫은 「朷는 나뭇가지와 낙엽(枝落)이다. 일반적으로 '條'로 쓴다.」260)라 하였다. 혹은 이 자는 '忉(근심할 도, dāo)'로 읽는다. ≪廣韻≫에서 「忉는 근심하는 모양.」261)이라 하였고, 「위급한 상황에 처해 놀라고 겁내하다」라는 뜻이다.

【譯註】

''자를 정리본은 '鳴'으로 예정하고 '鳥'의 의미로 해석하였다. 그러나 혹은 '睪'자로 예정하고 '擇(가릴 택, zé,zhái)'으로 읽기도 하고262) 혹은 '宴(잔치 연, yàn)'자로 예정하기도 하나,263) ≪상박초간≫의 '鳴'자 ''·''(≪孔子詩論≫)·''(≪性情論≫)264)과 유사하기 때문에 정리본에 따라 해석하기로 한다.

'危(위태할 위, wēi)'자를 ≪곽점초간·육덕六德≫은 ''로 쓴다.265)

''자를 정리본은 '朷'자로 예정하고 있으나, 문자의 형태로 보아 '杆(나무 이름 간, gān,gǎn)'자가 아닌가 한다.266)

"鳴仉危朷" 구절은 "鳴居危杆"으로 읽을 수 있고, 새가 위험한 가지에 앉아 울고 있다는 것으로 백성의 어려움을 비유적으로 표현한 것이다.

③ '則不難虖'

「虖」자는 「乎(어조사 호, hū)」로 읽는다.

---

259) ≪說文解字·鳥部≫: "鳴, 鳥聲也."

260) ≪集韻≫: "朷, 枝落也. 通作條. 或讀爲忉."

261) ≪廣韻≫: "忉, 憂心皃."

262) 季旭昇, 〈≪上博六·孔子見季桓子≫譯釋, ≪國際儒學硏究≫第17輯, 220-236 쪽.

263) 李銳, 〈≪孔子見季桓子≫重編〉, 簡帛, 2007-08-22.

264) ≪楚系簡帛文字編≫, 375 쪽.

265) ≪楚系簡帛文字編≫, 823 쪽.

266) 何有祖, 〈讀≪上博六≫札記〉, 簡帛, 2007-07-09.

【譯註】

'𫝀'자를 정리본은 '則'자로 예정하고 있는데, 초간의 일반적인 '則'자와 형태가 다르다. 혹은 '剴(알맞을 개, kǎi,gài)'자의 변형이 아닌가 한다.267) ≪郭店楚簡≫은 '剴'자를 '𫝀'·'𫝀'로 쓴다.268)

따라서 정리본이 석문한 "則不難㞐" 구절은 "豈不難乎"로 읽고 '어찌 어려운 일이 아니겠습니까?'의 뜻으로 해석할 수 있다.

④ '敪𢍁民之行也'

「敪」字는 ≪상박초간(三)·周易≫ '정괘井卦'의 「㓹」字의 상부와 형태가 비슷하다. 또한 ≪상박초간(四)·季康子問於孔子≫(第八簡)에 「敪」자가 있는데, 「敪」자는 복잡하게 쓴 형태고 「㪿」자는 간략하게 쓴 형태이다. 이자는 「㓹」자의 이체자가 아닐까 한다. ≪옥편玉篇≫에서 「㓹」자에 대하여 「음은 '唯芮'의 반절反切이다. 주문籒文에서는 '銳(날카로울 예, ruì)'로 쓴다.」269)라 하였다. ≪박아博雅≫에서는 「敪은 '다치다'라는 뜻이다.」270)라 하였으며, ≪집운集韻≫에서는 「㓹」은 '조금 다치다'라는 뜻이다.」·「'예銳'는 ≪說文解字≫에서 '바늘의 끝(芒)이다'라 하였다. 또는 성씨姓氏로도 쓰인다. 주문籒文에서 '㓹'으로 쓰고, 혹 '梲'로 쓰고, 또 생략하여 '兌'로 쓰기도 한다.」271)라 하였다.

이 자는 또한 ≪包山楚簡≫(174, 186) 등에서 보인다. 이 자는 혹은 「열烈」의 이체자異體字로 쓰인다.

【譯註】

'𣥺'자는 '㓹(조금 다칠 체(가시랭이 예))'자의 변형이며, '銳'자와 같은 자이다. '㓹'자는 의미부 '刅'과 소리부 '厂'으로 이루어진 형성자이다. ≪上博楚簡·周易≫ 제 46간의 「𣱵(㓹)」자는 의미부 '水'와 소리부 '㓹'로 이루어진 형성자이다. 복모좌濮茅左는 이 자에 대하여 정리본은 「烈」자의 혹체或體이고 주문籒文은 「예銳」자로 쓴다 하였다.272) 백서본은 「𢘽(戾)」로 쓰고, 현행본은 「洌」

---

267) 何有祖, 〈讀〈上博六〉札記(四)〉, 簡帛網, 2007-07-14.
268) ≪楚系簡帛文字編≫, 418 쪽.
269) ≪玉篇≫: "㓹, 唯芮切. 籒文銳."
270) ≪博雅≫: "敪, 傷也."
271) ≪集韻≫: "㓹, 小傷也"·"銳, ≪說文解字≫: 『芒也』. 亦姓. 籒作㓹, 或作梲, 亦省作兌."
272) 濮茅左, ≪楚竹書周易研究≫, 162 쪽.

로 쓴다. 고음 중 지부脂部와 월부月部는 방대전旁對轉 관계이다.

  戾 ler 脂部
  洌 liat 月部
  例 liar 祭部

 ≪주역음의≫는 「洌(맑을 렬{열}, liè)」자에 대하여 "「洌」자는 음이 「列」자와 같이 '깨끗하다(潔)'의 뜻이다"273)라 하였다. 왕필王弼 ≪周易注≫는 "「洌」은 깨끗함이다. 중정中正하고 몸체가 강하여 흔들리지 않으니 의롭지 않은 것은 마시지 않는 것이다. 중정하고 고결한 것은 우물이 깨끗하고 우물이 차가운 것과 같으니, 이런 후에야 마시는 것이다."274)라 하였다.

 '㐱'자는 음성을 고려하여 '렬烈'·'려厲'자로 예정하고,275) 본 구절에 전후 문맥을 고려하여 발어사 '抑(누를 억, yì)'으로 읽는 것이 아닌가 한다.276) 아래는 동동화董同龢의 상고음이다.

  抑 ʔjet 脂部

 정리본이 석문한 "戜㠯民之行也" 구절은 "戜(抑)㠯(邪)民之行也"로 읽을 수 있다(부록 참고).

 ⑤ '好砌兇曰爲苠'

 「砌(섬돌 체, qì)」자는 「砌(섬돌 체, qì,qiè)」자와 같다. ≪正字通≫은 「'砌'는 속자는 '砌'로 쓴다.」277)라 하였다.
 「兇」자는 「嫩(착하고 아름다울 미, měi)(착하고 아름답다)」로 읽는다.

【譯註】

 '砌'자는 의미부 '刀'와 '石'으로 이루어진 자로 '체砌'자와 같은 자이다. 본 구절에서는 '지나치게 꾸미고 수식하다'의 의미로 쓰인다.
 「兇」자는 '嫩(착하고 아름다울 미, měi)'나 '美'자와 같은 의미로 쓰인다.

---

273) ≪周易音義≫: "洌, 音列, 潔也."
274) 王弼≪周易注≫: "洌, 絜也. 居中得正, 體剛不橈, 不食不義, 中正高絜, 故井洌寒泉, 然後乃食也."
275) 陳偉, 〈讀≪上博六≫條記之二〉, 簡帛, 2007-07-10.
276) 陳劍, 〈≪上博(六)孔子見季桓子≫重編新釋〉, 復旦大學出土文獻與古文字研究中心, 2008-03-22.
277) ≪正字通≫: "砌, 俗砌字."

第15簡

君子死曰衆福句拜四方之立曰童君子眡之曰亓所眡覞之曰亓其所谷智不行矣不□繼曰為己拜易民

第 15 簡

君子死(恒)昌(以)衆福, 句(後)拜四方之立(位)昌(以)童(動). 君子䍐之, 昌(以)亓所䍐卦(睢)之, 昌(以)亓其所谷(欲)智(知)不行矣. 不鬱□織(絶)昌(以)爲昌(紀), 拜昜(賜)民

【해석】
　군자는 항상 많은 복福이 있고자 하나, 모든 곳에서 품위를 중시하면서 행동한다. 군자가 그것을 원하기도 하고 그것을 얕잡아보기도 하지만, 그것을 사욕으로서 하면 안된다는 것을 안다. □를 끊어버림으로써 기율을 삼으며, 백성들에게 은덕을 베푸는 것을 감사하게 생각한다.

【上博楚簡原註】
　본 죽간의 상단은 평평하고, 하단은 파손되었다. 길이는 53cm이다. 첫 번째 홈에서 상단까지의 거리는 1.1cm이고, 첫 번째 홈에서 두 번째 홈까지의 거리는 25.5cm이다. 문자는 모두 42 字가 있다.

① '君子死昌衆福'
「死」자는 「恒(항상 항, héng)」자의 고문이다. ≪설문해자≫에서는 '恒'자에 대하여 「언제나 변치 않다」는 의미이다. 의미부 '心'과 '舟'로 이루어진 자이다. 배가 천지를 나타내는 '二' 사이를 오고 간다는 뜻이다. 생각하는 마음(心)이 배를 타고 끊임없이 반복하듯 한다해서 '恒(항상)'의 의미를 나타낸다. 의미부 '月'을 쓴 '死'자는 '恒'자의 고문이다. ≪詩≫에서 이르기를 '달이 밝아지는 듯'[278]이라 하였다.」[279]라 하였다.
「중복衆福」은 '福이 많다'는 의미이다.

② '句拜四方之立昌童'
「句」자는 「後(뒤 후, hòu)」로 읽는다.

---

[278] ≪詩經·小雅·天保≫: "如月之恒, 如日之升, 如南山之壽, 不騫不崩, 如松柏之茂, 無不爾或承." (달이 밝아지는 듯 해가 떠오르는 듯, 남산이 무궁함같이 이지러지지도 무너지지도 않으며, 소나무 잣나무가 무성하듯, 당신의 왕업 끊임없이 이어지네.)
[279] ≪說文解字·心部≫: "常也, 从心从舟, 在二之間上下. 心以舟施, 恒也. 「死」, 古文恒从月. ≪詩≫曰: 「如月之恒.」"

≪老子≫(第38章)에서는「그러므로 도道를 잃은 뒤에 덕德이 생겨났고, 덕德을 잃은 뒤에 인仁이 생겨났고, 인仁을 잃은 뒤에 의義가 생겨났고, 의義를 잃은 뒤에 예禮가 생겨났다.」280)라 하였는데, 이중「後」자를 馬王堆漢墓帛書(乙本)에서는「句」자로 쓴다.

「四方」은 동서남북東西南北 사방을 가리키거나, 혹「인의예지仁·義·禮·知」를 비유한다.

「立」은「위位」로 읽는다.

「童」은「動(움직일 동, dòng)」으로 읽는다.

공자는 그 행동하는 바가 그 마땅함이 있어야 하며, 반드시 바름(正)으로써 할 것이요, 예禮가 아니면 행동하지 말며, 행동이 법칙을 그르치지 않아야 한다고 여겼다.

≪論語·顔淵≫에서는「예禮가 아니면 보지 말며, 禮가 아니면 듣지 말며, 禮가 아니면 말하지 말며, 禮가 아니면 움직이지 말아야 한다.」281)라 하였고, ≪論語·衛靈公≫에서는「지혜가 거기에 미쳐서 인이 그것을 지켜내지 못한다면 비록 얻었다고 하더라도 반드시 잃고 말 것이다. 지혜가 거기에 미쳐서 인仁이 그것을 지킬 수 있더라도 장엄함으로써 백성에게 임하지 않으면 백성들이 그를 공경하지 않는다. 지혜가 거기에 미쳐서 인仁이 그것을 지킬 수 있으며 장엄함으로써 백성에게 임하더라도 백성들을 분발시키기를 예禮로써 하지 않으면 선善하지 못하다.」282)라 하였다.

또한 ≪孔子家語·大婚解≫에서는「군자의 하는 말은 백성이 본뜨게 되며 군자의 행동은 백성이 법으로 삼는 것입니다. 말을 본뜨게 하고 행동을 법으로 삼게 한다면 백성이 공경하여 명령대로 좇을 것입니다. 이같이 하면 능히 자기 몸을 공경한다 할 것이니 그 몸을 공경하게 되면 능히 그 부모가 착한 이름을 이루어지게 할 것입니다."」283)라 하였고, ≪孔子家語·哀公問政≫에서는 공자가 말하기를「의복을 깨끗이 입고 예가 아니면 움직이지 않는 것이 몸을 닦는 것이며」284)라 하였고, ≪孔子家語·致思≫에서는「무왕은 그 몸을 바르게 함으로써 그 나라까지 바르게 하였으며, 그 나라를 바르게 함으로써 천하까지도 바르게 하였다. 무도한 자를 쳐버리고 죄 있는 자를 벌하여 한 번 움직여 천하를 바르게 하였으니, 이로써 그의 계획한 일이 이루어진 것이다. 춘추는 그 때를 이루었기 때문에 만물이 다 나서 성장하게 되는 것이요, 왕자는 그 도를 극진히 하기

---

280) ≪老子≫(第38章): "故失道而後德, 失德而後仁, 失仁而後義, 失義而後禮."
281) ≪論語·顔淵≫: "非禮勿視, 勿禮非聽, 勿禮勿言, 非禮勿動."
282) ≪論語·衛靈公≫: "知及之, 仁不能守之, 雖得之, 必失之. 知及之, 仁能守之. 不莊以涖之, 則民不敬. 知及之, 仁能守之, 莊以涖之. 動之不以禮, 未善也."
283) ≪孔子家語·大婚解≫: "孔子對曰: 君子過言則民作辭, 過行則民作則. 言不過辭, 動不過則, 百姓恭敬以從命, 若是, 則可謂能敬其身, 則能成其親矣."
284) ≪孔子家語·哀公問政≫: "孔子曰: 齋潔盛服, 非禮不動, 所以修身也."

때문에 만백성이 다스려지는 것이다. 그러므로 주공은 자기 몸에서부터 착한 도를 행했기 때문에 백성들이 모두 본받게 되었고, 온 천하도 순종하게 되었으니 그 성실함이 지극했던 것이다.」285)라 하였다.

≪孔子家語·論禮≫에서는「공자가 말했다. "예라는 것은 직접 일을 처리하는 것을 말한다. 군자는 일이 있으면 반드시 처리할 줄 알아야 한다. 나라를 다스리는데 예가 없으면 마치 눈먼 소경이 길잡이가 없이 길을 가는 것과 같은 것이다. 허둥지둥하면서 어디로 갈 것인가? 이것을 또 비유해서 말한다면 캄캄한 밤 어두운 방안에서 무엇을 찾으려 할 때 촛불이 없이는 보이지 않는 것과 마찬가지이다. 까닭에 예가 없으면 수족도 가질 수 없으며, 이목도 소용이 없으며, 진퇴하고 읍양揖讓하는 것도 절제할 수가 없는 것이다. 그러므로 그 거처하는데 있어서는 어른과 어린이가 분별을 잃어버리게 되며, 규문에 있어서는 삼족三族이 그 화목함을 잃어버리게 되며 조정에 있어서는 관작이 그 질서를 잃어버리게 되며, 전렵에 있어서는 군사가 그 계책을 잃어버리게 되며, 군여軍旅에 있어서는 그 형세를 잃어버리게 되며, 궁실에 있어서는 그 법도를 잃어버리게 되며, 정조에 있어서는 그 상징을 잃어버리게 되며, 물건도 그 때를 잃어버리게 되며, 음악도 그 곡조를 잃어버리게 되며, 수레는 그 바퀴를 잃어버리게 되며, 귀신도 그 흠향하는 것을 잃어버리게 되며, 상기喪紀도 그 슬픔을 잃어버리게 되며, 변설은 그 바른 것을 잃어버리게 되며, 백관도 그 체통을 잃어버리게 되며, 정치도 그 베푸는 것을 잃어버리게 되며, 자기 몸에 대해서 앞으로 행하는 데도 여러 갈래로 움직이는 것이 모두 그 마땅한 것을 잃어버리게 된다는 것이니 이 같이 된다면 사해를 법으로 다스릴 수 없게 되는 것이다.」286)라 하였다.

【譯註】

'배拜'자는 초간에서 일반적으로 '🆎'·'🆎'자로 쓴다.287) '🆎'자는 '拜'자의 변형이다. 정리본은 마지막에서 세 번째 '🆎'자를 '拜'자로 예정하고 있는데 '🆎'자와는 형태가 사뭇 다르다. 정리본은 또한 '🆎'자 앞 '🆎'자를 모르는 '□'자로 보고 있는데, 문자의 흔적으로 보아 '🆎'자와 같다. '兼(겸

---

285) ≪孔子家語·致思≫: "武王正其身以正其國, 正其國以正天下. 伐無道, 刑有罪, 一動天下正, 其事正矣. 春秋致其時, 萬物皆及, 王者致其道而萬民皆治, 周公戴己而天下順之, 其誠至矣."
286) ≪孔子家語·論禮≫: "子曰: 禮者, 即事之治也. 君子有其事, 必有其治. 治國而無禮, 譬猶瞽之無相. 倀倀乎何所之. 譬猶終夜有求於幽室之中, 非燭何以見? 故無禮則手足無所措, 耳目無所加, 進退揖讓無所製. 是故以其居處長幼失其別, 閨門三族失其和, 朝廷官爵失其序, 田獵戎事失其策, 軍旅武功失其勢, 宮室失其度, 鼎俎失其象, 物失其時, 樂失其節, 車失其軾, 鬼神失其享, 喪紀失其哀, 辯說失其黨, 百官失其體, 政事失其施. 加於身而措於前, 凡動之眾失其宜. 如此則無以祖洽四海."
287) ≪楚系簡帛文字編≫, 1003쪽.

할 겸, jiān)'자가 아닌가 한다.288) '謙(겸손할 겸, qiān)'으로 읽는다.

③ '君子眵之'
≪字彙≫에서 「眵」자에 대하여, 「眵자의 음은 '移(옮길 이, yí)'이다. '보다(視)'라는 의미이다.」289)라 하였다.

④ '呂亓所眵卦之'
「卦」자는 의미부 '見'과 소리부 '圭'로 이루어진 형성자이다. 「眭(움펑눈 휴, suī,guì,huì)」와 같은 字가 아닌가 한다. ≪집운集韻≫에서 「睢(부릅떠볼 휴, huī)」는 혹 '眭'자로 쓴다.」290)라 하였다. ≪설문해자≫에서 '睢'자에 대하여 「'우러러 바라보다(仰目)'의 의미이다.」291)라 하였다. ≪집운集韻≫에서는 「'睢'나는 '부릅떠 노려보며, 포악하며, 사납다'의 의미이다. 자득自得한 모양이다.」292)라 하였다. 또 ≪부석문호주예부운략附釋文互註禮部韻略≫에서 「휴睢는 초사楚辭에서 '방자하다'의 의미이다. '나의 의기가 방자하게 치솟고 남들을 얕잡아보고 자신을 높이 치켜세우게 되었노라'293)라고 하였으니, '방종하다'는 뜻이다. 방자하게 남들을 흘겨보니 포악하며 사나운 것이다.」294)라 하였다.

⑤ '呂亓其所谷智不行矣'
「谷」은 「欲(하고자 할 욕, yù)」으로 읽는다.
공자는 지나치게 좋아하여, 욕망을 절제하지 못하는 것이 형벌刑罰의 근원이라고 여겼다. ≪孔子家語·五刑解≫에서는 「형벌의 근원이란 욕심을 절제하지 못하는 데서 나오게 된다. 이 예와 법이라는 것은 곧 백성들의 욕심을 막는다. 좋아하고 미워하는 것을 밝히고 하늘의 도를 순하게 해서 예와 법을 베풀고 오교五敎를 닦아 다스려도 백성들이 혹시 감화되지 않는 자가 있으면 이것은 반드시 그 법을 거듭 밝혀서 가르치기를 견실하게 해야 하는 것이다.」295)라 하였다.

---

288) 季旭昇, ≪≪上博六·孔子見季桓子≫譯釋, ≪國際儒學研究≫第17輯, 220-236 쪽.
289) ≪字彙≫: "眵, 音移, 視也."
290) ≪集韻≫: "睢, 或作眭."
291) ≪說文解字·目部≫: "睢, 仰目也."
292) ≪集韻≫: "睢, 恣睢暴戾. 一曰自得皃."
293) ≪楚辭·遠遊≫: "意恣睢以担矯兮."
294) ≪附釋文互註禮部韻畧≫: "睢, 楚詞意恣睢以担矯矣, 縱恣也. 恣睢暴戾."

공자는 칠십 세의 나이를 '마음이 하고자 하는 대로 해도 정도를 넘지 않음'296)의 경지라고 보았다. ≪論語·堯曰≫에서는 「君子는 은혜롭되 허비하지 않으며, 수고롭게 하되 원망하지 않으며, 하고자 하면서도 탐하지 않으며, 태연하면서도 교만하지 않으며, 위엄이 있으면서도 사납지 않다.」297)라 하였고, ≪論語·里仁≫에서는 「부富와 귀貴는 사람들이 바라는 것이나 정상적인 방법으로 얻지 않았으면 처하지 않으며, 빈貧과 천賤은 사람들이 싫어하는 것이나 정상적인 방법으로 얻지 않았다 하더라도 버리지 않아야 한다.」298)라 하였다.

「智」는 「知」로 읽는다.

【譯註】

정리본은 본 죽간의 구절을 "君子眈之, 㠯(以)亓所眈聥(睢)之, 㠯(以)亓其所谷(欲)智(知)不行矣"으로 읽고, '睢(부릅떠볼 휴, suī)'자를 '눈을 부릅뜨고 노려보다' 등등으로 이해하고 있는데, 이러한 해석은 전후 문맥과 맞지 않는다.

본 구절은 "君子眈之㠯(以)亓所眈, 聥(睢)之㠯(以)亓其所谷(欲), 智(知)不行矣"으로 읽을 수 있는 것이 아닌가 한다. 본 구절은 군자가 일반 군중에게 취해야 할 태도에 대한 언급이다. 군자를 일반백성이 무엇을 원하는지, 그들의 눈높이에서 백성을 살펴보아야 하며, 군자는 또한 백성이 원하는 바를 쫓아서 정책을 펴나가야 한다. 그런데 만약이 이렇게 할 수 없었을 때는 물러날 수도 있다는 것으로 두려워하지 말아야 한다는 의미가 아닌가 한다(부록 참고).

⑥ '髬□𢇍㠯爲㠯'

「髬」字는 연구가 더 필요한 자이다. 그 다음 자는 분명하지 않다.

「𢇍」자는 「絶(끊을 절, jué)」자의 고문이다. ≪설문해자≫에서는 '절絶'자에 대하여 「'실(絲)이 끊어지다'의 의미이다. 의미부 '系'와 '刀'와 '卩'로 이루어진 字이다. 𢇍자는 '절絶'자의 고문이다. 이어지지 않고 두 실이 끊어지는 형상이다.」299)라 하였다.

공자는 네 가지를 단절하고자 하였다. ≪論語·子罕≫에서는 「공자는 네 가지가 완전히 없으셨

---

295) ≪孔子家語·五刑解≫: "刑罰之源, 生於嗜欲不節. 失禮度者, 所以禦民之嗜慾而明好惡. 順天之道, 禮度既陳, 五教畢修, 而民猶或未化, 尚必明其法典以申固之."
296) '從心所慾不踰矩.'
297) ≪論語·堯曰≫: "君子惠而不費, 勞而不怨, 欲而不貪, 泰而不驕, 威而不猛."
298) ≪論語·里仁≫: "富與貴是人之所欲也, 不以其道得之, 不處也, 貧與賤是人之所惡也, 不以其道得之, 不去也."
299) ≪說文解字·系部≫: "絶, 斷絲也. 从系, 从刀, 从卩. 𢇍, 古文絶. 象不連體, 絶二絲."

으니, 사사로운 뜻이 없으셨으며, 기필함이 없으셨으며, 집착(고집)함이 없으셨으며, 사사로운(이기심) 아집이 없으셨다.」300)라 하였다.

도道로써 법도를 삼았고, 임의대로 하지 않았고, 쓰일 때와 버려질 때에도 오로지 기필함이 없었으며, 가함도 없고, 불가함도 없으며, 반드시 행해야 하는 것도 없으니, 오로지 道에 이것을 따르고 사사로운 내가 없는 것이다.

「㠯」는「己」의 용법으로 쓰인다.

【譯註】

'㦯'자는 잘 알 수 없는 자이다. 진검陳劍은 이 자를 '僧'자로 예정하고 그 다음 자를 '兼'자로 예정하였다.301) 잠시 이 자는 '僧'자로 예정하고 '憚(꺼릴 탄, dān)'으로 읽기로 한다.302)

⑦ 拜昜民

「拜(절 배, bài)」자는 간문에서 두 손으로 가지런히 받드는 형상이다. ≪설문해자≫에서는 「'拜'는 양웅揚雄이 말한 바, 두 손을 아래로 낮추고 인사하는 것이다.」303)라 하였다.

「昜」는 '하사하다', '은혜를 베풀다', '혜택을 받게 하다(賜, 줄 사, cì)'의 의미이다.

「拜賜」는 은혜恩惠에 감사하는 것이다.

【譯註】

'㦯'자를 정리본은 '拜'자로 예정하고 있으나, 앞에서 보이는 '拜'와는 형태가 다르다. '兼(겸할 겸, jiān)'자가 아닌가 한다. 본 구절에서는 '謙(겸손할 겸, qiān)'으로 읽는다.

'㦯'자를 정리본은 '昜'자로 예정하고 있으나, 문장 내용으로 보아 '此(이 차, cǐ)'자가 아닌가 한다(부록 참고).

---

300) ≪論語·子罕≫: "子絶四: 毋意, 毋必, 毋固, 毋我."
301) 陳劍, 〈≪上博(六)孔子見季桓子≫重編新釋〉, 復旦大學出土文獻與古文字研究中心, 2008-03-22.
302) 季旭昇, 〈≪上博六·孔子見季桓子≫譯釋〉, ≪國際儒學研究≫第17輯, 220-236 쪽.
303) ≪說文解字·手部≫: "拜, 揚雄說拜从兩手下."

第16簡

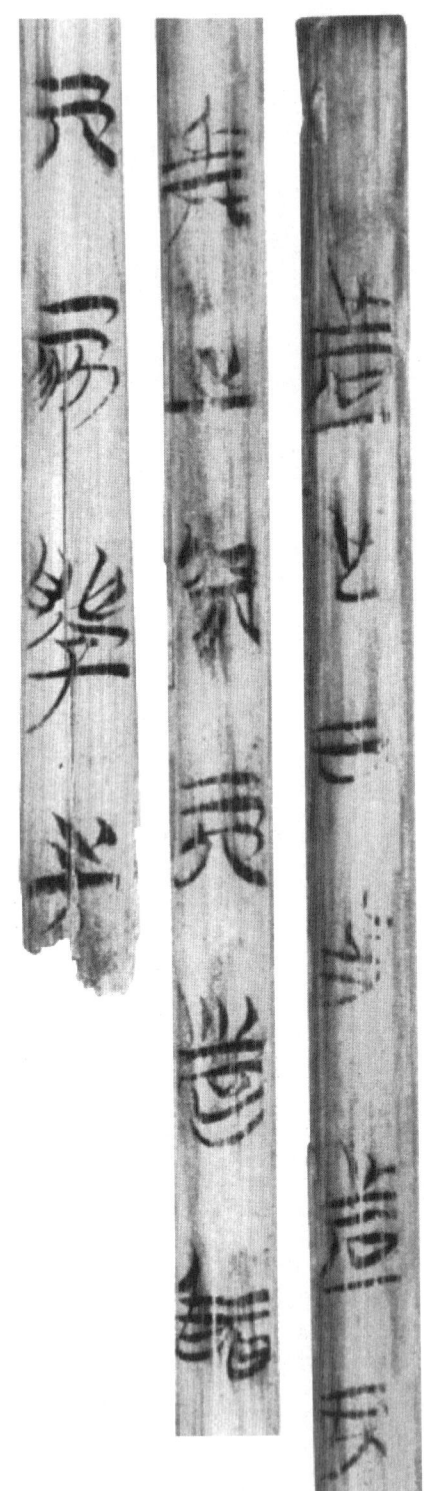

者也女此者安异之侶而菁睯亓所燮先

第 16 簡

者也. 女(如)此者, 安(焉)与(與)之偣(欺)? 而善(對)聕(問)亓(其)所🈳(?), 先

【해석】

이와 같은 사람이 어찌 속이겠는가? 이른바 🈳하는 것이 무엇이냐는 물음에, 먼저……

【上博楚簡原註】

본 죽간은 상단은 평평하고, 하단은 파손되었다. 총 길이는 21.5cm이다. 첫 번째 홈으로 가장 상단까지의 길이는 1.1cm이다. 문자는 모두 16字가 있다.

① '安身之偣'
「偣」는 제 10간에도 보인다.

【譯註】

'🈳'자는 이미 앞에서 살펴보았듯이 '㞚(居, 있을 거, jū)'자이다.

② 而善聕亓所🈳
「善」는 「對(대답할 대, duì)」와 같다. 제 6간의 注를 참고할 수 있다.
「聕」자는 「問(물을 문, wèn)」으로 읽는다. ≪오음집운五音集韻≫에서는 「聞은 또한 음이 '問'이다.」304)라 하였다.
「🈳」字에 대해서는 연구가 더 필요하다.

【譯註】

'🈳(善)'은 본 ≪孔子見季桓子≫에 모두 네 차례 보인다. 본 구절에서는 '찰察'로 읽는 것이 아닌가한다.305)

---

304) ≪五音集韻≫: "聞, 又音問."

'❄'자는 '학學'자의 이체자가 아닌가 한다. 초간에서는 '學'자를 일반적으로 '❄'·'❄'으로 쓴다(부록 참고).306)

---

305) 陳偉, 〈讀≪上博六≫條記之二〉, 簡帛사이트, 2007-07-10.
306) ≪楚系簡帛文字編≫, 322쪽.

第17簡

□旨求異於人㙧輩戏興道學再言不䢊亓所虖同亓□此㝬民也

第 17 簡

　　□旨求異於人. 瑜(閑)軬(車)戍(衛), 興·道·學·再(稱)·言, 不振(振)亓(其)所, 虘(皆)同亓(其)□, 此㕣(易)民也.

【해석】

　　고심하여서 남과 다른 새로운 표준을 세우신다면 (백성들이) 칭송할 것입니다. 무예를 익혀 방비하도록 함과 좋은 일로 인도하고 가사를 외우고 소리 높여 창하며 질문하고 대답한 것을 기술하게 하면, 선왕先王의 정도正道와 유법遺法이 흔들리지 않는다. 이렇게 하면 모두 (옛 현인의 도)와 함께할 것이니, 이것이 백성에게 은덕을 베풀어 주는 것입니다.

【上博楚簡原註】

　　본 죽간은 상단이 파손되었고, 하단은 평평하다. 길이는 33.7cm이다. 두 번째 홈에서 상단의 파손된 부분까지의 거리는 5cm이고, 두 번째 홈에서 세 번째 홈까지의 거리는 26.2cm이며, 세 번째 홈에서 죽간의 끝부분까지의 거리는 1.5cm이다. 문자는 모두 25字가 있다.

　　① '□旨求異於人'

　　「旨(맛있을지, zhǐ)」자에 대하여 ≪玉篇≫에서는 '지旨'는 '美(아름답다)'이고, '意(뜻)'이고, '志(의지)'의 뜻이다.」307)라 하였다.

　　「求異於人」은 새로운 표준을 세울 것에 대해서 고심苦心한다는 뜻이다. 일을 처리함에 마땅히 사실에 토대하여 진리를 탐구하며, 남과 다른 것을 구하지 않고, 남과 똑같은 것을 구하지도 않으며, 이치를 탐구함에 힘써야 한다는 것이다.

【譯註】

　　'▨'자는 제 7간의 '▨'자와 형태가 매우 흡사하다. 이 자는 '赢(赢, 이가 남을 영, yíng)'자로 예정할 수 있다.

---

307) ≪玉篇≫: "旨, 美也, 意也, 志也."

② '壙𣏅戔'

「壙」자는 의미부가 '土'이고 소리부가 '僉'으로 이루어진 형성자이다. ≪說文解字≫에는 없는 글자이다. 「閑(막을 한, xián)」으로 읽는다.

「𣏅」자는 두 개의 의미부 '木'과 '車'로 이루어진 자이다. 두 개의 나무는 수레 양 옆의 손잡이를 형상화한 것으로 혹은 「車」의 이체자異體字가 아닌가 한다. 혹은 「輿(수레 여, yú)」의 의미로 쓰인다.

「戔」字는 ≪상박초간(三)·周易≫「日班(閑)車戔(衛)」(第22簡)308) 구절 중에도 보인다. 의미부가 '戈'·'爻'로 이루어진 자로 '衛(지킬 위, wèi)'자의 會意的 의미가 같다. ≪說文解字≫에서는 '爻'자에 대하여「爻는 '交(교차하다)'이다.」309)라 하였다. 즉 창(戈)을 교차하여 쥐고서 스스로를 지킨다는 뜻이다. 그 의미 결합 방식이「武」자와 흡사하다.

≪前漢書·武五子傳≫에서「창힐倉頡은 의미부 '止'와 '戈'로써 '武'를 만들었다.」라 하였고, 이에 대해 사고師古는「武자는 의미부 '止'와 '戈'로 이루어진 會意자이다.」310)라 하였다.

「壙𣏅戔」는「수레를 지키고 호위하다(閑車(輿)衛)」의 의미이다. 전차 부대를 연습시키고 훈련시켜 무예로써 방비하는 것이다. 공자는「선인善人이 7년 동안 백성을 가르치면 또한 군대에 나아가게 할 수 있다.」311)라고 하였다. ≪論語·子路≫에서는「공자께서 말씀하셨다. "가르치지 않은 백성을 써서 싸우게 하면 이를 일러 백성을 버린다고 한다."」312)라 하였다.

【譯註】

≪상박초간(三)·周易≫의 제 22 간에「日班(閑)車戔(衛)」구절이 있다. 본 구절은 현행본 '대축大畜'괘卦에 속한다. 본 구절을 백서본은 "日闌車衛"로 쓰고 현행본은 "曰, 閑輿衛"로 쓴다. 전후 문맥으로 보아 "壙𣏅戔"는 "한여위閑輿衛"로 읽을 수 있다. 다른 나라에 승리하기 위하여 전쟁 준비에만 몰두하는 것을 가리킨다.

---

308) ≪上海博物館藏戰國楚竹書(三)·周易≫:「日班(閑)車戔(衛)」(第22簡). 高亨≪周易古經今注≫는 "네 필이 말이 길이 잘 들었다"라고 해석하였으나, 李鏡池≪周易通義≫는 "閑, 通嫻, 習, 熟練. 輿衞, 車戰中的防衛. 每天練習防衛性的車戰"의 뜻이라 하였다. 高亨 著, 김상섭 옮김, ≪고형의 주역(周易古經今注)≫, 예문서원, 246-247 쪽. 李鏡池 著, ≪周易通義≫, 中華書局, 52-53 쪽.
309) ≪說文解字≫: "爻, 交也."
310) ≪前漢書·武五子傳≫: "'倉頡作書, 止戈爲武.' 師古曰: '武, 字從止, 從戈, 所謂會意.'"
311) ≪論語·子路≫: "子曰: 善人敎民七年, 亦可以卽戎矣."
312) ≪論語·子路≫: "子曰: 以不敎民戰, 是謂棄之."

③ '興·道·學·冉·言'

「興, 일 흥, xīng,xìng」에 대해서, ≪周禮·大春官宗伯下·司樂≫에서「음악과 가사歌詞로써 국자國子를 가르치는데 좋은 일로 인도하고 가사를 외우고 소리 높여 창하며 질문하고 대답한 것을 기술하게 한다.」313)라고 하였다. 정현鄭玄은 「興(일 흥, xīng,xìng)이라는 것은 선물善物로써 선사善事에 비유하는 것이다. 도道는 '導(이끌 도, dǎo)'의 뜻이다. 도導라는 것은 옛 것을 지금에 알맞게 하는 것을 말하는 것이다. 문장을 외우는 것(倍文)을 '諷(욀 풍, fěng)'이라고 하고, 소리(聲)로써 가락(節)을 만드는 것을 '誦(욀 송, sòng)'이라고 한다. 생각을 말하는 것을 '언言'이라고 하고, 대답한 것을 서술하는 것을 '어語'고 한다.」314)고 하였다.

「學(배울 학, xué)」에 대해서, ≪集韻≫에서「학學은 윗사람이 베푼 바를 설파하여서, 아랫사람이 본받는 것이다.」315)라고 하였다. ≪說文解字≫에서는 '敎'자에 대하여 「'깨닫고 깨우쳐주는 것이다'의 의미이다. 의미부 '敎'와 'ㄇ'으로 이루어진 자이다. 'ㄇ'은 이른바 몽매하다는 뜻이다. 소리부는 '曰'이다. '敎'자의 전문篆文은 생략된 형태인 '學(배울 학, xué)'으로 쓴다.」316)라 하였고, 단옥재段玉裁는「'學(배움)'이란 모방하고 본뜨는 것이다.」317)라 하였다.

≪論語·陽貨≫에서는 「인仁만 좋아하고 배움을 좋아하지 않으면 그 폐단이 어리석게 되고, 지혜만 좋아하고 배움을 좋아하지 않으면 그 폐단이 방탕하게 되고, 믿음만 좋아하고 배움을 좋아하지 않으면 그 폐단이 해치게 되고, 정직함만 좋아하고 배움을 좋아하지 않으면 그 폐단이 급하게 되고, 용맹만 좋아하고 배움을 좋아하지 않으면 그 폐단이 경솔하게 된다.」318)라 하였고, ≪孔子家語·好生≫에서는 「공자가 말했다. "군자는 세 가지 근심이 있다. 즉 군자는 듣지 못한 것이 있을 때에는 그것을 미처 듣지 못할까 근심하며, 이미 듣고서는 배우지 못할까 근심하며, 또 이미 배우고 나서는 능히 행하지 못할까 근심하는 것이다. 그 덕은 있어도 그 문장이 없으면 군자는 그것을 부끄러워하며, 그 문장은 있어도 그 행동이 없으면 군자는 그것을 부끄러워하며, 이미 얻었던 것을 잃게 되어도 군자는 그것을 부끄러워한다. 땅덩이는 있어도 백성이 부족하면 군자는 그것을 부끄러워하며, 업적은 마찬가지인데 저 사람이 공로가 더하면 군자는 그것을 부끄

---

313) ≪周禮·大春官宗伯下·司樂≫: "以樂語敎國子: 興·道·諷·誦·言·語."
314) 鄭玄注: "興者, 以善物喩善事. 道, 讀曰導, 導者, 言古以剴今也. 倍文曰諷. 以聲節之曰誦. 發端曰言. 答述曰語."
315) ≪集韻≫: "學, 說上所施, 下所效也."
316) ≪說文解字·敎部≫: "斅, 覺悟也. 从敎, 从冂, 冂尙矇也. 曰聲. 學, 篆文斅省."
317) 段玉裁注: "學者, 放而像之也."
318) ≪論語·陽貨≫: "好仁不好學, 其蔽也愚, 好知不好學, 其蔽也蕩, 好信不好學, 其蔽也賊, 好直不好學, 其蔽也絞, 好勇不好學, 其蔽也亂, 好剛不好學, 其蔽也狂."

러워하는 것이다."」319)라 하였다. 또한 ≪論語‧學而≫에서는 「공자께서 말씀하셨다. "배우고 그것을 때때로 익히면 기쁘지 않겠는가."」320)라 하였다.

'學(배움)'은 도道로 들어가는 문門이다. 배움으로써 덕德을 이룬다.

「徎(둘을 한꺼번에 들을 칭, zhǎo)」에 대해서, ≪玉篇≫은 「'徎'은 '擧(들 거, jǔ)'의 의미이다. 음이 또한 '척증尺證'切로 '稱(일컬을 칭, chēng,chèn)'자과 같은 의미로 쓰인다.」321)라 하였다. 「稱」은 찬양을 하고 발양發揚하여 선도宣導하고, 그 뜻한 바를 칭송하는 것이다. ≪楚辭‧離騷≫에서 「미덕을 가리고 악을 칭찬하길 좋아한다.」322)라 하였다.

「言」자에 대하여, ≪설문해자≫에서는 「직언直言하는 것을 '言'이라고 하고, 시비를 따져 논하는 것(논난論難)을 '語'라고 한다.」323)고 하였다. 또 정鄭玄은 「생각을 말하는 것을 '言'이라고 한다.」324)고 하였다.

간문에서 말하는 「흥興‧도道‧학學‧칭徎‧언言」은 이른바 교학 방법으로, 곧 비흥比興, 개금剴今325), 방효倣效, 칭술稱述, 직언直言 등을 말한다. 현행본(今本)에서의 「흥興‧도道‧풍풍諷‧송誦‧언言‧어語」와는 약간 다르다. 옛날에는 사람에 따라 가르키는 법을 달리하였다. 예를 들어, ≪尙書‧舜典≫에서는 「제帝가 말씀하셨다. 기夔야, 너를 명하여 음악을 맡게 할 것이니, 맏아들을 가르치되, 곧으면서도 따뜻하며, 너그러우면서도 씩씩하며, 굳세면서도 포학하지 말며, 간략하면서도 거만하지 말게 해야 할 것이다. '시詩'는 뜻을 말한 것이고 '가歌'는 말을 길게 하는 것이고, '성聲'은 길게 하는 것에 의지하는 것이고, '율律'은 聲에 조화하게 된다. 팔음八音이 고르게 되어 서로 차례를 빼앗음이 없어야 귀신과 사람이 화합할 것이다.」326)라 하였다. 이에 대해 ≪尙書正義≫는 「정직正直한 자는 지나치게 엄격함에 실수하기 마련이니, 이에 '정직이온화正直而溫和'라고 한 것이다. 너그러운 자는 지나치게 방만함에 실수하기 마련이니, 이에 '관홍이

---

319) ≪孔子家語‧好生≫: "孔子曰: 君子有三患. 未之聞, 患不得聞, 既得聞之, 患弗得學, 既得學之, 患弗能行. 有其德而無其言, 君子恥之, 有其言而無其行, 君子恥之, 既得之而又失之, 君子恥之. 地有餘而民不足, 君子恥之, 眾寡均而人功倍己焉, 君子恥之."
320) ≪論語‧學而≫: "學而時習之, 不亦悅乎?"
321) ≪玉篇≫: "徎, 擧也. 又尺證切, 與稱同."
322) ≪楚辭‧離騷≫: "好蔽美而稱惡."
323) ≪說文解字‧言部≫: "言, 直言曰言, 論難曰語."
324) 鄭玄注: "發端曰言."
325) '현실 상황과 조화를 이루다.'
326) ≪尙書‧舜典≫: "帝曰: 夔, 命汝典樂, 教冑子, 直而溫, 寬而栗, 剛而無虐, 簡而無傲. 詩言志, 歌永言, 聲依永, 律和聲. 八音克諧, 無相奪倫, 神人以和."

장율관홍이장율張律寬弘而莊栗'이라고 한 것이다. '긍장엄율矜莊嚴栗'이라고 한 것은 栗(밤나무 률(율), lì)이라는 것은 근엄하고 공경한 것이다. 강직한 자는 지나치게 포학함에 실수하기 마련이니, 이에 '강이무학剛而無虐'이라고 한 것이다. 간략한 자는 오만함에 실수하기 마련이니, 이에 '간이무오簡而無傲'라고 한 것이다. 강직함과 간략함은 그 본성本性이니, 그들을 가르쳐 포학하거나 오만하게 하지 말도록 하여야 한다는 것이니, 가르침으로써 그 잘못을 방지하여야 한다는 것이다. 이로 말미암아 논해본다면 앞선 이구二句의 정직함과 너그러움 또한 본성本性이니, 정직한 자는 온화하지 않는데서 실수하며, 너그러운 자는 엄격하지 않는데서 실수하니, 이 때문에 그들을 가르쳐 온화하고 엄격하도록 하는 것이다. 정직함과 너그러움, 강직함과 간략함은 고요皐陶가 도모한 바의 구덕九德이다. 九德 중 유독 이 네 가지를 든 것은 사람의 대체大體이기 때문이니, 이 때문에 특별히 언급한 것이다. 시를 짓는 자들은 스스로 자신의 뜻을 말하니, 시詩는 뜻을 말한 문장이다. 익히도록 하면 지의志意가 자라나게 되니, 이 때문에 詩를 자식에게 가르쳐서 자식의 뜻을 이끌어, 깨달도록 해주는 것이다. 시를 짓는 자들이 말로써 뜻을 펴기에 부족하므로 길게 읊조리도록 한 것이니, 그들로 하여금 그 시의 뜻을 길게 말하여 읊조리도록 하는 것을 음을 길게 잇는다고 말한 것이다.」327) 이라 하였다.

간문에서는 가르침을 베풀고 수양하는 방법에 대하여 서술하고 있다.

【譯註】

'󰁹'자를 정리본은 '侮'자로 예정하고 '칭稱'으로 읽고 있다. 그러나 이 자는 일반적인 '侮'자와는 형태가 다르다. 초간에서 '侮'자는 '󰁹'·'󰁹'·'󰁹'으로 쓴다.328) '󰁹'자는 '음𡈼'자로 예정하고 본 구절에서는 '淫(음란할 음, yín)'자로 읽는 것이 아닌가 한다. '𡈼'자를 ≪신양초간信陽楚簡≫은 '󰁹'·'󰁹'으로 쓴다.329)

정리본이 석문한 "興·道·學·侮(稱)·言" 구절은 "興(輕)道學𡈼(淫), 言"으로 읽을 수 있는 것이 아닌가 한다. 정리본은 "興·道·學·侮(稱)·言"을 각각 '가르침을 베풀고 인격을 수양하는

---

327) ≪正義≫: "正直者失於太嚴, 故令「正直而溫和寬」, 寬弘者失於緩慢, 故「令寬弘而莊栗」, 謂矜莊嚴栗. 栗者, 謹敬也. 剛彊之失入於苛虐, 故令人剛而無虐. 簡易之失入於傲慢, 故令簡而無傲. 剛·簡是其本性, 敎之使無虐·傲, 是言敎之以防其失也. 由此而言之, 上二句亦直·寬是其本性, 直失於不溫, 寬失於不栗, 故敎之使溫·栗也. 直·寬·剛·簡即皐陶所謀之九德也. 九德而獨擧此四事者, 人之大體, 故特言之. 作者自言己志, 則詩是言誌之書, 習之可以生長志意, 故敎其詩言志以導胄子之志, 使開悟也. 作者直言不足以申意, 故長歌之, 敎令歌詠其詩之義以長其言, 謂聲長續之."
328) ≪楚系簡帛文字編≫, 392 쪽.
329) ≪楚系簡帛文字編≫, 765 쪽.

방법'의 구체적인 항목으로 보고 있으나, 본 구절 역시 '與(邪)民'의 결점에 대한 언급으로 보인다. 앞 구절은 '남의 나라를 이기기 위하여 전쟁 준비에만 열중하는' 내용이고, 본 구절은 '도道는 경시하고 도리에 어긋나는 일을 배우기 좋아함'을 말한다.

④ '不䟴亓所'

「䟴」자는「振(떨칠 진, zhèn)」으로 읽는다. 「振」은 움직이는 것이고 요동搖動하는 것이다. ≪禮記·月令≫에서는「겨울 잠 자던 벌레가 움직이기 시작한다.」330)라고 하였다. 「所」는 정도正道를 가리킨다. ≪禮記·哀公問≫에서는「부귀함을 구함에 그 지위로써 하지 않는다.」331)라 하였다. 선왕先王의 정도正道와 유법遺法이 흔들리지 않게 함을 말한다.

【譯註】

'![]'자를 정리본은 '䟴'자로 예정하고 '진振'자로 읽고 있으나, '堂'자로 예정하고 '當(당할 당, dāng,dàng)'으로 읽어야 하는 것이 아닌가 한다.332) ≪상박초간(五)·고성가보姑成家父≫ 제 7간은 '堂'자를 '![]'으로 쓴다.

정리본이 석문한 "言, 不䟴亓所"는 "言不當亓所"로 읽을 수 있고, 언행이 일치하지 않음을 말한다.

⑤ '虘同亓囗'

「虘」자는 의미부가 '虍'이다. 간문에서는「皆(다 개, jiē)」자를 대부분 이 자로 쓴다.
'亓'자 다음 글자는 잘 보이지 않는다. 의미상으로 봤을 때, 마땅히 「先」이나 「賢」의 글자이어야 한다. 공자는 선왕先王의 예禮를 행하고 영원히 변함없이 행할 수 있는 도道를 세웠다. 안연顔淵이 나라를 다스리는 도道에 대해 묻자, 공자는 ≪論語·衛靈公≫에서 「하夏나라의 책력(時)을 행하며, 은殷나라의 수레를 타며, 주周나라의 면류관을 쓰며, 음악은 소무韶舞를 할 것이요, 정鄭나라 음악을 추방하며 말재주 있는 사람을 멀리 해야 하니, 정鄭나라 음악은 음탕하고, 말 잘하는 사람은 위태롭다.」333)라 하였다.

---

330) ≪禮記·月令≫: "蟄蟲始振."
331) ≪禮記·哀公問≫: "求得富欲, 不以其所."
332) 陳劍, 〈≪上博(六)孔子見季桓子≫重編新釋〉, 復旦大學出土文獻與古文字研究中心, 2008-03-22.

⑥ '此䛬民也'

「䛬」자는 ≪說文解字≫에는 없는 글자이다. 의미부 '与'와 '云'으로 이루어진 자이다. 「與」로 읽는다. 「與」는 서로 가까이 화합하고 따르는 것을 말한다. ≪易·彖下≫에서 「두 기운이 느껴 응함으로써 서로 더불어 함께하다.」334)라고 하였다. 또한 ≪國語·齊語≫에서 「환공桓公이 천하 제후의 대다수가 자기를 따름을 알았다. 그래서 또다시 성심을 크게 베풀었다.」335)라 하였다. 이는 또한 어버이를 친히 여기고, 백성을 어질게 대하는 것이다. 孔子는 ≪孔子家語·王言解≫에서 「그 예법은 예법대로 지키며, 그 말은 말대로 행하며 그 자취는 자취대로 밟아 나가기를 마치 목마른 사람이 물 마시듯 하며, 백성이 윗사람 믿기를 춥고 더운 절후가 어김없이 바뀌는 것을 경험하듯 하는 까닭에 먼 거리에 있으면서도 가까운 곳에 있는 것과 같이 여기니, 이는 도가 가까운 것이 아니라 밝은 덕이 보이기 때문이었다. 이런 까닭에 병혁兵革을 움직이지 않아도 위엄이 나타나게 되고, 이익을 베풀지 않아도 저절로 친하게 되어 만백성이 모두 그 혜택을 느끼게 되니 이것을 가리켜 밝은 임금은 먼 천리 밖까지 잘 지켜 나간다고 하는 것이다.」336)라 하였고, ≪論語·顔淵≫에서는 「자공子貢이 정사政事를 묻자 공자께서 말씀하셨다. "양식을 풍족하게 하고, 군대와 병기를 풍족하게 하면, 백성들이 신의를 지킬 것이다."」337)라 하였다.

군자는 자신을 수양하고 백성을 편안하게 한다는 말이다.

【譯註】

정리본이 예정한 "此䛬民也" 구절은 앞에서 이미 살펴보았듯이 "此䛬(邪)民也"으로 읽을 수 있다.

---

333) ≪論語·衛靈公≫: "行夏之時, 乘殷之輅, 服周之冕, 樂則韶舞. 放鄭聲, 遠佞人. 鄭聲淫, 佞人殆."
334) ≪易·彖下≫: "二氣感應以相與."
335) ≪國語·齊語≫: "桓公知天下諸侯多與己也, 故又大施忠焉."
336) ≪孔子家語·王言解≫: "其禮可守 其言可覆, 其跡可履. 如飢而食, 如渴而飲. 民之信之, 如寒暑之必驗. 故視遠若邇, 非道邇也, 見明德也. 是故兵革不動而威, 用利不施而親, 萬民懷其惠. 此之謂明王之守, 折衝千里之外者也."
337) ≪論語·顔淵≫: "足食. 足兵. 民信之矣."

第18簡

行年民舊瞉𥬇不詧不倞亓行□（板？）□□（哀？）□（與？）

第 18 簡

行年, 民舊(久)聙(問)𥦗, 不善(對)不俟, 亓行□(板?)□□(衰?)□(與?)

【해석】

오랜 경력이 있으면서도 백성들은 𥦗에 대하여 자주 물어도 대답하거나 응대하지도 않으니, 그 행동이 어긋나고, □를 슬퍼하여서……

【上博楚簡原註】

본 죽간의 상단은 평평하고, 하단은 파손되었다. 총 길이는 21.5cm이다. 첫 번째 홈(계구契口)로부터 가장 윗부분까지의 길이는 1.1cm이다. 문자 모두 16字가 있다.

① '行年, 民舊聙𥦗'

「행行」은 '겪다(經歷)'의 의미이다. ≪國語·晉語四≫에서「극곡郤縠338)이 적임자입니다. 나이가 50세인데도 학문을 지키기를 매우 후하게 합니다.」339) 라 하였다.

「구舊」자는 '오래되다'의 의미이다. ≪漢書·雋下疑傳≫에서「들으니, 폭공자暴公子(폭승지暴勝之: 한무제漢武帝 말말, 황제의 명을 받아 지방에 파견되었던 직지사자直指使者)의 위세와 명성이 오래되었다고 합니다!」340)라고 하였다.

---

338) 극곡郤縠에 관해서는 ≪春秋左氏傳·僖公27年≫에 다음과 같은 기록이 보인다. "冬, 楚子及諸侯圍宋. 宋公孫固如晉告急. ……於是乎, 蒐於被廬, 作三軍, 謀元帥. 趙衰曰: '郤縠可,臣亟聞其言矣, 說禮·樂而敦≪詩≫·≪書≫. 詩·書, 義之府也. 禮·樂, 德之則也. 德·義, 利之本也. ≪夏書≫曰: '賦納以言, 明試以功, 車服以庸. 君其試之.' 乃使郤縠將中軍, 郤溱佐之."(겨울에, 초나라 군주인 자작(성왕)이 제후들과 송나라를 포위했다. 송나라의 공손고公孫固가 진晉나라로 가서 나라가 위급하게 되었음을 알렸다. …… 이에, 진나라 군주는 군대를 피려被廬에 집결시켜 사냥하며 삼군三軍을 편성하고, 원수元帥를 누구로 정할 것인가를 의논했다. 조최趙衰가 말했다. "극곡郤縠이 좋사옵니다. 신은 자주 그가 하는 말을 들었사온데, 그는 예禮와 악樂을 좋아하고, 시詩와 서書에 능통하옵니다. 시와 서는 의리義理의 말을 담은 창고가 되옵고, 예와 악은 덕德의 규범이 되오며, 덕과 의리는 국가를 이롭게 하는 근본이옵니다. 하서夏書에 이르기를 '정치상의 의견을 올리게 하고, 그 좋은 것을 실행하게 하여, 그 결과를 조사하고 생각하여서, 공적이 있는 자에게 車馬 또는 의복을 주어 표창하는도다.'라 하였습니다. 그러하오니, 군주께서는 그를 시험 삼아 쓰소서." 이에, 진나라 군주는 극곡에게 중군中軍을 통솔케 하고, 극진郤溱에게 부장副將이 되게 했다.)
339) ≪國語·晉語四≫: "郤縠可, 行年五十矣, 守學彌惇."
340) ≪漢書·雋下疑傳≫: "聞暴公子威名舊矣!"

「䎭」은 「問」으로 읽는다.
「𦥑」字에 대해서는 좀 더 연구가 필요한 자이다.

【譯註】

'구舊'자는 ≪곽점초간郭店楚簡≫에서는 '𦥑'·'𦥑'로 쓰고, ≪상박초간·性情論≫은 '𦥑'로 쓴 '𦥑'자는 제 16간에도 보인다. 이 자는 '學'자의 이체자가 아닌가 한다. ≪郭店楚簡·老子乙≫은 '學'자를 '𦥑'(제3간)으로 쓰고, ≪존덕의尊德義≫는 '𦥑'(제4간)으로 쓴다. '䎭𦥑'는 "聞學"으로 읽는 것이 아닌가 한다.

② '不善不俙'

「俙(울 의, yī)」자에 대해, ≪集韻≫에서는 「'俙'는 '悠(비통해할 의, yī)'·'譩(탄식할 희, yī)'·噫(한숨쉴 희, yī)'로도 쓴다.」341)라 하였다. 울음소리가 애절하게 길게 이어지는 것을 말한다. ≪孝經·喪親第十八≫에서 「효자가 어버이의 상사喪事를 당하여 哭을 하면서는 겉치레로 필요 없는 소리를 내지 않는다.」342)라 하였다. 또는 「응답應答하다」의 의미로도 쓰인다.

【譯註】

'善'자는 본 ≪孔子見季桓子≫에서 '대對'나 혹은 '찰察'의 의미로 쓰인다. 본 구절에서는 '察(살필 찰, chá)'의 의미로 쓰이는 것이 아닌가 한다. '俙(울 의, yī)'는 전후 문맥을 고려하여 혹은 '依(의지할 의, yī)'로 읽을 수 있다. "不善不俙"은 "不察不依"로 읽을 수 있고, '邪民'이 '배우는 것에 듣고도 그에 따라 행동을 하여야 하는데, 자신의 행동거지를 성찰하지도 않고, 모르는 것이 있으면 물어야 되는데 의뢰하지도 않는 것'을 말한다.

③ '亓行□□□□'

「亓行」 뒤의 네 자는 분명하지 않다. 혹은 「板□哀與」가 아닌가 한다.

---

341) ≪集韻≫: "俙, 或作悠·譩·噫."
342) ≪孝經·喪親第十八≫: "孝子之喪親也, 哭不俙."

【譯註】

　보이지 않는 자는 자적으로 보아 차례로 '공恭'·'애哀'·'여與'가 아닌가 한다. '恭'자를 ≪郭店楚簡·緇衣≫는 '[字]'으로 쓰고,343) '哀'자는 '[字]'·'[字]'로 쓴다.344) 본 구절 중의 '[字]'자는 자적으로 보아 의미부 '心'과 소리부 '衣'인 '[字]'자와 같은 자가 아닌가 한다. '상을 당했을 때 애도한 마음'을 가리키는 것이 아닌가 한다.

---

343) ≪楚系簡帛文字編≫, 912. 쪽.
344) ≪楚系簡帛文字編≫, 120 쪽.

第19簡

尚光音之器夫子曰與虐之民衣備珥懲□□

第 19 簡

㞷(微)言之䛇?」夫子曰:「與虐之民, 衣備(服)肝(好)豊(禮)□□

【해석】

섬세한 언행의 정감입니까?」 夫子께서 말씀하셨다. 사나운 백성들에게 의복의 예의를 잘 맞도록 하고, ……

【上博楚簡原註】

본 죽간의 상단은 편형하게 다듬어져 있고, 하단은 잔실되었다. 길이는 21.1cm이고, 첫 번째 홈(계구契口)로부터 가장 윗부분까지의 길이는 1.1cm이다. 문자는 모두 17字가 있다.

① '㞷言之䛇'

「㞷」는 「微(작을 미, wēi)」의 의미이다. 정밀精密하고 세밀細密하다는 뜻이다. ≪孟子·公孫丑上≫에서 「전체를 갖추고 있었으나 미미하다.」345)라 하였다. 「미언微言」은 '상세하게 말하다'의 뜻이다.

「䛇」은 의미부 '人'·'口'와 '巠'의 생략형태가 소리부인 형성자이다. 「情」으로 읽는다.

【譯註】

'䛇'자를 정리본은 '䛇'자로 예정하고 있으나, 아랫 부분이 '合'자가 아니고 확실히 '句'이다. 이 자는 '唐'의 이체자가 아닌가 한다. ≪弟子問≫제 14간은 '䛇'로 쓴다.

② '與虐之民'

「虐(사나울 학, nüè)」은 ≪설문해자≫에서 「'虐'은 '잔인하다'는 뜻이다. 의미부는 '虍'이고, 호랑이가 도리어 발톱(爪)으로 사람을 해치는 것이다.」346)라고 하였다. 간문에서 「虐」은 「爪人

---

345) ≪孟子·公孫丑上≫: "昔者, 竊聞之, 子夏, 子游, 子張, 皆有聖人之一體, 冉牛, 閔子, 顔淵, 則具體而微, 敢問所安."("옛적에 제가 들으니, '子夏, 子游, 子張은 모두 聖人의 일부분을 가지고 있었고, 冉牛, 閔子, 顔淵은 전체를 갖추고 있었으나 미약하다.' 하였습니다. 감히 선생님께서 편안히 거처하는 바를 묻겠습니다.")
346) ≪說文解字·虍部≫: "虐, 殘也. 从虍, 虎足反爪人也."

이 상단에 위치하고,「虍」가 하단에 위치한다.

【譯註】
　　정리본이 예정한 '與虐' 두 자는 제 11간에서 이미 살펴보았듯이 '여위與蝸'로 예정하고 '사위邪僞'로 읽을 수 있다.

　　③ '衣備肝豊□□'
　　「備」는「服(옷 복, fú)」자의 통가자이다.
　　「肝」자에 대하여 ≪集韻≫은「'호好'자를 고대에는 '肝'자로 썼다.」347)라 하였다.
　　「豊」은 ≪설문해자≫에는 보이지 않는다.「禮(예도 예, lǐ)」로 읽는다. 공자는 의복衣服의 예禮를 중시하여, 의복에도 예절이 있음을 주장하였고, 성대한 복장은 반대하였다. ≪論語·鄕黨≫에서는「군자(孔子를 지칭)는 감색과 붉은 빛으로 옷을 선 두르지 않으시며, 홍색과 자주색으로는 평상복도 만들지 않으셨다. 더위를 당하셔서는 가는 갈포와 굵은 갈포로 만든 홑옷을 반드시 겉에 입으셨다. 검은 옷에는 검은 염소 가죽 갖옷을 입고, 흰옷에는 흰 사슴 새끼 가죽 갖옷을 입고, 누런 옷에는 누런 여우 가죽 갖옷을 입으셨다. 평상시에 입는 갖옷은 길게 하되, 오른쪽 소매를 짧게 하셨다. 반드시 잠옷이 있으셨으니, 길이가 한 길하고 또 반이었다. 여우와 담비의 두터운 가죽옷으로 거처하셨다. 탈상脫喪하시고는 패물을 차지 않는 것이 없으셨다. 염소 가죽 갖옷과 검은 관冠차림으로 조문弔問하지 않으셨다. 길월吉月(초하루)에는 반드시 조복朝服을 입고 조회하셨다.」348)라고 하였다. 또 ≪孔子家語·三恕≫에서「자로가 옷차림을 잘하고 공자를 뵈었다. 공자가 말했다. "유由야! 어찌 이렇게 거만하느냐? 저 강물을 보아라. 처음 민산岷山(양자강 물이 이 산에서 근원한다고 함)에서 나올 때에는 그 근원이 겨우 술잔에 넘을 만한 물줄기였지만, 저 강나루에 내려와서는 배를 타지 않고 또 바람을 피하지 않고서는 건너지 못하니 이것은 아래로 흘러 내려갈수록 물이 많아지는 까닭이 아니겠느냐? 이와 마찬가지로 너도 좋은 의복을 차려 입고 얼굴 모습을 살찌게 갖는다면 천하에 그 누가 너에게 그르다는 말로 충고해 주기를 즐겨 하겠느냐?" 자로는 이 말을 듣고 물러나 다른 옷으로 고쳐 입고 들어갔는데 그 안색이

---

347) ≪集韻≫: "好, 古作肝."
348) ≪論語·鄕黨≫: "君子不以紺緅飾, 紅紫不以爲褻服, 當署, 袗絺綌, 必表而出之. 緇衣羔裘, 素衣麑裘, 黃衣狐裘. 褻裘長, 短右袂. 必有寢衣, 長一身有半. 狐貉之厚以居. 去喪, 無所不佩. 非帷裳, 必殺之. 羔裘玄冠, 不以弔. 吉月, 必朝服而朝."

태연하였다.」349)라 하였다.

마지막 두 글자는 분명하지 않다.

【譯註】

'㤅'자를 정리본은 '豊'자로 예정하고 '禮'자로 읽고 있으나, 문자의 형태로 보아 윗부분이 '者'이고 아랫부분이 의미부인 '心'이 아닌가 한다. 제 20간에서는 '豊'자를 '㘽'으로 쓴다. '㤅'자의 윗부분과 형태가 같지 않다. '㤅'자는 '惰'나 혹은 '惹'로 예정할 수 있고 '圖(그림 도, tú)'자로 읽기도 한다.350) ≪곽점초간·치의緇衣≫(제 22-23간) "毋以少(小)恀(謀)敗大惹"351) 중의 '惹(惹)'자를 현행본은 '作(지을 작, zuó,zuō,zuò)'으로 쓰는 것으로 보아 본 구절 역시 '作'자로 읽어야 하는 것이 아닌가 한다. '衣備好作'은 의복은 남과 달리 화려함만을 좋아하는 것을 말한다.

---

349) ≪孔子家語·三恕≫: "子路盛服見於孔子. 子曰:『由, 是倨倨者何也? 夫江始出於岷山, 其源可以濫觴. 及其至於江津, 不舫舟, 不避風, 則不可以涉, 非唯下流水多耶? 今爾衣服既盛, 顔色充盈, 天下且孰肯以非告汝乎?』子路趨而出, 改服而入, 蓋自若也."
350) 李銳, 〈≪孔子見季桓子≫新編(稿)〉, 簡帛사이트, 2007-07-11.
351) "小臣의 계략을 가지고 대신의 계획을 망치지 말아야 한다."

第20簡

未足鈞敢訐之女夫見人不唶瞎豊不券則

第 20 簡

未足, 豆勺(孰)敢訛(謨)之? 女(如)夫見人不唒(狡), 睧(聞)豊(禮)不券(倦), 則

【해석】

　부족한데, 누가 감히 다른 생각을 꾀할 수 있겠습니까? 무릇 사람을 대함에 사납지 않고, 예禮를 들음에 게을리 하지 않으면 곧……

【上博楚簡原註】

　본 죽간의 상단과 하단은 파손되었다. 길이는 20.1cm이다. 문자는 모두 17字이다.

　① '豆勺敢訛之'

「豆勺」자는 의미부 '豆'와 소리부 '勺'으로 이루어진 자이다. ≪설문해자≫에는 보이지 않는다. 음音은 「辜」과 통하고, 「孰(누구 숙, shú)」으로도 읽을 수 있다.

「訛」자는 「謨(꾀할 모, mǔ)」자나 「謨(꾀 모, mó)」자의 통가자로 쓰인다. ≪설문해자≫에서 「'謨'는 의논하여, 계책을 꾀하는 것이다.」352)라 하였다. ≪爾雅·釋詁≫에서 「'謨'는 거짓으로 속이는 것이다.」라고 하였고, ≪이아주爾雅註≫에서는 「술책을 도모하여, 불충不忠한 것이다.」라 하였다.353)

【譯註】

　' '자를 정리본은 「豆勺」자로 예정하고 음은 「辜」과 통하고 「숙孰」으로도 읽을 수 있다하였다. 그러나 음도 차이가 있고, '누가'라는 대사의 용법으로 해석하는 것보다, '어찌'라는 의미의 '豈'로 읽는 것이 문장 전체 내용과 어울린다. 그래서 혹은 이 자를 '개剴'자의 오자로 보고, '豈(어찌 기, qǐ,kǎi)'로 읽기도 한다.354) ≪곽점초간郭店楚簡≫은 ' '(≪緇衣≫)로 쓰고, ≪上博楚簡≫은 ' '로 쓴다. 문자의 형태와 내용으로 보아 '개剴'자의 변형으로 보는 것이 옳겠다.

---

352) ≪說文解字·言部≫: "謨, 議謨也."
353) ≪爾雅·釋詁≫: "謨, 僞也." 註: "謀而不忠."
354) 陳劍(2008): ≪〈上博(六)孔子見季桓子〉重編新釋≫, 復旦大學出土文獻與古文字研究中心罔, 2008年3月22日

② '女夫見人不㹤'

「㹤」자에 대하여, ≪集韻≫은 「㹤'는 소리이다.」355)라고 하였다. 「狡(교활할 교, jiǎo)」로 읽는다. ≪설문해자≫에서 '狡'자에 대하여 「'狡'는 '어린 개'라는 뜻이다. 의미부는 犬와 소리부 交로 이루어진 자이다. 흉노匈奴가 거주하는 땅에 사나운 개가 있는데, 입이 크고, 몸통은 검정색이다.」356)라고 하였다. 의미가 파생되어 '교활하고 흉폭하다'는 뜻으로 쓰인다.

君子가 사람들을 만났을 때, 장엄하고 공손하여 사납지 않으며 널리 배워 궁벽하지 않으며 돈독히 행하고 게으르지 않아야 한다고 뜻이다.

【譯註】

'㹤'자를 정리본은 '㹤'자로 예정하고 '교활하고 난폭하다'는 '교狡'로 읽었다. 그러나 이 자는 '猒(물릴 염, xiā,yān,yàn,yē)'자의 변형이 아닌가 한다. ≪上博楚簡≫은 '猒'자를 '㹤'·'㹤'로 쓴다.357) '㹤'자의 오른쪽 부분이 원래 '犬'의 형태이나 변형된 것으로 보인다. 본 구절에서는 '厭(싫을 염, yàn)'으로 읽는다. "군자가 사람을 대함에 싫어하거나 싫증을 내지 않는다"는 뜻이며, 그 다음 구절 '불권不倦'과 댓구를 이룬다.

③ '聞豊不劵'

「劵」자는 「倦(게으를 권, juàn)」으로 읽는다.

「聞禮不倦」은 배움(學)과 예(禮)는 부지런함(不倦)에 달려있다는 뜻이다. 공자는 일찍이 백어伯魚에게 「이鯉야, 내가 듣기로는 남과 함께 날이 다하도록 이야기해도 싫증이 나지 않는 것은 오직 학문뿐이라고 하더라. 그 얼굴 모양도 족히 보잘것없으며, 그 용맹과 힘도 족히 거리낄 것 없으며, 그 조상을 뒤져봐도 족히 내세울 만한 인물이 없으며, 그 씨족도 족히 말할 만한 것이 못 되건만 죽은 뒤에까지도 큰 이름을 가져 사방에 소문이 나고 후세에까지 이름이 전하게 되는 것은 어찌 학문을 한 효과라 아니하겠느냐? 그런 때문에 군자는 학문을 하지 않을 수 없는 것이다. 얼굴 모양도 엄숙히 갖지 않을 수 없으며, 엄숙하지 않으면 친구도 없는 것이고, 친구가 없게 되면 친절함도 잃어버리게 된다. 친절함을 잃게 되면 충성치 못한 것이 되며, 충성하지 못하게 되면 예의를 잃는 것이 되며, 예의를 잃게 되면 세상에 설 수가 없는 것이다. 대개 멀리

---

355) ≪集韻≫: "㹤, 聲也."
356) ≪說文解字·犬部≫: "狡, 少狗也. 从犬, 交聲. 匈奴地有狡犬, 巨口而黑身."
357) ≪楚系簡帛文字編≫, 822, 464 쪽.

있어도 빛이 나는 것은 엄숙하기 때문이며, 가까울수록 더욱 밝은 것은 학문을 했기 때문이다. 비유해 말하건대 깊은 못에 물을 대어 두면 갈대(葦, 갈대 위, wěi))가 생기는 것이니 사람마다 이것을 보기는 하지만 누가 그 근원을 알겠느냐?」358)라 하였다.

---

358) ≪孔子家語·致思≫: "鯉乎, 吾聞可以與人終日不倦者, 其唯學焉. 其容體不足觀也, 其勇力不足憚也, 其先祖不足稱也, 其族姓不足道也. 終而有大名, 以顯聞四方, 流聲後裔者, 豈非學之效也. 故君子不可以不學. 其容不可以不飭, 不飭無類, 無類失親, 失親不忠, 不忠失禮, 失禮不立. 夫遠而有光者, 飭也, 近而愈明者, 學也. 譬之污池, 水潦注焉, 雚葦生焉, 雖或以觀之, 孰知其源乎."

第21簡

者㝑=億㠯而立仔保斳丌豊樂逃丌

第 21 簡

者, 羣=愳(?)㠯(紀)而立仔, 保訢(愼)亓(其)豊(禮)樂, 逃亓(其)

【해석】

군자는 덕으로 기율을 세우고 임무任務를 맡아 처리하고, 그 예악禮樂을 삼가 신중히 보존하고, 그것을 피하여 ……

【上博楚簡原註】

본 죽간의 상단 하단이 파손되었다. 길이는 20.8cm이다. 두 번째 홈에서 상단의 잔실된 부분까지의 거리는 19.5cm이다. 문자는 모두 15字이고, 그 중 合文이 한 개이다.

① '羣=愳(?)㠯(紀)而立仔'

「羣」잔는「군자君子」의 합문이다.

「愳」자는 또한 「悳」으로도 쓴다. ≪오음집운五音集韻≫에서는 「'悳'은 베풀어서 혜택을 받도록 하는 것이다.」359)라 하였다. 「德(덕 덕, dé)」으로 읽는다. 이 글자는 ≪包山楚簡≫(第84, 85簡), ≪악군계거절鄂君啟車節≫에서도 보인다.

「仔(자세할 자, zǐ,zǎi,zī)」자는 '책임責任을 지다'라는 뜻이다. ≪詩·頌·敬之≫에서 「나의 이 임무를 보필해 주어」360)라고 하였다. ≪설문해자≫에서는 「仔는 참고 견뎌서 해내는 것(克)이다. 의미부는 '人'이고, 성부는 '子'이다.」361)라 하였고, ≪집운集韻≫에서는 「혹은 '仔'는 '임무를 맡기는 것(肩任)'의 의미이다.」362)라 하였다. 전체적으로 덕德을 닦고 겸손히 하며 임무를 맡아 처리하고, 이치를 밝힌다는 의미이다.

【譯註】

≪包山楚簡≫의 '德'자는 본 죽간의 '　'자와 형태가 같다.363)

---

359) ≪五音集韻≫: "愳, 施也."
360) ≪詩·頌·敬之≫: "佛時仔肩."
361) ≪說文解字·人部≫: "仔, 克也. 从人, 子聲."
362) ≪集韻≫: "一曰『仔』, 肩任也."

'⾒'자를 정리본은 '仔(견딜 자, zǐ,zǎi,zī)'자로 예정하고 있으나, 오른쪽 의미부는 '子'가 아니다. 이 자는 '帀'자로 예정하고 '師(스승 사, shī)'로 읽을 수 있다.364) '帀'자를 ≪包山楚簡≫은 '⾒'로 쓰고 ≪上博楚簡·容成氏≫는 '⾒'로 쓴다.365) ≪書經·太甲中≫에서는 "그 전에는 스승이나 보호자가 되시는 분의 교훈을 어기어 다스림의 시작을 제대로 하지 못하였다. 그러나 바로 잡고 구하여 주시는 덕에 힘입어 끝까지 잘 다스리도록 힘썼다."366)라 하였다. '사보師保'는 군자의 교육을 책임질 수 있는 관원이다.

'悳㠯'를 혹은 '直己'367)로 읽기도 하나,368) '덕기德紀'는 '덕으로 자신의 규율로 삼다'는 의미이기 정리본의 주장에 따라 해석하기로 한다.

② '保訢亓豊樂'

「訢」은 간문에서 대부분 「愼(삼갈 신, shèn)」으로 읽는다.

「豊」자에 대하여, ≪설문해자≫에서는 「豊은 예禮를 행할 때 사용하는 기물器物이다. 의미부는 豆이고 상형자象形字이다. '禮'와 같은 의미이다.」369)라 하였다. ≪說文字原≫에서 「'豊'은 고대의 '예禮'자이다.」370)라고 하였다.

「예禮」와 「악樂」에 대하여 孔子는 ≪孔子家語·論禮≫에서 「이 예禮라는 것은 다스린다는 뜻이고 악樂이라는 것은 일을 절제한다는 뜻이다. 다스리지 않으면 움직일 수 없으며 절제하지 않으면 일을 할 수 없는 것이다. 그러므로 ≪시경≫에서 말하였다. '시에 능하지 못하면 예에도 그릇되게 되며, 악에 능하지 못하면 예에도 너무 질박하게 되며, 덕에 박하게 되면 예에도 허해지는 법이다.'371)고 하였고, 또한 「그러하오면 옛날 기夔 같은 자도 예를 잘 몰랐다고 하겠습니까? 공자가 말했다. 아무리 옛날 사람이라 할지라도 예에만 통달하고 악에 통달하지 못하면 너무나

---

363) ≪楚系簡帛文字編≫, 179 쪽.
364) 何有祖,〈讀≪上博六≫札記〉, 簡帛, 2007-07-09. "'師保'是古時担任輔弼帝王和教導王室子弟的官員, 有師有保, 统称'師保'."
365) ≪楚系簡帛文字編≫, 583 쪽.
366) ≪書經·太甲中≫: "既往背師保之訓, 弗克于厥初, 尚賴匡救之德, 圖惟厥終."
367) "자신을 바로 잡다."
368) 何有祖,〈上博楚簡≪孔子見季桓子≫字詞考釋〉(2012).
369) ≪說文解字·豆部≫: "豊, 行禮之器也, 从豆, 象形. 讀與禮同."
370) ≪說文字原≫: "豊, 古禮字."
371) ≪孔子家語·論禮≫: "夫禮者, 理也. 樂者, 節也. 無禮不動, 無節不作. 不能詩, 於禮謬, 不能樂, 於禮素, 於德薄, 於禮虛."

질박할 뿐이고, 악에만 통달하고 예에 통달하지 못하면 너무나 편벽된 사람이 될 뿐이다. 저 기라는 자도 악에는 통했을지언정 예에는 통하지 못하였다. 그런 까닭에 그 옛날 사람이라는 이름만 전하게 되었던 것이다. 대체 제도라는 것도 예에 있고, 문무라는 것도 예에 있으나, 이것을 행하는 것은 오직 사람이 있을 뿐이다. 공자가 말하였다. '아침과 저녁으로 공경하고 미덥게 하고 너그러이 하고 편케 한다'고 한 시는 소리 없는 풍류를 말한 것이며, '엄숙한 위의는 형용할 수 없다'고 한 시는 형체 없는 예이며, '무릇 백성이 초상이 있을 때 엉금엉금 기어가서라도 이를 구휼해야 한다'고 한 시는 복服이 없는 초상이다.」372)라 하였다.

　공자는「예악禮樂」을 중시했다. 선왕先王이 남긴 법제法制를 살펴, 예악禮樂의 극진한 바를 자세히 살폈고, 또한 노담老聃(老子)에게 가르침을 구하기도 했다. ≪孔子家語·觀周≫에 공자가 노담老聃에게 가르침을 구한 사실이 기재되어 있다. 공자가 남궁경숙南宮敬叔에게 말하였다.「내 들으니 노담老聃은 옛일도 넓게 알고 지금 일도 모르는 것이 없으며 예악의 근원에 능통하고 도덕의 귀추에도 밝다 하니 우리의 스승이다. 내가 장차 한 번 가보겠다.」373)라 하였다.

　「예악禮樂」의 두 자는 ≪孔子家語≫와 ≪論語≫에서 많이 보인다. 공자의「예악」사상 및 그 예악을 지키고 삼가는 원인을 살펴볼 수 있다.

　　"益者三樂, 損者三樂. 樂節禮樂, 樂道人之善, 樂多賢友, 益矣. 樂驕樂, 樂佚遊, 樂宴樂, 損矣."(≪論語·季氏≫)
　　공자께서 말하였다. "유익한 벗이 세 가지 있고 害로운 벗이 셋이 있다. 곧은 사람을 벗으로 사귀고, 신용 있는 사람을 벗으로 사귀고, 견문이 많은 사람을 벗으로 사귀면 유익하다. 아첨하는 사람을 벗으로 사귀고, 부드럽게 굴기를 잘 하는 사람을 벗으로 사귀고, 말 잘 둘러대는 사람을 벗으로 사귀면 해롭다."
　　"天下有道, 則禮樂征伐自天子出, 天下無道, 則禮樂征伐自諸候出. 自諸候出, 蓋十世希不失矣, 自大夫出, 五世希不失矣, 陪臣執國命, 三世希不失矣."(≪論語·季氏≫)
　　천하에 도道가 있으면 예악禮樂과 정벌이 천자로부터 나오고, 천하에 도道가 없으면 禮樂과 정벌이 제후로부터 나온다. 제후로부터 나오면 십세十世에 (정권을) 잃지 않는 자가 드물고, 대부大夫로부터 나오면 오세五世에 잃지 않는 자가 드물고, 가신이 정권을 잡으면 삼세三世에 잃지 않는 자가 드물다.
　　"名不正, 則言不順, 言不順, 則事不成, 事不成, 則禮樂不興, 禮樂不興, 則刑罰不中, 刑罰不

---

372) ≪孔子家語·論禮≫: "古之人與? 上古之人也. 達於禮而不達於樂, 謂之素, 達於樂而不達於禮, 謂之偏. 夫夔達於樂而不達於禮, 是以傳於此名也. 古之人也, 凡制度在禮, 文爲在禮, 行之其在人乎?' 孔子曰: 「『夙夜基命宥密』無聲之樂也, 『威儀逮逮, 不可選也』, 無體之禮也, 『凡民有喪, 扶伏救之』, 無服之喪也."
373) ≪孔子家語·觀周≫: "吾聞老聃博古知今, 通禮樂之原, 明道德之歸, 則吾師也, 今將往矣."

中, 則民無所錯手足. 故君子名之必可言也, 言之必可行也. 君子於其言, 無所苟而已矣."(≪論語·子路≫)

명칭이 바르지 못하면 말이 (이치에) 순하지 못하고, 말이 (이치에) 순하지 못하면 일이 이루어지지 못하고, 일이 이루어지지 못하면 예악이 일어나지 못하고, 예악이 일어나지 못하면 형벌刑罰이 알맞지 못하고, 형벌이 알맞지 못하면 백성들이 손발을 둘 곳이 없게 된다. 그러므로 군자가 이름을 붙이면 반드시 말할 수 있으며, 말을 하면 반드시 행할 수 있는 것이니, 군자는 그 말에 있어 구차히 함이 없을 뿐이다.

"先進於禮樂, 野人也, 後進於禮樂, 君子也. 如用之, 卽吾從先進."(≪論語·先進≫)

지금 사람들이 이르기를) 선배들이 예악에 대하여 한 것은 야인野人이고, 후배들이 예악에 대하여 한 것은 군자君子라고 한다. 내가 만일 예악을 쓴다면 나는 선배들을 따르겠다.

"若臧武仲之知, 公綽之不欲, 卞莊子之勇, 冉求之藝, 文之以禮樂, 亦可以爲成人矣."(≪論語·憲問≫)

(만일 장무중臧武仲의 지혜와 맹공작孟公綽의 탐욕하지 않음과 변장자卞莊子의 용맹과 염구冉求의 재예才藝에 예악禮樂으로 문채를 낸다면, 이 또한 성인成人이라 할 수 있을 것이다.)

"旣能成人, 而又加之以仁義禮樂, 成人之行也. 若乃窮神知禮, 德之盛也."(≪孔子家語·顔回≫)

이미 성인이 되었으면, 그 위에 또 인의와 예악을 알고 행해야만 성인으로서의 행실이 구비되었다고 할 것이며, 또 귀신에도 통하고 변화하는 것을 알게 되면, 가히 덕이 성하다고 할 것이다.

第22簡

迷言之則忑舊巠子趄子曰虐不赴巠子迷言之猶忑弗智皇亓女

第 22 簡

迷, 言之則志(恐)舊(尤)巫子.」趄(桓)子曰:「虐(予)不赴, 巫子迷, 言之猶志(恐)弗智(知), 皇(恍)
亓(其)女(如)……」

【해석】

미혹되어서, 말하자면, 경자巫子를 두려워하고 원망합니다.」계환자季桓子가 말했다.「내가 신속하지 못하여서 경자巫子가 정도正道를 잃고 미혹되었으니, 마치 두렵고 알지 못하겠고, 미혹됨이 마치 ……」

【上博楚簡原註】

죽간의 상단은 파손되었고, 하단은 평평하다. 길이는 33.5cm이다. 두 번째 홈에서 세 번째 홈까지의 길이는 26.5cm이다. 세 번째 홈에서 하단까지의 거리는 1.5cm이다. 문자는 모두 26字이다.

① '則志舊巫子'

「志」은 ≪설문해자≫에서「恐(두려울 공, kǒng)'은 두려워하는 것이다. 의미부 '心'과 소리부 '巩'으로 이루어진 형성자이다. 古文은 志으로 쓴다.」374)라 하였다.

「구舊」는 「尤(더욱 우, yóu)」자로 읽으며 '책망하다', '원망하다'의 뜻이다. ≪禮記·中庸≫에서 「위로는 하늘을 원망하지 않고, 아래로는 사람들을 탓하지 않는다.」375)고 하였다.

「경자巫子」는 추측컨대 인명人名이 아닌가한다.

【譯註】

'巫'자를 정리본은 '巫'자로 예정하고 '경자巫子'를 인명으로 보고 있으나 전체적인 문맥이 통하지 않는다. 이 자는 윗부분이 '虎'자의 변형이고 아랫부분이 '壬'으로 '虐'자가 아닌가 한다. 제 19간의 '虐'자 역시 윗부분이 '虎'의 변형이다. '虐子'는 '오자吾子'로 계환자를 가리킨다.

---

374) ≪說文解字·心部≫: "恐, 懼也. 从心, 巩聲. 志, 古文."
375) ≪禮記·中庸≫: "上不怨天, 下不尤人."

≪弟子問≫ 제 15간은 '虐'자를 '![]'로 쓴다.

'舊'자를 정리본은 '원망하다'의 의미인 '尤'자로 읽고 있으나, '久'로 읽어야 할 것 같다. 정리본이 석문한 "迷言之, 則忎舊㢑子" 구절은 "悉言之, 則恐久吾子"로 읽을 수 있다. 만약에 이야기를 '상세하게 말하자면, 그대에게 시간을 많이 필요하게 할지도 모릅니다'는 뜻이다. 즉 이야기를 자세하게 말하자면 시간이 많이 소요된다는 뜻이다(부록 참고).

② '虐不赴, 㢑子迷'

「虐」는 「여余」·「여予」의 의미로 쓰인다.

「赴」는 「報(갚을 보, bào)」자와 통한다. ≪集韻≫에서 「報」는 '질주疾走하다'의 뜻이다.」376)라고 하였다. '신속하다', '빠르다'의 의미이다. ≪禮記·少儀≫에서 「빨리 가지 않는다.」377)라 하였다.

「미迷」는 '미혹迷惑되어 정도正道를 잃어버리다'의 뜻이다. 그 미혹됨을 알고서도 구제救濟하지 않으면 「불인不仁」하다고 여겨졌다. ≪論語·陽貨≫편에 계씨季氏 집안 가신家臣 양화陽貨가 공자에게 「훌륭한 보배를 품고서 나라를 어지럽게 하는 것을 인仁이라고 할 수 있겠소?」라고 하자, 공자께서 「(仁이라고) 말할 수 없소.」378) 하셨다.

【譯註】

'虐'자는 '斯(이 사, sī)'로 읽고 계강자를 가리킨다.

'![]'자를 정리본은 '赴'자로 예정하고, 이 자는 '報'자와 통하여 '신속하다'·'빠르다'는 의미로 쓰인다하였다. 그러나 '卜'이라 한 부분은 일반적인 '卜'과는 그 형태가 다소 다르다. 혹은 이 부분은 '千'이 아닌가한다.379) '年(季)'자는 초죽서는 '![]'·'![]'·'![]'자로 쓰는데, 이 자의 아래 부분 '千'자와 매우 유사한 형태이다. 따라서 이 자는 '迁'자로 예정할 수 있다. '迁'자는 '遷(옮길 천, qiān)'자와 같은 자이고, 본 구절에서는 '佞(아첨할 녕, nìng)'으로 읽는 것이 아닌가한다.

'![]'자를 정리본은 '迷'자로 예정하고 있다. 그러나 '迷'자로 읽는다면 문맥이 잘 통하지 않는다. 전체적인 문맥을 고려하여, 본 죽간에서는 '상세히'라는 의미의 '悉(다 실, xī)'자로 읽는

---

376) ≪集韻≫: "報, 疾也."
377) ≪禮記·少儀≫: "毋報往."
378) ≪論語·陽貨≫: "懷其寶而迷其邦, 可謂仁乎?" 曰: 「不可.」"
379) 陳劍(2008): ≪〈上博(六)孔子見季桓子〉重編新釋≫, 復旦大學出土文獻與古文字研究中心罔, 2008年3月22日

것이 아닌가 한다. '迷'자는 '명明'뉴紐'지脂'부部이고, '悉'자는 '심心'뉴紐'질質'부部로 고음이 서로 통한다.380)

'迷(悉)言之'는 제 19간의 '뇄(微)言之'의 상대적인 개념이다. '微言之'는 간략하게 설명하는 것을 말한다(부록 참고).

③ '言之猶志弗智'
「智」는 「知」로 읽는다.

④ '皇亓女'
「皇」은 「恍」으로 읽는다.
「女」는 「如」로 읽는다.

---

380) 常佩雨, 〈上博簡孔子言論硏究〉(2012), 172 쪽.

第23簡

□子又道生民之賜

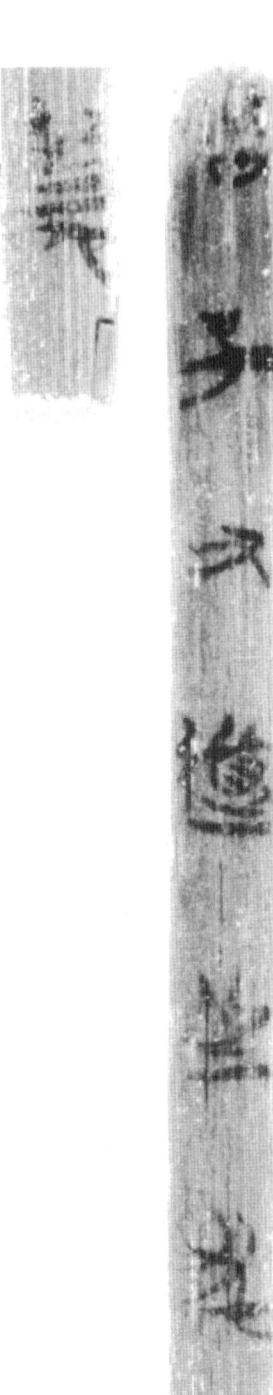

第 23 簡

□子又(有)道, 生民之賵

【해석】

□子의 도道가 있는 것이 백성들의 귀한 보물입니다.

【上博楚簡原註】

본 죽간의 상·하단 모두 파손되었다. 길이는 9.5cm이다. 문자는 모두 8字이다.

① '□子又道, 生民之賵'

첫 번째 글자는 잘 보이지 않는다.

「又」자는 「有」로 읽는다. 「유도有道」에 관하여 공자는 자주 언급하였다.

≪論語·學而≫:「君子가 먹음에 배부름을 구하지 않으며, 거처함에 편안함을 구하지 않으며, 일에 민첩하고 말에 삼가며, 도道가 있는 이에게 찾아가서 (옳고 그름을) 질정한다면 배움을 좋아한다고 이를 만하다.」381)

≪論語·泰伯≫:「독실하게 믿으면서도 배우기를 좋아하며, 죽음으로써 지키면서도 道를 잘해야 한다. 위태로운 나라에는 들어가지 않고 어지러운 나라에는 살지 않으며, 천하에 道가 있으면 나타나고 道가 없으면 숨어야 한다. 나라에 道가 있을 때에 가난하고 또 천한 것이 부끄러운 일이며, 나라에 道가 없을 때에 부유하고 귀한 것이 부끄러운 일이다.」382)

≪孔子家語·哀公問政≫:「윗사람의 신임을 얻는데 방법이 있으니 친구에게 신용이 없으면 윗사람에게도 신임을 얻지 못하는 것입니다. 친구에게 신임을 받는데 방법이 있으니 부모에게 순종하지 않으면 친구에게 신임을 얻지 못하는 것입니다. 부모에게 순종하는데 방법이 있으니 그것은 오직 자기 몸을 반성하기를 성실하게 해야 하는 것입니다. 만일 자기 몸 반성하기를 성실히 하지 않으면 부모에게도 순종하지 못하게 되는 것입니다. 그러면 자기 몸을 성실히 갖는다는 것은 무엇이냐? 그것은 오직 착한 일에 밝지 못하면 자기 몸을 성실히 갖지 못하게 됩니다. 이 성실이라는 것은 하늘의 도요, 마음을 성실하게 만드는 것은 사람의 도입니다. 그러므로

---

381) ≪論語·學而≫: "君子食無求飽, 居無求安, 敏於事而愼於言, 就有道而正焉, 可謂好學也已."
382) ≪論語·泰伯≫: "篤信好學, 守死善道. 危邦不入, 亂邦不居. 天下有道則見, 無道則隱. 邦有道, 貧且賤焉, 恥也, 邦無道, 富且貴焉, 恥也."

성실한 자는 힘쓰지 않아도 일이 이치에 맞으며 생각지 않아도 일이 이루어지게 되며 조용하게 도에 맞아 나가게 되는 것이니 이것은 성인이 체계를 정해 놓은 것이며, 성실하게 마음을 갖는다는 것은 곧 착한 일만 가려서 마음을 단단히 하고 행하는 데 있는 것입니다.」383)

「생민生民」은 '백성'을 가리킨다. ≪孟子·公孫丑上≫에서 「그 자제子弟를 거느리고서 그 부모父母를 공격함은 생민生民이 있은 이래로 능히 성사成事한 자가 있지 않다.」384)라 하였다.

「賹(재물 귀)」자에 대하여 ≪說文解字·具部≫에서는 「'賹'자는 '재화(資)'의 뜻이다. 의미부 '貝'와 소리부 '爲'로 이루어진 형성자이다. 혹은 '貨(재화 화, huò)'字의 고자이다. 음은 '귀貴'자와 같다. 반절음은 '궤위詭僞'切이다.」385)라 하였다. 또 ≪集韻≫에서 「'賹'자는 '재물이다(財)'의 의미이다. 혹은 이 자는 자부 '위危'를 쓰기도 한다.」386)라 하였다.

【譯註】
첫 번째 자는 문자의 형태로 보아 '군君'자가 아닌가 한다.
≪郭店楚簡≫은 '화貨'자를 '貨'로 쓰고 '賹'자를 '賹'로 쓴다.387)

---

383) ≪孔子家語·哀公問政≫: "獲於上有道, 不信於友, 不獲於上矣. 信於友有道, 不順於親, 不信於友矣. 順於親有道, 反諸身不誠, 不順於親矣. 誠身有道, 不明於善, 不誠於身矣. 誠者, 天之至道也, 誠之者, 人之道也. 夫誠弗勉而中, 不思而得, 從容中道, 聖人之所以體定也, 誠之者, 擇善而固執之者也."
384) ≪孟子·公孫丑上≫: "率其子弟, 攻其父母, 自有生民以來未有能濟者也."
385) ≪說文解字·具部≫: "賹, 資也. 从具, 爲聲. 或曰此古貨字, 讀若貴, 詭僞切."
386) ≪集韻≫: "賹, 財也. 或从危."
387) ≪楚系簡帛文字編≫, 599-600 쪽.

第24簡

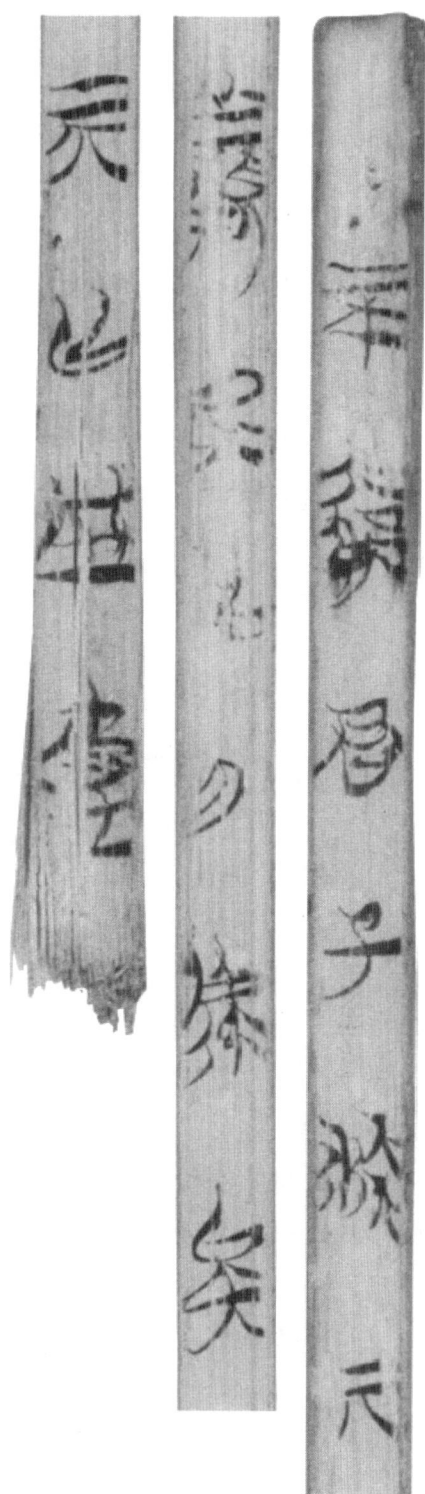

不窮君子流亓觀安□勿備矣而亡城惪

第 24 簡

不窮(?). 君子流亓觀安(焉), □勿備(服)矣, 而亡(無)城(成)悳(德)

【해석】

몸소 행하려 하지 않습니다. 군자가 두루 널리 살펴봄에 (백성들이) 복종하지 않는 것은 성덕盛德이 없는 것으로……

【上博楚簡原註】

본 죽간의 상단은 평평하며, 하단은 파손되었다. 길이는 21.6cm이고, 첫 번째 홈(계구契口)로부터 가장 상단까지의 거리는 1.1cm이다. 모두 16字이다.

① '不窮(?)'

「窮」자는 「躬(몸 궁, gōng)」字가 아닌가 한다.

② '君子流亓觀安'

「觀(볼 관, guān,guàn)」은 관찰하는 것이고, 분명하게 살피는 것(명찰明察)이다. ≪說文解字·見部≫에서 「'觀'은 '충분히 살펴 관찰하는 것이다'.」388)라 하였다.

「流亓觀」은 곧 「널리 두루 살펴보는 것(流觀)」으로 사방을 멀리 내다보는 것이다. ≪楚辭·九章·哀郢≫에서 「내 눈을 멀리 향해 둘러보며」389)라 하였다. 공자는 그 뜻(志)을 관찰하고, 그 도道를 관찰하고, 그 행실(行)을 관찰하며, 그 허물(過)을 관찰하고, 그 소이(所以)를 보아, 그 말미암은 바(所由)를 관찰하고, 그 편안한 바(所安)를 살피고, 관찰하기를 예악禮樂으로써 하며, 관찰함으로써 혼란함을 다스리고, 허물을 고쳐, 인仁을 알아야 한다고 생각하였다.

≪論語·公冶長≫에서 「공자께서 말씀하셨다. 내가 처음에는 남에 대하여 그의 말을 듣고 그의 행실을 그대로 믿었는데, 지금 나는 남에 대하여 그의 말을 듣고 다시 그의 행실을 살펴보노니, 나는 재여宰予에게서 이것을 고치게 되었노라.」390)라 하였고, ≪論語·里仁≫에서는 「공자께서

---

388) ≪說文解字·見部≫: "觀, 諦視也."
389) ≪楚辭·九章·哀郢≫: "曼余目以流觀."

말씀하셨다. 사람의 과실은 각기 그 부류(類)대로 하니, 그 사람의 과실을 보면 인仁한지 仁하지 않은지를 알 수 있다.」391)라 하였다. ≪孔子家語·弟子行≫에서는 「공자께서 사람을 가르치실 때, 시서로 먼저 하여 효제로 인도하며 인의로 가르치고 예악으로 보게 한 뒤에 문학과 덕행으로 행실이 이루어지게 한다고 들었습니다.」392)라 하였다.

「安」은 「焉(어찌 언, yān)」으로 읽는다.

【譯註】

'安'자를 초간에서 '🔲'·'🔲'·'🔲' 등으로 쓴다.393)

③ '□勿備矣'

첫 번째 글자는 잘 보이지 않는다.

「비備」자는 「服(옷 복, fú)」자와 통용된다. 「服」은 순종順從하고, 복종服從하는 것이다. ≪尙書·武成≫에서는 「만백성이 기뻐하여 복종하였다.」394)라 하였다.

공자는 도덕道德을 베풀어 복종하도록 하고, 먼저 가르친 이후에 형벌을 가하며, 현명하고 어진 이를 등용하고, 인애仁愛를 베풀어야 한다고 생각하였다. 노魯나라 애공哀公이 일찍이 공자에게 물어보았다. 「어떻게 하면 백성들이 복종합니까?」 공자는 곧바로 그 자리에서 「정직한 사람을 들어 쓰고 모든 굽은 사람(정직하지 못한 사람)을 버려두면 백성들이 복종하고, 굽은 사람을 들어 쓰고 모든 정직한 사람을 버려두면 백성들이 복종하지 않습니다.」395)라고 대답하였다.

공자는 「윗사람이 예禮를 좋아하면 백성들이 감히 공경하지 않는 이가 없게 되고, 윗사람이 의義를 좋아하면 백성들이 감히 복종하지 않는 이가 없게 되고, 윗사람이 신信을 좋아하면 백성들이 감히 실정(情)대로 하지 않는 이가 없게 된다.」396)라 여겼다. 또한 공자는 「나(丘)는 들으니, 나라를 소유하고 집을 소유한 자는 (백성이) 적음을 근심하지 않고 고르지 못함을 근심하며,

---

390) ≪論語·公冶長≫: "始吾於人也, 聽其言而信其行, 今吾於人也, 聽其言而觀其行. 於予與改是."
391) ≪論語·里仁≫: "人之過也, 各於其黨. 觀過, 斯知仁矣."
392) ≪孔子家語·弟子行≫: "吾聞孔子之施敎也, 先之以詩書, 而道之以孝悌, 說之以仁義, 觀之以禮樂, 然後成之以文德."
393) ≪楚系簡帛文字編≫, 683 쪽.
394) ≪尙書·武成≫: "萬姓悅服."
395) ≪論語·爲政≫: "哀公問曰: 「何爲則民服?」 孔子對曰: 「擧直錯諸枉 則民服, 擧枉錯諸直, 則民不服.」"
396) ≪論語·子路≫: "上好禮, 則民莫敢不敬, 上好義, 則民莫敢不服, 上好信, 則民莫敢不用情."

가난함을 근심하지 않고 편안하지 못함을 근심한다고 한다. 고르면 가난함이 없고 화和하면 적음이 없고 편안하면 기울어짐이 없다. 이와 같으므로 먼 지역 사람이 복종해 오지 않으면 문덕文德을 닦아서 그들을 오게 하고, 이미 왔으면 편안하게 해야 하는 것이다. 지금 유由와 구求는 夫子(계씨季氏)를 돕되 먼 지역 사람이 복종해 오지 않는데도 오게 하지 못하며, 나라가 분열되고 무너지는데도 지키지 못하고, 그런데도 창과 방패를 나라 안에서 사용할 것을 꾀하니, 나는 계손季孫의 근심이 전유국顓臾國에 있지 않고, 병풍 안(집안)에 있을까 두렵노라.」397)라 하였다.

공자는 일찍이 재아宰我에게 제곡帝嚳398)이 백성들의 위급함을 알아 天下로 하여금 복종토록 했다는 사실을 알려주었다. 재아宰我가 물었다. 「여쭙건대, 제곡帝嚳이 누구입니까?」 공자가 말했다. 「곡嚳은 현효玄枵의 손자이면서 교극喬極의 아들이니 이름은 고신高辛이라고 한다. 날 때부터 신령스럽고 이상하여 자기가 스스로 자기 이름을 말했다. 남을 돌봐주기는 넓게 하고, 이익을 두터이 하되 그것을 자기 몸을 위해 하지 않으며, 총명하기는 아무리 멀고 아무리 적은 것이라도 살펴 알며, 어질면서도 위엄이 있고 은혜가 있으면서도 미더우며, 천지의 뜻을 순하게 하여 백성의 급한 일을 알며, 자기 몸부터 닦아서 천하 사람을 복종하게 하며, 땅에서 나는 재물을 취하여 절도 있게 썼다. 만백성을 가르쳐서 이익이 있게 하며, 일월의 도수를 알아 다시 그것을 맞이하고 보내며, 귀신의 이치에 밝아서 공경하여 섬기며, 그 얼굴빛은 화락하고 그 덕은 무겁고, 그 움직임은 시기에 맞게 하고, 그 의복은 절후에 맞게 하여 온 천하 사람들을 기르고 두둔하고 보호했다. 그런 까닭에 일월이 비치는 곳과 풍우가 이르는 바에 따라서 감화하지 않는 자가 없었다 한다.」399)라 하였다. 또한 「옛날 밝은 임금의 백성 다스리는 법은 반드시 땅을 갈라 제후들에게 나누어주고 또 무리를 나누어 다스리게 하였던 것이니, 이렇게 한 뒤에라야 어진 백성들은 숨기는 일이 없고 사나운 백성들은 남을 속이는 일이 없는 것이다. 그런 뒤에도 유사를 시켜 매일 살피고 때로는 조사하여 어진 자는 올려 쓰고, 불초한 자는 물리쳐 버린 까닭으로 어진 자는 즐거워하고 불초한 자는 두려워하는 것이다. 환과鰥寡로 있는 자를 불쌍해하고, 고독孤獨한 자를 길러 주고

---

397) ≪論語·季氏≫: "丘也聞: 有國有家者, 不患寡而患不均, 不患貧患不安, 蓋均無貧, 和無寡, 安無傾. 未如是, 故遠人不服, 則脩文德以來之, 旣來之, 則安之. 今由與求也, 相夫子, 遠人不服而不能來也, 邦分崩離析而不能守也, 而謀動干戈於邦內, 吾恐季孫之憂, 不在顓臾, 而在蕭墻之內也."
398) 옛날 中國 五帝의 한 사람. 黃帝의 曾孫이며 堯의 祖父라고도 한다. 顓頊을 보좌하여 그 공으로 辛땅에 봉하였다가 다시 顓頊의 뒤를 이어서 亳땅에 都邑하였으므로 高辛氏라 한다.
399) ≪孔子家語·五帝德≫: "宰我曰:「請問帝嚳」孔子曰:「玄枵之孫, 喬極之子, 曰高辛. 生而神異, 自言其名, 博施厚利, 不於其身, 聰以知遠, 明以察微. 仁以威, 惠而信, 以順天地之義. 知民所急, 修身而天下服, 取地之財而節用焉, 撫敎萬民而誨利之, 曆日月之生朔而迎送之. 明鬼神而敬事之, 其色也和, 其德也重, 其動也時, 其服也哀. 春夏秋冬, 育護天下, 日月所照, 風雨所至, 莫不從化."

빈궁한 자를 구휼하고 효제하는 자를 좋은 길로 인도해 주고 재주 있고 능한 자를 뽑아 쓰는 것이다. 이 일곱 가지 교훈이 닦아진다면 사해 안에 형벌받을 백성이 없게 될 것이다. 윗사람이 아랫사람에게 친절히 하는 것은 마치 수족이 마음과 뜻대로 움직이는 것과 같을 것이며, 아랫사람이 윗사람에게 친절히 하는 것은 마치 어진 자식이 사랑하는 어미를 생각하는 것과 같은 것이다. 윗사람과 아랫사람이 서로 친절하기를 이같이 하기 때문에 명을 내리면 따르게 되고 무슨 일이고 시키기만 하면 빨리 행하게 되는 것이다. 백성이 그 덕을 생각하여 가까이 있는 자는 즐겨 복종하고 멀리 있는 자는 와서 따르게 되니 이것이 정치의 지극한 것이다.」400)라 하였다.

이로써 백성들이 속히 복종하기를 원한다면, 마땅히 그들을 도道로써 다스리고, 백성들의 잘못을 용서하며, 仁으로써 교화에 보탬이 되도록 하고, 백성들에게 충신忠信해야 할 것이다. 공자는 자장子張에게 「백성들에게 조금 허물이 있을지라도 반드시 그 착한 점은 없는가 구해 봐서 그 허물을 용서해 주어야 하며, 백성에게 큰 죄가 있을지라도 반드시 그 까닭을 알아봐서 어진 것으로 돕고 감화시켜야 하며 만일 죽을죄가 있다고 하더라도 그 사람을 살려서 착하게 만들어야 한다. 그런 까닭에 위와 아래가 모두 친절하여 서로 떠나지 않고 도와서 덕화가 흘러 막히지 않는 것이다. 그런 까닭에 덕이란 것은 곧 정치의 시초라고 말한 것이다. 정치를 화합하게 하지 못하면 백성들이 그 명령에 복종하지 않으며, 명령을 좇지 않으면 백성들은 나랏일에 익숙하지 못하며, 나랏일에 익숙하지 못하면 그들을 부릴 수가 없게 되는 것이다. 군자로서 자기가 한 말에 신임을 얻고자 한다면 먼저 자기의 마음을 허하게 가져야 하며, 정치를 신속히 행하고자 한다면 자기 몸부터 무슨 일이고 먼저 행해야 하며, 백성들이 자기 명령에 잘 복종하게 하려면 무슨 일이든지 올바른 도로 다스려야 하는 것이다. 백성들이 아무리 잘 복종한다 할지라도 위력으로 억누르면 그들이 진심으로 복종하지 않는다. 그렇다면 충성과 신의가 아니고서는 백성들에게 친절을 취할 수가 없는 것이며 안과 밖이 서로 응하지 않으면 여러 백성에게 신의를 취할 수가 없게 되는 것이다. 이것이 백성을 다스리는 지극한 도이며, 벼슬하는 큰 요령이다.」401)라 하였다.

---

400) ≪孔子家語·王言解≫: "昔者明王之治民也, 法必裂地以封之, 分屬以理之, 然後賢民無所隱, 暴民無所伏. 使有司日省而時考之, 進用賢良, 退貶不肖, 則賢者悅而不肖者懼. 哀鰥寡·養孤獨·恤貧窮·誘孝悌·選才能. 此七者修, 則四海之內無刑民矣. 上之親下也, 如手足之於腹心. 下之親上也, 如幼子之於慈母矣. 上下相親如此, 故令則從, 施則行, 民懷其德, 近者悅服, 遠者來附, 政之致也."

401) ≪孔子家語·入官≫:「民有小罪, 必求其善, 以赦其過, 民有大罪, 必原其故以仁輔化, 如有死罪, 其使之生, 則善也. 是以上下親而不離, 道化流而不蘊. 故德者, 政之始也. 政不和則民不從其教矣. 不從教, 則民不習. 不習, 則不可得而使也. 君子欲言之見信也, 莫善乎先虛其內, 欲政之速行也, 莫善乎以身先之, 欲之速服也, 莫善乎以道御之. 故雖服必强, 自非忠信, 則無可以取親於百姓者矣. 內外不相應, 則無已取信於庶民者矣. 此治民之至道矣, 入官之大統矣.」 이민수 옮김, ≪孔子家語≫, 을유문화사, 2003, 257~258쪽

【譯註】

''자를 정리본은 잘 모르는 자로 보고 있으나, 자적으로 보아 '品'자가 확실하다.

''자를 일반적으로 '物'자로 읽고 있으나, 전후 문맥으로 보아 부정하는 의미인 '無'의 의미가 아닌가 한다. 만물의 자연 현상은 헤아릴 수 없이 무궁무진한바, 군자는 두루 살펴보고 관찰하여야 한다. 그런데 만약에 '品勿(無)備矣'한다면, 즉 두루 헤아려 섭렵하지 못한다면 이는 덕을 이룰 수 없는 것이다(부록 참고).

④ '而亡城悳'

「亡」은「無」로 읽는다.

「城」은「成」으로 읽는다.「성덕成德」은 성대한 덕(성덕盛德), 완전한 덕(전덕全德)을 말한다. 덕德이 이루어짐은 올바르게 배우고 익숙하게 익히며 이를 매우 기쁘게 여기고 그치지 않음에 있다고 여겼다.

≪孔子家語·집비執轡≫에서「옛날에 천하를 다스린 자는 여섯 관원(六官)에게 모든 책임을 맡겼다고 한다. 총재冢宰는 도를 책임지고 사도司徒는 덕을 책임지고, 종백宗伯은 인을 책임지고, 사마司馬는 성을 책임지고, 사구司寇는 의를 책임지고, 사공司空은 예를 책임졌었다. 그리고 이 여섯 관원을 모두 수중에 두어서 이들로 말고삐를 삼고 따로 사회司會라는 관원을 시켜 어진 정치를 행하도록 했다. 그런 까닭에 말하기를 네 마리 말을 모는 자는 여섯 고삐를 잡아야 하며 천하를 다스리는 자는 여섯 관원을 바르게 써야 한다고 했다.」[402]라 하였다.

---

402) ≪孔子家語·執轡≫:「古之御天下者, 以六官總治焉. 冢宰之官以成道, 司徒之官以成德, 宗伯之官以成仁, 司馬之官以成聖, 司寇之官以成義, 司空之官以成禮. 六官在手以爲轡, 均仁以爲納. 故曰: 禦四馬者執六轡, 禦天下者正六官.」이민수 옮김, ≪孔子家語≫, 을유문화사, 2003, 288~289쪽

第25簡

民喪不可毋衆之所植莫之能䎽也衆之

第 25 簡

民, 喪不可慐(悔). 衆之所植, 莫之能卟(升)也. 衆之所□, 莫之能□也.

【해석】
　백성들이 상례喪禮를 다함에 후회가 있게 하여서는 안 됩니다. (후회가 남는다면) 백성들이 농사지은 바가 잘 자랄 수 있는 것이 없게 될 것입니다. 백성들의 □한 바가 □할 수 있는 것이 없게 될 것입니다.

【上博楚簡原註】
　본 죽간의 상·하단은 파손되었다. 길이는 19.7cm이다. 문자는 모두 17字이다.

　① '喪不可慐'
　「慐」는 「悔」자와 같다.

【譯註】
　'🔲(喪)'자는 네 개의 '口'와 소리부 '亡'으로 이루어진 자이다. 본 구절에서는 '氓'으로 읽는 것이 아닌가한다.[403] '民喪'은 즉 백성을 의미하는 '민맹民氓'으로 읽을 수 있다.
　'慐'자를 정리본은 '悔'로 읽고 있으나, 문맥 내용으로 보아 '侮(업신여길 모, wǔ)'자로 읽을 수 있다.[404]
　"民喪不可慐" 구절은 "民氓不可侮"의 뜻으로 '백성을 모욕해서는 안된다'는 뜻이다.
　≪上博楚簡·從政≫은 '民'자를 '🔲'·'🔲'·'🔲' 등으로 쓴다.[405]

　② '衆之所植'
　「植」은 '씨를 파종하고, 곡식을 심는다'는 뜻이다. ≪淮南子·主術訓≫에서「오곡五穀이 여물

---

403) 陳偉, 〈讀≪上博六≫条記之一〉(2007).
404) 李銳, ≪≪孔子見季桓子≫新编(稿)(2007), "此簡意謂: 民衆不可輕侮, 衆人所樹立·所支持的, 無人能使之廢敗."
405) ≪楚系簡帛文字編≫, 1020 쪽.

었다.」406)라 하였다.

③ '莫之能𡲰也'

「𡲰」은 의미부가 '立'이고, 소리부가 '升'이다. ≪설문해자≫에는 없는 글자이다. 「升」의 의미이다. 곡물이 성숙하였음을 가리킨다. ≪穀梁傳·襄公二十四年≫에서 「오곡五穀을 수확할 수 없어 큰 기근饑饉이 들었다.」407)라 하였다.

【譯註】

'🈳'자를 정리본은 '𡲰'자로 예정하고 '升'으로 읽고 있으나, 문자의 형태로 보아 '灋(법 법, fǎ)'자가 아닌가 한다.408) 이자는 ≪郭店楚簡·六德≫의 '灋'자인 '🈳'·'🈳'자와 비슷하다. 본 구절에서는 '廢(폐할 폐, fèi)'로 읽는다.

'衆之所植, 莫之能廢也' 구절은 '백성들이 이른바 세운 계획을 군주가 무시하고 폐지해서는 안 된다'는 뜻이다(부록 참고).

④ '衆之'

앞 구절(上句)에 의거하여 볼 때, 본 구절은 연속하여 이어진 구절인 듯하다. 보충하면 「衆之所□, 莫之能□也..」이다.

---

406) ≪淮南子·主術訓≫: "五穀蕃殖."
407) ≪穀梁傳·襄公二十四年≫: "五穀不升爲大饑."
408) 陳劍, 〈≪上博(六)孔子見季桓子≫重編新釋〉(2008). "'灋'常可省去'水'旁."

第26簡

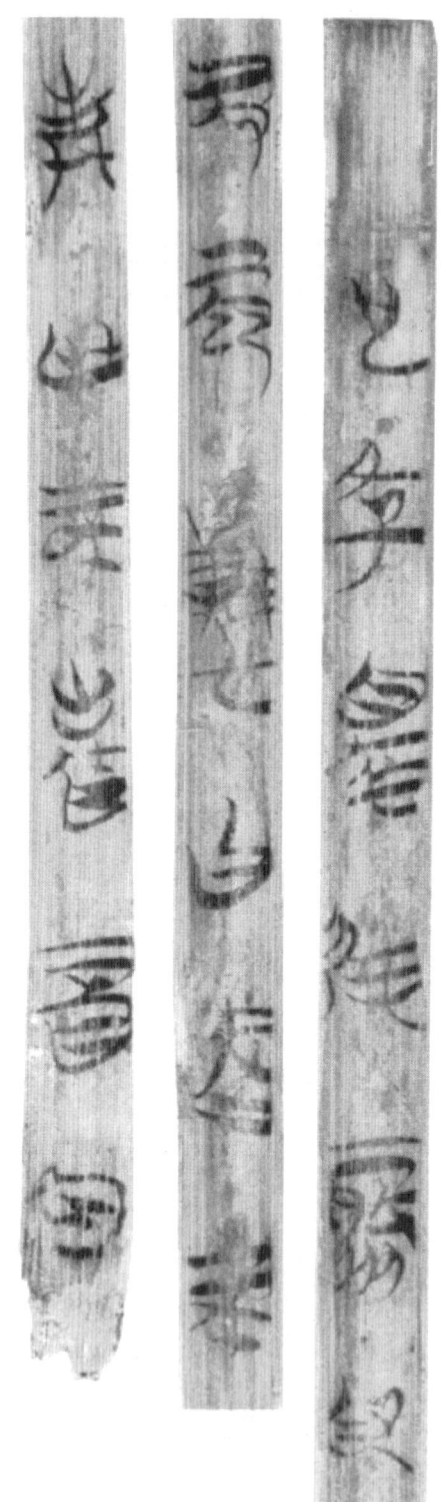

也虷裳隹聚卬天而歎曰⎡?⎦不奉丗不昧酉勻

第 26 簡

也, 㜏(好)罨(還)隹(唯)聚, 卬(仰)天而戁(嘆)曰:「⁇不奉(捧)䒑(苽), 不眛(味)酉(酒). 勻……」

【해석】

모으고 취함을 좋아하여 오직 거두기만 하면, (백성들이) 하늘을 바라보며 탄식하여 말하기를 「䒑(진 고, gū)를 받들고 섬기지 못하고, 술을 마시지 못한다.」라고 하니 ……

【上博楚簡原註】

본 죽간의 상단은 평평하고, 하단은 파손되었다. 길이는 22.5cm이다. 첫 번째 홈에서 가장 상단까지의 거리는 1.1cm이다. 문자는 모두 18字이다.

① '㜏罨隹聚'

「罨」자는 「罥」이나 「還(돌아올 환, hái, huán)」자와 같다. 이 글자는 ≪망산초간望山楚簡≫(2·6)에도 보인다. ≪集韻≫에서 「還」은 '되돌아오는 것이다'의 의미이다. '罥'으로도 쓴다.」409)라 하였다. ≪方言≫에서 「還」은 '저축하고 모으다'는 뜻이다.」410)라 하였고, 「잘 쌓아 모으다」411)라는 뜻이다. 간문과 ≪方言≫의 뜻이 서로 비슷하다.

≪論語·先進≫에서 「계씨季氏가 주공周公보다 부유하였는데도, 구求(염유冉有)가 그를 위해 취렴聚斂(세금을 많이 거둠)하여 재산을 더 늘려주었다. 공자께서 말씀하셨다. (求는) 우리 무리가 아니니, 제자들아! 북을 울려 죄를 성토聲討함이 옳다.」412)라 하였다. 염유冉有가 계씨季氏 집안의 가신家臣이 되어, 일찍이 그를 위하여 부세賦稅를 매우 심하게 걷어 그의 부富에 보탬이 되도록 하였는데, 공자가 이러한 그의 죄罪를 꾸짖은 것이다.

② '卬天而戁曰'

「卬」자는 「仰(우러를 앙, yǎng)」자의 생략형이다.

---

409) ≪集韻≫: "還, 復返也. 亦作罥."
410) ≪方言≫: "還, 積也."
411) "好積則聚."
412) ≪論語·先進≫: "季氏富於周公, 而求也爲之聚斂而附益之. 子曰:『非吾徒也. 小子鳴鼓而攻之可也.』"

≪集韻≫에서「'仰'과 '卬'자는 반절음은 '어양절語兩切'이다. ≪說文解字≫에서 '들어 올리다'의 뜻이다라 하였다. 혹은 생략하여 쓴다.」413)라 하였다. ≪六書故≫에서「'仰'자는 고문에서 일반적으로 '卬'으로 쓴다.」414)라 하였다.

「戁」자에 대하여 ≪설문해자≫에서는 「'戁'은 '공경하다'의 의미이다. 의미부 '心'과 소리부 '難'으로 이루어진 형성자이다.」415)라 하였다.「한탄하다(탄嘆)」의 의미이다.

③ '🅐不奉苽, 不昧酉'

「🅐」의 글자에 대해서는 좀더 많은 연구가 필요하다.

「봉奉」은 「받들고 섬기다」의 의미이다.

「고苽」는 「🅑」로 쓴다. 의미부가 '艸'이고, 「고苽」자의 생략형이 아닌가 한다.

「매昧」는 '미味'로 읽는다.

「酉」는 「주酒」자의 古文이다.

【譯註】

🅒자를 정리본은 '🅐'로 표시하여 모르는 자라 하였다. ≪上博楚簡·容成氏≫는 '役(부릴 역, yì)'자를 '🅓'·'🅔'으로 쓰는데,416) 본 죽간의 '🅒'의 형태와 유사하다. 따라서 이 자는 '役'자로 예정할 수 있고 '노역'의 의미로 쓰인다.

'🅑'자를 혹은 '추芻'자로 예정하기도 하나,417) 초간의 일반적인 '芻'자와 형태가 다르기 때문에 잠시 정리본에 따라 해석하기로 한다. '芻'자를 ≪망산초간望山楚簡≫은 '🅕'로 쓰고, ≪包山楚簡≫은 '🅖'로 쓴다.418) '苽'자를 ≪상박초간·공자시론孔子詩論≫은 '🅗'·'🅘'로 쓴다.419)

마지막 '🅙'자는 '肉'자이다. ≪상박초간·노방대한魯邦大旱≫은 '肉'자를 '🅚'으로 쓴다.420)

"役不奉苽, 不昧酉肉" 구절 내용은 '나라를 위해 부역 일을 하고도 음식으로 사용할 과실을 받을 수 없고 술 맛을 볼 수 없다'고 백성들이 원망하는 뜻이 아닌가 한다(부록 참고).

---

413) ≪集韻≫: "仰, 卬, 語兩切. ≪說文解字≫: 『擧也』. 或省."
414) ≪六書故≫: "仰, 古通作卬."
415) ≪說文解字·心部≫:「戁, 敬也. 从心, 難聲.」
416) ≪楚系簡帛文字編≫, 186 쪽.
417) 何有祖, 〈讀≪上博六≫札記(四)〉(2007).
418) ≪楚系簡帛文字編≫, 67 쪽.
419) ≪楚系簡帛文字編≫, 63 쪽.
420) ≪楚系簡帛文字編≫, 406 쪽.

第27簡

是善求之於中此呂不惑而民道之⸗

第 27 簡

是善(對), 求之於中, 此言(以)不惑, 而民道(導)之✓

【해석】

이에 대답하기를 "중용中庸의 덕德을 구하고, 이로써 미혹되지 않게 하면, 이에 백성들이 따를 것입니다."라 하였다.

【上博楚簡原註】

본 죽간의 상단은 평평하고, 하단은 파손되었다. 길이는 22.3cm이다. 첫 번째 홈에서 가장 상단까지의 거리는 1.1cm이다. 문자는 모두 14字이다. 본 죽간의 끝에는 〈孔子見季桓子〉편이 종결되는 검은색 갈고리(흑구墨鉤) 모양의 부호가 있다.

① '求之於中'

「구求」자의 자형은 ≪고새휘편古璽彙編≫(4048)에도 보인다. ≪포산초간包山楚簡≫ 228간에서는 「救」를 「𡨚」로 썼는데 이 자의 의미부 「求」는 본 죽간의 「求」자 형태와 유사하다.

「中」에 대하여, ≪論語·雍也≫편에서 「공자께서 말씀하셨다. "중용中庸의 덕德이 지극하구나. 사람들이 (이 덕德을) 소유한 이가 적은지 오래되었다."」[421]고 하였다. 정자程子는 이에 대하여 「치우치지 않음을 '중中'이라 하고, 변치 않음을 '용庸'이라 하니, '中'은 天下의 바른 '도道'이고, '용庸'은 천하의 정해진 '이理'다. 세상의 가르침이 쇠퇴한 후부터 사람들이 (중용中庸의 도道를) 행하는데 흥기하지 않아서 이 덕德을 간직한 이가 적은지 오래된 것이다.」[422]라 하였다.

【譯註】

'善'자는 본 구절에서 '察(살필 찰, chá)'로 읽어야 하는 것이 아닌가 한다.[423]

---

421) ≪論語·雍也≫: "中庸之爲德也, 其至矣乎! 民鮮久矣."
422) 程子曰: "不偏之謂中, 不易之謂庸. 中者天下之正道, 庸者天下之定理. 自世教衰, 民不興於行, 少有此德久矣."
423) 季旭昇, 〈≪上博六·孔子見季桓子≫譯釋〉, ≪國際儒學研究≫第17輯, 2010,

② '此曰不惑'

「불혹不惑(미혹되지 않음)」은 한결같이 「충忠」을 지켜 덕德으로써 교화하기를 좋아하여, 백성들이 그 덕德을 한 번 들으면 미혹되지 않게 됨을 말한다. 그래서 다음 구절에서 「而民道(導)之」424)라 했다.

③ '而民道之乚'

백성들을 「中」으로써 다스리면, 백성들은 법法이 아니면 행하지 않고 이치理致가 없으면 말하지 않고 이치에 따라서 행동하게 되어, 백성들이 따르게 되는 것이다.

「之」자 아래에는 검은색 갈고리(흑구墨鈎)가 있고, 검은색 갈고리 아래는 공백으로 남아있다.

---

424) "백성들이 그를 따른다."

부록

○ 계환자季桓子와 공자孔子의 상관 계보 (BC.505年~BC.492年)

● 노魯나라 정공定公 5년(BC. 505年).

6월 병신丙申, 노魯나라 계평자季平子가 죽고, 아들 계환자季桓子가 지위를 계승하였다.

9월 을해乙亥, 양호陽虎가 계환자季桓子 및 대부 공보문백公父文伯을 가두고 중양회仲梁懷를 축출하였다.

겨울, 10월 기축己丑, 양호陽虎가 계환자季桓子와 직문(稷門: 노나라 도성의 남문) 안에서 맹약하였다.

경인庚寅 일에 陽虎가 대저제大詛祭를 지냈다. 계씨季氏 가신家臣 양호陽虎가 강제로 국정國政을 차지하여, 계환자季桓子를 가두고, 노魯나라를 마음대로 다스렸다. 노魯나라는 가신家臣들이 나라를 쥐고 흔들어425), 정도正道는 사라지고 정세는 혼란하였다. 공자는 벼슬하지 않고, 물러나 ≪시詩≫·≪서書≫·≪예禮≫·≪악樂≫을 정리하였다. 이때는 공자 나이 47세였다.

≪春秋左傳·定公五年≫

≪經≫: 「6월 병신丙申, 계손의여季孫意如가 졸했다.」426)

≪傳≫: 「6월, 계평자가 동야를 순행하고 돌아왔으나 아직 도성에 당도하지 못했다. 6월 17일, 계평자가 방(房: 즉 防으로 산동성 곡부현 동쪽에 위치) 땅에서 죽었다. 이 때 계씨의 가신 양호陽虎가 여번(璵璠: 두 종류의 美玉을 의미)을 부장해 장례를 치르려고 했다. 그러나 대부 중량회(仲梁懷: 계씨의 가신으로 보는 견해도 있음)가 반대했다. "개보개옥改步改玉: 걸음이 바뀌면 패옥도 같이 바뀜)하는 법이오." 이에 화가 난 양호가 중량회를 쫓아내고자 했다. 그가 이 사실을 대부 공산불뉴公山不狃에게 말하자 불뉴가 만류했다. "그는 군주를 위해 그 같이 말한 것이오. 그런데 그대는 어찌하여 그를 원망하는 것이오?" 계평자를 안장한 후 계평자의 아들 계환자季桓子가 동야를 순행하고 비읍으로 갔다. 이 때 자설(子洩: 공산불뉴)이 비읍의 책임자가 되어 교외로

---

425) "陪臣執國命."
426) ≪春秋左傳·定公五年≫: "六月丙申, 季孫意如卒."

나가 계환자를 역로(逆勞: 영접하며 위로함)하자 계환자가 자설에게 존경을 표했다. 그러나 자설이 중량회를 위로했음에도 중량회는 존경을 표하지 않았다. 이에 자설이 크게 노하여 양호에게 물었다. "그대는 중량회를 내쫓았소?"427)

「9월 28일, 계손씨의 가신 양호가 계환자 및 대부 공보문백公父文伯을 가두고 중량회를 축출했다. 겨울 10월 10일, 양호가 대부 공하막(公何藐: 계환자의 족형제)을 죽였다. 10월 12일, 양호가 계환자와 직문(稷門: 노나라 도성의 남문) 안에서 맹서했다. 10월 13일, 양호가 대저(大詛: 사람들을 모아 귀신에게 제사를 지내면서 누군가에게 재앙을 내리도록 크게 저주하는 것을 의미) 한 뒤, 공보문백과 대부 진천秦遄을 축출했다. 그러자 이들은 제나라로 달아났다.」428)

≪春秋公羊傳·定公五年≫

「6월 병신丙申일에 노魯나라 계손은여季孫隱如가 세상을 떠났다.」429)

≪國語·魯語下≫

「계환자가 우물을 파다가 토기土器 물장군을 얻었는데, 그 중에 羊이 있었다. 사람을 시켜 중니仲尼에게 묻기를 "내가 우물을 파다가 개를 얻었으니 어떻게 된 것입니까?" 하니, 대답하였다. "제가 듣기에는 양이라고 하였습니다. 제가 들으니, 나무나 돌의 기이한 것은 기夔·망양蝄蜽이라 하고, 물의 기이한 것은 용龍·망상罔象이라 하고, 흙의 기이한 것은 분양墳羊이라고 하였습니다."」430)

≪史記·魯周公世家≫

「정공 5년, 계평자가 세상을 떠났다. 양호가 혼자 노여워하면서 계환자를 가두었다가 회맹을 약속하고는 곧 그를 풀어 주었다.」431)

---

427) ≪春秋左傳·定公五年≫: "六月, 季平子行東野. 還, 未至, 丙申, 卒于房. 陽虎將以璵璠斂, 仲梁懷弗與, 曰, '改步改玉.' 陽虎欲逐之, 告公山不狃. 不狃曰, '彼爲君也, 子何怨焉?' 旣葬, 桓子行東野, 及費. 子洩爲費宰, 逆勞於郊, 桓子敬之. 勞仲梁懷, 仲梁懷弗敬. 子洩怒, 謂陽虎, '子行之乎?'"
428) ≪春秋左傳·定公五年≫: "乙亥, 陽虎囚季桓子及公父文伯, 而逐仲梁懷. 冬十月丁亥, 殺公何藐. 己丑, 盟桓子于稷門之內. 庚寅, 大詛. 逐公父歜及秦遄, 皆奔齊."
429) ≪春秋公羊傳·定公五年≫: "六月丙申, 季孫隱如卒."
430) ≪國語·魯語下≫: "季桓子穿井, 獲如土缶, 其中有羊焉. 使問之仲尼曰: '吾穿井而獲狗, 何也？' 對曰: '以丘之所聞, 羊也. 丘聞之: 木石之怪曰夔·蝄蜽, 水之怪曰龍·罔象, 土之怪曰羵羊.'"
431) ≪史記·魯周公世家≫: "定公五年, 季平子卒. 陽虎私怒, 囚季桓子, 與盟, 乃舍之."

≪史記·孔子世家≫

「정공 5년 여름, 계평자가 죽자 환자가 자리를 이었다. 계환자는 우물을 파다가 흙으로 만든 항아리를 얻었는데, 그 안에 양 같은 것이 있어 공자에게 물어 말했다. "개를 얻었다." 공자가 말했다. "제가 듣기로는 그것은 양입니다. 제가 듣건대 산의 요괴는 기와 망량이고, 물의 요괴는 용과 망상이며, 흙의 요괴는 분양이라고 합니다. 오나라가 월나라를 정벌해서 (월나라의 수도) 회계를 무너뜨려 수레 길이만 한 인골을 얻었다. 오나라 왕이 사신을 보내 공자에게 물었다. "인골 중에 어느 것이 가장 큽니까?" 공자가 말했다. "우임금이 여러 신들을 회계산으로 불러 모았을 때 방풍씨가 늦게 오자 우임금이 그를 죽이고 그 시체를 백성들에게 보여 주었는데, 그의 뼈마디가 수레처럼 길었으니 이것이 가장 큰 인골입니다." 오나라의 객이 말했다. "누가 그 신입니까?" 공자가 말했다. "산천의 신은 구름을 부르고 비를 내려서 천하를 이롭게 할 수 있으니 그 산천을 지켜 제사 지내는 것이 신이며, 토신과 곡신을 지키는 것이 공후인데 이는 모두 왕자에 소속되오." 오나라 객이 말했다. "방풍씨는 무엇을 지켰습니까?" 공자가 말했다. "왕망씨의 군장은 봉산과 우산을 지켰는데 이 사람은 희씨 성을 가지고 있었습니다. 우, 하, 상 시대에는 왕망이라 일컬었고 주나라 때는 장적이라 하였으며, 지금은 대인이라고 합니다." 객이 말했다. "사람들은 키가 어느 정도입니까?" 공자가 말했다. "초요씨는 세 척으로 가장 작았습니다. 가장 큰 사람이라도 이것의 열 배를 넘지 않는데 숫자상으로는 가장 큰 키입니다." 이에 오나라 객이 말했다. "정말 훌륭하신 성인이시군요!" 환자가 총애하는 신하 가운데 중양회라는 자가 있었는데, 양호와 틈이 벌어져 있었다. 양호는 중양회를 쫓아내려고 하였으나 공산불뉴가 그렇게 하지 못하게 했다. 그해 가을, 중양회가 더욱 오만해지자 양호는 그를 체포했다. 한자가 노여워하자 양호는 환자마저 가두었는데, 서로 맹약을 하고 나서야 그를 풀어주었다. 양호는 이 일로 인해 계씨를 더 하찮게 여겼다. 계씨도 제 분수를 알지 못하고 공실보다 더 지나치게 행동하였으므로 배신들이 나라를 잡은 모습이 되었다. 이에 노나라에서는 대부 아래로 모두가 올바른 길에서 멋대로 벗어나게 되었다. 이에 공자는 벼슬살이에서 물러나 『시』, 『서』, 『예』, 『악』을 편찬했다. 제자들은 날이 갈수록 많아지고 먼 곳으로부터 찾아와 공자에게 학문을 배우지 않는 자가 없었다.」432)

---

432) ≪史記·孔子世家≫: "定公立五年, 夏, 季平子卒, 桓子嗣立. 季桓子穿井得土缶, 中若羊, 問仲尼云: '得狗.' 仲尼曰: '以丘所聞, 羊也. 丘聞之, 木石之怪夔·罔閬, 水之怪龍·罔象, 土之怪墳羊.' 吳伐越, 墮會稽, 得骨節專車. 吳使使問仲尼: '骨何者最大?' 仲尼曰: '禹致群神於會稽山, 防風氏後至, 禹殺而戮之, 其節專車, 此爲大矣.' 吳客曰: '誰爲神?' 仲尼曰: '山川之神足以綱紀天下, 其守爲神, 社稷爲公侯, 皆屬於王者.' 客曰: '防風何守?' 仲尼曰: '汪罔氏之君守封·禺之山, 爲釐姓. 在虞·夏·商爲汪罔, 於周爲長翟, 今謂之大人.' 客曰: '人長幾何?' 仲尼曰: '僬僥氏三尺, 短之至也. 長者不過十之, 數之極也.' 於是吳客曰: '善哉聖人!' 桓子嬖臣曰仲

≪說苑≫

「계환자가 우물을 파다가 항아리를 출토하였는데, 그 속에 양이 한 마리 들어있었다. 이에 사람을 시켜 공자에게 물어보도록 하면서 양을 개라고 속이도록 하였다. 그러자 공자가 이렇게 말하였다. "내가 듣기로는 개가 아니라 양이라고 하던데! 나무의 정령은 기망량이고, 물의 정령은 용망상이며, 흙의 정령은 분양이기 때문이다. 그래서 개일 수가 없다." 환자가 이 소식을 듣고 "역시 훌륭하도다!"라고 하였다.」[433]

● 노魯나라 정공定公 6년(BC. 504년).
양호陽虎의 월권 농락이 날이 갈수록 더욱 심해졌다.
여름, 계환자는 진晉나라로 갔다. 정나라의 포로를 바치다.
겨울, 계환자季孫斯와 중손하기가 군사를 이끌고 가 운鄆을 포위했다.
노나라의 양호가 노정공 및 3환三桓 등과 주사周社에서 맹약했다. 이어 국인들과 박사亳社에서 맹약한 뒤 오보지구五父之衢에서 제사를 지내며 저주했다.
이때가 공자의 나이 48세이다.

≪春秋左傳·定公六年≫

≪經≫:「여름, 계손사季孫斯, 중손하기仲孫何忌가 진晉나라로 갔다.」[434]

≪傳≫:「여름, 노나라 대부 계환자가 진나라로 갔다. 이는 정나라의 포로를 바치기 위한 것이었다. 이 때 양호가 강제로 맹의자를 진나라로 보내면서 진정공晉定公의 부인에게 답례용 예물을 바치게 했다. 이에 진나라 사람이 계환자와 맹의자를 한 자리에 불러 향례를 베풀고자 했다. 그러나 맹의자는 방문 밖에 서서 진나라 대부 범헌자范獻子에게 말했다. "만일 양호가 노나라에 있지 못하게 되면 진나라로 와 식견(息肩: 관직을 내놓고 쉼)하게 될 것입니다. 만일 진나라가 그를 중군 사마로 삼지 않으면 선군 때와 같이 대해주기 바랍니다." 이에 범헌자가 말했다. "과군은 관원을 임용할 때 해당 관직에 적당한 사람을 가려 쓸 것이오. 그러니 내가 어찌 그 일을

梁懷, 與陽虎有隙. 陽虎欲逐懷, 公山不狃止之. 其秋, 懷益驕, 陽虎執懷. 桓子怒, 陽虎因囚桓子, 與盟而醳之. 陽虎由此益輕季氏. 季氏亦僭於公室, 陪臣執國政, 是以魯自大夫以下皆僭離於正道. 故孔子不仕, 退而脩詩書禮樂, 弟子彌衆, 至自遠方, 莫不受業焉."

433) ≪說苑≫: "季桓子穿井得土缶, 中有羊, 以問孔子, 言得狗. 孔子曰:'以吾所聞, 非狗, 乃羊也. 木之怪夔罔兩, 水之怪龍罔象, 土之怪羵羊也, 非狗也.' 桓子曰:'善哉!'"
434) ≪春秋左傳·定公六年≫(≪經≫): "夏, 季孫斯, 仲孫何忌如晉."

알 수 있겠소?" 그러고는 이 이야기를 조간자趙簡子에게 전하면서 말했다. "노나라 사람들은 양호를 큰 우환으로 여기고 있소. 맹손孟孫은 이미 그 낌새를 알고 양호가 장차 반드시 진나라로 올 것으로 내다보고 있소. 그래서 전력으로 우리에게 청해 양호가 녹위祿位를 얻어 진나라로 들어올 수 있도록 만들려는 것이오."」435)

≪春秋公羊傳・定公六年≫
「여름에 노나라 계손사季孫斯와 중손하기仲孫何忌가 진晉나라에 갔다.」436)

≪春秋左傳・定公六年≫
≪經≫: 「겨울, 계손사, 중손하기가 군사를 이끌고 가 운鄆을 포위했다.」437)

≪春秋公羊傳・定公六年≫
「겨울에 노나라 계손사季孫斯와 중손기仲孫忌가 군사를 거느리고 운鄆을 포위했다. 여기의 중손하기는 왜 중손기라고 했는가? 두 개의 이름을 책망한 것이다. 두 개의 이름을 가지고 있는 것은 예에 합당한 것이 아니다.」438)

≪春秋左傳・定公六年≫
≪傳≫: 「노나라의 양호가 또 노정공 및 삼환三桓 등과 주사(周社: 노나라 도성의 치문雉門 밖에 위치)에서 맹약했다. 이어 국인들과 박사亳社에서 맹약한 뒤 오보지구五父之衢에서 제사를 지내며 저주했다.」439)

---

435) ≪春秋左傳・定公六年≫: "夏, 季桓子如晉, 獻鄭俘也. 陽虎強使孟懿子往報夫人之幣, 晉人兼享之. 孟孫立于房外, 謂范獻子曰, '陽虎若不能居魯, 而息肩於晉, 所不以爲中軍司馬者, 有如先君!' 獻子曰, '寡君有官, 將使其人, 鞅何知焉?' 獻子謂簡子曰, '魯人患陽虎矣. 孟孫知其釁, 以爲必適晉, 故強爲之請, 以取入焉.'"
436) ≪春秋公羊傳・定公六年≫: "夏, 季孫斯, 仲孫何忌如晉."
437) ≪春秋左傳・定公六年≫(經): "(冬)季孫斯・仲孫忌帥師圍鄆."
438) ≪春秋公羊傳・定公六年≫: "(冬)季孫斯・仲孫忌・帥師圍運, 此仲孫何忌也, 曷爲謂之仲孫忌, 譏二名, 二名非禮也."
439) ≪春秋左傳・定公六年≫(傳): "陽虎又盟公及三桓於周社, 盟國人于亳社, 詛于五父之衢."

● 노魯나라 정공定公 7년(BC 503년)
제齊나라가 노魯나라를 침범하였다.
양호가 계환자의 어자가 되다.
이때 공자의 나이 49세이다.

≪春秋左傳 · 定公七年≫
≪傳≫:「봄 2월, 제나라 사람이 운鄆과 양관(陽關: 산동성 태안현 동남쪽 60리 지점) 땅을 노나라에 반환했다. 그러나 양호가 그곳에 머물며 정사를 주도했다.」440)

≪春秋左傳 · 定公七年≫
≪經≫:「가을, 제나라의 국하國夏는 군사를 이끌고 와 우리의 서쪽 변경을 쳤다.」441)
≪傳≫:「당시 제나라 대부 국하國夏는 군사를 이끌고 가 노나라를 쳤다. 그러나 양호가 계환자의 어자가 되고 계손씨의 가신 공렴처보公斂處父가 맹의자의 어자가 되어 야음을 틈타 제나라 군사를 기습하고자 했다. 이를 눈치 챈 제나라 군사가 곧 타(墮: 대오를 흩뜨려 방비가 없는 것처럼 가장함)하면서 병사들을 매복시킨 뒤 노나라 군사가 공격해 오기를 기다렸다. 이 때 공렴처보가 양호에게 말했다. "그대는 이 같이 하면 화를 부를 수 있다는 것을 전혀 고려하지 않고 있소. 그대는 반드시 죽고 말 것이오." 계손씨의 가신 점이苫夷도 양호에게 말했다. "만일 그대가 두 분을 위난에 빠뜨리면 유사有司의 처결을 기다리지 않고 내가 곧바로 그대를 죽이고 말 것이오." 양호가 두려워한 나머지 군사를 돌렸다. 이에 노나라 군사는 가까스로 위기를 면하게 되었다.」442)

≪春秋公羊傳 · 定公七年≫
「가을에 제나라 국하國夏가 군사를 거느리고 우리 노나라의 서쪽 변방을 정벌했다.」443)

---

440) ≪春秋左傳 · 定公七年≫: "(春二月)齊人歸鄆 · 陽關, 陽虎居之以爲政."
441) ≪春秋左傳 · 定公七年≫(≪經≫): "(秋)齊國夏帥師伐我西鄙."
442) ≪春秋左傳 · 定公七年≫: "(秋)齊國夏伐我. 陽虎御季桓子, 公斂處父御孟懿子, 將宵軍齊師. 齊師聞之, 墮, 伏而待之. 處父曰, '虎不圖禍, 而必死.' 苫夷曰, '虎陷二子於難, 不待有司, 余必殺女.' 虎懼, 乃還, 不敗."
443) ≪春秋公羊傳 · 定公七年≫: "(秋)齊國夏帥師伐我西鄙."

● 노魯나라 정공定公 8年(BC 502)

계환자季桓子와 중손하기仲孫何忌가 군대를 이끌고 위衛나라를 침공하다.

양호陽虎는 더 나아가 삼환三桓을 제거하려는 음모를 꾸미고, 평소 양호와 사이가 좋은 서자를 세우고자 하였다. 그래서 마침내 포포蒲圃에서 계환자를 체포하여 죽이려 하였다. 환자는 그를 속이고 겨우 벗어날 수 있었다.

양호의 음모가 세상에 드러나 삼환三桓이 합심하여 양호를 공격하자 양관陽關으로 도망쳤다. 공자의 이때의 나이는 50세였다.

≪春秋左傳·定公八年≫

≪經≫:「여름, 제나라의 국하가 군사를 이끌고 우리의 서쪽 변경을 쳤다. 공이 진나라 군사와 와(瓦: 하남성 활현 남쪽)에서 만났다. 공이 와瓦 땅에서 돌아왔다.」444)

≪傳≫:「여름, 제나라 대부 국하와 고장高張이 노나라의 서쪽 변경을 쳤다. 이 때 진나라 대부 사앙(士鞅: 범헌자)과 조앙(趙鞅: 조간자), 순인(荀寅: 중항문자) 등이 군사를 이끌고 와 노나라를 구원했다. 노정공이 진나라 군사를 와瓦 땅에서 회견했다. 이 때 범헌자가 어린 양을 끌고 와 예물로 바치자 조간자와 중항문자는 기러기를 갖다 바쳤다. 이 일을 계기로 노나라에서는 어린 양을 귀중한 예물로 여기기 시작했다.」445)

≪春秋左傳·定公八年≫

≪經≫:「9月, 계손사와 중손하기가 군사를 이끌고 가 위나라를 침공했다.」446)

≪傳≫:「9月, 노나라 대부 계오(季寤: 계환자의 동생 子言)와 공서극公鉏極, 공산불뉴公山不狃는 모두 계씨 밑에서 득지得志하지 못했다. 대부 숙손첩(叔孫輒: 숙손씨의 서자 子張)은 숙손씨로부터 총신寵信을 받지 못했고, 종실 숙중지(叔仲志: 叔仲帶의 손자)는 노나라 조정에서 득지하지 못했다. 이에 이들 5명 모두 양호에게 몸을 의탁했다. 양호는 삼환三桓을 제거한 뒤 계오와 숙손첩으로 하여금 각각 계손씨(계손씨: 季桓子)와 숙손씨(叔孫氏: 숙손무숙)를 대신하게 하고 자신은 맹손씨(孟孫氏: 맹의자)를 대신하고자 했다.」447)

---

444) ≪春秋左傳·定公八年≫(經): "夏, 齊國夏帥師伐我西鄙. 公會晉師于瓦."
445) ≪春秋左傳·定公八年≫(傳): "夏, 齊國夏·高張伐我西鄙. 晉士鞅·趙鞅·荀寅救我. 公會晉師于瓦. 范獻子執羔. 趙簡子·中行文子皆執雁. 魯于是始尚羔."
446) ≪春秋左傳·定公八年≫(經): "(九月)季孫斯·仲孫何忌帥師侵衛."

≪春秋公羊傳·定公八年≫

「9월, 노나라의 계손사와 중손하기가 군사를 거느리고 위衛나라를 침공했다.」448)

≪春秋左傳·定公八年≫

≪經≫:「겨울, 위후와 정백이 곡복曲濮에서 결맹했다. 선공 소공昭公을 종묘에 모셔 제사지내기로 했다. 도적이 보옥寶玉, 대궁大弓을 훔쳐갔다.」449)

≪傳≫:「겨울 10월, 양호 일당이 노나라의 선공들에게 순사(順祀: 즉위 선후에 따라 차례로 제사지냄)하면서 일이 성사되기를 빌었다. 10월 2일, 노희공의 사당에서 체제禘祭를 지냈다. 10월 3일, 양호는 포포蒲圃에서 연회를 베풀고 계환자를 초대해 그 자리에서 죽이려고 했다. 이에 양호는 도성 안의 전차부대에 다음과 같이 하령했다. "내일 모두 이곳에 집결하도록 하라." 이 때 성재(成宰: 성 땅의 가재) 공렴처보公斂處父가 이 소식을 듣고 맹손씨에게 물었다. "계손씨가 도성 안의 전차부대에 하령했다고 하니 이는 무슨 까닭입니까?" "나는 금시초문이오." "만일 그 같은 이야기가 사실이라면 이는 난亂을 일으키려는 것입니다. 난이 일어나면 그 화가 반드시 그대에게 미칠 것이니 미리 대비하기 바랍니다." 이에 공렴처보가 맹손씨에게 이 날을 기점으로 병사들을 동원해 장차 구원에 나설 것을 약속했다. 이 때 양호가 전구前驅, 대부 임초林楚는 계환자의 어자가 되었다. 우인(虞人: 호위 군관)들이 피순(鈹盾: 창과 방패)을 든 채 계환자를 가운데에 끼고 나아갔다. 양월(陽越: 양호의 종제)이 그 뒤를 따랐다. 이들이 포포를 향해 나아가려고 할 때 계환자가 문득 임초에게 말했다. "그대의 선인들은 모두 우리 계씨의 충량忠良이었소. 이제 그대도 선인들의 뒤를 이어주기 바라오." 임초가 사양했다. "제가 그 명을 받기에는 이미 때가 늦었습니다. 양호가 집정하자 노나라 백성들이 모두 그에게 복종하고 있습니다. 그의 뜻을 어기면 곧 징사(徵死: 죽음을 부름)하게 됩니다. 제가 죽게 되면 주인에게 아무런 도움이 안 될 것입니다." "어찌하여 늦었다는 것이오? 그대가 능히 나를 맹손씨가 있는 곳으로 데려갈 수 있겠소?" "제가 감히 죽는 것을 애석히 여기는 것은 아닙니다. 오직 주인이 화를 면치 못할까 두려울 뿐입니다." "그렇다면 갑시다." 당시 맹손씨는 3백 명의 건장한 어인(圉人: 노비)를 선발한 뒤 이들을 시켜 아들 공기公期를 위한다는 구실로 대문 밖에 공격에 대비한 가건물을 짓게 했다.

---

447) ≪春秋左傳·定公八年≫(傳):"季寤·公鋤極·公山不狃皆不得志于季氏, 叔孫輒無寵于叔孫氏, 叔仲志不得志于魯. 故五人因陽虎. 陽虎欲去三桓, 以季寤更季氏, 以叔孫輒更叔孫氏, 己更孟氏."
448) ≪春秋公羊傳·定公八年≫:"(九月)季孫斯·仲孫何忌帥師侵衛."
449) ≪春秋左傳·定公八年≫(經):"冬, 衛侯·鄭伯盟于曲濮. 從祀先公. 盜竊寶玉·大弓"

이 때 임초는 갑자기 말을 성나게 만들어 대로 쪽으로 쏜살같이 달려나갔다. 양월이 급히 그를 향해 화살을 날렸으나 맞히지 못했다. 양월이 추격해 오자 맹손씨의 어인들이 급히 대문을 닫았다. 이 때 누군가 양월을 향해 대문 틈으로 화살을 날렸다. 양월은 화살을 맞고 그 자리에서 죽었다. 이에 양호는 노정공과 대부 숙손무숙을 겁지(劫持)해 함께 맹손씨를 공격했다. 이 때 공렴처보는 성 땅의 사람들을 이끌고 와 상동문(上東門: 노나라 도성 곡부의 성문)으로 들어와 양호 일당과 남문南門 안에서 싸웠으나 이기지 못했다. 다시 극하(棘下: 노나라 도성 내의 지명)에서 교전하자 양호가 패하게 되었다. 그러자 양호는 탈갑(脫甲: 갑옷을 벗음)한 뒤, 공궁으로 가 보옥寶玉과 대궁大弓을 들고나왔다. 이어 오보지구에서 머물면서 좌우에 명하여 자신이 눈을 붙이는 동안 식사를 준비하게 했다. 이 때 한 부하가 말했다. "추격자들이 곧 당도할 것입니다." 양호가 핀잔을 주었다. "노나라 사람들은 내가 도망간다는 말을 들으면 징사徵死하게 되었다고 좋아할 터인데 어느 여가에 나를 쫓아오겠는가." 양호의 부하가 다그쳤다. "아이쿠, 빨리 수레에 오르십시오. 공렴양(公斂陽: 공렴처보)이 저기에 있습니다." 공렴양은 양호를 추격할 것을 청했으나 맹손씨가 이를 허락하지 않았다. 양호는 계환자를 죽이려고 했다. 맹손씨는 이를 우려한 나머지 곧바로 계환자를 집으로 돌려보냈다. 마침 계환자의 동생 子言은 계손씨 가문의 사당에서 조종의 신령에게 변사작(辨舍爵: 일일이 술잔을 늘어놓고 술을 따른 뒤 제사를 지냄)을 한 뒤 국외로 달아났다. 양호는 환謹과 양관陽關으로 들어가 반기를 들었다.」450)

≪春秋公羊傳·定公八年≫

「겨울, 선대의 군주인 소공昭公을 종묘에 모셔 제사지내기로 했다. 종사從祀란 무슨 뜻인가? 순서에 따라서 제사를 모시는 것이다. 文公이 역사(逆祀)를 했는데 간하다 떠나간 자가 세 사람이었다. 定公께서 순서에 따라서 제사를 지내자 예로써 간하지 않고 떠나간 자가 다섯 사람이나

---

450) ≪春秋左傳·定公八年≫(傳): "冬十月, 順祀先公而祈焉. 辛卯, 禘于僖公. 壬辰, 將享季氏于蒲圃而殺之, 戒都車, 曰'癸巳至.' 成宰公斂處父告孟孫, 曰, '季氏戒都車, 何故?' 孟孫曰, '吾弗聞.' 處父曰, '然則亂也, 必及於子, 先備諸.' 與孟孫以壬辰爲期. 陽虎前驅. 林楚御桓子, 虞人以鈹·盾夾之, 陽越殿. 將如蒲圃. 桓子咋謂林楚曰, '而先皆季氏之良也, 爾以是繼之.' 對曰, '臣聞命後. 陽虎爲政, 魯國服焉, 違之徵死, 死無益於主.' 桓子曰, '何後之有? 而能以我適孟氏乎?' 對曰, '不敢愛死, 懼不免主.' 桓子曰, '往也!' 孟氏選圉人之壯者三百人以爲公期築室於門外. 林楚怒馬, 及衢而騁. 陽越射之, 不中. 築者闔門. 有自門間射陽越, 殺之. 陽虎劫公與武叔, 以伐孟氏. 公斂處父帥成人自上東門入, 與陽氏戰于南門之內, 弗勝, 又戰于棘下, 陽氏敗. 陽虎說甲如公宮, 取寶玉·大弓以出, 舍于五父之衢, 寢而爲食. 其徒曰, '追其將至.' 虎曰, '魯人聞余出, 喜於徵死, 何暇追余?' 從者曰, '嘻! 速駕, 公斂陽在.' 公斂陽請追之, 孟孫弗許. 陽欲殺桓子, 孟孫懼而歸之. 子言辨舍爵於季氏之廟而出. 陽虎入于謹·陽關以叛."

되었다. 도적이 보물인 옥과 큰 활을 훔쳐갔다. 도적(盜)이란 누구를 이르는 것인가? 양호를 이르는 것이다. 양호란 무엇을 하는 자인가? 계씨季氏의 재宰였다. 계씨의 재라면 미천한 자인데 어찌하여 국가의 보물을 도둑질했는가? 양호는 계씨를 멋대로 했고 계씨는 노나라를 제멋대로 했다. 양호가 계손季孫을 구속했다. 맹씨孟氏와 숙손씨叔孫氏가 번갈아 가며 식사를 넣어 주었다. 잠깐 동안에 계손이 그의 식기 바닥에 손톱으로 글자를 새겼다. 이르기를 "모월 모일에 장차 나를 포포蒲圃에서 죽이려 하고 있다. 힘이 있어 능히 나를 구하려면 이곳으로 오라."고 했다. 그 날이 되어서 그 시각에 나왔다. 임남臨南이란 양호의 생질이었는데 수레를 운전했다. 그가 수레에 오르려는데 계손季孫이 임남에게 이르기를 "계씨季氏는 대대로 자손이 있는데, 그대는 가히 우리에게 죽음을 면하지 못할 것이 아니겠는가?"라고 했다. 임남이 이르기를 "힘이 있어도 부족한데 臣이 어찌 감히 힘쓰지 않겠는가?"라고 했다. 양월陽越은 양호의 종제從弟였다. 계손의 우거右車가 되었다. 모든 양씨陽氏를 따르는 자들은 모두 거수車數가 10승十乘이나 되었다. 맹구孟衢에 이르러 임남이 책을 던져서 떨어뜨렸다. 양월이 내려서 책策을 취하고 임남이 말에 재갈을 채워서 알려 맹씨孟氏에게 말미암았다. 양호가 발각하고 쫓아서 활을 쏘았는데 화살이 장문莊門에 꽂혔다. 그러나 군사들이 금여琴如에서 일어났다. 계손을 죽이려다 성공하지 못하고 도리어 물러나 교외에 머물게 되었다. 모두가 기뻐하며 휴식을 하게 되었다. 어떤 이가 말하기를 "천승千乘의 주인을 죽이는데 죽이지 못하고 이곳에 머무르는 것이 가한가?"라고 했다. 양호陽虎가 말하기를 "대저 어린아이가 나라를 가졌을 따름이니 장부丈夫가 어떻게 할 것인가?"라고 했다. 한참 있다가 말하기를 "그 사람이구나! 그 사람이야!" 하고 급히 수레를 준비시켜서 수레에 탔는데 공렴처보公斂處父가 군사를 거느리고 이르렀다. 근심한 연후에 겨우 위기를 면했다. 이로부터 양호는 晉나라로 달아났다. 보배들은 어떤 것들인가? 반백半白인 대장大璋과 수놓은 줌통에 천근이나 되는 대궁大弓과 가에 청색으로 두른 천년의 대귀갑大龜甲이었다.」451)

---

451) ≪春秋公羊傳·定公八年≫: "(冬)從祀先公, 從祀者何? 順祀也. 文公逆祀, 去者三人. 定公順祀, 叛者五人. 盜竊寶玉大弓, 盜者孰謂. 謂陽虎也, 陽虎者, 曷爲者也, 季氏之宰也. 季氏之宰, 則微者也, 惡乎得國寶而竊之, 陽虎專季氏, 季氏專魯國, 陽虎拘季孫. 孟氏與叔孫氏迭而食之, 睋而鋟其板. 曰某月某日, 將殺我于蒲圃, 力能救我則於是. 至乎日若時而出, 臨南者, 陽虎之出也, 御之. 於其乘焉, 季孫謂臨南曰, 以季氏之世世有子. 子可以不免我死乎. 臨南曰, 有力不足, 臣何敢不勉, 陽越者, 陽虎之從弟也, 爲右. 諸陽之從者, 車數十乘, 至于孟衢. 臨南投策而墜之. 陽越下取策, 臨南騣馬. 而由乎孟氏, 陽虎從而射之, 矢著于莊門. 然而甲起於琴如. 弒不成, 却反舍于郊, 皆說然息. 或曰, 弒千乘之主. 而不克舍此可乎. 陽虎曰, 夫孺子得國而已. 如丈夫何? 睋而曰, 彼哉彼哉. 趣駕. 旣駕, 公斂處父帥師而至. 懂然後得免, 自是走之晉, 寶者何? 璋判白. 弓繡質. 龜靑純."

≪史記·孔子世家≫

「정공 8년, 공산불뉴는 계씨에게서 뜻을 얻지 못하자 양호에게 기대어 함께 반란을 일으켜 삼환三桓의 적장자를 없애고, 평소 양호와 사이가 좋은 서자를 세우고자 하여 마침내 계환자를 체포했다. 환자는 그를 속이고 겨우 벗어날 수 있었다.」[452]

≪史記·魯周公世家≫

「(정공) 8년, 양호는 삼환의 적자를 모두 죽이고, 그가 좋아하는 서자를 다시 세워서 대신하려고 했다. 그는 계환자를 수레에 싣고 가다가 죽이려고 했으나, 환자는 속임수로 벗어날 수 있었다. 삼환이 함께 양호를 공격하자, 양호는 양관陽關을 거점으로 삼았다.」[453]

● 노魯나라 정공定公 9年(BC 501年)

공자가 출사出仕를 하였다.
공자는 정공定公의 중도재中都宰가 되었다.
6月, 노나라는 군사를 일으켜 양호를 토벌하자 양호는 포위망을 뚫고 제나라노 도망쳤다.

≪春秋左傳·定公九年≫

≪經≫:「여름 4월, 보옥寶玉과 대궁大弓을 얻었다.」[454]
≪傳≫:「여름, 양호가 훔쳐간 보옥과 대궁을 노나라에 반환했다. 이에 『춘추』는 이같이 썼다. "노나라가 득得했다." 이는 보옥과 대궁이 기용(器用: 기물용구)이었기 때문이다. 무릇 기용을 얻게 되는 것을 '득得', 기물을 이용해 살아 있는 짐승 등을 잡는 것을 '획獲'이라고 한다. 6월, 노나라가 양관陽關을 쳤다. 양호는 사람을 보내 내문(萊門: 양관읍의 문)을 불태우게 한 뒤 노나라 군사가 놀라는 틈을 타서 포위망을 뚫고 제나라로 달아났다. 그는 제경공에게 노나라로 진공할 것을 청하면서 말했다. "세 번만 공격하면 틀림없이 노나라를 점령할 수 있습니다." 제경공이 이를 좇으려고 하자 대부 포문자鮑文子가 간했다. "저는 일찍이 노나라 대부 시씨施氏 밑에서

---

452) ≪史記·孔子世家≫: "定公八年, 公山不狃不得意於季氏, 因陽虎爲亂, 欲廢三桓之適, 更立其庶孽陽虎素所善者, 遂執季桓子. 桓子詐之, 得脫."
453) ≪史記·魯周公世家≫: "八年, 陽虎欲盡殺三桓適, 而更立其所善庶子以代之, 載季桓子將殺之, 桓子詐而得脫. 三桓共攻陽虎, 陽虎居陽關."
454) ≪春秋左傳·定公九年≫(≪經≫): "(夏四月), 得寶玉·大弓."

가신으로 있었던 적이 있습니다. 노나라는 아직 취할 수 없습니다. 상하가 아직 협조하고, 백성들이 화목하고, 대국을 잘 섬기고, 천재天災도 나타나지 않고 있습니다. 그러니 어찌 노나라를 점령할 수 있겠습니까. 양호는 제나라 군사를 수고스럽게 하여 지치게 만들려는 것입니다. 제나라 군사가 지치면 반드시 많은 대신들이 죽게 될 터인데 양호는 그 때 속셈을 드러낼 것입니다. 양호는 노나라에서 계손씨에게 총애를 받았으나 오히려 계손씨를 죽이려 했고, 이제 또 노나라를 불리하게 만들려고 다른 사람의 환심을 사고자 하는 것입니다. 그는 부유한 자와 가까이 지내면서 어진 사람은 멀리하는데, 군주는 어찌하여 그를 쓰려는 것입니까. 군주가 계손씨보다 부유하고 제나라가 노나라보다 강대하자 양호는 이를 뒤엎으려는 것입니다. 노나라는 이제 그의 해를 면하게 되었는데, 군주가 오히려 그를 거두게 되면 장차 그 해가 우리에게 미치지 않겠습니까." 이에 제경공이 양호를 체포해 동쪽 변경에 수금하고자 하자 양호는 스스로 동쪽 변경으로 가는 것을 바라는 것처럼 가장했다. 그러나 제나라에서는 오히려 그를 서쪽 변경에 수금했다. 이에 양호는 읍내 사람의 수레를 모두 빌려 계축(鍥軸: 바퀴의 축을 칼로 깎아 망가뜨림)한 뒤 이를 삼끈으로 묶어 돌려주었다. 이어 총령(葱靈: 옷가지를 싣는 수레)에다 짐을 가득 실을 뒤 짐 속에 몸을 숨겨 달아났다. 제나라 사람들이 곧바로 추격해 그를 잡아서는 제나라 도성에 수금했다. 얼마 후 양호는 다시 총령에 몸을 숨겨 마침내 송나라로 달아났다가 이내 진나라로 가 조씨(趙氏: 조간자)에게 몸을 의탁했다. 이를 두고 중니仲尼가 말했다. "장차 조씨 집안에 대대로 화란이 있을 것이다."455)

≪史記·孔子世家≫

「(정공) 9년, 양호는 계획이 실패하자 제나라로 달아났다. 이때 공자의 나이 쉰 살이었다. (계씨의 가신인) 공산불뉴는 비성에서 계씨에게 반기를 들고, 사람을 보내어 공자를 초청했다. 공자는 (나라를 다스리는) 도를 따른 지 아주 오래되어, 시험해 볼 곳이 없음을 답답해하였으나 자신을 등용하려는 사람은 아무도 없었다. 이에 말했다. "주나라의 문왕과 무왕은 풍과 호 땅에서 일어나,

---

455) ≪春秋左傳·定公九年≫(傳): "夏, 陽虎歸寶玉·大弓, 書曰"得", 器用也. 凡獲器用曰得, 得用焉曰獲. 六月, 伐陽關. 陽虎使焚萊門. 師驚, 犯之而出, 奔齊, 請師以伐魯, 曰, '三加, 必取之.' 齊侯將許之. 鮑文子諫曰, '臣嘗爲隸於施氏矣, 魯未可取也. 上下猶和, 衆庶猶睦, 能事大國, 而無天菑, 若之何取之? 陽虎欲勤齊師也, 齊師罷, 大臣必多死亡, 己於是乎奮其詐謀. 夫陽虎有寵於季氏, 而將殺季孫, 以不利魯國, 而求容焉. 親富不親仁, 君焉用之? 君富於季氏, 而大於魯國, 玆陽虎所欲傾覆也. 魯免其疾, 而君又收之, 無乃害乎?' 齊侯執陽虎, 將東之. 陽虎願東, 乃囚諸西鄙. 盡借邑人之車, 鍥其軸, 麻約而歸之. 載葱靈, 寢於其中而逃. 追而得之, 囚於齊. 又以葱靈逃, 奔宋, 遂奔晉, 適趙氏. 仲尼曰, '趙氏其世有亂乎!'."

왕 노릇을 하였는데, 지금 비성이 비록 작지만 아마도 거의 치국의 도를 실현할 수 있겠지!" 그러나 자로는 기뻐하지 않고 공자를 말렸다. 공자가 말했다. "나를 불러주는 것이 어찌 헛된 일인 것인가? 만일 나를 등용한다면 아마도 동주처럼 할 수 있을 텐데!" 그러나 결국 가지 않았다. 그 뒤 정공은 공자를 중도의 재로 삼았는데, 일 년 뒤에 사방의 각 제후들이 모두 공자가 다스리는 방법을 따라했다. 이로 말미암아 공자는 중도의 재에서 사공이 되었고, 사공에서 다시 대사구가 되었다.」456)

≪史記·魯周公世家≫

「(정공) 9년, 노나라가 양호를 치자, 양호가 제나라로 달아났다가 얼마 뒤 진晉나라의 조씨趙氏에게로 도망쳤다.」457)

≪孔子家語·相魯≫

「공자는 처음에 중도재中都宰가 되었다. 이 때 공자는 산 사람을 봉양하고 죽은 사람을 보내는 절차를 제정했다. 어른과 어린아이는 먹는 것을 다르게 하고, 강한 자와 약한 자의 책임을 달리 하고, 남녀가 같은 길로 다니지 못하게 하고, 길에 흘린 물건이 있어도 줍지 못하게 하며, 그릇에는 거짓된 그림을 새기지 못하게 했다. 또 네 치 되는 관棺과 다섯 치 되는 곽槨을 만들고, 언덕에 따라 무덤을 만들되 봉분을 하지 못하게 하였고, 거기에 소나무와 잣나무를 심지 못하게 했다. 이렇게 1년 동안을 행했더니 서쪽 지방 제후들이 모두 이것을 본받았다. 정공(定公)이 공자에게 물었다. "부자의 이 법을 배워서 노나라를 다스리면 어떻겠습니까?" 공자가 대답하였다. "천하를 모두 이 법으로 다스려도 옳은데 어찌 하필 노나라뿐이겠습니까?"」458)

---

456) ≪史記·孔子世家≫: "定公九年, 陽虎不勝, 奔於齊. 是時孔子年五十. 公山不狃以費畔季氏, 使人召孔子. 孔子循道彌久, 溫溫無所試, 莫能己用, 曰: '蓋周文武起豐鎬而王, 今費雖小, 儻庶幾乎!' 欲往. 子路不說, 止孔子. 孔子曰: '夫召我者豈徒哉? 如用我, 其爲東周乎!' 然亦卒不行. 其後定公以孔子爲中都宰, 一年, 四方皆則之. 由中都宰爲司空, 由司空爲大司寇."
457) ≪史記·魯周公世家≫: "九年, 魯伐陽虎, 陽虎奔齊, 已而奔晉趙氏."
458) ≪孔子家語·相魯≫: "孔子初仕, 爲中都宰. 制爲養生送死之節. 長幼異食, 强弱異任, 男女別途, 路無拾遺, 器不雕僞. 爲四寸之棺. 五寸之槨. 因丘陵爲墳, 不封不樹, 行之一年, 而西方之諸侯則焉. 定公謂孔子曰: '學子此法以治魯國, 何如?' 孔子對曰: '雖天下可乎, 可但魯國而已哉.'"

● 노魯나라 정공定公 10年(BC 500年)

　공자가 중도재中都宰에서 소사공小司空으로 승진하였고, 다시 대사구大司寇가 되어 노나라 정공을 도와 협곡夾谷에서 제나라 제후와 회동을 하였다. 제나라 사람들이 침범한 노나라의 사읍四邑과 문양汶陽의 전田을 돌려받았다.

　공자의 이때의 나이가 52세이다.

≪春秋左傳·定公十年≫

　≪經≫: 「10년 봄 주력周歷 3월, 제나라와 화친했다. 여름, 공이 제후와 협곡夾谷에서 만났다. 공이 협곡에서 돌아왔다. 진나라의 조앙이 군사를 이끌고 가 위나라를 포위했다. 제나라 사람이 와서 운鄆·환讙·구음龜陰의 전田을 돌려보냈다. 숙손주구叔孫州仇와 중손하기仲孫何忌가 군사를 이끌고 가 후郈를 포위했다.」459)

　≪傳≫: 「10년 봄, 노나라가 제나라와 강화했다. 여름, 노정공이 제경공과 축기(祝其: 산동성 내무현 夾谷)에서 만났다. 축기는 사실 협곡夾谷을 뜻했다. 이 때 공구孔丘가 노 정공을 상례相禮했다. 그러자 이미犁彌가 제경공에게 말했다. "공구는 예는 알지만 용기가 없습니다. 만일 내萊 땅 사람을 시켜 무기를 들고 노나라 군주를 겁박劫迫하면 반드시 군주가 뜻하는 바대로 이룰 수 있을 것입니다." 제경공이 이를 따랐다. 그러자 공구가 노정공을 모시고 자리를 물러 나오면서 말했다. "병사들은 무기를 들고 가도록 하라. 두 나라 군주가 우호를 맺는 자리에 예이지부(裔夷之俘: 하하華夏 지역 이외의 땅에 사는 포로와 같은 자들)가 무력을 이용해 어지럽게 구는구나. 이는 제나라 군주가 제후들에게 군림하는 도리가 아니다. 예裔는 중원을 도모할 수 없고, 이夷는 중화 사람들을 교란할 수 없고, 부俘는 맹약을 촉범할 수 없고, 병兵은 우호를 핍박할 수 없다. 이는 신령에게 상서롭지 못하고, 덕행에서도 도의에 어긋나고, 사람에 대해서도 예를 잃는 짓이다. 반드시 제나라 군주가 이같이 시키지는 않았을 것이다." 제경공이 이 말을 듣고 곧바로 萊 땅 사람들을 나가게 했다. 드디어 맹서하는 단계에 이르자 제나라 사람이 맹서문을 희생의 위에 올려놓으면서 덧붙였다. "만일 제나라 군사가 출경할 때 그대들이 갑거(甲車: 전차) 3백승으로 우리 뒤를 따르지 않으면 이 맹서문이 증거가 될 것이다." 그러자 공구가 대부 자무환玆無還을 시켜 읍한 뒤 이같이 대답하게 했다. "그대들이 우리의 문양汶陽 땅을 반환하지 않은 채 우리에게

---

459) ≪春秋左傳·定公十年≫(≪經≫): "十年春王三月, 乃齊平. 夏, 公會齊侯于夾谷. 公至自夾谷. 晉趙鞅帥師圍衛. 齊人來歸鄆·讙·龜陰田. 叔孫州仇·仲孫何忌帥師圍郈."

제나라가 필요로 하는 것을 공급하게 하면 이 맹서문이 증거가 될 것이다." 맹서가 끝난 뒤 제경공이 노정공에게 향례를 베풀려고 하자 공구가 제나라 대부 양구거梁丘據에게 말했다. "제·노 두 나라 사이에는 구래의 전례典禮가 있는데 그대는 어찌하여 이를 듣지 못했소? 일이 이미 끝났는데도 또 향례를 베푸는 것은 집사를 수고롭게 할 뿐이오. 게다가 희상(犧象: 酒器로 곧 희준犧尊과 상준象尊)은 도성의 성문 밖으로 내가지 않는 법이고, 가악(嘉樂: 종鐘과 경磬 등의 악기)은 야외에서 연주하지 않는 법이오. 향례를 베풀면서 이를 모두 갖추게 된다면 이는 지켜야 할 예를 버리는 셈이 되오. 만일 이를 모두 구비하지 못하면 비패(秕稗: 쭉정이와 피로, 곧 가식적인 향례를 비유)를 사용하는 셈이 되오. 비패를 사용하면 군주에게 치욕이 되고, 예의를 버리면 명성이 나빠지게 되오. 그대는 어찌하여 이를 깊이 헤아리지 않는 것이오? 향례는 덕행을 널리 선양하는 의식이오. 이를 널리 선양하지 못할 바에는 차라리 그만두느니만 못하오." 이에 결국 향례를 베풀지 않게 되었다. 얼마 후 제나라 사람이 노나라로 와서 운鄆과 환讙, 구음(龜陰: 산동성 신태현 서남쪽) 땅을 돌려주었다.」460)

≪史記·魯周公世家≫

「(정공) 10년, 정공과 제나라 경공이 협곡에서 회맹하였는데, 공자가 상의 일을 대행했다. 제나라가 노나라 군주를 몰래 치려고 했는데, 공자가 예의에 따라 계단을 올라 제나라의 음란한 음악을 꾸짖으니 제후가 두려워서 그만두었고, 노나라에게서 빼앗은 땅을 돌려주며 사과했다.」461)

≪史記·孔子世家≫

「(정공) 10년 봄, 제나라와 우호 관계를 맺었다. 여름, 제나라 대부 여서가 경공에게 말했다. "노나라가 공구를 등용하였으니 그 형세는 반드시 제나라를 위태롭게 할 것입니다." 이에 노나라

---

460) ≪春秋左傳·定公十年≫(≪傳≫): "十年春, 及齊平. 夏, 公會齊侯于祝其, 實夾谷. 孔丘相, 犁彌言於齊侯曰, '孔丘知禮而無勇, 若使萊人以兵劫魯侯, 必得志焉.' 齊侯從之. 孔丘以公退, 曰, '士兵之! 兩君合好, 而裔夷之俘以兵亂之, 非齊君所以命諸侯也. 裔不謀夏, 夷不亂華, 俘不干盟, 兵不偪好——於神爲不祥, 於德爲愆義, 於人爲失禮, 君必不然.' 齊侯聞之, 遽辟之. 將盟, 齊人加於載書曰, '齊師出竟而不以甲車三百乘從我者, 有如此盟!' 孔丘使玆無還揖對, 曰, '而不反我汶陽之田, 吾以共命者, 亦如之!' 齊侯將享公. 孔丘謂梁丘據曰, '齊·魯之故, 吾子何不聞焉? 事旣成矣, 而又享之, 是勤執事也. 且犧·象不出門, 嘉樂不野合. 饗而旣具, 是棄禮也, 若其不具, 用秕稗也. 用秕稗, 君辱, 棄禮, 名惡. 子盍圖之! 夫享, 所以昭德也. 不昭, 不如其已也.' 乃不果享. 齊人來歸鄆·讙·龜陰之田."
461) ≪史記·魯周公世家≫: "十年, 定公與齊景公會於夾穀, 孔子行相事. 齊欲襲魯君, 孔子以禮歷階, 誅齊淫樂, 齊侯懼, 乃止, 歸魯侵地而謝過."

에 사신을 보내 잘 지내자고 하고, 협곡에서 만나기로 했다. 노나라 정공은 수레만 타고 경호도 없이 그곳에 가려고 했다. 그때 공자는 재상의 일을 임시로 보고 있었는데, 이렇게 말했다. "제가 듣기로는 문에 관련된 일을 하려면 반드시 무를 갖추어야 하며, 무와 관련된 일을 하려면 반드시 문을 갖추어야 한다고 하였습니다. 옛날에 제후가 국경을 벗어날 때 반드시 문무관원들에게 시중 들게 하였다고 합니다. (그러니) 좌우사마를 데리고 가시기를 청합니다." 정공이 말했다. "알겠소." 그러고는 좌우사마를 데리고 갔다. 정공이 협곡에서 만나, 회맹할 단을 마련하고 흙 계단을 세 단계로 만들고 회동의 예법에 따라 만나 서로 읍하고 사양하면서 단에 올랐다. 헌수의 예가 끝나자 제나라의 담당 관리가 이윽고 달려 나오며 말했다. "사방의 음악을 연주하기를 청합니다." 경공이 말했다. "좋소." 이에 깃발과 우불과 창과 칼을 들고 북을 두드리며 떠들썩하게 악대가 이르렀다. 공자가 빨리 나와 한 발에 한 단계씩 올라가 대에 오르더니 마지막 한 계단을 오르지 않고 긴 소매를 쳐들고 말했다. "두 군주께서 우호 관계를 위해 만나셨는데 이적의 음악을 어찌하여 여기서 연주하게 합니까! 청컨대 담당 관리에게 명령하십시오!" 담당 관리가 그들을 물러나게 하였으나 그들이 물러가지 않자 주위의 수행원들이 안자와 경공의 안색을 살펴보았다. 경공은 마음속으로 부끄러워하면서 손을 저어 그들을 물러가게 했다. 얼마 후 제나라의 담당 관리가 달려 나와 말했다. "청컨대 궁중의 음악을 연주하게 하십시오." 경공이 말했다. "좋소." 배우와 난쟁이가 재주를 부리며 나오고 있었다. 공자가 한 발에 한 계단씩 올라가 대에 오르더니 마지막 한 계단을 오르지 않고 말했다. "필부로써 제후를 미혹되게 하는 자는 마땅히 죽여야 합니다. 청컨대 담당 관리에게 명하십시오!" 담당 관리가 법을 적용하여 집행하니 손과 발이 다른 곳에서 떨어져 두 동강 나 있었다. 경공은 두려워하고 놀랐는데 도의가 상대방에 못 미친다는 것을 알고는 돌아와 크게 두려워하며 군신들에게 말했다. "노나라는 군자의 도로써 그 군주를 보필하는데, 그대들은 단지 오랑캐의 도로써 과인을 가르쳐서 노나라 왕에게 죄를 짓게 되었으니, 이를 어찌하면 좋겠소?" 담당 관리가 나와서 대답하여 말했다. "군자는 잘못을 저지르면 물질로 사과하는데 소인은 잘못을 저지르면 꾸민 말로 사과합니다. 당신께서 만일 그 일을 걱정하신다면 물질로 사과하십시오." 이에 제 경공은 즉시 노나라로부터 빼앗은 운과 민양, 구음의 전답을 돌려줌으로써 잘못을 사과했다.」462)

---

462) ≪史記·孔子世家≫: "定公十年春, 及齊平. 夏, 齊大夫黎鉏言於景公曰: '魯用孔丘, 其勢危齊.' 乃使使告魯爲好會, 會於夾谷. 魯定公且以乘車好往. 孔子攝相事, 曰: '臣聞有文事者必有武備, 有武事者必有文備. 古者諸侯出疆, 必具官以從. 請具左右司馬.' 定公曰: '諾.' 具左右司馬. 會齊侯夾谷, 爲壇位, 土階三等, 以會遇之禮相見, 揖讓而登. 獻酬之禮畢, 齊有司趨而進曰: '請奏四方之樂.' 景公曰: '諾.' 於是旍旄羽袚矛戟劍撥鼓噪而至. 孔子趨而進, 歷階而登, 不盡一等, 擧袂而言曰: '吾兩君爲好會, 夷狄之樂何爲於此! 請命有司!' 有司卻之, 不去,

≪孔子家語·相魯≫

「정공이 제나라 임금과 협곡에서 모임을 가졌을 때의 일이다. 공자는 이 때 재상의 일을 섭행하게 되었다. 공자가 말했다. "신이 듣자오니 문사가 있으면 무비도 있어야 하며, 무사가 있으면 반드시 문비도 있어야 한다고 들었습니다. 그런 까닭에 옛날 제후들은 자기 나라 국경을 나갈 때에도 반드시 수종하는 관리를 구비했던 것이오니, 오늘날에 있어서도 역시 좌우에 시종하는 자를 구비해야 될 줄 압니다." 정공은 이 말을 좇아 그들이 모이는 장소에 이르러 세 층으로 된 단을 마련하고, 회우하는 예로 서로 보게 되었다. 이에 읍하고 사양하면서 단상으로 올라가 수작하는 절차를 마쳤을 때, 제나라 사신 내인이 갑자기 군사를 시켜 북소리를 벽력같이 울려 정공을 당황하게 했다. 공자는 층계를 하나 올라서며 말했다. "우리 두 나라 임금이 서로 좋아하는 이 자리에 저 예이의 포로병이 감히 난동을 일으키니 이것은 제나라 임금으로서 제후에게 행할 바가 아닙니다. 왜냐하면 원래 예로서는 하를 꾀하지 못하며, 이로서는 화를 어지럽게 하지 못하며, 포로된 자로서는 국가의 회맹에 간여하지 못하며, 병기를 가지고 좋은 자리를 핍박하지 못하는 법입니다. 만약 이런 일을 저지른다면 귀신에게는 상서롭지 못한 일이 되며, 덕에 있어서는 의리를 어기는 것이 되며, 사람에게 있어서는 예를 잃는 것이 됩니다. 그렇기 때문에 제나라 임금으로서는 반드시 이런 일을 하지 말아야 할 것입니다." 이 말을 들은 제나라 임금은 부끄러움을 느끼고 자리를 피해 가 버렸다. 조금 후 제나라 궁중에서 풍악을 울리더니 배우와 주유들이 앞에 나와 온갖 놀이를 벌였다. 공자는 또 층계를 지나 단상을 향해 올라가다가 한 층계를 다 올라가지도 않아 말했다. "필부로서 제후를 모욕하는 자는 그 죄 죽어 마땅하니, 법을 집행하고 있는 우사마는 이를 빨리 집행하라." 이에 주유의 머리를 베고 손과 발을 끊어버리니, 제나라 임금은 두려워하고 또 그 얼굴에 부끄러운 빛이 돌았다. 이윽고 맹세가 성립되었다. 그러나 제나라 사람이 문서에 한 조목을 더 기록하여, '제나라 군사가 국경을 지날 때, 300승의 병거를 가지고 따라오지 않는 자는 오늘의 이 맹세와 같이 다스릴 것이다' 하였다. 공자는 자무환을 시켜 대답하게 하였다. "우리 문양의 전지를 돌려주지 않으면 우리도 약속 지키기를 또한 이와 마찬가지로 하겠소." 제나라 임금이 또 형례를 베풀자 공자는 양구를 시켜 말하였다. "제나라와 노나라 사이에 있던 옛일을 그대는 어찌 듣지 못했는가? 일이 이미 이루어졌는데도 또 형례를 한다 하니 이것은

則左右視晏子與景公. 景公心作, 麾而去之. 有頃, 齊有司趨而進曰: '請奏宮中之樂.' 景公曰: '諾.' 優倡侏儒爲戱而前. 孔子趨而進, 歷階而登, 不盡一等, 曰: '匹夫而熒惑諸侯者罪当誅！請命有司！' 有司加法焉, 手足異處. 景公懼而動, 知義不若, 歸而大恐, 告其群臣曰: '魯以君子之道輔其君, 而了獨以夷狄之道教寡人, 使得罪於魯君, 爲之奈何？' 有司進對曰: '君子有過則謝以質, 小人有過則謝以文. 君若悼之, 則謝以質.' 於是齊侯乃歸所侵魯之鄆·汶陽·龜陰之田以謝過."

일 보는 사람만 수고롭게 하는 것이다. 또 희상이란 문 밖에 나가지 못하며, 가락은 들에서는 하지 않는 것이다. 형례를 하는데 이런 여러 가지 등속을 이미 갖추어 놓았다면 이것은 좋은 예를 버리는 것이며, 만약 이런 여러 가지 등속을 갖추어 놓지 않았다면 이것은 헛 껍질만 쓰게 되는 것이다. 헛 껍질만 쓴다면 이것은 임금을 욕보이는 것이 되고, 좋은 예법을 버린다면 이것은 이름이 나쁘게 되는 것이니, 이 잘못되는 점을 그대는 왜 생각하지 않는가? 대체 형례라는 것은 덕을 밝히는 것이니 덕을 밝히지 못한다면 차라리 그만두는 것이 낫다." 이리하여 형례는 치르지 못하고 제나라 임금은 자기 나라로 돌아가게 되었다. 그는 "노나라는 군자의 도로 임금을 돕는데, 어찌 우리나라는 이적의 도로 과인을 가르쳐 허물을 얻게 만들었느냐?"라고 여러 신하들을 책망하고, 자기가 허락했던 노나라의 네 고을과 문양의 전지까지 되돌려주었다.」463)

≪孔子家語·相魯≫

「이에 다음해에는 정공이 공자를 사공(司空)으로 삼았다. 그리고 다섯 가지 흙의 성분을 구별하게 하여 물건을 각각 그 토질에 맞게 심어서 각기 있을 곳을 옳게 얻도록 했다. 이보다 먼저 계씨가 소공을 묘도(墓道) 남쪽에 장사지냈더니 이 때에 와서 공자는 도랑을 파고 모든 묘를 합쳤다. 그리고 계환자(季桓子)에게 말하였다. "임금을 깎아서 자기의 죄를 드러내는 것은 예가 아니온데, 이제 묘를 합친 것은 그대의 신하 노릇 하지 않은 죄를 음폐하는 것입니다." 공자는 사공을 거쳐 대사구大司寇에까지 등용되었다. 그가 만든 법을 당시에 쓰지는 않았어도 이로 인해 국내에 간사한 백성들은 없어졌다.」464)

---

463) ≪孔子家語·相魯≫: "定公與齊候會於夾谷, 孔子攝相事. 曰:'臣聞有文事者必有武備, 有武事者必有文備. 古者諸侯並出疆, 必具官以從. 請具左右司馬.'定公從之. 至會所, 爲壇位, 土階三等. 以遇禮相見, 揖讓而登, 獻酢旣畢. 齊使萊人以兵鼓譟劫定公. 孔子歷階而進, 以公退, 曰:'士以兵之. 吾兩君爲好, 裔夷之俘, 敢以兵亂之, 非齊君所以命諸侯也. 裔不謀夏, 夷不亂華, 俘不干盟, 兵不逼好. 於神爲不祥, 於德爲愆義, 於人爲失禮. 君必不然.' 齊侯心怍, 麾而避之. 有頃, 齊奏宮中之樂, 俳優侏儒戲於前. 孔子趨進, 歷階而上, 不盡一等, 曰:'匹夫熒侮諸侯者, 罪應誅. 請右司馬速刑焉.' 於是斬侏儒, 手足異處. 齊侯懼, 有慚色. 將盟, 齊人加載書曰:'齊師出境, 而不以兵車三百乘從我者, 有如此盟.' 孔子使茲無還對曰:'而不返我汶陽之田, 吾以供命者, 亦如之.' 齊侯將設享禮. 孔子謂梁丘據曰:'齊魯之故, 吾子何不聞焉? 事旣成矣, 而又享之, 是勤執事. 且犧像不出門, 嘉樂不野合. 享而旣具, 是棄禮, 若其不具, 是用粃稗. 用粃稗君辱, 棄禮名惡. 子盍圖之? 夫享所以昭德也, 不昭, 不如其已.' 乃不果享. 齊侯歸, 責其群臣曰:'魯以君子道輔其君, 而子獨以夷狄道敎寡人, 使得罪.' 於是乃歸所侵魯之四邑及汶陽之田."

464) ≪孔子家語·相魯≫: "於是二年, 定公以爲司空. 乃別五土之性, 而物各得其所生之宜, 咸得厥所. 先時季氏葬昭公於墓道之南, 孔子溝而合諸墓焉. 謂季桓子曰:'貶君以彰己罪, 非禮也. 今合之, 所以揜夫子之不臣.' 由司空爲魯大司寇. 設法而不用, 無奸民."

≪孔子家語·子路初見≫

「공자가 노나라 사구가 되어서 계강자를 찾아뵈었다. 그러나 계강자는 기뻐하는 기색을 보이지 않았다. 공자는 그런데도 재삼 그를 찾아갔다. 이것을 보고 재여가 공자 앞에 나아가 이렇게 물었다. "옛날에 제가 들으니 선생님께서는 '나를 왕공으로 총빙하지 않으면 움직이지 않겠다' 하셨는데 이제 선생님께서는 사구 벼슬을 하신지가 얼마 안 되시는데도 절개를 굽혀 가면서 너무 자주 계강자를 찾으시지 않습니까?" 공자가 말했다. "그러하다. 하지만 오늘날 노나라 형세를 보건대 무리로써 서로 업신 여기고 병기로써 서로 폭동을 일으킨 지가 이미 오래 되었는데도, 유사란 자가 앉아서 보기만 하고 다스리지 않으니 장차 혼란이 오고야 말 것이다. 이런 때에 기왕 나를 초빙해 이 관직을 맡겼으니 나로서 할 일이 이 보다 더 큰 일이 어디 있겠느냐?" 노나라 사람들은 이 소문을 듣고 저희들끼리 이렇게 말했다. "성인이 장차 이 나라를 다스리게 되었으니, 어찌 형벌부터 먼저 엄하게 다스리지 않으리요? 오늘날부터는 온 나라에 다투는 자가 없게 해야 할 것이다." 공자가 재여에게 이렇게 일렀다. "산을 떠나서 10리를 가도 오히려 쓰르라미 소리가 귓가에 들린다는 말과 같이 정치를 하는데도 신중하게 들은 뒤에 행하는 것만 같은 것이 없다."」465)

● 정공定公 11年(BC 499年)

공자가 노나라 사구司寇를 지냈다. 노나라가 널리 두루 잘 다스려졌다.

이때가 공자의 나이 53세이다.(이때가 공자가 노나라에서 司寇를 지낸 해이나, 공자의 행적을 확실히 알 수 없는 해이기도 하다.)

≪荀子·宥坐篇≫

「공자가 노魯나라 사司寇가 되었을 때 아버지와 아들이 송사를 하는 자가 있었는데 공자가 둘 다 구속시키고 3개월 동안 시비를 가리지 않았다. 그 후 그의 아버지가 재판을 중지하자 공자가 풀어주었다. 계손季孫이 듣고 기분이 나빠서 말했다. "이 늙은이가 나를 속인 것인가? 나에게 말하기를 '나라를 위하는 것은 반드시 효도로써 하라.'라고 했는데 지금 한 사람(소정묘少

---

465) ≪孔子家語·子路初見≫: "孔子爲大司寇, 見季康子, 康子不悅. 孔子又見之. 宰予進曰: '昔予也常聞諸夫子曰, 王公不我聘則弗動, 今夫子之於司寇也日少, 而屈節數矣, 不可以已乎?' 孔子曰: '然. 魯國以眾相陵, 以兵相暴之日久矣, 而有司不治, 則將亂也, 其聘我者, 孰大於是哉?' 魯人聞之曰: '聖人將治, 何不先自遠刑罰?' 自此之後, 國無爭者. 孔子謂宰予曰: '違山十里, 蟪蛄之聲, 猶在於耳, 故政事莫如應之.'"

正卯)은 죽였으면서 불효자는 죽이지 않고 또 석방하기까지 하였다." 제자 염유冉有가 이 말을 공자에게 고하자, 공자가 개연慨然히 탄식하여 말했다. "슬프다! 위에서 실수하면 아래를 죽이는 것이 옳은 일이냐! 백성을 가르치지 않고 옥사를 들으면 죄 없는 사람을 죽이는 것이다. 육해공군이 크게 패배했다고 모든 병사를 다 죽이지 못하며 법령이 다스려지지 않으면 처형할 수 없는 것은 죄가 백성에게 있지 않은 까닭이다. 형벌이 느슨한데 처형을 엄하게 하면 사람을 해친다고 하고, 현재 사는 것은 때가 있고 거두어들이는 것은 때가 없는 것을 포악하다고 하며, 가르치지 않고 성공하지 못함을 꾸짖는 것을 학대한다고 하는 것이다. 이상의 3가지를 중지시킨 연후에야 형벌로 나아갈 수 있는 것이다. ≪書經·강고康誥≫편에 이르기를 '합법적인 형벌과 합리적인 사형을 적용하되 너희 마음대로 판결하지 말라. 오직 순종하고 받들지 않는다고 말하여라.'라고 했는데 이것은 먼저 교육시키는 것을 말한 것이다. 그러므로 先王들은 이미 도로써 베풀고 먼저 위로부터 굴복시키고 만약 불가하면 어진 이를 높여서 지극히 하고 그래도 불가하면 능력 없는 사람을 폐지하고 쫓아내 3년을 다한 후 백성들이 따라온 것이다. 사특한 백성들이 따라오지 않은 연후에야 형벌로써 기다리면 백성들이 죄를 알게 된다. ≪詩經·小雅≫·〈절피남산節彼南山〉편에 이르기를 '태사太師 윤씨는 주나라의 주춧돌이니 나라를 고루 잘 다스려 온 세상이 이에 의지하고 천자님을 잘 도와 백성들을 미혹되지 않게 해야 하네.'라고 했다. 이것은 위엄으로써 막아 사용하지 않고 형벌도 놓아두고 사용하지 않는 것을 뜻한 것이다. 지금의 세상은 그렇지 않다. 가르침이 어지럽고 형벌이 번잡해지고 백성들이 미혹되어 타락했으며 따르면 제재하는데, 이로써 형벌이 더욱 번잡해지고 사특한 것을 이기지 못하게 된다. 세 자 정도 되는 언덕을 빈 수레로도 능히 오르지 못하는데 1백장이나 되는 산을 무거운 짐을 진 수레로 오르려면 어떻게 하여야 오를까? 언덕이 완만하면 되는 것이다. 수십 자나 되는 담장은 백성들이 넘지 못하는데 수백 자나 되는 산을 더벅머리 아이들이 올라서 노는 것은 언덕이 완만하기 때문이다. 지금 세상은 언덕 형세가 완만해진 지가 오래인데도 능히 백성들에게 넘게 하지 못하는구나. ≪詩經·小雅≫〈大東〉편에 이르기를 '주나라 가는 길은 숫돌같이 평평하고 곧기는 화살같네. 군자가 밟고 다니고 백성들은 바라보기만 하는 것. 둘러보고 돌아보면 눈물만 줄줄 흘러내리네.'라고 했는데, 어찌 슬프지 아니하랴!"466)

---

466) ≪荀子·宥坐篇≫: "孔子爲魯司寇, 有父子訟者, 孔子拘之, 三月不別. 其父請止, 孔子舍之. 季孫聞之, 不說, 曰: 是老也欺予. 語予曰: 爲國家必以孝. 今殺一人以戮不孝! 又舍之. 冉子以告. 孔子慨然嘆曰: '嗚呼! 上失之, 下殺之, 其可乎? 不敎其民, 而聽其獄, 殺不辜也. 三軍大敗, 不可斬也, 獄犴不治, 不可刑也, 罪不在民故也. 嫚令謹誅, 賊也. 今生也有時, 斂也無時, 暴也, 不敎而責成功, 虐也. − −已此三者, 然後刑可即也. 書曰: 義刑義殺, 勿庸以即, 予維曰未有順事.' 言先敎也. 故先王既陳之以道, 上先服之, 若不可, 尚賢以綦之, 若不可, 廢不能

≪荀子·儒效篇≫

「손경자孫卿子가 대답했다. "선비는 앞서간 왕들을 법으로 삼고 예의를 융성하게 하고 신하와 아들의 위치에서 삼가서 그 윗사람을 귀하게 하는 데 지극합니다. 군주가 등용하면 세력이 조정에 있는 것이 적당하고 등용하지 않으면 물러나 백성을 모아서 성실하게 만들어 반드시 아랫사람들을 순화시킵니다. 비록 가난하고 곤궁하며 추위에 떨고 굶주리더라도 반드시 사특한 방법으로 탐하지 않고 송곳 하나 꽂을만한 땅이 없어도 나라의 대의大義를 잡아서 밝힙니다. 오호라! 능히 응대함이 없어도 만물을 제재하고 백성들의 기강을 양성하는데 통달합니다. 세력이 사람의 위에 있을 때는 王公의 재목이 되고 사람의 밑에 있을 때는 나라의 신하이며 군주의 보배가 됩니다. 비록 궁색한 마을이나 누추한 집에 숨어 살더라도 사람들이 귀하게 여기지 않음이 없고 도가 진실로 존재합니다. 공자가 노나라 사법관이 되었을 때 심유씨沈猶氏는 감히 아침마다 그의 양에게 물을 먹이지 않았고 公愼氏는 그의 아내를 내쫓고 신궤씨愼潰氏는 국경을 넘어 이사했고 노나라에서 소나 말을 파는 자는 높은 가격을 정해서 팔지 않았는데 이것은 반드시 일찍부터 자신을 바르게 하여 사물을 대했기 때문입니다. 마을에 살면 마을 안의 자제들이 고기를 잡아 나눌 때, 어버이를 둔 자가 많이 가져가게 했는데 효도와 공손으로 교화되었기 때문입니다. 선비가 조정 안에 있으면 정치가 아름다워지고 낮은 지위에 있으면 풍속이 아름다워지는데 선비가 사람들의 아래가 되었을 때도 이와 같습니다." ≪시경詩經·패풍邶風≫에서 말하기를 "저 해와 달을 보니 아득하고 아득한 내 그리움이로다. 길은 멀기도 한데 언제나 오시려나."라 했다. 공자가 말하였기를 "이는 공경함이 지극하니 그가 돌아오지 않겠는가?"」467)

以單之, 朞三年而百姓從風矣. 邪民不從, 然後俟之以刑, 則民知罪矣. 詩曰: 尹氏大師, 維周之氏, 秉國之均, 四方是維, 天子是庫, 卑民不迷. 是以威厲而不試, 刑錯而不用, 此之謂也. 今之世則不然: 亂其教, 繁其刑, 其民迷惑而陷焉, 則從而制之, 是以刑弥繁, 而邪不勝. 三尺之岸而虛車不能登, 百仞之山任負車登焉, 何則? 陵遲故也. 數仞之墻而民不踰也, 百仞之山而竪子冯而游焉, 陵遲故也. 今之世陵遲已久矣, 而能使民勿踰乎, 詩曰: 周道如砥, 其直如矢. 君子所履, 小人所視. 眷焉顧之, 潸焉出涕. 豈不哀哉！詩曰: 瞻彼日月, 悠悠我思. 道之云遠, 曷云能來. 子曰: '伊稽首不其有來乎？'."

467) ≪荀子·儒效篇≫: "孫卿子曰: 儒者法先王, 隆禮義, 謹乎臣子而致貴其上者也. 人主用之, 則埶在本朝而宜, 不用, 則退編百姓而悫, 必爲順下矢. 雖窮困凍餧, 必不以邪道爲貪. 無置錐之地, 而明于持社稷之大義. 嗚呼而莫之能應, 然而通乎財萬物, 養百姓之經紀. 埶在人上, 則王公之材也, 在人下, 則社稷之臣, 國君之寶也, 雖隱于窮閻漏屋, 人莫不貴之, 道誠存也. "仲尼將爲司寇, 沈猶氏不敢朝飮其羊, 公愼氏出其妻, 愼潰氏踰境而徙, 魯之粥牛馬者不豫賈, 修正以待之也. 居于闕黨, 闕黨之子弟罔不分, 有親者取多, 孝弟以化之也. 儒者在本朝則美政, 在下位則美俗. 儒之爲人下如是矣."

≪論語·鄕黨≫

「마구간이 불탔는데, 공자께서 퇴조退朝하여 "사람이 상했느냐?" 하시고, 말(馬)에 대해서는 묻지 않으셨다.」468)

≪孔子家語·正論≫

「공자가 계손에게 갔더니 계손의 가신이 계씨에게 말했다. "공자에게 전장을 빌려주라고 왕께 요청한다면 왕께서는 이것을 허락하시겠습니까?" 계손은 아무 말도 하지 않고 머뭇거리고 있는데 공자가 말했다. "나는 임금이 신하에게서 취해 가는 것은 빌린다고 말하는 것이라고 들었고, 신하가 임금에게 주는 것은 바친다고 말하는 것이라 들었다." 계손은 낯빛을 고치면서 말했다. "나는 이 뜻을 아직 깨닫지 못했습니다." 이에 자기 가신에게 명령하였다. "오늘 이후로는 임금께서 취해 가는 물건이 있다 하더라도 이것을 일체 빌려주었다고 말하지 말라."」469)

≪孔子家語·相魯≫

「처음에 노나라에서는 양羊 장사를 하는 심유씨沈猶氏란 자가 양에게 아침마다 물을 먹여 겉으로만 크게 보이게 하여 사람들을 속였고, 공신씨公愼氏란 자는 자기 아내의 음탕한 짓을 제지하지 못했으며, 신궤씨愼潰氏는 사치하기를 법령에 넘게 했으며, 육축六畜을 파는 자는 말을 번지르르하게 꾸며서 값을 더 받기도 하였다. 그러나 공자가 정치를 하자 이러한 폐단들이 일소되어 심유씨는 감히 양에게 물을 먹이지 못했고, 공신씨는 음탕한 아내를 내쳤고, 신궤씨는 국경을 넘어 이사를 갔다. 공자가 정치한 지 석 달이 되자 소와 말을 파는 자도 값을 더 받지 않게 되었고, 양과 돼지를 파는 자도 거짓말을 하지 않게 되었으며, 길 가는 남녀들은 다니는 길을 달리하고, 길에 흘린 물건이 있어도 주워 가는 자가 없게 되었다. 또 남자는 충성과 신의를 숭상하게 되었으며, 여자는 정절과 순리를 숭상하게 되었다. 이리하여 사방에서 오는 각 고을 손님조차도 유사에게 물어 볼 것 없이 모두 자기 집에 돌아가듯 행동하였다.」470)

---

468) ≪論語·鄕黨≫: "廐焚. 子退朝, 曰: '傷人乎?' 不問馬."
469) ≪孔子家語·正論≫: "孔子適季孫, 季孫之宰謁曰: '君使求假於田, 特與之乎?' 季孫未言. 孔子曰: '吾聞之君取於臣謂之取, 與於臣謂之賜, 臣取於君謂之假, 與於君謂之獻.' 季孫色然悟: '吾誠未達此義.' 遂命其宰曰: '自今已往, 君有取之, 一切不得復言假也.'"
470) ≪孔子家語·相魯≫: "初, 魯之販羊有沈猶氏者, 常朝飮其羊以詐市人, 有公愼氏者, 妻淫不制, 有愼潰氏者, 奢侈逾法, 魯之鬻六畜者, 飾之以儲價. 及孔子之爲政也, 則沈猶氏不敢朝飮其羊, 公愼氏出其妻, 愼潰氏越境而徙. 三月, 則鬻牛馬者不儲價, 賣羔豚者不加飾, 男女行者別其塗, 道不拾遺, 男尙忠信, 女尙貞順, 四方客至於邑

● 정공定公 12年(BC 498年)

중유仲由가 계씨季氏의 가재家宰가 되었다.

중유가 삼도성三都城을 헐어 삼환三桓의 세력을 견제하고 군대를 거둬들이려 하였다. 먼저 숙손씨가 먼저 후읍郈邑의 성을 자진해서 헐고, 이어 계손씨가 비읍費邑의 성을 헐려고 하자 대부 공산불뉴公山不狃와 숙손첩叔孫輒이 비읍 사람들을 이끌고 와 노나라의 도성을 치는 바람에 성공을 거두지 못했다.

공자의 이때의 나이는 54세이다.(≪史記·孔子世家≫에서는 세 개의 도성을 헐은 시기를 定公 12년 여름으로 보고 있다. 본문은 ≪春秋≫를 따르기로 한다.)

≪春秋左傳·定公十二年≫

≪經≫:「여름, 계손사·중손하기가 군사를 이끌고 가 비費의 성을 헐었다.」[471]

≪傳≫:「(여름) 공자의 제자 중유(仲由: 자로)가 계손씨 가문의 가재家宰가 되어 3도(三都: 3환의 근거지인 비읍費邑·후읍郈邑·성읍成邑)의 성을 헐고자 했다. 그러자 숙손씨가 먼저 후읍의 성을 자진해서 헐었다. 이어 계손씨가 비읍의 성을 헐려고 하자 대부 공산불뉴公山不狃와 숙손첩叔孫輒이 비읍 사람들을 이끌고 와 노나라의 도성을 쳤다. 이에 노나라 정공은 3자(三子: 3환)와 함께 계손씨의 저택으로 들어가 계무자季武子 때 지은 누대樓臺 위로 올라갔다. 비읍 사람들이 누대를 공격했으나 이를 공략하지 못했다. 이 때 비읍 사람들이 노정공 가까이 육박하자 중니가 대부 신구수申句須와 악기樂頎에게 명하여 누대 아래로 내려가 이들을 치게 했다. 비읍 사람들이 달아나자 국인들이 이들을 추격해 고멸姑蔑에서 격파했다. 이에 공산불뉴와 순손첩이 제나라로 달아나고 비읍의 성도 곧바로 헐렸다. 이어 성읍成邑의 성을 헐려고 하자 성읍의 가재家宰 공렴처보公斂處父가 맹손씨에게 말했다. "성읍의 성을 헐게 되면 제나라 군사가 틀림없이 곧바로 도성의 북문까지 쳐들어오는 일이 생길 것입니다. 게다가 성읍은 맹손씨 가문의 보루이기도 합니다. 성읍에 성이 없는 것은 마치 맹손씨 가문이 없어지는 것과 같습니다. 그러니 모른 척하고 있으면 제가 성을 헐지 않도록 도모하겠습니다."」[472]

者, 不求有司, 皆如歸焉."

471) ≪春秋左傳·定公十二年≫(≪經≫): "(夏)季孫斯·仲孫何忌帥師墮費."
472) ≪春秋左傳·定公十二年≫(≪傳≫): "仲由爲季氏宰, 將墮三都, 于是叔孫氏墮郈. 季氏將墮費, 公山不狃·叔孫輒帥費人以襲魯. 公与三子入于季氏之宮, 登武子之台. 費人攻之, 弗克. 入及公側. 仲尼命申句須·樂頎下, 伐之, 費人北. 國人追之, 敗諸姑蔑. 二子奔齊, 遂墮費. 將墮成, 公斂處父謂孟孫: '墮成, 齊人必至于北門. 且成, 孟氏之保障也, 無成, 是無孟氏也. 子僞不知, 我將不墮.'"

≪春秋公羊傳·定公十二年≫

「(여름) 노나라 숙손주구叔孫州仇가 군사를 거느리고 후읍郈邑의 성성을 무너뜨렸다. 위衛나라의 공맹구公孟彄가 군사를 거느리고 조曹나라를 정벌했다. 노나라 계손사季孫斯와 중손하기仲孫何忌가 군사를 거느리고 비성費城을 무너뜨렸다. 왜 군사를 거느리고 후읍郈邑을 무너뜨리고 군사를 거느리고 비성費城을 무너뜨렸다고 했는가? 공자께서 계손씨 밑의 관직에 있으면서 3개월 동안 실수가 없었기 때문이었다. 말하기를 "대부의 가家마다 군사를 숨기지 못하고 읍邑에는 백치百雉의 성성을 없앴다."라고 했다. 이 때에 군사를 거느리고 후성을 무너뜨리고 군사를 거느리고 비성을 무너뜨렸다. 치雉란 무슨 뜻인가? 오판五板을 도堵라고 하고 오도五堵를 치雉라고 하고 백치百雉를 성성이라고 한다.」473)

≪史記·魯周公世家≫

「중유로 하여금 삼환의 성을 무너뜨렸고, 그 갑옷과 병기도 회수했다. 맹씨가 성읍을 무너뜨리려 하지 않자, 결국 정벌하려 했지만 이기지 못하여 그만두었다.」474)

≪史記·孔子世家≫

「정공 13년 여름, 공자는 정공에게 건의하여 말했다. "신하는 무기를 쌓아 두어서는 안 되고, 대부는 일백 치의 성벽을 쌓아서는 안 됩니다." 이에 중유로 하여금 계씨의 가신으로 삼아 삼가의 봉읍을 무너뜨리려고 했다. 이에 숙손씨가 먼저 후읍을 무너뜨렸다. 계씨가 비읍을 무너뜨리려 하자, 공산불뉴와 숙손첩은 비읍 사람들을 거느리고 노나라를 습격했다. 정공은 세 아들과 함께 계씨의 궁궐로 들어가서 계무자의 누대에 올랐다. 비읍 사람들이 그들을 공격하였으나 이기지 못하고 이미 정공의 누대 옆에까지 들어왔다. 공자는 신구수와 악기에게 그들을 내려가 물리치게 하자 비읍 사람들이 패배했다. 노나라 사람들이 그들을 뒤쫓아가 고멸성에서 그들을 물리쳤다. 두 사람은 제나라로 달아났고, 드디어 비읍을 무너뜨렸다. 장차 성읍을 무너뜨리려고 하여 공렴처보가 맹손에게 일러 말했다. "성읍을 무너뜨리면 제나라 사람들이 반드시 북문까지 쳐들어올 것입니다. 또 성읍은 맹씨의 보루이므로 성읍이 없으면 맹씨가 없는 것과 같습니다. 우리는 앞으로

---

473) ≪春秋公羊傳·定公十二年≫: "叔孫州仇帥師墮郈. 衛公孟彄帥師伐曹. 季孫斯·仲孫何忌帥師墮費, 曷爲帥師墮郈, 帥師墮費. 孔子行乎季孫, 三月不違, 曰, 家不藏甲, 邑無百雉之城, 於是帥師墮郈, 帥師墮費. 雉者何? 五板而堵. 五堵而雉. 百雉而城."
474) ≪史記·魯周公世家≫: "十二年, 使仲由毀三桓城, 收其甲兵. 孟氏不肯墮城, 伐之, 不克而止."

무너뜨리지 말아야 합니다." 12월, 노나라 정공은 성읍을 포위하였으나 이기지는 못하였다.」[475]

≪孔子家語·相魯≫

「공자가 정공에게 말했다. "가정에 갑옷을 간직해 두지 않고, 고을에 백 치의 성을 쌓지 않는 것은 옛날부터의 제도입니다. 그런데 오늘날 저 세 집은 너무 지나치니, 청컨대 그 제도에 맞게 줄이도록 하십시오." 이에 계씨의 재상 중유로 하여금 삼도를 헐어버리게 했다. 숙손이 자기의 뜻을 보전하지 못할까 염려하여 비費라는 고을을 맡고 있는 공산불뉴를 시켜 비 고을 사람들을 거느리고 노나라를 습격하게 했다. 이 때 공자는 마침 공사가 있어 계손·숙손·맹손 세 사람과 함께 비씨의 궁에 들어가 무자대로 올라갔었다. 바로 이 때 비 고을 사람들이 쳐들어와 무자대 밑까지 이르렀다. 이에 공자는 신구수와 악기에게 명하여 여러 군사를 독려하여 이를 내리치게 하니, 비 고을 사람들은 패하고 삼도성도 드디어 무너지게 되었다. 이렇게 하여 공자는 국가를 강하게 하고, 사삿집을 약하게 하며, 임금을 높이고, 신하를 낮춤으로써 정치의 풍화가 크게 행해졌다.」[476]

≪荀子·宥坐篇≫

「공자가 노魯나라의 섭상攝相이 되어서 조정에 나간지 7일 만에 소정묘少正卯를 처형하였다. 문인門人들이 공자에게 나아가 말하기를 "소정묘는 노나라에서 알려진 사람인데 선생님께서 정사를 행하시면서 처음으로 처형하였으니 실례가 아니겠습니까?"라고 하자 공자가 말했다. "앉아라! 내 너희들에게 그 까닭을 말하리라! 사람에게는 나쁜 것 5가지가 있는데 이것은 도적들도 함께 하려 하지 않는 것이다. 첫째, 마음은 통달하였으면서도 음흉하고 험악한 것이요, 둘째, 행동은 사특하면서도 완고한 것이요, 셋째, 말이 거짓되면서도 계속 변명만 하는 것이요, 넷째, 괴이한 일만 기록하면서도 박식한 것이요, 다섯 째, 나쁜 것만 따르면서도 윤택한 사람이다.

---

475) ≪史記·孔子世家≫: "定公十三年夏 孔子言於定公曰: '臣無藏甲, 大夫毋百雉之城.' 使仲由爲季氏宰, 將墮三都. 於是叔孫氏先墮郈. 季氏將墮費, 公山不狃·叔孫輒率費人襲魯. 公與三子入於季氏之宮, 登武子之台. 費人攻之, 弗克, 入及公側. 孔子命申句須, 樂頎下伐之, 費人北. 國人追之, 敗諸姑蔑. 二子奔齊. 遂墮費. 將墮成, 公斂處父謂孟孫曰: '墮成, 齊人必至於北門. 且成, 孟氏之保鄣, 無成, 是無孟氏也. 我將弗墮.' 十二月, 公圍成, 弗克."

476) ≪孔子家語·相魯≫: "孔子言於定公曰: 家不藏甲, 邑無百雉之城, 古之製也. 今三家過制, 請皆損之.乃使季氏宰仲由墮三都. 叔孫不得意於季氏, 因費宰公山弗擾率費人以襲魯. 孔子以公與季孫叔孫孟孫, 入於費氏之宮, 登武子之台, 費人攻之, 及台側, 孔子命申句須樂頎勒士眾下伐之, 費人北, 遂墮三都之城. 強公室, 弱私家, 尊君卑臣, 政化大行."

이상의 5가지는 하나라도 사람에게 있으면 君子의 처형을 면하지 못하는 것들인데 소정묘는 5가지를 다 갖추고 있었다. 그러므로 거처하면 족히 사람들을 모아서 무리를 이루고 말솜씨는 족히 사특한 것을 꾸며서 무리를 현혹시키고 강력함은 족히 옳은 것을 반대하고 홀로 설 수 있는 자로써, 이 사람은 小人들의 영웅이니, 가히 처혀하지 않을 수 없었던 것이다. 이 때문에 은殷나라 탕湯임금이 윤해尹諧를 처형하고, 주周나라 문왕文王이 번지潘止를 처형하고, 주공周公이 관숙管叔을 처형하고, 태공太公이 화사華仕를 처형하고 관중管仲이 부리을付里乙을 처형하고, 정鄭나라 자산子産이 등석鄧析과 사부史付를 처형하였던 것이다. 이상 일곱 사람들은 다 이 세상과 다른 마음을 함께 하여 가히 처형하지 않을 수 없었던 것이다. ≪詩經·邶風≫·〈백주栢舟〉편에 이르기를 '내 시름은 마음을 덮고 하찮은 것들의 원망만 사네.'라고 했는데 소인들이 무리를 이루는 것이 족히 근심스러운 일이다."」477)

≪韓詩外傳·卷五≫

「공자가 계손季孫을 모시고 있는데 계손의 가재家宰가 이렇게 알려 왔다. "임금께서 말을 빌려 달라고 사람을 보냈는데 빌려 드릴까요?" 이에 공자가 나서서 이렇게 말하였다. "내가 듣기로 임금이 신하에게 무엇을 요구할 때는 '취한다'고 하지 '빌린다'고 말하지 않는다 하였소." 그러자 계손이 깨닫고 가재에게 이렇게 말하였다. "지금부터는 임금께서 요구하는 것을 '취한다'고 하지 '빌린다'고 말하지 마시오." 공자는 이렇게 말하였다. "말을 빌린다는 말부터 바로잡아야 君臣의 義가 바르게 정해지는 것이다." ≪論語≫에서 "반드시 명분부터 바로잡겠다."고 하고, ≪詩≫에서는 이렇게 노래하였다. "군자는 쉽게 말해서는 안 된다."」478)

≪新書·雜事≫

「「공자가 계손季孫을 모시고 있는데 계손의 가재家宰가 이렇게 알려 왔다. "임금께서 말을

---

477) ≪荀子·宥坐篇≫: "孔子爲魯攝相, 朝七日而誅少正卯. 門人進問曰: 夫少正卯魯之聞人也, 夫子爲政而始誅之, 得無失乎. 孔子曰: 居, 吾語女其故. 人有惡者五, 而盜竊不与焉: 一曰: 心達而險, 二曰: 行辟而堅, 三曰: 言僞而辯, 四曰: 記丑而博, 五曰: 順非而澤 - - 此五者有一于人, 則不得免于君子之誅, 而少正卯兼有之. 故居處足以聚徒成群, 言談足飾邪營衆, 强足以反是獨立, 此小人之桀雄也, 不可不誅也. 是以湯誅尹諧, 文王誅潘止, 周公誅管叔, 太公誅華仕, 管仲誅付里乙, 子産誅邓析史付, 此七子者, 皆異世同心, 不可不誅也. 詩曰: '憂心悄悄, 慍于群小.' 小人成群, 斯足憂也."

478) ≪韓詩外傳·卷五≫: "孔子侍坐于季孫, 季孫之宰通曰: '君使人假馬, 其与之乎?' 孔子曰: '吾聞君取于臣謂之取, 不曰假.' 季孫悟, 告宰通曰: '今以往, 君有取謂之取, 無曰假.' 孔子曰正假馬之言, 而君臣之義定矣. ≪論語≫曰: '必也正名乎!' ≪詩≫曰: '君子無易由言.'"

빌려 달라고 사람을 보냈는데 빌려 드릴까요?" 이에 공자가 나서서 이렇게 말하였다. "내가 듣기로 임금이 신하에게 무엇을 요구할 때는 '취한다'고 하지 '빌린다'고 말하지 않는다 하였소." 그러자 계손이 깨닫고 가재에게 이렇게 말하였다. "지금부터는 임금께서 요구하는 것을 '취한다'고 하지 '빌린다'고 말하지 마시오." 공자는 이렇게 말하였다. "말을 빌린다는 말부터 바로잡아야 君臣의 義가 바르게 정해지는 것이다." ≪論語≫에서 "반드시 명분부터 바로잡겠다."고 하고, ≪詩≫에서는 이렇게 노래하였다. "군자는 쉽게 말해서는 안 된다."」'안된다'는 것은 '구차하다'는 뜻이다. 그러니 어찌 신중하지 않겠는가!"479)

≪論語·先進≫

「자로子路가 자고子羔로 비읍費邑의 읍재邑宰를 삼자, 공자께서 말씀하셨다. "남의 자식을 해치는구나." 자로가 말하였다. "인민人民이 있고, 사직社稷이 있으니, 하필 책을 읽은 뒤에야 배움을 하겠습니까?" 孔子께서 말씀하셨다. "이 때문에 말재주 있는 자를 미워하는 것이다."」480)

● 정定公 13年(BC 497年)

공자는 노魯나라의 대사구大司寇와 상국 일을 겸하였다.

계환자가 제나라 무희舞姬를 받아들이고 삼일동안 조정에 들지 않으며 국가의 정치에 게을리 하였다. 현자를 가까이 하지 않을 뿐만 아니라 예의를 갖추지 않자, 공자는 이에 분노를 느껴 衛나라로 떠났다.(계환자가 제나라의 무희를 받아들인 해에 대하여 각각 의견이 다르다. ≪史記·魯周公世家≫는 '定公 12년'이라 하고, ≪史記·孔子公世家≫는 '定公 14년'이라 하였다. ≪史記·孔子公世家≫에 의하면 노나라를 떠나 14년 만에 노나라로 돌아왔다 했다. 그렇다면 공자가 노나라에 돌아온 해가 哀公 11년 즉 노나라 정공 13년이다. ≪史記≫와 ≪春秋≫의 년도가 1년간의 차이가 있다. 위에서 살펴본 '타삼도墮三都'의 사건 역시 그 연도에 대하여 견해가 각기 다르다.)

≪史記·魯周公世家≫

「계환자가 제나라 무희舞姬를 거두어들이자, 공자는 (노나라를) 떠났다.」481)

---

479) ≪新書·雜事≫: "孔子侍坐於季孫, 季孫之宰通曰:'君使人假馬, 其與之乎?' 孔子曰:'吾聞君取于臣謂之取, 不曰假.' 季孫悟, 告宰:'自今以來, 君有取謂之取, 無曰假.' 故孔子正假馬之名, 而君臣之義定矣. ≪論語≫曰:'必也正名乎!' ≪詩≫曰:'無易由言.' 無曰苟矣, 可不愼乎."
480) ≪論語·先進≫: "子路使子羔爲費宰. 子曰:'賊夫人之子.' 子路曰:'有民人焉, 有社稷焉. 何必讀書, 然後爲學?' 子曰:'是故惡夫佞者.'"

≪史記·孔子世家≫
「정공 14년, 공자는 나이 쉰여섯에 대사구大司寇로부터 상국의 일을 대신하게 되자 얼굴에는 기뻐하는 기색이 있었다. 문하생들이 물었다. "제가 듣건대, 군자는 화가 닥쳐도 두려워하지 않고, 복이 찾아와도 기뻐하지 않는다고 하였습니다." 공자가 말했다. "그와 같은 말이 있지. 그러나 '즐거움이라는 것은 아마도 귀한 사람이 아랫사람에게 대하는 것'에 있겠지?" 이에 공자는 노나라 대부로서 정사를 어지럽힌 소정묘少正卯를 주살했다. 공자가 정치에 참여하고 정사를 들은 지 석 달이 되자 양과 돼지를 파는 사람들이 값을 속이지 않았고 남녀가 길을 갈 때 떨어져 갔으며, 길에 물건이 떨어져도 주워 가지 않았다. 사방의 손님 중에서 읍에 방문하는 자도 담당 관리를 찾아올 필요가 없었고, 모두 그들이 잘 돌아가게 했다. 제나라 사람들이 이 소문을 듣고 두려워하며 말했다. "공자가 정치를 하여 (노나라가) 반드시 우두머리가 되면, 우리나라의 땅이 그들에게 가까워 우리가 먼저 병합될 것이다. 그런데도 어찌하여 땅을 노나라에 내주지 않는가?" 여서가 말했다. "청컨대 먼저 시험삼아 (노나라의 선정을) 훼방해 볼지니 방해해도 되지 않으면 그때 가서 땅을 내주어도 어찌 늦겠습니까!" 이에 제나라 여자 중에서 팔십 명의 미인을 뽑아 모두 아름다운 옷을 입혀 강락무康樂舞를 추게 하여 무늬 있는 말 백이십 필과 함께 노나라 군주에게 보냈다. 여악女樂들과 아름다운 마차들을 노나라의 도성 남쪽의 높은 문 밖에 늘어놓았다. 계환자는 평상복 차림으로 살며시 몇 차례 가서 그것을 살펴보고, 접수하려고 하다가, 이에 노나라 군주와 각 지역을 순시한다는 말을 하고, 실제로는 그곳에 가서 온종일 관람하고, 정무는 게을리했다. 자로가 말했다. "선생님께서 노나라를 떠날 때가 되었습니다." 공자가 말했다. "노나라 군주는 이제 교제郊祭를 지낼 텐데 만약 그때 군주가 제육을 대부들에게 나누어 주면 나는 지금처럼 여기 남아 있을 것이다." 환자는 마침내 제나라 여악들을 받아들이고는 사흘 동안 정치를 돌보지 않았으며, 교제를 지내고도 그 제육을 대부들에게 나누어 주지 않았다. 공자는 드디어 노나라를 떠나 둔읍屯邑에서 하룻밤을 묵었다. 악사 기己가 공자를 전송하며 말했다. "선생님께서는 죄가 없습니다." 공자가 말했다. "내가 노래를 불러도 되겠는가?" 공자는 이렇게 노래 불렀다. 『저 부인의 입은 (신하를) 떠나가게 할 수 있고, 저 부인의 알현은 (당신으로 하여금) 죽음으로 내몰 수 있네. 한가하게 유유자적하며 달리 일생을 편안하게 지내리라.』 악사 기가 돌아오자 환자가 말했다. "공자는 또 무슨 말을 하던가?" 악사 기가 사실대로 말했다. 환자는 크게 한탄하며 말했다. "공자는 내가 비첩을 받아들인 것을 가지고 나를 꾸짖고 있구나!"」482)

481) ≪史記·魯周公世家≫: "(十二年)季桓子受齊女樂, 孔子去."

≪孔子家語·子路初見≫

「공자가 노나라 정승이 되었다. 제나라 사람들은 노나라가 장차 패왕 노릇을 하지 않을까 걱정하여 공자가 정치를 하지 못하게 하고자 했다. 이에 예쁜 여자 80인을 뽑아서 비단옷을 입히고, 용기容璣 춤을 추게 하며 또 문채나는 말 400필을 보내서 노나라 임금에게 바치게 했다. 그리고 한편으로는 여악女樂을 노나라 남쪽 성문 밖에 베풀어 놓았다. 이 때 계환자가 미복으로 세 차례나 그것을 가서 보고 받아들이기로 마음먹고 이 사실을 임금께 고했다. 이에 노나라 임금도 역시 가서 해가도록 정신없이 보노라니 자연 국가의 정치에는 게을러지게 되었다. 자로가 이것을 알고 공자에게 이렇게 고했다. "선생님께서는 왜 벼슬을 버리고 떠나지 않으십니까?" 공자가 말했다. "이제 노나라에서 장차 교제를 지내게 되면 대부에게 번육을 보내주는 법이니, 이 떳떳한 법을 폐해 버리는지 지켜 나가는지를 보고 나의 거취를 결정지을 것이다." 그러나 이 때 계환자는 이미 제나라에서 보낸 여악을 받아들여 임금이나 신하나 할 것 없이 모두 여기에 빠져서 사흘 동안이나 국가 정치를 잊어버리게 되었다. 이렇게 되고 보니 교제를 지냈다 해도 번육을 보내 주지 않았다. 이에 공자는 드디어 노나라를 떠나게 되었다. 공자는 노나라를 떠나 성문 밖에 숙소를 정했다. 여기에 진을 치고 있던 군사들이 공자에게 작별하며 말했다. "오늘날 선생님께서 떠나시게 되는 것은 저희들에게 무슨 죄가 있어서 가시는 것입니까?" 공자는 이에 이렇게 말했다. "내가 노래 한 곡조를 부를 테니 너희는 들어 보라." 공자는 다음과 같은 노래를 불렀다. "저 여자들이 입을 모을 때는 도망칠 수도 있지만, 저 여자들이 보고자 할 때는 죽거나 망하는 건 뻔한 일일세. 나는 이런저런 걱정 할 것 없이, 산 속에 들어 해를 마치려네."」[483]

---

482) ≪史記·孔子世家≫: "定公十四年, 孔子年五十六, 由大司寇行攝相事, 有喜色. 門人曰: '聞君子禍至不懼, 福至不喜.' 孔子曰: '有是言也. 不曰樂其以貴下人乎?' 於是誅魯大夫亂政者少正卯. 與聞國政三月, 粥羔豚者弗飾賈, 男女行者別於塗, 塗不拾遺, 四方之客至乎邑者不求有司, 皆予之以歸. 齊人聞而懼, 曰: '孔子爲政必霸, 霸則吾地近焉, 我之爲先幷矣. 盍致地焉?' 黎鉏曰: '請先嘗沮之, 沮之而不可則致地, 庸遲乎!' 於是選齊國中女子好者八十人, 皆衣文衣而舞康樂, 文馬三十駟, 遺魯君. 陳女樂文馬於魯城南高門外, 季桓子微服往觀再三, 將受, 乃語魯君爲周道遊, 往觀終日, 怠於政事. 子路曰: '夫子可以行矣.' 孔子曰: '魯今且郊, 如致膰乎大夫, 則吾猶可以止.' 桓子卒受齊女樂, 三日不聽政, 郊, 又不致膰俎於大夫. 孔子遂行, 宿乎屯. 而師己送, 曰: '夫子則非罪.' 孔子曰: '吾歌可夫?' 歌曰: '彼婦之口, 可以出走, 彼婦之謁, 可以死敗. 蓋優哉遊哉, 維以卒歲!' 師己反, 桓子曰: '孔子亦何言?' 師己以實告. 桓子喟然歎曰: '夫子罪我以群婢故也夫!'"

483) ≪孔子家語·子路初見≫: "孔子相魯, 齊人患其將霸, 欲敗其政, 乃選好女子八十人, 衣以文飾而舞容璣, 及文馬四十駟, 以遺魯君. 陳女樂, 列文馬於魯城南高門外, 季桓子微服往觀之再三, 將受焉, 告魯君爲周道遊觀, 觀之終日, 怠於政事. 子路言於孔子曰: '夫子可以行矣.' 孔子曰: '魯今且郊, 若致膰於大夫, 是則未廢其常, 吾猶可以止也.' 桓子旣受女樂, 君臣淫荒, 三日不聽國政, 郊又不致膰俎, 孔子遂行. 宿於郭, 屯師以送曰: '夫子非罪也.' 孔子曰: '吾歌可乎? 歌曰: '彼婦人之口, 可以出走, 彼婦人之謁, 可以死敗. 優哉游哉, 聊以卒歲.'"

≪論語·微子≫

「제齊나라 사람이 여악女樂을 보내니, 계환자季桓子가 이것을 받고 3日을 조회하지 않자, 공자께서 떠나가셨다.」484)

● 定公 14年(BC 496 年)
공자는 위衛나라에 머물다.
공자의 나이 56세이다.

● 哀公 2년(BC 493 年)
계환자季桓子 등은 주邾나라를 침범하여 곽漷지방의 동쪽 농토와 沂지방 서쪽 농토를 취하였다.
공자는 위衛나라에 머물렀다.
공자의 나이 59세이다.

≪春秋左傳·哀公二年≫

≪經≫: 2년 봄, 주력周歷 2월, 계손사, 숙손주구, 중손하기가 군사를 이끌고 가 주나라를 쳐 곽동과 기서를 취하였다. 계사, 숙손, 주구, 중손하기가 주자와 구역에서 결맹했다.485)

≪傳≫:
2년 봄, 주나라로 쳐들어가 교읍(산동성 등현 북쪽)을 치려고 했다. 당시 주나라 사람들은 교읍 땅을 매우 아꼈다. 이에 곽수와 기수 일대의 땅을 노나라에 뇌물로 주고 맹약을 받아들였다.486)

● 哀公 3년(BC 492 年)
가을 7월 병자, 계환자가 졸했다.
季桓子는 임종 당시 그의 계승자인 康子에게 반드시 공자를 불러 도움을 청하도록 유언하였다.
공자는 위衛나라에 있었다.
공자의 나이 60이다.

---

484) ≪論語·微子≫: "齊人歸女樂, 季桓子受之. 三日不朝, 孔子行."
485) ≪春秋左傳·哀公二年≫(≪經≫): "二年春王二月, 季孫斯·叔孫州仇·仲孫何忌帥師伐邾, 取漷東田及沂西田. 癸巳, 叔孫州仇·仲孫何忌及邾子盟于句繹."
486) ≪春秋左傳·哀公二年≫(≪傳≫): "二年春, 伐邾, 將伐絞. 邾人愛其土, 故賂以漷·沂之田而受盟."

≪春秋左傳·哀公三年≫

≪經≫: 「5월 신묘, 환궁桓宮과 희궁僖宮에 화재가 났다. 계손사·숙손주구가 군사를 이끌고 가 계양啓陽에 성을 쌓았다. 송나라의 악곤樂髡이 군사를 이끌고 가 조나라를 쳤다. 가을 7월 병자, 계손사가 졸했다.」487)

≪傳≫: 「여름 5월 28일, 노나라의 관부 사탁司鐸에서 불이 났다. 불길이 노애공의 공궁을 넘어 환궁(桓宮: 노환공의 사당)과 희궁(僖宮: 노희공의 사당)으로 옮겨붙었다. 이 때 진화하던 사람들이 말했다. "부고府庫를 잘 살펴라." 마침 공자의 제자 남궁경숙南宮敬叔이 도착해 주인(周人: 주왕조에 관한 문건 등을 관장하는 관원)에게 명하여 어서(御書: 군주가 보는 책)를 끌어낸 뒤 공궁 안에서 대기하도록 하면서 말했다. "그대에게 넘겨줄 것이니 만일 조금이라도 손실이 있으면 곧바로 죽게 될 것이다." 이 때 대부 자복경백子服景伯이 도착해 재인(宰人: 주방을 관리하는 『주례』의 宰夫와 유사)에게 명하여 ≪예서≫(禮書: 제사의 순서를 기록한 책)를 끌어내게 한 뒤 다음 명을 기다리도록 했다. 그러고는 소임을 다하지 못할 경우 규정에 의거해 조치하겠다고 엄명을 내렸다. 이어 교인(校人: 말을 총괄하는 관원)에게는 수레에 맬 4필의 말을 준비하게 하고, 건거(巾車: 수레를 총괄하는 관원)에게는 수레의 차축에 기름칠을 하게 했다. 또 백관百官에게는 각자 자신의 자리를 지키면서 부고의 경계를 더욱 강화하게 하고, 관인(官人: 관사를 담당하는 관원으로 당시에는 '관官'이 '관館'의 뜻도 지니고 있었음)에게는 숙급(肅給: 성실히 물자를 공급함)하게 했다. 나아가 유막(帷幕: 휘장) 등에 물을 적셔 건물을 덮고, 욱유(郁攸: 일종의 소화기)를 옆에 놓아두고, 물에 적신 물건을 이용해 공옥公屋을 덮었다. 태묘를 시작으로 밖에서 안으로 순차적으로 불을 꺼나가면서 부족한 소화 인력 등을 보충했다. 이와 동시에 명을 집행하지 않는 자가 있으면 곧 규정에 의거해 처벌하면서 전혀 사정을 두지 않았다. 대부 공보문백公父文伯이 도착해 교인에게 명하여 승거(乘車: 노애공의 수레를 지칭)에 말을 매도록 했다. 얼마 후 계환자季桓子가 도착해 노애공을 위해 수레를 끌다가 상위(象魏: 노나라 공궁의 궁문)의 바깥쪽에 멈춰섰다. 이어 진화하는 사람들에게 만일 사람이 상하게 되면 즉시 작업을 중지하도록 했다. 이는 재물은 불타 없어지더라도 다시 마련할 수 있기 때문이었다. 계환자는 또 『상위』(象魏: 전래의 법령집)을 잘 보관하도록 명하면서 말했다. "구장舊章을 손상하게 해서는 안 된다." 이 때 대부 부보괴(富父槐: 부보종생富父終生의 후예)가 도착해 충고했다. "아무런 대비도 없이

---

487) ≪春秋左傳·哀公三年≫(≪經≫): "五月辛卯, 桓宮·僖宮災. 季孫斯·叔孫州仇帥師城啓陽. 宋樂髡帥師伐曹. 秋七月丙子, 季孫斯卒."

창졸간에 백관들에게 불을 잡도록 하는 것은 습심(拾瀋: 땅에 흘린 국물을 주워 담음)하는 것과 같소." 이에 화도(火道: 불이 지나가는 길)에 있는 불에 타기 쉬운 마른 물건들을 모두 치운 뒤 공궁 주위를 도환(道還: 빙 둘러 불이 지나가는 화도를 뚫었다는 뜻으로, '還'은 '環'과 통함)했다. 당시 공자는 진陳나라에 있었는데 노나라에 큰 화재가 났다는 말을 듣고 말했다. "아마도 환궁과 희궁일 것이다." 가을, 노나라의 계환자가 병이 나 자리에 누웠다. 이에 가신 정상正常에게 당부했다. "나를 따라 죽는 일이 없게 하고, 남유자(南孺子: 계환자의 妻)가 낳은 아이가 사내아이면 군주에게 고하여 나의 후계자로 세우고, 계집아이면 비(肥: 계강자)를 후계자로 세우는 것이 가하다." 계환자가 죽자 계강자(季康子)가 계손씨 가문의 후계자가 되었다. 계강자가 계환자를 안장하고 조정에 나가 일을 본 지 얼마 안 돼 남유자가 아들을 낳았다. 이에 가신 정상이 그 아이를 수레에 태우고 조정으로 들어가 고했다. "돌아가신 분이 유언을 했는데 가신인 저에게 명하기를 '남씨(南氏: 남유자)가 아들을 낳으면 군주와 대부들에게 고하여 나의 후계자로 세우도록 하라'고 했습니다. 이제 아기를 낳았는데 아들이기에 감히 고합니다." 정상은 이같이 고한 후 곧바로 위나라로 달아났다. 이에 계강자가 자리를 물러나겠다고 청했다. 그러나 노애공이 대부 공류共劉를 보내 아이를 관찰하게 했다. 그러나 이 때는 이미 어떤 자가 아이를 죽인 뒤였다. 이에 아이를 죽인 자를 찾아내 처형한 뒤 정상에게 돌아오라고 불렀으나 듣지 않았다.」488)

≪史記·孔子世家≫

「가을에 계환자가 병이 심해져, 마차에 올라 노나라의 도성을 바라보고 한탄하며 말했다. "옛날에 이 나라는 거의 흥성할 수가 있었는데 내가 공자에게 죄를 지어 이에 흥성하지 못했다." 그러고는 다시 회고하면서 그의 계승자인 강자康子에게 일러 말했다. "내가 죽으면 너는 반드시 노나라의 상국이 될 것이다. 노나라의 상국이 되면 반드시 공자를 불러들여라."」489)

---

488) ≪春秋左傳·哀公三年≫(≪傳≫): "夏五月辛卯, 司鐸火. 火踰公宮, 桓·僖災. 救火者皆曰顧府. 南宮敬叔至, 命周人出御書, 俟於宮, 曰, '庀女, 而不在, 死.' 子服景伯至, 命宰人出禮書, 以待命. 命不共, 有常刑. 校人乘馬, 巾車脂轄, 百官官備, 府庫愼守, 官人肅給. 濟濡帷幕, 郁攸從之. 蒙葺公屋, 自大廟始, 外內以悛. 助所不給. 有不用命, 則有常刑, 無赦. 公父文伯至, 命校人駕乘車. 季桓子至, 御公立于象魏之外, 命救火者傷人則止, 財可爲也. 命藏象魏, 曰, '舊章不可亡也.' 富父槐至, 曰, '無備而官辦者, 猶拾瀋也.' 於是乎去表之槀楗, 道還公宮. 孔子在陳, 聞火, 曰, '其桓·僖乎!' 劉氏·范氏世爲昏姻, 萇弘事劉文公, 故周與范氏. 趙鞅以爲討. 六月癸卯, 周人殺萇弘. 秋, 季孫有疾, 命正常曰, '無死! 南孺子之子, 男也, 則以告而立之, 女也, 則肥也可.' 季孫卒, 康子即位. 既葬, 康子在朝. 南氏生男, 正常載以如朝, 告曰, '夫子有遺言, 命其圉臣曰, 南氏生男, 則以告於君與大夫而立之. 今生矣, 男也, 敢告.' 遂奔衛. 康子請退. 公使共劉視之, 則或殺之矣. 乃討之. 召正常, 正常不反."
489) ≪史記·孔子世家≫: "秋, 季桓子病, 輦而見魯城, 喟然歎曰: '昔此國幾興矣, 以吾獲罪於孔子, 故不興也.' 顧謂其嗣康子曰: '我即死, 若必相魯, 相魯, 必召仲尼.'"

≪孔子家語·曲禮子貢問≫

「계환자의 초상에 계강자는 연복練服만 입고, 쇠복衰服은 입지 않았다. 이것을 보고 자로가 공자에게 물었다. "이미 연복을 입었으니 쇠복은 입지 않는 것이 옳지 않습니까?" 공자가 말했다. "쇠의衰衣가 없고서는 손님을 대할 수 없는 법이다. 어떻게 쇠의를 버릴 수가 있겠느냐?"」490)

≪孔子家語·曲禮子貢問≫

「위공이 그 대부를 시켜서 계씨에게 혼인을 하자고 청했다. 이에 계환자가 여기에 대한 예를 공자에게 물으러 왔다. 공자가 말했다. "같은 성姓을 종宗이라 하는 것은 합족合族하는 의리가 있기 때문에 성씨를 한 계통으로 해서 분별을 하지 않고 먹기도 한 마루에서 하는 것이다. 그런데 이것을 달리하지 않으니 아무리 백 세대가 되었다 하더라도 혼인을 못하는 것은 주나라의 도가 그렇게 된 때문이다." 계환자는 또 물었다. "노나라와 위나라로 말하면 같은 형제에서 나누어진 나라입니다. 그러나 세대가 벌써 멀어졌으니 혼인을 한다고 해도 무방할 듯한데 어떻겠습니까?" 공자가 말했다. "대개 위로 조상을 받드는 것은 높은 이를 높이게 되는 것이며, 아래로 자손을 가르치는 것은 친절한 자를 친절히 하게 되는 것이며, 곁으로 형제까지 다스려 나가는 것은 화목한 것을 두터이 하는 것이다. 이것은 선왕 때부터 바꿀 수 없는 교훈이다."」491)

≪禮記·曾子問≫

「증자曾子가 물어 말하기를 초상집에 두 상주喪主가 있으며, 사당에 두 신주神主가 있는 것이 예절입니까? 공자가 말씀하시기를 하늘에 두 태양이 없으며, 땅에 두 왕이 없고, 가을제사와 여름제사와 하늘 신 제사와 땅 신 제사에 존숭함에 둘을 높임이 없나니, 그 예절이 됨을 알지 못하겠다. 옛날에 제나라 桓公이 갑자기 군사를 일으킬 때에 거짓으로 신주를 만들어서 군사를 출동하고, 돌아옴에 미쳐 조상의 사당에 보관하니, 사당에 두 개의 신주가 있는 것은 환공으로부터 비롯한 것이다. 초상집에 두 상주가 있음은 곧 옛날에 위衛나라 영공靈公이 노魯나라에 갔을 때에 계환자季桓子의 초상을 당하여 위나라 임금이 조문하기를 청하였다. 애공哀公이 사양하였

---

490) ≪孔子家語·曲禮子貢問≫: "季桓子喪, 康子練而無衰. 子遊問於孔子曰: '既服練服, 可以除衰乎?' 孔子曰: '無衰衣不以見賓, 何以除焉?'"
491) ≪孔子家語·曲禮子貢問≫: "衛公使其大夫求婚於季氏, 桓子問禮於孔子. 子曰: '同姓爲宗, 有合族之義, 故系之以姓而弗別, 綴之以食而弗殊, 雖百世婚姻不得通, 周道然也.' 桓子曰: '魯衛之先雖寡兄弟, 今已絶遠矣可?' 孔子曰: '固非禮也, 夫上治祖禰所以尊尊之, 下治子孫所以親親之, 旁治昆弟所以敎睦也, 此先王不易之敎也.'"

으나 허락을 얻지 못하였다. 애공이 상주가 되어 손님이 들어와서 조문함에 강자康子가 대문의 오른쪽에 서서 북쪽을 향하니, 애공이 맞이하여 읍하고 사양하면서 동쪽 계단으로부터 올라가 서쪽을 향하였다. 손님이 서쪽 계단으로부터 올라가 조문하니 애공이 절하고 일어나서 곡을 하거늘 강자가 상주의 자리에서 절하고 이마를 땅에 대었다. 이는 책임자로서 분별하지 못한 것이니 오늘날에 상주가 둘이 있는 것은 계강자季康子로부터 잘못된 것이다.」492)

---

492) ≪禮記·曾子問≫: "曾子問曰: 喪有二孤, 廟有二主, 禮與? 孔子曰: 天無二日, 土無二王, 嘗禘郊社, 尊無二上. 未知其爲禮也. 昔者齊桓公亟擧兵, 作僞主以行. 及反, 藏諸祖廟. 廟有二主, 自桓公始也. 喪之二孤, 則昔者衛靈公適魯, 遭季桓子之喪, 衛君請吊, 哀公辭不得命, 公爲主, 客人吊. 康子立於門右, 北面. 公揖讓升自東階, 西鄉. 客升自西階吊. 公拜, 興哭, 康子拜稽顙於位, 有司弗辯也. 今之二孤, 自季康子之過也."

≪孔子見季桓子≫ 主要參考文獻

馬承源 주편, ≪上海博物館藏戰國楚竹書(六)≫, 上海古籍出版社, 2007.
陳偉, 〈讀≪上博六≫條記〉, 簡帛, 2007.07.09.
陳偉, 〈讀≪上博六≫條記之二〉, 簡帛, 2007.07.10.
陳偉, 〈≪孔子見季桓子≫22號簡試讀〉, 簡帛, 2007.07.24.
何有祖, 〈讀≪上博六≫札記〉, 簡帛, 2007.07.09.
何有祖, 〈上博六札記(三)〉, 簡帛, 2007.07.13.
何有祖, 〈讀≪上博六≫札記(四)〉, 簡帛, 2007.07.14.
何有祖, 〈讀≪上博六≫札記三則〉, 簡帛, 2007.07.17.
何有祖, 〈上博楚簡≪孔子見季桓子≫字詞考釋〉, 中國文字研究, 第16輯, 2012年01期.
李銳, 〈≪孔子見季桓子≫新編(稿)〉, 簡帛, 2007.07.11.
李銳, 〈上博六札記二則〉, 簡帛, 2007.07.24.
李銳, 〈≪孔子見季桓子≫重編〉, 簡帛, 2007.08.22.
趙苑夙, 〈論≪孔子見季桓子≫之"盈於人"〉, 簡帛, 2008.06.28
李銳, 〈讀≪孔子見季桓子≫札記〉, 復旦大學出土文獻與古文字研究, 2008.03.27
凡國棟·何有祖. 〈≪孔子見季桓子≫札記一則〉, 簡帛, 2007.07.15
福田哲之, 〈≪孔子見季桓子≫1號簡的釋讀與綴合〉, 簡帛, 2007.08.06.
梁静, 〈≪孔子見季桓子≫校讀〉, 簡帛, 2008.03.04.
陳劍, 〈≪上博(六)孔子見季桓子≫重編新釋〉, 復旦大學出土文獻與古文字研究, 2008.03.22.
劉信芳, 〈≪上博藏六≫試解之三〉, 簡帛, 2007.08.09,
季旭昇, 〈≪上博六·孔子見季桓子≫譯釋, ≪國際儒學研究≫第17輯, 2010.
季旭昇, ≪說文新證≫, 福建人民出版社, 2010.
常佩雨, 〈上博簡孔子言論研究〉, 鄭州大學博士學位論文, 2012.05.
林聖峰, 〈≪上博(六)·孔子見季桓子≫簡5"君子行忨弗視也……"句疏釋〉, 簡帛, 2008.09.30.
蘇建洲, 〈讀≪上博六·孔子見季桓子≫筆記〉, 簡帛, 2007.07.24
蘇建洲, 〈讀≪上博(六)·孔子見季桓子≫筆記之二〉, 簡帛, 2007.09.08
張崇禮, 〈釋≪孔子見季桓子≫中的"榜專"〉, 簡帛研究. 2007.07.31
高佑仁, 〈≪孔子見季桓子≫剳記(一)〉, 簡帛, 2007.08.28
馬智忠, 〈≪孔子見季桓子≫研究〉, 廣西大學碩士學位論文, 2010.5.11.
常佩雨, 〈上博簡孔子言論文研究〉, 鄭州大學博士學位論文, 2012.05
滕壬生, ≪楚系簡帛文字編≫, 湖北教育出版社, 2008.
張守中, ≪睡虎地秦簡文字編≫, 文物出版社, 1994.
荊門市博物館, ≪郭店楚墓竹簡≫, 北京文物出版社, 1998.

李零, ≪郭店楚簡校讀記(增訂本)≫, 北京北京大學出版社, 2002.
劉釗, ≪郭店楚簡校釋≫, 福州福建人民出版社, 2005.
陳偉, ≪楚地出土戰國簡冊[十四種]≫, 北京經濟科學出版社, 2009.
高亨 著, 김상섭 옮김, ≪고형의 주역(周易古經今注)≫, 예문서원, 1995
李鏡池 著, ≪周易通義≫, 中華書局, 1981.
列子 지음, 김학주 옮김, ≪열자≫, 을유문화사, 2000
김필수·고대혁·장승구·신창호 옮김, ≪관자≫, 소나무, 2006
김학주 역주, ≪대학·중용≫, 서울대학교출판부, 1995
류종목 저, ≪논어의 문법적 이해≫, 2000
문선규 역, ≪신완역 춘추좌씨전上≫, 명문당. 2009
문선규 역, ≪신완역 춘추좌씨전中≫, 명문당. 2009
문선규 역, ≪신완역 춘추좌씨전下≫, 명문당. 2009
사마천 지음, 김원중 옮김, ≪사기열전1≫, ㈜민음사, 2007
사마천 지음, 김원중 옮김, ≪사기열전2≫, ㈜민음사, 2007
사마천 저, 김원중 역, ≪사기세가≫, ㈜민음사, 2010년
서정기 역주, ≪새 시대를 위한 예기 2≫, 한국학술정보. 2011
서정기 역주, ≪새 시대를 위한 예기 3≫, 한국학술정보. 2011
서정기 역주, ≪새 시대를 위한 예기 5≫, 한국학술정보. 2011
순자 저. 김학주 옮김, ≪순자≫, 을유문화사, 2008
양백준 역주, ≪論語譯注≫, 중문사, 2002
여불위 지음, 김근 옮김, ≪여씨춘추≫, 글항아리, 2012
이기동 역해, ≪시경강설≫, 성균관대학교 출판부, 2004
이민수 역, ≪공자가어≫, 을유문화사, 2003
임동석 역, ≪한시외전≫, 동 서문화사, 2009.
전관수, ≪한시어사전≫, 국학자료원, 2007
池載熙·李俊寧 역, ≪주례≫, 자유문고, 2002
劉安編者, 安吉煥 編譯, ≪신완역 회남자中≫, 명문당, 2001
南基顯 해역, ≪춘추번로≫, 자유문고, 2005
兪蕙善 역, ≪孝經≫, 홍문관, 2006
鄭秉燮 역, ≪역주 예기집설대전·월령≫, 학고방, 2010
劉向 撰, 林東錫 譯註, ≪列仙傳≫, 동서문화사, 2012.
허호구·이해권·이충구·김재열 역주, ≪國語1≫, 전통문화연구회, 2006
남기현 解譯, ≪春秋公羊傳≫, 자유문고, 2005
신동준 옮김, ≪春秋左傳≫, 한길사, 2006

11

顔淵問於孔子

복모좌濮茅左 정리整理

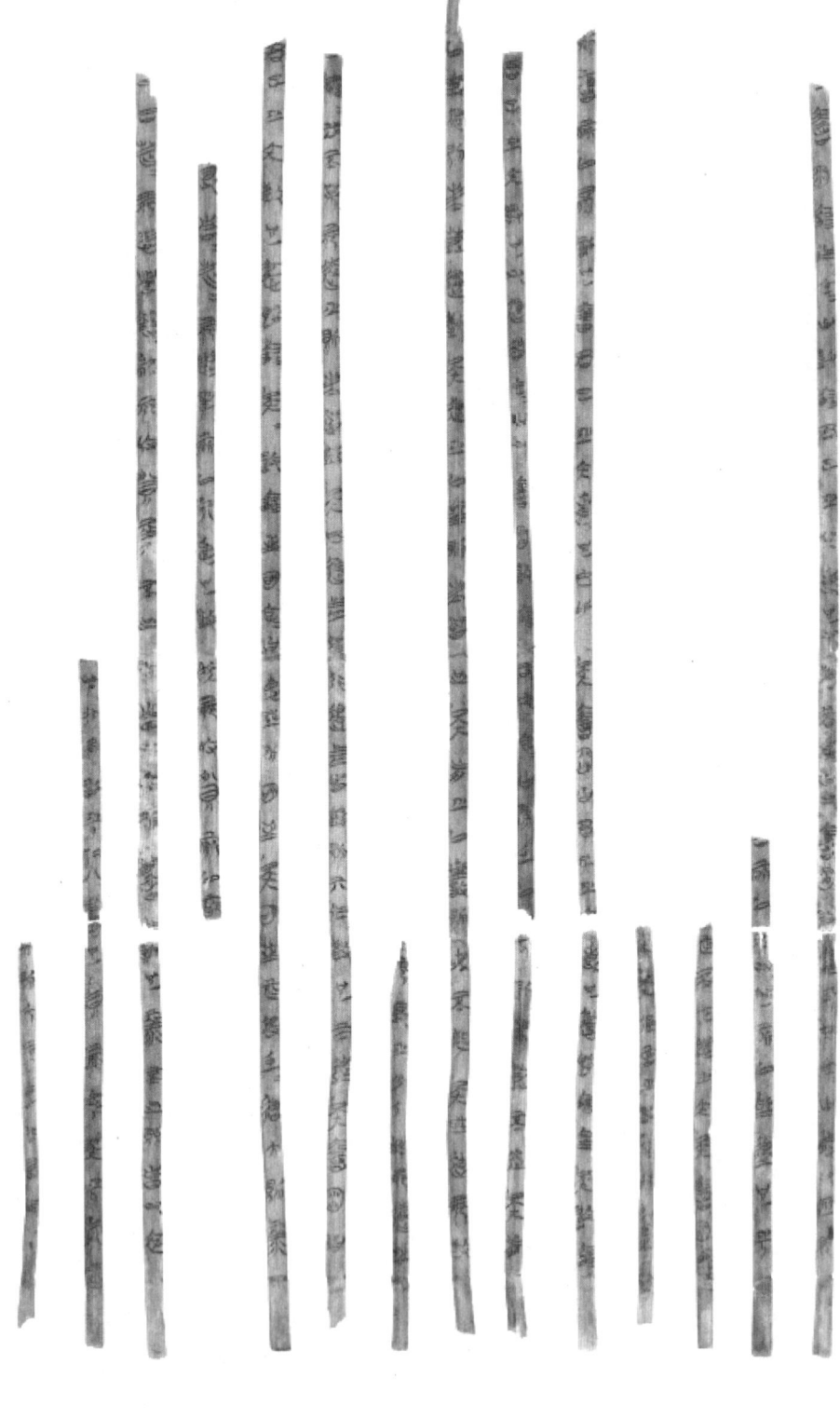

216 상해박물관장 전국초죽서 공자어록문

【說明】(복모좌濮茅左)

본 죽서는 진흙 덩어리 표층에 있었기 때문에 사람들의 손을 거치는 과정 중에서 파손된 것이 있다. 본편은 모두 14간이 있다. 비교적 완전한 제7간과 짝맞추기 한 기타 죽간을 근거해 볼 때, 본 죽간의 길이는 약 46.2cm, 넓이는 0.6cm, 두께는 0.12cm이다.

죽간의 양쪽은 편평하게 다듬어져 있고, 3곳의 편선 자국이 있다. 편선의 홈(계구契口)은 죽간의 오른쪽에 있고, 첫 번째 홈에서 맨 상단까지는 거리가 약 2.6cm이고, 첫 번째 홈과 두 번째 홈 사이의 거리는 약 20.5cm, 두 번째 홈과 세 번째 홈 사이의 거리는 약20.5cm, 세 번째 홈과 맨 하단까지의 거리는 약 2.6cm이다.

문자는 첫 번째 홈과 세 번째 홈 사이에 쓰여져 있고, 매 죽간마다 약 31자가 있다. 본 죽간은 천두天頭와 지각地脚이 있고, 죽간의 안 쪽 죽황문竹黃面에 문자를 쓰고 바깥 쪽 죽청면竹靑面은 공백으로 두었다. 문자는 총 313자이고, 그 중 합문合文은 7자, 중문重文은 6자이다.

본 죽간의 내용은 이미 산실된 유가儒家의 내용으로, 원래는 제목이 없었으나, 본 죽간의 앞 구절 「안연문어공자顏淵問於孔子」 구절 참고하여 제목으로 삼았다.

안연顏淵(BC 521-BC 481)은 성이 안顏이고 이름이 회回이며 자는 연淵이다. 자연子淵이라고 불린다. 노魯나라 사람으로 노魯 소공昭公 21년에 태어나서 노魯 애공哀公 14년에 죽으니 향년 41세이다.

≪史記·仲尼弟子列傳≫에서는 「안회顏回는 노魯나라 사람으로, 자는 자연子淵이며, 공자보다 서른 살이 적었다.」[1]라 하였고, 이개李鍇의 ≪尙史·孔子弟子傳≫에서는 「안자顏子는 공자의 나이 71세에 죽으니 안자顏子는 공자보다 서른 살 어리고, 향년 41세이다.」[2]라 하였다. 안연顏淵의 생몰년에 대하여 의견이 분분하다.

첫째, 「18세」에 죽었다는 설이다.

≪열자列子·역명力命≫: 「안연의 재주는 보통사람들 아래가 아니었지만 18세까지 밖에 살지 못했다.」[3]

≪갈관자鶡冠子·환류環流≫에서 육전陸佃은 「안연의 재주는 보통사람에 비겨 못할 것이 없었

---

1) ≪史記·仲尼弟子列傳≫: "顏回者, 魯人也, 字子淵. 少孔子三十歲."
2) ≪尙史·孔子弟子傳≫: "顏子之卒當在孔子七十一之年, 顏子少孔子三十歲, 是享年四十有一矣."
3) ≪列子·力命≫: "顏淵之才不出衆人之下, 而壽十八."

는데도 18세에 요절했다.」4)라 하였다.
　≪회남자淮南子·정신精神≫:「안연이 요절했다. 고유高誘의 주석에 '안연은 18세에 죽었다'라고 하였다.」5)
　≪후한서後漢書·낭의전郎顗傳≫:「옛날에 안자顏子는 18세까지 살았고, 천하의 사람들이 모두 그를 인인仁人이라 하였다.」6)

　둘째, 「31세」에 죽었다는 설이다.
　≪공자가어孔子家語·칠십이제자해七十二弟子解≫:「안회顏回는 노魯나라 사람으로, 자는 자연子淵이다. 29세 때에 머리가 세었으며, 31세에 일찍 죽었다.」7)

　셋째, 「32세」에 죽었다는 설이다.
　≪색은索隱≫에서 ≪孔子家語≫를 인용하여 「≪孔子家語≫에 또한 '29세에 백발이 되고, 32세에 죽었다'라고 했다.」8)라 했다.
　여연제呂延濟는 ≪문선文選·변명론辨命論≫의 注에서는 「안회顏回는 29세에 백발이 되고, 32세에 일찍 죽었다.」9)라 했다.

　넷째, 「노소공魯昭公28년」에 태어나서 「32세」에 죽었다는 설이다.
　≪사서석지우속四書釋地又續≫(卷上):「≪중니제자열전仲尼弟子列傳≫에서는 '안회는 공자보다 서른 살 어리다'고 했다. 내가 생각해보건대, '三十' 다음에 '七' 字가 빠졌으니, 아마도 노魯 소공昭公 28년 정해년丁亥年에 태어나서 노魯 애공哀公 12년 무오년戊午年에 죽은 것 같다. 지금 합산해 보면 32세이다.」10)

　다섯째, 「공자보다 37세 어리다」는 설이다.

---

4) 陸佃: "顏淵之才不出衆人之下, 而壽十八."
5) ≪淮南子·精神≫: "顏淵夭死. 高誘注云: 顏淵十八而卒."
6) ≪後漢書·郎顗傳≫: "昔顏子十八, 天下歸仁."
7) ≪孔子家語·七十二弟子解≫: "顏回, 魯人, 字子淵, 年二十九而髮白, 三十而一早死."
8) ≪索隱≫: "家語亦云: 年二十九而髮白, 三十而二死."
9) ≪文選·辨命論≫, 呂延濟注: "顏回年二十九而髮白, 三十而二早死."
10) ≪四書釋地又續≫(卷上): "≪仲尼弟子列傳≫顏回少孔子三十歲. 余謂三十下脫七字, 蓋生於魯昭公二十八年丁亥, 卒於哀公十二年戊午, 方合三十二歲之數."

≪사서강의곤면록四書講義困勉錄≫:「대개 안연은 공자보다 37세 어렸다.」11)

여섯째,「戊午年(哀公12년)」에 죽었다는 설이다.
≪갑자회기甲子會紀≫:「무오년戊午年에 공자는 69세였는데, 아들인 백어伯魚가 죽었고 안회가 죽었다.」12)

안연의 생평에 대하여 구체적으로 상세히 기록한 내용도 있다.

≪신편루항지新編陋巷志≫(齊魯書社, 2002年9月):「주周 경왕景王 24년, 즉 노魯 소공昭公 21년 하력夏曆 11월 16일에 태어나서 주周 경왕景王 39년 즉 노魯 애공哀公 14년 가을 8월 23일에 죽었다.」13))

안연은 유가儒家의 사과십철四科十哲 중 으뜸으로 꼽히며, 덕행을 실행한 제자로 유명하다. 일생 동안 벼슬하지 않았지만, 원대한 이상을 가지고 있었다.
그는 공자와의 대화에서 다음과 같이 말했다.

「不願仕. 回有郭外之田五十畝, 足以給飦粥, 郭內之田十畝, 足以爲絲麻, 鼓琴足以自娛, 所學夫子之道者足以自樂也. 回不願仕.」(≪莊子·雜篇·讓王≫)
벼슬하고 싶지 않습니다. 제게는 성곽 밖에 밭 오십 묘가 있으니 죽을 공급하기에 충분합니다. 성곽 안에는 밭 십 묘가 있으니 무명과 삼을 공급하기에 족합니다. 거문고를 타고 지내면 스스로 즐겁게 살기에 족합니다. 선생님에게서 배운 도는 스스로 즐겁게 살기에 족합니다. 저는 벼슬하고 싶지 않습니다.
「回願得明王聖主輔相之, 敷其五教, 敷布也五教, 導之以禮樂, 使民城郭不修, 溝池不越, 言無踰越溝池鑄劍戟以爲農器, 放牛馬於原藪, 廣平曰原澤無水曰藪也室家無離曠之思, 千歲無戰鬥之患, 則由無所施其勇, 而賜無所用其辯矣.」(≪孔子家語·致思≫)
저는 원컨대 밝고 착한 임금을 만나 그를 보좌하고 다섯 가지 가르침14)을 펴며 예와 악으로

---

11) ≪四書講義困勉錄≫: "蓋顏淵少孔子三十七歲耳."
12) ≪甲子會紀≫: "戊午年, 孔子六十九歲, 伯魚卒, 顏回卒."
13) ≪新編陋巷志≫: "出生於周景王二十四年·魯昭公二十一年(B.C.521), 夏曆十一月十六日, 卒於周景王三十九年·魯哀公十四年(B.C.481), 秋八月二十三日." 齊魯書社, 2002年9月.
14) '五教'는 '父義母慈兄友弟恭子孝'를 가리킨다. ≪書經·虞書·舜典≫, 擧八元, 使布五教于四方, 父義, 母慈, 兄友, 弟恭, 子孝, 內平外成.(8명의 善人을 등용하여 사방에 다섯 가지 가르침을 펴게 하니,

인도하여 백성으로 하여금 성곽을 수선할 필요가 없게 하고 도랑과 못을 넘어갈 일이 없도록 하며 칼과 창을 모두 불에 녹여 농기를 만들어 버리고, 소와 말을 넓은 언덕에 놓아먹이게 하며, 집안 식구들이 서로 떠나고 흩어질 생각이 없게 하고, 천년이 내려가도 싸움하고 다투는 근심이 없게 한다면 자로가 용맹을 베풀 곳도 없을 것이옵고, 子貢의 말재주도 쓸 데가 없게 될 것입니다.

공자는 안연의 미덕美德을 칭찬하였다.

「夫子凜然曰:『美哉！德也..』」(≪孔子家語·致思≫)
孔子가 엄숙한 표정으로 말했다. "참으로 아름답고 덕망이 있도다."
「不傷財, 不害民, 不繁詞, 則顔氏之子有矣..」15)(≪孔子家語·致思≫)
재물에는 상함이 없고 백성에게도 해가 없으며 말도 번거롭지 않은 것은 안연의 말이 제일이로다.

그의 어짊을 칭찬하였다.

「回也, 其心三月不違仁, 其餘則日月至焉而已矣..」(≪論語·雍也≫)
안회는 그 마음이 3개월 동안 仁을 떠나지 않았고, 그 나머지 사람들은 하루나 한 달에 한

아버지는 의롭고, 어머니는 자애로우며, 형은 우애하고, 아우는 공손하며, 자식은 효도하여 안팎이 화목하고 태평하였다.)

15) 孔子가 子路·子貢·顔淵과 農山으로 놀러 갔다가, 제자들에게 각자의 뜻하는 바를 말하게 하였다. 그 중 顔淵의 뜻이 제일인 것을 두고 한 말이다. 子路가 「由願得白羽若月, 赤羽若日, 鐘鼓之音, 上震於天, 旆旗繽紛, 下蟠於地, 蟠委由當一隊而敵之, 必也攘地千裏,攘卻搴旗執職, 搴取也取敵之旆旗職截耳也以效獲也唯由能之, 使二子者從我焉.(저의 소원을 말씀드리면 달처럼 둥근 백우선과 해같이 빛나는 적우선을 손에 들고, 북소리 위로 하늘에 진동하고 수많은 깃발이 아래로 땅을 덮을 때 제가 군대를 거느리고 쳐들어간다면 천리 밖 땅까지 물리칠 수 있을 것입니다. 또한 적의 깃발은 모조리 빼앗을 수 있을 것이오며, 적의 군사는 모두 포로로 잡아올 수 있을 것이옵니다. 이 일은 오직 저만 능히 해낼 수 있을 것이오니, 저 두 사람도 저를 쫓아 이일을 하라고 하시옵소서.)」라고 말하자, 孔子는 '용감하다[勇哉]'고 평가했다. 이어서 子貢이 「賜願使齊楚合戰於漭瀁之野, 漭瀁廣大之類兩壘相望, 塵埃相接, 挺刃交兵, 賜著縞衣白冠, 兵兇事故白冠服也陳說其間, 推論利害, 釋國之患, 唯賜能之, 使夫二子者從我焉.(제나라와 초나라가 넓은 들판에서 싸움을 하게 되면 두 진영은 서로 마주 바라보게 되고 티끌은 까맣게 연결될 것이며 칼을 뽑아 교전할 것입니다. 그럴 무렵에는 저는 흰 옷과 흰 갓 차림으로 그들 사이에 들어가 이해로 따져 싸움을 말리겠습니다. 이렇게 하면 두 나라는 전쟁을 중지하여 걱정을 해소하게 될 것입니다. 이 일은 오직 저만 능히 해낼 수 있는 일이오니 저들 두 사람도 저를 따르도록 해주십시오.)」라고 하자, 孔子는 말재주[辯哉]가 있다고 평가했다.

번 仁에 이를 뿐이다.

「回之所言, 親屬之言也.」(≪韓詩外傳≫)16)
안회의 말은 친속親屬 사이의 말이다.

그의 현명함을 칭찬하였다.

「賢哉回也! 一簞食, 一瓢飮, 在陋巷. 人不堪其憂, 回也不改其樂. 賢哉回也!」(≪論語·雍也≫)
어질다, 안회여! 한 그릇의 밥과 한 표주박의 음료로 누추한 시골에 있는 것을 딴 사람들은 그 근심을 견뎌내지 못하는데, 안회는 그 즐거움을 변치 않으니, 어질다, 顔回여!

그가 배우기를 좋아하는 것을 칭찬하였다.

「有顔回者好學, 不遷怒, 不貳過. 不幸短命死矣! 今也則亡, 未聞好學者也.」(≪論語·雍也≫)
안회라는 자가 배우기를 좋아하여 노여움을 남에게 옮기지 않으며 잘못을 두 번 다시 저지르지 않았는데, 불행히도 명이 짧아 죽었습니다. 그리하여 지금은 없으니, 아직 배우기를 좋아한다는 자를 듣지 못했습니다.

그의 미더움을 칭찬하였다.

「回之信賢於丘.」(≪孔子家語·六本≫)17)

---

16) ≪韓詩外傳≫: "子路曰: '人善我, 我亦善之, 人不善我, 我不善之.' 子貢曰: '人善我, 我亦善之, 人不善我, 我則引之進退而已耳.' 顔回曰: '人善我, 我亦善之, 人不善我, 我亦善之.' 三子所持各異, 問于夫子, 夫子曰: '由之所言, 蠻貊之言也, 賜之所言, 朋友之言也, 回之所言, 親屬之言也.'"(子路가 이렇게 말했다. "남이 나에게 잘해 주면 나도 그에게 잘 해주고, 남이 나에게 잘해 주지 않으면 나도 그에게 잘 해주지 않으련다." 子貢이 이렇게 말했다. "남이 나에게 잘 해 주면 나도 그에게 잘 해주고, 남이 나를 잘 해주지 않으면 나는 그를 인도하여 이끌어 주는 정도까지만 하겠다." 顔回는 이렇게 말했다. "남이 나에게 잘 해 주면 나도 그에게 잘 해 주고, 남이 나에게 잘 해 주지 않더라도 나는 그에게 잘 해 주겠다." 세 사람이 각각 의견을 달리하자 선생님께 물어 보기로 하였다. 그러자 孔子가 이렇게 말했다. "子路가 말한 것은 미개한 오랑캐와 같은 말이고, 子貢이 말한 것은 친구 사이에 할 수 있는 말이며, 顔回가 말한 것은 친속(親屬) 사이의 말이다.")
17) "子夏問於孔子曰: '顔回之爲人奚若?' 子曰: '回之信賢於丘.' 曰: '子貢之爲人奚若?' 子曰: '賜之敏賢於丘.' 曰: '子路之爲人奚若?' 子曰: '由之勇賢於丘.' 曰: '子張之爲人奚若?' 子曰: '師之莊賢於丘.' 子夏避席而問曰: '然則四子何爲事先生?' 子曰: '居, 吾語汝, 夫回能信而不能反, 賜能敏而不能詘, 由能勇而不能怯, 師能莊而不能同, 兼四子者之有以易吾弗與也, 此其所以事吾而弗貳也.'"(子夏가 孔子에게 물었다. "顔回의 사람됨이 어떠합니까? 孔子가 말했다." 顔回의 미더움은 나보다 나을 것이다. 子夏가 다시 물었다. "子貢의 사람됨은 어떠합니까?" 孔子가 말했다. "子貢의 예민함은 나보다 나을 것이다." 子夏가 또 물었다. "子路의 사람됨은 어떠합니까?" 孔子가 말했다. "子路의 용맹은 나보다 나을 것이다." 子夏가 또 물었다. "子張의 사람됨은 어떠합니까?" 孔子가

안회의 미더움은 나보다 나을 것이다.

공자가 안연을 매우 높이 평가하였다.

「弗如也! 吾與女(子貢)弗如也.」[18](≪論語·公冶長≫)
네가 안회만 못하다. 나는 네(자공子貢)가 그만 못함을 인정한다.
「可謂士君子矣.」[19](≪孔子家語·三恕≫)
사군자士君子[20]라고 말할 수 있을 것이다.
「回有君子之道四焉, 强於行義·弱於受諫·怵於待祿·恂恂惕也待宜爲得也愼於治身.」(≪孔子家語·六本≫)

안회에게는 군자의 도가 네 가지가 있다. 의리로 행하기는 강하게 하고, 간하는 말을 받아들이는 데는 약한 듯이 하며, 녹봉을 받는 데는 겁내는 듯이 하고, 몸을 다스리는 데는 삼가서 하는 것 등이다.

"善哉! 回也! 夫貧而如富, 其知足而無欲也. 賤而如貴, 其讓而有禮也. 無勇而威, 其恭敬而不失於人也. 終身無患難, 其擇言而出之也. 若回者, 其至乎! 雖上古聖人, 亦如此而已."(≪韓詩外傳≫)

"훌륭하다! 안회여! 무릇 가난을 부유함으로 여기려면 족함을 알아 욕심이 없어야 하고, 천함을 귀함으로 여기려면 사양하여 예를 갖출 수 있어야 하며, 용기 없음을 위엄으로 여기려면

말했다. "子張의 엄숙함은 나보다 나을 것이다." 子夏는 자리를 피하면서 물었다. "그렇다면 이 네 사람은 무엇 때문에 선생님을 섬기고 있습니까?" 그러자 孔子는 이렇게 말했다. "이리 오너라. 내 너에게 말해 주리라. 저 顔回는 믿음에는 능하나 돌이켜 생각하는 데는 능하지 못하고, 子貢은 예민하기는 하나 남에게 굽힐 줄을 모르고, 子路는 용맹하기는 하지만 능히 일에 겁낼 줄을 모르고, 子張은 엄숙하기는 하나 능히 화합할 줄 모르기 때문이다. 만일 이 네 사람에게 있는 장점을 한 사람이 겸하여 갖고서 엄숙한 경지에 이른다면 여기에는 나도 참여하지 못할 것이다. 하지만 그렇지 못하기 때문에 이 네 사람이 나를 섬겨 의심함이 없는 것이다.)

18) ≪論語·公冶長≫: "子謂子貢曰: '女與回也孰愈?' 對曰: '賜也何敢望回. 回也, 聞一以知十, 賜也, 聞一以知二.' 子曰: '弗如也. 吾與女弗如也.'(孔子가 子貢에게 말했다. "너는 顔回와 누가 나으냐?" 子貢이 대답했다. "제가 어떻게 감히 顔回를 바라보겠습니까? 顔回는 하나를 들으면 열을 알고, 저는 하나를 들으면 둘을 압니다." 孔子가 말했다. 네가 顔回만 못하다. 나는 네가 그만 못함을 인정한다.)

19) "路見於孔子. 孔子曰: '智者若何? 仁者若何?' 子路對曰: '智者使人知己, 仁者使人愛己.' 子曰: '可謂士矣.' 子路出, 子貢入, 問亦如之. 子貢對曰: '智者知人, 仁者愛人.' 子曰: '可謂士矣.' 子貢出, 顔回入, 問亦如之. 對曰: '智者自知, 仁者自愛.' 子曰: '可謂士君子矣.'(子路가 孔子를 뵈러 왔다. 孔子가 말했다. "지혜 있는 자는 어떠하며 어진 자는 어떠하냐?" 子路가 대답했다. "지혜가 있는 자는 남으로 하여금 나를 알게 하며, 어진 자는 남으로 하여금 자기를 사랑하게 합니다." 孔子가 말했다. "선비라고 말할 수 있을 것이다." 子路가 물러나고 子貢이 들어왔다. 孔子는 子路에게 묻던 방식과 똑같이 했다. 子貢이 대답했다. "지혜 있는 자는 사람을 알아보고 어진 자는 사람을 사랑합니다." 孔子가 말했다. "선비라고 말할 수 있을 것이다." 子貢이 물러나고 顔回가 들어왔다. 孔子는 子路에게 묻던 방식과 똑같이 했다. 顔回가 대답했다. "지혜 있는 자는 자기를 알고 어진 자는 자기를 사랑합니다." 孔子가 말했다. "士君子라고 말할 수 있을 것이다."

20) 사회적으로 지위가 있고 덕행이 높으며 학문에 통달한 사람을 가리킨다.

공경을 실행하여 남에게 실수가 없어야 하는 것이다. 또 종신토록 환난을 없이 하려면 그 말을 잘 선택하여 내뱉어야 하는 것이다. 만약 너처럼만 한다면 그것이 곧 지극한 것이다. 이는 옛날의 성인들조차도 그렇게만 하였을 뿐이란다."

「顏淵死, 子哭之慟.」(《論語·先進》)

(안연이 죽자, 孔子가 곡하기를 지나치게 애통해 했다.)

「子曰: "噫! 天喪予! 天喪予!"」(《論語·先進》)

(공자가 말했다. "아! 하늘이 나를 망하게 하였구나! 하늘이 나를 망하게 하였구나!)

「顏回死, 魯定公吊焉, 使人訪於孔子.」(《孔子家語·曲禮子夏問》)

(안회가 죽자, 노魯 정공定公이 조문하고 사람을 시켜 공자를 방문하게 했다.)

후에 안연을 존경하는 그의 시호가 많다. 당唐 태종太宗은 「선사先師」라는 시호를 하사하였고, 당唐 현종玄宗은 「연공兗公」, 송宋 진종眞宗은 「연국공兗國公」이라는 시호를 봉하였다. 또한 원元 문종文宗은 「연국복성공兗國復聖公」이라는 시호를 봉해주었으며, 명明 가정嘉靖은 「복성復聖」이라 높여 봉하였다.

역사적 유적으로는 안연에 관한 안묘顏廟·누항정陋巷井·악정樂亭과 비정碑亭 등이 있다.

본 죽간에서는 안연이 공자에게 「내사內事」·「내교內敎」·「지명至明」 등 세 가지에 관하여 가르침을 청하고 있다. 본 죽간에서 孔子가 직접 답변한 내용은 현행본 공자의 어록에 보이지 않는다.

안연은 「내사內事」에 관하여 공자에게 「감히 묻사온데, 군자의 내사內事에도 도가 있습니까?」(제1간)21)라 물었다.

「내사內事」는 종묘宗廟의 제사·조정朝廷과 궁내宮內 등의 일을 가리키는 것으로 《禮記·曲禮上》·《周禮·春官·世婦》·《國語·晉語八》 등에 그 내용이 보인다. 공자는 내사內事의 도는 먼저 「공경하며 정직해야 한다.」(제1간)22)라 했다. 곧 공경하고 삼가며 신중하고 바르게 해야 하고, 공경하지 않으면 바르지 않으며, 공경이란 만세의 영원불변한 것으로 백성의 공경하고 삼가는 것이 국가의 아름다움이 되는 것이다.

---

21) "敢窗(問)君子之內事也又(有)道唐(乎)?"(감히 묻사온데, 군자의 內事에도 도가 있습니까?)
22) "敬有征(正)."

안연은 또한 공자에게 「군자의 내교內敎에도 도가 있습니까?」(제6간)23)라 하여 '내교內敎'에 대하여 물었다. 공자는 내교內敎는 수신修身(몸을 닦음), 궁행躬行(몸소 행함), 도민導民(백성을 인도함)하는 것으로 중요한 항목이라 하였다.

첫째, 「수신을 더욱 돈독히 하면 백성이 따르지 않을 수 없다.」24)(제6간)라 하였다. 군자가 천하를 보다 먼저 근심하며 자신의 수양을 힘쓰고 처신할 때 근엄하며 예악의 근원에 능통하고 도덕의 귀속에 명백히 한다면, 백성들이 태만하지 않고 따르지 않을 수 없게 된다는 것이다.

둘째, 「겸손하고 정성을 다하면 백성이 어버이를 버리지 않을 것이다.」25)(제6, 7간)라 하였다. 군자가 근본에 힘쓰고 반드시 인애仁愛를 최우선으로 삼으며, 어버이를 친애하고 백성을 사랑하며, 성실히 실천하고 몸을 굽혀 모든 힘을 다하며, 선량한 사람을 등용하여 잘하지 못하는 사람을 가르치게 된다면, 백성들로 하여금 그 어버이를 잃지 않게 할 수 있다는 것이다.

셋째, 「검약으로써 인도하면 백성들이 족함을 알 것이다」26)(제7간)라 하였다. 백성을 공경하고 인도함에 검약으로써 인도하면 백성들은 사치심이 없어지며, 법도로써 절제를 가르치면 백성은 족함을 알 것이라는 것이다.

또한 「사양으로 겸손하면 백성들이 다투지 않을 것이다. 나라는 이 도로써 가르치다」27)(제7간)라 하여, 겸양으로써 인도하면 인도人道는 욕심을 부리며 채우는 것을 좋아하지 않고 겸허한 것을 좋아하여 남과 다툼이 없고 송사하는 일이 없게 된다. 겸허와 양보의 미덕은 사회를 조화롭게 하는 기초가 되고 나라의 태평과 백성의 평안을 담보한 것이다. 그래서 「양보하면 얻는다.」28)나 「다투면 잃는다.」29)(제8간)라 하여, 무릇 일은 양보하면 얻고, 얻으면 흥하고, 흥하면 화합된다 하였다. 다투면 잃고, 잃으면 혼란하고, 혼란하면 망하는 것이라는 것이다.

또한 안연은 공자에게 「감히 지극히 명확하게 해야 하는 것에 대해 묻사옵니다.」30)(제10간)라 하여 '지명至明'에 대하여 물었다. 공자는 사람을 알아보고 능력 있는 사람을 등용하고 녹을

---

23) "君子之內敎也又(有)道唐(乎)?"
24) "攸(修)身以尤, 則民莫不從矣."
25) "前(謙)以專(甸)忎(甸)則民莫遲(遺)新(親)矣"
26) "道(導)之以斂(儉), 則民智(知)足矣."
27) "前(謙)之以讓則民不靜(爭)矣. 或(國)迪而敎."
28) "國而昷(得)之."
29) "靜(爭)而達(失)之."
30) "敢窗(問)至明?"

신중히 내려야 하는 것을 명확히 해야 한다하였다. 공자는 「덕이 이루어지면 명분이 지극해질 것이며, 명분이 지극해지면 반드시 그에게 임무를 맡기고, 임무를 맡아 크게 다스리면 녹을 내려야 한다.」31)(제13간)라 하였다. 즉 덕을 이루는 것을 명확히 하고, 어진 사람을 임용한다는 것을 명확히 하고, 논공행상을 신중히 해야 한다는 것을 명확히 인식하여야 한다하였다. 또한 「몸소 실천하고 정직한」32) 것과 「가난하지만 안락하게」33)(제13간) 사는 도리에 대하여 명확히 인식해야 한다하였다.

안연과 ≪역경易經≫의 관련에 대하여, 이궤증李軌曾은 ≪揚子法言·問神≫에서 「안연이 스무 살에 공자와 더불어 ≪易≫을 논했다.」34)라 하였다. 「약관弱冠」은 남자가 스무 살에 처음하는 관례이다. ≪禮記·曲禮≫에서는 「스무 살을 '약관'이라고 한다.」35)라 하였다.

≪충파전衝波傳≫36)에 안연과 ≪易≫에 관련된 내용이 보이는데, 이 ≪衝波傳≫은 ≪詩名物疏≫의 목차에는 소설 항목에 속한다. ≪예문유취藝文類聚≫는 ≪衝波傳≫을 인용하여 「공자가 자공子貢에게 심부름을 시켰으나 오래도록 돌아오지 못했다. 공자가 제자들에게 점쳐보니 '정鼎' 괘가 나왔다고 하니, 모두가 다리가 없어 오지 못한다고 말했다. 안회顔回가 입을 가리고 웃었다. 孔子가 말했다. 안회가 웃으니, 子貢이 올 것을 말하는 것이구나. 안회가 말했다. 「다리가 없는 것은 배를 타고 와서 이르기 때문입니다.」 다음날 아침에 자공子貢이 과연 이르렀는데, 증험이 안회의 말과 같았다.37)라 하였다.

또 ≪周易·계사하繫辭下≫에는 공자가 안연을 언급하는 내용이 보이는데, 「공자께서 말씀하셨다. "안회는 아마도 〈易理의 실천에〉 거의 가까웠던 것 같다. 올바르지 않은 것이 있으면 알지 않은 적이 없었고, 알았으면 다시 저지르지 않았다. ≪易≫에서 말하기를 '멀리 가지 않고 돌아오면 후회하는 일에 이르지 않을 것이니, 크게 길하다'고 하였다"」38)라 하였다. 이밖에는 다른

---

31) "悳(德)城(成)則名至矣. 名至必俾壬=(任, 任)紿(治)大則彔(祿)"
32) "屰行而信."(행동을 거스리지 않고 믿음이 있게한다.)
33) "貧而安樂."
34) ≪揚子法言·問神≫, 李軌曾注 : "顔淵弱冠而與仲尼言≪易≫."
35) ≪禮記·曲禮≫: "二十曰弱冠."
36) ≪衝波傳≫은 이미 산실되었으나 그 내용의 일부는 梁代의 ≪殷芸小說≫·唐初≪藝文類聚≫와 宋初≪太平禦覽≫ 등에 보인다. 공자과 그의 제자들에 관련된 일종의 志怪小說에 해당된다.
37) ≪衝波傳≫: "孔子使子貢久而不來, 孔子謂弟子'占之遇鼎', 皆言無足不來, 顔回掩口而笑. 子曰: '回也哂, 謂賜來也. 曰: 無足者, 乘舟而來至矣.' 清旦朝, 子貢果至, 驗如顔回之言."
38) ≪周易·繫辭下≫: "子曰: 顔氏之子, 其殆庶幾乎? 有不善未嘗不知, 知之未嘗復行也.≪易≫曰: 不遠復,無祇悔, 元吉."

검증된 역사적 자료가 없다.

본편 중에 안연과 공자의 대화 가운데 「俑言之信, 俑行之敬」(제4간)39)이란 구절이 이 중 「용俑」자는 「庸(쓸 용, yōng)」자와 음이 통하고, 「경敬」자는 「謹(삼갈 근, jǐn)」자와 음과 뜻이 서로 통한다. 이 구절은 ≪周易·文言≫ 「庸言之信, 庸行之謹」40) 내용과 서로 밀접한 관련성이 있다. 이 내용은 역사적으로 안연과 공자는 확실히 ≪易≫을 말한 사실이 있음이 증명되었다.

본 죽서의 발견은 우리들이 공자와 안연顔淵의 사상, 일생의 사적事蹟, 유가儒家의 이론 등을 한층 더 연구할 수 있는 소중한 전국戰國시대의 문헌 자료이다.

---

39) "평상시 말을 미덥게 하고, 평상시 행실을 삼간다."
40) "평소의 말을 미덥게 하고, 평소의 행동을 신중히 한다."

第1簡

□害困窶於孔= 曰敢窶君子之内事也又道虐孔= 曰又害困敢窶可女孔= 曰敬又佢而

第 1 簡

□𧥺(顔)囦(淵)𥚛(問)於孔=(孔子)曰①:「敢𥚛(問)君子之內事也又(有)道虘(乎)②?」孔=(子)曰:「又(有)③.」𧥺(顔)囦(淵):「敢𥚛(問)可(何)女(如)④?」孔=(孔子)曰:「敬又(有)𢓊(正)⑤, 而

【해석】

안연이 공자에게 물었다. "감히 묻사온데 군자의 내사에 도가 있습니까?" 공자가 말했다. "있다." 안연이 "감히 묻사온데 어떠합니까?" 공자가 말했다. "경건하고 정중하며, 또한"

【上博楚竹簡原註】

본 죽간은 두 개의 죽간을 짝 맞추기 한 것이다. 상단은 길이는 28.2cm이고, 하단의 길이는 14cm이다. 합하여 길이는 42.2cm이다. 제일 윗부분이 파손되었고, 제일 아랫부분은 평평하다. 두 번째 홈에서 세 번째 홈까지의 거리는 대략 20.5cm이고 세 번째 홈에서 끝단까지의 거리는 2.6cm이다. 문자는 모두 35자가 있고, 그 중 합문은 3자이다.

① '𧥺囦𥚛於孔=曰'

「𧥺囦𥚛於孔=曰」 구절은「顔淵問於孔子曰」[1]로 읽는다.

「𧥺」은 의미부 '宀'·'文'·'言'으로 이루어져 있는데, 본 죽간 3·5·6·9간에도 보인다. 혹은 이 자는 「䛦」자로 「언言」자의 이체자가 아닌가 한다.(≪八≫卷의 ≪子道餓≫편을 참고할 수 있다)[2]

「연囦」자는 ≪설문해자≫에서의 「淵(못 연, yuān)」자의 고문이다. 안연顔淵(BC 521- BC 481)의 성은 안顔이고 이름은 회回이며 자는 자연子淵이다. 노魯 소공昭公 21년에 태어나서 노魯 애공哀公 14년에 죽으니 향년 41세이다. 「孔=」는「孔子」두 자의 합문이다.

【譯註】

[圖]자는 ≪上博楚簡≫제8권의 ≪子道餓≫(제2간)의 의미부 '文'과 '言'으로 이루어진 '[圖]'자나 ≪郭店楚簡·六德≫(제24, 36간)의 '[圖]'자와 유사하다.[3] 혹은 이 자는 '諺(상말 언, yàn)'의 이체

---

1) "안연이 공자에게 물었다."
2) ≪上海博物館藏戰國楚竹書(八)·子道餓≫, 123 쪽 참고.

자가 아닌가 한다.4) ≪君子爲禮≫에서는 '諺'자를 의미부 '言'과 '彦'의 생략형인 '▣'으로 쓰고, '안연顏淵'의 '顏'자로 읽는다.

'孔子'의 합문을 ≪孔子詩論≫은 '▣'로, ≪仲弓≫은 '▣'로 쓴다. 본 편의 '▣'자와 약간 형태가 다르다.5)

≪說文解字≫에서는 '▣(淵)'자의 혹체자를 '▣(開)'으로, 고문은 '▣(困)'으로 쓴다.

② '敢䎽君子之內事也又道虗'

「敢䎽君子之內事也又道虗」구절은 「敢問君子之內事也有道乎?」6)로 읽는다.

「내사內事」는 종묘宗廟의 제사, 조정朝廷, 궁내宮內 등의 일을 가리키며 바른 덕으로 內事를 처리하여야 하다. ≪禮記·曲禮上≫에서는 「외사外事에는 강일剛日7)을 택하고, 내사內事에는 유일柔日을 택한다.」8)라 하였는데, 공영달孔穎達「내사內事는 교내郊內의 일이다. 십간 중 을乙·정丁·기己·신辛·계癸의 다섯 짝이 유柔가 된다.」9)고 하였고, 손희단孫希旦은 ≪集解≫에서 「내사內事는 내신內神에게 제사지내는 것을 말한다.」10)라 하였다. ≪大戴禮記·哀公問於孔子≫에서 공자는 「안으로는 종묘의 예를 다스려서 천지의 신명에 짝할 수가 있고, 나가서 직언의 예를 다스려서 상하의 공경함을 세울 수 있다.」11)라 하였다. 이는 모두 종묘의 제사에 관한 내용이다.

≪國語·晉語八≫의 「공족公族의 공손치 못함과, 공실公室에 간사한 행위가 있는 것과, 조정朝廷 안의 간사한 일들과, 공족公族 대부의 탐욕스러움들은 제가 책임져야 하는 죄입니다.」12)라 했는데, 위소韋昭는 「내內는 조정朝廷의 안이다.」13)고 하였다. 이는 조정朝廷 내內의 일을 가리킨다.

---

3) ≪楚系簡帛文字編≫, 221 쪽.
4) 陳偉 等著, ≪楚地出土戰國簡冊十四種≫(經濟科學出版社), 2009, 240 쪽, ≪郭店楚簡·六德≫注36.
5) ≪楚系簡帛文字編≫, 1271 쪽.
6) "감히 군자의 내사에는 도가 있는 지를 묻습니다."
7) '강일剛日'은 일신日辰의 천간天干이 甲, 丙, 戊, 庚, 壬인 날이다. 이날은 양陽에 해당하는 날이므로 바깥일은 이날에 하는 것이 좋다고 한다.
8) ≪禮記·曲禮上≫: "外事以剛日, 內事以柔日."
9) 孔穎達≪疏≫: "內事, 郊內之事也. 乙丁己辛癸五偶爲柔也."
10) 孫希旦≪集解≫: "內事, 謂祭內神."
11) ≪大戴禮記·哀公問於孔子≫: "內以治宗廟之禮, 足以配天地之神明, 出以治直言之禮, 足以立上下之敬."
12) ≪國語·晉語八≫: "公族之不恭, 公室之有回, 內事之邪, 大夫之貪, 是吾罪也." '回'는 본 구절에서 '邪'의 의미로 쓰인다.
13) 「內, 朝內也.」

≪周禮·春官·世婦≫의「무릇 內事는 외관外官보다 통달해야하기 때문에 세부世婦가 그것을 관장한다.」14)라는 구절에 대하여, 가공언賈公彦은「왕후王后의 육궁六宮 안에서 징발하여 뽑는 일이 있을 때는 외관外官보다 통달함을 필요했다. 그래서 세부世婦와 궁경宮卿이 그것을 주관하고 두루 살피어 서로 공급하여 주게 했다.」15)라 하였다. 이는 궁 안의 일을 가리킨다.

≪尙書精義·康誥≫에서는「왕이 말하였다. 外事에 너는 이 법을 펴서 유사有司가 이 은나라의 벌에 질서가 있는 것을 본받게 하라. 장씨張氏가 말했다. 덕은 근본이고, 형벌은 말단이다. 덕은 안이고, 형은 바깥이다. 그러므로 임금은 덕을 내사內事로 삼아야 하고, 형벌은 외사로 삼아야 한다.」16)라 하여 덕德이 내사內事가 되고, 법法이 외사外事가 된다하였다. 「내사內事」는 혹 「입사入事」로 읽는다.

【譯註】

'내사內事'를 정리본은 종묘宗廟의 제사·조정朝廷이나 궁정宮內의 일을 가리킨다 하였다. 그러나 제 1간은 전체적인 내용으로 보아 제 12간과 관련이 있다. 본편에서 '內事'와 관련된 죽간의 문맥을 고려하여 다시 편련하면 '1+12A+2B+2A+11+12B+5'와 같이 배열할 수 있다. 위 내용들은 '유사有司'가 백성을 다스리면서 응당히 갖추어야할 필요 덕목에 대하여 언급하고 있다. 따라서 '內事'는 '군자가 벼슬을 한 뒤에 처음으로 벼슬자리에 나가는' '入仕'에 관한 필요한 덕목에 관한 내용으로 보인다.17) 즉 '내사內事' 즉 '입사入仕'로 읽을 수 있다.

③ '孔=曰: 又'

「孔=曰: 又」구절은「孔子曰: 有.」18)로 읽는다.「孔=」는 '孔子' 두 글자의 합문이다.

---

14) ≪周禮·春官·世婦≫: "凡內事有達於外官者, 世婦掌之." '世婦'는 본 구절에서 '宮中女官'을 가리킨다.
15) 賈公彦≪疏≫: "王后六宮之內, 有徵索之事, 須通達於外官者, 世婦宮卿主通之, 使相共給付授之也." '육궁六宮'은 고대古代 황후皇后의 침궁寢宮으로 정침正寢이 하나이고 연침燕寢이 다섯이다. '연침燕寢'은 임금이 평상시에 한가롭게 거처하는 전각을 말한다. '궁경宮卿'은 황후皇后 궁중宮中 중의 고급高級 근시近侍를 가리킨다.
16) ≪尙書精義·康誥≫: "王曰: 外事, 汝陳時臬, 司師, 玆殷罰有倫. 張氏曰: 德, 本也. 刑, 末也. 德, 內也, 刑, 外也. 故人君以德爲內事, 以刑爲外事." ≪書經集傳·康誥≫: "外事, 有司之事也. 臬, 法也, 爲準限之義. 言汝於外事, 但陳列是法, 使有司, 師此殷罰之有倫者, 用之爾. 呂氏曰: 外事, 衛國事也. 史記言康叔爲周司寇, 司寇王朝之官, 職任內事. 故以衛國, 對言爲外事.(外事는 有司의 일이다. 얼(臬)은 법이니, 준거할 경계가 되는 뜻이다. 너는 外事에 다만 이 법을 베풀어 펴서 有司로 하여금 이 은나라의 벌에 질서가 있는 것을 본받아 쓰게 할 것을 말한 것이다. 呂氏가 말했다. 外事는 나라를 지키는 일이다. ≪史記·管蔡世家≫에 강숙을 주나라의 사구로 삼았다 하니, 사구는 왕조의 관직으로 직분이 내사를 맡았으므로 나라를 지키는 것으로써 상대하여 外事가 된다고 말한 것이다.)
17) 陳偉, 〈≪顔淵問於孔子≫內事·內教二章校讀〉, 簡帛, 2011-07-22.

④ '敢𥥛可女'

「敢𥥛可女」 구절은 「감문여하敢問何如」19)로 읽는다.

⑤ '敬又征'

「敬又征」 구절은 「敬有正」20)으로 읽는다.

「敬(공경할 경, jìng)」은 '공경하다, 삼가다'의 뜻이다. ≪易·곡곤≫에서는 「군자는 경敬으로써 안을 곧게 한다.」21)라 했고, ≪곽점초간·성지문지成之聞之≫에서는 「근면 성실하게 백성을 삼가 공경하고 신중히 이끌어야 만이, 그 속에 담겨진 일(백성을 교화하고자 하는 일)이 백성의 마음 속 깊이 새겨진다.」22)라 하였다.

공자는 ≪禮記·哀公問≫에서 「감히 묻건대 무엇을 경신敬愼이라 합니까?」라 애공哀公이 묻자 「공경하고 삼감을 크게 여기다.」라 하고,23) ≪孔子家語·大婚解≫에서는 또한 「군자가 실언을 하면 백성이 그 말을 일컫고, 행동을 잘못하면 백성이 그 행동을 법으로 삼는 것입니다. 실언하지 않는 말을 일컫게 하고 그릇되지 않은 행동을 법으로 삼게 한다면 백성이 공경하여 명령대로 좇을 것입니다. 이와 같이 한다면 자기 몸을 공경한다고 할 것이니, 그러면 그 부모의 착한 이름이 이루어질 것입니다.」24)라 하였고, 공자는 또한 예禮를 숭상하여 ≪孔子家語·六本≫에서 「체통이 없는 예법도 공경으로 해야 한다.」25)라 했다.

예禮는 공경함을 큰 것으로 여긴다고 했다.

古之政, 愛人爲大, 所以治, 愛, 人禮爲大, 所以治, 禮, 敬爲大26). 敬之至矣, 大婚爲大. 大婚

---

18) "孔子가 말했다. 있다."
19) "감히 어떠한지를 묻습니다."
20) "경건하고 정중하다."
21) ≪易·坤≫: "君子敬以直內."
22) ≪郭店楚墓竹簡·成之聞之≫: "故君子之蒞民也, 身服善以先之, 敬愼以守之, 其所在者入矣."
23) ≪禮記·哀公問≫: "敢問何謂敬愼." "敬愼爲大."
24) ≪孔子家語·大婚解≫: "君子過言則民作辭, 過行則民作則, 言不過辭, 動不過則, 百姓恭敬以從命, 若是, 則可謂能敬其身, 則能成其親矣."
25) ≪孔子家語·六本≫: "無體之禮, 敬也."
26) "古之政, 愛人爲大, 所以治, 愛, 人禮爲大, 所以治, 禮, 敬爲大" 구절을 끊어 읽기를 달리하면 그 의미가 다를 수 있다.
   ① 古之政, 愛人爲大, 所以治. 愛人, 禮爲大, 所以治. 禮, 敬爲大.(다스린 것이다. 사람을 사랑하는 것은 예를 크게 여기므로 다스린 것이다.)
   ② 古之政, 愛人爲大, 所以治愛, 人禮爲大, 所以治禮, 敬爲大.(사랑을 다스리는 방법은 사람의 예를 크게 여기고,

至矣, 冕而親迎, 親迎者, 敬之也. 是故君子興敬爲親, 舍敬則是遺親也. 弗親弗敬, 弗尊也. 愛與敬, 其政之本與?(≪孔子家語·大婚解≫)

(옛날 정치는 사람을 사랑하는 것을 크게 여겼기 때문에 〈사랑에〉 힘쓰는 것이고, 사랑은 종묘에서 제사지내는 예禮를 크게 여기기 때문에 〈인예人禮에〉 힘쓰는 것이다. 예禮는 공경을 크게 여기고, 공경의 지극함은 임금의 혼례를 크게 여긴다. 임금의 혼례에 이르러 면류관을 쓰고 친히 맞는 것은 공경하기 때문이다. 이런 까닭으로 君子는 공경을 일으켜서 친하게 하는 것이니, 공경을 버리면 친함을 버리는 것이다. 친절하게 하지 않고 공경하지 않으면 높이는 것이 아니기 때문에 사랑하고 공경하는 것이 아마도 정치의 근본이 될 것이다.)

내사內事의 직분을 다하여 임금을 돕고 백성을 편안하게 하는 것은 덕을 행하는 실체이다. '경敬'이란 한마디로 백성이 공경과 삼가 하는 것이 나라의 미덕이 되는 것이다. ≪周禮·地官司徒·大司徒≫에서는 열두 가지의 가르침 중 첫 번째의 가르침을 「敬」이라 하였다.

「怔(황급할 정, zhēng,zhèng)」자에 대하여 양웅揚雄 ≪方言≫에서는 혹은 「悙(두려워할 정, zhēng)」자로 쓰고, 「正」으로 읽는다. 「敬有正」은 「敬愼重正」의 의미와 같다. ≪禮記·昏義≫에서 「공경하고 삼가 혼례를 무겁고 바르게 여기는 까닭이다.」[27]라 하였고, ≪正義≫에서는 「'敬愼重正'이란 혼례를 올리는 때 반드시 공경하고 근신하여 합례合禮를 존중한 뒤에야 남녀가 서로 친해짐을 말한 것이다. 만약 경건하고 정중하지 않으면 부부가 시간이 지나면 반드시 이혼하고 서로 친하지 않을 것이다. 혼례를 예의 근본이라고 하는 것은, 부부의 혼인하는 예가 모든 예의 근본이므로 혼례를 예의 근본으로 삼는 것이다. 혼인이 제 자리를 얻으면 기운을 받아 순정하고 화평하다. 그래서 자식을 낳으면 반드시 효도하고, 임금을 섬기면 반드시 충성한다. 효도하면 부모와 자식 간에는 친함이 있고, 충성을 하면 조정은 바루어진다. 그러므로 ≪孝經≫에서 '돌아가셨을 때에는 그 슬픔을 다하라', '제사를 모실 때에는 그 엄숙함을 다하라'고 했는데, 이는 혼례가 모든 예의 근본이 되기 때문이다.」[28]라 하였다. ≪大戴禮記·武王踐阼≫에서는 또한 「무릇 일이란, 힘쓰지 않으면 구부러지고(왜곡되고) 공경하지 않으면 바루어지지 않으니, 구부러진

예를 다스리는 방법은 공경을 큰 것으로 여긴다)
③ 古之政, 愛人爲大. 所以治愛人, 禮爲大. 所以治禮, 敬爲大.(사람을 사랑하는 방법은 예를 큰 것으로 여기고, 예를 다스리는 방법은 공경을 큰 것으로 여긴다)

27) ≪禮記·昏義≫: "所以敬愼重正昏禮也."
28) ≪禮記正義≫: "敬愼重正者, 言行婚禮之時, 必須恭敬勤愼, 尊重正禮, 而後男女相親. 若不敬愼重正, 則夫婦久必離異, 不相親也. 婚禮者, 禮之本也者, 夫婦婚姻之禮, 是諸禮之本, 所以婚禮爲禮本者. 婚姻得所, 則受氣純和, 生子必孝, 事君必忠, 孝則父子親, 忠則朝廷正, 故≪孝經≫云: '喪則致其哀', '祭則致其嚴', 是婚禮爲諸禮之本也."

것은 소멸되고 공경하는 것은 만세토록 영원하다」29)라 하였다.

이 구절은 혼례를 경건하고 정중하게 해야 한다는 것에 대하여 말한 것이다. 이 또한 내사內事에 속한다.

「徎」자는 혹은 「徵(부를 징, zhēng,zhǐ)」으로 읽을 수 있다. ≪集韻≫에서는 「'徵'자는 '부르다', '밝히다', '이루다', '증거'의 뜻이다)」30)라 했다.

본 죽간 뒤 부분은 파손된 문자들이 있다.

【譯註】

'徎'자를 정리본은 '徎'자로 예정하고 '正'으로 읽었다.

≪武王踐阼≫ 제 8-9간은 "楹之銘曰: "毋曰胡殘, 其禍將然, 毋曰可(何)惕(傷), 㭊(懲)牀(將)長, [毋]曰亞(胡)害, 㭊(懲)牀(將), 毋曰可(何)戔(殘), 㭊(懲)牀(將)言(延).''31) 구절을 ≪大戴禮記≫는 "桯(楹)名(銘)母(誨): "毋曰胡殘, 其禍將然, 毋曰胡害, 其禍將大. 毋曰胡傷, 其禍將長."(陳佩芬 정리석문)32)으로 쓴다. 이 중 '㭊'자를 정리본은 '懲(혼날 징, chéng)'으로 읽고 있으나, ≪大戴禮記≫는 '㭊'자에 해당되는 부분을 모두 '禍(재화 화, huò)'자로 쓴다. 이 '㭊'자는 의미부 '示'와 소리부 '化'로 이루어진 자로 '祡'자로 예정하기도 하고 '示(其)祡'의 합문으로 보기도 한다.33) 본 죽간의 '徎'자와 '㭊'자를 비교해 볼 때, '㭊'자는 '示(其)祡' 합문이고, '徎'자는 '祡'로 예정하는 것이 옳은 것 같다.

≪仲弓≫ 제 7간에서는 "老=慈幼, 先又司, 擧磃才, 惑佗愆辠."34)라 하였는데, 이 중 '惑佗(惑佗)' 두 자는 혹은 본 구절의 '徎(又祡)'와 같은 의미로 '유과有過'로 읽는 것이 아닌가 한다. '宥過'는 '죄과를 용서하다'는 뜻이다.

'敬'자는 그 다음 구절 '죄과를 용서하다(有過)' 내용을 참고하여 '儆(경계할 경, jǐng)'으로

---

29) ≪大戴禮記·武王踐阼≫: "凡事, 不强則枉, 弗敬則不正, 枉者滅廢, 敬者萬世."
30) ≪集韻≫: "徵, 召也, 明也, 成也, 證也."
31) ≪上海博物館藏戰國楚竹書(七)·武王踐阼≫, 159 쪽.
32) "침상 앞 탁자(혹은 기둥)에는 '손해 볼 것이 뭐가 있냐?'고 말하지 마라. 징벌이 오래 갈 것이다. '해로울 것이 뭐가 있냐?'고 말하지 마라. 징벌이 클 것이다. '피해 볼 것이 뭐가 있냐?'고 말하지 마라. 징벌이 지속될 것이다'라는 가르침을 새겼다."
33) 楊華, ≪上博簡≪武王踐阼≫集釋(上)≫, 井岡山大學學報, 第31卷第1期(2010.1), 128 쪽.
34) "노인을 공경하고 어린이를 보살펴야 한다. 우선 有司를 임명하여 각자의 일은 담당토록 하고, 현명한 인재를 추천하여 임용하여야 한다. 또한 작은 과실을 용서하고, 죄는 바로 잡아야 한다."

읽을 수 있다.35) ≪상박초간·性情論≫ 제 33간 "宜(義), 敬之方也"36)의 '▦(敬)'자의 형태와 비슷하다. ≪郭店楚簡·性自命出≫에서는 '▦'(제 39간)으로 쓴다. ≪性情論≫에서는 왼쪽 자건 字件을 '月'형과 비슷하게 쓰고 있으나, '句'의 형태가 변화한 것이다. ≪性情論≫ 제 12간에서는 '敬'자를 '▦'으로 쓴다.37) 본 구절에서는 '경고하다'라는 의미로 쓰인다(부록 참고).

---

35) 陳偉, <≪顏淵問於孔子≫內事·內教二章校讀>, 簡帛, 2011. "'敬'應讀爲'儆', 警告·使戒懼的意思."
36) "義道는 敬愛의 준칙이다"
37) "孨▦(君子)兊(媺)亓(其)情, 貴亓(其)宜(義), 善亓(其)節, 好亓(其)頌(容), 樂亓(其)道, 兊(悅)其孝, 是㠯(以)敬安(焉)▪"(군자는 禮의 情을 가꾸어 아름답게 하며, 禮의 義理를 尊貴하게 하며, 예의 절도를 선호하고, 儀容을 아름답게 하고, 正道 행하기를 기뻐하고 즐거워하며, 服禮의 가르침을 좋아하기 때문에 서로 능히 공경한다.)

第2簡

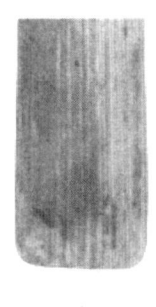

□所以敬又征所以爲退也先

第 2 簡

……□所以敬又(有)征(正)①, 所以爲退也. 先②

【해석】

……경건하고 정중하고, 이른바 겸양해야 한다. 먼저

【上博楚竹簡原註】

본 죽간의 두 개의 죽간을 짝 맞추기한 것이다. 상단의 길이는 3cm이고 하단의 길이는 14.1cm이다. 위는 파손되었고, 아래는 평편하다. 세 번째 홈에서 끝단까지의 거리는 2.6cm이다. 모두 11자이다.

① '所以敬又征'

「所以敬又征」은 「所以敬有正(경건하고 정중하다)」의 의미이다.

② '所以爲退也. 先'

「所以爲退也. 先」은 「所以爲退也. 先」의 의미이거나, 혹은 「所以爲退也先」의 의미이다.

「선先」자에 대하여 ≪설문해자≫에서는 「'先'은 '앞으로 나아가다'의 의미이다. 의미부 '儿'과 '之'를 쓴다.」38)라 하였다.

【譯註】

제일 앞 '▨'자는 자적으로 보아 '司'자이고 이 앞 자는 '有'자가 아닌가 한다. 초간에서 '司'자는 '▨'·'▨'로 쓴다.39)

'▨'자를 정리본은 '退(물러날 퇴, tui)'자로 예정하고 있다. ≪郭店楚簡≫은 '退'자를 '▨'·'▨'·'▨'로 쓴다.40) 혹은 '緩(느릴 완, huǎn)'으로 예정하고 '寬(너그러울 관, kuān)'으로 읽기도

---

38) ≪說文解字≫: "先, 前進也. 从儿, 从之."
39) ≪楚系簡帛文字編≫, 805 쪽.
40) ≪楚系簡帛文字編≫, 180, 181 쪽.

한다.41) ≪上博楚簡·容成氏≫는 '緩'자를 '🈁'·'🈁'으로 쓴다.42) 문자의 형태와 내용으로 보아 정리본에 따라 '退'로 해석하는 것이 옳다.

본 죽간의 전후 내용으로 보아 '2B+2A'의 순서이고 '先有司'에 관한 내용으로 보인다. ≪仲弓≫ 제 7간에서 "老=慈幼, 先又司, 䝣殹才, 惑㤅慇㫑."라 하였는데, 이 내용을 참고하면 '2B+2A'는 제 11간과 연결되는 내용이다. 제 11간은 "夏(得)靑=(情情). 老=(老老)而懋(慈)斅(幼), 所以凥(居) 惪也, 敓(敚)絞(繳)而收貧, 所以取"라 하였다. 有司는 먼저 '노인을 공경하고 어린 아이를 사랑으로 보살피면 仁에 있을 수 있게 된다. 가렴苛斂을 없애고 빈자貧者를 구제해 주면 백성과 친하게 지낼 수 있다'는 내용이다(부록 참고).

---

41) 陳偉, <≪顏淵問於孔子≫內事·內教二章校讀>, 簡帛, 2011. "寬緩均可用之于政. ≪韓非子·五蠹≫即有'寬緩之政'. 古書中, 似'寬政'更爲常見."
42) ≪楚系簡帛文字編≫, 1109 쪽.

第3簡

必不才戀之内矣害困西

第 3 簡

必不才(在)戀之內矣.」睪(顏)困(淵)西

【해석】
반드시 연정戀情 안에 있지 않는 것이다. 안연이 서쪽으로……

【上博楚竹簡原註】
본 죽간의 길이는 14cm이다. 위는 파손되었고, 아래는 편평하게 다듬어진 모양(平頭)이다. 세 번째 홈에서 끝단까지의 거리는 2.4cm이다. 모두 10자이다.

① '必不才戀之內矣'
「必不才戀之內矣」는 「必不在戀之內矣」로 읽는다.
「戀」은 자전에 보이지 않으나, 「戀(사모할 연, liàn,lián)」의 이체자가 아닌가 한다.

【譯註】
'▨'자를 정리본은 '戀'자로 예정하고 '연戀'으로 읽고 있으나, 본 구절에서는 대사代詞인 '玆(이 자, zī,cí)'로 읽는 것이 아닌가한다. 제 12간에서 '▨(戀)'자는 '慈(사랑할 자, cí)'의 뜻으로 쓰인다. 이 자는 소리부가 '戀'로, '戀'자는 '자慈'의 이체자이다. 초간에서는 '▨'로 쓴다.[43]

② 睪困西
「睪困西」는 「顏淵西」로 읽는다. 아래에 누락된 부분은 「顏淵西游於宋」[44] 구절로 보충할 수 있을 것 같다.
≪孔子家語·賢君≫에서는 「안연이 장차 서쪽 송나라에 놀러가게 되어, 孔子에게 물었다. "몸가짐은 어떠해야 합니까?" 공자가 말했다. "공경하고 충성되고 미덥게 할 뿐이다. 〈얼굴 모습을〉 공손하게 하면 환난을 멀리할 수 있고, 〈마음을〉 공경하게 가지면 남들이 자신을 사랑해주며,

---

43) ≪楚系簡帛文字編≫, 912쪽.
44) "안연이 서쪽 송나라로 놀러가다."

〈행동을〉 충성스럽게 하면 여러 사람들과 화목하게 지내고, 〈말을〉 미덥게 하면 남들이 자신을 신임할 것이다. 이 네 가지를 부지런히 하면 나라의 정치에도 참여할 수 있을 것이니, 어찌 다만 자신 한 사람의 몸가짐이겠느냐? 그러므로 무릇 가까이 있는 사람에게 친절하지 않고 멀리 있는 사람에게만 친절하면 이 역시 잘못된 것이 아니겠느냐? 그 마음은 닦지 않고 겉모습만 꾸민다면 이 역시 거꾸로 하는 것이 아니겠느냐? 생각은 먼저 정하지 않고 일에 임해서 도모한다면 이 역시 늦은 것이 아니겠느냐?)」45)라 하였다.

본 죽간 아랫부분에 잔실된 문자가 있다.

---

45) ≪孔子家語·賢君≫: "顏淵將西遊於宋, 問於孔子曰: '何以爲身?' 子曰: '恭敬忠信而已矣. 恭則遠於患, 敬則人愛之, 忠則和於眾, 信則人任之, 勤斯四者, 可以政國, 豈特一身者哉. 故夫不比於數, 而比於疏, 不亦遠乎, 不修其中, 而修外者, 不亦反乎, 慮不先定, 臨事而謀, 不亦晚乎.'"

第4簡

內矣俑言之信俑行之敬

第 4 簡

內矣. 甬(庸)言之信, 甬(庸)行之敬(謹)

【해석】
평상시의 말을 미덥게 하고, 평상시의 행실을 삼가 공손하게 한다.

【上博楚竹簡原註】
　본 죽간의 길이는 13.2cm이고, 위아래가 파손되었다. 세 번째 홈에서 끝단까지의 거리는 1.6cm이다. 모두 10자이다.

　① '甬言之信, 甬行之敬'
　「甬言之信, 甬行之敬」 구절은 「庸言之信, 庸行之謹」으로 읽는다.
　「甬(허수아비 용, yǒng)」자에 대하여 ≪설문해자≫에서는 「'아프다'라는 뜻이다. 의미부 '人'과 소리부 '용甬'으로 이루어진 자이다.」46)라 하였다. 이 구절에서는 「庸(쓸 용, yōng)」의 의미로 쓰인다. 음이 서로 통한다.
　「신信」은 안으로는 자기를 속이지 않고, 밖으로는 남을 속이지 않아 겉과 속이 한결같음을 말한다.
　≪孔子家語·儒行解≫에서 공자가 안연의 「신信」을 높이 평가하며, 「말은 반드시 정성스럽고 미덥게 하며, 행동은 반드시 충성스럽고 정직하게 한다.」, 「선비 중에는 금과 옥을 보배로 여기지 않고 충성과 신의를 보배로 여기는 이가 있다」, 「선비 중에는 충성과 신의를 갑옷과 투구로 삼고 예절과 의리를 방패로 삼는 이가 있다」, 「말은 더욱 미덥게 하며, 행동은 더욱 공경히 하다.」47)라 하였다.
　≪孔子家語·六本≫에서는 또한 「자하子夏가 공자에게 물었다. "안회顔回의 사람됨은 어떠합니까?" 공자가 말했다. "안회의 신의는 나보다 낫다."」48)라 하였다.

---

46) ≪說文解字≫: "痛也. 从人甬聲."
47) ≪孔子家語·儒行解≫: "言必誠信, 行必忠正", "儒有不寶金玉, 而忠信以爲寶", "儒有忠信以爲甲冑, 禮義以爲干櫓", "言加信, 行加敬."
48) ≪孔子家語·六本≫: "子夏問於孔子曰: '顔回之爲人奚若?' 子曰: '回之信賢於丘.'"

「경敬」은 혹 「謹(삼갈 근, jǐn)」자로 읽을 수 있다.

「俑(庸)言之信, 俑(庸)行之敬(謹)」 구절 내용은 ≪周易·乾·文言≫에도 보이는데, 「두번 째 양효(九二)에서 말하길 '나타난 용이 밭에 있으니 대인을 보는 것이 이롭다'고 했는데, 무엇을 말한 것입니까? 공자께서 말했다. "용의 덕을 가지고 바르고 알맞은 자리에 있는 자이니, 평소의 말을 미덥게 하며, 평소의 행동을 신중히 하며, 비뚤어진 마음을 막고 정성스러운 마음을 보존하며, 세상을 좋게 해도 자랑하지 않아서, 덕이 넓어져 진리를 얻어야 한다.≪易≫에서 말하기를 '나타난 용이 밭에 있으니 대인을 보는 것이 이롭다'라고 했으니, 바로 임금의 덕이다."」49)라 하였다. 이에 대해 공영달孔穎達이 ≪正義≫는 「'평상시 말을 미덥게 하고, 평상시 행실을 삼가다'라는 것에서 '庸'은 '중용中庸'을 말하는데, '庸'은 '항상(떳떳하다)'이라는 의미이다. 처음부터 끝까지 항상 말을 신실하게 하고 항상 행실을 삼간다.」50)라 하였고, 주자朱子의 ≪주역본의周易本義≫는 「항상 말할 때도 미더우며, 항상 행동할 때도 삼가니, 크고 훌륭한 덕의 지극함이다.」51)라 하였다. 유가儒家에서는 '신信'과 '근謹'을 성인聖人의 덕으로 삼는다.

본 죽간 뒤 부분은 파손된 문자가 있다.

---

49) ≪周易·乾·文言≫: "九二曰: '見龍在田, 利見大人', 何謂也? 子曰: '龍德而正中者也. 庸言之信, 庸行之謹, 閑邪存其誠, 善世而不伐, 德博而化.'≪易≫曰'見龍在田, 利見大人', 君德也." '九二'는 ䷀卦의 두 번째 陽爻 '重天乾卦·九二'를 가리킨다. 程頤 ≪伊川易傳≫은 "在卦之正中, 爲得正中之義."(괘의 정 가운데에 있으니, 正中의 뜻을 얻은 것이다.)라 하였고, 尚秉和 ≪周易尚氏學≫은 "二居下卦之中, 故曰正中. ……二雖未升五爲君乎, 然君德已具, 必升五也."('九二'는 하 괘의 가운데에 있다. 그러므로 '正中'이라고 말한다. …… '九二'는 비록 아직 '九五'에 올라 임금이 되지 못하였다. 하지만 임금의 덕이 이미 갖추어졌으니, 반드시 '九五'에 오를 것이다.)라 하였다.
50) 孔穎達≪疏≫: "庸言之信, 庸行之謹⑪者, 庸謂中庸, 庸, 常也. 從始至末, 常言之信實, 常行之謹愼."
51) 朱子≪周易本義≫: "常言亦信, 常行亦謹, 盛德之至也."

第 5 簡

則說所以尙信也奮君子之内事也女此矣害困曰君子之内事也悼既窘命矣敢窘

第 5 簡

則訧, 所以耑(端)信也奮. 君子之內事也女(如)此矣.」 睿(顏)囦(淵)曰:「君子之內事也, 悼(回)既螶(聞)命矣. 敢螶(問)

【해석】
"즉 잘못이고, 올바른 믿음은 오랜 동안 발양할 수 있다. 군자의 내사는 이와 같다." 안연이 말했다. "군자의 내사는 저 회가 이미 가르침을 들었습니다. 감히 묻사온데……

【上博楚竹簡原註】
본 죽간은 두 개의 죽간을 짝맞추기한 것이다. 상단의 길이는 29.3cm이고, 하단의 길이는 14cm이다. 윗부분은 파손되었고, 아랫부분은 평평하다. 두 번째 홈에서 세 번째 홈까지의 거리는 20.3cm이고, 세 번째 홈에서 하단까지의 거리는 2.5cm이다. 문자는 모두 33자이다.

① '則訧'

「訧(허물 우, yóu)」자에 대하여 ≪설문해자≫에서는 「'죄'라는 뜻이다. 의미부 '言'과 소리부 '우尤'로 이루어진 글자이다. ≪周書≫에서는 '많은 죄로써 갚는다'라고 했다.」52)라 하였다.

【譯註】

'▨'자를 정리본은 '訧'자로 예정하고 있으나, 제 12간 '▨(訇)'자의 이체자로 '詞(말씀 사, cí)'자가 아닌가 한다. ≪곽점초간≫은 '詞'자를 '▨'로 쓰고, ≪상박초간≫은 '▨'로 쓴다.53) '詞'자는 '사양하다'의 '사辭'로 읽는다.

② '所以耑信也奮'

「耑(시초 단, duān, zhuān)」자에 대하여 ≪설문해자≫는 「'耑'은 사물이 처음 생겨난 꼭대기이다. 위는 생겨난 모양을 본떴고, 아래는 그 뿌리를 본떴다.」54)라 하고, ≪集韻≫은 '端(바를 단,

---

52) ≪說文解字≫: "訧, 罪也. 从言, 尤聲. ≪周書≫曰: '報以庶訧.'"
53) ≪楚系簡帛文字編≫, 807 쪽.

duān'자에 대하여 「端자에 대하여 ≪說文解字≫에서는 '곧다(直)'의 의미라 하였다. 혹은 '바르다(正)', '처음(始)'의 뜻이라 한다. 베와 비단의 길이 六文(약 20자이나 18자)을 '端'이라고 하고, 일반적으로 '耑'자로 쓴다. 또 성씨이다.」55)라 했다.

「奮(떨칠 분, fèn)」자는 '일으키다(起)·'발양하다(揚)·'떨치다(發)'의 의미로 쓰인다. ≪六書故≫는「'나아가다(進)', '활동하다(動)', '떨치다(振)', '일으키다(起)'의 뜻이다. 혹은 '용감한 모양'의 뜻이다. 또는 새가 막 날려할 때 날개 치는 것을 말한다.」56)라 하고, ≪廣韻≫은「'奮'은 '오르다(양揚)'의 의미이다. 또는 새가 날개를 펴고 날개치는 것을 말한다.」57)라 하였다. ≪禮記·樂記≫에서는「奮至德之光, 動四氣之和, 以著萬物之理.(지극한 덕의 빛을 떨치고 사시의 화기를 움직여서 만물의 이치를 드러낸다.)」라 하였다.

'분奮'자는 혹은 아랫 구절 내용에 속하는 자가 아닌가 한다.

【譯註】

' '자를 정리본은 '耑'자로 예정하고 있으나, 이 자는 '尋(찾을 심, xún)'자가 아닌가 한다. ≪郭店楚簡≫제 65간 "進谷(欲)孫(遜)而毋攷(巧), 退谷(欲)易而毋巠(輕)"58) 구절 중의 ' '자와 형태가 유사하다. 李零 ≪곽점초간교독기郭店楚簡校讀記≫는 '肅(엄숙할 숙, sù)'字로 예정하고,59) 진위陳偉 역시 '肅'字로 예정하였다.60) ≪초계간백문자편楚系簡帛文字編≫은 '潯(물가 심, xún)'자로 보았다.61) 그러나 초간에서 '肅'자는 일반적으로 ' '·' '으로 쓴다.62) 본 구절에서는 '찾다'는 '심구尋究'의 의미로 쓰인다.

' '자를 정리본은 '분奮'자로 예정하고 있으나, ≪郭店楚簡·性自命出≫의 '奮'자 ' '·' '의 형태와는 다소 다르다. 혹은 이 자는 '害(해칠 해, hài)'의 이체자가 아닌가 한다. '害'자는 초간에서

---

54) ≪說文解字·耑部≫: "耑, 物初生之題也. 上象生形, 下象其根也."
55) ≪集韻≫: "端, ≪說文解字≫直也. 一曰正也, 始也, 布帛六文曰端. 通作耑. 又姓."
56) ≪六書故≫: "進也, 動也, 振也, 起也. 又武貌. 又鳥將欲飛先奮也."
57) ≪廣韻≫: "奮, 揚也. 又鳥張毛羽飛奮雀也."
58) "앞으로 나아갈 때는 공손하여야지 虛僞가 있어서는 안 되며, 물러날 때는 평소와 같이 순서 절차에 맞춰 나아가되 輕慢하지 말아야 한다."
59) 李零, ≪上博楚簡三篇校讀記≫, 111 쪽.
60) 陳偉, ≪楚地出土戰國簡冊十四種≫, 231 쪽.
61) ≪楚系簡帛文字編(增訂本)≫, 302 쪽.
62) ≪楚系簡帛文字編(增訂本)≫, 292 쪽.

'蓋'의 의미로 자주 쓰인다. '割'자를 초간에서는 '🅐'·'🅑'·'🅒'·'🅓'로 쓰는데,63) 이 중 '🅔'자는 '🅐'자의 왼쪽 부분과 유사하다(부록 참고).

③ '君子之內事也女此矣'
「君子之內事也女此矣」는 「君子之內事也如此矣」로 읽는다.

【譯註】

'내사內事'는 앞 문장에서 설명하였듯이 '입사入仕'로 읽을 수 있다.

④ '君子之內事也愇旣䆴命矣'
「君子之內事也愇旣䆴命矣」 구절은 「君子之內事也, 回旣聞命矣」64)로 읽는다.
「愇(옳을 위, wěi)」자는 음이 「回」자와 통한다. 상고음이 '미부微部'에 속한다.
「旣聞命矣」 구절은 고문에서 자주 쓰인다. ≪禮記·樂記≫에서는 「빈모가賓牟賈가 일어나 자리를 떠나서 말했다. "대저 주周의 '무곡武曲'에 대해서 준비하고 경계하기를 이미 오래되었다는 것은 이미 가르침을 들었습니다. 감히 묻사오니 (무곡武曲이라는 음악이) 더디고 더디며 또 오래도록 하는 것은 왜 그런 것입니까?"」65)라 하고, ≪左傳·昭公十三年≫에서는 「제齊나라 사람이 두려워하며 말했다. "소국이 무슨 말을 해도 결단은 대국이 내리는 것이니, 어찌 감히 청종聽從치 않겠소. 이미 명을 받았으니 공경히 나아가 결맹에 참여할 것이오. 결맹 시기의 지속은 오직 군주의 결정에 달려 있을 따름이오.」66)라 하였다.

본 죽간은 아래의 죽간과 서로 연결되는 내용이다.

---

63) ≪楚系簡帛文字編≫, 429 쪽.
64) "군자의 내사는 저 회回가 이미 가르침을 들었습니다."
65) ≪禮記·樂記≫: "賓牟賈起, 免席而請曰: '夫≪武≫之備戒之已久, 則旣聞命矣. 敢問遲之遲, 而又久何也?'"
66) ≪左傳·昭公十三年≫: "齊人懼, 對曰: 小國言之, 大國制之, 敢不聽從? 旣聞命矣, 敬共以往, 遲速唯君."

第6簡

君子之內教也又道虐孔=曰又害困敢問可女孔=曰攸身以尤則民莫不從矣前

254 상해박물관장 전국초죽서 공자어록문

第 6 簡

君子之內教也又(有)道唐(乎)?」孔=(孔子)曰:「又(有).」 寡(顏)困(淵):「敢雷(問)可(何)女(如)?」孔=(孔子)曰:「攸(修)身以尤, 則民莫不從矣. 前(謙)

【해석】

군자의 내교에 도가 있습니까?" 공자가 말했다. "있다." 안연이 "감히 묻사온데 어떻습니까?" 공자가 말했다. "수신修身하기를 두드러지게 하면 백성이 좇지 않음이 없다. 겸손하며"

【上博楚竹簡原註】

본 죽간은 두 개의 죽간을 짝 맞추기 한 것이다. 상단의 길이는 29.1cm이고, 하단의 길이는 13.2cm이다. 총 길이는 42.3cm이다. 위와 아랫부분이 파손되었다. 두 번째 홈과 세 번째 홈의 거리는 20.5cm이고, 세 번째 홈에서 하단까지의 거리는 2.1cm이다. 문자는 모두 33자이고, 이 중 합문은 2자이다.

① '君子之內教也又道唐'

「君子之內教也又道唐」 구절은 「君子之內教也有道乎」[67]라는 의미이다.

「내교內教」는 어버이께 효도하고 종묘에 제사지내는 가르침으로, 「오교五教」(아버지는 의롭고, 어머니는 자애로우며, 형은 우애하고, 아우는 공손하며, 자식은 효도함)[68]와도 같은 의미이다.

≪禮記·祭統≫에서는 「무릇 제사의 물건이 성대하니 모든 제물을 공헌하는 것이 갖추어졌기 때문이다. 예에 따라서 갖춘다는 것은 아마도 가르침의 근본일 것인저! 이런 까닭으로 군자의 가르침은 밖으로는 그 임금을 존경하는 것으로써 가르치고, 안으로는 그 어버이께 효도하는 것으로써 가르친다. 이런 까닭으로 밝은 임금이 위에 있으면 신하들이 복종하고 종묘사직을 높이 받들어 섬기면 자손이 순종하고 효도한다. 그 도리를 다하고 그 의리를 바르게 하면 교화가 여기에서 나온다. 이런 까닭으로 군자가 임금을 섬김에는 반드시 몸소 행하니, 윗사람에게서 편안하지 않은 것으로 아랫사람을 부리지 않고 아랫사람에게서 싫어하는 것으로 윗사람을 섬기지 않는다.

---

67) "군자의 내교에는 도가 있습니까?"
68) '五教': "父義, 母慈, 兄友, 弟恭, 子孝."

남이 하는 것은 그르다고 하면서 자기도 똑같은 짓을 행하는 것은 가르침의 길이 아니다. 이런 까닭으로 군자의 가르침은 반드시 그 근본에 말미암는 것이 따르는 것의 지극한 것이니, 제사가 아마도 이것일진저! 그러므로 "제사라는 것은 가르침의 근본일 따름이다."라고 말하는 것이다.」69) 라 하였고, ≪正義≫는 「외교外敎를 '하늘에 제사지내는 것'이라 이르고, 내교內敎를 '어버이께 효도하는 것'과 '종묘에 제사지내는 것'을 이른다.」70)라 하였다.

≪孔子家語·致思≫에서는 「제가 들으니, 향기 나는 풀과 썩은 풀은 한 그릇에 담아 둘 수 없고, 요와 걸은 나라를 함께 다스릴 수 없는 것은 그 종류가 다르기 때문입니다. 저는 밝고 착한 임금을 만나 보좌하여 다섯 가지 가르침을 펴며, 예와 악으로 인도하여 백성으로 하여금 성곽을 수선할 필요가 없게 하고 도랑과 못을 넘어갈 일이 없도록 하며, 칼과 창을 모두 불에 녹여 농기구를 만들고 소와 말을 넓은 언덕에 놓아먹이게 하며, 집안 식구들이 서로 떠나고 흩어질 생각이 없게 하고 천세토록 싸움하고 다투는 근심이 없도록 원합니다. 그러면 자로子路가 용맹을 베풀 곳도 없을 것이고, 자공子貢의 말재주도 쓸 데가 없게 될 것입니다.」71)라 하였다.

「내교內敎」는 또한 공자가 증자에게 답한 칠교七敎와 비슷하다.

> 曾子曰: 敢問何謂七敎? 孔子曰: 上敬老則下益孝, 上尊齒則下益悌, 上樂施則下益寬, 上親賢則下擇友, 上好德則下不隱, 上惡貪則下恥爭, 上廉讓則下恥節, 此之謂七敎. 七敎者, 治民之本也. 政敎定, 則本正也. 凡上者, 民之表也, 表正則何物不正. 是故人君先立仁於己, 然後大夫忠而士信, 民敦俗璞, 男慤而女貞, 六者, 敎之致也. 布諸天下四方而不怨, 納諸尋常之室而不塞, 等之以禮, 立之以義, 行之以順, 則民之棄惡, 如湯之灌雪焉.(≪孔子家語·王言解≫)

증자가 말했다. "감히 무엇을 칠료七敎라 이르는지 묻겠습니다." 공자가 말했다. "윗사람이 늙은이를 공경하면 아랫사람이 더욱 효도를 할 것이며, 윗사람이 나이를 따져서 존경하면 아랫사람이 더욱 우애할 것이며, 윗사람이 모든 일을 즐겁게 해주면 아랫사람은 더욱 너그러워질 것이며, 윗사람이 어진 이를 친절히 대한다면 아랫사람은 더욱 친구를 가려서 사귈 것이며, 윗사람이 덕을 좋아하면 아랫사람은 일을 숨기지 않을 것이며, 윗사람이 재물을 탐하는 것을 싫어하면 아랫사람은 다투기를 부끄러워할 것이며, 윗사람이 청렴하고 겸양한다면 아랫사람은

---

69) ≪禮記·祭統≫: "夫祭之爲物大矣, 其興物備矣. 順以備者也, 其敎之本與! 是故君子之敎也, 外則敎之以尊其君長, 內則敎之以孝於其親. 是故, 明君在上, 則諸臣服從. 崇事宗廟社稷, 則子孫順孝. 盡其道, 端其義, 而敎生焉. 是故君子之事君也, 必身行之, 所不安於上, 則不以使下, 所惡於下, 則不以事上. 非諸人, 行諸己, 非敎之道也. 是故君子之敎也, 必由其本, 順之至也, 祭其是與! 故曰: '祭者, 孝之本也已.'"
70) ≪禮記正義≫: "外敎謂郊天, 內敎謂孝於親·祭宗廟."
71) ≪孔子家語·致思≫: "回聞薰蕕不同器而藏, 堯桀不共國而治, 以其類異也, 回願得明王聖主輔相之, 敷其五敎, 導之以禮樂, 使民城郭不修, 溝池不越, 鑄劍戟以爲農器, 放牛馬於原藪, 室家無離曠之思, 千歲無戰鬪之患, 則由無所施其勇, 而賜無所用其辯矣."

염치와 절개를 알 것이다. 이것을 '일곱 가지 교훈'이라고 이르는 것이다. 칠교는 백성을 다스리는 근본이다. 정치와 교훈이 정해지면 근본은 자연 바르게 되는 것이다. 무릇 윗사람이란 백성의 표준이다. 표준이 바르면 무슨 물건인들 바르지 않겠는가? 이런 까닭으로 임금이 먼저 자기 몸을 어질게 세워 놓은 뒤에라야 대부도 충성하게 되고 선비도 미덥게 되며, 백성들도 후해지고 풍속도 순후해지며, 남자는 조심성 있게 되고 여자는 정조를 지키게 되는 것이니, 이 여섯 가지는 교훈의 지극한 것이다. 이것을 천하에 선포해도 사람들이 원망하지 않을 것이며, 보통 집안에 들인다 해도 싫다고 막지 않을 것이다. 예로써 일을 구별하고 의로써 행동을 세우며, 순리로 모든 일을 행한다면 백성들이 나쁜 것 버리기를 마치 끓는 물에 눈을 붓는 것과 같을 것이다."

≪莊子·雜篇·盜跖≫에서 공자가 유하계柳下季와의 대화에서 한 번 말한 것도 내교內敎에 관한 내용이다.「무릇 사람의 아버지 된 사람이라면 반드시 그의 자식을 훈계할 수 있고, 사람의 형 된 사람은 반드시 그의 아우를 가르칠 수 있을 것입니다. 만약 아버지로서 그의 자식을 훈계할 수 없고, 형으로서 그의 아우를 가르칠 수 없다면, 부자 형제의 친한 관계도 귀중할 것이 없게 될 것입니다. 지금 선생은 세상의 뛰어난 선비로 알려져 있습니다. 아우가 도척盜跖으로 천하에 피해를 끼치고 있는데도 그를 가르치지 못하고 있으니, 나는 속으로 선생을 위하여 부끄럽게 생각하고 있습니다. 내가 선생을 대신해 가서 그를 설복시키도록 해 주십시오.」72)

【譯註】

'내교內敎'는 '덕으로 백성을 인도하는 것'이다.

② '孔=曰又'
「孔=曰又」 구절은 「孔子曰: 『有』」로 읽는다.
「孔=」는 「孔子」 두 글자의 합문이다.

③ '睿囦: 敢睿可女'
「睿囦: 敢睿可女」은 「顏淵: 敢問何如」로 읽는다.

④ '孔=曰: 攸身以尤, 則民莫不從矣'

---

72) ≪莊子·雜篇·盜跖≫: "夫爲人父者, 必能詔其子, 爲人兄者, 必能教其弟. 若父不能詔其子, 兄不能教其弟, 則無貴父子兄弟之親矣. 今先生, 世之才士也, 弟爲盜跖, 爲天下害, 而弗能教也, 丘竊爲先生羞之. 丘請爲先生往說之."

「孔=曰: 攸身以尤, 則民莫不從矣」 구절은 「孔子曰: 修身以尤, 則民莫不從矣.」73)로 읽는다. 「尤(더욱 우, yóu)」는 '두드러지고 뛰어나다'는 뜻이다. ≪莊子·徐無鬼≫에서는 「선생은 매우 뛰어난 인물이십니다.」74)라 하였다. 군자가 수신하기를 두드러지게 하고 예악의 근원에 능통하고 도덕의 귀추에 밝으면 백성이 게으름을 멀리하게 되고, 그러면 백성이 따르지 않을 수 없을 것이다.

≪禮記·樂記≫에서는 「그러므로 음악은 안에서 감동하고, 예는 밖으로 발현된다. 음악이 지극히 화해롭고 예가 지극히 순종하여, 안으로 화해롭고 밖으로 순종하면, 백성은 그 낯빛을 바라보아 더불어 다투지 않고, 백성은 그 용모를 바라보아 경솔한 마음이 일지 않는다. 그러므로 덕의 광채가 안에서 발현되어 백성 가운데 받들어 따르지 않는 자가 없고, 행실의 결[理]이 밖으로 발현되어 백성 가운데 받들어 순종하지 않는 자가 없다.」75)라 하였다.

본 죽간은 아래의 죽간과 서로 연결되는 내용이다.

【譯註】

' '자는 정리본은 '우尤'자로 예정하고 있으나, 제 13간의 '선先'자인 ' '·' ' 형태와 비슷하다.

마지막 '전前'자를 정리본은 '謙(겸손할 겸, qiān)'으로 읽고 있는데, 전후 문맥을 고려하여 문자 그대로 '앞장서서'라는 '前'으로 해석하는 것이 옳은 것 같다.

73) "공자가 말했다. 몸을 닦기를 두드러지게 하면 백성이 좇지 않음이 없다."
74) ≪莊子·徐無鬼≫: "夫子, 物之尤也."
75) ≪禮記·樂記≫: "故樂也者, 動於內者也. 禮也者, 動於外者也. 樂極和, 禮極順, 內和而外順, 則民瞻其顏色而不與爭也, 望其容貌而民不生易慢焉. 故德煇動乎內, 而民莫不承聽. 理發諸外, 而民莫不承順."

第7簡

以專悳則民莫遐新矣道之以僉則民智足矣前之以讓則民不靜矣或迪而教

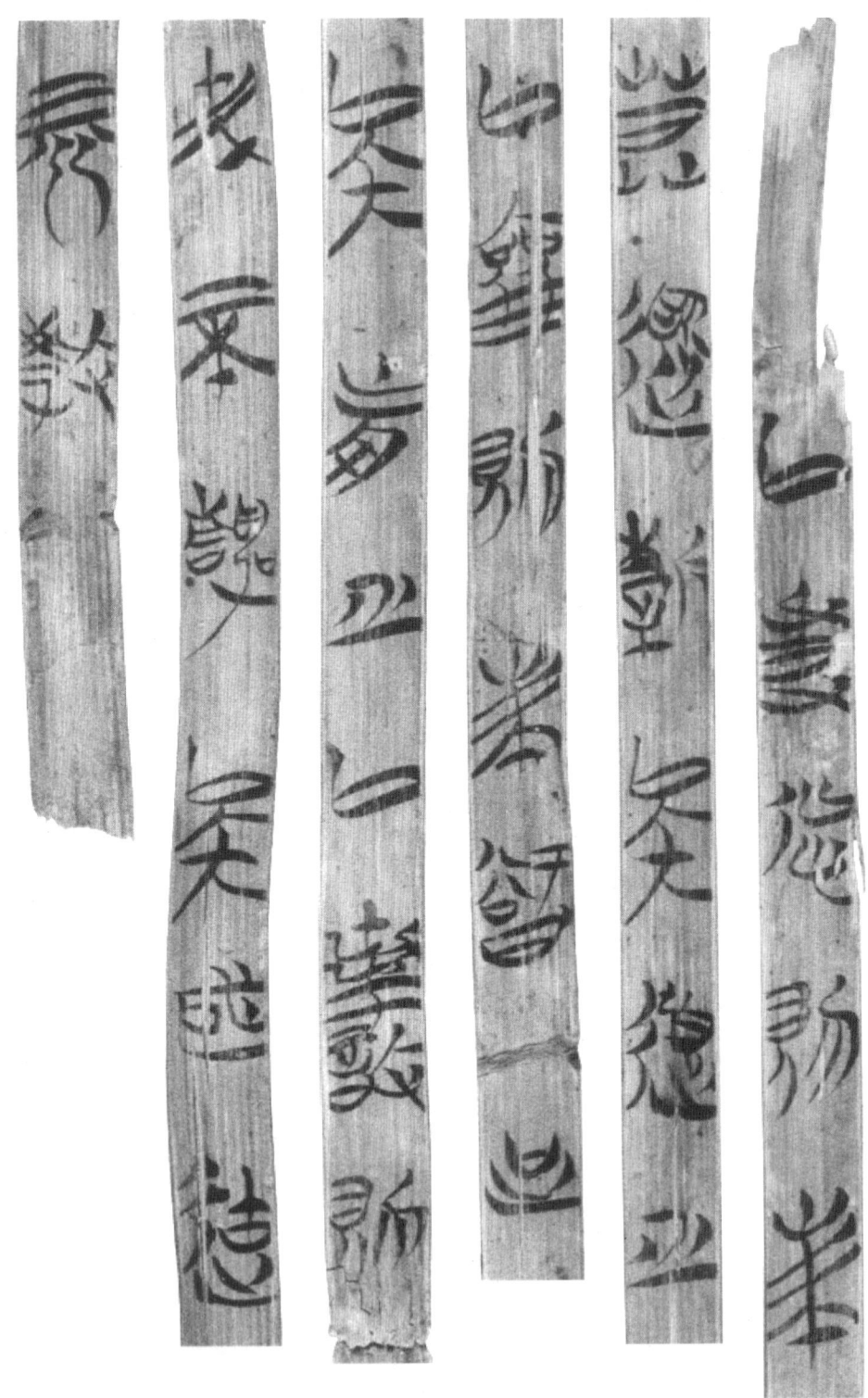

第 7 簡

　以專(匍)㤅(匐), 則民莫遺(遺)新(親)矣. 道(導)之以僉(儉), 則民智(知)足矣. 前(謙)之以讓, 則民不靜(爭)矣. 或(國)迪而敎

【해석】

　온 힘을 다하여 한발짝 한발짝 성실히 이행하면 백성이 어버이에게 효도하는 일은 놓치지 않을 것이다. 인도하기를 검소함으로써 하면 백성이 만족함을 알 것이다. 겸손하게 사양을 하면 백성이 다투지 않을 것이다. 나라의 백성을 이끌어주고 가르치면 ……

【上博楚竹簡原註】

　죽간의 길이는 45cm이고, 위와 아래는 파손되었다. 첫 번째 홈에서 꼭대기까지의 거리는 2.2cm이고, 첫 번째 홈과 두 번째 홈 사이의 거리는 20.5cm이고, 두 번째 홈과 세 번째 홈 사이의 거리는 20.5cm이고, 세 번째 홈에서 끝단까지의 거리는 1.8cm이다. 문자는 모두 31자이다.

　① '〔前〕以專㤅'

　「〔前〕以專㤅」 구절은 「겸이포복謙以匍匐」으로 읽는다.

　「前」은 앞 죽간의 끝 글자에 속했는데, 「謙(겸손할 겸, qiān)」으로 읽는다. 두 글자는 음이 가깝다.

　「專」자는 「匍(길 포, pú)」로 읽는다. 「尃(펼 부, bù,fū)」자의 古音은 '방滂'모母'어魚'부部에 속하고, 「匍」자는 는 古音이 '병並'모母'어魚'부部에 속하여 두 글자는 음이 서로 통한다.

　「㤅」자는 의미부 '人'과 소리부 '忘'으로 이루어진 글자이다. ≪說文解字≫에는 없는 자이나, 음성을 고려하여 「匐(길 복, fú)」으로 읽을 수 있다. 「忘」자의 古音은 '明'母'陽'部에 속하고 「匐」자의 古音은 '並'母'職'部에 속하여 두 글자는 음이 가깝다. 「匍匐」은 손과 발로 기어간다는 뜻으로 온 힘을 다함을 뜻한다. 겸손하면서 정성을 다하고 자신의 몸을 낮춰 온힘을 다하는 것이다. ≪詩·邶風·谷風≫에서는 「모든 사람이 상사喪事가 있을 적에는 온 정성을 다하여 달려가 구원하였노라.」[76]라 하였다.

---

76) ≪詩·邶風·谷風≫: "凡民有喪, 匍匐求之."

【譯註】

'▩'자를 정리본은 「㤅」자로 예정하고 「복甸」로 읽었다. 그러나 ≪孝經·三才章≫ "'솔선수범하여 먼저 널리 사랑하면(先之以博愛)' 백성은 부모님께 효도하는 일을 잃지 않을 것이고, 덕德과 의義로 일을 하면 백성은 나쁜 행동을 하지 않을 것이고, 먼저 존경하고 양보를 행하면 백성은 서로 다투지 않을 것이고, 예禮와 악樂으로 백성을 인도하면 백성을 화목할 것이고, 선과 악을 가르쳐 주면 백성을 금지해야 할 것을 알 것이다."77) 중 "先之以博愛" 구절은 본 죽간의 "前以專㤅" 구절과 문장 구조와 내용이 매우 유사하다. 따라서 '專㤅'는 '박애博愛'로 읽는 것이 아닌가 한다. 혹은 '▩'자를 '애愛'자이 이체자로 보기도 한다. 그러나 ≪상박초간(八)·志書乃言≫에서 '愛'자를 '▩'로 쓰는 것으로 보아 '애愛'자를 잘못 쓴 것은 아닌 것으로 보인다. '愛'자와 소리부가 '亡'자와 고음이 서로 통한다.

愛　ʔər　　微部
亡　mjwaŋ　陽部

② '則民莫遚新矣'

「則民莫遚新矣」구절은 「則民莫遺親矣」로 읽는다.

「遺(끼칠 유, yí,wèi)」자를 초문자에서는 「遚」자로 쓴다. 이 자는 ≪상박초간(五)·季康子問於孔子≫(제9간)·≪곽점초간·老子(甲)≫(제38간)·≪包山楚簡≫(제18간) 등에도 보인다.

「新」자는 「親(친할 친, qīn,qìng)」으로 읽는다. ≪곽점초간·老子(甲)≫에서는 「그러면 친함을 얻을 수 없다」·「명예와 몸은 어느 것이 친한가?」 라 하였고,78) ≪곽점초간·老子(丙)≫「父母·兄弟·妻子가 화목하지 못하니, 어찌 효도와 자애가 있겠는가?」79)라 하였다. 백성이 어버이를 버리지 않으면 멸망한 나라를 일으키고 끊어진 세대를 이을 수 있으며, 그 선행은 자손에게 까지 미칠 것이니, 바로 사회를 조화롭게 하는 기초가 되는 것이다.

≪禮記·哀公問≫에서 孔子는 「군자는 공경함을 일으켜서 친하게 하는 것이니, 공경함을 버리는 것은 친함을 버리는 것이다. 사랑하지 않으면 친하지 않고 공경하지 않으면 바르게 되지 않는

---

77) ≪孝經·三才章≫: "先之以博愛, 而民莫遺其親. 陳之于德義, 而民興行. 先之以敬讓, 而民不爭. 導之以禮樂, 而民和睦. 示之以好惡, 而民知禁."
78) ≪郭店楚墓竹簡·老子(甲)≫: "故不可得天〈而〉新(親)."·"名與身孰新(親)."
79) ≪郭店楚墓竹簡·老子(丙)≫: "六新(親)不和, 安有孝慈."

다. 사랑과 공경함은 정치의 근본인 것이다.」80)라 했고, ≪禮記·緇衣≫에서 孔子는 「대인이 어진 것과 친하지 않고 그 천한 것을 믿는다. 백성이 이 때문에 친함을 잃고 가르치는 것을 번잡하다고 여긴다.」81)라 말했다. ≪郭店楚墓竹簡·唐虞之道≫에서는 어진 사람을 잊거나 친한 사람을 버리면 안 되며, 친한 사람을 사랑하고 어진 사람을 존경해야 한다했다.

夫聖人上事天, 教民有尊也, 下事地, 教民有新(親)也, 時事山川, 教民有敬也, 新(親)事祖廟, 教民孝也, 太教之中, 天子親齒, 教民弟也. 先聖與後聖考, 後而迅先, 教民大順之道也. 堯舜之行. 愛親尊賢. 愛親故孝, 尊賢故禮. 孝之方, 愛天下之民. 禮之襁, 世亡忘直(德). 孝, 仁之冕也. 禮, 義之至也. 六帝興于古, 咸由此也. 愛親忘賢, 仁而未義也. 尊賢遺親, 義而未仁也. 古者虞舜篤事↑寞, 乃戴其孝, 忠事帝堯, 乃戴其臣. 愛親尊賢, 虞舜其人也.≪郭店楚墓竹簡·唐虞之道≫82)

무릇 성인은 위로는 하늘을 섬기고, 백성을 존경하는 마음을 갖도록 교화하였고, 아래로는 땅을 섬기고, 백성을 사랑과 화목으로 교화하였다. 항상 산천을 섬기고 백성을 공경하도록 교화하였고, 친히 조상의 사당을 섬겨 백성들로 하여금 효를 배우게 하였다. 太學에서 천자는 장자長者를 존경하고, 백성은 형제간에 우애가 있도록 하였다. 앞 성인과 뒤 성인 중 앞 성인은 고찰하고 뒤 성인을 존경하여 백성으로 하여금 대순大順의 도를 가리킨다.

요순堯舜은 부모를 사랑하고 현자賢者를 존경하였다. 부모를 사랑하였기에, 孝한 것이고, 현자를 존경하였기에 선양禪讓한 것이다. 孝의 근본적인 도리는 천하의 백성을 사랑하는 것이며, 선禪이 실행은 세상에 덕이 밝혀 드러내지는 것이다. 인仁은 효孝의 예모禮帽(조정에 나갈 때 쓰는 관)와 같은 것이다. 선禪은 의義의 지극함이며, 고대에 육제六帝가 일어나게 된 것은 모두 이러한 이유 때문이다. 가족을 사랑하나 현인을 소홀히 하는 것은 인仁이나 의義는 아니다. 현인을 존중하나 오히려 가족을 소홀히 하는 것은 의義이나 인仁은 아니다. 옛날 우순虞舜이 오로지 고수瞽瞍를 섬긴 것은 효를 행한 것이고, 요堯를 섬긴 것은 신하의 의무를 행한 것이다. 가족을 매우 사랑하는 자는 곧 현인을 존중한다. 우순虞舜이 곧 이러한 사람이다.

③ '道之以斂, 則民智足矣'

「道之以斂, 則民智足矣」 구절은 「導之以儉, 則民知足矣」로 읽는다.

「道」자는 「導(이끌 도, dǎo)」로 읽는다. 백성을 다스리는 것은 가르치고 인도하는 것을 우선으

---

80) ≪禮記·哀公問≫: "君子興敬爲親, 舍敬是遺親也, 弗愛不親, 弗敬不正, 愛與敬其政之本與?"
81) ≪禮記·緇衣≫: "大人不親其所賢, 而信其所賤, 民是以親失, 而教是以煩."
82) 본 문장을 陳偉는 "夫聖人上事天, 教民有尊也, 下事地, 教民有親也, 時事山川, 教民有敬也, 親事祖廟, 教民孝也, 太學之中, 天子親齒, 教民弟也, 先聖與後聖, 考後而甄先, 教民大順之道也. 堯舜之行, 愛親尊賢. 愛親故孝, 尊賢故禪. 孝之施, 愛天下之民. 禪之傳, 世亡隱德. 孝, 仁之冕也. 禪, 義之至也. 六帝興於古, 皆由此也. 愛親忘賢, 仁而未義也. 尊賢遺親, 義而未仁也. 古者虞舜篤事瞽叟, 乃戴其孝, 忠事帝堯, 乃戴其臣. 愛親尊賢, 虞舜其人也."로 석문하였다.

로 삼는다.

≪곽점초간·존덕의尊德義≫에서는 「(군자가 선을 행하면 민중은 반드시 많이 모일 것이나, 많이 모인다고 해서 반드시 질서가 있는 것이 아니다. 질서가 잡히지 않는다는 것은 순조로운 방향으로 가지 않는 것이며, 순조롭게 가지 않는다는 것은 평온치 않다는 것이다.) 그러므로 집권자는 반드시 민중을 가르치고 인도하는 것을 가장 중요한 임무로 삼아야 한다. 민중에게 예의禮儀를 가르쳐 주면 민중은 곧 과감하고 강력해질 것이다. 민중에게 예악禮樂을 가르쳐 주면 민중은 곧 아름답고 선한 품덕과 참신한 재능을 갖출 것이다. 민중에게 논변論辯을 가르쳐 주면 민중은 곧 기세등등하여 연장자나 귀인보다 더 능가해져서 곧 기세등등하고 오만해질 것이다. 민중에게 육예六藝의 도道를 가르쳐 주면 민중은 곧 상스럽게 다툴 것이다. 민중에게 기능技能을 가르쳐 주면 민중은 곧 도량이 좁아져 탐하며 인색해질 것이다. 민중에게 언사言辭를 가르쳐 주면 민중은 곧 궤변하고 믿음이 없어질 것이다. 민중에게 일을 가르쳐 주면 민중은 곧 열심히 경작하여 이익만을 추구할 것이다. 민중에게 지혜와 모략의 임기응변을 가르쳐 주면 민중은 곧 음란하여 혼미해질 것이다. 이와 같이 되면, 예의禮儀를 멀리하고 인의仁義와는 소원疏遠하게 될 것이다. 하지만 만약에 먼저 적덕으로 민중을 가르쳐 인도한다면, 민중은 선善으로 나아갈 것이다.」[83]라 하였고, ≪郭店楚墓竹簡·成之聞之≫에서는 「위에 있는 사람이 그 덕을 행하지 않고 민중을 복종하게 하고자 한다면 많은 어려움이 따를 것이다. 그러므로 민중들을 신중하게 교도敎導해야지 엄폐해서는 안 된다, 말을 타고 부리는 것 같아야지 가축을 끄는 것 같아서는 안 된다. 그러므로 군자는 중물衆物들을 중히 여기지 않고, 민중과 함께 생각하고 행동하며 같은 목표를 향해 노력하는 것을 중히 여긴다. 훌륭한 정책이 지혜로우면서 순리대로 질서에 맞게 잘 운영을 해 나간다면, 민중들은 그 총명한 운영이 원활하게 완성되기를 원할 것이다. 부귀에 있어 빈천한 사람을 부유하게 하는 것은 즉 민중들은 크게 부유해지기를 원한다. 존귀하나 항상 겸양할 줄 알면 민중들은 그 존귀함이 더욱 늘어나기 원할 것이다. 만일 이 道를 반대로 행하지 않는다면, 민중들은 반드시 심히 반대를 하여 저항을 할 것이니 신중하지 않을 수 있겠는가?」[84]라 하였다.

---

83) ≪郭店楚墓竹簡·尊德義≫: "是以爲政者敎導之取先. 敎以禮, 則民果以㢼. 敎以樂, 則民弗德爭牁(將). 敎以辯說, 則民藝㢌長貴以忘. 敎以藝, 則民野以爭. 敎以技, 則民少以吝. 敎以言, 則民訐以寡信. 敎以事, 則民力嗇而沔利. 敎以權謀, 則民淫昏, 違禮無親仁. 先人以德, 則民進善焉."
84) ≪郭店楚墓竹簡·成之聞之≫: "上不以其道, 民之從之也難. 是以民可敬導也, 而不可掩也, 可御也, 而不可牽也. 故君子不貴庶物, 而貴與民有同也. 秩而比次, 故民欲其秩之遂也. 富而分賤, 則民欲其富之大也. 貴而能讓, 則民欲其貴之上也. 反此道也, 民必因此厚也以復之, 可不愼乎?"

「僉」자는 「儉(검소할 검, jiǎn)」으로 읽는다. '절약하다'는 뜻이다.

≪尙書·大禹謨≫에서는 「나라에서는 부지런하고 집안에서는 검소하며, 스스로 자만심에 차거만하게 굴지 않았으니 오직 그대가 현명하기 때문이다.」85)라 하였고, ≪論語·八佾≫에서는 「예는 그 사치하기 보다는 차라리 검소하여야 한다.」86)라 하였다.

인도하기를 검소함으로써 하면 백성은 사치하는 마음이 없어지게 된다. 그러므로 스스로 만족함을 아는 것이다.

≪周禮·地官司徒·大司徒≫에서는 「제도로써 절제를 가르킨다면 백성이 만족함을 안다.」87)라 하였다.

④ '前之以讓, 則民不靜矣'

「前之以讓, 則民不靜矣」은 「謙之以讓, 則民不爭矣」88)의 의미이다.

「靜(고요할 정, jìng)」자에 대하여, ≪說文解字·靑部≫에서는 「'靜'자는 '살피다'는 뜻이다. 의미부 '靑'과 소리부 '爭'으로 이루어진 글자이다.」89)라 하였다. 「爭」으로 읽는다.

≪곽점초간·老子(甲)≫에서는 「세상이 순조롭게 나아가면서도 싫어하지 않는 것은 다투지 않기 때문이다. 그러므로 세상에 더불어 다툴 자가 없는 것이다.」90)라 하였다. 또한 ≪老子≫ 제8장에서는 「물은 만물을 잘 이롭게 하면서도 다투지 않는다.」91)라 하였는데, 漢 馬王堆帛書 ≪老子甲≫本은 「爭」자를 「靜」으로 쓴다.

「讓(사양할 양, ràng)」은 겸손한 태도로 사양하는 것이다. ≪類篇≫에서는 「'讓'자에 대하여 ≪說文解字≫에서는 '서로 꾸짖는 것이다'의 뜻이라 하였다. 혹은 '겸손하다'라는 뜻이다.」92)라 하였다. ≪尙書·虞書≫에서는 「진실로 공손하고 극히 사양하다.」93)라 하였다.

≪周禮·地官司徒·大司徒≫에서는 「양예陽禮를 할 때에 사양하는 것을 가르치면 백성이 다투지 않을 것이다」라 구절에 대하여, 정악鄭鍔은 「양예陽禮는 시골에서 활쏘기를 겨루고 술을

---

85) ≪尙書·大禹謨≫: "克勤於邦, 克儉於家, 不自滿假, 惟汝賢."
86) ≪論語·八佾≫: "禮, 與其奢也, 寧儉."
87) ≪周禮·地官司徒·大司徒≫: "以度敎節, 則民知足."
88) "겸손하기를 사양으로써 하면 백성이 다투지 않을 것이다."
89) ≪說文解字·靑部≫: "靜, 審也. 從靑爭聲."
90) ≪郭店楚墓竹簡·老子(甲)≫: "天下樂進而不詀(厭). 以其不靜(爭)也, 古(故)天下莫能與之靜(爭)."
91) ≪老子≫(八章): "水善利萬物而不爭."
92) ≪類篇≫: "讓, ≪說文解字≫相責讓也, 一曰謙也."
93) ≪尙書·虞書≫: "允恭克讓."

마시던 일을 이르니, 사양을 위주로 한다. 손님과 주인 자리를 마련하는 것은 하늘과 땅을 상징하고, 세 명의 손님을 세우는 것은 해·달·북두칠성을 상징한다. 세 번 읍한 뒤에 계단에 이르고, 세 번 사양한 뒤에 오른다. 사양하기를 세 번 하는 것은 달이 사흘만에야 밝은 빛을 내는 것을 상징하니 극진히 존경하고 사양하는 것이다. 저들이 이런 예가 사양하는 사람을 존경하는 것으로 안다면 어찌 감히 다투는 마음이 있겠는가?」94)라 하였다.

≪곽점초간·성지문지成之聞之≫에서는 「그래서 군자는 대나무로 엮은 자리에 스스로 겸양하여 작게 하고 낮은 곳에 두어야 하고, 조정에서는 겸양하여 낮은 위치에 자기를 두어야 한다. 이렇게 하는 것은 하늘의 뜻을 알고 그것에 멀지 않게 행하기 때문이다. 소인은 은혜를 베풀 때 남을 만족하게 하지 않고 군자는 예에서 남에게 위세를 부리지 않는다. 나루터에서 배를 타려고 다툴 때 그 먼저 타는 것은 그 뒤에 타는 것만 못하다.」95)라 하였고, ≪孔子家語·好生≫에서는 「우虞와 예芮 두 나라끼리 경작지 문제로 다투다 송사를 한지 몇 해가 되었으나 해결하지 못했다. 이에 서로에게 일러 말했다. "서백西伯(주 문왕)은 어진 사람이니 어찌 가서 질정하지 않을 수가 있겠습니까?" 서백西伯의 경내境內에 들어가 보니 밭가는 자는 밭두렁을 양보하고 길 가는 자는 길을 양보하며, 조정朝廷에 들어가니 선비는 대부가 되기를 사양하고 대부는 경卿 되기를 사양했다. 우虞와 예芮의 임금은 말했다. "아! 우리들은 소인이다. 군자의 조정에 들어갈 수 없다." 멀리 서로 더불어 물러나, 모두 송사하던 경작지는 경작하지 않는 땅이 되어버렸다.」96)라 하였다.

孔子는 「군자는 씩씩하되 다투지 않으며, 무리짓되 편당하지 않는다.」97)라 하였고, 曾子는 「남의 착한 일을 보고서 자신이 한 것과 같이 여기시니, 이는 선생님이 남과 다투지 않으시는 것이다.」98)라 하였다.

공자는 또한 ≪論語·팔일八佾≫에서 「군자는 다투는 것이 없으나 반드시 활쏘기에서는 다툴 것이야! 읍하고 사양하며 올라갔다가 내려와서 술을 마시니, 이런 다툼이 군자다운 것이다.」99)라

---

94) ≪周禮·地官司徒·大司徒≫: "以陽禮敎讓, 則民不爭." 鄭鍔: "陽禮, 謂鄕射飮酒之禮. 以讓爲主, 設賓主以象天地, 立三賓以象三光. 三揖而後至階, 三讓而後升. 讓之三也, 象月之三日而成魄也, 所以致尊讓也. 彼知是禮尊其所讓之人, 安敢有爭競之心哉." '陽禮'란 '鄕射飮酒의 禮'를 가리킨다.

95) ≪郭店楚墓竹簡·成之聞之≫: "君子衽席之上, 讓而愛幼, 朝廷之位, 讓而處賤. 所宅不遠矣. 小人不逞人於恩, 君子不逞人於禮. 津梁爭舟, 其先也不若其後也." 陳偉 ≪郭店楚簡別釋≫은 '愛幼'를 '受幽(구석진 곳에 처하다)'로 보았다.

96) ≪孔子家語·好生≫: "虞芮二國爭田而訟, 連年不決, 乃相謂曰:『西伯仁也, 盍往 質之?』入其境則耕者讓畔, 行者讓路, 入其朝士讓爲大夫, 大夫讓於卿. 虞芮之君曰:『嘻! 吾儕小人也, 不可以入君子之朝.遠自相與而退, 咸以所爭之田爲閒田也.」

97) ≪論語·衛靈公≫: "君子矜而不爭, 群而不黨."(군자는 씩씩하되 다투지 않으며, 무리짓되 편당하지 않는다.)

98) ≪孔子家語≫: "曾子曰: 見人之有善若己有之, 是夫子之不爭也."

하였고, ≪孔子家語·儒行解≫에서는 「선비는 거처함에 엄숙하고 조심성 있게 하고 일어설 때와 앉을 때 공손하고 경건하게 하며, 말은 반드시 정성스럽고 미덥게 하고 행동은 반드시 충성스럽고 정직하게 한다. 길에서는 험함과 평탄함의 이로움을 다투지 않고 겨울과 여름에는 음양의 조화를 다투지 않는다. 그 죽음을 소중히 여김은 기다리는 일이 있기 때문이요, 그 몸을 수양하는 것은 장차 큰일을 하고자 함이 있기 때문이니, 그 미리 준비함이 이와 같은 자도 있다.」100)라 하였다.

孟子는 사양하는 것을 예의 단서로 여겼다. ≪孟子≫에서는 「이로 말미암아 본다면 불쌍히 여기는 마음이 없으면 사람이 아니고, 의롭지 못함을 부끄러워하고 착하지 못함을 미워하는 마음이 없으면 사람이 아니며, 남에게 사양할 줄 아는 마음이 없으면 사람이 아니고, 옳고 그름을 가릴 줄 아는 마음이 없으면 사람이 아니다. 측은지심은 인仁의 단서요, 수오지심은 의義의 단서요, 사양지심은 예禮의 단서요, 시비지심은 지智의 단서이다. 사람에게 이 사단四端이 있다는 것은 몸에 사지四肢가 있는 것과도 같다.」101)라 하였다.

옛날에는 사람이 여덟 살이 되면 사양하는 것을 가르치기 시작하였고, 문을 출입하고 자리에 나아가 음식을 먹을 때 반드시 윗사람보다 뒤에 하는 것 등을 가르쳤다. 믿음과 화목을 가르치고 이를 수양하니 겸손하게 사양하게 되고 다투지 않는 것이다.

【譯註】

'양讓'자는 의미부 '言'과 소리부 '襄'으로 이루어진 자이다. '襄'자는 초간에서 '㐭'으로 쓴다.102)

⑤ '或迪而敎'

「或迪而敎」는 「國迪而敎」로 읽는다. 「迪(나아갈 적, di)」자에 대하여, ≪尙書正義·大禹謨≫에서는 우禹가 「은덕을 베풀고 길하고 이와 역행한 일을 좇으면 흉하니, 그림자와 메아리와 같다.」103)

---

99) ≪論語·八佾≫: "君子無所爭. 必也射乎! 揖讓而升, 下而飮. 其爭也君子."
100) ≪孔子家語·儒行解≫: "儒有居處齊難, 其起坐恭敬, 言必誠信, 行必忠正, 道塗不爭險易之利, 冬夏不爭陰陽之和, 愛其死以有待也, 養其身以有爲也, 其備預有如此者."
101) ≪孟子≫: "由是觀之, 無惻隱之心, 非人也, 無羞惡之心, 非人也, 無辭讓之心, 非人也, 無是非之心, 非人也. 惻隱之心, 仁之端也, 羞惡之心, 義之端也, 辭讓之心, 禮之端也, 是非之心, 智之端也. 人之有是四端也, 猶其有四體也."
102) ≪楚系簡帛文字編≫, 771 쪽.
103) ≪尙書正義·大禹謨≫: "惠迪吉, 從逆凶, 惟影响."

라 했는데, 공안국孔安國은 「'迪'은 道의 뜻이다. 도를 따르면 길하고, 거슬리는 일을 좇으면 흉하다.」104)라 했다. ≪法言·先知≫에서는 「爲國不迪其法而望其效.(나라를 다스리면서 그 법을 따르지 않고 그 효과만 바란다)」105)라 하였다. 「迪」자는 혹은 「由」로 읽는다.

【譯註】
 '或'자를 정리본은 '국國'으로 읽고 있으나, 전후 문맥을 고려하여 '우又'로 읽는 것이 옳다. '적迪'은 '인도하다'의 의미로 쓰인다. "迪而敎之"는 '백성을 인도하고 가르치다'는 뜻이다.

---

104) 孔安國≪傳≫: "迪, 道也. 順道吉, 從逆凶."
105) ≪法言·先知≫: "爲國不迪其法而望其效."

第8簡

而見之少人靜而達之

第 8 簡

……而旻(得)之少人靜(爭)而達(失)之

【해석】

[군자는 겸손하기 때문에 얻을 수 있고], 소인은 다투기 때문에 잃는다.

【上博楚竹簡原註】

본 죽간의 길이는 13.6cm이다. 위는 파손되었고, 아래는 편평하게 다듬어져 있다. 세 번째 홈에서 끝단까지의 거리는 2.5cm이다. 문자는 모두 9자가 있다.

① '而旻之'

전후 문맥을 고려하면, 이 구절 앞에는 「故天子讓」106)이나 혹은 「故君子讓」107) 네 자를 보충할 수 있을 것 같다.

≪尙書·說命中≫에서는 「선을 지녔다고 여기면 그 선을 잃고, 능력을 자랑하면 그 공적을 잃는다.」108)라 하였고, 이에 대해 공안국孔安國≪傳≫은 「비록 천자도 반드시 사양하여 얻은 것이다.」라 하였고, ≪尙書正義≫는 「사람의 삶에서 겸양을 숭상하나 스스로 취하는 것을 미워한다. 그 선을 스스로 지녔다고 여기면 다른 사람은 선하다고 여기지 않는다. 그래서 실질적으로 선하면서도 그 선을 잃게 되는 것이다. 스스로 그 능력을 자랑하면 사람들은 능력이 있다고 여기지 않게 된다. 그러므로 실제로 능력을 있으면서도 그 능력을 잃게 되는 것이다. 이는 모두 스스로 취함으로 그렇게 된 것으로 사람은 그것을 허여하지 않았다.」109)라 하였다. ≪尙書·대우모大禹謨≫에서는 「자만은 손해를 부르고, 겸손은 이익을 받으니, 이것이 곧 하늘의 도리이다.」110)라 하였듯이, 겸손하고 사양을 하면 스스로 그 이익을 얻을 수 있게 되고, 유가에서는 '온溫·양良

---

106) "그러므로 천자가 겸양하면"
107) "그러므로 군자가 겸양을 하면."
108) ≪尙書·說命中≫: "有其善, 喪厥善. 矜其能, 喪厥功."
109) 孔安國≪傳≫: "雖天子亦必讓以得之."≪尙書正義≫: "人生尙謙讓而憎自取, 自有其善, 則人不以爲善, 故實善而喪其善. 自誇其能, 則人不以爲能, 故實能而喪其能. 由其自取, 故人不與之."
110) ≪尙書·大禹謨≫: "滿招損, 謙受益, 時乃天道."

·공恭·검儉·양讓'의 다섯 가지 덕목111)을 제창하였고, 만족할 줄 아는 사람은 사익私益으로 인하여 스스로를 해치지 않는다고 했던 것이다.112)

② '少人靜而達之'

「少人靜而達之」구절은 「小人争而失之」113)로 읽는다.

「達」자는 초문자에서는 「실失」로 읽고, 「達」나는 혹은 「遊」로 쓴다.

≪곽점초간·老子(乙)≫에서는 「얻을 때도 놀라듯이 하고, 잃을 때도 놀라듯이 한다)」114)라 하였다.

군자는 겸손하게 낮추는 것을 자처함으로115) 경쟁하는 바가 없고, 소인은 이익을 다투기 때문에 소인은 다투다 잃는 것이다. 순자는 ≪荀子·榮辱篇≫에서 「먹고 마시는 일을 다투고, 염치가 없으며, 옳고 그른 것을 알지 못하고, 죽고 상처받는 일을 피하지 않으며, 인원이 많고 강한 것도 두려워하지 않고, 오직 탐욕스럽게 먹고 마시는 것만을 찾는 것은 바로 개나 돼지와 같은 용기이다. 이익을 추구하고 재물을 다투어 사양하는 일이 없으며, 미친 듯이 날뛰고 지나치게 욕심을 부려 도리에 어긋나면서, 오직 탐욕스럽게 이익만을 찾는 것은 바로 장사꾼이나 도둑

---

111) ≪論語·學而≫: "子禽問于子貢曰: '夫子至於是邦也必聞其政, 求之與? 抑與之與?' 子貢曰: '夫子溫·良·恭·儉·讓以得之. 夫子之求之也, 其諸異人之求之與?'"(子禽이 子貢에게 물었다. "선생님께서는 이 나라에 이르셔서는 반드시 그 정사를 들으실 것이니, 구해서 되는 것입니까? 아니면 기회를 주어서 되는 것입니까?" 자공이 말했다. "선생님께서는 온순하고 어질고 공손하고 검소하고 겸양하여 이것을 얻으시는 것이니, 선생님의 구하심은 일반인의 구하는 것과는 다를 것이다.")

112) ≪莊子·雜篇·讓王≫: "顏回對曰: '不願仕. 回有郭外之田五十畝, 足以給飦粥, 郭內之田十畝, 足以爲絲麻, 鼓琴足以自娛, 所學夫子之道者足以自樂也. 回不願仕.' 孔子愀然變容曰: '善哉回之意!' 丘聞之: '知足者不以利自累也, 審自得者失之而不懼, 行修於內者無位而不怍.' 丘誦之久矣, 今於回而後見之, 是丘之得也.(顏回가 대답하였다. "벼슬하고 싶지 않습니다. 제게는 성곽 밖에 밭 오십 묘가 있으니 죽을 공급하기에 충분합니다. 성곽 안에 밭 십 묘가 있으니 무명과 삼을 공급하기에 족합니다. 거문고를 타고 지내면 스스로 즐기기에 족합니다. 선생님에게서 배운 도는 스스로 즐겁게 살기에 족합니다. 저는 벼슬하고 싶지 않습니다." 공자는 얼굴빛을 바꾸며 말했다. "훌륭하다, 회回의 뜻이여! '만족할 줄 아는 사람은 이익 때문에 스스로를 해치지 않고 살펴서 자득할 줄 아는 사람은 이익을 잃어도 두려워하지 않으며, 안으로 수행이 되어 있는 사람은 지위가 없어도 부끄러워하지 않는다.'고 했다. 나는 이 말을 외운지 오래 되었는데, 오늘에서야 回에게서 뒤늦게 그것이 실현되는 것을 보니 이것은 나의 소득이구나.")

113) "소인은 다투기 때문에 잃는다."

114) ≪郭店楚墓竹簡·老子(乙)≫: "得之若纓(驚), 遊(失)之若纓(驚)."

115) ≪周易·卷之六≫: "象曰: 謙謙君子, 卑以自牧也."(象傳에서 말했다. "겸손한 君子는 낮춤으로 자처하는 것이다.") ≪傳≫: "謙謙, 謙之至也, 謂君子以謙卑之道, 自牧也. 自牧, 自處也, 詩云自牧歸荑."(謙謙은 겸손함이 지극한 것이니, 군자가 겸손하게 낮추는 도로 자처함을 이른다. 自牧은 자처함이니, ≪詩經≫에 이르기를 '자처하기를 삘기처럼 부드럽게 한다." 하였다.)

같은 용기이다.」116)라 했다.

본 죽간 뒤에 파손된 문자가 있다.

---

116) ≪荀子·榮辱篇≫: "爭飮食, 無廉恥, 不知是非, 不辟死傷, 不畏衆強, 牟牟然惟利飮食之見, 是狗彘之勇也. 爲事利, 爭貨財, 無辭讓, 果敢而振, 猛貪而戾, 牟牟然惟利之見, 是賈盜之勇也."

第9簡

□能=
𢽽不棐而遠之則民智欽矣女進者𫉬行退者智欽則亓於教也不遠矣害困曰

第 9 簡

□能=(能, 能)戔(踐)不喿(躁)而遠之, 則民智(知)欽矣. 女(如)進者蓳(觀)行, 退者智(知)欽, 則亓(其)於敎也不遠矣. 蒼(顏)囦(淵)曰:

【해석】

능히 덕을 좇아 따르고 성급하지 않으며 부덕한 것을 멀리하면 백성이 공경함을 알 것이다. 만일 나아가는 자가 예에 맞는 행실을 보이고 물러나는 자는 공경함을 알면 가르침이 (도에) 멀지 않을 것이다.

【上博楚竹簡原註】

죽간의 길이는 42.3cm이고, 위와 아래는 파손되었다. 두 번째와 홈에서부터 세 번째 홈까지의 거리는 20.5cm이고, 세 번째 홈에서부터 끝단까지의 거리는 1.6cm이다. 문자는 모두 33자이고, 그 중 중문은 한 자이다.

① '□能=戔不喿而遠之'

「□能=戔不喿而遠之」 구절은 「囚能, 能踐不躁而遠之」로 읽는다.

「能=」은 중문으로 「能, 能」으로 나누어 읽는다.

「戔(쌓일 전{해칠 잔}, jiān)」자에 대하여 ≪설문해자≫에서는 「'戔'은 '해치다'의 뜻이다. 두 개의 '戈'로 이루어진 자이다. ≪周書≫에 '해가 되는 교묘한 말을 하다'라 하였다.」117)라 했다. 본 구절에서 「踐(밟을 천, jiàn)」으로 읽고, '준수하고 따르다'의 의미이다. ≪國語·周語≫에서는 「무릇 눈은 의로운 것을 보고, 발은 덕을 좇는다.」118)라 하였다. ≪說文解字≫에서는 「踐」자에 대하여 「'踐'은 '실천하다'라는 의미이다. 의미부 '足'과 소리부 '戔'으로 이루어진 글자이다.」119) 라 하였다.

「喿」자는 「躁(성급할 조, zào)」로 읽는다. ≪설문해자≫에서는 「躁」자를 「趮」자로 쓰고, '조급

---

117) ≪說文解字≫: "戔, 賊也. 从二戈.≪周書≫曰: '戔戔巧言.'"
118) ≪國語·周語≫: "夫目以處義, 足以踐德."
119) ≪說文解字≫: "踐, 履也. 從足, 戔聲."

하다'의 뜻이다. 의미부 '走'와 소리부 '臬'로 이루어진 자이다.)」120)라 하였다. ≪集韻≫에서는 「'趮'자는 혹 '躁'자로 쓴다.」121)라 하였다.

본 구절은 「덕을 좇아서 가르치고, 성급하게 굴지 않으며 부덕한 것에서 멀어진다.」122)의 의미이다.

【譯註】

'㠯='자를 정리본은 '能, 能'으로 읽고 있다. 그러나 본 죽간 내용은 제 7간의 죽간과 연결된다. 그래서 '或(又)迪而敎之能=' 구절은 앞 문장의 '道(導)之以僉(儉)'의 구조와 같은 형식으로 '或(又)迪而敎之以能'으로 읽는 것이 아닌가 한다. 즉 '㠯='은 '以能'의 합문이다.123)

「戔不臬而遠之」 구절을 정리본은 「踐不躁而遠之」로 읽고 '실천하고 조급하지 않은 부도덕에서 멀어지다'의 뜻이라 하였다. 그러나 이러한 해석은 대사代詞 '之'가 '부도덕'이란 가상적인 의미를 가리킨다. 이 '之'는 '而'자 앞의 내용을 가리키는 것이 아닌가한다. 즉 '戔'과 '不臬'를 가리킨다. 이는 멀어지는 것(遠)이기 때문에 부정적인 뜻을 가리키는 것으로, '戔'자는 '賤'으로 '不臬'는 '不肖'로 읽는 것이 아닌가한다.

② '則民智欽矣'

「則民智欽矣」는 「則民智欽矣」124)로 읽는다.

「智」자는 「知」로 읽는다. ≪곽점초간·노자老子(甲)≫에서는 「재앙은 만족함을 알지 못하는 것보다 큰 것이 없고 만족함을 알면 만족하게 되고, 이것이 영원한 만족인 것이다.」125)라 하였다.

「欽(공경할 흠, qīn)」자는 '공경하다'는 뜻이다. ≪尙書·윤정胤征≫에서는 「바라건대 나를 보필하여 삼가 천자의 위엄이 있는 명령을 공손히 받들도록 하라.」126)라 하였고, ≪孔子家語·관송冠頌≫에서는 「하늘의 명을 공경하여 순종하다.」127)라 하였다.

---

120) ≪說文解字≫: "疾也. 從走, 臬聲."
121) ≪集韻≫: "趮, 或作躁."
122) "能踐德而敎, 不急躁, 而遠不德."
123) 陳偉, ≪顔淵問於孔子≫内事·内敎二章校讀〉, 簡帛, 2011-07-22.
124) "백성이 공경함을 알 것이다."
125) ≪郭店楚墓竹簡·老子(甲)≫: "禍莫大乎不智(知)足, 智(知)足之爲足, 此恒足矣."
126) ≪尙書·胤征≫: "尙弼予欽承天子威命."
127) ≪孔子家語·冠頌≫: "欽若昊命."

「欽」은 또한 「咸(다 함, xián)」자와도 통한다.

③ '女進者蕫行退者智欽'

「女進者蕫行退者智欽」구절은 「如進者觀行, 退者知欽」128)의 의미이다.

「蕫」자는 「觀(볼 관, guān,guàn)」으로 읽는다. 음성이 같아 통가자通假字로 쓰인다. 「蕫」자는 혹은 「勸」자로 읽는 것이 아닌가 한다. 이 구절은 '모든 일의 나아감과 물러남을 절도에 맞는 예로써 하면 그 올바름을 잃지 않는다. 그러면 나아가는 자가 예에 맞는 행동을 살피게 되고, 물러나는 자가 공경하고 겸손함을 안다'는 뜻이다.

≪大戴禮記·曾子制言中≫에 증자曾子는 군자는 벼슬길에 나아가면 통달할 수 있고, 물러나면 조용하게 지낼 수 있다. 어찌 그 통달함을 귀하게 여기겠는가? 그 공이 있음을 귀하게 여긴다. 어찌 그 조용하게 지냄을 귀하게 여기겠는가? 그 지킴을 귀하게 여긴다. 무릇 나아가는 것은 무슨 공이고, 물러나는 것은 무슨 지킴인가? 이 때문에 군자의 나아가고 물러남에 두 가지의 보는 것이 있는 것이다. 그러므로 군자는 벼슬길에 나아가면 군주의 명예를 이익되게 하고 백성의 근심을 덜어주는 것이다. 뜻을 얻지 못하면 귀한 자리를 편안하게 여기지 않고 두터운 녹을 생각지 않으며, 보습을 짊어지고 도를 행하며 얼어 죽더라도 인을 지키는 것이 군자의 뜻이다. 그 공과 지킴의 뜻을 알면 바라는 것이고, 알지 못하면 진실로 스스로 앎이 없는 것이다.」129)라고 말했다.

≪大戴禮記·文王官人≫에서는 '觀行'에 대하여 상세하게 설명하였다.

> 王曰: 太師, 愼維深思, 內觀民務, 察度情僞, 變官民能, 歷其才藝130), 女維敬哉. 女何愼乎非倫, 倫有七屬, 屬有九用, 用有六微: 一曰觀誠, 二曰考志, 三曰視中, 四曰觀色, 五曰觀隱, 六曰揆德. 王曰: 於乎! 女因方以觀之. 富貴者觀其禮施也, 貧窮者觀其有德守也, 嬖寵者觀其不驕奢也, 隱約者觀其不懾懼也. 其少觀其恭敬好學而能弟也, 其壯觀其潔廉務行而勝其私也, 其老觀其意憲愼強其所不足而不逾也. 父子之間觀其孝慈也, 兄弟之間觀其和友也, 君臣之間觀其忠惠也, 鄉黨之間觀其信憚也. 省其居處, 觀其義方, 省其喪哀, 觀其貞良, 省其出入, 觀其交友, 省其交友, 觀其任廉. 考之以觀其信, 挈之以觀其知, 示之難以觀其勇, 煩之以觀其治, 淹之以利以觀其不貪, 藍之以樂以觀其不寧, 喜之以物以觀其不輕, 怒之以觀其重, 醉之以觀其不失也,

---

128) "만일 나아가는 자가 예에 맞는 행실을 보이고 물러나는 자는 공경함을 알게 하다."
129) ≪大戴禮記·曾子制言中≫: "君子進則能達, 退則能靜. 豈貴其能達哉? 貴其有功也. 豈貴其能靜哉? 貴其能守也. 夫唯進之何功? 退之何守? 是故君子進退, 有二觀焉. 故君子進則能益上之譽而損下之憂, 不得志, 不安貴位, 不懷厚祿, 負耜而行道, 凍餓而守仁, 則君子之義也, 其功守之義有知之, 則願也, 莫之知, 苟無自知也."
130) 王引之는 ≪經義述聞·大戴禮記下≫에서 "變讀爲辯. 辯, 徧也, 歷, 相也." 言徧授民能以官而相度其才藝也." (王引之는 ≪經義述聞·大戴禮記下≫에 "'變'은 '辯'의 의미이니, 두루 미치는 것이다."라고 했으니, 두루 백성에게 재능을 가르치기를 임무로 하고 재능과 기예를 관찰하는 것을 말한다.)라 하였다.

縱之以觀其常, 遠使之以觀其不貳, 邇之以觀其不倦, 探取其志以觀其情, 考其陰陽以觀其誠, 覆其微言以觀其信, 曲省其行以觀其備成, 此之謂觀誠也.(≪大戴禮記·文王官人≫)

(왕이 말했다. "태사는 삼가 깊이 생각하여 안으로는 백성의 일을 관찰하고, 살필 때에는 진정과 거짓을 헤아려라. 두루 백성에게 능력을 가르치기를 임무로 하고 재능과 기예를 관찰해야 하니, 너는 오직 공경하라. 네가 어찌 도리가 아닌 것에 삼가겠는가? 도리에는 칠속七屬131)이 있고, 屬에는 九用이 있고, 용용에는 六微가 있는데, 첫째는 성실함을 관찰하는 것을 말하고, 둘째는 뜻을 헤아리는 것을 말하고, 셋째는 속마음을 관찰하는 것을 말하고, 넷째는 안색을 관찰하는 것을 말하고, 다섯째는 은미함을 관찰하는 것을 말하고, 여섯째는 덕을 헤아리는 것을 말한다."

왕이 말했다. "아! 너는 상대방에 따라 관찰하는구나." 부귀한 사람에게서는 그 예를 시행하는 것을 관찰해야 하고, 빈궁한 사람에게서는 덕을 지키는 것을 관찰해야 하고, 총애하는 사람에게서는 교만하고 사치하지 않는 바를 관찰해야 하고, 말이 분명하지 않은 사람에게서는 두려워하지 않는 것을 관찰해야 한다. 어려서는 공경하고 배우기를 좋아하여 공손할 수 있는지를 관찰해야 하되, 장성하여서는 청렴하고 힘써 행하여 사사로움을 이기는 것을 관찰해야 하고, 늙어서는 뜻을 삼가서 그 부족한 것을 억지로 해도 지나치지 않는 것을 관찰해야 한다. 아버지와 아들 사이에는 효도와 사랑을 살펴야 하고, 형과 아우 사이에는 화목과 우애를 살펴야 하고, 임금과 신하 사이에는 충성과 은혜를 살펴야 하고, 마을에서는 믿는 것과 꺼리는 것을 살펴야 한다. 거처하는 바를 살피면 아버지가 아들에게 주는 가르침을 볼 수 있고, 상사를 슬퍼하는 것을 살피면 충정과 선량을 볼 수 있고, 출입하는 것을 살피면 친구를 사귀는 것을 볼 수 있으며, 친구를 사귀는 것을 살피면 비뚤어지고 모남을 볼 수 있다. 깊이 헤아릴 때에는 믿는 바를 살필 수 있고, 거느릴 때에는 지혜를 살필 수 있고, 알리기 어려울 때에는 용기를 살필 수 있고, 번잡할 때에는 다스림을 살필 수 있고, 이익을 취할 때에는 탐하지 않은 것을 살필 수 있고, 즐거움을 절제하지 않을 때에는 편하지 않음을 살필 수 있고, 물건으로 기뻐할 때에는 가벼이 여기지 않는 것을 살필 수 있고, 화났을 때에는 중요하게 여기는 것을 살필 수 있고, 취했을 때에는 실수하지 않는 것을 살필 수 있고, 멋대로 할 때에는 평소의 모습을 살필 수 있고, 멀리 사신으로 갈 때에는 두 마음을 품지 않는 것을 살필 수 있고, 가까이 할 때에는 게으르지 않는 것을 살필 수 있고, 뜻을 찾아서 취할 때에는 사정을 살필 수 있고, 음양을 헤아릴 때에는 정성을 살필 수 있고, 뜻이 깊은 말을 뒤집으면 미더움을 살필 수 있고, 행실을 곡진하거나 간략하게 할 때에는 갖춰 이룸을 살필 수 있으니, 이것을 '觀誠'이라고 이른다.)

또한 ≪呂氏春秋·論人≫에서는 「팔관八觀」에 대하여 「현달했을 때에는 그가 어떤 사람들을 예우하는 지를 볼 수 있고, 존귀했을 때에는 그가 어떤 사람을 추천하는 지를 볼 수 있고, 부유하면

---

131) 七屬은 貴·貞·長·師·宗·主·賢을 가리킨다. 『大戴禮記·文王官人』: "九用有徵, 乃任七屬: 一曰國則任貴, 二曰鄉則任貞, 三曰官則任長, 四曰學則任師, 五曰族則任宗, 六曰家則任主, 七曰先則任賢."

그가 어떤 사람과 교유하는 지를 볼 수 있고, 말하는 것을 들으면 그가 무슨 일을 행하는 지를 볼 수 있고, 한가로이 쉴 때에는 그가 무엇을 좋아하는 지를 볼 수 있고, 가까이 하며 신임하는 사람들을 통해 그가 무엇을 말하는 지를 볼 수 있고, 궁곤했을 때에는 그가 무엇을 거절하는 지를 볼 수 있고, 천했을 때에는 그가 무엇을 하지 않는 지를 볼 수 있다.」132)라 하였다.

본 죽간은 아래의 죽간과 서로 연결되는 내용이다.

【譯註】

「女進者蓳行退者智欽」 구절을 정리본은 「如進者觀行, 退者知欽」으로 읽고 있다. 이 중 「進者」는 '훌륭하게 실천하고 노력하는 자'를 가리키는 것이기 때문에 「蓳行」은 「관행勸行」으로 읽는 것이 아닌가 한다. 행실을 바르게 하고 인의를 실천하고 있는 사람이기 때문에 계속해서 더욱 인격을 수양할 수 있도록 격려해 주고, 「최자퇴자」는 이와 반대되는 행위를 하기 때문에 자기 자신과 남을 공경할 줄 알도록 지도해야 하는 것이다.

'不遠矣' 중의 '不'자를 '󰎠'로 쓴다. '󰎠'자는 '不'자를 잘못 쓴 것이다.

---

132) ≪呂氏春秋·論人≫: "通則觀其所禮, 貴則觀其所進, 富則觀其所養, 聽則觀其所行, 止則觀其所好, 習則觀其所言, 窮則觀其所不受, 賤則觀其所不爲."

第10簡

君子之内教也悼既屬矣﹦ 敢屬至明孔﹦ 曰悤城則名至矣名至必俾壬﹦ 給大則录

第 10 簡

「君子之内教也, 悼(回)既奮(聞)矣=(矣已). 敢奮(問)至明?」孔=(孔子)曰:「恴(德)城(成)則名至矣, 名至必俾壬=(任, 任)給(治)大則彔(祿)」

【해석】
"군자의 내교는 제가(회回) 이미 들었습니다. 감히 지극히 밝은 것에 대해 묻사옵니다." 孔子가 말했다. "덕을 이루면 명성이 이를 것이다. 명성이 이르면 반드시 그로 하여금 임무를 맡게 하고, 임무를 맡아서 크게 다스리면 녹을 받을 것이다.

【上博楚竹簡原註】
죽간의 길이는 43.5cm이고, 위는 파손되었고 아래는 편평하게 다듬어져 있다. 첫 번째 홈과 두 번째 홈 사이의 거리는 20.5cm이고, 두 번째 홈과 세 번째 홈 사이의 거리는 20.5cm이고, 세 번째 홈에서부터 끝단까지의 거리는 2.5cm이다. 모두 34자이고, 그 중에서 합문은 2자이고 중문은 한 자이다.

① '君子之內敎也, 悼既聞矣='
「君子之內敎也, 悼既聞矣=」구절은 「君子之內敎也, 回既聞矣已」[133)로 읽는다.
「矣=」는 「의이矣已」두 글자의 합문이다.

② '敢奮至明'
「敢奮至明」은 「敢問至明」으로 읽는다.
「지명至明」에 대하여, ≪大戴禮記·王言≫에서는 「이른바 천하의 지극히 밝은 것은 천하의 지극히 어진 것을 가릴 수 있다.」라 하였고, ≪孔子家語·王言解≫에서는 「孔子가 말했다. "옛날 밝은 임금은 천하의 훌륭한 선비 이름을 다 알고 있어, 이미 그 이름을 알면 또 그 수효를 알고 있었으며, 이미 그 수효를 알면 또 그 소재를 알았다. 밝은 임금은 천하의 벼슬을 가지고 천하의 선비를 높여주니, 이것을 지극한 예는 사양을 않고서도 천하가 다스려진다고 이르는 것이다.

---

133) "군자의 내교는 제가(回) 이미 들었습니다."

천하의 녹을 가지고 천하의 선비들을 부유하게 하니, 이것을 지극한 상은 재물을 허비하지 않아도 천하의 선비가 기뻐한다고 이르는 것이다. 천하의 선비가 기뻐하면 천하의 명예가 일어나게 되니, 이것을 지극한 음악은 소리가 없어도 천하의 백성이 화락한다고 이르는 것이다. 그러므로 '이른바 천하의 지극히 어진 자는 천하의 지극히 친한 자들을 합칠 수 있으며, 이른바 천하의 지극히 지혜로운 자는 천하의 지극히 화락한 자를 쓸 수 있으며, 이른바 천하의 지극히 밝은 자는 천하의 지극히 어진 자를 가려 쓸 수 있는 것이다.'」134)라 하였다.

③ '孔=曰悳城則名至矣'

「孔=曰悳城則名至矣」 구절은 「孔子曰: 德成則名至矣」로 읽는다.

「孔=」은 「공자孔子」두 글자의 합문이다.

「悳(덕 덕, dé)」자에 대하여, ≪설문해자≫에서는 「'悳'은 '밖으로는 남에게서 얻고, 안으로는 자기에게서 얻는 것이다'는 뜻이다. 의미부 '直'과 '心'으로 이루어진 자이다.」135)라 하고, ≪集韻≫에서는 「고문에서는 '悳'자로 쓰고, 일반적으로 '德'자로 쓴다.」136)라 하고, ≪五音集韻≫은 「'德'은 '덕행'이라는 뜻이다. 朱氏가 말했다. "몸소 행하여 얻는 것이 있음을 '德'이라고 이른다. 또 '베풀다', '오르다', '복', '은혜'라는 뜻이다.」137)라 하였다.

孔子는 ≪大戴禮記·王言≫에서 「'德'이라는 것은 도를 높이는 것이다.」138)라 하였다. 君子는 덕을 이루어 백성에게 믿음을 드러내면, 즉 「현자賢者」의 명성이 이루어지고 공을 이루게 되고 이름을 세우는 것이다. 임지기林之奇는 ≪상서전해尚書全解≫에서 사람의 오사五事와 음양의 오기五氣를 근거로 「덕성德成」에 대하여 설명하였다.

人爲之五事與陰陽之五氣實相須而行. 君之貌恭而至於作肅, 則恭之德成矣, 故時雨順之, 君之言從而至於作乂, 則從之德成矣, 故時暘順之, 君之視明而至於作哲, 則明之德成矣, 故時燠

---

134) ≪大戴禮記·王言≫: "所謂天下之至明者, 能選天下之至良者也." ≪孔子家語·王言解≫: "孔子曰: 昔者明主以盡知天下良士之名, 旣知其名, 又知其數, 旣知其數, 又知所在. 明主因天下之爵, 以尊天下之士, 此之謂至禮不讓而天下治. 因天下之祿, 以富天下之士, 此之謂至賞不費而天下之士說. 天下之士說, 則天下之明譽興焉, 此之謂至樂無聲而天下之民和. 故曰: '所謂天下之至仁者, 能合天下之至親者也. 所謂天下之至知者, 能用天下之至和者也. 所謂天下之至明者, 能選天下之至良者也.'"
135) ≪說文解字≫: "悳, 外得於人, 內得於己也. 從直從心."
136) ≪集韻≫: "古作悳, 通作德."
137) ≪五音集韻≫: "德, 德行也. 朱氏曰: 躬行有得之謂德, 又惠也, 升也, 福也, 恩也."
138) ≪大戴禮記·王言≫: "德者, 所以尊道也."

順之, 君之聽聰而至於作謀, 則聽之德成矣, 故時寒順之, 君之思睿而至於作聖, 則思之德成矣, 故時風順之. 肅之於雨, 乂之於暘, 哲之於燠, 謀之於寒, 聖之於風, 各以其類相感召者也.

(사람이 행하는 五事와 음양의 五氣는 실제로 서로 필요에 따라 행해진다. 임금의 모습이 공손하여 엄숙함을 만드는 것에 이르면 공손한 덕을 이룬 것이므로 때 맞춰 비가 내림이 순조로운 것이다. 임금의 말이 순리를 따라 다스림에 이르면 순리를 따르는 덕을 이룬 것이므로 때 맞춰 햇볕이 솟아 순조로운 것이다. 임금의 보는 것이 눈 밝아 사리에 밝은 데에 이르면 밝은 덕을 이룬 것이므로 때 맞춰 따뜻해짐이 순조로운 것이다. 임금의 듣는 것이 귀 밝아 헤아리는 데에 이르면 듣는 덕을 이룬 것이므로 때 맞춰 추워짐이 순조로운 것이다. 임금의 생각이 밝아 성스러운 데에 이르면 생각의 덕을 이룬 것이므로 때 맞춰 바람이 붊이 순조로운 것이다. 엄숙한 것은 비와 같고, 다스리는 것은 햇볕과 같고, 사리에 밝은 것은 따뜻함과 같고, 헤아림은 추위와 같고, 성스러움은 바람과 같으니, 각각 그 비슷한 것으로써 서로 감화시킨 것이다.)

【譯註】

앞에서는 '지명至明'이라 하였는데, 본 구절에서는 「명지名至」로 쓴다. 아마도 둘 중에 한 자는 서로 자형이 비슷하기 때문에 잘 못 쓴 것으로 보인다. 「名至」 구절이 두 차례 출현하고 뒤에 '봉록俸祿'에 관하여 언급하고 있기 때문에 '名至'로 써야 옳은 것 같다.

④ '名至必俾壬=給大則彔'

「名至必俾壬=給大則彔」 구절은 「名至必俾任, 任治大則祿」139)으로 읽는다.

「名」은 '명성을 듣는다'는 뜻으로 '「현자賢者」의 명성'과 같은 의미이다.

「俾(더할 비, bǐ)」자에 대하여 ≪집운集韻≫은 「'俾'자는 '시키다'라는 뜻이다.」140)라고 하였고, ≪경전석문經典釋文·상서음의상尙書音義上≫에서는 「'俾'자는 '시키다'라는 뜻이다.」141)라 하였다.

「壬=」자는 중문으로 「任, 任」으로 읽는다. ≪설문해자≫에서는 「'壬'은 '북쪽 방향의 위치'의 뜻이다. 음이 다하고 양이 생겨난다 하고, ≪易≫에서 "용이 들에서 싸운다."라고 했다. 戰은 '교접하다'라는 뜻이다. 사람의 임신한 모습을 본떴다. '子'로써 地支 '亥'와 天幹 '壬'을 이어지니 아이를 낳는 차례이다. '壬'자는 '工'자에 한 '一'을 추가하여 이루어져 있는데, 이러한 문자의 구조는 '巫'자와 같다. '壬'은 '辛'을 잇고, 사람의 정강이를 본떴다. 정강이는 사람의 신체를

---

139) "이름이 나면 반드시 그로 하여금 임무를 맡게 하고, 맡아서 다스려짐이 크면 녹을 받는다."
140) ≪集韻≫: "俾, 使也."
141) ≪經典釋文·尙書音義上≫: "俾, 使也."

받쳐 준다.」142)라 하였다. 楚文字의「壬」자는 사람이 임신하여 땅에 서 있는 모양을 본뜬 모양이다. 「名至必俾任」은 천하가 이미「賢者」의 명성을 알면, 반드시「賢者」로 하여금 임무를 맡기기 때문에 바로「任賢使能」143)이라고 하는 것이다.

孔子는「어질고 재능이 있는 자를 등용」144)하고「알아보고 등용」145)해야 한다 하였다. ≪論語·子路≫에서「중궁仲弓이 계씨季氏의 가신이 되어 정사에 관하여 물었다. 공자가 말했다. "우선 유사를 임명하여 각자의 일은 담당하도록 하고, 작은 허물은 용서해 주고, 어질고 재질이 있는 사람을 등용해야 한다." 중궁仲弓이 말했다. "어떻게 어질고 재질이 있는 사람을 알아보고 등용합니까?" 공자가 말했다. "네가 알아보고 등용하면, 네가 알아보지 못하는 사람을 다른 사람이 가만히 놓아두겠는가?"」146)라 하여 어진 사람을 존경하는 것이 매우 중요하다 하였다.

지혜란 어진 사람을 아는 것보다 더 중요한 것이 없다하였다. ≪尙書·大禹謨≫에서는「어진 사람을 쓰면 두 마음을 갖지 말고, 사악한 자를 버리면 의심치 말라.」147)라 하고, ≪尙書·太甲下≫에서는「다스림과 더불어 도를 함께 하면 흥하지 않음이 없고, 어지러움과 더불어 일을 함께 하면 망하지 않음이 없다.」148)라 하여, 편안함과 위태로움은 맡기는 바에 달려 있고, 어진 사람을 보배로 여기고 능력 있는 사람에게 맡기면 가까운 사람이 편안하다 하였다.

공자는 애공哀公이「어떤 사람을 현인賢人이라고 이릅니까?」라 물었을 때, 「이른바 어진 사람은 덕이 법을 넘어서지 않게 하고 행동을 척도에 맞게 하며, 말은 천하의 법이 되게 하기 때문에 몸에 손상을 입지 않으며, 그 도가 백성에게 덕화德化를 끼치기 때문에 근본에 손상을 입지 않습니다. 富에 있어서는 천하에 재물을 쌓아 놓는 일이 없고, 재물을 베푸는 데 있어서는 천하에 가난함을 걱정하는 일이 없으니, 이러한 사람이라면 어진 사람이라고 이르는 것입니다.」149)라 하였다.

공자는「어질구나. 안회顔回여!」150)라 하여 안연顔淵을「현자賢者」라 칭찬하였다.

---

142) ≪說文解字≫: "壬, 位北方也. 陰極陽生, 故≪易≫曰: 龍戰于野. 戰者, 接也. 象人裹妊之形. 承亥壬以子, 生之敍也. 與巫同意. 壬承辛, 象人脛. 脛, 任體也."
143) "어진 사람에게 일을 맡기고 능력 있는 사람을 부리다."
144) "擧賢才."(어질고 재질이 있는 사람을 등용하다.)
145) "擧爾所知."(네가 아는 바를 등용하다.)
146) ≪論語·子路≫: "仲弓爲季氏宰, 問政. 子曰: '先有司, 赦小過, 擧賢才.' 曰: '焉知賢才而擧之?' 曰: '擧爾所知. 爾所不知, 人其舍諸?.'"
147) ≪尙書·大禹謨≫: "任賢勿貳, 去邪勿疑."
148) ≪尙書·太甲下≫: "與治同道, 罔不興. 與亂同事, 罔不亡."
149) ≪孔子家語·五儀解≫: "所謂賢人者, 德不踰閑, 閑法行中規繩, 言足以法於天下, 而不傷於身, 道足以化於百姓, 而不傷於本, 富則天下無宛財, 施則天下不病貧. 此則賢者也."

「給」자는 「治(다스릴 치, zhì)」로 읽는다. 초간楚簡에서 「給」자는 「治」의 의미로 주로 쓰인다. ≪郭店楚墓竹簡·老子(甲)≫ 「給(治)之於其未亂.」151) 구절과 ≪郭店楚墓竹簡·老子(乙)≫ 「給(治)人事天, 莫若嗇」152) 구절 「給」자는 「治」의 의미로 쓰인다.

「彔」자는 「祿(복 록, lù)」으로 읽는다. 「祿」은 '봉록俸祿'이란 뜻이다. ≪史記·日者傳≫에 「벼슬을 높이고 녹봉을 두텁게 하다.)」153)라 하였다.

「任治大則祿」은 임무가 크고 공이 큰 사람은 상으로 녹봉을 주고, 충성과 신의가 있는 사람은 녹봉을 후하게 준다는 뜻이다.

≪孔子家語·哀公問政≫에서는 「공자가 말했다. "몸을 깨끗이 하고 옷을 잘 차려 입으며, 예가 아니면 움직이지 않는 것이 몸을 닦는 것입니다. 참소하는 사람을 버리고 여색을 멀리하며, 재물을 천하게 여기고 덕을 귀하게 여기는 것이 어진 사람을 높이는 것입니다. 능력 있는 사람을 벼슬시켜 주고 녹봉을 두텁게 하며, 좋아하고 싫어하는 것을 같이하는 것은 친한 사람을 친하게 여김을 돈독하게 하는 것입니다. 관속을 많이 두어 그 책임을 맡기는 것은 대신을 공경하는 것입니다. 진심을 다하여 믿어주고 녹봉을 두텁게 해주는 것은 선비를 권장하는 것입니다."」154)라 하였다.

≪孟子·萬章下≫에서는 녹봉에는 제도에 대하여 설명하였다.

大國地方百里, 君十卿祿, 卿祿四大夫, 大夫倍上士, 上士倍中士, 中士倍下士, 下士與庶人在官者同祿, 祿足以代其耕也. 次國地方七十里, 君十卿祿, 卿祿三大夫, 大夫倍上士, 上士倍中士, 中士倍下士, 下士與庶人在官者同祿, 祿足以代其耕也. 小國地方五十里, 君十卿祿, 卿祿二大夫, 大夫倍上士, 上士倍中士, 中士倍下士, 下士與庶人在官者同祿, 祿足以代其耕也. 耕者之所獲, 一夫百畝. 百畝之糞, 上農夫食九人, 上次食八人, 中食七人, 中次食六人, 下食五人. 庶人在官者, 其祿以是爲差.

대국은 땅이 사방 백 리이니, 군주는 경卿의 녹봉의 10배요, 경의 녹봉은 대부의 4배요, 대부는 상사의 배요, 상사는 중사의 배요, 중사는 하사의 배요, 하사와 서인으로서 관직에 있는 사람은 녹봉이 같으니, 녹봉이 충분히 그 경작하는 수입을 대신할 만하였다. 다음의 대국은 땅이 사방 70리 이니, 군주는 경의 녹봉의 10배요, 경의 녹봉은 대부의 3배요, 대부는 상사의 배요,

---

150) ≪論語·雍也≫: "子曰: '賢哉, 回也!'"
151) ≪郭店楚墓竹簡·老子(甲)≫: "給(治)之於其未亂."(다스리기를 아직 혼란하기 전에 해야 한다.)
152) ≪郭店楚墓竹簡·老子(乙)≫: "給(治)人事天, 莫若嗇."(사람을 다스리고 하늘을 섬기는데, 아끼는 것보다 더 좋은 것이 없다.)
153) ≪史記·日者傳≫: "尊官厚祿."
154) ≪孔子家語·哀公問政≫: "孔子曰: '齊潔盛服, 非禮不動, 所以修身也, 去讒遠色, 賤財而貴德, 所以尊賢也, 爵其能, 重其祿, 同其好惡, 所以篤親親也, 官盛任使, 所以敬大臣也, 忠信重祿, 所以勸士也.'"

상사는 중사의 배요, 중사는 하사의 배요, 하사와 서인으로서 관직에 있는 사람은 녹봉이 같으니, 녹봉이 충분히 그 경작하는 수입을 대신할 만하였다. 소국은 땅이 사방 50리 이니, 군주는 경의 녹봉의 10배요, 경의 녹봉은 대부의 2배요, 대부는 상사의 배요, 상사는 중사의 배요, 중사는 하사의 배요, 하사와 서인으로서 관직에 있는 자는 녹봉이 같으니, 녹봉이 충분히 그 경작하는 수입을 대신할 만하였다. 경작하는 사람의 소득은 한 가장이 백 묘를 받으니, 백 묘를 가꿈에 상농부는 9명을 먹일 수 있고, 상농부 다음은 8명을 먹일 수 있고, 중농부는 7명을 먹일 수 있고, 중농부의 다음은 6명을 먹일 수 있고, 하농부는 5명을 먹일 수 있으니, 서인으로서 관직에 있는 사람은 그 녹봉이 이에 따라 차등을 두는 것이다.

본 죽간 뒤에는 파손된 문자가 있다.

【譯註】

''자를 정리본은 '임壬'자로 예정하고 있는데, 일반적인 초문자 '壬'자와는 형태가 약간 다르다. 제 6간에서 '신身'자를 ''로 쓴다. 가운데 부분이 약간 다르나, '身'자의 이체자가 아닌가 한다. ≪上博楚簡·性情論≫은 '身'자를 ''·''으로 쓴다. 전후 문맥과 자형으로 보아 '身'자로 예정하는 것이 옳은 것 같다. 초간에서 '壬'자를 ''으로 쓴다.

第11簡

旻青= 薦= 而戀學所以凥悗也斂絞而收貧所以取

第 11 簡

見(得)靑=薦=(情薦, 情薦)而懋(戀)孯(幽), 所以凥(居)悗也, 敓(敚)絞而收貧, 所以取(聚)

【해석】

정에 얽매이고, 정을 중시하고 사사로운 정에 연연하게 되면 일을 정상적으로 처리할 수 없게 된다. 서로를 강탈하고 가난한 사람에게서 거두는 것은 (재물을) 모으려는 까닭이다

【上博楚竹簡原註】

죽간의 길이는 25cm이고, 위와 아래는 파손되었다. 두 번째 홈에서 상단까지의 거리는 16.2cm이다. 문자는 모두 21자이고, 그 중 합문은 2자이고 중문은 두 자이다.

① '見靑=薦=而懋孯'

「見靑=薦=而懋孯」 구절은 「得情薦, 情薦而戀幽」으로 읽는다.

「靑=薦=」은 중첩어이다.

「薦(천거할 천, jiàn)」자에 대하여 ≪집운集韻≫은 「'천薦'은 '거듭하다'의 뜻이다.」155)라 하였고, ≪玉篇≫에서는 「薦'은 '짐승이 먹는 풀'의 의미이다. 또 '바치다', '늘어놓다'라는 뜻이다.」156)라 하였다.

「孯」자는 의미부 '子'와 소리부 '幽'로 이루어진 글자로, 글자는 또한 ≪중산왕정中山王鼎≫에도 보인다. 혹은 「유幼」의 이체자로 보기도 한다. 「幽(그윽할 유, yōu)」로 읽는다. ≪시법諡法≫에 「움직임이 안정되고 어지러움이 정상적으로 된 것을 '幽'라고 한다.」157)라 하였다.

정을 중시하고 사사로운 정에 연연하다의 뜻이다.

【譯註】

'薦='자는 중문으로 한 자는 앞 문장에 속하고 한 자는 뒤 구절 내용에 속하는 것으로 보인다.

---

155) ≪集韻≫: "薦, 重也."
156) ≪玉篇≫: "薦, 獸所食草也, 又進獻也, 陳也."
157) ≪諡法≫: "動靜亂常曰幽."

'▨'자를 정리본은 '薦'자로 예정하고 있는데, 일반적인 초죽서의 '薦'자와 다르다. '老'자의 변형이 아닌가 한다. '老'자를 초죽서에서는 '▨'·'▨'·'▨' 등으로 쓴다.158)

따라서 "旻靑=老=而懋學" 구절은 "得情, 情老老而慈幼"로 읽을 수 있다. '일반백성의 마음을 얻어야 하는데, 그 마음의 정으로는 노인은 존경하고 어른아이를 사랑하여야 한다'는 뜻이다.

② '所以尻悂也'

「所以尻悂也」은 「所以居悂也」로 읽는다.

「悂(변할 궤, guǐ)」자에 대하여 ≪설문해자≫에서는 「'悂'는 '변덕스럽다'라는 뜻이고, 혹은 '뉘우치다'의 뜻이다.」159)라 하였고, ≪玉篇≫에서는 「'悂'자는 '괴이하다'라는 뜻이다.」160)라 하였다. 일을 처리하는데 괴이한 일이 일어나고 위기에 처하게 된다는 뜻이다.

「悂」자는 혹은 「危」로 읽는다.

【譯註】

'▨'자를 정리본은 '悂'자로 예정하고 있고 있으나, 이 자는 윗부분이 '身'이고 아랫부분이 '心'인 悬(仁)'자이다. ≪곽점초간·六德≫에서는 '위危'자를 '▨'로 쓴다.161)

≪상박초간·性情論≫은 '仁'자를 '▨'으로 쓰고, ≪곽점초간·五行≫은 '▨'으로 쓴다.162)

③ '敓絞而收貧'

「敓絞而收貧」 구절은 「敓絞而收貧」163)으로 읽는다.

「敓」자는 「敚(빼앗을 탈, duó)」자와 같은 자이다. ≪설문해자≫에서는 「'敚'은 '억지로 빼앗는 것'이다. ≪周書≫에 '약탈하고 속이고 죽였다'고 했다.」164)라 하였다.

「絞」자는 「交」로 읽는다.

「貧(가난할 빈, pín)」은 재물이 없는 것 가난함을 말한다. ≪孔子家語·執轡≫에서는 「자와

---

158) ≪楚系簡帛文字編≫, 776 쪽.
159) ≪說文解字≫: "悂, 變也, 一曰悔也."
160) ≪玉篇≫: "悂, 異也."
161) ≪楚系簡帛文字編≫, 823 쪽.
162) ≪楚系簡帛文字編≫, 740 쪽,
163) "서로를 강탈하고 가난한 사람에게서 거두다."
164) ≪說文解字≫: "敚, 彊取也. 曰:『敚攘矯虔.』"

되를 바르게 하지 않으면 모든 일이 예를 잃으며, 도시와 농촌이 통해지지 않아서 재물을 생산할 수 없게 되는 것을 '빈핍'하다고 하는 것이니, 빈핍하면 司空165)을 경계해야 한다.」라 하였다.

본 구절은 「奪上收下」166)의 뜻으로 '나라의 재물을 탐내어 삼키고 백성의 고혈을 착취하는 것'을 말한다.

본 죽간의 뒤에 파손된 문자가 있다.

【譯註】

'▨'자를 정리본은 '攽'자로 예정하고 '敚(빼앗을 탈, duó)'로 읽고 있다. 제 12간에서는 '▨'로 쓴다. '▨'자는 기본 소리부가 '谷'으로 본 구절에서는 '豫'로 읽거나 혹은 '捨'로 읽는 것이 아닌가 하며, '▨'자는 '籧'자로 예정할 수 있고 '豫'로 읽을 수 있다. ≪郭店楚簡·六德≫ "㕮其志, 求羖(養)新志, 害亡不以也. 是以攺也."167)(第33簡) 중의 '㕮'자를 '▨'로 쓰는데, '▨'자의 윗부분과 매우 흡사하다. 李零은 '▨(㕮)'자를 '逸'로 읽고,168) 유쇠劉釗는 이 자를 '䚻'자로 예정하고 '豫'자의 이체자이며, '抒'로 읽었다.169) 혹은 '豫'로 예정하고 '舍'로 읽는다.170) '舍'자는 또한 '捨'자와 음이 통한다. ≪포산초간包山楚簡≫은 '▨'로 쓴다.171)

본 문장은 집정자가 '仁'을 실행하는 구체적인 항목 중에 하나이기 때문에 부정적인 의미가 아니라 긍정적인 의미로 해석해야 한다. '예교豫絞'는 즉 '예격豫繳' 혹은 '사격捨繳'으로 '가렴苛斂한 세금을 없애다'는 뜻이다. '수빈收貧' 역시 비슷한 의미로 '빈자를 거두어들이다'는 뜻이다.

---

165) 三公의 하나로, 土地와 民事를 맡아보았음.
166) "위에서 약탈하고 아래에서 거두다."
167) "장래의 포부를 밝히고, 윗사람을 공경하고자 하는 의지를 양성하고자 한다면 못 할게 없기 때문에 세밀하나 넓다고 한 것이다."
168) 李零, ≪郭店楚簡校讀記≫, 132 쪽.
169) 劉釗, ≪郭店楚簡校釋≫, 117 쪽.
170) 陳偉, ≪楚地出土戰國簡冊十四種≫, 242 쪽 참고.
171) ≪楚系簡帛文字編≫, 851 쪽.

第12簡

□言薦二而戀學𩭤絞而收貧录不足則青又余則詒录新也录不足則青又余

第 12 簡

□(得)🈁薦=(情薦, 情薦)而戀(戀)學(幽), 🈁(敓)絞(交)而收貧. 彔(祿)不足, 則青(情)又(有)余(餘), 則詒彔新(薪)也. 彔(祿)不足, 則青(情)又(有)余(餘)

【해석】
　정에 얽매이고, 정을 중시하고 사사로운 정에 연연하게 되면 일을 정상적으로 처리할 수 없게 된다. 서로를 강탈하고 가난한 사람에게서 거두는 것은 (재물을) 모으려는 까닭이다.
　녹이 부족하지만 사람의 욕망이 여유가 있고자 하며, 봉녹을 주어도 봉록이 부족하다고 여기는 것은 욕심이 여유가 있고자 하기 때문이다.

【上博楚竹簡原註】
　본 죽간의 두 개의 완전치 않은 죽간을 짝맞추기 한 것이다. 상단의 길이는 28.2cm이고, 하단의 길이는 13.8cm이며, 이어 합한 뒤에 위는 파손되었고, 가운데는 글자가 빠져있고, 아래는 평평하다. 세 번째 홈에서 끝단까지의 거리는 2.7cm이다. 모두 31자이고, 그 중에서 중문은 두 자이다.

　① '□🈁薦=而戀學'
　「🈁薦=而戀學」구절은 「得情薦, 情薦而戀幽」로 읽는다.
　첫 글자는 반절만 남아 있는데, 위의 죽간의 내용을 참고해 볼 때,「旻」자가 아닌가 한다.「🈁」자는 앞 죽간의 내용을 근거하여,「青」자라는 것을 알 수 있으나, 자형과 중문 부호를 모두 생략하여 쓴다.

【譯註】
　전후 문맥으로 보아 본 죽간의 앞부분은 '有司'가 두 자가 아닌가 한다. 이 다음 문장이 有司가 응당히 해야 할 구체적인 내용에 대하여 언급하고 있다.

　② '彔不足'
　「彔不足」은「祿不足」으로 읽는다.

「祿」은 나라를 다스리는 중요한 수단으로, 孔子는 ≪大戴禮記·四代≫)에서「녹봉은 뒤로 미룰 수 없다.」172)라 했다. 또한 ≪大戴禮記·盛德≫에서「어진 사람이 관직과 직위를 잃고, 공로를 세운 사람이 상으로 받은 녹봉을 잃는데 있다. 만약에 벼슬과 녹봉을 잃으면 사졸들은 미워하고 원망할 것이다.)」173)라 했다.

③ '則靑又余則詒彔新也'

「則靑又余則詒彔新也」구절은「則情有餘, 則治祿薪也」로 읽는다.

「詒(보낼 이, yí,dài)」자에 대하여 ≪설문통훈정성說文通訓定聲≫에서는「'詒'자는 '遺'자의 가차자로 쓰인다. '詒'와 '遺(끼칠 유, yí,wèi)'자는 성모의 전환관계이다.」174)라 하였고, ≪집운集韻≫에서는「'詒'자는 '남기다'라는 뜻이다. 또한 '貽'라고도 쓴다.」175)라 하였고, ≪광아廣雅≫는「'詒'는 '주다'라는 뜻이다.)」176)라 했다.

≪左傳·文公十六年≫에서는「나이가 칠십 이상인 노인에게는 음식을 보내지 않은 곳이 없고, 또 철마다 진귀한 음식을 보내주었다.」177)라고 했는데, ≪疏≫에서는 이에 대하여「'詒'는 '남기다'라는 뜻이다. '饋(먹일 궤, kuì)'와 '詒'는 '모두 사람에게 주는 물건의 이름'이다.)」178)라고 했다. ≪詩·大雅·文王有聲≫에서는「후손에게 계책을 남겨주다」179)라 했고, ≪詩·周頌·思文≫에서는「우리에게 밀과 보리를 주다.」180)라 했다. 글자는 다르지만 모두 뜻은 같다. ≪經典釋文≫에서는 '貽(끼칠 이, yí)'자를 '詒'자로 쓴다.

「彔」자는 글자가 깨졌지만「祿」으로 읽는다. 孔子는 ≪孔子家語·六本≫에서「보통 사람의 실정을 보면, 여유가 있으면 사치하게 마련이다.)」181)라고 말했다.

사람의 실정은 여유가 있으면 교만함을 바라지도 않는데도 교만하게 되고, 사람이 이익만을 챙기고 자신만을 돈독하게 하여 녹봉이 부족함에도 부유하고자 하니, 다스릴 때 이를 특별히

---

172) ≪大戴禮記·四代≫: "祿不可後也."
173) ≪大戴禮記·盛德≫: "賢能失官爵, 功勞失賞祿, 爵祿失, 則士卒疾怨."
174) ≪說文通訓定聲≫: "詒, 假借爲遺, 詒·遺一聲之轉."
175) ≪集韻≫: "詒, 遺也. 亦作貽."
176) ≪廣雅≫: "詒, 與之."
177) ≪左傳·文公十六年≫: "年自七十以上, 無不饋詒也, 時加羞珍異."
178) ≪疏≫: "詒, 遺也. 饋·詒皆是與人之物名也."
179) ≪詩·大雅·文王有聲≫: "詒厥孫謀."
180) ≪詩·周頌·思文≫: "貽我來牟."
181) ≪孔子家語·六本≫: "中人之情也, 有餘則侈."

삼가야 하는 까닭이다.

본 죽간 뒤에 빠진 글이 있다.

【譯註】

본 구절 중 '청青'은 '청淸'으로 읽고 '이訨'자는 '사辭'로 읽어, 전체적으로 "彔不足則青又余則訨□【12A】新(薪)也" 구절은 "祿不足則淸, 有餘則辭. □新(薪)也"로 읽을 수 있다. 이 구절은 有司가 갖추어야 할 태도에 대한 언급으로 보인다. 유사가 봉록이 부족하면 응당 청렴결백하여야 하고, 여유가 있으면 사양하거나 혹은 남에게 베풀어야 한다.

'訾'자는 제 5간에서 살펴보았듯이 '嗇'로 예정할 수 있고 '사詞'자의 이체자로 본 구절에서는 '辭'로 읽는다.

'新'자를 정리본은 '薪(섶나무 신, xīn)'으로 읽고, 【12A】簡의 마지막 보이지 않는 '　'자를 '彔'자로 추측하고 있는데 이는 '新'자를 '신薪'로 읽는 것과 관련이 있다. 혹은 이 자는 문자의 자적으로 보아 '경敬'자가 아닌가 한다. 제 1간은 '敬'자를 '　'으로 쓴다. 본 구절에서 '新'자는 '친親'으로 읽는 것이 아닌가 한다. 또한 '경敬'자는 【12A】는 제 11간과 연결되는 내용이기 때문에, '경儆'으로 읽고 작은 죄과는 경고를 하고 용서를 해 주는 의미로 쓰인다.

또한 【12B】는 '【2A】+11'과 연결되는 내용으로 '內(入)事(仕)'의 일부이다.

[有司], 所以【2A】夏(得)青=(情. 情)老(老老)而慈(慈)學(幼), 所以凥(居)彔也, 敓(捨)絞(繳)而收貧, 所以敗【11】新(親)也. 彔(祿)不足, 則青(淸), 又(有)余(餘)【12B】則嗇(辭), 所以尋信也. 害(蓋)君子之內事也女(如)此矣.」【5】

(그래서 유사는 먼저 정을 두텁게 하여야 한다. 정은 노인을 공경하고 어린 아이를 사랑으로 보살피는 것으로, 이는 仁에 있을 수 있다. 가렴(苛斂)을 없애고 貧者를 구제해 주면 이른바 친함을 얻을 수 있다. 봉록이 부족하면 청렴(淸廉)하게 살도록 하며 봉록이 여유가 있어 사양을 한다면, 믿음을 얻을 수 있다. 이른바 군자가 벼슬에 나아가는 도는 이와 같은 것이니라.)

第13簡

芇行而信先尻忠也貧而安樂先尻

第 13 簡

屰行而信, 先凥(居)忠也, 貧而安樂, 先凥(居)

【해석】

행동에 거슬려도 미덥게 하여 먼저 충성을 하고, 가난해도 편안하고 즐겁게 여겨 먼저 ……에 머문다.

【上博楚竹簡原註】

본 죽간은 두 개의 죽간을 합한 것이다. 상단의 길이는 8.7cm이고, 하단의 길이는 14.4cm이며, 합한 후의 죽간의 길이는 23.1cm이다. 위는 파손되었고 아래는 편형한 상태이다. 세 번째 홈에서 끝단까지의 거리는 2.5cm이다. 문자는 모두 14자이다.

① '屰行而信先凥忠也'

「屰行而信先凥忠也」 구절은 「屰行而信, 先居忠也」로 읽는다.

「屰(거스를 역, nì)」자에 대하여 ≪玉篇≫은 「≪설문해자≫에서는 '순하지 않는 것이다'라 했다. 지금은 이 자를 '逆'으로 쓴다.」[182]라 하였다.

「信(믿을 신, xìn)」이란 「바라봄에 미더움이 있다.)」·「말에 미더움이 있다.)」·「행동에 미더움이 있다.)」[183] 등과 같이 사람의 행동거지의 신뢰이다.

≪한시외전韓詩外傳≫에서는 「사명을 받은 선비는 의관을 똑바로 하고, 바르게 서면 그 꼿꼿함으로 인해 사람들이 이를 바라보고 믿는다. 그 다음은 그의 말소리를 듣고 이를 믿으며, 그 다음은 그의 행동을 보고 믿는다. 그의 행동까지 보고도 많은 사람들이 그를 미덥게 여기지 않는다면 이는 가장 낮은 선비이다. ≪詩≫에는 이렇게 말하였다. "너는 말을 삼가려무나. 믿을 수 없다고 말들 하더라."」[184]라 하였다.

군자는 행동을 깨끗하게 하고, 그 말을 미덥게 해야 하는 것이다.

---

182) ≪玉篇≫: "≪說文解字≫曰: '不順也.' 今作逆."
183) 「望而信.」·「言而信.」·「行而信.」
184) ≪韓詩外傳≫: "受命之士, 正衣冠而立, 儼然人望而信之, 其次, 聞其言而信之, 其次, 見其行而信之, 既見其行, 而衆皆不信, 斯下矣. ≪詩≫曰: '愼爾言矣, 謂爾不信.'"

「尸(살 거, jū)」자에 대하여 ≪說文解字≫에서는 「'尸'자는 '처하다'라는 뜻이다. 시동尸童이 안석案席을 얻어 머문다는 의미이다. ≪孝經≫에 '공자께서 거처하시다'라고 했는데, '尸'는 이와 같이 한가롭게 거처하는 것을 말한다.」185)라 하였다.

楚나라 문자는 대부분 「尸」자는 「居」의 의미로 쓰인다.

「忠」이란 '中心'을 말한다. 「忠」은 올바른 德의 실천으로, 충성스러운 사람은 속임이 없다. 행동에 미더움이 있으려면 먼저 사람이 충성되어야 한다.

≪大戴禮記·曾子制言中≫에서는 「이 때문에 군자는 곧게 말하고 곧게 행동하니, 말을 굽혀서 부를 취하지 않고 행동을 굽혀서 자리를 취하지 않는다. 몸을 굽히는 것은 어질지 않은 것이고 말을 굽히는 것은 지혜롭지 않은 것이니 군자가 하지 않는 것이다. 어질더라도 쫓겨나고 지혜롭더라도 죽임을 당하니 진실로 괴로워할 것은 아니다. 군자는 비록 말이 받아들여지지 않아도 반드시 충성해야하니 '道'라고 하는 것이고, 비록 행동이 받아들여지지 않아도 반드시 충성해야하니 '仁'이라고 하는 것이고, 비록 간언이 받아들여지지 않아도 반드시 충성하니, '智'라고 하는 것이다.」186)라 하였다. 孔子는 ≪大戴禮記·哀公問五義≫에서 「이른바 군자라는 사람은 몸소 충성과 신의를 실천하고, 그 마음을 사지 않는다.」187)고 하였다.

【譯註】

''자를 정리본은 '屰(逆)'으로 읽는다. 혹은 이 자를 '干'자를 잘못 쓴 것으로 보기도 하나,188) '逆'자는 '받아들이다'는 의미가 있다. '역전逆戰'은 '영전迎戰'의 의미이고, '역리逆厘'는 '迎福納吉'의 의미와 같이 쓰이기 때문에, '역행逆行'은 '다른 사람의 행동을 접하다'를 뜻이다. 혹은 '逆'자는 '迎'자와 음이 통하기 가차자로 쓰인 것이 아닌가 한다.

② '貧而安樂, 先尸'

「貧而安樂, 先尸」 구절은 「貧而安樂, 先居……」로 읽는다.

「안낙安樂」은 '안녕'과 '즐거움'의 뜻이다. 사람들은 안빈낙도安貧樂道를 귀하게 여긴다.

---

185) ≪說文解字≫: "尸, 處也. 从尸得几而止. ≪孝經≫曰: '仲尼尸'. 尸, 謂閒居如此."
186) ≪大戴禮記·曾子制言中≫: "是以君子直言直行, 不宛言而取富, 不屈行而取位, 仁之見逐, 智之見殺, 固不難, 詘身而爲不仁, 宛言而爲不智, 則君子弗爲也. 君子雖言不受, 必忠, 曰道, 雖行不受, 必忠, 曰仁, 雖諫不受, 必忠, 曰智."
187) ≪大戴禮記·哀公問五義≫: "所謂君子者, 躬行忠信, 其心不買."
188) 復旦吉大古文字專業研究生聯合讀書會, 〈≪上博八·顔淵問於孔子≫校讀〉(2011).

자공子貢이 일찍이 공자에게 「가난하면서도 아첨함이 없고, 부유하면서도 교만함이 없으면 어떻습니까?」[189]라고 묻자, 孔子는 「괜찮으나 가난하면서도 즐거워하며, 부유하면서도 예를 좋아하는 사람만은 못하다.」[190]라 하였다. 孔子는 ≪論語·憲問≫에서 「가난하면서 원망이 없기는 어렵고, 부자이면서 교만이 없기는 쉽다.」[191]라 하였고, ≪論語·學而≫에서는 「부富와 귀貴는 사람들이 하고자 하는 것이나 그 정상적인 방법으로 얻지 않으면 처하지 않아야 하며, 빈貧과 천賤은 사람들이 싫어하는 것이나 그 정상적인 방법으로 얻지 않았다 하더라도 버리지 않아야 한다. 군자가 인을 떠나면 어찌 이름을 이룰 수 있겠는가? 군자는 밥을 먹는 동안이라도 仁을 떠남이 없으니, 경황 중에도 이 인仁에 반드시 하며, 위급한 상황에도 이 仁에 반드시 하는 것이다.」[192]라 여겼다.

안연은 일생 동안 안빈낙도安貧樂道하면서 녹봉과 벼슬을 구하지 않고 덕을 근본하고 어긋남이 없었고, 仁道로 마음에 온전히 하고 덕의德義로써 이치를 바르게 하였다.

≪韓詩外傳≫에서는 「안연이 공자에게 물었다. "저는 가난을 부유함으로 여기고, 천함을 귀함으로 여기며, 용기 없음을 위엄으로 여기면서 선비들과 서로 교통하여 종신토록 환난이 없이 살고 싶습니다. 그렇게 살아도 될까요?" 그러자 공자는 이렇게 말하였다. "훌륭하다! 안회여! 무릇 가난을 부유함으로 여기려면 족함을 알아 욕심이 없어야 하고, 천함을 귀함으로 여기려면 사양하여 예를 갖출 수 있어야 하며, 용기 없음을 위엄으로 여기려면 공경을 실행하여 남에게 실수가 없어야 하는 것이다. 또 종신토록 환난을 없이 하려면 그 말을 잘 선택하여 내뱉어야 하는 것이다. 만약 너처럼만 한다면 그것이 곧 지극한 것이다. 이는 옛날의 성인들조차도 그렇게만 하였을 뿐이란다."」[193]라 하였고, ≪史記·仲尼弟子列傳≫에서 孔子는 「어질구나! 안회여. 한 광주리의 밥과 한 표주박의 음료로 누추한 골목에 있는 것을 사람들은 그 근심을 견뎌내지 못하는데, 안회는 그 즐거움을 고치지 않는구나.」[194]라 하였다.

본 죽간 뒤에 빠진 글자가 있다.

---

189) ≪論語·學而≫: "貧而無諂, 富而無驕, 何如?"
190) ≪論語·學而≫: "可也, 未若貧而樂, 富而好禮者也."
191) ≪論語·憲問≫: "貧而無怨難, 富而無驕易."
192) ≪論語·學而≫: "富與貴是人之所欲也, 不以其道得之, 不處也, 貧與賤是人之所惡也, 不以其道得之, 不去也. 君子去仁, 惡乎成名? 君子無終食之間違仁, 造次必於是, 顚沛必於是."
193) ≪韓詩外傳≫: "顏淵問於孔子曰: 『淵願貧如富, 賤如貴, 無勇而威, 與士交通, 終身無患難. 亦且可乎?』孔子曰: 『善哉! 回也! 夫貧而如富, 其知足而無欲也, 賤而如貴, 其讓而有禮也, 無勇而威, 其恭敬而不失於人也, 終身無患難, 其擇言而出之也. 若回者, 其至乎! 雖上古聖人亦如此而已."
194) ≪史記·仲尼弟子列傳≫: "賢哉! 回也. 一簞食, 一瓢飲, 在陋巷, 人不堪其憂, 回也不改其樂."

【譯註】
마지막 '先'자 다음에 '仁也' 두 자를 보충할 수 있다.

第14簡

不則斤而母谷旻安

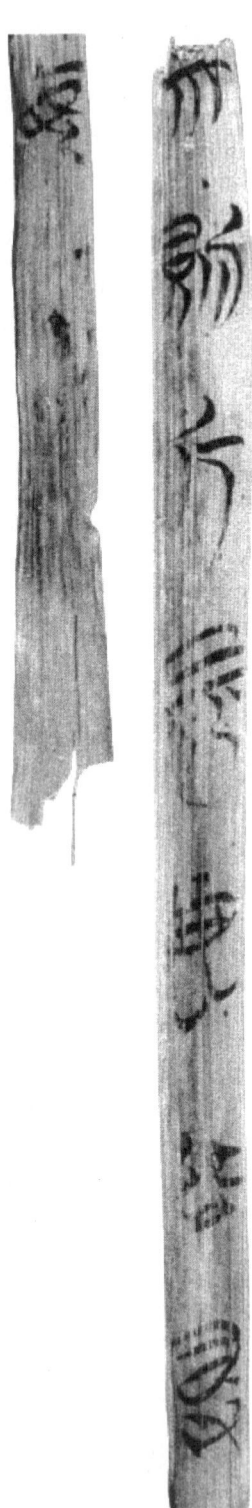

306 상해박물관장 전국초죽서 공자어록문

第 14 簡

……示則斤, 而母(毋)谷(欲)旻(得)安(焉)

【해석】
가르치고 이끄는 것을 분명하게 하고, 얻고자 하지 말라.

【上博楚竹簡原註】
본 죽간의 길이는 13.2cm이다. 위와 아래가 파손되었다. 세 번째 홈에서 끝단까지의 거리는 1.8cm이다. 모두 8자이다.

① '示則斤'
첫 글자가 파손되었는데, 「示」자가 아닌가 한다. 「示」는 '가르쳐 이끈다'는 뜻이다. ≪예기禮記·단궁檀弓≫에서 「나라가 사치하면 검소한 것으로써 가르치고 이끈다.」195)라 하였다.
「斤(도끼 근, jīn)」은 '사물을 똑똑히 살피는 모양'이다. ≪詩經·周頌·執競≫은 「밝게 살핌이 분명하도다.」196)라 하였고, ≪이아爾雅≫에서는 「'明明', '斤斤'은 '살피다'의 뜻이다.」197)라 하였다. 가르치고 이끄는 것을 분명하게 하는 것을 말한다.

② '而母谷旻安'
「而母谷旻安」은 「而毋欲得焉」으로 읽는다.

---

195) ≪禮記·檀弓≫: "國奢則示之以儉."
196) ≪詩·周頌·執競≫: "斤斤其明."
197) ≪爾雅≫: "明明斤斤, 察也."

부록

고전적 중 공자와 안연의 어록문

1. ≪韓詩外傳·卷十≫

顏淵問于孔子曰: "淵願貧如富, 賤如貴, 無勇而威, 與士交通, 終身無患難. 亦且可乎?" 孔子曰: "善哉! 回也! 夫貧而如富, 其知足而無欲也, 賤而如貴, 其讓而有禮也, 無勇而威, 其恭敬而不失于人也, 終身無患難, 其擇言而出之也. 若回者·其至乎! 雖上古聖人亦如此而已."

안연이 공자에게 물었다. "저는 가난할 때에도 부유한 듯이 하고 빈천한 때에도 존귀한 듯이 하며, 용맹은 없으나 위엄이 있고 선비들과 서로 교유하고 죽을 때까지 환난 없이 살고 싶습니다. 그렇게 살아도 될까요?"

그러자 공자가 말하였다.

"훌륭하구나. 회여. 무릇 가난하면서도 부유한 듯이 하는 것은 만족을 알아 욕심이 없기 때문이고, 천하면서도 존귀한 듯이 하는 것은 겸양하고 예를 갖추고 있기 때문이며, 용맹은 없으나 위엄이 있는 것은 태도가 공손하고 남을 대함에 실수가 없기 때문이다. 또 죽을 때까지 환난이 없는 것은 적당한 말을 잘 선택해서 하기 때문이다. 너처럼만 한다면 지극한 경지에 이른 것이다. 옛날의 성인들도 이와 같았을 뿐이란다."

2. ≪孔子家語·顏回≫

顏回問於孔子曰:「臧文仲武仲孰賢?」孔子曰:「武仲賢哉.」顏回曰:「武仲世稱聖人而身不免於罪, 是智不足稱也, 好言兵討, 而挫銳於邾, 是智不足名也. 夫文仲其身雖歿, 而言不朽, 惡有未賢?」孔子曰:「身歿言立, 所以爲文仲也. 然猶有不仁者三, 不智者三, 是則不及武仲也.」回曰:「可得聞乎?」孔子曰:「下展禽, 置六關, 妾織蒲, 三不仁, 設虛器, 縱逆祀, 祠海鳥, 三不智. 武仲在齊, 齊將有禍, 不受其田, 以避其難, 是智之難也. 夫臧文(武)仲之智而不容於魯, 抑有由焉, 作而不順, 施而不恕也夫. 夏書曰:『念茲在茲, 順事恕施.』

안회가 물었다. "노나라 장문중과 노나라 무중을 비교한다면 누가 어진 사람이라 하겠습니까?"

"무중이 더 어진 사람이다." 안회가 또 물었다. "무중은 세상 사람들이 성인聖人이라고 일컫기는 하지만 그 몸에 죄를 면치 못했사오니 이것은 지혜롭다고 할 수 없사오며, 남의 나라를 공격하기 좋아하다가 邾나라에 패했사오니 이것도 지혜롭다고 할 수 없을 것입니다. 그러하오니 문중은 비록 몸은 죽었을지언정 그가 한 말만은 썩지 않았사오니 어찌 어질다고 하지 않겠습니까?" 공자가 말하였다.

"그렇다. 몸은 비록 죽었어도 그가 한 말은 서 있기 때문에 문중이란 이름이 전해지는 것이다.

하지만 그에게는 어질지 못한 것이 세 가지 있으며, 지혜롭지 못한 것도 세 가지 있으니, 이것이 무중에게 미치지 못하는 바이다." 이에 안회가 다시 물었다. "그 세 가지란 무엇입니까?" 공자가 말하였다.

"전금展禽(유하혜柳下惠)같이 어진 사람을 자기의 아랫자리에 두었고, 육관六關을 설치하고 세금을 더 받았으며, 자기 첩을 시켜서 부들자리를 짜게 했으니 이것은 세 가지 어질지 못한 것이며, 소용없는 거북 기르는 헛집을 만들어 놓았고 종묘에서 역리逆理로 제사지내는 것을 금하지 않았으며 바다에서 날아온 새를 제사지냈으니 이것은 세 가지 지혜롭지 못한 것이다. 무중으로 말하면 제나라에 있을 때, 제나라에 장차 환난이 있게 되자 나라에서 주는 토지도 받지 않고 그 화를 피했으니, 이러한 지혜는 보통사람으로는 어려운 일이다. 그러나 이러한 무중의 지혜로도 노나라에서 용납되지 못하는 것은 이유가 있다. 뭐냐 하면 일을 하는 데 순리로 하지 못했고 덕을 베푸는 데 사람을 용서하지 않았기 때문이다. 그러므로 하서夏書가 말하기를 이것을 생각하고 떳떳이 하여 일을 순리로 하고 덕을 베푸는 데는 용서해서 하라 하지 않았느냐?

3. 《孔子家語·顏回》
顏回問於孔子曰:「小人之言有同乎? 君子者不可不察也.」孔子曰:「君子以行言, 小人以舌言, 故君子爲義之上相疾也, 退而相愛, 小人於爲亂之上相愛也, 退而相惡.」

안회가 말했다. "소인의 말도 군자의 말과 같은 것이 있사오니 그것을 자세히 살펴보지 않을 수 없습니다." 공자가 이렇게 말했다. "군자는 행동으로 말을 대신하고 소인은 다만 혀로만 말을 한다. 까닭에 군자는 의리에 대해서 서로 권하기 때문에 물러가서도 서로 사랑하게 되며, 소인은 어지러운 일에 대해서 서로 사랑하기 때문에 물러가면 서로 미워하게 되는 것이다."

4. 《孔子家語·顏回》
顏回問於孔子曰:「成人之行, 若何?」子曰:「達于情性之理, 通於物類之變, 知幽明之故, 睹游氣之原, 若此可謂成人矣. 既能成人, 而又加之以仁義禮樂, 成人之行也, 若乃窮神知禮, 德之盛也.」

안회가 물었다. "이미 성인이 된 사람의 행동은 어떠해야 합니까?"

공자가 말했다.

"인정과 성품의 이치도 통달해야 하며 물체의 변화도 알아야 하며, 유명幽明(어둠과 밝음)의 연고도 알아야 하며, 유기遊氣(조화)의 근원도 볼 줄 알아야 하는 것이니, 이렇게만 하게 되면 이미 성인이 되었다고 할 수 있을 것이다. 그러나 이미 성인이 되었으면, 그 위에 또 인의와 예악을 알고 행해야만 성인으로서의 행실이 구비되었다고 할 것이며, 또 귀신에도 통하고 변화하는 것을 알게 되면 가히 덕이 성하다고 할 것이다."

《孔子家語·顏回》의 이와 관련된 내용은 《설원說苑·변물辨物》에도 보인다.

5. 《莊子·達生》
顏淵問仲尼曰: "吾嘗濟乎觴深之淵, 津人操舟若神. 吾問焉曰: '操舟可學邪?' 曰: '可. 善游者數能. 若乃夫没人, 則未嘗見舟 而便操之也.' 吾問焉而不吾告, 敢問何謂也？" 仲尼曰: "善游者數能, 忘水也, 若乃夫没人之未嘗見舟而便操之也, 彼視淵若陵, 視舟若履, 猶其車却也. 覆却萬方陳乎前而不得入其舍, 惡往而不暇! 以瓦注者巧, 以鉤注者憚, 以黃金注者殙. 其巧一也, 而有所矜, 則重外也. 凡外重者内拙."

안연이 공자에게 물었다.

"제가 일찍이 상심觴深의 못을 건넌 적이 있었는데, 사공이 배 다루는 솜씨가 귀신과 같았습니다. 제가 묻기를 배 젓는 솜씨를 배울 수 있습니까?하니 그는 배울 수 있습니다. 헤엄을 잘 치는 사람은 쉽사리 배울 수 있고, 잠수를 잘 하는 사람은 배를 본 적이 없을 지라도 곧 저을 수가 있을 것입니다하고 대답하였다. 제가 그 까닭을 물었으나 제게 얘기해 주지 않았습니다. 감히 어째서 그런가를 여쭙고자 합니다. 공가가 말하였다.

"헤엄을 잘 치는 사람이 쉽사리 배울 수 있다고 하는 것은 물을 잊을 수 있기 때문이다. 잠수를 잘 하는 사람이라면 배를 본 일이 없는 사람이라도 곧 저을 수가 있다는 것은 그는 심연深淵을 언덕과 같이 보고 배가 뒤집히는 것을 마치 수레가 뒤로 물러나는 것같이 여기기 때문이다. 뒤집히고 뒤로 물러나는 것 같은 온갖 사례가 눈앞에 일어난다 하더라도 그의 마음에는 전혀 개입하게 되지 않는 것이다. 이쯤 되면 어디를 간들 여유가 있지 않겠느냐?

질그릇을 내기로 걸고 활을 쏘면 잘 쏠 수 있지만, 띠고리를 내기로 걸고 쏘면 마음이 켕기게 되고, 황금을 내기로 걸고 쏘면 눈이 가물가물하게 된다. 그의 기술은 언제나 같지만 아껴야 할 물건이 있게 되면 밖의 물건이 소중히 여겨지게 된다. 누구나 밖의 물건을 소중히 여기게 되면 자기 속마음은 졸렬해지는 것이다.

≪莊子·達生≫과 유사한 내용은 ≪列子·皇帝≫에도 보인다.

6. ≪莊子·田子方≫

顔淵問于仲尼曰: "夫子步亦步, 夫子趨亦趨, 夫子馳亦馳, 夫子 奔逸絶塵, 而回瞠若乎後矣!" 夫子曰: "回, 何謂邪？" 曰: "夫 子步亦步也, 夫子言亦言也, 夫子趨亦趨也, 夫子辯亦辯也, 夫子馳亦馳也, 夫子言道, 回亦言道也, 及奔逸絶塵而回瞠若乎後者, 夫子 不言而信, 不比而周, 無器而民滔乎前, 而不知所以然而已矣." 仲尼曰: "惡! 可不察與! 夫哀莫大于心死, 而人死亦次之. 日出東方 而入于西極, 萬物莫不比方, 有目有趾者, 待是而後成功. 是出則存 , 是入則亡. 萬物亦然, 有待也而死, 有待也而生. 吾一受其成形, 而不化以待盡. 效物而動, 日夜無隙, 而不知其所終. 薰然其成形, 知命不能規乎其前. 丘以是日徂. 吾終身與汝交一臂而失之, 可不哀與？ 女殆著乎吾所以著也. 彼已盡矣, 而女求之以爲有, 是求馬于唐 肆也. 吾服, 女也甚忘, 女服, 吾也甚忘. 雖然, 女奚患焉! 雖忘乎故吾, 吾有不忘者存."

안연이 공자에게 물었다.

"선생님께서 걸으시면 저도 걷고 선생님께서 빨리 걸으시면 저도 빨리 걷고 선생님께서 뛰시면 저도 뜁니다. 그러나 선생님께서 먼지도 남기지 않고 달려 버리시면 저도 뒤에서 눈만 빤히 뜨고 있습니다."

공자가 말하였다.

"안회야 무슨 말이냐?"

"선생님께서 걸으시면 저도 걷는다는 것은 선생님께서 말씀하시면 저도 말을 한다는 것입니다. 선생님께서 빨리 걸으시면 저도 빨리 걷는다는 것은 선생님께서 이론을 펴시면 저도 이론을 편다는 뜻입니다. 선생님께서 뛰시면 저도 뛰겠다는 것은 선생님께서 도를 말씀하시면 저도 역시 도를 말하겠다는 것입니다. 그러나 먼지도 남기지 않고 달려 버리시면 저도 뒤에서 눈만 빤히 뜨고 있을 거라는 것은 선생님께서는 말씀하시지 않으셔도 남에게 믿음을 받고, 남과 친하려 하지 않으셔도 남들이 친히 따르고 벼슬이나 권력이 없어도 백성들이 앞에 굴복해 오는데 그렇게 되는 까닭을 알지 못하겠다는 것입니다."

공자가 말하였다.

"어찌 잘 살피지 않을 수가 있겠는가? 슬픔 중에서 마음이 죽는 것보다도 더 큰 것이 없으며, 사람의 죽음은 그 다음 가는 슬픔이다. 해는 동쪽에서 서쪽 끝으로 들어가는데 만물은 모두가 이를 따라 방향을 정한다. 눈이 있고 발이 있는 사람들은 이 해를 기다려 일을 하기 시작한다. 해가 뜨면 세상 일이 행하여지고, 해가 지면 세상일도 없어지는 것이다. 만물도 역시 그러하니 그것에 의하여 죽기도 하고 그것에 의하여 생겨나기도 하는 것이다. 우리는 한 번 형체를 타고난 이상 스스로를 멸망시키지 않고 끝장나는 대로 맡겨 두어야 하며, 밖의 물건을 따라서 움직여야 한다. 변화는 낮이나 밤이나 쉬는 틈이 없으므로 그것이 끝나는 때란 알 수가 없는 것이다. 만물이 다 같이 형체를 타고 났지만, 운명을 미리 알아서 앞날을 규정할 수는 없는 것이다. 그래서 나날이 자연의 변화를 따라갈 뿐이다. 내가 평생토록 너와 한 팔을 끼고 지낸다 하더라도 결국은 서로를 잃게 될 것이니 슬프지 않을 수가 있겠느냐?

너는 거의 나의 드러난 겉의 것을 그대로 행하려 하고 있다. 그러나 그것은 이미 지나간 것이다. 그런데도 너는 그것을 현재 존재하고 있는 것이라 생각하고 추구하고 있다. 그것은 텅 빈 시장에 가서 말을 사려고 하는 것과 같다.

내가 너를 생각하는 것도 매우 빨리 잊게 될 순간적인 것이고, 네가 나를 생각하는 것도 매우 빨리 잊게 될 순간적인 것이다. 그렇지만 너는 무엇을 걱정하는가? 비록 옛날의 나를 잊어 버린다 하더라도 나에게는 언제나 잊혀질 수 없는 참된 나도 그 중에 존재하는 것이다."

≪莊子・田子方≫의 내용은 ≪論衡・自然≫에도 보인다.

7. ≪莊子・田子方≫

顔淵問于仲尼曰: "文王其猶未邪? 又何以夢爲乎?" 仲尼曰: "默, 汝無言! 夫文王盡之也, 而又何論 刺焉! 彼直以循斯須也."

안연이 공자에게 물었다.

"문왕은 아직 도에 통하지는 못했습니까? 어찌하여 꿈을 빌려야만 했습니까?"

공자가 말하였다.

"말을 삼가라. 너는 함부로 말하지 말아라. 문왕께서는 능력껏 다한 것인데, 또 어찌 그것을 논하고 비판하는가? 그 분은 다만 임시로 대세를 따랐을 뿐일 것이다."

8. ≪莊子·知北遊≫

顔淵問乎仲尼曰: "回嘗聞諸夫子曰: '無有所將, 無有所迎.' 回敢問其游." 仲尼曰: "古之人外化而內不化, 今之人內化而外不化. 與物化者, 一不化者也. 安化安不化? 安與之相靡? 必與之莫多. 狶韋氏之囿, 黃帝之圃, 有虞氏之宮, 湯武之室. 君子之人, 若儒墨者師, 故以是非相賫也, 而況今之人乎! 聖人處物不傷物. 不傷物者, 物亦不能傷也. 唯無所傷者, 爲能與人相將迎. 山林與, 皋壤與, 使我欣欣然而樂與! 樂未畢也, 哀又繼之. 哀樂之來, 吾不能御, 其去弗能止. 悲夫, 世人直爲物逆旅耳! 夫知 遇而不知所不遇, 知能能而不能所不能. 無知無能者, 固人之所不免也. 夫務免乎人之所不免者, 豈不亦悲哉! 至言去言, 至爲去爲. 齊知之, 所知則淺矣!"

안회가 공자에게 물었다.

"저는 전에 선생님께서 가는 것을 전송하지도 말고 오는 것을 마중하지도 말라고 하신 말씀을 기억하고 있습니다. 감히 그 까닭을 여쭙고자 합니다."

공자가 말하였다.

"옛날 사람들은 밖의 물건이 변화하더라도 거기에 순응하면서도 자기 마음은 변하지 않았다. 지금 사람들은 자기 마음은 밖의 물건에 의하여 변화하면서 밖의 물건에 동화하지는 못한다. 물건과 더불어 함께 변화하는 사람은 한결같이 자신의 마음은 변화하지 않는 것이다. 변화해도 편안하고 변화하지 않아도 편안하며, 편안히 그것들에 따르지 절대로 그것들과 떨어져 나가지 않는다.

희위씨는 동산을 만들고 살았고, 황제는 채소밭을 만들고 살았고, 유우씨 순임금은 궁전을 만들고 살았고, 은나라 탕 임금과 주나라 무왕은 궁실을 짓고 살았다. 군자들은 유가와 묵가를 스승으로 모시게 되었으므로 옳고 그름을 따지며 서로를 공격하게 되었다. 그러니 하물며 지금 사람들이야 어떻겠느냐?

성인은 사물에 잘 순응하기 때문에 사물을 손상시키지 않으니 사물 역시 손상시킬 수 없다. 오직 물건을 손상시키는 일이 없는 사람만이 자연을 따라 그것들을 보내 마중 할 수가 있게 된다.

사림에서나 평원에서 노니는 것은 우리들로 하여금 홍겨이 즐기게 해 준다. 그러나 즐김이 끝나기도 전에 슬픔이 또 이어지게 된다. 슬픔과 즐거움이 닥치는 것을 우리로서는 막을 수가 없다. 그것들이 떠나는 것도 우리는 막을 수 없다. 슬프다. 세상 사람이란 바로 밖의 물건이 머물러 슬프고 즐겁게 해주는 여관이라 할 수도 있다.

경험한 것들은 알지만 경험하지 못한 것은 알지 못한다. 능력 안의 것을 할 수가 있지만, 능력으로 불가능한 것은 할 수가 없다. 그래서 알지 못하는 것이 있고 하지 못하는 것이 있다는 것은 본시 사람으로서는 면할 수가 없는 일이다. 그런데 사람으로 면할 수가 없는 이것을 면하려고 힘쓴다는 것은 어찌 슬픈 일이 아니겠는가?

지극한 이론이란 이론을 초월한 것이며, 지극한 행위란 행위를 초월한 것이다. 지혜로 알 수 있는 모든 것을 알려 한다는 것은 천박한 일이다."

9. ≪莊子·大宗師≫

顔回問仲尼曰: "孟孫才, 其母死, 哭泣無涕, 中心不戚, 居喪不哀. 無是三者, 以善処喪盖魯國, 固有無其實而得其名者乎? 回壹怪之." 仲尼曰: "夫孟孫氏盡之矣, 進于知矣, 唯簡之而不得, 夫已 有所簡矣. 孟孫氏不知所以生, 不知所以死. 不知就先, 不知就後. 若化爲物, 以待其所不知之化已乎. 且方將化, 惡知不化哉? 方將不化, 惡知已化哉? 吾特與汝, 其夢未始覺者邪! 且彼有駭形而無損心, 有旦宅而無情死. 孟孫氏特覺, 人哭亦哭, 是自其所以乃. 且也相 與'吾之'耳矣, 庸詎知吾所謂'吾之'乎? 且汝夢爲鳥而厲乎天, 夢爲魚而没于淵. 不識今之言者, 其覺者乎? 其夢者乎? 造適不及笑, 獻笑不及排, 安排而去化, 乃入于寥天一."

안회가 공자에게 물었다.

"맹손재는 그의 부모님이 돌아가셨을 때, 곡을 함에 있어 눈물도 흘리지 않고 마음속엔 슬픔이 없는 듯했고, 상을 치름에 있어서 서러워하지도 않았습니다. 이러한 예에 어긋나는 세 가지 일이 있었는데도 상을 잘 치뤘다는 평판이 노나라에 파다합니다. 본시 그러한 사실이 없으면서도 그러한 명성을 얻은 사람이 아니겠습니까? 저는 그것이 정말로 이상하기만 합니다."

공자가 말하였다.

"맹손씨는 도리를 다하였고, 예를 아는 사람들보다 훌륭하였다. 사람들은 상을 간단히 치르려 해도 되지를 않는데, 그는 이미 간단히 치르고 있다. 맹손씨는 살게 된 까닭도 알지 못하고 죽게 되는 까닭도 알지 못하였다. 먼저 태어나는 것도 알지 못하였고, 뒤에 죽는 것도 알지 못하였다, 자연의 변화에 따라 사람이 되었으니 자기는 알지 못하는 변화를 기다릴 따름이라 생각했던 것이다. 또한 살아서 변화하고 있는 지금 어찌 변화하기 전의 상태를 알겠는가? 변화하지 않고 있는 지금 어찌 변화한 뒤를 알 수가 있겠는가? 나나 그대나 꿈에서 아직 깨어나지 않은 자들이 아닐까?

또한 그는 형체의 변화가 있다 하더라도 마음이 손상 받지 않았다. 마음을 기탁한 몸의 바뀜이 있다 하더라도 마음은 정말로 죽는 일이 없기 때문이다. 맹손씨는 독특한 깨달음이 있어서 남들이 곡하니까 자기도 역시 곡을 하지만, 자기에게 합당한 방법으로 한 것이다. 또한 사람들은 모두 지금의 몸을 가리켜 자기라고 하지만 그들이 어찌 자기들이 생각하는 자기가 진실한 자기임을 알겠는가? 또한 그대가 꿈에 새가 되어 하늘로 날아오르거나 꿈에 물고기가 되어 못 속에 잠겼었다면, 지금 말하고 있는 것이 꿈에서 깨어난 것인지 지금 말하고 있는 것이 꿈인지를 알지 못할 것이다. 즐거운 경지에 이르러도 웃으려 들 것이 없으며 즐겁고 웃을 일이 있다면 그것을 물리칠 것까지는 없는 것이다. 편히 대할 일이나 배척할 일이 닥쳤을 때 변화를 따른다면 비로소 텅빈 하늘과 일체一體를 이루는 경지로 들어가게 될 것이다.

10. ≪論語·顔淵≫

顔淵問仁, 子曰: "克己復禮爲仁. 一日克己復禮, 天下歸仁焉. 爲仁由己, 而由人乎哉?" 顔淵曰: "請問其目?" 子曰: "非禮勿視, 非禮勿聽, 非禮勿言, 非禮勿動." 顔淵曰: "回雖不敏, 請事斯語矣."

안연이 공자에게 인에 대하여 물었다.

"자기 자신을 이기고 예로 돌아가는 것이 인이다. 어느 날 자기를 이기고 예로 돌아가게 되면 온 천하가 이 사람을 어질다고 할 것이다. 인을 행하는 것이 자기 자신에게 달려 있지 남에게 달려 있겠느냐?"

안연이 "부디 그 세목을 여쭈어 보겠습니다."하자 공자께서 말씀하셨다.

"예가 아닌 것은 보지 말고 예가 아닌 것은 듣지 말고, 예가 아닌 것은 말하지 말고, 예가 아닌 것은 하지 말아라."

안연이 말했다.

"제가 비록 불민하지만 이 말씀을 힘써 행하겠습니다."

11. ≪孔子家語·顔回≫

顔回問於君子. 孔子曰:「愛近仁, 度近智, 爲己不重, 爲人不輕, 君子也夫.」回曰:「敢問其次.」子曰:「弗學而行, 弗思而得, 小子勉之.」

안회가 물었다. "군자란 어떠한 사람을 말하는 것입니까?"

공자가 말하였다. "남을 사랑하는 마음은 어진 데에 가깝고, 일은 법도대로 하는 것은 지혜로운 데 가까우며, 자기 몸을 위해서는 소중히 여기지 않고, 남을 위하는 데에는 가볍게 여기지 않는 사람을 군자라고 한다." 안회가 또 물었다. "그 다음에는 어떠해야 합니까?" 공자가 말하였다. "배우지 않고서도 행하며 생각지 않고서도 얻는 것이니 소자들아! 힘써 해야 할 것이다."

12. ≪孔子家語·顔回≫

顔回問小人. 孔子曰:「毁人之善以爲辯, 狡訐懷詐以爲智, 幸人之有過, 恥學而羞不能, 小人也.」

안회가 물었다. "소인이란 어떤 사람을 말하는 것입니까?" 공자가 말했다. "남의 착한 일을 헐뜯는 것으로 자기가 말을 잘한다고 하며, 남을 속이고 교활한 짓을 하는 것을 지혜롭다고 하며, 남의 허물 있는 것을 다행으로 알며, 배우기를 부끄러워하면서 자기가 능하지 못한 것도 부끄러워하는 사람을 소인이라 한다.

13. ≪孔子家語·顔回≫

顔回問朋友之際, 如何. 孔子曰:「君子之於朋友也, 心必有非焉而弗能謂, 吾不知其仁人也, 不忘久德, 不思久怨, 仁矣夫.」

안회가 물었다. "친구간의 교제는 어떻게 해야 합니까?" 공자가 말했다. "군자는 친구를 사귈 적에 자기 마음속에 그른 것이 없으며 이것을 몰랐다고 하지 않으며 어진 사람에게는 아무리 오래되어도 덕이 되는 일이 있었으면 이것을 잊어버리지 않으며, 아무리 오래되어도 원망할 생각을 하지 않기 때문에 어질다고 하는 것이다."

14. ≪孔子家語·賢君≫

顔淵將西遊於宋, 問於孔子曰:「何以爲身?」子曰:「恭敬忠信而已矣. 恭則遠於患, 敬則人愛之, 忠則和於衆, 信則人任之, 勤斯四者, 可以政國, 豈特一身者哉. 故夫不比於數, 而比於踈,不亦遠乎, 不修其中, 而修外者, 不亦反乎, 慮不先定, 臨事而謀, 不亦晩乎.」

안연이 곧 서쪽 송나라로 놀러가게 되었다. 떠나기에 앞서 공자에게 물었다. "몸을 어떻게 가져야 합니까?" 그러자 공자는 이렇게 일렀다. "공경하고 충성되고 믿음성 있게 몸을 가지면 된다. 얼굴 모습을 공손하게 하면 환난을 멀리할 수 있으며, 마음을 공경하게 가지면 남들이 자기를 사랑해 주게 되며, 충성스러우면 여러 사람이 모두 화목할 것이며, 믿음성 있게 마음을 가지면 남들이 모두 신임을 할 것이다. 이 네 가지를 부지런히 하면 나라의 정치도 잘 할 수 있을 것이니 어찌 자기 몸 갖는 것 뿐이겠는가? 그런 때문에 말하기를 가까운 데 있는 사람에게 친절히 하지 않고 먼 데 있는 사람에게 친절하면 그것은 틀린 일이 아니겠는가? 그 마음을 닦지 않고 그 얼굴만 닦는다면 이것을 일을 거꾸로 하는 것이 아니겠는가? 생각부터 먼저 정하지 않고 일을 당해서 꾀를 내게 되면 이것 또한 늦은 일이 아니겠느냐?"

≪孔子家語·賢君≫의 내용은 ≪설원說苑·경신敬愼≫에도 보인다.

15. ≪論語·衛靈公≫
顔淵問爲邦, 子曰:"行夏之時, 乘殷之輅, 服周之冕, 樂則≪韶≫·≪舞≫, 放鄭聲, 遠佞人. 鄭聲淫, 佞人殆."

안연이 나라 다스리는 일에 관하여 여쭈어 보자 공자께서 말씀하셨다.
"하나라의 역법을 시행하고 은나라의 수레를 타고 주나라의 면류관을 쓰고 음악은 '소'·'무'로 하며, 정나라의 음악을 몰아내고 말 잘하는 사람을 멀리한다. 정나라의 음악은 음란하고 말 잘하는 사람은 위태롭다."

16. ≪孔子家語·顔回≫
顔回問子路曰:「力猛於德而得其死者, 鮮矣, 盍愼諸焉.」孔子謂顔回曰:「人莫不知此道之美, 而莫之御也, 莫之爲也, 何居爲聞者, 盍日思也夫.」

안회는 자로에게 이렇게 말했다. "힘이 덕보다 더하고서 제대로 죽을 곳에 죽는 자가 드문 것이니 어찌 삼가지 않으리요?" 공자가 안회에게 말했다. "사람마다 도가 아름다운 줄은 다 알지만 그 도를 행하는 자가 없는 것은 일을 깊이 생각하지 않기 때문이다."

17. ≪孔子家語·顔回≫
孔子在衛, 昧旦晨興, 顔回侍側, 聞哭者之聲甚哀. 子曰:「回, 汝知此何所哭乎?」對曰:「回以此哭聲非但爲死者而已, 又有生離別者也.」子曰:「何以知之?」對曰:「回聞桓山之鳥, 生四子焉, 羽翼旣成, 將分于四海, 其母悲鳴而送之, 哀聲有似於此, 謂其徃而不返也, 回竊以音類知之.」孔子使人問哭者, 果曰:「父死家貧, 賣子以葬, 與之長決.」子曰:「回也, 善於識音矣.」

공자가 위衛나라에 있을 때였다. 어느 날 새벽에 일어나니 안회가 곁에 모시고 있었다. 이때 갑자기 무슨 울음소리가 들려오는데 그 소리가 몹시 슬펐다. 공자가 그 소리를 듣고 이렇게 말하였다.

"너는 이 울음소리가 무엇 때문에 저렇게 슬픈지 아느냐?"

안회가 대답했다. "저는 이 울음소리가 보통 사람의 죽음을 위하여 우는 것이 아니옵고, 생이별해서 우는 울음소리가 아닌가 생각합니다." 공자가 물었다. "무엇으로 그런 줄을 아느냐?" 안회가 이에 이렇게 말했다.

"환유 땅에서 있었던 일로 새가 새끼 네 마리를 낳았는데 날개가 생기게 되면 네 바다로 분산해서 각각 날아가려 하더랍니다. 이에 어미 새는 비명을 내면서 이들 네 마리 새끼를 날려 보냈는데, 이때 그 어미의 울음소리가 몹시 비참한 것은 다름이 아니옵고 새끼들이 한번 가버리면 다시 돌아오지 못할 것을 아는 때문이었습니다. 그래서 저는 지금 이 소리가 몹시 애처로운 것을 듣고 생이별의 울음소리가 아닌가 생각한 것입니다."

공자는 이 말을 듣고 사람을 시켜 그 울음소리 나는 곳으로 가서 알아보게 했다.

과연 그 우는 사람은 이렇게 말하며 울음을 그치지 못했다.

"이제 아비가 죽었는데 집이 가난한 탓으로 부득이 자식을 팔아서 장사를 치르게 되었습니다. 그러니 나오는 것은 울음뿐입니다. 이제 공자는 이렇게 말했다.

"회는 참으로 소리를 잘 알아듣는다."

≪孔子家語·顏回≫의 내용은 ≪설원說苑·변물辨物≫에도 보인다.

18. ≪莊子·山木≫

孔子窮於陳蔡之間, 七日不火食. 左據槁木, 右擊槁枝, 而歌猋氏之風, 有其具而無其數, 有其聲而無宮角. 木聲與人聲, 犁然有當於人之心. 顏回端拱還目而窺之. 仲尼恐其廣己而造大也, 愛己而造哀也, 曰: "回, 無受天損易, 無受人益難. 無始而非卒也, 人與天一也. 夫今之歌者其誰乎!" 回曰: "敢問無受天損易." 仲尼曰: "飢渴寒暑, 窮桎不行, 天地之行也, 運物之泄也, 言與之偕逝之謂也. 爲人臣者, 不敢去之. 執臣之道猶若是, 而況乎所以待天乎?" "何謂無受人益難?" 仲尼曰: "始用四達, 爵祿並至而不窮. 物之所利, 乃非己也, 吾命有在外者也. 君子不爲盜, 賢人不爲竊, 吾若取之何哉? 故曰: 鳥莫知于鷾鴯, 目之所不宜處不給視, 雖落其實, 棄之而走. 其畏人也而襲諸人間. 社稷存焉爾!" "何謂無始而非卒?" 仲尼曰: "化其萬物而不知其禪之者, 焉知其所終? 焉知其所始? 正而待之而已耳." "何謂人與天一邪?" 仲尼曰: "有人, 天也, 有天, 亦天也. 人之不能有天, 性也. 聖人晏然體逝而終矣!"

공자가 진나라와 채나라 사이에서 곤경에 빠져 7일 동안이나 불로 익힌 음식을 먹지 못하고 있었다. 공자는 왼손은 마른나무에 걸쳐놓고 오른손으로는 마른 나뭇가지를 두드리면서 유염씨有猋氏의 노래를 불렀다. 그런데 그에게 악기는 있지만 절주節奏가 없고 그의 소리는 있지만 음율은 없는 상태였는데, 두드리는 나무 소리와 그의 목소리는 잘 어울려 사람의 마음을 치는 것이 있었다. 안회가 두 손을 모아 쥐고 눈길을 떨어뜨리며 공자를 바라다보고 있었.

공자는 안회가 자기 멋대로 뜻을 넓혀 재난을 크게 생각하거나 자기를 아끼는 나머지 슬퍼할까 두려워서 말하였다.

"안회여. 자연의 재해를 받아들이지 않고 편히 지내기는 쉽지만 인위적 부귀를 받아들이지 않고 마음을 바르게 갖기는 어려운 것이다. 모든 일은 시작되면 끝나지 않는 것이 없이 변화한다. 사람이란 자연과 한가지인 것이다. 지금 노래를 부른 것은 그 누구였던가?

안회가 말하였다.

감히 자연의 재해를 받아들이지 않고 편히 지내기는 쉽다는 말씀에 대하여 여쭙고자 합니다.

공자가 말하였다.,

"굶주림과 목마름과 추위와 궁색해져 뜻대로 되지 않는 것은 천지의 운행이며 만물 변화의 결과인 것이다. 그 말은 이러한 운행 변화와 함께 어울려 가기만 하면 된다는 것을 뜻한다. 신하된 사람은 왕의 명으로부터 감히 벗어나지를 못한다. 신하 노릇을 하는 도리도 이와 같거늘 하물며 하늘을 대하는 도리야 어떠하겠느냐?"

"무엇을 두고 인위적인 부귀를 받아들이지 않고 마을을 바르게 갖기는 어렵다고 하셨습니까?"

공자가 말하였다.

"처음 출세를 하고 보면 모든 것이 뜻대로 되고, 벼슬과 봉록이 아울러 보태져서 궁하지 않게 된다. 이것은 밖의 물건이 이롭게 해주는 것이지 자기가 지니고 있던 것은 아니다. 결국 나의 운명이 밖에서부터 지배당하게 되는 것이다. 군자는 도둑질을 하지 않고, 현명한 사람은 물건을 훔치지 않는 법인데, 우리가 벼슬이나 봉록 같은 것을 취하는 어째서일까? 그것은 다음과 같은 이유에서이다. 새 중에서는 제비보다 지혜로운 것이 없다. 눈으로 보아서 처신하기 부적합한 곳이라면 되돌아볼 새도 없이 달아난다. 비록 그의 먹이를 떨어뜨렸다 하더라도 그것을 버리고 달아나는 것이다. 제비는 그처럼 사람을 두려워 하지만 사람들이 사는 집으로 들어와 집을 짓고 사는데, 그것은 살 곳과 먹을 것이 있기 때문이다."

"무엇을 두고 모든 일이 시작되면 끝나지 않는 것이 없이 변화한다고 하는 것입니까?"

공자가 말하였다.

"만물은 변화하고 있지만 그렇게 대사代謝시키는 것이 누군지 알지 못한다. 그러니 어찌 변화가 끝나는 곳을 알겠으며, 어찌 변화가 시작되는 곳을 알겠는가? 자기를 올바르게 하고서 그 변화에 호응할 따름인 것이다."

"무엇을 두고서 사람과 자연이 한가지 것이라 하셨습니까?"

공자가 말하였다.

"자연이 존재하는 것도 자연이고, 사람이 존재하는 것도 역시 자연이다. 사람이 자연의 도를 터득하지 못하는 것은 자기 본성 때문이다. 성인이란 편안히 자연 변화에 몸을 맡겨 끝까지 가는 것이다."

≪莊子·山木≫

孔子圍於陳蔡之間, 七日不火食. 大公任往吊之, 曰:「子幾死乎?」曰:「然.」「子惡死乎?」曰:「然.」任曰:「予嘗言不死之道. 東海有鳥焉, 其名曰意怠. 其爲鳥也, 翂翂翐翐, 而似無能; 引援而飛, 迫脅而棲; 進不敢爲前, 退不敢爲後; 食不敢先嘗, 必取其緒. 是故其行列不斥, 而外人卒不得害, 是以免於患. 直木先伐, 甘井先竭. 子其意者飾知以驚愚, 修身以明汚, 昭昭乎如揭日月而行, 故不免也. 昔吾聞之大成之人曰:『自伐者無功, 功成者墮, 名成者虧.』孰能去功與名而還與眾人? 道流而不明居, 得行而不名處; 純純常常, 乃比於狂; 削跡捐勢, 不爲功名. 是故無責於人, 人亦無責焉. 至人不聞, 子何喜哉?」孔子曰:「善哉!」辭其交游, 去其弟子, 逃於大澤; 衣裘褐, 食杼栗; 入獸不亂群, 入鳥不亂行. 鳥獸不惡, 而況人乎?

공자가 진나라와 제나라 사이에서 사람들에게 포위당하여 7일 동안이나 더운 음식을 먹지 못하였다. 그 때 태공임이 찾아와 공자를 위문하여 말하였다.

"선생님은 죽게 될 것 같습니다."

"그렇소."

"선생님은 죽는 것을 싫어하십니까?"

"그렇소."

태공임이 말하였다.

"제가 시험 삼아 죽지 않는 도를 얘기해 보겠습니다. 동해에 새가 있는데 이름은 의태라고 부릅니다. 그 새의 성질을 푸덕푸덕 더디게 날아다녀 아무 능력도 없는 것 같습니다. 다른 새들이 이끌어 주어야 날며, 다른 새들에게 밀려 내려앉게 됩니다. 나아갈 적에는 감히 다른 새보다 먼저 먹지 않으며 반드시 다른 새가 먹고 남긴 것을 먹습니다. 그러므로 그 새는 다른 새들 무리에서 배척당하지 않고 밖의 사람들도 끝내 해치지를 못합니다. 그래서 환난을 면하고 있습니다. 곧은 나무는 먼저 잘리고 단 샘물은 먼저 말라붙습니다. 선생님께서는 그렇지 못하고 지식을 꾸며 어리석은 사람들을 놀라게 하고, 몸을 닦음으로써 남의 더러움을 밝혀내며, 밝게 해나 달이 매달려 있듯이 자기를 드러내는 행동을 하고 있습니다. 그래서 환난을 면치 못하는 것입니다.

옛날에 제가 위대한 덕을 이룩한 사람들에게서 들은 바에 의하면 스스로 뽐내는 사람은 공이 없게 되고, 공을 이룩한 것을 드러내는 사람은 실패를 하게 되고, 명성을 이룩한 사람은 화를 당하게 된다고 하였습니다. 어느 누가 자기의 공로와 명성을 버리고서 보통 사람들에게로 돌아올 수가 있겠습니까? 자기가 터득한 도가 행해져도 자기 지위를 밝히지 않고 자기의 덕이 행해지도 명성을 자기 것으로 받아들이지 않으며, 순일한 마음으로 언제나 한결같이 행동하여 무심하고 자유로운 경지에 합치되는 사람이어야 합니다. 자기 업적을 없애 버리고 자기의 권세를 버리며 공명을 추구하지 않는 사람이어야 합니다. 그러면 남을 책하는 일이 없고 남도 그를 책하는 일이 없게 됩니다. 지인은 세상에 알려지지 않는 법인데 선생님께서는 어찌하여 공명을 기뻐하십니까?"

공자가 말하였다.

"훌륭한 말씀이오."

그리고는 자기의 교유를 물리치고 그의 제자들을 버린 다음 큰 소택지로 도망하였다. 짐승 털가죽 옷과 칡베 옷을 입고 도토리와 밤을 주워 먹으며 살았다. 그리하여 짐승들 사이로 들어가도 짐승들은 자기 무리를 어지럽히지 않고, 새들 틈에 들어가도 새들은 그들의 날던 행렬을 어지럽히지 않게 되었다. 새와 짐승도 그를 싫어하지 않거늘 하물며 사람들이야 어떠하겠는가?

19. ≪孔子家語·在厄≫

孔子厄於陳蔡, 從者七日不食. 子貢以所齎貨, 竊犯圍而出, 告糴於野人, 得米一石焉, 顏回仲由炊之於壤屋之下, 有埃墨墮飯中, 顏回取而食之, 子貢自井望見之, 不悅, 以爲竊食也. 入問孔子曰:「仁人廉士, 窮改節乎?」孔子曰:「改節即何稱於仁義哉?」子貢曰:「若回也, 其不改節乎?」子曰:「然.」子貢以所飯告孔子. 子曰:「吾信回之爲仁久矣, 雖汝有云, 弗以疑也, 其或者必有故乎. 汝止, 吾將問之.」召顏回曰:「疇昔予夢見先人, 豈或啟祐我哉? 子炊而進飯, 吾將進焉.」對曰:「向有埃墨墮飯中, 欲置之則不潔, 欲棄之則可惜, 回即食之, 不可祭也.」孔子曰:「然乎, 吾亦食之.」顏回出, 孔子顧謂二三子曰:「吾之信回也, 非待今日也.」二三子由此乃服之.

　　공자가 진陳나라와 채蔡나라에서 화액禍厄을 당했을 때이다. 수종하는 사람들은 7일 동안이나 조석을 먹지 못했다. 이에 자공이 남모르게 저축했던 비상금을 가지고 사면으로 둘러싼 울타리를 헤치고 농촌에 나가 쌀 한 섬을 사 가지고 왔다. 그리하여 안회와 중유가 다 쓰러져 가는 지붕 밑에서 밥을 지었다.

　　이때 마침 천장에서 그을음 덩어리가 밥 짓는 솥에 떨어졌다. 안회는 그 그을음 덩어리가 떨어진 곳에서 밥 한 주걱을 펴서 씻어 먹었다. 자공이 물을 떠 가지고 오다가 때마침 안회가 밥 먹는 것을 보았다. 마음속으로 좋지 않게 여기어 밥을 도둑질해 먹었다 생각하고 공자에게 물었다. "어진 사람과 청렴한 선비도 곤궁에 빠지게 되면 절개를 바꿉니까?" 공자가 말했다. "아무리 곤궁하다 할지라도 변질을 한다면 어찌 어질고 청렴하다고 말 할 수 있겠느냐?" 자공이 또 물었다. "안회 같은 사람은 아무리 곤궁에 빠진다 할지라도 절개를 변치 않을 사람입니까?" 공자가 말했다. "그럴 것이다." 이에 자공은 안회가 밥을 도둑질해 먹었다고 공자에게 고했다. 그러나 공자는 이렇게 말했다. "내가 안회를 어질다고 믿는 지가 이미 오래다. 아무리 네가 그런 현장을 보았다하더라도 나는 회에게 의심이 가지 않는다. 무슨 이유가 있었는지 내가 직접 회에게 물어 보도록 하마."

　　공자는 안회를 불러 말했다. "내가 어젯밤 꿈에 성인을 만났다. 이것은 혹시 나의 앞길을 열어 주고 복을 주시려는 것인지 알 수 없으니, 네가 짓고 있는 밥이 다 되었으면 성인께 먼저 제사를 지낸 후에 먹어야겠다."

　　안회는 이에 이렇게 말했다.

　　"그러하오나 아따 밥을 지을 때 그을음 덩어리가 밥솥에 떨어졌기에 그대로 두자니 깨끗하지 못하고 버리자니 곡식이 아까워서 제가 떠서 한 덩어리 먹었사오니 밥으로는 제사를 지낼 수가 없습니다." 공자가 이 말을 듣고 이렇게 말했다. "음 그렇게 되었느냐? 그을음이 떨어졌다면 역시 떠서 먹었을 것이다." 안회가 밖으로 나갔다. 공자는 여러 제자들을 돌아보면서 말했다. "내가 안회를 믿어온 것은 오늘날의 일이 있기를 기다린 것이 아니다." 이런 일이 있은 뒤로 여러 제자들이 마침내 안회에게 복종하고 말했다.

20. ≪呂氏春秋·審分覽·任數≫

　　孔子窮乎陳·蔡之間, 藜羹不斟, 七日不嘗粒. 晝寢. 顏回索米, 得而爨之, 幾熟, 孔子望見顏回攫其甑中而食之. 選間, 食熟, 謁孔子而進食. 孔子佯爲不見之. 孔子起曰: "今者夢見先君, 食潔而後饋." 顏回對曰: "不可. 向者煤炱入甑中, 棄食不祥, 回攫而飯之." 孔子嘆曰: "所信者目也, 而目猶不可信, 所恃者心也, 而心猶不足恃. 弟子記之: 知人固不易矣." 故知非難也, 孔子之所以知人難也.

공자가 진나라와 채나라 사이에서 포위되어 곤경에 처해 있었을 때, 명아주 국에 쌀가루조차 넣어 끓이지 못하고 이레 동안 쌀 한 톨 맛보지 못하던 중에 낮에 잠이 들었다. 그때 안회가 쌀을 찾아 얻어서 밥을 지었는데 밥이 거의 다 되어 가고 있었다. 공자가 바라보니 안회가 시루 속에 손을 넣어 밥을 움켜서 먹는 것이 보였으나 공자는 이를 못 본 체했다. 이윽고 밥이 다 되자 공자에게 아뢰고 밥상을 올렸다. 공자가 일어나 "방금 꿈속에서 돌아가신 임금님을 뵈었으니 제사상을 먼저 올리고 난 다음에 먹도록 하자."라 하였다. 안회가 말하였다.

"안 됩니다. 아까 연기 속의 재티가 시루 속에 들어갔는데, 음식을 버리는 것에 상서롭지 못한 일이라서 제가 한 줌 쥐어서 먹었습니다." 그러자 공자가 탄식하며 말하였다.

"믿을 것은 눈이지만 눈도 믿을 만한 것이 못되고, 의지할 것은 마음이지만 마음도 믿기에는 부족하다. 제자는 이 말을 명심할지니, 사람은 안다는 것은 쉽지 않은 법이니라. 그러므로 아는 것이 어려운 것이 아니라, 사람을 알아보는 방도가 어려운 것이다."

21. ≪莊子·人間世≫

顏回見仲尼請行. 曰: "奚之?" 曰: "將之衛." 曰: "奚為焉?" 曰: "回聞衛君, 其年壯, 其行獨, 輕用其國, 而不見其過, 輕用民死, 死者以國量乎澤, 若蕉, 民其無如矣. 回嘗聞之夫子曰: '治國去之, 亂國就之, 醫門多疾.' 願以所聞思其則, 庶幾其國有瘳乎!" 仲尼曰: "譆! 若殆往而刑耳! 夫道不欲雜, 雜則多, 多則擾, 擾則憂, 憂而不救. 古之至人, 先存諸己, 而後存諸人. 所存於己者未定, 何暇至於暴人之所行! 且若亦知夫德之所蕩, 而知之所為出乎哉? 德蕩乎名, 知出乎爭. 名也者, 相軋也; 知也者, 爭之器也. 二者凶器, 非所以盡行也. 且德厚信矼, 未達人氣; 名聞不爭, 未達人心. 而彊以仁義繩墨之言術暴人之前者, 是以人惡有其美也, 命之曰菑人. 菑人者, 人必反菑之, 若殆為人菑夫! 且苟為悅賢而惡不肖, 惡用而求有以異? 若唯無詔, 王公必將乘人而鬪其捷. 而目將熒之, 而色將平之, 口將營之, 容將形之, 心且成之. 是以火救火, 以水救水, 名之曰益多, 順始无窮. 若殆以不信厚言, 必死於暴人之前矣. 且昔者桀殺關龍逢, 紂殺王子比干, 是皆脩其身以下傴拊人之民, 以下拂其上者也, 故其君因其脩以擠之. 是好名者也. 昔者堯攻叢枝·胥敖, 禹攻有扈, 國為虛厲, 身為刑戮, 其用兵不止, 其求實无已. 是皆求名·實者也, 而獨不聞之乎? 名·實者, 聖人之所不能勝也, 而況若乎! 雖然, 若必有以也, 嘗以語我來!" 顏回曰: "端而虛, 勉而一, 則可乎?" 曰: "惡! 惡可? 夫以陽為充孔揚, 采色不定, 常人之所不違, 因案人之所感, 以求容與其心. 名之曰日漸之德不成, 而況大德乎! 將執而不化, 外合而內不訾, 其庸詎可乎!" "然則我內直而外曲, 成而上比. 內直者, 與天為徒. 與天為徒者, 知天子之與己皆天之所子, 而獨以己言蘄乎而人善之, 蘄乎而人不善之邪? 若然者, 人謂之童子, 是之謂與天為徒. 外曲者, 與人之為徒也. 擎·跽·曲拳, 人臣之禮也, 人皆為之, 吾敢不為邪! 為人之所為者, 人亦无疵焉, 是之謂與人為徒. 成而上比者, 與古為徒. 其言雖教, 讁之實也. 古之有也, 非吾有也. 若然者, 雖直不為病, 是之謂與古為徒. 若是, 則可乎?" 仲尼曰: "惡! 惡可? 大多政, 法而不諜, 雖固, 亦无罪. 雖然, 止是耳矣, 夫胡可以及化! 猶師心者也."

顏回曰:"吾无以進矣, 敢問其方."仲尼曰:"齋, 吾將語若! 有而爲之, 其易邪? 易之者, 皞天不宜."顏回曰:"回之家貧, 唯不飮酒·不茹葷者數月矣. 若此, 則可以爲齋乎?"曰:"是祭祀之齋, 非心齋也."回曰:"敢問心齋."仲尼曰:"若一志, 无聽之以耳而聽之以心, 无聽之以心而聽之以氣. 聽止於耳, 心止於符. 氣也者, 虛而待物者也. 唯道集虛. 虛者, 心齋也."顏回曰:"回之未始得使, 實自回也; 得使之也, 未始有回也. 可謂虛乎?"夫子曰:"盡矣. 吾語若! 若能入遊其樊而无感其名, 入則鳴, 不入則止. 无門无毒, 一宅而寓於不得已, 則幾矣. 絶迹易, 无行地難. 爲人使, 易以僞; 爲天使, 難以僞. 聞以有翼飛者矣, 未聞以无翼飛者也; 聞以有知知者矣, 未聞以无知知者也. 瞻彼闋者, 虛室生白, 吉祥止止. 夫且不止, 是之謂坐馳. 夫徇耳目內通而外於心知, 鬼神將來舍, 而況人乎! 是萬物之化也, 禹·舜之所紐也, 伏戲·几蘧之所行終, 而況散焉者乎!"

顏回見仲尼, 請行. 曰:"奚之?"曰:"將之衛."曰:"奚爲焉?"曰:"回聞衛君, 其年壯, 其行獨. 輕用其國而不見其過. 輕用民死, 死者以國量乎, 澤若蕉, 民其無如矣! 回嘗聞之夫子曰:'治國去之, 亂國就之. 醫門多疾.'願以所聞思其則, 庶幾其國有瘳乎!"

仲尼曰:"嘻, 若殆往而刑耳! 夫道不欲雜, 雜則多, 多則擾, 擾則憂, 憂而不救. 古之至人, 先存諸己而後存諸人. 所存于己者未定, 何暇至于暴人之所行! 且若亦知夫德之所蕩而知之所爲出乎哉? 德蕩乎名, 知出乎爭. 名也者, 相札也, 知也者爭之器也. 二者凶器, 非所以盡行也.

且德厚信矼, 未達人氣, 名聞不爭, 未達人心. 而强以仁義繩墨之 言術暴人之前者, 是以人惡有其美也, 命之曰災人. 災人者, 人必反災之. 若殆爲人災夫.

且苟爲人悅賢而惡不肖, 惡用而求有以異? 若唯無詔, 王公必將乘 人而斗其捷. 而目將熒之, 而色將平之, 口將營之, 容將形之, 心且成之. 是以火救火, 以水救水, 名之曰益多. 順始無窮, 若殆以不信 厚言, 必死於暴人之前矣!

且昔者桀殺關龍逢, 紂殺王子比干, 是皆修其身以下偏拊人之民, 以下拂其上者也, 故其君因其修以擠之. 是好名者也.

昔者堯攻叢枝·胥·敖, 禹攻有扈. 國爲虛厲, 身爲刑戮. 其用兵不止, 其求實無已, 是皆求名實者也, 而獨不聞之乎? 名實者, 聖人之所不能勝也, 而況若乎! 雖然, 若必有以也, 嘗以語我來."

顏回曰:"端而虛, 勉而一, 則可乎?"曰:"惡! 惡可! 夫以陽爲充孔揚, 采色不定, 常人之所不違, 因案人之所感, 以求容與其心, 名之曰日漸之德不成, 而況大德乎! 將執而不化, 外合而內不訾, 其庸詎可乎!"

"然則我內直而外曲, 成而上比. 內直者, 與天爲徒. 與天爲徒者, 知天子之與己, 皆天之所子, 而獨以己言蘄乎而人善之, 蘄乎而人 不善之邪? 若然者, 人謂之童子, 是之謂與天爲徒. 外曲者, 與人之 爲徒也. 擎跽曲拳, 人臣之禮也. 人皆爲之, 吾敢不爲邪? 爲人之所 爲者, 人亦無疵焉, 是之謂與人爲徒. 成而上比者, 與古爲徒. 其言雖教, 謫之實也, 古之有也, 非吾有也. 若然者, 雖直而不病, 是之 謂與古爲徒. 若是則可乎?"仲尼曰:"惡! 惡可! 大多政法而不諜. 雖固, 亦無罪. 雖然, 止是耳矣, 夫胡可以及化! 猶師心者也."

顔回曰:"吾無以進矣, 敢問其方." 仲尼曰:"齋, 吾將語若. 有心而爲之, 其易邪？ 易之者, 白皥天不宜." 顔回曰:"回之家貧, 唯不飲酒不茹葷者數 月矣. 如此則可以爲齋乎？" 曰:"是祭祀之齋, 非心齋也."

回曰:"敢問心齋." 仲尼曰:"若一志, 無聽之以耳而聽之以心, 無聽之以心而聽之以氣. 聽止于耳, 心止于符. 氣也者, 虛而待物 者也. 唯道集虛. 虛者, 心齋也."

顔回曰:"回之未始得使, 實自回也, 得使之也, 未始有回也, 可謂虛乎？" 夫子曰:"盡矣! 吾語若: 若能入游其樊而無感其名, 入則鳴, 不入則止. 無門無毒, 一宅而寓于不得已則幾矣. 絶迹易, 無行地難. 爲人使易以僞, 爲天使難以僞. 聞以有翼飛者矣, 未聞以無翼飛者也, 聞以有知知者矣, 未聞以無知知者也. 瞻彼闋者, 虛室生白, 吉祥止止. 夫且不止, 是之謂坐馳. 夫徇耳目內通而外于心知, 鬼神將來舍, 而況人乎! 是萬物之化也, 禹·舜之所紐也, 伏戱·几蘧之所行終, 而況散焉者乎!"

안회가 공자를 찾아뵙고 여행을 떠나겠다고 하였다.

공자가 물었다. "어디로 가는 것이냐?"

"衛나라로 갈까합니다."

공자가 말하였다. "무엇하려 가는 것이냐?"

안회가 말하였다. "제가 듣건대, 위나라 임금은 나이가 젊은데다가 행동은 독단적이라고 합니다. 그의 나라를 가벼이 다스리면서도 자기의 잘못은 거들떠보지도 않고 백성들의 죽음도 가벼이 여겨 죽은 사람들이 연못 속의 이끼처럼 가득하다 합니다. 백성들은 어찌할 수가 없습니다. 저는 일찍이 선생님께서 '잘 다스려지는 나라를 떠나 어지러운 나라로 가야 한다. 의사 집에 병자가 많이 모이는 것과 같은 이치다'하고 말씀하신 것을 들은 일이 있습니다. 저는 선생님께서 하신 말씀을 근거로 하여 행동할 것을 생각하고 있습니다. 그러면 그 나라는 바로 고쳐질 것입니다."

공자가 말하였다.

"흠. 네가 가 보았자 형벌이나 받게 될 것이다. 도란 잡되지 않아야 한다. 잡되면 일이 많아지고 일이 많아지면 어지러워지고 어지러워지면 근심이 생기고, 근심이 생기면 구제해 줄 수도 없게 된다. 옛날의 지극한 사람은 먼저 자기 자신을 살피고 난 뒤에야 남의 일을 상관하였다. 자기 자신을 살펴본 결과가 불안정한데 난폭한 사람이 하는 짓을 상관할 겨를이 어디 있겠느냐?"

"또한 그대의 덕이 그 진실함을 잃기 쉽고, 지혜는 지나치게 되기 쉬운 까닭을 아는가? 덕은 명성 때문에 진실성을 잃기 쉽고, 지혜는 경쟁심 때문에 지나치게 되는 것이다. 명성은 서로를 손상시키는 것이고, 지혜는 다툼의 연모이기 때문이다. 이 두 가지는 흉기이므로 지나치게 행사해서는 안되는 것이다.

또한 덕이 두텁고 신의가 많다고 하더라도 사람들의 기분은 잘 이해하지 못한다. 명성을 두고 다투지 않는다 하더라도 사람들의 마음은 잘 이해하지 못한다. 억지로 인의를 가지고 사람들을 바르게 하고자 하는 논의를 난폭한 사람 앞에서 하는 것은 남의 악함을 이용하여 자신의 훌륭함을 드러내려는 것이다. 이러한 사람을 '남을 해치는 사람'이라 부른다. 남을 해치는 사람이라면 남도 반드시 그를 해치게 될 것이다. 그대는 아마도 남들로부터 재해를 받게 될 것이다."

"또한 만약에 어진 사람을 좋아하고 못난 자를 싫어하는 임금이라면 어찌 그대를 써서 특이한 일을 해주기 바라겠는가? 그대가 따지지 않으면 그뿐이지만 따진다면 임금은 반드시 그대를 군세로 누르고 그 이론을 무찌를 것이다. 그대의 눈은 어지러워질 것이고, 그대의 얼굴빛은 새파래질 것이며, 입은 자자기글 변명하기에 바쁘고, 태도는 비굴해질 것이며, 마음도 그를 따라가고 말 것이다. 이것을 불로써 끄고 물로써 물을 막는 것과 같아서 이런 것을 '더욱 늘이는 것'이라 부르는 것이다. 처음부터 그의 독선을 따라가 끝없이 그대로 계속될 것이다. 그대는 아마도 믿어 주는 않는데도 말을 많이 하여 반드시 포악한 사람 앞에 죽임을 당하고 말 것이다.

또한 옛날에도 걸은 관용봉을 죽였고, 주는 왕자 비간을 죽였다. 이들은 모두 그의 몸을 잘 닦고서 아래로 백성들을 잘 위하였지만, 신하로서 그의 임금의 뜻을 어긴 사람들이었다. 그러므로 그들의 임금은 그들의 행동을 이유로 하여 그들을 제거해 버렸던 것이다. 이들은 명성을 좋아하던 사람들이었다.

옛날에 요임금은 총지와 서오를 공격하였고, 우임금은 유호를 공격하였다. 이들 나라는 폐허가 되고 사람들은 죽임을 당하였다. 그들은 쉴 새 없이 전쟁을 하여 실리를 추구해마지 않던 임금이었다. 그들은 모두가 명성과 실리를 추구하던 사람이다. 그대만이 이런 애기를 듣지 못했는가? 명성과 실리라는 것은 성인聖人이라 할지라도 어쩔 수가 없는 것이다. 그런데 하물며 그대가 어찌 하겠다는 것인가? 그렇기는 하지만 그대에게는 반드시 생각이 있을 것이다. 내게 애기를 해 보아라."

안회가 말하였다.

"용모는 단정히 하고 마음은 허정虛靜케 하고서 힘써 한결같이 행동하면 되겠습니까?"

공자가 말하였다.

"아니 어찌 되겠느냐? 그는 겉으로는 자신이 넘치고 매우 뽐내고 있으며 교만한 기색을 일정하지 않아서 보통 사람들은 그의 뜻을 어기지 못한다. 그럼으로써 사람들의 감정을 억누르면서 자기 마음의 쾌락을 추구한다. 그런 것을 두고 '날로 발전해야 할 덕조차도 이루지 못하는 것'이라 말하는 것이다. 그러나 하물며 큰 덕이야 말할 것이 있겠느냐? 그는 자기를 고집함으로써 남에 의하여 변화되지 않으며, 겉으로는 타협을 하지만 속으로는 반성하지 않을 것이다. 그 어찌 괜찮을 수가 있겠느냐?"

안회가 말하였다.

"그렇다면 저는 마음 속은 곧게 지니고 겉모양은 공손히 하여 마침내는 옛 분들과 견줄 만하게 하겠습니다.

마음속이 곧은 사람은 하늘과 같은 무리가 될 것입니다. 하늘과 같은 무리가 된 사람은 천자나 자기가 모두가 하늘이 자식으로 감싸 주고 있음을 알고 있습니다. 그런데도 홀로 자기의 말을 상대방이 칭찬해 주기를 바라겠습니까? 상대방이 좋지 않다고 꾸짖기를 바라겠습니까? 이와 같은 사람을 사람들은 동자라고 부르고 있습니다. 이것이 하늘과 같은 무리라고 부르는 사람입니다.

겉모양이 공손한 사람은 사람들과 같은 무리가 됩니다. 손 모아 홀을 들고 무릎을 꿇고 허리를 굽혀 엎드리는 것은 신하로서의 예입니다. 사람들이 모두 그렇게 하는데 나만이 감히 하지 않겠습니까? 남들이 하고 있는 것을 하는 사람에 대해서는 사람들도 탓하지 않을 것입니다. 이것을 사람들과 같은 무리가 되는 것이라 말하는 것입니다.

　마침내는 옛 분들과 견줄 만하게 된다는 것은 옛 분들과 같은 무리가 된다는 것입니다. 그 말이 비록 교훈이 되고 꾸짖는 내용이라 하더라도 이것은 예부터 있던 일이며 내가 지어낸 것은 아닙니다. 이와 같은 사람은 비록 곧다하더라도 탓하지 못할 것입니다. 이것을 두고 옛 분들과 같은 무리가 되는 것이라 말하는 것입니다, 이렇게 하면 괜찮겠습니까?"

　공자가 말하였다.

　"아니, 어찌 괜찮겠느냐? 남을 바로 잡는 말이 너무 많아서 친근해질 수가 없을 것이다. 비록 그렇게 고집하여 죄를 범하지 않는다 하더라도 그러나 그뿐일 것이다. 그래 가지고서야 어찌 남에게 감화를 미치게 할 수 있겠느냐? 그저 자기 마을을 따라 고집해 보는 것이지."

　안회가 말하였다.

　"저로서는 이 이상 어찌할 방고가 없는 것 같습니다. 감히 다른 방법이 있는지 여쭙고자 합니다."

　공자가 말하였다.

　"재계를 한다면 내 네게 얘기해 주겠다. 사심을 가지고 행동한다면 어찌 잘 되겠느냐? 잘된다고 생각하는 자가 있다면 하늘이 마땅치 않게 여기실 것이다."

　안회가 말하였다.

　"저의 집은 가난해서 술을 마시지도 않고 매운 것을 먹지 않은 지 여러 달이 됩니다. 이만하면 재계를 한 것이라 할 수가 있겠습니까?"

　공자가 말하였다.

　"그것은 제사 지낼 때의 재계이지 마음의 재계가 아니다."

　"감히 마음의 재계에 대하여 여쭙고자 합니다."

　공자가 말하였다.

　"그대는 그대의 뜻을 순일케 하여 귀로 듣지 말고 마음으로 듣도록 해야 한다. 다음에는 마음으로도 듣지 않고 氣 로 듣도록 해야 한다. 귀란 듣기만 할 뿐이며 마음이란 느낌을 받아들일 뿐이지만, 기란 텅 빈 채 사물에 응대하는 것이다. 도란 텅 빈 곳에 모이게 마련이다, 텅 비게 하는 것이 마음의 체계인 것이다.

　안회가 말하였다.

　"저는 처음에는 그렇게 하지 못하여 실로 자기에게 얽매여 있었습니다. 그러나 그렇게 하게 되자 처음부터 자기가 존재하지 않게 되었습니다. 이제는 '텅 비었다'고 말할 수가 있겠습니까?

　공자가 말하였다.

　"다 되었다. 내 네게 얘기해 주마, 그대는 그 나라로 들어가 활동한다 하더라도 명성에 마음이 움직이지 않을 수 있게 된 것이다. 일이 생기면 호응하여 움직이고 일이 생기지 않으면 가만히 있는 것이다. 자기를 내세우지 말고 자기 생각을 앞세우지 말 것이며, 순일한 마음을 지녀 어쩔 수 없이 되도록 처신한다면 거의 완전하게 될 것이다.

　행적을 숨기기는 쉽지만 흔적을 남기지 않기는 어렵다. 사람에게 부림을 당할 적에는 그대로 하기가 쉽지만, 하늘의 부림을 당할 적에는 그대로 하기가 어렵다. 날개를 가지고 나는 것이 있다는 말은 들었어도 날개 없이 나는 것이 있다는 말은 들어보지 못하였다. 지각을 가지고 무엇을 안다는 말은 들은 일이 있으나, 지각도 없이 아는 사람이 있다는 말은 들어 본 일이 없다. 어 공허한 경지를 바라보노라면 텅 빈 마음이 밝아질 것이다. 행복하고 좋은 일은 이런 곳에 머물게 된다. 행복하고 좋은 일이 머물지 않는 것을 이곳에 앉아 있으면서도 정신은 딴 곳으로 달린다고 말하는 것이다. 귀와 눈을 속마음으로 통하게 하고서 그의 마음과 지각을 밖으로 내보낸다면, 귀신이라 하더라도 찾아와 그에게 머물게 할 것이다. 하물며 사람이야 말한 것이 있겠느냐? 이건이 만물의 변화에 호응하는 것이다.

우임금이나 순임금도 법도로 삼았던 것이다. 복희나 궤거같은 제왕이 평생토록 실행한 요점도 이것이었다. 그러니 하물며 보통 사람이야 말할 것이 있겠느냐?"

22. ≪莊子·大宗師≫
顔回曰:"回益矣." 仲尼曰:"何謂也?"曰:"回忘仁義矣." 曰:"可矣, 猶未也."他日復見, 曰:"回益矣." 曰:"何謂也?"曰:"回忘禮樂矣!" 曰:"可矣, 猶未也."他日復見, 曰 :"回益矣!" 曰:"何謂也?"曰:"回坐忘矣." 仲尼蹴然曰:"何謂坐忘?"顔回曰: "墮肢體, 黜聰明, 離形去知, 同于大通, 此謂坐忘." 仲尼曰:"同則無好也, 化則無常也. 而果其賢乎! 丘也請從而後也."

안회가 말하였다. "저에게도 한 가지 발전한 것이 있습니다."

공자가 말하였다. "무슨 뜻이지?"

안회가 말하였다.

"저는 어짐과 의로움을 잊게 되었습니다."

공자가 말하였다. "괜찮기는 하지만 아직도 덜 되었다."

뒷날 다시 만나서 안회가 말하였다.

안회가 말하였다. "저에게도 한 가지 발전한 것이 있습니다."

공자가 말하였다. "무슨 뜻이지?"

안회가 말하였다.

"저는 예의와 음악을 잊게 되었습니다."

공자가 말하였다. "괜찮기는 하지만 아직도 덜 되었다."

뒷날 다시 만나서 안회가 말하였다.

안회가 말하였다. "저에게도 한 가지 발전한 것이 있습니다."

공자가 말하였다. "무슨 뜻이지?"

안회가 말하였다.

"저는 좌망을 하게 되었습니다."

공자가 놀란 듯이 말하였다. "좌망이란 어떤 것인가?"

안회가 대답하였다.

"자기의 신체나 손발의 존재를 잊어버리고 눈이나 귀의 움직임을 멈추고 형체가 있는 육체를 떠나 마음의 지각을 바라며 모든 차별을 넘어서 대도에 동화하는 것 이것이 좌망입니다."

공자가 말하였다.

"도와 일체가 되면 좋아하고 싫어하는 것을 차별하는 마음이 없어지고, 변화에 그대로 따르면 일정한 것만을 추구하는 마음이 없어진다. 그대는 과연 현명하구나. 나도 그네 뒤를 따르며 배워야 하겠다."

≪莊子·大宗師≫의 내용은 ≪회남자淮南子·도응훈道應訓≫에도 보인다.

23. ≪論語·公冶長≫
顔淵·季路侍, 子曰:"盍各言尔志?"子路曰:"願車馬·衣輕裘與朋友共, 敝之而無憾."顔淵曰:"願無伐善, 無施勞."子路曰:"願聞子之志."子曰:"老者安之, 朋友信之, 少者懷之."

안연과 계로가 모시고 있었는데 선생님께서 "너희들의 포부를 각각 말해 보지 않겠느냐?"하고 말씀하셨다.

자로는 "수레와 말을 타게 되고, 가벼운 가죽 웃옷을 입게 되어서 벗들과 그러한 재물財物을 같이 쓰다가 헐어져 버려도 섭섭해 함이 없게 되기를 바랍니다."하고 말씀드렸다.

안연은 "내 좋은 점을 자랑함이 없고 자기의 공로를 대수롭게 늘어놓음이 없기를 바랍니다."하고 말씀드렸다.

자로가 "선생님의 포부를 듣고 싶습니다."하고 여쭙자 선생님께서는 "늙은이들은 편안하게 하여 주고, 벗들은 신용 있게 대하도록 하여 주고, 젊은이들은 따르게 하여 주는 것이다."라 말씀하셨다.

24. ≪莊子·讓王≫
孔子謂顔回曰:"回, 來!家貧居卑, 胡不仕乎?"顔回對曰:"不願仕. 回有郭外之田五十亩, 足以給飦粥, 郭内之田十亩, 足以爲絲麻, 鼓琴足以自娛, 所學夫子 之道者足以自樂也. 回不願仕."孔子愀然變容, 曰:"善哉, 回之 意!丘聞之:'知足者, 不以利自累也, 審自得者, 失之而不懼, 行修于内者, 無位而不怍.'丘誦之久矣, 今于回而後見之, 是丘之得也."

공자가 안회에게 물었다. "안회야 집안이 가난하고 신분도 낮은데 어찌하여 벼슬을 하지 않느냐?"

안회가 대답하였다.

"벼슬하고 싶지 않습니다. 제게는 성곽 밖에 오십 묘가 있으니 죽을 공급하기에 충분합니다. 성곽 안에 밭 십묘가 있으니 무명과 삼을 공급하기가 족합니다. 금을 타고 지내면 스스로 즐기기에 족합니다. 선생님에게서 배운 도는 즐겁게 살기에 족합니다. 저는 벼슬하고 싶지 않습니다."

공자는 갑자기 얼굴빛을 바꾸면서 말하였다.

"훌륭하다. 그대의 뜻이여! 내가 듣건대 만족할 줄 아는 사람은 이익 때문에 스스로를 해치지 않고, 자득할 줄 아는 사람은 이익을 잃어도 두려워하지 않고, 속마음의 수행이 되어 있는 사람은 지위가 없어도 부끄러워하지 않는다 하였다. 나는 그것을 마음에 새겨 둔 지 오래 되었으나, 지금 그대에게서 뒤늦게야 그것이 실행되고 있음을 본다. 이것은 나의 소득이다."

25. ≪列子·仲尼≫

仲尼閑居, 子貢入待, 而有憂色. 子貢不敢問, 出告顔回. 顔回援琴而歌. 孔子聞之, 果召回入, 問曰: "若奚獨樂?" 回曰: "夫子奚獨憂?" 孔子曰: "先言爾志." 曰: "吾昔聞之夫子曰: '樂天知命故不憂', 回所以樂也." 孔子愀然有間曰: "有是言哉? 汝之意失矣. 此吾昔日之言爾, 請以今言爲正也. 汝徒知樂天知命之無憂, 未知樂天知命有憂之大也. 今告若其實. 修一身, 任窮達, 知去來之非我, 亡變亂於心慮, 爾之所謂樂天知命之無憂也. 曩吾修≪詩≫·≪書≫, 正禮樂, 將以治天下, 遺來世, 非但修一身, 治魯國而已. 而魯之君臣日失其序, 仁義益衰, 情性益薄. 此道不行一國與當年, 其如天下與來世矣? 吾始知≪詩≫·≪書≫禮樂無救於治亂, 而未知所以革之之方: 此樂天知命者之所憂. 雖然, 吾得之矣. 夫樂而知者, 非古人之謂所樂知也. 無樂無知, 是眞樂眞知, 故無所不樂, 無所不知, 無所不憂, 無所不爲. ≪詩≫·≪書≫禮樂, 何棄之有? 革之何爲?" 顔回北面拜手曰: "回亦得之矣." 出告子貢. 子貢茫然自失, 歸家淫思七日, 不寢不食, 以至骨立. 顔回重往喩之, 乃反丘門, 弦歌誦書, 終身不輟.

공자가 한가하게 앉아있을 때, 자공子貢이 들어와 모시게 되었는데, 공자가 걱정스런 안색을 하고 있었다. 子貢이 감히 묻지 못하고 나가서 안회에게 말하였다. 하지만 안회는 여전히 거문고만을 타면서 노래를 불렀다. 공자가 안연의 음악을 듣다가 불러들여 "어찌 자네 혼자만 즐거운가?"라 물었다. 안회가 말하였다.

"선생님께서는 어찌 홀로 근심하고 계십니까?"

공자가 말하였다.

"먼저 너의 생각을 말해보아라."

"저는 옛날에 선생님께서 '하늘 자연 질서에 기꺼이 즐겁게 순응하고 천명을 알 수 있으니 ('樂天知命'), 나는 근심하지 않다'라 하셨습니다. 그래서 回 저는 기쁩니다."

孔子는 안색을 하고 한참 있다가 말하였다.

"그런 말을 했던가? 너는 잘못 이해하고 있구나. 이는 내가 옛날에 한 말이고 지금의 생각으로 그걸 바로 잡도록 하여라. 너는 단지 '낙천지명樂天知命'의 근심하지 않는 것만 알지, '樂天知命'의 또 다른 큰 근심이 있다는 것을 모른다. 지금 내가 이에 대한 정확한 실제적인 상황에 대하여 설명해 주겠다. 자신을 수양하고 운명적인 궁핍이나 부귀를 받아들이고, 생사고락이 자신의 의지로 행할 수 없는 것을 알고서 마음이 외계의 사물에 흔들리거나 괴로워하지 않는 것이 곧 네가 생각하는 '樂天知命'의 근심이 없는 마음이다.

이전에 내가 ≪詩≫·≪書≫를 정리하여 예악禮樂을 제정하고, 이로써 천하를 다스리고 후세까지 널리 전해지기를 바랬다. 이는 자신을 수양하고 노魯나라를 다스리는 것만으로 만족할 일이 아니다. 노魯나라의 군주와 신하가 날이 가면 갈수록 나라의 질서를 혼란시키고, 인의仁義 도덕이 날이 갈수록 크게 손상되고, 인간의 선한 본성이 날이 갈수록 천박해 지고 있다. 이 도리道理가 지금 이 한 나라와 당대에 실행이 되지 않고 있는데, 하물며 온 천하와 후세에게는 어떻게 영향을 미칠 것인가? 나는 지금에서야 ≪詩≫·≪書≫와 禮樂으로 난세를 구제할 수 없다는 것을 알았고, 또 어떤 다른 개혁 방법을 알지 못하니, 이게 바로 내가 걱정하는 '樂天知命'의 근심인 것이다. 하지만, 하나 확실히 알고 있는 것은 있다. 내가 추구하는 '樂天知命'이

고인의 '樂天知命'과는 다르다. 즐거움(樂)이 없고 아는 것(知)이 없는 것이 진정한 '樂'과 진정한 '知'인 것이다. 그래야 즐겁지 않은 것이 없고, 알지 못하는 것이 없는 것이며, 걱정하지 않는 것이 없으며, 하지 않는 것이 없게 되는 것이다. 그러니 ≪詩≫·≪書≫와 예악禮樂을 어찌 버릴 필요까지야 있겠으며, 개혁한다 해도 무엇에 쓰겠느냐?"

안회는 두 손을 모아 큰 절을 하면서 "回, 저는 잘 알게 되었습니다."라 하였다. 나아가 子貢에게 말하니 子貢은 망연자실하여 집에 돌아가 칠일 내내 깊은 사색에 잠겼고, 침식을 철폐하여 나뭇가지처럼 말랑캥이가 되었다. 안회는 다시 그에게로 가서 자공을 깨우쳐 주자 다시 공자 문하를 들어가 거문고를 타고 노래를 부르며 ≪詩≫와 ≪書≫를 평생토록 놓지 않았다.

26. ≪韓詩外傳·卷四≫

孔子見客, 客去. 顔淵曰: "客·仁也." 孔子曰: "悁兮其心, 颡兮其口, 仁則吾不知也, 言之所聚也." 顔淵蹴然變色. 曰: "良玉度尺, 雖有十仞之土, 不能掩其光, 良珠度寸, 雖有百仞之水, 不能掩其瑩. 夫形·體也, 色·心也, 閔閔乎其薄也. 苟有溫良在中, 則眉睫着之矣, 疵瑕在中, 則眉睫不能匿之. 詩曰: "鼓鍾于宮, 聲聞于外."

공자가 손님을 만났는데, 그 사람이 떠나자 안연이 물었다. "그 손님은 어진 분이십니까?" 이에 공자가 대답하였다.

"마음은 원한에 찾는데, 입으로는 좋은 말만 하더구나. 어진지 어떤지 나는 모르겠다. 그의 말을 다 모아봐도."

이에 안연이 움츠려 들며 얼굴빛이 변하자 공자는 다시 말을 이었다.

"좋은 옥 한 척을 열 길 흙으로 덮는다 해도 그 빛을 숨길 수 없고, 좋은 구슬 한 촌을 백 길 물속에 넣는다 해도 그 빛을 감출 수 없는 것이다. 무릇 형태는 몸체이고 겉으로 드러난 색깔은 마음이니, 아주 먼 관계 같지만 그렇게 얇은 차이니라. 진정 따뜻하고 선량함이 가슴속에 있으면 눈꺼풀 사이에 드러나게 마련이며, 흠이 마음속에 있으면 역시 눈꺼풀 사이에도 감출 수 없는 것이란다. ≪시경·소아≫에서는 이렇게 노래하였다.

"집안에서 울리는 그 음악소리. 그 소리 밖에까지 들리네."

27. ≪韓詩外傳·卷七≫

孔子游于景山之上, 子路子貢顔淵從. 孔子曰: "君子登高必賦, 小子願者何? 言其願, 丘將啓汝." 子路曰: "由願奮長戟, 蕩三軍, 乳虎在後, 仇敵在前, 蠡跃蛟奮, 進救兩國之患." 孔子曰: "勇士哉!" 子貢曰: "兩國構難, 壯士列阵, 塵埃涨天, 賜不持一尺之兵, 一斗之粮, 解兩國之難, 用賜者存, 不用賜者亡." 孔子曰: "辯士哉!" 顔回不願, 孔子曰: "回何不願?" 顔淵曰: "二子已願, 故不敢願." 孔子曰: "不同意, 各有事焉, 回其願, 丘將啓汝." 顔淵曰: "願得小國而相之, 主以道制, 臣以德化, 君臣同心, 外内相應, 列國諸侯莫不從義向風, 壯者趨而進, 老者扶而至, 教行乎百姓, 德施乎四蠻, 莫不釋兵, 輻輳乎四門, 天下咸獲永寧, 蝖飛蠕動, 各樂其性, 進賢使能, 各任其事, 于是君綏于上, 臣和于下, 垂拱無爲, 動作中道, 從容得禮, 言仁義者賞, 言戰斗者死, 則由何進而救, 賜何難之解." 孔子曰: "聖士哉! 大人出, 小子匿, 聖者起, 賢者伏. 回與執政, 則由賜焉施其能哉!" 詩曰: "雨雪瀌瀌, 見晛曰消."

공자가 경산 위에서 노닐 때 자로, 자공, 안연이 함께 따랐다. 공자가 이렇게 말하였다. "군자는 높은 곳에 오르면 반드시 부를 짓는 법이다. 너희들이 바라는 것이 무엇이냐? 자신의 바람을 말해 보아라. 내가 너희들을 인도해 주마."

자로가 먼저 나섰다.

"저는 긴 창을 들고 대군을 일으켜 새끼를 가진 사나운 어미 호랑이가 뒤에 있고 적군이 앞에 있다 해도 벌레처럼 뛰고 용처럼 분격하여 나아가 싸우고 있는 두 나라의 환난을 해결해 주고 싶습니다." 이 말에 공자는 "용사로다."라 하였다.

이번에는 자공이 말했다.

"두 나라가 원수가 되어 장사들이 진을 치고 먼지가 하늘을 뒤덮고 있을 때 저는 한 척의 무기도 한 말의 양식도 없이 중재를 하여 두 나라의 환난을 풀어 주고 싶습니다. 제 의견을 듣는 나라는 살 것이요 듣지 않는 나라는 망할 것입니다." 이에 공자는 "辯士이구나"라 하였다.

그런데 안회는 소원을 말하지 않는 것이었다. 공자가 "회야 너는 어찌 소원을 말하지 않느냐?"라고 묻자 안연은 "두 사람이 이미 바람을 말했으니 저는 감히 바라는 게 없습니다." 공자는 이에 "뜻이 다르니 각자 하려는 일이 있는 것이다. 희야. 너도 바람을 말해 보렴. 내가 너를 인도해 주마"라 하였다. 그러자 안연이 입을 열었다.

"작은 나라의 재상이 되어 임금을 도로 바르게 하고, 백성을 덕으로 교화하여 군신이 마음을 함께하고 내외가 서로 응하게 하고 싶습니다. 그러면 열국의 제후들이 두 바람에 풀이 눕듯 의를 따를 것입니다. 젊은이는 달려올 것이며 늙은이는 부축을 받으면서까지 이를 것입니다. 교화가 백성에게 행해지고 덕이 사방의 오랑캐까지 베풀어져 무기를 버리고 도성으로 몰려들지 않는 자들이 없게 되기를 바랍니다. 그러면 온 천하가 길이 안녕을 얻어 여러 동물들이 각자 타고난 성품을 즐기게 될 것입니다. 어진 자를 등용하고 유능한 자를 부려 저마다 일을 맡기겠으니 이에 임금은 위에서 편안하고 신는 아래에서 화목하여 팔짱을 끼고 아무것도 하지 않아도 움직이면 도에 맞고 조용히 있으면 예에 맞을 것입니다. 인의를 말하는 자에게는 상을 내리고 전쟁과 싸움을 말하는 자에게는 죽음을 내린다면 由가 나가 구할 일이 뭐 있겠으며 사賜가 나서서 해결할 일이 뭐 있겠습니까?"

이 말에 공자는 이렇게 평가하였다.

"성사聖士로다. 대인이 나타나니 소인이 숨고 성자가 일어서니 현자가 엎드리는구나. 회가 정치를 맡는다면 유나 사가 어디에다 능력을 펴겠는가?"

시에서 이렇게 말하였다.

"펄펄 나는 저 눈도, 볕만 나면 사라지리라."

28. ≪孔子家語·致思≫
孔子北遊於農山, 子路子貢顏淵侍側. 孔子四望, 喟然而嘆曰:「於斯致思, 無所不至矣. 二三子各言爾志, 吾將擇焉. 子路進曰:「由願得白羽若月, 赤羽若日, 鍾鼓之音, 上震於天, 旌旗繽紛, 下蟠于地, 由當一隊而敵之, 必也攘地千里, 搴旗執馘, 唯由能之, 使二子者從我焉.」夫子

11. 안연문어공자 **329**

曰:「勇哉.」子貢復進曰:「賜願使齊楚合戰於漭瀁之野, 兩壘相望, 塵埃相接, 挺刃交兵, 賜著縞衣白冠, 陳說其間, 推論利害, 釋國之患, 唯賜能之, 使夫二子者從我焉.」夫子曰:「辯哉.」顏回退而不對. 孔子曰:「回來, 汝奚獨無願乎?」顏回對曰:「文武之事, 則二子者, 既言之矣, 回何云焉.」孔子曰:「雖然, 各言爾志也, 小子言之.」對曰:「回聞薰蕕不同器而藏, 堯桀不共國而治, 以其類異也, 回願得明王聖主輔相之, 敷其五教, 導之以禮樂, 使民城郭不修, 溝池不越, 鑄劍戟以爲農器, 放牛馬於原藪, 室家無離曠之思, 千歲無戰鬥之患, 則由無所施其勇, 而賜無所用其辯矣.」夫子凜然曰:「美哉! 德也.」子路抗手而對曰:「夫子何選焉?」孔子曰:「不傷財, 不害民, 不繁詞, 則顏氏之子有矣.」

어느 날 공자는 농산으로 놀러 갔었다. 자로, 자공, 안연이 곁에 모시고 있었다. 공자는 사방을 바라보고 탄식하며 말했다.

"여기에서 생각을 깊이 한다면 생각이 미치지 않는 것이 없을 듯하다. 너희들은 각각 뜻하는 바를 말해 보아라. 내 장차 그 중에서 가려 보리라."……그러나 안연만은 앉아있던 자리에서 더 물러앉으면서 대답을 하지 않았다. 공자가 물었다.

"회야! 이리 오너라. 너는 어찌하여 홀로 소원이 없느냐?" 안연이 말하였다. "문과 무에 대해서는 저 두 사람이 이미 말씀드렸습니다. 저로서 무엇을 더 말씀드릴 것이 있겠습니까?"

공자가 말하였다.

"하지만 각자 자기 뜻을 말한 것뿐이니 말해 보아라."

공자가 말하기를 재촉하니 안연은 마지못해 말했다.

"저는 향기 나는 풀과 썩은 풀은 한 그릇에 담아 둘 수 없고, 요와 걸은 나라를 함께 다스릴 수 없다고 들었사온데 그것은 그 종류가 다르기 때문이라 하였습니다. 저는 원컨대 밝고 착한 임금을 만나 그를 보좌하고 다섯 가지 가르침을 펴며 예와 악으로 인도하여 백성으로 하여금 성곽을 수선할 필요가 없게 하고 도랑과 못을 넘어갈 일이 없도록 하며 칼과 창을 모두 불에 녹여 농기를 만들어 버리고, 소와 말을 넓은 언덕에 놓아 먹이게 하며, 집안 식구들이 서로 떠나고 흩어질 생각이 없게 하고, 천년이 내려가도 싸움하고 다투는 근심이 없게 한다면 유가 용맹을 베풀 곳도 없을 것이고, 사의 변제도 쓸 데가 없게 될 것입니다."

듣고 나자 공자는 엄숙한 표정으로 말했다.

"참으로 아름답고 유덕有德하도다."

자로가 손을 높이 들고는 물었다.

"선생님께서는 이 중에서 어느 것을 뽑으시겠습니까?"

공자가 말했다.

"재물에도 상함이 없고 백성에게도 해가 없으며 말도 번거롭지 않은 것은 안연의 말이 제일이로다."

≪孔子家語·致思≫의 내용은 ≪韓詩外傳·卷九≫와 ≪說苑·指武≫에도 보인다.

29. ≪韓詩外傳·卷九≫

子路曰: "人善我, 我亦善之, 人不善我, 我不善之." 子貢曰: "人善我, 我亦善之, 人不善我, 我則引之進退而已耳." 顔回曰: "人善我, 我亦善之, 人不善我, 我亦善之." 三子所持各異, 問于夫子. 夫子曰: "由之所持, 蠻貊之言也, 賜之所言, 朋友之言也, 回之所言, 親屬之言也." 詩曰: "人之無良, 我以爲兄."

자로가 이렇게 말하였다. "남이 내게 잘해 주면 너도 그에게 잘해 주고, 남이 내게 잘해 주지 않으면 나도 그에게 잘해 주지 않으련다."

자공은 이렇게 말하였다. "남이 내게 잘해주면 나도 그에게 잘해주고, 남이 내개 잘해 주지 않으면 나는 진퇴를 이끌어 주는 정도까지만 하겠다."

안회는 이렇게 말하였다.

"남이 내개 잘해 주면 나도 그에게 잘해 주고, 남이 내개 잘해 주지 않아도 나는 그에게 잘해 주겠다." 세 사람의 의견이 각각 다르자 선생님께 여쭙기로 하였다. 이에 공자는 이렇게 말했다.

"유의 의견은 오랑캐나 할 말이고, 사의 의견은 벗 사이의 말이며, 회의 의견은 친척사이의 말이구나!"

≪시경≫에서 이렇게 노래하였다.

"남이 나에게 잘해 주지 않아도 나는 그를 형으로 모시리라."

30. ≪韓詩外傳·卷二≫

子夏讀詩已畢. 夫子問曰: "爾亦何大于詩矣?" 子夏對曰: "詩之于事也, 昭昭乎若日月之光明, 燎燎乎如星辰之錯行, 上有堯舜之道, 下有三王之義, 弟子不敢忘, 雖居蓬戶之中, 彈琴以咏先王之風, 有人亦樂之, 無人亦樂之, 亦可發憤忘食矣. 詩曰: '衡門之下, 可以栖遲, 泌之洋洋, 可以樂飢.'" 夫子造然變容, 曰: "嘻! 吾子始可以言詩已矣, 然子以見其表, 未見其里." 顔淵曰: "其表已見, 其里又何有哉?" 孔子曰: "窺其門, 不入其中, 安知其奧藏之所在乎! 然藏又非難也. 丘嘗悉心盡志, 已入其中, 前有高岸, 後有深谷, 泠泠然如此旣立而已矣, 不能見其里, 未謂精微者也."

자하가 ≪시≫ 읽기를 다 마치자 공자가 물었다. "그래, 너는 시에서 무엇을 위대하다고 생각하느냐?" ……그러자 공자는 갑자기 얼굴을 바꾸면서 이렇게 말했다. "아! 네가 비로소 시를 말할 수 있게 되었구나. 그러나 너는 그 겉만 보았지 속은 아직 보지 못하고 있다."

옆에 있던 안연이 의아스러워하며 물었다.

"그 겉을 다 보았다면 속은 또 어떤 것입니까?" 이에 공자는 이렇게 설명해 주었다.

"문 밖에서 들여다만 보고 직접 들어가지 않으면 깊은 골방이나 다락 속에 무엇이 있는지 어찌 알겠느냐? 그러나 감추어진 것을 아는 것도 어려운 일은 아니다. 나는 일찍이 마음과 뜻을 다해 그 속에 들어가 보았다. 앞에는 높은 언덕이 있고 뒤에는 깊은 골짜기가 있는데, 이처럼 또렷하게 서 있어 보았단다. 그 속을 보지 못하면 아직 그 정미함을 말할 수 없는 것이다."

≪韓詩外傳·卷二≫의 내용은 ≪尙書大傳≫(卷六)에도 보인다.

31. ≪史記·孔子世家≫
將適陳, 過匡, 顔刻爲仆, 以其策指之曰: "昔吾入此, 由彼缺也." 匡人聞之, 以爲魯之陽虎. 陽虎嘗暴匡人, 匡人于是遂止孔子. 孔子狀類陽虎, 拘焉五日, 顔淵後, 子曰: "吾以汝爲死矣." 顔淵曰: "子在, 回何敢死!" 匡人拘孔子益急, 弟子懼. 孔子曰: "文王旣沒, 文不在玆乎? 天之將喪斯文也, 後死者不得與于斯文也. 天之未喪斯文也, 匡人其如予何!" 孔子使從者爲寧武子臣于衛, 然後得去.

공자가 진나라에 가려고 광을 지나갔다. 이때 안각이 말을 몰았는데 말 채찍으로 한 곳을 가리키며 말하였다. "전에 제가 이곳에 왔을 때는 저 파손된 성곽의 틈 사이로 들어왔었습니다." 광 지역 사람들은 이 말을 듣고 노나라의 양호가 또 온 것이라고 여겼다. 양호는 일찍이 광 지역 사람들에게 포악하게 대하였었다. 광 지역 사람들은 이에 드디어 공자의 앞길을 막았다. 공자의 모습이 양호와 비슷하였기 때문에 공자는 5일이나 포위당해 있었다. 안연이 뒤따라 도착하자 공자가 말하였다.

"나는 자네가 난중에 이미 죽은 줄로 알았어."

"선생님께서 계시는데 제가 어찌 감히 무모하게 죽겠습니까?

광 지역 사람들이 공자를 향하여 더욱 급박하게 포위망을 좁혀오자 제자들이 더욱 두려워하기 시작하였다. 공자가 말하였다.

"문왕은 이미 돌아가셨으니 문은 여기에 있지 않은가? 하늘이 이 문(文)을 없애려고 하셨다면 우리들로 하여금 이 문을 전승할 수 없게 하였을 것이다. 하늘이 이 문을 없애려고 하지 않으시는데 광 지역 사람들이 나를 어찌겠는가?" 공자는 종자를 영무자에게 보내어 위나라의 신하가 된 후에야 비로소 그곳을 떠날 수 있었다.

≪史記·孔子世家≫의 내용은 ≪논형論衡·정현定賢≫과 ≪呂氏春秋·孟夏紀·勸學≫에도 보인다.

32. ≪史記·孔子世家≫
子貢出, 顔回入見. 孔子曰: "回, 詩云'匪兕匪虎, 率彼曠野'. 吾道非邪? 吾何爲于此?" 顔回曰: "夫子之道至大, 故天下莫能容. 雖然, 夫子推而行之, 不容何病, 不容然後見君子! 夫道之不修也, 是吾丑也. 夫道旣已大修而不用, 是有國者之丑也. 不容何病, 不容然後見君子!" 孔子欣然而笑曰: "有是哉顔氏之子! 使爾多財, 吾爲爾宰."

자공이 나가고 안회가 들어와서 공자를 뵈었다. 공자가 물었다.

"회야. ≪시≫에 이르기를 '코뿔소도 아니고 호랑이도 아닌 것이 광야에서 헤매고 있다'라고 하였는데, 나의 도에 무슨 잘못이라도 있단 말이냐? 우리가 왜 여기서 곤란을 당해야 한다는 말이냐?"

안회가 대답하였다.

"선생님의 도가 지극히 크기 때문에 천하의 그 어느 국가에서도 선생님을 받아들이지 못합니다. 비록 그렇기는 하지만 선생님께서는 선생님의 도를 추진시키고 계십니다. 그러니 그들이 받아들이지 않는다고 해서 무슨 걱정이 있겠습니까? 받아들이지 않는 연후에야 더욱 군자의 참 모습이 드러나는 것입니다. 무릇 도를 닦지 않는다는 것은 우리의 치욕입니다. 그리고 무릇 도가 잘 닦여진 인재를 등용하지 않는다는 것은 나라를 가진 자의 수치입니다. 그러니 받아들여지지 않는다고 해서 무슨 걱정이 되겠습니까? 받아들여지지 않은 연후에 더욱더 군자의 참 모습이 드러날 것입니다."

공자는 기뻐서 웃으며 말하였다.

"그렇던가. 안씨 집안의 자제여! 자네가 만약 큰 부자가 된다면 나는 너의 재무 관리가 되겠네."

33. ≪孔子家語・三恕≫

子路見於孔子. 孔子曰:「智者若何? 仁者若何?」子路對曰:「智者使人知己, 仁者使人愛己.」子曰:「可謂士矣.」子貢出, 子貢入, 問亦如之. 子貢對曰:「智者知人, 仁者愛人.」子曰:「可謂士矣.」子貢出, 顔回入, 問亦如之. 對曰:「智者自知, 仁者自愛.」子曰:「可謂士君子矣.」

자로가 공자를 뵈러왔다. 공자가 물었다. "지혜 있는 자는 어떠하며 어진 자는 어떠하냐?" ……자공이 물러나자 이번에는 안연이 들어왔다. 이번에도 공자는 자로에게 묻던 대로 똑같이 물었다. 안연이 말했다. "지혜 있는 자는 자기를 알고 어진 자는 자기를 사랑합니다." 이 말을 듣고 공자가 말했다. "그렇다면 사군자(士君子)라고 말할 수 있을 것이다."

≪孔子家語・三恕≫의 내용은 ≪荀子・子道≫에도 보인다.

34. ≪孔子家語・顔回≫

魯定公問於顔回曰:「子亦聞東野畢之善御乎?」對曰:「善則善矣, 雖然, 其馬將必佚.」定公色不悅, 謂左右曰:「君子固有誣人也.」顔回退後三日, 牧來訴之曰:「東野畢之馬佚, 兩驂曳兩服入于廐.」公聞之, 越席而起, 促駕召顔回. 回至, 公曰:「前日寡人問吾子以東野畢之御, 而子曰善則善矣, 其馬將佚, 不識吾子奚以知之?」顔回對曰:「以政知之. 昔者帝舜巧於使民, 造父巧於使馬, 舜不窮其民力, 造父不窮其馬力, 是以舜無佚民, 造父無佚馬. 今東野畢之御也, 升馬執轡, 御體正矣, 步驟馳騁, 朝禮畢矣, 歷險致遠, 馬力盡矣, 然而猶乃求馬不已, 臣以此知之.」公曰:「善! 誠若吾子之言也, 吾子之言, 其義大矣, 願少進乎.」顔回曰:「臣聞之, 鳥窮則啄, 獸窮則攫, 人窮則詐, 馬窮則佚, 自古及今, 未有窮其下而能無危者也.」公悅, 遂以告孔子. 孔子對曰:「夫其所以爲顔回者, 此之類也, 豈足多哉.」

노나라 정공이 안회에게 물었다. "그대도 또한 동야필이 말을 잘 몬다는 말을 들었는가?" 안회가 말하였다. "잘 몰기는 하오나 그렇게 몰아서는 말이 내쳐 달아나 버리고 말 것입니다." 정공이 이 말을 듣고 기뻐하지 않는 얼굴로 좌우를 돌아보면서 말하였다.

"군자도 사람을 속이는군!" 안회가 물러간 지 사흘 만에 말 먹이는 자가 정공에게 와서 이렇게 아뢰었다.

"동야필의 말이 과연 내쳐 달아났사온데, 두 필 말이 수레 둘을 끌고 마구간으로 들어갔다

합니다."

정공은 이 말을 듣고 급히 수레를 보내서 안회를 청해 오라고 했다. 안회가 이르자 정공이 물었다.

"저번 내가 그대에게 동야필의 말 모는 것을 물었을 때, 그대는 대답하기를 몰기는 잘 몰지만 그렇게 몰았다가는 말이 내쳐 달아나 버릴 것이라고 대답했는데, 무엇으로 그럴 것을 알았는가?" 이 말에 안회가 대답했다.

"나는 정치에 비유해서 그럴 것을 알았습니다. 옛날 순임금은 백성 부리기를 잘하고 조부는 말 부리기를 잘 했습니다. 순 임금님은 백성을 부리되 그 백성들의 힘을 궁하게 처하지 않았으며, 조부는 말을 부리되 그 말의 힘을 궁하게 하지 않았습니다. 그런 까닭에 순의 백성은 길들지 않은 자가 없었고, 조부의 말도 길들지 않은 말이 없었습니다. 그런데 동야필의 말 모는 법을 보니 말 위에 앉아 고삐를 잡고 재갈을 물리고는 빨리 달리는데도 오히려 채찍질을 해서 더욱 빨리 달리게 하며, 또 험한 곳을 지나고 먼 길을 쉬지 않고 달리게 하니 이렇게 하면 말의 힘이 다할 것은 뻔한 일인데도 여전히 달리게만 하고 있었습니다. 나는 이것을 보고 내쳐 버릴 것을 알았습니다."

정공이 다시 물었다. "참으로 그대의 말과 같도다. 이제 그 이야기를 들어보니 과연 그 뜻이 큽니다. 조금만 더 말씀해 주실 수 없습니까?"

안회가 말하였다. "새는 궁하면 아무 것이나 쪼아먹게 되며, 짐승이 궁하면 사람을 해치게 되며, 사람이 궁하면 거짓말을 하게 되며, 말이 궁하면 내쳐 달아나 버린다 하니 옛날부터 오늘에 이르기까지 그 아랫자리에 처해 있으면서 능히 위태롭지 않은 자가 없다고 합니다."

정공은 이 말을 듣고 기뻐서 공자에게 그대로 고했다. 공자가 말하였다.

"저 안회가 이름이 나게 된 까닭이 대개 이런 종류의 일입니다. 이것만을 가지고 놀랄 것이 무엇이 있습니까?"

≪孔子家語·顔回≫의 내용은 ≪新序·雜事≫·≪荀子·哀公≫과 ≪韓詩外傳≫에도 보인다.

35. ≪孔子家語·顔回≫
叔孫武叔見未仕於顔回, 回曰: 「賓之, 武叔多稱人之過, 而己評論之.」 顔回曰: 「固子之來辱也, 宜有得於回焉, 吾聞知諸孔子曰: 『言人之惡, 非所以美己, 言人之枉, 非所以正己.』故君子攻其惡, 無攻人惡.」

숙손무숙이 안회를 보고 자기는 벼슬을 하지 않기로 작정했다고 하였다. 이에 안회가 이렇게 말했다. "그렇다면 임금에게 손님 대우만 받겠다는 말인가?"

이에 무숙은 그 말을 대답하는데 남의 허물만 가지고 이러니저러니 비평을 하였다. 안회는 다시 이렇게 말했다. "그대가 내게 올 적에 무슨 유익한 말이라도 들으려 왔다면 내 이야기를 해 주리라. 선생님께 들으니 남의 악한 것을 말하는 것도 자기 몸을 아름답게 하는 것이 되지 못하며, 남의 그른 것을 말하는 것도 자기 몸을 바르게 하는 것이 되지 못한다고 하셨다. 그런 까닭에 군자는 자기 몸의 잘못만 다스릴 뿐이요, 남의 잘못은 다스리지 않는 것이다."

36. ≪列子·仲尼≫
陳大夫聘魯, 私見叔孫氏. 叔孫氏曰:"吾國有聖人." 曰:"非孔丘邪?" 曰:"是也.""何以知其聖乎?" 叔孫氏曰:"吾常聞之顔回, 曰:'孔丘能廢心而用形.'"陳大夫曰:"吾國亦有聖人, 子弗知乎?" 曰:"聖人孰謂?" 曰:"老聃之弟子有亢倉子者, 得聃之道, 能以耳視而目聽." 魯侯聞之大惊, 使上卿厚禮而致之. 亢倉子應聘而至. 魯侯卑辭請問之. 亢倉子曰:"傳之者妄. 我能視聽不用耳目, 不能易耳目之用." 魯侯曰:"此增異矣. 其道奈何? 寡人終願聞之." 亢倉子曰:"我體合于心, 心合于氣, 氣合于神, 神合于無. 其有介然之有, 唯然之音, 雖遠在八荒之外, 近在眉睫之內, 來干我者, 我必知之. 乃不知是我七孔四支之所覺, 心腹六臟之知, 其自知而已矣." 魯侯大悅. 他日以告仲尼, 仲尼笑而不答.

진陳나라 대부大夫가 노나라에 방문하였을 때, 개인적으로 숙손씨叔孫氏를 회견하였다. 叔孫氏가 말하였다.

"우리나라에 聖人이 있습니다.""공구孔丘가 아니던가요?""그렇습니다.""어떻게 그가 성인이라고 할 수 있습니까?" 숙손씨가 말하였다.

"저는 자주 안회가 '공구는 능히 자신의 마음을 버리고 몸을 움직인다'고 하는 말을 들었습니다." 진陳 대부大夫가 말하였다.

"우리나라에도 또한 성인이 있습니다. 그대는 모르시죠?""성인이 누구십니까?""노담老聃의 제자 항창자亢倉子입니다. 老聃의 도를 깨달아 귀로 볼 수 있고 눈으로 들을 수 가 있습니다."

노魯나라 제후가 이 말을 듣고 크게 놀라 상경上卿으로 하여금 후한 예를 갖추어 그를 초빙하도록 하였다. 亢倉子는 초빙에 응하여 노나라에 왔다. 魯나라 제후는 겸손하게 예를 갖추어 여쭈어 보았다. 亢倉子가 말하였다.

"전하는 말들이 잘못된 것입니다. 제가 보고 들을 수 있는 것은 귀와 눈으로 할 수 없고, 귀와 눈의 작용을 바꿀 수 없습니다." 魯나라 제후가 물었다.

"그렇다면 참 이상하군요. 당신의 도술은 어떤 것인가요? 과인은 듣고 싶습니다." 亢倉子가 말하였다.

"저의 몸은 마음과 합일이 되고 마음은 氣와 합일이 되고 氣는 神과 합일이 되고 神은 또한 無와 합일이 되어서, 극히 은밀하고 세밀한 것이나 극히 미약한 소리가 멀게는 팔방 황량한 지역이나 가까이는 눈앞에서 나에게 스치는 소리가 있다면 나는 반드시 이를 알아 들을 수 있습니다. 하지만 내 자신은 내 몸 사지칠교가 느끼는 것인지 아니면 마음 육부가 알아서 하는지는 알지 못하겠고, 단지 자연적으로 알 뿐입니다."

魯나라 제후는 크게 기뻐하며, 이 일을 仲尼에게 말을 하자 仲尼는 웃기만 할 뿐 대답하지 않았다.

37. ≪孔子家語·在厄≫
楚昭王聘孔子, 孔子往拜禮焉, 路出于陳蔡. 陳蔡大夫相與謀曰:「孔子聖賢, 其所刺譏皆中諸侯之病, 若用於楚, 則陳蔡危矣.」遂使徒兵距孔子. 孔子不得行, 絕糧七日, 外無所通, 藜羹不充, 從者皆病. 孔子愈慷慨, 講絃歌不衰, 乃召子路而問焉, 曰:「詩云:『匪兕匪虎, 率彼曠野.』

吾道非乎, 奚爲至於此?」子路慍, 作色而對曰:「君子無所困, 意者夫子未仁與, 人之弗吾信也, 意者夫子未智與, 人之弗吾行也. 且由也, 昔者聞諸夫子, 爲善者天報之以福, 爲不善者天報之以禍, 今夫子積德懷義, 行之久矣, 奚居之窮也.」子曰:「由未之識也, 吾語汝, 汝以仁者爲必信也, 則伯夷叔齊, 不餓死首陽, 汝以智者爲必用也, 則王子比干, 不見剖心, 汝以忠者爲必報也, 則關龍逢不見刑, 汝以諫者爲必聽也, 則伍子胥不見殺. 夫遇不遇者, 時也, 賢不肖者, 才也. 君子博學深謀而不遇時者, 眾矣, 何獨丘哉. 且芝蘭生於深林, 不以無人而不芳, 君子修道立德, 不謂窮困而改節. 爲之者人也, 生死者, 命也. 是以晉重耳之有霸心, 生於曹衛, 越王勾踐之有霸心, 生於會稽. 故居下而無憂者, 則思不遠, 處身而常逸者, 則志不廣, 庸知其終始乎?」子路出, 召子貢, 告如子路. 子貢曰:「夫子之道至大, 故天下莫能容夫子, 夫子盍少貶焉?」子曰:「賜, 良農能稼, 不必能穡, 良工能巧, 不能爲順, 君子能修其道, 綱而紀之, 不必其能容. 今不修其道, 而求其容, 賜, 爾志不廣矣, 思不遠矣.」子貢出, 顔回入, 問亦如之. 顔回曰:「夫子之道至大, 天下莫能容, 雖然, 夫子推而行之, 世不我用, 有國者之醜也, 夫子何病焉? 不容, 然後見君子.」孔子欣然歎曰:「有是哉, 顔氏之子, 吾亦使爾多財, 吾爲爾宰.」

초나라 소왕이 공자를 초빙했다. 이에 공자는 소왕을 만나러 초나라에 가기로 했다. 그러나 초나라에 가자면 陳나라와 蔡나라를 지나야만 갈 수 있었다. 진나라 대부와 채나라 대부는 모여 앉아 상의했다. ……이번에는 자공이 물러나고 안회가 들어왔다. 공자는 역시 자로와 자공에게 말한 대로 안회에게 들려주었다. 안회는 그 말을 듣고 말했다. "선생님의 도가 지극히 크기 때문에 천하에서 선생님을 능히 용납할 수가 없습니다. 그러하오나 선생님께서는 이 도를 더욱 미루어 행하실 뿐이십니다. 세상에서 쓰지 못하는 것이야 나라를 가진 자가 고루해서 그런 것이오니, 선생님께서 무슨 병이 될 것이 있습니까? 원래 세상에서 용납하지 못한 뒤에라야 비로소 군자를 보게 되는 것입니다."

공자가 이 말을 듣자 기쁜 빛을 나타내면서 이렇게 탄식하였다.

"참으로 옳은 말이로다. 저 안씨의 아들이여, 나는 또한 생각하기를 네가 만일 재물이 많다면 내가 네 집 가신 노릇을 하려 하겠다."

38. 漢·陸賈 ≪新語·愼微≫

故孔子曰: "道之不行也." 言人不能行之. 故謂顔淵曰: "用之則行, 舍之則藏, 惟我與爾有是夫." 言顔淵道施于世而莫之用. 由人不能懷仁行義, 分別纖微, 忖度天地, 乃苦身勞形, 入深山, 求神仙, 棄二親, 捐骨肉, 絶五穀, 廢詩·書, 背天地之寶, 求不死之道, 非所以通世防非者也.

그래서 공자는 "도를 행할 수가 없다."라 하여, 사람들이 실행할 수 없다는 것을 말하였다. 그러면서 안연에게 말하였다. "사용할 수 있으면 실행하고, 할 수 없으면 감출 수 있는 사람은 나와 너 뿐이구나."라 하여 도를 세상에 펴려 하지만 할 수 없음을 말하였다.

사람이 인을 품고 의를 행할 수 없으면서, 사물을 세세히 분별하고 천지의 법도를 헤아리고자 하는 것은, 자신의 몸이 힘들게 하면서 심산유곡에 들어가 신선을 구하고, 부모를 버리고 골육을 손상시키고 오곡五穀을 없애고 ≪시≫와 ≪서≫를 폐지하고, 천지의 보배를 배반하면서 불사의 도를 구하고자 하는 것이다. 이는 세상의 이 잘못된 도를 방지해야 하는 것이 아니겠는가?

≪顔淵問於孔子≫ 主要參考文獻

馬承源, ≪上海博物館藏戰國楚竹書(八)≫, 上海古籍出版社, 2009.
復旦吉大古文字專業研究生聯合讀書會, 〈≪上博八·顔淵問於孔子≫校讀〉, 復旦大學出土文獻與古文字研究中心, 2011.07.17.[198]
劉波, 〈上博八≪顔淵問於孔子≫劄記二則〉, 復旦大學出土文獻與古文字研究中心, 2012.04.15[199]
陳偉, 〈≪顔淵問於孔子≫內事·內教二章校讀〉, 簡帛, 2011.07.22.
李國勇·常佩雨, 〈上博簡≪顔淵問於孔子≫簡文釋讀與文憲價值新探〉, ≪四川文物≫, 2014年02期.
黃人二·趙思木, 〈讀≪上海博物館藏戰國楚竹書(八)顔淵問於孔子≫書後〉, 復旦大學出土文獻與古文字研究中心, 2011.07.26.
楊華, ≪上博簡≪武王踐阼≫集釋(上)≫, ≪井岡山大學學報≫, 第31卷第1期2010.1.
崔南圭, 〈≪上博楚簡(三)≫〈中弓〉篇 '先有司'구절에 대한 고찰〉, ≪中國人文學會≫, 제 56집, 2014.
黃傑, 〈初讀≪上海博物館藏戰國楚竹書(八)≫筆記〉, ≪簡帛研究≫, 2011.07.19[200]
滕壬生, ≪楚系簡帛文字篇≫, 湖北敎育出版社, 2008.
劉釗, ≪郭店楚簡校釋≫, 福建人民出版社, 2005.
李零, ≪上博楚簡三篇校讀記≫, 北京三聯書局, 1999.
陳偉, ≪楚地出土戰國簡冊十四種≫, 北京經濟科學出版社, 2009.
최남규 역주, ≪郭店楚墓竹簡譯註≫, 학고방, 2016.

---

198) http://www.gwz.fudan.edu.cn/SrcShow.asp?Src_ID=15922011-07-17)
199) http://www.gwz.fudan.edu.cn/SrcShow.asp?Src_ID=1845
200) http://www.bsm.org.cn/show_article.php?id=1512

12

史蒥問於夫子

복모좌濮茅左 정리整理

340 상해박물관장 전국초죽서 공자어록문

【說明】(복모좌濮茅左)

　죽간은 전해지는 과정에서 없어지거나 손상된 부분이 비교적 많아 온전한 간이 없다. 손상된 죽간을 종합하여 분석한 결과, 다음과 같은 내용을 알 수 있다.

　본 편의 완전한 죽간의 본래 길이는 원래 37cm이고, 각 죽간의 너비는 0.6cm이며, 두께는 0.12cm 좌우이다. 위아래 양 끝은 평평하게 다듬어져 있고, 홈(契口(홈))은 죽간 오른쪽에 위치한다. 첫 번째 홈은 상단으로부터 10cm 떨어져 있고, 첫 번째 홈과 두 번째 홈 사이의 간격은 약 17cm이다. 두 번째 홈과 하단 사이의 간격은 약 10cm이다.

　죽서에는 두 개의 편선(편승編繩)이 있다. 죽황면竹黃面(대나무의 안쪽 노란 부분)에 글을 썼고, 죽청면竹青面(대나무의 바깥쪽 청색 부분)은 그대로 남겨두었다. 죽간 전체에 글을 썼고, 위아래의 천두天頭(죽간 상단부터 첫 번째 편선까지의 공간)와 지각地脚(세 번째 편선에서 죽간 하단까지의 공간)부분도 비워두지 않았다. 추측해 보건대, 완전한 죽간에 쓴 글자는 대략 31개 좌우일 것이며, 글자 간의 간격은 비슷하고, 전체의 문장은 총 236자이고, 합문合文은 1자, 중문重文은 3자, 잔문殘文(파손되어 온전하지 못한 글자)은 6자이다. 이밖에 4개의 구두 부호가 있는데, 제6간, 제8간, 제11간, 제12간에 보인다.

　본 편은 제목(편제篇題)이 따로 없었다. 전 문장이 사유史䜴와 공자孔子의 문답을 기재하고 있기 때문에 ≪史䜴問於夫子≫를 제목으로 하였다.

　이 죽간은 제齊나라 관리의 아들 사유史䜴가 국치國治(나라를 다스리는 방법)와 관련된 「세습世襲」,「팔八」,「경敬」 등에 관하여 공자에게 가르침을 구하는 내용을 기록하였다.

　孔子는 「曰(以)亓(其)子＝(子, 子)亓(其)身之, 或(惑)也. 舍(今)吏(使)子帀(師)之, 君之, 睪(擇)之 頖(愼)矣.」(제2간)라 하여, 아들이 아버지를 잇는 세습을 원칙으로 하면 미혹되게 할 수 있으니, 신중하게 택해야 한다고 여겼다. 그렇게 되면, 「比(必)岦(危)亓(其)邦豪(家), 則能貴(潰)於壴＝湅＝(禹湯, 禹湯)則學(舉)自□」(제3간)라 하여, 반드시 국가를 위태롭게 하고 우왕禹王과 탕왕湯王의 성세가 붕괴되고 현자 등용의 좋은 풍조가 무너지게 될 것이라 하였다. 禹王과 湯王은 현명한 사람을 선발하고, 민심을 흥하게 하였고, 대도를 제창하여 천하를 공평하게 하였다.

　공자는 가르침(敎)과 다스림(治)에 대하여 논리적 설명을 하였다. 「䜴(敎)於(與)詞(治)虐(乎)才(在)詞(治)」(제4간)라 하여, 가르침과 다스림 중에서 다스림에 더욱 중점을 두었다. 이는 ≪禮記·大學≫에서 언급된 「옛날에 자신의 밝은 덕을 천하에 밝히고자 하는 자는 먼저 그 나라를 다스렸다.」[1]라는 개념과 일치한다.

사류史䜌는「무엇을 일컬어 '八'이라고 합니까.」2)라 하여 '八'에 대하여 물었다.「八」에 대하여, ≪周禮·天官冢宰≫에서는「나라를 다스리는 8가지 법」3)이 보인다.「8가지 법으로 관부를 다스린다. 첫 번째는 관속官屬이다. 관속官屬을 사용하여 나라의 정사를 추진한다. 두 번째는 관직이다. 관직을 이용하여 나라 정사의 직무를 변별한다. 세 번째는 관리들의 연합이다. 이를 이용하여 나라의 중대한 정사를 회동하고 처리한다. 네 번째는 관의 고유한 직무이다. 이를 사용함으로써 그 관직 내의 나라 정사를 자세히 듣고 판단한다. 다섯 번째는 관부의 규칙이다. 이로써 나라 정사를 처리한다. 여섯 번째는 관법이다. 이로써 나라의 정사를 정돈한다. 일곱 번째는 관형이다. 이로써 나라 정사를 감찰한다. 여덟 번째는 관리에 대한 심사이다. 이로써 나라 정사의 득실을 심사한다.」4)라 하였다.

공자는 나라를 다스릴 때 필요한「팔금八禁(8가지 금기)」사항에 대하여 설명하였다.「內(納)与(與)賟, 幽色与(與)酉(酒), 大鐘貞(鼎)……美宝室, 區(驅)軒(軹)攺(柱)𠭥(乘)与(與), 獄訟(訟)易.」(제6, 7간)이라 하여, 징세(徵稅)와 도박(賭), 색(色)과 술(酒), 큰 종鍾과 정鼎과 진기하고 큰 제기들, 신주를 모시는 호화로운 종묘, 가마를 끄는 호화로운 마차, 옳음과 그름이 없는 것 송사訟事 등 8가지 큰 부패현상은 백성을 잃고 도를 잃고 기강을 잃고 천하를 잃는 원인이라 하였다.

사류史䜌가「경敬」에 대해 묻자, 공자는 명확하게 직접적으로 대답하였다.「敬也者, 䜌(信)」(제8간)라 하여, '敬'은 '믿음'으로 국태민안國泰民安의 중요한 수단 중에 하나라고 하였다. ≪論語·衛靈公篇≫에서는「말을 충심으로 신의 있게 하고, 행동을 독실하고 공손하게 한다면, 비록 오랑캐 나라에 간다 할지라도 행해질 수 있다.」5)라 하였다.

사유史䜌가「강強」에 대해서 묻자, 공자는「子之吏(事)行, 百生(姓)旻(得)亓(其)利, 邦家㠯(以)㵃(遲)」(제11간)6)라 하였다. 공자는 사유史䜌에게 백성으로 하여금 농사짓는 것을 알게 하고, 치수 공사를 하도록 하였다. 이는 모든 국가와 백성들이 원하는 바이다.

죽간 마지막 부분에는 공자가 史䜌에게「臨事而䎽(慢)」7)(제12간)해야한다고 강조하였다.「임

---

1) ≪禮記·大學≫: "古之欲明明德於天下者, 先治其國."
2) "何謂八."(무엇을 일컬어 八이라고 합니까.)
3) "治邦八法"
4) ≪周禮·天官冢宰≫: "以八法, 治官府. 一曰官屬, 以舉邦治. 二曰官職, 以辨邦治. 三曰官聯, 以會官治. 四曰官常, 以聽官治. 五曰官成, 以經邦治. 六曰官法, 以正邦治. 七曰官刑, 以糾邦治. 八曰官計, 以弊邦治."
5) ≪論語·衛靈公篇≫: "言忠信, 行篤敬, 雖蠻貊之邦, 行矣."
6) 그대가 나라의 각종 일을 행할 때 백성들에게 利得을 얻도록 하고 나라의 백성들에게 항상 기대를 갖도록 해야 한다.
7) "일에 임할 때, 두려움을 갖는 듯 한다."

사이구臨事而懼」은 지각적 행동임과 동시에, 두려움을 알면 일을 행하기 전에 경계하고 신중하게 대할 수 있다.

본 편의 발견은 그동안 일실되었던 고대의 유가 경전 사상을 보충할 수 있다.

본 편은 처음으로 공자의「경敬」과「강强」에 대한 사상을 확인할 수 있음과 동시에 공자 사상 중 가르침(敎)과 다스림(治)에 대한 변증관계를 이해할 수 있다.

第1簡

丌　之史罝曰䓣也古齊邦帝史之子也亡女耂也

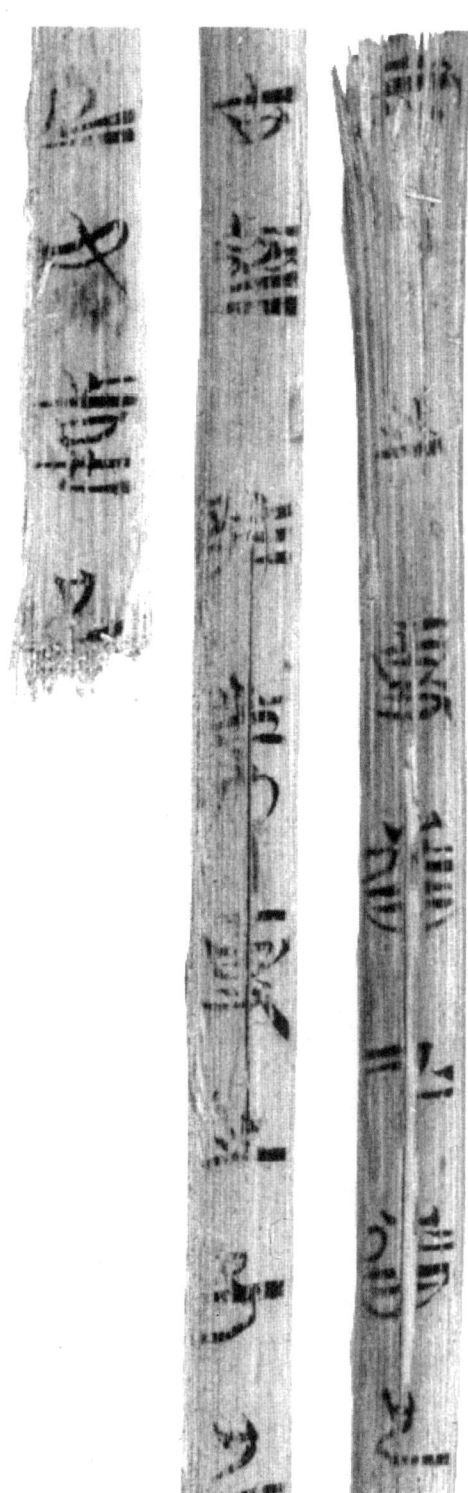

第 1 簡

丌(其)□之.」吏(史)䛒曰:「䛒也, 古(故)齊邦希(敝)吏之子也. 亡(無)女(如)悥(者)也.」………

【해석】

그 ……하였다. 사유가 말하였다. 「유䛒 저는요, 제나라의 저희 사관의 아들입니다. 그와 같은 것이 없습니다.」

【上博楚簡原註】

본 간의 길이는 9.6cm이고, 상단은 평평하며, 하단은 파손되었다. 첫 번째 홈은 상단과 10.1cm 간격이 있다. 문자는 모두 20자이며, 그 중 1자는 식별할 수 없다.

① '丌□之'

「丌□之」 구절은 「其□之」로 읽는다. 중간의 한 글자는 묵적墨跡이 대부분 떨어져 나가, 문자를 식별할 수 없다. 교질膠質이 과한 묵적墨跡은 묘 안에서 압력을 받거나 혹은 실험실에서 세척되는 도중에 쉽게 떨어져 나간다.

② '史䛒曰: 䛒也, 古齊邦希吏之子也'

「史䛒曰: 䛒也, 古齊邦希吏之子也」 구절은 「史䛒曰: 䛒也, 故齊邦敝吏之子也」로 읽는다.

「吏(벼슬아치 리, lì)」자는 「史(역사 사, shǐ)」와 통한다. ≪禮記·王制≫의 「옥사(형사 사건의 기록)가 이루어지면 문서를 맡은 관리가 옥정獄正에 보고한다.」[8]라 하였고, ≪孔子家語·刑政≫에서는 「史」를 「吏」자로 쓴다. ≪呂氏春秋·去宥≫의 「관리가 그를 붙잡아 속박하였다.」[9]라 하였고, ≪列子·說符≫에서는 「史」자를 「吏」자로 쓴다.

「䛒(향풀 류, liú)」는 사관史官의 인명이다.

「古」는 「故(옛 고, gù)」와 통한다.

「希」의 자형은 ≪상박초간(一)·성정론性情論≫의 「希(幣)帛, 所以爲信與登(徵)也」(제13간)[10],

---

[8] ≪禮記·王制≫: "史以獄成告於正.".
[9] ≪呂氏春秋·去宥≫: "史搏而束縛之.".

≪上海博物館藏戰國楚竹書(二)·魯邦大旱≫의「女(如)母愛珪璧希(幣)帛於山川」(제2간)11)과「希(幣)帛於山川, 母乃不可」(제4간)12) 등에서도 보인다. 본 죽간에서「希」자는「敝(해질 폐, bì,bié)」로 읽으며, 자신을 낮추어 말하는 겸어사謙語辭로 쓰인다. ≪史記·吳王濞傳≫에서「저희 나라는 비록 좁지만, 땅이 사방 3천리입니다.」13)라 하였다.

【譯註】

≪上博楚簡≫은 '㡀(해어진 옷 폐)'자를 ''·'' 등으로 쓴다.14)

≪民之父母≫의 제10간에도 ''자가 보인다. 황석전黃錫全은 이 자에 대하여 ≪상박관장전국초죽서연구속편≫에서 "이 자는 '于'자다. 제11간의 "于"자와 대조해 보면 바로 알 수 있다. 차이점이 아래로 그은 'ㅣ'이 없을 뿐이다. '曰'자는 음성이 '하모월부匣母月部'이고, '于'는 '갑모어부匣母魚部'이다. 그러나 '于'자를 '曰'자로 쓴 경우를 전적典籍에서 찾아 볼 수가 없다. 이 자를 일반적인 전적은 '曰'자나 혹은 '粤(말 내킬 월, yuè)'자로 쓴다."라 하였다.15)

≪民之父母≫의 제11간은 '于'자를 ''로 쓴다. 황석전黃錫全이 말한 대로 ''와 매우 유사하다. 그러나 ≪(四)相邦之道≫제4간에 ''과 ''자가 있고, ≪(五)弟子問≫ 제8간에 ''가 있는데, 모두 '子貢'과 '孔子' 다음에 '曰'자로 쓰이고, 모두 '孔子'나 '子貢' 다음 '曰'자로 쓰인다. ≪(四)相邦之道≫ 제2간은 ''로 쓴다. ≪上博楚簡≫에서 '曰'자는 세 가지 형태로 쓴다. 가장 일반적인 형태는 ''이나 ''이고, 두 번째는 ''이고, 세 번째는 ''이다.

③ '亡女者也'

「亡女者也」구절은「無如者也」로 읽는다.

「亡」자는 고문에서「無(없을 무, wú,mó)」자와 통한다. 갑골문「亡戈」16) 중의「亡」자는 모두

---

10) "폐백은 이른바 예의의 신물信物이며 징표徵表이다."
11) "그대는 규벽圭璧과 폐백幣帛을 땅에 묻는 제사를 아까워하지 말아야 한다."
12) "폐백을 산천에 제사 드리면 안 된다. 불가하다."
13) ≪史記·吳王濞傳≫: "敝國雖狹, 地方三千里."
14) ≪楚系簡帛文字編≫, 727 쪽.
15) 「此字是"於"字, 對照後面的第十一"於"就淸楚了, 只是下部豎丨墨跡脫落. 曰, 匣母月部, 於, 匣母魚部. 以"於"爲"曰", 典籍似未見. 此當類似於典籍"曰"或作"粤".」≪上博館藏戰國楚竹書硏究續編≫, 〈讀上博楚簡(二)劄記八則〉, 457 쪽.
16) "재앙이 없다."

「無」로 읽는다.

안사고顏師古는 ≪漢書≫의 ≪익봉전翼奉傳≫·≪정종전鄭宗傳≫·≪두흠전杜欽傳≫·≪곡병전谷永傳≫등에서 ≪尚書≫의 ≪무일無逸≫편을 인용하면서 「≪亡逸≫」로 쓴다.

「女」자는 죽간에서 「如(같을 여, rú)」자로 자주 쓰인다. 예를 들어 ≪곽점초간·노목공문자사魯穆公問子思≫에서 「可(何)女(如)而可胃(謂)忠臣？」17)(제1간)으로, ≪상박초간(一)·孔子詩論≫에서는 「亓(其)甬(用)心也, 牆(將)可(何)女(如)？」(제4간)18)와 「又城(成)工(功)者可(何)女？」(제5간)19)로 쓴다.

「惰」자는 ≪상박초간(一)·紂衣≫(제12간)에서 「󰎿」자로 쓴다. ≪字彙補≫에서는 「'惰(게으를 타)'자는 음이 '垛(쌓을 타, duǒ,duò)'이고, '게으르다'의 뜻이다.」20)라 했다. 본 구절에서는 「者」로 읽는다.

「無如者」는 혹은 「亡如者」이나 「無如諸」로 읽는다.

본 죽간의 아랫부분은 잔실되었다.

【譯註】

본 ≪史䍙問於夫子≫의 글씨체는 ≪孔子見季桓子≫와 같다. 비록 한 사람이 쓴 것이지만, 두 편의 죽간의 길이가 다르다.21)

'󰎿'자를 정리본은 '惰'자로 예정하고 '者'로 읽고 있으나, 전후 문맥을 고려하여 '圖(그림 도, tú)'로 읽는 것이 아닌가 한다.22) ≪상박초간(五)·포속아여습붕지간鮑叔牙與隰朋之諫≫ 제 6간은 '惰'자를 '󰎿'로 쓴다.

---

17) "어찌 하여야 충신이라 합니까?"
18) "일반 백성들과 함께 즐거움을 꾀하고자 한다면 어떤 시를 고려해야 하는가?"
19) "성공에 관한 것이 있는가?"
20) ≪字彙補≫: "惰, 音垛, 嬾惰也."
21) "此篇殘斷較嚴重, 字體明顯與≪孔子見季桓子≫相同, 當爲一人所抄, 但根據整理者, 二篇簡長短不同." 張峰, 〈≪上博九·史䍙問於夫子≫初讀〉, 簡帛研究사이트, 2013-01-06.
22) "'惰'字楚簡多讀爲'圖', 如'而食人, 其爲不仁厚矣. 公弗圖, 必害公身'(上五·鮑6)" 張峰, 〈≪上博九·史䍙問於夫子≫初讀〉, 簡帛研究사이트, 2013-01-06. "此字原从心·从者, 讀爲'圖'."(林志鵬, 〈楚竹書≪鮑叔牙與隰朋之諫≫補釋〉, 簡帛研究사이트, 2007-07-13.

第2簡

既之呂丌子三丌身之或也舍史子市之君之罪之新矣

第 2 簡

旣之, 呂(以)示(其)子=(子, 子)示(其)身之, 或(惑)也. 含(今)吏(使)子帀(師)之, 君之, 睪(擇)之斲(愼)矣. □……

【해석】

이미 그랬듯이 그 아들이 세습하고, 그 자신으로써 왕위를 계승하면 미혹이 생기게 된다. 지금 아들 세습을 법도로 삼고 세자가 되게 하는데, 군주를 선택을 할 때 신중해야 한다.

【上博楚簡原註】

본 죽간의 길이는 20cm이며, 상단은 평평하고, 하단은 파손되었다. 첫 번째 홈에서 상단까지의 간격은 10.1cm이다. 모두 23자이며 그중 중문重文 1자, 잔자殘字 1자가 있다.

① '呂示子=其身之'

「呂示子=其身之」 구절은 「以其子, 子其身之」로 읽는다.

「子」자는 중문重文으로, 나누어 읽는다. 앞의 「子」는 원래의 뜻이고, 뒤의 「子」는 「嗣(이을 사, si)」로 읽는다. '계속하다', '계승하다'의 의미이다. ≪詩經·大雅·思齊≫에서 이르기를 「태사가 그 아름다운 명성 이으시어.」23)라 하였다.

【譯註】

'▨'자를 정리본은 '旣'자로 예정하고 있으나, 이 자는 '死'자와 관련이 있는 자이지 '旣'자가 아니라고 주장하기도 한다.24) 그러나 초간의 일반적인 '死'자의 형태는 보이지 않는다.25)

"子示(其)身之" 구절은 혹은 "子其信之"로 읽기도 한다.26) 그렇지 않으면 문맥이 잘 통하지 않는다. 본 구절은 '아들이 세습하는 것은 아버지의 분신이기 때문이다'라는 뜻이기 때문에 정리본에 따라 '身'으로 읽기로 한다.

---

23) ≪詩·大雅·思齊≫: "太姒嗣徽音."
24) 高佑仁, 〈≪上博九≫初讀〉, 簡帛硏究, 2013-01-08
25) ≪楚系簡帛文字編≫, 404 쪽.
26) 蘇建洲, 〈初讀≪上博九≫劄記(一)〉, 簡帛硏究, 2013-01-06

② '或也'

「或也」는 「惑也」로 읽는다.

「或」자는 고문에서 「惑(미혹할 혹, huò)」자와 통한다. ≪상박초간(一)·紂衣≫에서 「臣不或於君」27)라 하였고, 현행본 ≪예기禮記·치의緇衣≫에서는 「或」자를 「惑」자로 쓴다. ≪戰國策·魏策三≫에서는 「臣甚或之」28)라 하였고, 한漢 백서본帛書本에서는 「或」자를 「惑」자로 쓴다. ≪老子≫ 제 22장은 「多則惑」29)으로 쓰는데, ≪경룡비景龍碑≫本에서는 「惑」자를 「或」으로 쓴다. ≪史記·屈原賈生列傳≫에서는 「衆人或或兮」30)이라 하였는데, ≪漢書·賈誼傳≫과 ≪문선文選≫의 가의賈誼≪붕조부鵬鳥賦≫에서는 「或」자를 「惑」으로 쓴다.

≪集韻≫에서 「'惑'자는 혹은 '或'자로 쓴다.」31)라고 하였고, ≪설문해자≫에서는 「惑(미혹할 혹, huò)」자에 대하여 「'어지럽다(亂)'이다. 의미부 '心'과 소리부 '或'으로 이루어진 자이다.」32)라 하였다. 단옥재段玉裁의 ≪설문해자주≫에서는 「'惑'자를 '亂(어지러울 란, luàn)'이라 하였는데, '亂'은 '다스리다(治)'의 뜻이다. 응당히 '治'자로 써야 하는 것이 아닌가 한다. 고문에서 '或'자는 일반적으로 '惑'자의 가차자로 쓰인다.」33)라고 하였고, ≪광운廣韻≫에서는 「'惑'자는 '迷惑되다'의 뜻이다.」34)라 하였다.

【譯註】

"呂亓子=亓身之, 或也" 구절을 정리본은 "以其子, 子其身之, 惑也"로 읽고 두 번째 '子'자를 '嗣'로 읽었다. 이중 정리본이 '或'자로 隸定한 자는 '𢡆'으로 쓴다. 문자의 형태로 보아 '弎'자로 예정隸定해야 옳다. ≪곽점초간·어총3語叢三≫ 제 67간은 '弎'자를 '𢦐'로 쓴다. 본 구절은 ≪左傳·文公16年≫ "子, 身之貳也. 姑紓死焉."35) 구절과 유사한 내용이다. '아들이 세습하는 것은 아버지의 분신이기 때문이다'라는 뜻이다.36)

---

27) "신하는 군주를 미혹하지 않는다."
28) "저는 심히 그것을 의심합니다."
29) "많은 것은 미혹되다."
30) "대중을 미혹시키네."
31) ≪集韻≫: "惑, 通作或."
32) ≪說文解字≫: "惑, 亂也. 从心, 或聲."
33) ≪說文解字注≫: "亂者, 治也. 疑則當治之. 古多叚或爲惑."
34) ≪廣韻≫: "惑, 迷惑."
35) "자식은 분신이니 그를 관직으로 내보내 잠시 내 죽음을 늦추게 한 것이다."
36) 혹은 "子其信之"로 읽기도 하지만, 문장의 내용으로 보아 취하지 않기로 한다. 蘇建洲, 「初讀『上博九』劄記(一)」, 簡帛研究, 2013-01-06

③ '含吏子帀之, 君之, 睪之訢矣'

「含吏子帀之, 君之, 睪之訢矣」 구절은 「今使子師之, 君之, 擇之愼矣」로 읽는다.

「含」자는 죽간에서 「今(이제 금, jīn)」으로 많이 쓰인다. 예를 들어 ≪상박초간(五)·季庚子問於孔子≫에서 「含(今)語肥也」37)(제8간), 「含(今)之失人(先人)」38)(제14간)이라 하였다. ≪곽점초묘·어총1語叢一≫에서는 「≪春秋≫所以會古含(今)之事也」39)(제41간)라 하였고, ≪중산왕석정中山王響鼎≫에서 「含(今)余方壯, 智天若否.」40)라 하였다.

「吏」는 「使(하여금 사, shǐ,shì)」로 쓴다. 예를 들어 ≪左傳·襄公三十年≫ 「吏走問諸朝」41) 구절 중 「吏」자를 ≪釋文≫은 「使」자로 쓰고, 왕숙본王肅本은 「吏」자로 쓴다. ≪正義≫에서는 「일반적으로 '吏'를 使로 썼다.」42)라 했다. ≪國語·周語中≫에서 「至於王吏則皆官正莅事」43)라 하였는데, ≪補音≫에서는 '吏'자를 '使'자로 쓴다.

「帀」자는 簡文에서 「師(스승 사, shī)」의 의미로 쓰였다. 예를 들어, ≪상박초간(三)·周易≫에서는 「帀(師), 貞, 丈人吉, 亡(無)咎. 初六: 帀(師)出以聿(律). ……九二: 才(在)帀(師)中吉, 亡(無)咎.」44)(제7간)라 하고, 「可用帀行帀(師), 征邦.」45)(제13간)라 하였다.

「睪」는 「擇(가릴 택, zé,zhái)」으로 읽는다. 金文에는 「睪(擇)其吉金」46)이라는 구절이 자주 보인다. 또한 ≪곽점초간·어총1語叢一≫에서는 「君臣·朋友·其睪(擇)者也.」47)(제87간)라 하였다.

「訢」자는 簡文에서 「愼(삼갈 신, shèn)」으로 많이 쓰인다. 예를 들어, ≪상박초간(五)·弟子問≫·≪상박초간(六)·愼子曰恭儉≫ 및 ≪用曰≫편에서 「訢」자는 모두 「愼」으로 쓰였다.

이 구절에서는 이 일을 반드시 신중하게 선택해야 한다는 것을 경고하고 있다.

본 죽간의 이하 부분은 파손되었다.

---

37) "營剛今이 肥에게 말했다."
38) "예금剛今의 선인."
39) "≪춘추≫는 이른바 옛날과 지금의 일들을 모은 것이다."
40) "작금 이제 나는 장성하여 하늘이 싫어하는 것이 무엇인가를 알았다."
41) "관원이 조정으로 나아가 물었다." 정리본은 '間'자를 '閒'자로 썼다.
42) ≪正義≫: "俗本吏作使."
43) "천자가 사신을 보낸다면 각 부서의 장관들이 접대하게 된다."
44) "사괘師卦. 명분이 바르면 올바르게 해야 한다. 덕이 있는 노인이어야 길하고 허물이 없다. 첫 번째 음효, 군사가 규율에 따라 출전을 해야 한다. ……둘째 양효: 군사가 중도를 지키면 길하고 허물이 없다."
45) "군자를 일으켜 읍국邑國을 정벌하는 것이 이롭다."
46) "질 좋은 금속을 택하여 만들다."
47) "군신과 친구는 모두 선택할 수 있는 것이다."

第3簡

扗㠯邦豪則能貴於蚕=涑=則睪自

第 3 簡

毕(必)症(危)亓(其)邦豪(家), 則能貴(潰)於雪=溧=(禹湯, 禹湯)則舉(舉)自□……

【해석】

반드시 방가邦家를 위협할 것이다. 우禹임금이나 탕湯임금의 좋은 전통이 궤멸될 수 있는데, 우禹임금과 탕湯임금은 우수한 인재를 ……부터

【上博楚簡原註】

본 간의 길이는 19.5cm이고, 상단은 평평하며, 하단은 파손되었다. 첫 번째 홈은 상단과 9.8cm의 간격이 있다. 문자는 모두 17자이고, 중문重文 2자와 잔자殘字 1자가 있다.

① '毕症亓邦豪'

「毕症亓邦豪」의 구절은 「必危其邦家」로 읽는다.

「毕」는 「必(반드시 필, bì)」로 쓰인다. 이 자형은 ≪상박초간(一)·紂衣≫(제20, 22간)에서도 보이는데, ≪곽점초간≫과 ≪禮記≫의 ≪치의緇衣≫는 「必」로 쓴다.

「症」는 「跪(꿇어앉을 궤, guì)」자와 같고 「危(위태할 위, wēi)」로 읽는다. ≪釋名≫에서는 「'跪'자는 '위급하다'의 뜻이다.」⁴⁸⁾라 하였다. 의미부 '疒'(혹은 危의 생략형)'와 의미부 '止'로 이루어진 자이다. 혹은 「危」자가 아닌가 한다. ≪설문해자≫에서는 '危'자에 대하여 「'높은 곳에 있어 두려워하다'는 뜻이다. 의미부 '疒'는 사람이 절벽 위에 있는 모습이다. 무릎을 꿇어 위험을 벗어나려는 뜻이다.」⁴⁹⁾라 하였다. 이러한 설명은 簡文의 뜻과 비슷하다.

양수달楊樹達은 ≪적미거소학술림積微居小學述林·위궤危跪≫에서 「≪설문해자≫에서는 ≪九篇下·危部)에서 『危, 在高而懼也. 从厃, 自卪止之.』라 하였다. 내가 생각하기에, 허신許愼은 '卪'자를 알지 못해서 '卪止(무릎을 꿇어 멈춘다)'고 하였다. 매우 견강부회한 것이다. 나는 '危'자는 '跪'의 초기문자(初字)라고 생각한다. ≪二篇下·足部≫에서『'跪'는 '절하다'의 뜻이다. 의미부 '足'과 소리부 '危'로 이루어진 자이다.」라고 하였다. 무릎을 꿇기 위해서는 반드시 무릎을 써야

---

48) ≪釋名≫: "跪, 危也."
49) ≪說文解字≫: "危, 在高而懼也. 从厃, 人在厓上, 自卪止之."

하므로 이 문자는 의미부 '卩'을 쓴 것이다. '跪'자는 후에 의미부 '足'을 추가하여 생긴 글자이다. 의미부 '卩'에다 의미부 '足'을 다시 반복하여 추가한 것이다. 지금 무릎 꿇고 엎드려 절하다의 뜻의 '跪拜'가 이 글자의 근거가 된다.」50)라 하였다.

「邦豪」은 국가國家를 말한다. 이 단어는 ≪상박초간(二)·從政(乙篇)≫의 「興邦豪(家), 綢(治)正叄(教).」51)(제1간)에서도 보인다. ≪尙書·湯誥≫에서는 「하늘께서 나로 하여금 너의 국가를 화목하고 안정되게 하도록 하였다.」52)라 하였다.

【譯註】

'扗'자를 ≪上博楚簡·紂衣≫는 ''로 쓴다.
≪包山楚簡≫은 '症'자를 ''로 쓴다.53)

② '則能貴於坙=溧=則學自□'
「則能貴於坙=溧=則學自□」 구절은 「則能潰於禹湯, 禹湯則擧自□」로 읽는다.
「貴」자의 음은 「潰(무너질 궤, kuì,huì)」와 통한다.
「坙」자에 대하여 ≪고음병자속편古音骿字續篇≫에서는 ≪路史≫의 「夏坙」는 「하우夏禹」라 하였다. 「坙」자는 간문簡文에서 자주 보인다. 예를 들어, ≪상박초간(一)·紂衣≫에서는 「(坙)」(제7간)로 쓰고, ≪상박초간(二)·子羔≫에서는 「(坙)」(제10간)로 쓴다.

우禹와 관련된 내용은 간문簡文에서 많이 보인다.

「畫(劃)於伓(背)而生, 生而能言.」(≪상박초간(二)·子羔≫제10간)
등을 갈라 때어났고, 태어나자 바로 말을 할 줄 알았다.
「子贛(貢)曰: 『坙(禹)治天下之川.』」(≪상박초간(五)·君子爲禮≫제15간)
자공子贛이 말하였다. 우 임금은 천하의 하천을 치수하였다.
「舜又(有)子七人, 不以亓(其)子爲逡(後), 見坙(禹)之賢也, 而欲以爲逡(後). 坙(禹)乃五壞(讓)以天下之賢者, 不得巳, 肰(然)句(後)敢受之. 坙(禹)聖(聽)正(政)三年, 不折(製)革, 不釖(刃)金,

---

50) "危, 在高而懼也. 从厃, 自卩止之." 樹達按: 許君因不識卩字, 故以卩止爲說, 殊覺牽强. 余謂危乃跪之初字也. 二篇下足部云: 『跪, 拜也. 从足, 危聲.』跪必用卻, 故字从卩, 跪乃後起之加形旁字, 从卩復从足, 於義爲複贅矣. 今跪拜義爲跪字所據."
51) "집정자가 나라를 흥성시키고, 잘 다스리고 교화하고자 한다."
52) ≪尙書·湯誥≫: "俾予一人輯寧爾邦家."
53) ≪楚系簡帛文字編≫, 195 쪽.

不銘矢, 田無蔡, 厇(宅)不工(空), 闠(關)市無賦. 峜(禹)乃因山陵坪(平)隰之可埅(封)邑者而緐(繁)實之, 乃因邇(?)以智(知)遠, 法(去)蠚(苛)而行柬(簡). 因民之欲, 會天地之利夫, 是以逮(近)者敓(悅)絧(治), 而遠者自至, 四海之內及(及)四海之外皆青(請)虹(貢). 峜(禹)胅(然)句(後)旨(始)爲之唐(號)羿(旗)以支(辨)亓左右, 思民毋惑(惑). 東方之羿(旗)以日, 西方之羿(旗)以月, 南方之羿(旗)以它(蛇), ……」(≪상박초간(二)·容成氏≫제17-20간))

(순 임금님은 일곱 명의 아들 중에서 후계자를 찾지 않고 우禹가 현인임을 알고 禹를 후계자로 삼고자 하였다. 현인에게 천하를 천거하는 다섯 차례 사양하는 예식을 거쳐 禹는 부득이 왕위를 계승하였다. 禹가 나라를 다스리는 삼년 동안 무기를 만들지 않고, 칼날과 화살을 갈지 않았다. 또한 경작지는 황폐한 땅이 없었고, 버리고 달아난 집안이 없었고, 시장은 세금을 걷지 않았다. 禹는 산이 평평하고 습기가 있는 사람이 살기 좋은 곳을 선택하여 백성들을 거주하도록 하여 인구가 많게 되었고, 생활이 풍요롭게 되었다. 가까운 곳에서 멀리까지 은덕이 두루 미쳐 가렴苛斂을 없애고 政令은 간단명료하며, 백성의 수요에 따라 정령을 베풀고, 제때에 맞추어 집회를 열도록 하니 가까운 지역에 있는 백성은 정치에 매우 만족하였고, 멀리 있는 백성들도 이러한 소문을 듣고 모여 들었다. 또한 전국의 모든 나라들과 나라에 있는 모든 外族들이 禹王에게 조공을 바칠 것을 自請하였다. 禹 임금은 그래서 신호를 알리는 깃발을 만들어 좌측과 우측의 방향을 구별케 함으로써 백성들이 미혹되지 않게 하였다. 동쪽을 가리키는 깃발은 태양으로, 서쪽은 달로, 남쪽은 뱀으로 표시하였다.……)

禹治水, 益治火, 后禝治土, 足民養.」(≪곽점초간·唐虞之道≫제10간)

(우는 물을 다스렸고 익은 불을 다스렸고 후직은 땅을 일구어 백성은 생활이 풍성해졌다.)

이외에도 또한 본 第 9卷 ≪舉治王天下≫에도 보인다.

「溏」자의 음은 「湯(넘어질 탕, tāng, shāng)」과 통한다. 「溏」의 上古音은 '계모양부溪母陽部'에 속하며, 「湯」의 上古音은 '투모양부透母陽部'에 속하여 통할 수 있다. ≪상박초간(五)·鬼神之明≫「昔者堯舜峜(禹)湯, 仁義聖智, 天下灋之」54)(제1간) 구절에서 「湯」자로 쓴다. 「湯」은 「무탕武湯」·「천을天乙」·「성탕成湯」·「성당成唐」으로 칭하기도 하며, 호는 「무왕武王」이다. 복사卜辭에서는 「당唐」·「태을大乙」·「성成」·「고조을高祖乙」로 칭해진다. 상대商代의 창립자이며 박亳(오늘날 산동山東 조현경남曹縣京南)에 도읍을 세웠다.

≪史記·殷本記≫에서는 「주계主癸 임금이 죽자 아들 천을天乙이 즉위하였다. 이 임금이 곧 성탕成湯이다. 成湯 시대에는 설契에서 성탕成湯까지 모두 여덟 번 천도하였다. 탕은 처음에 毫을 도읍지로 정했는데, 이는 선왕先王을 따라서 그의 옛 땅에 도읍을 정한 것이다. 그는 ≪帝誥≫를 지었다. 成湯은 제후를 정벌하였는데, 갈葛의 수령이 제사를 모시지 않자 이를 성탕이 가장

---

54) "옛날에 요·순·우·탕은 인·의·성·지의 덕망으로 천하를 다스렸다."

먼저 토벌하였다. ……호는 武王이다. 걸왕이 유융의 허에서 패하여 명조鳴條로 달아나자 하夏나라 군대는 지리멸렬해졌다. 탕이 삼종三鬷을 정벌하여 많은 보물들을 획득하자 탕의 신하인 의백義伯과 중백仲伯이 ≪典寶≫를 지었다. 탕이 하를 정벌한 다음 하의 신사神社를 옮기려고 하였으나 여의치 않게 되자 ≪夏社≫를 지었다. 이윤伊尹이 바른 정치를 공포하자 제후들이 모두 복종하였고, 탕湯이 드디어 천자의 지위에 올라 전국을 평정하였다.」55)라 하였다.

「曌濼」두 자는 모두 중重文으로 「禹湯, 禹湯」으로 나누어 읽어야 한다.

「𦥑」자는 「擧(들 거, jǔ)」의 이체자異體字로 회의자會意字가 아닌가 한다. 이 자는 의미부 '臼'·'人'·'子'로 이루어진 자이다. ≪설문해자≫에서는 '臼(절구 구, jiù)'자에 대하여, 「'손을 교차하다'의 뜻이다. 의미부 'E'와 'ㅋ'로 이루어진 자이다.」56)라 하였다.

이 중 의미부 「人」은 사람의 두 다리를 상형한 것이고, 「子」는 그 사이에서 분만해서 나온다는 뜻이다. 「子」자는 후에 「字」로 쓰고, 회의자會意字이다. 아기가 태어나면 반드시 들어 올려(擧), 울도록 하여 숨이 막히지 않도록 하여야 한다는 뜻이다.

본 죽간의 이하 부분은 파손되었다.

【譯註】

제 3간은 우禹와 탕湯 임금에 관한 내용이다. 제 10간의 첫 번째 자는 파손되어 분명하지 않다. 하지만 이 구절은 "후직后稷이 우리 백성에게 來牟의 종자를 주시다"57)나, "좋은 곡식 종자가 하늘로부터 내려오는 일"58)과 관련이 있는 것이 아닌가 한다. 그렇다면 고대 임금에 관한 내용과 관련이 있기 때문에 제 3간과 제 10간은 연결된 내용으로 보기로 한다.

본 죽간 중에 정리본이 '則'으로 예정한 ▨자가 두 차례 보인다. 이 자는 모두 '賜'자로 예정해야 옳다. 문맥으로 보아 서사자書寫者가 '則'자와 '賜'자의 형태가 비슷하여 잘못 쓴 것으로 보인다.59)

---

55) ≪史記·殷本記≫: "主癸卒, 子天乙立, 是爲成湯. 成湯, 自契至湯八遷. 湯始居亳, 從先王居, 作≪帝誥≫. 湯征諸侯. 葛伯不祀, 湯始伐之. ……號曰武王. 桀敗於有娀之虛, 桀奔於鳴條, 夏師敗績. 湯遂伐三쫯, 俘厥寶玉, 義伯·仲伯作≪典寶≫. 湯旣勝夏, 欲遷其社, 不可, 作≪夏社≫. 伊尹報. 於是諸侯畢服, 湯乃踐天子位, 平定海內."
56) ≪說文解字≫: "臼, 手叉也. 从E, ㅋ."
57) 『詩經·周頌·思文』의 "思文后稷" 구절에 대하여 朱熹『思文·詩傳』는 "后稷貽我民以來牟之種."이라 하였다.
58) 『大雅·生民』: "誕后稷之穡, 有相之道. ……誕降嘉種, 維秬維秠."(후직의 농사지으심은 땅의 도를 보아 합당하게 하신 거네. ……하늘이 좋은 곡식 씨 내려 주셨으니 검은 기장 메기장과 붉은 차조 흰 차조네.)
59) 張峰, 〈≪上博九·史蒥問於夫子≫初讀〉, 簡帛사이트, 2013-01-06

≪上博楚簡≫은 '湯'자를 '![]' '![]'으로 쓴다.60)

'![]'자는 '學(배울 학, xué)'자의 이체자이다. 이러한 자형은 초간에서 자주 보이는 '學'자이다.61)

제 3간의 마지막 '![]'자와 제 10간의 첫 번째 '![]'자는 서로 연결되는 문자로 '旨'로 예정할 수 있고 '始(처음 시, shǐ)'로 읽는 것이 아닌가 한다.62)

北(必)㕚(危)元(其)邦豪(家), 賜〈則〉能貴(潰)於重=潓=(禹湯, 禹湯)賜〈則〉學(學)自【3】旨(始)又(有)民㠯(以)來, 未或能才(栽)立(粒)於𡏷(地)之上, 肮(一)或不免又(有)謂(滑)不(否)? ……【10】
(반드시 방가邦家를 위협할 것이고, 우禹임금이나 탕湯임금의 좋은 전통이 궤멸될 수 있다. 禹임금과 湯임금은 백성에게 보리를 준 것으로부터 배웠다. 만약에 땅 위에 씨앗을 뿌릴 수 없다면, 백성들의 심한 혼란을 일으키는 것을 면치 못할 것이 아니겠는가?)

60) ≪楚系簡帛文字編≫, 945 쪽.
61) ≪楚系簡帛文字編≫, 322 쪽.
62) 王凱博, 〈≪史𧮲問於夫子≫綴合三例〉, 簡帛사이트, 2013-01-10.

第4簡

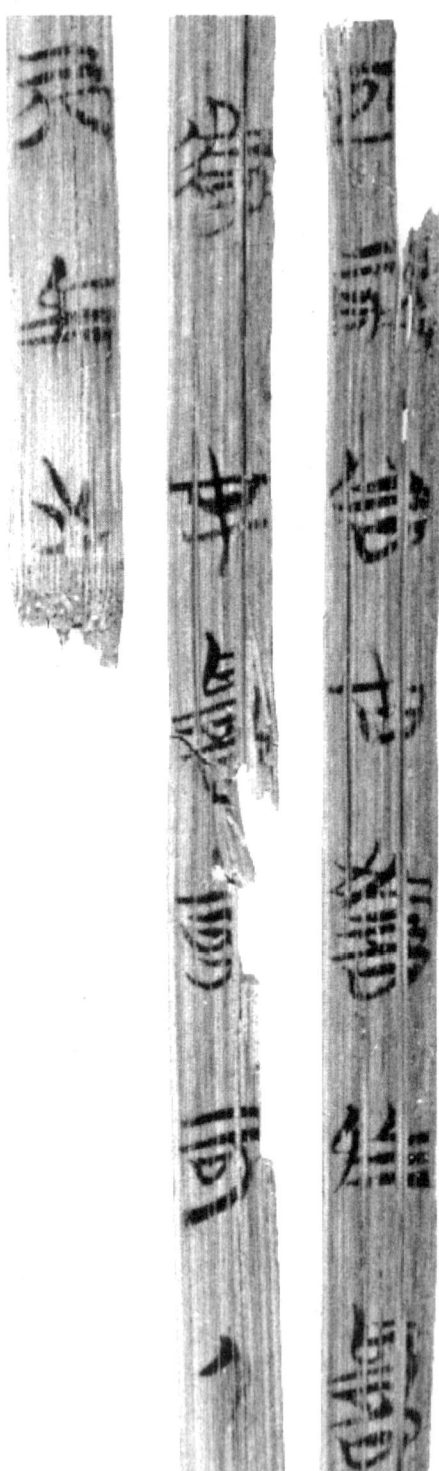

外改同古瑟於詞虐才詞旻可人而与之

第 4 簡

死(恒)攺(啟)同古, 酓(教)於(與)詞(治)虖(乎)才(在)詞(治), 旻(得)可(何)人而与(舉)之?……

【해석】

항상 옛 성인의 가르침을 계승하고, 가르침과 다스림 중 다스림을 더 중시하여야 하며, 어떤 인재를 등용해야 할까요?

【上博楚簡原註】

본 죽간의 길이는 19.5cm이다. 상단은 평평하고, 하단은 파손되었다. 첫 번째 홈은 상단과 9.8cm 간격이 있다. 문자는 총 16자이다.

① '死攺同古'

「死攺同古」구절은「恒啟同古」로 읽는다.

「死」자에 대하여 ≪설문해자≫에서는「'恒(항상 항, héng)'은 '항상'의 뜻이다. 의미부 '心'과 '舟'로 이루어진 자이다. 舟가 하늘과 땅 사이에서 위아래로 오간다는 회의자이다. 생각하는 마음이 마치 배를 타고 전환되는 것과 같은 (오래도록 사그라지지 않는다) '恒'의 뜻이다. 恒의 고문古文은 의미부 '月'을 써서 '死'로 쓴다. ≪詩經≫에서 이르기를,『초승달이 되어 오래도록 빛나네.』라 하였다.」63)라 하였다. 간문의 자형은 ≪설문해자≫의 고문이나 ≪고문사성운古文四聲韻≫과 같다. 이 자는 ≪상박초간(三)·周易≫(제15, 28간)에서도 보인다.「死」는 또한「亘」자와 통하며, '이어지다', '연속하다'의 뜻이다. ≪漢書·敘傳≫에서「恒以年歲」64)라 하였다.

「攺」자는「啟(열 계, qǐ)」자이다. 갑골문甲骨文에서는「(图)」로 쓴다. ≪한간汗簡≫에서는 ≪義雲章≫을 인용하여「(图)」로 쓴다. 간문簡文과 비슷한 형태이다. ≪설문해자≫에서는「'啓'자는 '가르치다'의 뜻이다. 의미부 '攴'과 소리부 '啓'의 이루어진 자이다.」65)라 하였다. ≪論語≫에서

---

63) ≪說文解字≫: "恒, 常也. 从心, 从舟, 在二之閒. 上下心以舟施恒也. 古文『恒』, 从月. ≪詩≫曰:『如月之恒.』" 湯可敬, ≪說文解字今釋≫: "恒, 長久. 由心·由舟·由舟在天地之間上下往返會意. 思念之心靠舟運轉, (經久不衰)是恒的意思. 死古文恒字, 从月. ≪詩經≫說:『象月亮到了上弦的日子(經久放光).』" 長沙嶽麓書社, 2001년, 1948-1949쪽.
64) "언제나 변치않고 장수하다."

는「알려고 애쓰지 않거든 가르쳐 깨우쳐 주지 않을 것이다.」66)라 하였고, ≪左傳·襄公二十五年≫ 「하늘이 도우시어 우리나라가 陳나라를 치려는 마음을 갖도록 개도하셨네」구절에 대하여 杜預는「'啟'는 '열다'이다. 그 마음을 열었으니 승리를 거둘 수 있다.」라 하였다.67)

「同」은 혹은 「通(통할 통, tōng,tǒng)」자와 통한다.

【譯註】

초간 중 '恒(항상 항, héng)'자와 '亟(빠를 극, jí,qì)'의 형태가 매우 유사하기 때문에 첫 번째를 '亟'자로 예정하기도 하나, 문장 내용으로 보아 옳지 않다. 또한 두 번째 ' '자를 ≪孔子見季桓子≫ 제 6간의 ' (昵)'자와 같은 자로 보고 있으나 형태가 매우 다르다.68)

② '䚻於詞唐才詞'

「教與治乎在治」로 읽는다.

「䚻」자는 ≪상박초간(二)·從政(乙篇)≫ 「 」(제1간) 등에서도 보인다. 간문簡文에서 「教(본받을 교, jiào,jiāo)」의 의미로 많이 쓰인다.

혹은 의미부가 '言'이고 소리부가 '爻'인 가차자로 쓰이는 것이 아닌가 한다.

≪集韻≫에서는 「'詨(말 삼가지 않을 효, xiáo)'자는 '말이 공손하지 못하다'의 뜻이다. 혹은 의미부가 '爻'를 쓰기도 한다.」, 「혹은 '말을 이해할 수 없다'라 한다.」69)라 하였다. 「詨」자는 또한 「誵(말을 삼가지 않을 효, xiáo)」자나 「詉(떠들썩할 노{다투며 욕할 나}, náo)」자와 같다.

「教」는 '교화하다'는 뜻으로 덕교德教로써 백성들을 교화한다는 것이다. ≪周禮·地官司徒≫에 12가지 가르침이 있다.

因此五物者民之常, 而施十有二教焉: 一曰以祀禮教敬, 則民不苟. 二曰以陽禮教讓, 則民不爭. 三曰以陰禮教親, 則民不怨. 四曰以樂禮教和, 則民不乖. 五曰以儀辨等, 則民不越. 六曰以俗教安, 則民不偷. 七曰以刑教中, 則民不虣. 八曰以誓教恤, 則民不怠. 九曰以度教節, 則民知足. 十曰以世事教能, 則民不失職. 十有一曰以賢制爵, 則民愼德. 十有二曰以庸制祿, 則民興

---

65) ≪說文解字≫: "啓, 教也. 从攴, 啓聲."
66) ≪論語≫: "不憤不啟."
67) ≪左傳·襄公二十五年≫: "天誘其衷, 啟敝邑之心." 杜預: "啟, 開也. 開道其心, 故得勝."
68) 蘇建洲, 〈初讀≪上博九≫劄記(一)〉, 簡帛, 2013-01-06
69) ≪集韻≫: "詨, 言不恭謹, 或从爻." "一曰言不可解."

功.」(≪周禮·地官司徒≫)

    각종 물건을 생산하는 각각 다른 지방 사람들의 생활 습관에 따라, 12종의 교육을 실행해야 한다. 첫째, 제사의 예로써 백성들을 존경하도록 가르친다. 그렇게 하면 백성들은 아무렇게나 대충 하지 않을 것이다. 둘째, 활 쏘고 술 마시는 등의 예로써 백성들을 겸양하도록 가르친다. 그렇게 하면 백성들은 서로 다투지 않을 것이다. 셋째, 혼인의 예로써 백성들을 사랑하도록 가르쳐라. 그렇게 하면 백성들은 마음속에 원한이 생기지 않을 것이다. 넷째, 음악의 예로써 백성들을 화목하도록 가르쳐라. 그렇게 하면 백성들은 괴팍해지지 않을 것이다. 다섯째, 예의로써 존귀함과 비천함과 상하의 등급을 변별하라. 그렇게 하면 백성들은 뛰어넘지 않을 것이다. 여섯째, 선량한 습속으로 백성들을 안정되게 생활하도록 교화하라. 그렇게 하면 백성들은 구차해지지 않을 것이다. 일곱째, 형벌로써 백성들을 올바르도록 교화하라. 그렇게 하면 백성들은 폭동을 일으키지 않을 것이다. 여덟째, 맹세와 계율로써 백성들을 신중하도록 교화하라. 그렇게 하면 백성들은 태만하지 않을 것이다. 아홉째, 제도로써 백성들을 절제하도록 교화하라. 그렇게 하면 백성들은 만족을 알 것이다. 열 번째, 대대로 전해진 기예로써 백성들을 기능에 충실하도록 교화하라. 그렇게 하면 백성들은 직업을 잃지 않을 것이다. 열한 번째, 선량한 덕행에 따라 작위를 나누어 주어라. 그렇게 하면 백성들은 모두 덕행을 숭상하여 서로 선할 것을 권면하게 될 것이다. 열두 번째, 공적에 따라 봉록을 주어라. 그렇게 하면 백성들은 직무에 노력하고 공을 세우려 할 것이다.

    「於」자는 「與(줄 여, yǔ,yú,yù)」로 읽는다. ≪周易·계사상繫辭上≫에서 「而察於民之故」[70]라 하였는데, ≪주역집해周易集解≫에서는 「於」자를 「與」자로 쓴다.

    「詞」자는 「治」로 읽으며 음이 통한다. 「治」는 세상의 모든 일을 흥하게 할 수 있는 행동거지이다. ≪尙書·太甲下≫에서 伊尹이 왕에게 간언하며 이르기를 「옛날의 치적을 이룬 자와 도를 함께하면 흥하지 않을 수 없고, 어지러웠던 자와 일을 같게 하면 망하지 않을 수 없다. 처음부터 끝까지 같이할 바를 신중히 하는 것은 오직 밝은 덕을 밝히는 임금만이 가능한 일이다.」[71]라 하였고, ≪尙書·蔡仲之命≫에서 成王이 말하기를 「선을 함이 똑같지 않으나 똑같이 다스림으로 돌아가고, 악을 함이 똑같지 않으나 똑같이 혼란함으로 돌아가니, 너는 경계할지어다. 그 처음을 삼가야 한다.」[72]라고 하여, 다스림(治)과 다스리지 않음(不治)은 성취와 선악의 관건이므로 반드시 중시해야 함을 지적하였다.

    ≪전국책戰國策·위책衛策≫에서는 「치국治國은 나라가 작은 것과 무관하고, 난국亂國은 나라

---

70) ≪周易·繫辭上≫: "而察於民之故."(백성들의 연고를 살피다.)
71) ≪尙書·太甲下≫: "與治同道, 罔不興; 與亂同事, 罔不亡. 終始愼厥與, 惟明明后."
72) ≪尙書·蔡仲之命≫: "爲善不同, 同歸于治. 爲惡不同, 同歸於亂. 爾其戒哉, 愼厥初."

가 큰 것과 무관하다.」73)라 하였고, 인도人道(인간의 도리)의 다스림에 대하여 ≪禮記·大傳≫은 「위로 조상과 부친을 섬기는 것은 존경尊敬해야 하는 조상을 존경하는 것이고, 아래로 자손子孫을 돌보는 것은 혈맥 관계의 친숙한 자와 친해지는 것이다. 옆으로는 동족의 형제들과 친숙관계를 유지하고, 동족끼리 모여 식사의 예를 거행하고 소목昭穆관계에 따라 질서정연하게 배열하고, 각각의 예의에 따라 달리하면, 인간의 도리는 다해지는 것이다.」74)라 하였다.

다스림에는 또한 선후가 있다.

「古之欲明明德於天下者, 先治其國. 欲治其國者, 先齊其家, 欲齊家者, 先修其身. 欲修其身者, 先正其心. 欲正其心者, 先誠其意. 欲誠其意者, 先致其知. 致知在格物.(≪禮記·大學≫)
옛날에 자신의 밝은 덕을 천하에 밝히고자 하는 자는 먼저 그 나라를 다스리고, 그 나라를 다스리고자 하는 자는 먼저 그 집안을 가지런히 하고, 그 집안을 가지런히 하고자 하는 자는 먼저 그 몸을 닦고, 그 몸을 닦고자 하는 자는 먼저 그 마음을 바르게 하고, 그 마음을 바르게 하고자 하는 자는 먼저 그 뜻을 성실하게 하고, 그 뜻을 성실하게 하고자 하는 자는 먼저 그 지식을 지극히 하였으니, 지식을 지극히 함은 사물의 이치를 궁구함에 있다.

衛嗣君之時, 有胥靡逃之魏, 因爲襄王之后治病. 偉嗣君聞之, 使人請以五十金買之, 五反而魏王不予, 乃以左氏易之. 羣臣左右諫曰:『夫以一都買胥靡, 可乎?』王曰:『非子之所知也. 夫治無小而亂無大, 法不立而誅不必, 雖有十左氏無益也. 法立而誅必, 雖失十左氏無害也.』魏王聞之, 曰:『主欲治而不聽之, 不詳.』因載而往, 徒獻之.(≪韓非子·內儲說上·七術≫)
위나라의 사군嗣君 때, 죄수 가운데 위衛나라로 달아나 양왕襄王의 왕후를 위해 질병을 치료해 준 자가 있었다. 위나라 사군은 이 소식을 듣고 사람을 시켜 금 오십 냥으로 그를 사오도록 하였다. 사자가 다섯 차례나 왕복해 죄수를 사려고 했지만 위나라 왕은 내주지 않았다. 그래서 좌씨左氏라는 도읍을 주고 그와 바꾸기로 했다. 위나라의 신하들이 간언했다. "두 읍 하나로 죄인을 사는 것은 옳은 일입니까?" 사군은 말했다. "여러분들은 알지 못하오. 무릇 나라를 다스림에는 작은 일이 없고, 난에 대처함에는 큰 일이 없소 법률이 확립되지 않고 형벌이 반드시 행해지지 않으면 비록 좌씨 부락 열 개가 있어도 이익이 없지만, 법이 세워지고 형벌이 반드시 행해지면 비록 좌씨 부락 열 개를 잃는다고 해도 해로울 것이 없소." 위나라 왕이 이 말을 듣고 말했다. "군주가 나라를 다스리려고 하는데 들어주지 않는 것은 상서롭지 못한 것이다." 그래서 죄수를 수레에 태워 돌려보내고 보상도 받지 않았다.

---

73) ≪戰國策·衛策≫: "治無小, 亂無大."
74) ≪禮記·大傳≫: "上治祖禰, 尊尊也. 下治子孫, 親親也. 旁治昆弟, 合族以食, 序以昭繆, 別之以禮儀, 人道竭矣."

두 왕의 행위를 통해, 우리는 당시 왕이「치治」를 중시했음을 알 수 있다. 나라를 다스릴 때 가장 근심스러운 것은 사당의 쥐(사서社鼠) 같은 권력에 기대는 소인들이다.

   恒公問管仲曰:『治國最奚患?』對曰:『最患社鼠矣.』公曰:『何患社鼠哉?』對曰:『君亦見夫爲社者乎?樹木而塗之, 鼠穿其間, 掘穴託其中. 燻之則恐焚木, 灌之則恐塗阤, 此社鼠之所以不得也. 今人君之左右, 出則爲勢重而收利於民, 入則比周而蔽惡於君. 內間主之情以告外, 外內爲重, 諸臣百吏以爲富. 吏不誅則亂法, 誅之則君不安. 據而有之, 此亦國之社鼠也.』(≪韓非子·外儲說右上≫)
  환공이 관중에게 물었다. "나라를 다스리는데 있어서 무엇을 가장 걱정해야 하는가?" 관중이 대답했다. "사당의 쥐를 가장 걱정해야 합니다." 공이 말했다. "무엇 때문에 사당의 쥐를 걱정해야 하오?" 관중이 대답했다. "군주께서도 사당을 세우는 것을 보신 적이 있으시지요? 나무를 세우고 칠을 하는데, 쥐가 그 사이에 구멍을 꿇고 들어가 그 안에 삽니다. 그것을 불태우자니 나무가 탈 것이 걱정이고, 그곳에 물을 대자니 칠이 벗겨질까 걱정하게 됩니다. 이것이 사당의 쥐를 어떻게 하지 못하는 이유입니다. 지금 군주의 좌우에 있는 자들이 나가서는 권세를 부려 백성들로부터 이익을 거둬들이고, 들어와서는 패거리를 지어 군주 앞에서 죄악을 감춥니다. 궁궐 안에서 군주의 사정을 엿보아 궁궐 밖으로 알리고, 안팎으로 권세를 키워 신하와 벼슬아치들에게 기대어 부유해지고 있습니다. 벼슬아치가 그들을 주살하지 못하면 법을 어지럽힐 것이고, 그들을 주살하면 군주가 불안해하므로 이에 근거해서 그만두는 것입니다. 이 또한 나라와 사당의 쥐인 것입니다.

③ '旻可人而与之'
「旻可人而与之」구절은「得何人而擧之」로 읽는다.
「与」자에 대하여 ≪설문해자≫에서는「'하사하다'의 뜻이다. '与'자는 의미부 '一'과 '勺'로 이루어진 자이다. 이 자는 '予'자의 의미와 같다.」[75]라 하였다. 단옥재段玉裁 ≪說文解字注≫는 "'賜'자는 '건네다(予)'의 뜻과 같다. '予'자는 내게 있는 것을 앞 사람에게 건네 주는 것이다. '一'과 '勺'이 합한 형태가 '与'이다. 아랫부분은 의미부 '勺'이다. '一'은 '옮기어 남에게 주다'는 뜻이다. '此與予同意'의 구절을 大徐本은 '此与與同'으로 쓰고, 小徐本은 '此即與同'으로 쓴다. 小徐本이 '與'자와 '予'자는 같다는 것은 잘못된 것이다. 지금 이를 근거로 지금 수정하기로 한다. '一(하나)'로 '勺'을 건네주는 것은 마치 'ㅣ'로 '𢆶'를 건네주는 것과 같은 것이다. 그래서 '같은 뜻(同意)'이라 한 것이다. '與'자는 '무리(攩與)'라는 뜻이다. '舁'는 '취하여 함께 들어올리다'는

---

75) ≪說文解字≫"与, 賜予也. 一勺爲与, 此與予同意."

뜻으로 '与'자와 같지 않다. 지금은 '與'자는 '与'자를 대신하여 쓴다. '與'자가 쓰이게 되자 '与'자가 쓰이지 않게 되었다.」76)라 하였다.

본 죽간에서 「与」자는 문맥상 「擧」로 읽어야 한다.

현명한 인재를 얻어 다스림에 써야 한다는 뜻이다. ≪戰國策·齊策四≫에서는 「현자를 얻어 나라를 다스리기를 바라다.」77)와 같은 뜻이다.

본 죽간의 이하 문장은 파손되었다.

【譯註】

본 죽간을 정리본의 주장에 따라 "亟(恒)攺(啟)同古, 耇(敎)於(與)詞(治)唐(乎)才(在)詞(治), 㝵(得)可(何)人而与(擧)之?"으로 읽는다면, 문장이 전체적으로 누가 한 말인지 혹은 어떤 내용을 말하려 하는지 정확하지 않다. 문장의 내용으로 보아 사유史蒥가 공자에게 가르침을 받고 나서, 가르침을 곧 다스림에서 시작된다는 것을 깨닫게 되었고, 다시 공자에게 현자의 등용에 대하여 묻는 내용으로 보인다.

제 4간의 첫 번째 자와 두 번째 자의 '▨'·'▨'자를 정리본은 '亟攺'자로 예정隸定하고, '恒啟'로 읽고 있다. '恒'자는 ≪上博楚簡·亙先≫ 중의 '▨(亙)'자와 같다. '亙'자는 '恒'의 의미로 쓰인다. '▨'자를 정리본은 '攺'자로 예정하고 있으나 문자 형태로 보아 옳지 않다. 혹은 이 자는 왼쪽 부분이 '耳'이고, 오른쪽 부분이 '兄'으로 이루어진 '䎨'자로 예정할 수 있으며, '聽'으로 읽는 것이 아닌가 한다.78)

본 문장을 장봉張峰은 "亙(亟?)攺同, 故敎於始乎哉? 始得可人而與(擧?)之▨"으로 읽고 있다.79) 하지만 '始'의 의미가 확실하지 않다. 혹은 본 구절을 아래와 같이 읽기도 한다.

亟(恒)攺(啟)同, 古(故)耇(敎)於詞(治)唐(乎)才(哉), 詞(治)㝵(得)可(何)人而与(擧)之?
그렇게 계도하고 가르치는 것과 같게 하려면, 가르침은 다스림의 근본이 되는 것이죠! 또한 나라를 다스릴 때 어떤 인재를 등용해야 할까요?

---

76) 段玉裁≪說文解字注≫: "賜, 予也. 予, 推予耑人也. (一勺爲与), 下从勺, 一者, 推而予之. 此與予同意. 大徐作此与與同, 小徐作此即與同. 惟小徐祛妄內作與予皆同, 近是. 今正. 以一推勺, 猶以丨推厾也, 故曰同意. 與, 攩與也, 从舁, 義取共擧, 不同与也, 今俗以與代与, 與行而与廢矣."
77) ≪戰國策·齊策四≫: "願得士以治之."
78) '聽'의 상고음은 'tʰeŋ'이고, '兄'의 상고음은 'xiwaŋ(陽)'으로 운모가 서로 통한다.
79) 張峰, 〈≪上博九·史蒥問於夫子≫初讀〉, 簡帛(http://www.bsm.org.cn/index.php), 2013-01-06

'계동啟同'은 모두 동사로 쓰이며, '백성을 계도啟導해서 집정자가 가르치는 내용과 동일하게 백성이 함께 하다'는 뜻이다. 정치의 근본은 교육에 있다. 정치는 백성을 잘 인도하고 훌륭한 덕망을 갖출 수 있도록 교육하는 것이다. 사회적으로 도덕이 우선시 된다면 정치는 백성에게 원하지 않아도 물 흐르듯 자연스럽게 다스려진다. 이러한 정치는 세상을 바꿀 수 있는 현자만이 할 수 있다. 그러나 이러한 해석은 '攼(啟)同' 중의 '同'자를 너무 확대해석하는 감을 버릴 수 없다. 또한 이러한 개념은 고대 전적 중에서 자주 보이지 않는다. 따라서 본문은 본 구절을 '巫(恒) 耴(聽)同古, 㤅(教)於詞(治)虎(乎)才(哉), 詞(治)貝(得)可(何)人而与(舉)之'로 읽기로 한다. 즉 '옛 성인과 같이 항상 귀 기울이고, 가르침을 다스림의 근본으로 삼아야 하지 않겠는가![80) 다스림은 어떤 사람을 발굴하여 등용해야 하는가'로 해석할 수 있다.

---

80) '於'字句가 동사의 근거가 되는 대상이 되는 용법으로 쓰이기도 한다. 예를 들어, "天下之勿(物)生於又(有), 生於亡."(『郭店楚簡·老子甲37』)(천하의 만물은 有에서 생겨났지만, 그 有는 無에서 생겨난 것이다.) 중의 '於'의 목적어 동사의 근원이 의미이다.

第5篇

莫之能豊也子吕氏見之不亓難与言也虘夫

第 5 簡

······莫之能豎(豎)也. 子曰(以)氏(是)見之, 不亓(其)難与(與)言也, 虘(且)夫□······

【해석】

굳건히 할 수 없게 된다. 그대는 이것으로써 살펴보면 말하기가 어렵지 않을 것이다. 또한 ······

【上博楚簡原註】

본 죽간의 길이는 25.5cm이며, 상단과 하단 모두 파손되었다. 첫 번째 홈은 파손된 상단부분과 8cm의 간격이 있고, 첫 번째 홈과 두 번째 홈 사이는 17cm의 간격이 있다. 문자는 총 19자이며, 그 중 잔자殘字가 1자이다.

① '莫之能豎也'

「莫之能豎也」 구절은 「莫之能豎也」로 읽는다.

「莫之能」은 고대문헌에서 자주 쓰이는 구절이다. 예를 들어, ≪國語·齊語≫에서 「천하天下 대국大國의 군주라 할지라도 막을 수 없다.」81)라 하였고, ≪詩·序≫에서 「≪진유溱洧≫는 환난을 풍자한 시이다. 전쟁이 끊이지 않자 남녀가 서로 버리고 음란한 풍속이 크게 유행하게 되어 능히 구제할 없음을 말한다.」82)이 하였다.

「豎」자를 ≪포산초간包山楚簡≫은 「豎」(제94간)로, ≪후마맹서侯馬盟書≫은 「豎」(156:27)로, ≪古陶文字徵≫은 「豎」(4·38) 등으로 쓴다. ≪說文解字≫에서는 「'豎(더벅머리 수, shù)'자는 '견고하게 세우다'의 뜻이다. 의미부 '臤'와 소리부 '豆'로 이루어진 자이다.」83)라 하였다.84)

---

81) ≪國語·齊語≫: "天下大國之君莫之能禦."
82) ≪詩·序≫: "≪溱洧≫, 刺亂也. 兵革不息, 男女相棄, 淫風大行, 莫之能救焉."
83) ≪說文解字≫: "豎, 堅立也. 从臤, 豆聲."
84) 王凱博, ≪≪史蒥問於夫子≫綴合三例≫, 簡帛, 2013-01-10.

【譯註】

≪說文解字≫에서는 '荳(豎)'자의 籒文을 '豎(豎)'로 쓰고, ≪說文解字注≫는 "'豎'자와 '尌'자는 음과 뜻이 같다."[85]라 하였다.

본「……莫之能荳(豎)也.」의 문장 형식은 ≪孔子見季桓子≫ 제 25간의 "民喪(泯)不可戡(侮). 衆之所植, 莫之能瀆(廢)也. 衆之所□, 莫之能□也.【25】"[86] 구절의 문장 구조와 내용이 비슷하다. 혹은 같이 연결되는 내용이 아닌가 한다.

② '子㠯氏見之'

「子㠯氏見之」 구절은 「子以是見之」로 읽는다.

「子」는 존칭 代詞이다.

【譯註】

'氏'자를 정리본은 '氏'자로 예정하고 있으나, 일반적인 '氏'자와 형태가 다르다. 혹은 '厇'으로 예정할 수 있다. '厇'자는 '宅'의 이체자이다. '宅'자와 '是'자는 음이 통한다.[87]

'見'자는 '見'이나 혹은 '視'자로 예정할 수 있다.

③ '虞夫'

「虞夫」는 「且夫」로 읽는다.

「虞」자는 의미부 '又'와 소리부 '虘'로 이루어진 자로 즉「𠷎」자와 같은 자이다. ≪說文解字≫에서는 「'𠷎'자는 '손으로 아래에 있는 물건을 집어 들다'는 뜻이다. 의미부 '又'와 소리부 '虘'로 이루어진 자이다.」[88]라 하였고, 단옥재段玉裁는「각 판본은 '又取'로 쓴다. 지금 ≪類篇≫은 '叉'로 쓰고 송본宋本은 '卑'자로 쓰는 것을 참고하여 수정하기로 한다. '叉卑'란 손으로 위에 있는 물건을 아래로 내리는 것을 말한다. 지금 속어에서는 '渣'의 음으로 읽는다. 예를 들어, '手部'

---

85) ≪說文解字注≫: "豎與尌音義同."
86) "백성들을 무시해서는 안 된다. 백성들이 이른바 세운 계획을 없애서는 안 됩니다. 백성들의 □한 바가 □할 수 있는 것이 없게 될 것입니다.【25】"
87) 蘇建洲, 〈初讀≪上博九≫劄記(一)〉. "釋爲「厇」, ≪上博一~五文字編≫364頁, 也見於簡9."
88) ≪說文解字≫: "𠷎, 叉卑也. 从又, 虘聲."

중의 '籗(작살 착, jí,zhà,zhuó)'자는 끝이 뾰쪽한 물건으로 찍어 물건을 취한다는 의미와 유사하다. ≪方言≫은 『'抯(잡아당길 저, zhā)'자는 '잡아내다'의 뜻이다. 남초南楚 지방에서는 진흙 속에서 물건을 끄집어내는 것을 '抯'라 하거나 혹은 '摣(잡을 사, zhā)'라 한다.』라 했다. 이 자는 이러한 의미가 파생된 것이다.』89)라 하였다. 이 자는 「摣」자와 같다. 죽간에서는「且」의 의미로 주로 쓰인다.

현행본 ≪周易·解≫에서「세 번째 음효: 등에 지고 또 타니 도적을 이르게 된다. 점을 치니 어렵다는 점괘이다.」90)라 하였는데, ≪상박초간(三)·周易≫에서는「且」를「虘」로 쓴다.(제37간). 또한 ≪상박초간(一)·孔子詩論≫의「貴虘(且)㬎(顯)矣」91)(제6간)에서「且」자를「虘」로 쓴다.

본 죽간의 이하 문장은 파손되었다.

【譯註】

「虘」자를 ≪孔子詩論≫은 '𧆞'로 쓰고, ≪容成氏≫는 '𧆞'로 쓴다.92)

---

89) 段玉裁: "各本作又取, 今依≪類篇≫作叉, 宋本作卑正. 叉卑者, 用手自高取下也, 今俗語讀如渣. 若手部云籀者, 以鈠物刺而取之也. ≪方言≫:『抯, 摣取也. 南楚之間, 凡取物溝泥中謂之抯, 或謂之摣.』亦此字引伸之義."
90) ≪周易·解≫: "六三: 負且乘, 致寇至, 貞吝."
91) "존귀하고 혁혁한 내용을 찬양하다."
92) ≪楚系簡帛文字編≫, 280 쪽.

第6簡

也史䍷曰可胃八乏夫子曰内与瞻幽色与酉大鐘貞

第 6 簡

……也. 史䌛曰:「可(何)胃(謂)八ㄴ?」夫子曰:「內(納)与(與)賕, 幽色与(與)酉(酒), 大鐘貞(鼎)……

【해석】

사유는 「무엇이 '八'입니까?」 물었다. 공자는 徵稅와 재물, 여색과 술, 큰 鍾鼎……

【上博楚簡原註】

본 죽간의 길이는 25.3cm이며, 상단과 하단은 파손되었다. 총 20자이다.

① '史䌛曰: 可胃八'

「史䌛曰: 可胃八」는 「史䌛曰: 何謂八」로 읽는다.

≪周禮·天官冢宰≫에 「나라를 다스리는 8가지 법」[93]이 있다.

> 以八法, 治官府. 一曰官屬, 以舉邦治. 二曰官職, 以辨邦治. 三曰官聯, 以會官治. 四曰官常, 以聽官治. 五曰官成, 以經邦治. 六曰官法, 以正邦治. 七曰官刑, 以糾邦治. 八曰官計, 以弊邦治.(≪周禮·天官冢宰≫)

8가지 법으로 관부를 다스린다. 첫 번째, 관속官屬이다. 관속官屬을 사용하여 나라의 정사를 추진한다. 두 번째, 관직이다. 관직을 이용하여 나라 정사의 직무를 변별한다. 세 번째, 관리들의 연합이다. 이를 이용하여 나라의 중대한 정사를 회동하고 처리한다. 네 번째 관의 고유한 직무이다. 이를 사용함으로써 그 관직 내의 나라 정사를 자세히 듣고 판단한다. 다섯 번째 관부의 규칙이다. 이로써 나라 정사를 처리한다. 여섯 번째 관법이다. 이로써 나라의 정사를 정돈한다. 일곱 번째 관형이다. 이로써 나라 정사를 감찰한다. 여덟 번째 관리에 대한 심사이다. 이로써 나라 정사의 득실을 심사한다.[94]

---

[93] 「治邦八法.」
[94] "以八法治理官府, 第一是官屬, 用來推行王邦的政事. 第二是官職, 用以辨別王邦政事的職務. 第三是官聯, 用以會辦王邦重大的政事. 第四是官常, 用以聽斷其本職內的王邦政事. 第五是官成, 用以經紀王邦的政事. 第六是官法, 用以整飭王邦的政事, 第七是官刑, 用以糾察王邦的政事. 第八是官計, 用以考核王邦政事的得失." 林尹 註譯, ≪周禮今註今譯≫, 臺灣商務印書館, 1979年, 16-17쪽.

다음 문장을 통해서 공자가 더 구체적으로 치국治國의 「팔금八禁(8가지 금기)」에 대해 설명하였었다. 「八」자 아래 구두부호가 있다.

② '夫子曰: 內与賏, 幽色與酉, 大鐘貞'

「夫子曰: 內与賏, 幽色與酉, 大鐘貞」은 「夫子曰: 納與賏, 幽色與酒, 大鐘鼎」으로 읽는다.
「夫子」는 고문에서 남자에 대한 존칭이고 스승에 대한 존칭이다.

≪孟子·梁惠王上≫에서 「그대가 나의 뜻을 도와주기 바라오.」[95)]라 하고, ≪論語·季氏≫에서 염유는 「그분(계손季孫)이 원하는 것이지 저희 두 신하는 원하지 않습니다.」[96)]라 하였다. 이 구절 중의 夫子는 「季孫」을 가리킨다.

또한 공자의 제자들이 공자를 夫子라고 칭했다. ≪論語·子罕≫에서는 「大宰가 子貢에 물었다. 『선생님께서는 성인이십니까? 어째서 그토록 다재다능하십니까』」, 「顔淵이 와 하고 감탄하여 말했다. 『우러러보면 볼수록 더욱 높아지고, 내려가면 갈수록 더욱 단단해지며, 앞에 있는 것을 보았는데, 어느새 갑자기 뒤로 가 있다. 선생님께서는 사람을 차근차근 잘 이끄셔서 학문으로써 나의 사고의 폭을 넓혀주시고 예로써 나의 행위를 절제해주셨다.』[97)]라고 하였다.

본 구절의 「夫子」는 분명 「孔子」를 가리킨다.

「內」는 「納(바칠 납, nà)」과 통한다. ≪漢書·霍光傳≫의 「內所居傳舍」에 대하여 顔師古는 「'內'자는 '納'의 의미와 같다.」라 하였고,[98)] ≪孟子·公孫丑上≫에서 「그렇게 함으로써 아이의 부모와 교분을 얻으려 하는 것이 아니다.」라 하였는데 ≪音義≫에서 「'內'자는 본래 '納'으로 쓴다.」라 하였다.[99)] ≪荀子·富國≫「만약에 男女의 결합, 부부의 분별, 혼인하여 폐백을 드리거나 신부를 전송하는 일에 예의가 없다면」 구절에 대하여 양경楊倞은 「'內'자는 '納'으로 읽는다.」라 하였다.[100)]

'納'은 '거두다', '들이다'의 뜻이다. ≪禮記·雜記下≫「'幣' 一束을 징세하다.」 구절에 대하여 정현鄭玄은 「'納'자는 '徵稅하다'의 뜻이다.」라 하였다.[101)] ≪國語·晉語六≫「그 궁실宮室을

---

95) ≪孟子·梁惠王上≫: "願夫子輔吾志."
96) ≪論語·季氏≫: "夫子欲之, 吾二臣者皆不欲也."
97) ≪論語·子罕≫: "大宰問於子貢曰:『夫子聖者與? 何其多能也?』" ≪論語·子罕≫: "顔淵喟然歎曰:『仰之彌高, 鑽之彌堅; 瞻之在前, 忽焉在後. 夫子循循然善誘人, 博我以文, 約我以禮.』"
98) ≪漢書·霍光傳≫: "內所居傳舍." 顔師古: "內與納同."
99) ≪孟子·公孫丑上≫: "非所以內交於孺子之父母也." ≪音義≫: "內, 本亦作納."
100) ≪荀子·富國≫: "男女之合, 夫婦之分, 婚姻娉內送逆無禮." 楊≪注≫: "內讀曰納."
101) ≪禮記·雜記下≫: "納幣一束." ≪注≫: "納, 徵也."

취하여 부인婦人에게 나누어 주었다」 구절에 대하여 ≪注≫에서는 「'納'은 '취하다'의 뜻이다.」102)라 하였다.

「화賄」자에 대하여 ≪설문해자≫에서는 「'재물'이라는 뜻이다. 의미부 '貝'와 소리부 '爲'로 이루어진 자이다. 혹은 고문을 '貨'字로 쓴다.」103)라 하였고, ≪광운廣韻≫에서는 「'賄'는 '도박'의 뜻이다.」104)라 하였다.

「幽(그윽할 유, yōu)」에 대하여, ≪경전석문經典釋文≫에서는 「'幽'는 '깊다'의 뜻이다.」고 했다.105)

「색色」은 ≪論語·學而≫에서 자하子夏가 「현자를 좋아하기를 여색을 좋아하듯이 생각을 바꾸다.」라 하였고, 형병刑昺은 「'色'은 '女人'이다. 여인에게는 아름다운 자태가 있어 남자가 기뻐한다. 고전적에서 일반적 '女人'을 '色'이라 한다. 사람들은 일반적으로 女色을 좋아하나 현자를 좋아하지 않는다. 능히 好色하는 마음을 바꾸어서 현재賢者를 좋아한다면 좋은 일이다.」106)라 하였다. 미색에 깊이 빠지는 것(음색淫色)은 덕을 해치고 나라를 망하게 한다. ≪禮記·樂記≫에서 子夏는 「鄭音은 사람의 마음을 휘저어서 타락시키고, 宋音은 사람의 마음을 유약하게 하여 좋지 않은 방향으로 유도한다. 위음衛音은 속도가 지나치게 빨라 사람의 마음을 조급하게 하며, 제음齊音은 오만하고 편벽되니 사람의 마음을 교만하게 한다. 이 네 가지는 모두 사람을 유혹해서 여색에 탐닉하게 하여 덕의를 가벼이 여기게 하므로 신을 제사지내는 데에는 사용하지 않는 것이다.」107)라 하였고, ≪國語·晉語一≫에서 「태자太史 소蘇가 조정에 나와 말하였다.『그녀는 비록 외모는 미려하나 내심은 악독하기 그지없소. 이같은 여인은 아름답다 할 수 없소. 군주가 그녀의 미색을 좋아하면 반드시 자신이 소생을 보위에 올려놓으려는 그녀의 뜻에 부합코자 할 것이다. 그녀는 군주의 총애를 얻게 되면 자신의 욕망을 더욱 키워 방종하게되니 악독한 내심을 드러내려 할 것이오. 그러면 틀림없이 나라를 패망케 하고 심중한 화란을 불러오고야 말것이다.」108)라

---

102) ≪國語·晉語六≫: "納其室, 以分婦人." ≪注≫: "納, 取也."
103) ≪說文解字≫: "賄, 財也. 从貝, 爲聲. 或曰, 此古貨字."
104) ≪廣韻≫: "賄, 賭也."
105) ≪經典釋文≫: "幽, 深也."
106) ≪論語·學而≫: "賢賢易色." 刑昺: "色, 女人也. 女有姿色, 男子悅之, 故經傳之文通謂女人爲色. 人多好色不好賢者, 能改易好色之心以好賢, 則善矣."
107) ≪禮記·樂記≫: "鄭音好濫淫志, 宋音燕女溺志, 衛音趨數煩志, 齊音敖辟喬志. 此四者皆淫於色而害於德, 是以祭祀弗用也."
108) ≪國語·晉語一≫: "史蘇朝, 告大夫曰:『雖好色, 惡噁心, 不可謂好. 好其色, 必授之情. 彼得其情以厚其欲, 從其惡心, 必敗國且深亂.』"

하였다.

「酉」는 술그릇의 모양이다. ≪설문해자≫에서 이르기를, 「'酉'자는 '성숙하다(就)'의 뜻이다. 팔월八月에 보리가 익으면 이를 가지고 술을 빚을 수 있다. 이 자는 고대 문자 酉의 형상이다.」109) 라 하였고, 단옥재段玉裁 ≪설문해자주≫는 「하나의 물건을 예를 들어 성숙했다고 하는 것이다. 보리는 대서大暑 쯤에 씨앗을 뿌려 八月에 익는다. 벼가 八月에 익는 것과 거의 같은 시기이다. 그런데 벼를 말하지 않은 것은 술은 대부분 기장(黍)으로 술을 빚기 때문이다. 酎(진한 술 주, zhòu)'는 세 번 걸러 만든 중양주重釀酒이다. 반드시 '酒'를 말해야 하는 것은 옛날에는 '酒'는 '酉'를 사용하여 만들었다. 그래서 '酒'나 '酉'자를 모두 그 뜻이 '就'라 하였다. 이른바 부수가 '酒'인 자들은 모두 '酒'부에 속하도록 하고, '从酒省'110)이라고 설명하여야 허신의 의도에 맞아 통한다.」111)라 하였다.

금문에서도 「酉」자가 「酒」자로 많이 쓰였다. 예를 들면, ≪모공정毛公鼎≫에서 「毋敢湎于酉(酒)」112)라 하였고, ≪수계양부호叀季良父壺≫에서 「좋은 술을 담을 용기를 쓰다.」113)라 하였다.

「酒」는 예의禮儀에 쓰이고 성인聖人은 술을 사용하여 제사를 드리고 현인을 공양하지만, 지나치면 화를 불러일으킨다. ≪韓詩外傳≫(卷二)에서는 「昔者桀爲酒池糟隄, 縱靡靡之樂.」라 하였듯이, 하夏의 걸왕桀王은 망한 이유가 술 때문이다. ≪書經·酒誥≫에서는 「술에 너무 빠져서 스스로 그만둘 수가 없었을 뿐만 아니라, 여전히 즐기기만 하였다. 그의 마음은 악독하고 잔인해져서 죽음도 두려워하지 않았으며, 죄사 상나라 도읍에 쌓여 은나라가 망하게 되었어도 근심하지 않았다. 덕의 향내와 향기로운 제사가 하늘에 올라가지 않았을 뿐만 아니라, 백성들은 크게 원망하게 되었다. 여러 사람들이 스스로 술을 마시니 비린내가 하늘에 까지 다다랐다. 그래서 하늘은 은나라에 벌을 내리시고 은나라를 더 이상 아끼지 않으니 이는 오직 너무 즐겼기 때문인 것이다. 하늘이 잔인한 것이 아니요, 오직 사람들이 스스로 죄를 짓는 일에 힘썼기 때문인 것이다.」114)라 하였다. 殷의 紂王은 군신의 도를 잃었고, 술이 그 덕을 뒤덮었으며, 술에 빠져 망하게 되었다.

---

109) ≪說文解字≫: "酉, 就也. 八月黍成, 可爲酎酒. 象古文酉之形也."
110) "의미부가 '酒'자의 생략형이다."
111) 段玉裁≪說文解字注≫: "此擧一物以言就, 黍以大暑而種, 至八月而成, 猶禾之八月而孰也. 不言禾者, 爲酒多用黍也. 酎者, 三重酒也. 必言酒者, 古酒可用酉爲之, 故其義同曰就也, 凡从酒之字, 當別酒部, 解曰从酒省, 許合之, 疏矣."
112) ≪毛公鼎≫: "毋敢湎于酉(酒)."(술독에 빠지면 안 된다.)
113) ≪叀季良父壺≫: "用盛旨酉(酒)."
114) ≪尚書·酒誥≫: "惟荒腆于酒, 不惟自息乃逸, 厥心疾很, 不克畏死. 辜在商邑, 越殷國滅, 無罹. 弗惟德馨香祀, 登聞於天; 誕惟民怨, 庶羣自酒, 腥聞在上. 故天降喪于殷, 罔愛于殷, 惟逸. 天非虐, 惟民自速辜."

≪詩·序≫에서「〈빈지초연賓之初筵〉은 위衛나라 무공武公이 당시를 풍자한 시이다. 유왕幽王이 황폐荒廢하고 문란해져 소인들과 가까이 지내고 술을 절제없이 마시게 되자 천하 사람들이 이를 본받아 군신과 상하가 모두 술에 빠지고 음란한 행위를 일삼았다.」115)라 하였다. 유왕幽王이 정교政教는 돌보지 않고 나태해져 이러한 행위가 그치지 않고 계속되자 이것이 풍속이 되었고, 나라는 크게 혼란하였다. ≪左傳·襄公三十年≫에서「정鄭나라 백유伯有는 술을 좋아하여 집에 지하실을 만들어 놓은 뒤 밤이면 종을 치고 주악奏樂을 하면서 술을 마셨다. 아침에 이를 배견拜見하려고 사람들이 찾아오는데도 이를 그치지 않았다.」116)라 하였고 ≪左傳·昭公七年≫에서「정鄭나라 대부 자피子皮의 일족은 술을 마실 때 절도가 없었다. 그래서 마사씨馬師氏와 자피씨子皮氏는 관계가 매우 좋지 않았다.」117)라 하였다.

술에 너무 빠지게 되면 상난喪亂이 그치지 않게 되는 것이다. 禹는 일찍이 ≪戰國策·魏策二≫에서「옛날에 우 임금의 딸이 의적儀狄에게 명하여 술을 빚게 하였다. 맛이 정말 훌륭하여 우왕에게 받쳤다. 이를 맛본 우왕이 맛있다고 하면서도 끝내 의적을 멀리하며 좋은 술을 끊어 버리면서 『후세後世에 반드시 술 때문에 나라를 망치는 일이 있을 것이다.』」118)라 하여, 술은 나라를 망하게 할 것이라고 예언을 하였다.

「대종정大鐘鼎」은 「종정鍾鼎」으로 큰 예를 행하는 그릇이다. 옛날에 미덕美德을 선양하기 위하여 영구한 재질을 지닌 金石으로 종을 만들어 후대에 전하고자 하였다.

「大鐘鼎」은 화려한 중량이 큰 기물로, 이는 도리에 맞지 않은 예절에 속한다. ≪상박초간(七)·君人者何必安哉≫에서는 「君王龍(隆)丌(其)祭, 而不爲丌(其)樂.」119)(제6간)라고 하였다. 「隆其祭」는 불예不禮한 행위로 예절에 맞지 않는 제사를 가리킨다.

≪漢書·郊祀志≫에서 이르기를 「초楚 회왕懷王이 제사祭祀를 성대하게 거행하고 귀신鬼神을 섬겨 나라에 큰 복이 내려 주기를 바라고 진나라 군대가 물러가기를 원했으나 오히려 자신은 욕을 당하고 나라는 위태롭게 되었다.」120)라 하였다. 세상의 예속은 반드시 재물을 낭비해서는 안 되고 그 본성本性을 상하게 해서도 안 되며, 情에 맞아야 하며 도道가 지켜져야 한다.

---

115) ≪詩·序≫: "≪賓之初筵≫, 衛武公刺時也. 幽王荒廢, 媟近小人, 飲酒無度. 天下化之, 君臣上下沈湎淫液."
116) ≪左傳·襄公三十年≫: "鄭伯有耆酒, 爲窟室, 而夜飲酒擊鐘焉, 朝至未已."
117) ≪左傳·昭公七年≫: "子皮之族飲酒無度, 故馬師氏與子皮氏有惡."
118) ≪戰國策·魏策二≫: "昔者, 帝女令儀狄作酒而美, 進之禹, 禹飲而甘之, 遂疏儀狄, 絕旨酒, 曰:『後世必有以酒亡其國者.』"
119) ≪上海博物館藏戰國楚竹書(七)·君人者何必安哉≫: "君王龍(隆)丌(其)祭, 而不爲丌(其)樂."(군왕은 제사를 융성하게 지내고 제악祭樂를 행하지 않다.)
120) ≪漢書·郊祀志≫: "楚懷王隆祭祀, 事鬼神, 欲以獲福助, 卻秦師, 而兵挫地削, 身辱國危."

≪韓詩外傳≫卷三에서「대사臺榭를 높이 짓지 않는 것은 토목이 없어서가 아니며, 종정을 크게 만들지 않는 것은 금석이 모자라서가 아니다. 술에 빠지지 않고 색을 탐하지 않는 것은 추한 것을 피해서가 아니다. 바로 성정에 편안한 것을 좇아 행동하되 제도에 맞게 하여 천하의 법이 될 수 있기 때문이다. 그러므로 천하를 다스리는 자는 용도를 헤아려 많은 재물을 쓰지 않고 생명을 보존하는 정도에 그치니 천하 사람들이 어질다고 칭한다. 수양에 있어서는 본성을 헤치지 않고 교화를 이루기에 충분하니 천하 사람들이 도의에 합당하다고 칭한다. 성정에 적합하게 하고 남아도는 것을 피해 자신의 소유가 아닌 것을 구하지 않으니 천하 사람들이 청렴하다고 칭한다. 일을 이룸에 그 성공을 가릴 수 없고 형벌을 쓰지 않지만 범할 수 없으며 진리를 파악하고서 만물을 경시하니 천하 사람들은 용감하다고 칭한다.」121)라 하였다.

본 죽간의 이하 문장은 파손되었다.

【譯註】

정리본은 '賕'자를 '도박(賭)'으로 해석하고 있으나, 문자 그대로 '貨(재물)'이라는 의미로 해석하는 것이 옳은 것 같다.

---

121) ≪韓詩外傳≫卷三: "不高臺榭, 非無土木也; 不大鐘鼎, 非無金錫也; 不沈於酒, 不貪於色, 非辟醜也; 直行情性之所安而制度, 可以爲天下法矣. 故用不靡財, 足以養其生, 而天下稱其仁也; 養不害性, 足以成教, 而天下稱其義也; 適情辟餘, 不求非其有, 而天下稱其廉也; 行成不可掩, 息刑不可犯, 執一道而輕萬物, 天下稱其勇也."

第7簡

美室室區輊玫學與獄谷易所以避

第 7 簡

……美宝室, 區(驅)軝(軹)攺(柱)䡾(乘)与(輿), 獄諮(訟)易, 所以遊(失)

【해석】

화려한 종묘, 호화롭게 장식된 마차와 소송을 바꾸면 백성을 잃는다.

【上博楚簡原註】

본 죽간의 길이는 16cm이다. 상단은 파손되었고, 하단은 평평하다. 두 번째 홈은 하단과 10.1cm의 간격이 있다. 총 14자이다.

① 美宝室

'宝(신주 주, guāi)'자에 대하여 ≪설문해자≫에서는 「'宝'는 '종묘의 신주 패위를 모신 석실'라는 의미이다. 의미부 '宀'과 소리부 '主'로 이루어진 자이다.」122)라 하였고, 단옥재段玉裁는 「경전에서는 '主'로 쓰고, 소전小篆은 '宝'자로 쓴다. '主'자가 고문古文이다. '祏(위패 석, shí)' 역시 '主'의 의미와 같다. ≪左傳·昭公十八年≫에서는 『축사祝史에게는 주석123)을 주묘周廟로 옮기도록 한다.』라 하였다. 정현鄭玄은 경대부卿大夫는 주宝가 없다하였고, 허신許愼은 大夫가 石으로 宝를 삼는다하였다.」124)라 하였다. ≪집운≫에서는 「'宝'자는 혹은 의미부 '石'과 '示'를 쓴다.」125)라 하였다.

'祏(위패 석, shí)'자에 대하여 ≪설문해자≫에서는 「'祏'은 '종묘의 신주'이다. ≪周禮≫에서는 『교외郊外의 제사, 종묘宗廟의 제사, 석실石室의 제사가 있다.』라 하였다. 혹은 '大夫는 石로 신주를 삼는다'라는 뜻이다. 의미부 示와 石으로 이루어진 자이다. '石'은 또는 소리부이다.」126)라 하였다. 단옥재段玉裁 ≪설문해자주≫에서 '祏'자에 대하여 상세히 설명하였다.

---

122) ≪說文解字≫: "宝, 宗廟宝祏也. 从宀, 主聲."
123) '主祏'은 '종묘에 있는 역대 군주의 신주를 담은 石匣'을 가리킨다.
124) ≪說文解字注≫: 經典作主, 小篆作宝, 主者古文也, 祏猶主也. ≪左傳≫『使祝史徙主祏於周廟』是也. 鄭說卿大夫無宝, 許說大夫以石爲宝."
125) ≪集韻≫: "宝, 或从石, 从示."
126) ≪說文解字≫: "祏, 宗廟主也. ≪周禮≫: 『有郊宗石室.』一曰大夫以石爲主. 从示·石, 石亦聲."

五經異義, 今春秋公羊說祭有主者, 孝子以主繫心. 夏后氏以松, 殷人以柏, 周人以栗. 今《論語》說哀公問主於宰我, 宰我對曰: 夏后氏以松, 夏人都河東, 河東宜松也. 殷人以柏, 殷人都亳, 亳宜柏也. 周人以栗, 周人都豐鎬, 豐鎬宜栗也. 古《周禮》說虞主用桑, 練主用栗, 無夏后氏以松爲主之事. 許君謹按從《周禮》說.《論語》所云謂社主也, 鄭君無駮.《五經要義》曰木主之狀四方, 穿中央以達四方. 天子長尺二寸, 諸侯長尺. 皆刻謚於其背.《春秋左氏傳》典司宗祏, 又曰使祝史徙主祏於周廟, 又曰反祏於西圃, 皆謂木主也. 主當同宀部作宔, 宔字下曰, 宗廟宔祏也. 祏字下曰, 宗廟宔也. 是爲轉注.《藝文類聚》引作宗廟之木主曰祏.」

　　《오경이의》가 말하였다. 『현행본 《春秋公羊》에서는 제사를 모실 때는 신주가 있다. 효자孝子는 신주로써 조상과 마음을 연결한다. 하후씨夏后氏는 소나무로 하였고, 은殷나라 사람들은 잣나무로 하였고, 주周나라 사람들은 밤나무로 하였다.』지금 현행본 《論語》에서 애공哀公이 재아宰我에게 신주에 대하여 묻자 재아가 대답한 내용이 있다. 하후씨는 송으로 삼는다 하였는데, 하나라는 도읍지가 하동河東이고, 하동은 송이 자라기 적합한 지역이다. 은나라는 백으로 삼는다 하였는데, 은나라의 도읍은 박亳으로, 박亳은 백柏이 자라기 적합한 지역이다. 주나라는 율로 삼는데 하였는데, 주나라의 도읍은 풍호豐鎬이다. 풍호는 율栗이 자라기 적합한 지역이다. 고문 《周禮》에서 우虞나라는 신주神主를 상桑나무로 하고, 연練은 밤나무(栗)를 신주로 한다하였으나 하후씨夏后氏가 소나무(松)로 신주를 삼는다는 이야기는 보이지 않는다. 허신은 《周禮》의 주장을 따르고 있다.《논어》에서 언급한 사주社主에 대하여 정현鄭玄은 반박하지 않았다.《오경요의》에는 나무로 만든 신주 목주木主는 네모난 모양으로 나무 가운데 부분을 파서 네모난 모양을 만들었다. 천자는 신주의 길이가 二寸이고 제후는 한 尺이며, 그 뒷부분에 각각의 시호謚號를 새겼다.《春秋左氏傳》에서 '종묘의 석주祏主를 주관하다', '축사祝史에서 主祏을 주묘周廟로 옮기도록 하다', '석주祏主를 서포西圃로 가지고 오다'라 하였는데, 이 신주들은 모두 나무로 만든 신주를 가리킨다. '主'자 '宀'部의 '宔'자와 같다. '宔'자에 대하여 "종묘의 선조 위패"라 하였고, '祏(위패 석, shí)'자에 대해서는 "종묘의 신주(宔)"라 하였다. 두 자는 전주자轉注字이다.《예문유취》에서 는 "宗廟之木主曰祏."로 쓴다.)

　　郊宗石室, 蓋謂天子有之. 郊宗, 蓋謂郊鯀宗禹, 郊冥宗湯, 郊稷宗武王之類, 遠祖之宔爲石室藏之. 至祭上帝於南郊, 祭五帝於明堂, 則奉其宔以配食, 故謂之郊宗石室.《祭法》·《周語》皆言禘郊祖宗, 此舉郊宗以包禘祖也. 其餘毀廟之主亦附藏焉, 至禘祫而升, 合食於大祖. 故曰禘及郊宗石室.

　　'교종석실郊宗石室(교외의 제사, 종묘의 제사, 석실의 제사)'은 天子를 모시는 곳이다. 교외의 제사와 종묘의 제사로는, 곤鯀에게 교사郊祀를 우禹에게 종사宗祀를, 명冥에서 교사郊祀를 탕湯에게 종사宗祀를, 직稷에게 교사를 무왕에게 종사가 있다. 먼 조상의 신주는 석실에 넣어둔다. 상제에게 제사를 드릴 땐 남교南郊에서 하고 오제五帝에게 제사를 드릴 땐 명당에서 올리는데, 신주神主를 모셔놓고 음식을 장만하여 바친다. 그래서 "郊宗石室"이라 한 것이다.《祭法》·《周語》에서 조상에게 체제禘祭와 교제郊祭에 대하여 언급하고 있는데, 이는 교종郊宗을 지낼 때 조상에게 체제를 함께 지내는 것을 말한다. 그 나머지는 모두 종묘의 신주를 없애고 태묘太廟의 석실에 보관하였다가 체협제禘祫祭(합제)을 드릴 때 모두 올려놓고 태조에게 음식을 바치며 큰 제사를 지낸다. 이른바 체제와 교郊·종宗·석실제石室祭는 이와 같은 것이다.

「主」자는 「宗」·「室」·「祏(위패 석, shí)」의 소리는 다르지만 통할 수 있다. 그러므로 「주실主室」은 또한 「주석主祏」·「종석宗祏」으로 읽을 수 있다. 「美主室」도 淫禮(도리에 어긋나는 예)에 속한다.

【譯註】

'㦰'자를 정리본은 '美'자로 예정하고 있으나, 이 자는 '㦰'로 예정하는 것이 옳은 것 간다. '㦰'자는 '微'자나 '美'자와 같은 자이다.

② '區軹玫▨与'

「區軹玫▨与」는 「驅軹柱乘輿」로 읽는다.

「軹」는 「軹(굴대 머리 지, zhǐ)」자가 아닌가 한다. ≪설문해자≫에서는 「'軹'자는 '수레바퀴통 부분의 비녀장의 작은 구멍'을 말한다. 의미부 '車'와 소리부 '只'로 이루어진 자이다.」127)라고 하였고, 단옥재段玉裁는 「軝(바퀴통 머리 기, qí)'자에 대하여 「≪考工記≫에서의 '軹'자는 ≪毛詩≫에서의 '軝'자와 같은 의미로 쓰인다. 이 자는 '軹'자와 음이 같기 때문에 가차자로 쓰인다. 장곡長轂은 길이 9寸2分을 가리키고, '以革約之'은 붉은 가죽으로 묶는 것을 말한다. ≪詩經≫에서는 '양기約軝(길게 나와 있는 둥글대를 묶다)'라 하였다.」128)라 하였다. '約軝'는 수레바퀴 바깥쪽의 축대 장식을 말한다.

「玫」자는 「柱(기둥 주, zhù)」로 읽고 '수레 장식'의 뜻으로 쓰인다. ≪廣韻≫에서는 「'柱'는 '주부柱夫', 혹은 '요거搖車'라 한다.」129)라 하였고, ≪爾雅·釋草≫에서는 「'柱夫'는 즉 '搖車'이다.」라 하였고, 이에 대하여 곽박郭璞은 「덩굴 식물로 잎이 가늘고 꽃은 자색이고 먹을 수 있다. 지금은 『교요거翹搖車』라고도 한다.」라 하였다. 형병邢昺은 「곽박은 "柱夫은 먹을 수 있는 식물이다. '搖車'라고도 하고 속칭 '翹搖車'라고도 한다."라 하였다. 덩굴 식물이고 자색 꽃인데, 솟아난 꽃이 요동을 치는 듯 하기 때문에 부쳐진 이름이다.」라 하였다.130)

---

127) ≪說文解字≫: "軹, 車輪小穿也. 从車, 只聲."
128) ≪說文解字注≫: "≪考工記≫此軹字, 即≪毛詩≫之軝字. 軝者, 同音叚字也. 取此尺九寸二分者, 以革約之而朱其革. ≪詩≫所謂約軝也."
129) ≪廣韻≫: "柱, 柱夫草, 一名搖車也."

「▨」은「乘(탈 승, chéng,shèng)」의 이체자가 아닌가 한다.

이 구절은 "장식한 호화로운 수레를 몰다"의 뜻이다.

【譯註】

　'▨'자를 정리본은 '軭'자로 예정하고, '軓'자로 읽고 있다. '區'자는 '驅'로 읽고, '軭'자는 '騁(달릴 빙, chěng)'으로 읽는 것이 아닌가 한다.

　'▨'자를 정리본은 '玫'로 예정하고 있으나, 문자의 형태로 보아 '畋(밭 갈 전, tián)'자인 것으로 보인다. '▨'자는 잘 알 수 없는 자이나, 전후 문맥으로 보아 '수렵狩獵'의 '獵(사냥 렵, liè)'자와 관련이 있는 자로 혹은 의미부가 '車'이고 소리부가 '鱻'이 아닌가 한다.131)

　≪孟子·盡心下≫에서는 "般樂飮酒, 驅騁田獵, 後車千乘, 我得志, 弗爲也."132)라 하였다. '區軭玫▨'은 즉 '구빙전렵驅騁田獵'의 뜻이다.

③ '獄謌易'

「獄謌易」은「獄訟易」으로 읽는다.

「謌(송사할 송)」자에 대하여, ≪집운集韻≫에서는「'訟(송사할 송, sòng)'자는 고대에는 '謌'· '吰'·'吅'으로 쓴다.」133)라 하였고, ≪유편類篇≫에서는「'訟'자와 '謌'자에 대하여 ≪說文解字≫에서는 『다투다』의 뜻이고, 고문은 '謌'쓴다라 하였다.」134)라 하였다.

「易」자에 대하여 ≪廣韻≫에서는「'바꾸다'의 의미이다. 또는 '시작하다', '개혁하다', '없어지다', '전환하다'의 의미이다.」135)라 하였다. 또는 '만연하다(빈번하게 발생하다)'의 뜻으로 쓰인다. ≪左傳·隱公六年≫에서「악이 커지는 것은 불이 벌판을 태우는 것과 같다.」136)라고 하였다.

이 구절은 "옥송獄訟이 빈번하여 발생하고, 판단을 서지 않고 도를 잃게 되는 것을 말한다"는

---

130) ≪爾雅·釋草≫: "柱夫, 搖車." 郭璞: "蔓生, 細葉, 紫華, 可食. 今俗呼曰『翹搖車』." 邢昺: "釋曰: 柱夫, 可食之草也. 一名搖車, 俗呼翹搖車. 蔓生, 紫華, 華翹起搖動, 因名云."
131) 程燕, 〈讀≪上博九≫劄記(二)〉, 簡帛, 2013-01-07
132) ≪孟子·盡心下≫: "般樂飮酒, 驅騁田獵, 後車千乘, 我得志, 弗爲也."(즐기며 술을 마시고 말을 달리며 사냥을 하고 뒤에 따르는 수레가 천 대인 것을 나는 가질 수 있다해도 나는 가지지 않는다.)
133) ≪集韻≫: "訟, 古作謌·吰·吅·吰(?)."
134) ≪類篇≫: "訟·謌, ≪說文解字≫『爭也』, 古作謌."
135) ≪廣韻≫: "易, 變易. 又始也, 改也, 奪也, 轉也."
136) ≪左傳·隱公六年≫: "惡之易也, 如火之燎于原."

의미이다.

【譯註】

'區(驅)輈(軝)攺(柱)󰀀(乘)与(興), 獄訟(訟)易, 所以遊(失)' 구절은 '區(驅)輈(軝)敗𤝗(獵), 与(舉)獄訟(訟), 此所以遊(失)'로 읽는 것이 아닌가 한다.137)

'与'자는 본 구절에서 '거擧'로 읽으며 '옥송獄訟'의 동사로 쓰이며, '󰀁'자를 정리본은 '易'으로 읽고 있으나 문장 내용으로 보아 '차此'자로 예정하는 것이 옳다. ≪공자견계환자≫의 제 8간은 '此'자를 '󰀂'로 쓴다. ≪周禮·地官·大司徒≫에서는 "백성이 가르침에 복종하지 않으면 감옥을 담당하는 관리를 두고, 땅을 다스리는 관리를 두어서 그 실정을 듣고 단죄하게 한다. 형벌에 걸린 자는 사법관의 판단을 받게 한다."라 하였고, 정현鄭玄은 "죄를 다투는 것을 옥獄이라 하고 재물財物을 다투는 것을 송訟이라 한다."138)라 하였다.

'󰀃'자를 정리본은 예정隸定하지 않고 문맥을 고려하여 '乘'으로 읽고 있다. 그러나 문자의 자형과 문장의 내용으로 보아 '辵'과 '車'와 소리부 '鼡'으로 이루어진 '𤝗'자이다. ≪包山楚簡≫에서는 '렵獵'자를 '車'와 '鼡'인 '󰀄'로 쓰고, 『曾侯乙墓』에서는 '敗'자를 '車'와 '敗'자를 써서 '󰀅'으로 쓴다.139)

④ '所以遊'
「所以失」로 읽는다.
간문에서 「失」자를 「遊」로 쓴다.
「失」은 즉 백성을 잃고 도를 잃고 기강을 잃고 천하를 잃었다는 뜻이다.
본 죽간과 다음 간 사이에 파손된 문장이 있다.

---

137) 何有祖, 〈讀≪上海博物館藏戰國楚竹書(九)≫札記〉, 簡帛, 2013-01-06
138) ≪周禮·地官·大司徒≫: "凡萬民之不服敎而有獄訟者, 與有地治者聽而斷之, 其附於刑者歸於士." 鄭玄: "爭罪曰獄, 爭財曰訟."
139) 『楚系簡帛文字編』, p. 1187 참고.

第8簡

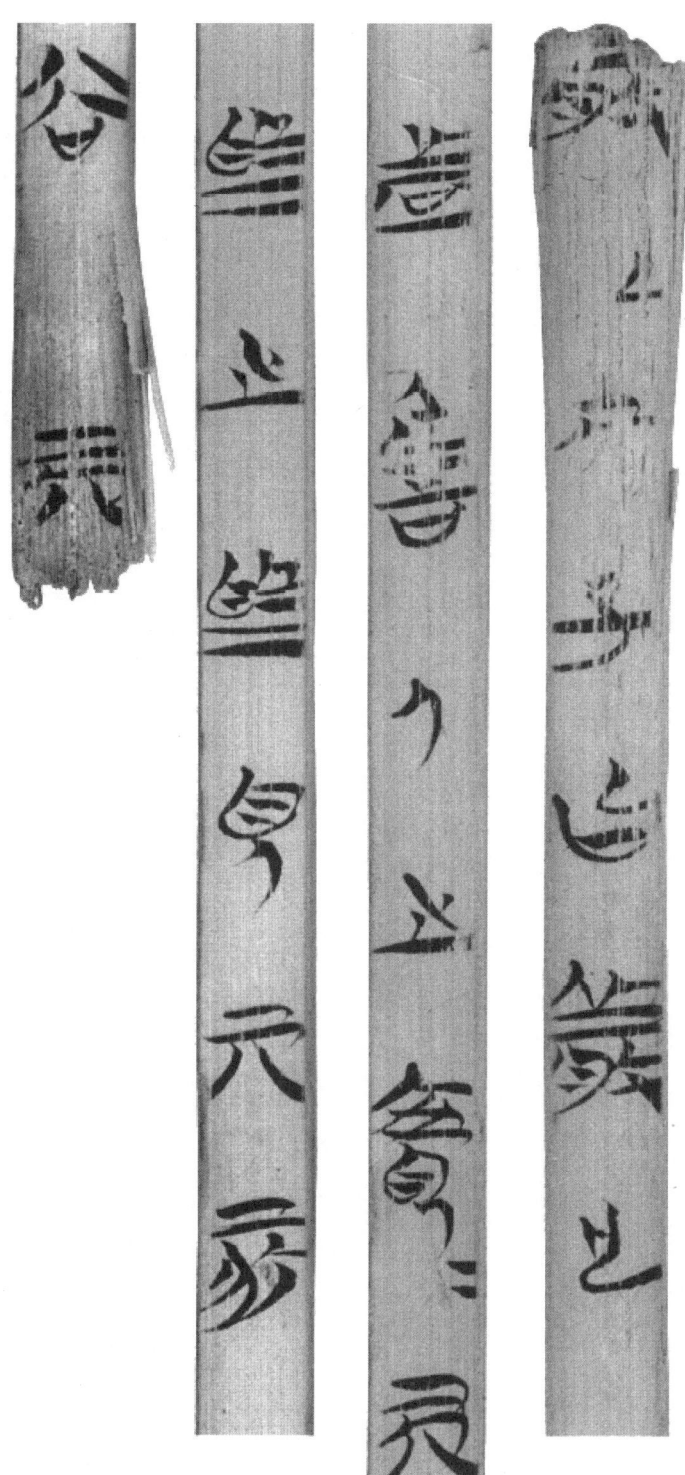

敬と夫子曰敬也者譽人之貧二元爲之爲見元所谷元

第 8 簡

因圉曰:「回(何)圓(謂)敬乚?」夫子曰:「敬也者, 暑(信). 人之瓷═(交, 見)亓(其)爲之, 爲見亓(其)所谷(欲), 亓(其)……

【해석】

(사유는 물었다.)「敬이란 무엇입니까?」공자가 말하였다.「敬이란 믿음이다. 사람들과 교류를 할 때, 그 사람의 행위를 살펴 (그 사람의 사상, 도덕적 행위 중) 원하는 바를 살펴 행하고, ……

【上博楚簡原註】

본 죽간의 길이는 25.6cm이고, 상단과 하단은 파손되었다. 첫 번째 홈과 두 번째 홈 사이는 17cm의 간격이 있다. 문자는 모두 21자이고, 그 중 合文은 1자이다.

① '因圉曰: 回(何)圓(謂)敬乚'

문의에 근거하면「敬」자 앞에「史䆽曰可胃」다섯 자를 채워 넣을 수 있다.「敬」에 대해서는 아래에서 상세히 논하기로 한다.「敬」자 다음에는 구두부호가 있다.

② '夫子曰: 敬也者, 暑'

「夫子曰: 敬也者, 暑」은「夫子曰: 敬也者, 信」으로 읽는다.

「敬(공경할 경, jing)」자에 대하여, ≪論語·公治長≫에서는「공자가 말하였다. 晏平仲은 다른 사람과 사귀기를 잘하여 오래되어도 사람들을 함부로 대하지 않고 존경하였다.」라고 하였고, ≪論語·季氏篇≫에서 孔子는「君子에게는 생각하는 일이 아홉 가지가 있다. 사물을 볼 때 분명하게 볼 것을 생각하고, 소리를 들을 때 똑똑하게 들을 것을 생각하고, 안색은 온화할 것을 생각하고, 용모는 공손할 것을 생각하고, 말은 충실할 것을 생각하고, 일을 할 때는 신중히 할 것을 생각하고, 의심이 날 때는 물을 것을 생각하고, 화가 날 때는 화를 낸 뒤에 어렵게 될 것을 생각하고 이득을 보게 되면 의로운 것인지 생각한다.」[140]라 하였다.

---

140) ≪論語·公治長≫: "子曰:『晏平仲善與人交, 久而敬之.』" ≪論語·季氏篇≫: "君子有九思: 視思明, 聽思聰, 色思溫, 貌思恭, 言思忠, 事思敬, 疑思問, 忿思難, 見得思義."

공자는 몸을 청결히 하는 것과 敬을 중시하였다. 공자는 「敬」과 「修己以安百姓」을 연결시켜 설명하였다.

≪論語·憲問篇≫에서 「자로가 군자에 관하여 물었다. 공자가 말하였다. 『자기 자신을 닦아서 경건해지는 것이다.』『이와 같을 뿐입니까?』라고 묻자, 공자가 말하였다. 『자기 자신을 닦아서 다른 사람을 편안하게 해주는 것이다.』『이와 같을 뿐입니까?』라 묻자, 공자는 말하였다. 『자기 자신을 닦아서 백성을 편안하게 해주는 것이다. 자기 자신을 닦아서 백성을 편안하게 해주는 것은 요임금과 순임금도 아마 오히려 힘들어 했을 것이다!』」[141]라 하였다. 「修己以安百姓(자기를 닦아서 이로써 백성들을 편안하게 해 주는 것)」은 바로 「박시어민博施於民(백성들에게 널리 베푸는 것)」으로, 가장 중요하게 생각한 것은 바로 백성들에게 신임을 얻는 것이다.

경경은 국태민안國泰民安의 중요한 수단이다. 경경은 정직함의 법도이고, 모든 예의 근본이고, 모든 행위의 모범이고, 모든 다스림의 관건이다. 공자는 ≪禮記·哀公問≫에서 哀公에게 「옛날의 정치하는 것은 사람을 사랑하는 것을 크게 여겼으며, 사람을 사랑하는 바를 다스리는 데에는 예禮를 크게 여겼고, 예를 다스리는 데에는 공경함을 크게 여겼으며 공경이 지극한 것으로는 대혼大昏을 크게 여겼으니 대혼大昏은 공경의 지극함이다. 大昏은 이미 지극한 것이니 면복冕服으로 친히 맞는 것이며 이를 친하다고 하는 것이다. 이런 까닭에 군자는 공경한 마음을 일으켜서 친하기를 일삼는 것이다. 공경한 마음을 버리는 것은 친함을 버리는 것이요, 사랑하지 않으면 친하지 않고, 친하지 않으면 바르지 못한 것이다. 사랑과 공경이 정치의 근본이 되는 것이다!」[142]라고 하였다.

공자는 또한 「소인이구나, 번수여! 윗사람이 예의를 좋아하면 백성 가운데 아무도 감히 그를 공경하지 않는 사람이 없을 것이고, 윗사람이 정의를 좋아하면 백성 가운데 아무도 그에게 복종하지 않는 사람이 없을 것이고, 윗사람이 신의를 좋아하면 백성 가운데 아무도 감히 진실을 행하지 않는 사람이 없을 것이다. 이렇게 되면 사방의 백성이 자기 자식을 포대기에 감싸 업고 찾아들 것인데 곡식 농사는 지어서 어디에 쓰느냐?」(≪論語·子路篇≫)라고, 「평상시에 일상생활을 할 때는 공손하고, 일을 처리할 때는 신중하고, 다른 사람을 대할 때는 중후해야 하는 것이니 이는 비록 오랑캐 땅에 간다고 해도 버릴 수 없다.」(≪論語·子路篇≫)라고, 「말 네 마리가 끄는 전차

---

141) ≪論語·憲問篇≫: "子路問君子. 子曰: 『修己以敬.』曰: 『如斯而已乎?』曰: 『修己以安人..』曰: 『如斯而己乎?』曰: 『修己以安百姓. 修己以安百姓, 堯舜其猶病諸!』"
142) ≪禮記·哀公問≫: "古之爲政, 愛人爲大. 所以治愛人, 禮爲大. 所以治禮, 敬爲大. 敬之至矣, 大昏爲大. 大昏至矣! 大昏旣至, 冕而親迎, 親之也. 親之也者, 親之也. 是故, 君子興敬爲親, 舍敬是遺親也. 弗愛不親, 弗敬不正. 愛與敬, 其政之本與!"

천 대를 가진 큰 나라를 다스리려면 일을 정성을 다하여 처리하고 백성들에게 신용이 있으며, 비용을 절약하고 인재를 아끼며, 백성들에게 일을 시킴에 있어서는 아무 때나 하지 않고 적절한 시기를 골라서 해야 한다.」(《論語·學而篇》),「말이 충성스럽고 믿음직하며 행동이 독실하고 경건하다면 오랑캐의 나라에서라도 행해지게 될 것이다.」(《論語·衛靈公篇》)라 하였다.143)

《禮記·聘義》에서는「공경과 사양이라는 것은 군자가 서로 접대하는 예절이다. 諸侯가 공경과 사양으로 접대한다면 서로 침범하거나 업신여기는 일은 없을 것이다.」라 하였고, 정현鄭玄은 이에 대하여「군자가 서로 사교할 때 손님은 사양하고 주인은 공경하는 것이다.」144)라 하였다. 또한 《禮記·鄉飲酒義》에서는「존경하고 양보하며, 정결히 하고, 공경하는 것은 군자가 이른바 서로 접대할 때 갖추어야 할 덕목이다. 군자가 존경하고 양보하면 다투지 않게 되고, 정결하고 공경을 하면 방자하지 않을 것이고, 방자하지 않으면 다투지 않는다. 그러면 싸움과 쟁론은 멀어지게 되고, 싸우지 않고 쟁론하지 않으면 폭난暴亂의 화가 발생하지 않을 것이다. 이것이 군자가 타인으로부터 화를 면하는 원인이다. 그러므로 성인은 이를 도로 만든 것이다.」145)라 하였다.

《易·坤·文言傳》에서는「'直(곧을 직, zhí)'이란 정직을 말하는 것이고, '방方'이란 행위의 도의道義를 말한다. 군자君子는 내심이 어긋남이 없이 정직하게 공경을 하게, 외적으로는 도의로써 방정하게 해야한다. 공경하고 도의적인 행위를 하면 미덕을 널리 펴져 외롭지 않게 된다.」라고 하였고, 임율林栗은「敬이라는 것은 모든 행위의 표본이다. 그러니 군자가 그 몸을 바르게 하고자 하는데 어찌 공경을 가장 중요한 것으로 하지 않겠는가? 敬을 정직함으로 하고 도의를 중정中正(곧고 올바름)으로 하여 스스로 설 수 있게 된다면 이는 매우 빼어난 훌륭한 것이다. 그래서 고립되어 단절되어 이웃이 없이 홀로 될까봐 걱정을 하게 되면 편협적이고 독단적인 행위를 하여 크게 이루지 못하게 될 것이다. 그래서 『敬義立, 而聽不孤.(敬과 義가 서면 德은 외롭지 않다』라 한 것이다.」146)라 하였다.

---

143) 《論語·子路篇》: "小人哉, 樊須也！上好禮, 則民莫敢不敬; 上好義, 則民莫敢不服; 上好信, 則民莫敢不用情. 夫如是, 則四方之民襁負其子而至矣, 焉用稼？" 《論語·子路篇》: "居處恭, 執事敬, 與人忠, 雖之夷狄, 不可棄也." 《論語·衛靈公篇》: "道千乘之國, 敬事而信, 節用而愛人, 使民以時.」(《論語·學而篇》),「言忠信, 行篤敬, 雖蠻貊之邦, 行矣."

144) 《禮記·聘義》: "敬讓也者, 君子之所以相接也. 故諸侯相接以敬讓, 則不相侵陵." 鄭玄: "君子之相接, 賓讓而主人敬也."

145) 《禮記·鄉飲酒義》: "尊讓·潔·敬也者, 君子之所以相接也. 君子尊讓則不爭, 潔·敬則不慢. 不慢不爭, 則遠於鬪·辨矣. 不鬪·辨, 則無暴亂之禍矣. 斯君子所以免於人禍也. 故聖人製之以道."

146) 《易·坤》: "直其正也, 方其義也. 君子敬以直內, 義以方外, 敬義立, 而德不孤." 林栗: "敬也者, 百行之表也, 君子欲正其身, 非敬何先？敬以爲正, 義以爲中, 其自立者, 可謂卓然矣. 然恐孤絕而無鄰, 則偏迫獨行, 而無以成其大, 故曰:『敬義立, 而聽不孤.』"

敬하지 않으면 혼란스럽고 敬하지 않으면 모든 것이 흩어지게 되는 것이다.

「䚻」는 의미부 '身'과 '言'으로 이루어진 자이다. 「信」자 역시 의미부 '身'과 '人'으로 이루어져 의미부가 같은 뜻이기 때문에 고문자에서 서로 통용되었을 수 있다.

금문金文 중 '信'자는 의미부 '身'과 '言'으로 쓴다. 예를 들어, ≪중산왕석정中山王䚻方壺≫에서 「余智(知)其忠䚻(信)施(也)」147)라고 하였는데, 이 중 「䚻」자를 「䚻」으로 썼다. ≪신안군정信安君鼎≫에서는 「䚻」으로 쓴다.

≪설문해자≫에서는 '信'자에 대하여 「'정성이다(誠)'의 뜻이다. 의미부 '人'과 ' 言'으로 이루어진 자이다.」148)라 하였고, ≪爾雅·釋詁≫에서는 「''윤允', '孚(미쁠 부, fú)', '亶(믿음 단, dǎn,dàn)', '전展', '諶(참 심, chén)', '성誠', '양亮', '詢(물을 순, xún)'은 '믿다(信)'의 뜻이다.」149)라 하였고, ≪상박초간(二)·從政(甲篇)≫에서는 「훌륭한 군주는 믿음으로 천하는 지키고 의리義理로 천하를 인도하고 예의로 백성을 대한다.」(제1, 2간)150)라 하였다.

공자는 「敬也者, 信」151)라 하여 「敬」에 대한 직접적으로 명확하게 설명하였다. '敬'은 백성들로부터 신임을 얻을 수 있게 하고, '敬'은 국태민안國泰民安하도록 한다. 일을 할 때 공경하고 신중히 하고, 백성들과 함께 할 때 성실히 하는 것은 나라를 다스리는 관건이다. 그래서 공자는 史䐓에게 일을 공경히 처리하고 백성으로부터 신임을 얻는 것이 가장 먼저 할 일이라고 계도하였다.

본 편의 「敬」의 字形과 ≪상박초간(一)·性情論≫제13간의 「敬」이 같은데, ≪性情論≫은 그 중 「口」 중 두 점을 생략되었다.

【譯註】

≪성정론性情論≫은 '敬'자를 '敬'으로 쓴다.152)

③ '人之瓮=亓爲之'

「人之瓮=亓爲之」 구절은 「人之交, 見其爲之」로 읽는다.

「瓮」는 「交見」合文으로, 「交, 見」으로 나누어 읽는다.

---

147) ≪中山王䚻方壺≫: "余智(知)其忠䚻(信)施(也)."(나는 그대의 충성심과 믿음을 안다.)
148) ≪說文解字≫: "信, 誠也. 从人言."
149) ≪爾雅·釋詁≫: "允·孚·亶·展·諶·誠·亮·詢, 信也."
150) ≪上海博物館藏戰國楚竹書(二)·從政(甲篇)≫: "夫是則獸(守)之以信, 䚻(教)之以義, 行之以豊(禮)也."
151) "敬은 信이다."
152) ≪楚系簡帛文字編≫, 815 쪽

「見」자는 약간 변형된 형태이다. ≪上海博物館藏戰國楚竹書(一)·性情論≫에서 「윗사람과 교류하면 군자를 섬기는 도리에 가까워지고, 아랫사람과 교류하면 민중의 지지를 받을 수 있어 정치의 도에 가까워 질 수 있다.」(제25간)153)라 하였다. 사람의 사귐에는 잘 어울려 좋게 되기도 하고, 서로 다투어 서로 정벌하기도 하는데, 이는 행동하는 바를 보면 명확하게 알 수 있다.

≪詩經·小雅·谷風≫에서는 서로 은혜를 잊고 의를 저버리며 매정하고 도의가 없는 소인배들의 사귐에 대하여 심도있게 지적하고 있다.

    習習谷風, 維風及雨. 將恐將懼, 維予與女. 將安將樂, 女轉棄予. 習習谷風, 維風及頹. 將恐將懼, 寘予于懷. 將安將樂, 棄予如遺. 習習谷風, 維山崔嵬. 無草不死, 無木不萎. 忘我大德, 思我小怨.(≪詩·小雅·谷風≫)

    산들산들 동풍이 부니 바람과 함께 비가 오네. 살기 어렵고 걱정 있을 때엔 오직 나와 너뿐이라네. 편히 즐겁게 살만 하게 되자 그대는 도리어 나를 버리는구만.
    부드럽던 동풍이 사납게 풀어오네. 살기 어렵고 걱정 있을 때에는 나를 품안에 주더니 편히 즐겁게 살만 하게 되자 나를 잊은 듯 버리네.
    부드러운 동풍이 높다란 산에 불어오는데도, 풀이 모두 죽고 나무는 모두 시드네. 나의 큰 덕은 잊고 나의 조그만 원한만 생각하는구만.

군자의 사귐은, 윗사람과 사귀면서 아첨하지 않고, 아랫사람과 사귀면서 깔보지 않는 것이다. 군자는 「사덕四德」을 갖추어야 한다하였다. ≪易·乾·文言≫에서 이르기를 「군자는 인선仁善을 실천하기 때문에 족히 사람들의 존경을 받는 尊長이 될 수 있고, 좋은 만남을 가지기에 예의 규범에 알맞게 되고, 만물에게 이득을 주기 때문에 의리와 부합되고, 정도正道를 굳건히 하기 때문에 일을 잘 할 수 있는 것이다.」154)라 하였다.

사람과 사귈 때 그 행하는 바를 보아야 한다. 군자의 사귐은 인애의 도리(仁道), 널리 베풂(박시博施), 타인 공경(敬人), 관용(거관擧寬)으로 한다.

【譯註】

    '▣=(卷=)'자를 정리본은 '交'·'見' 합문으로 보고 있으나, '안색顔色'의 합문이다.155) ≪郭店楚

---

153) ≪上海博物館藏戰國楚竹書(一)·性情論≫: "上交近事君, 下交得衆近從正(政)."
154) ≪易·乾≫: "君子體仁足以長人, 嘉會足以合禮, 利物足以和義, 貞固足以幹事."
155) 蘇建洲, 〈初讀≪上博九≫劄記(一)〉, 簡帛, 2013-01-06

簡·五行≫ 제 32간 "顔色伀(容)佼(貌)悃(溫)叀(變)也"156) 중의 '顔色'을 '龠'으로 쓴다.157) ≪上博楚簡(五)·君子爲禮≫ 중 '顔淵'의 '顔'자를 '䭫(䭫)'(제1간)으로 쓴다. 윗부분이 '龠'자의 윗부분과 같다. ≪論語·泰伯≫에서 증자曾子는 군자가 도를 실천하는 세 가지 요소 중 '안색을 바르게 하여 진실한 모습을 보여 주어야 하는 것'이 그 중에 하나라 하며 "正顔色, 斯近信矣"158)라 하였다.

④ '爲見亓所谷'

「爲見亓所谷」 구절은 「爲見其所欲」로 읽는다.

「谷」자는 고문에서 「欲(하고자 할 욕, yù)」의 의미로 쓰인다. 예를 들어, ≪易·損≫의 ≪象傳≫에서는 「군자는 이를 본받아서 성냄을 징계하고 욕심을 막는다.」라 하였고, ≪音訓≫에서 「'欲'자를 조晁씨는 『맹孟씨는 '谷'으로 쓴다.』라 하였다.」라 하였다.159) ≪상박초간(一)·性情論≫「慮谷(欲)淵, 而毋異, 退谷(欲)繁, 而毋輕.」(제27간)160) 구절 중 '谷'자는 '欲'의 의미로 쓰인다.

「見其所欲」의 구절은 ≪韓非子·主道≫의 「군주는 바라는 것을 밖으로 드러내지 말아야 한다. 군주는 바라는 것을 밖으로 드러내면 신하 자신이 잘 보이려고 꾸밀 것이다. 또한 군주가 자기 의사를 표시하지 말아야 한다. 군주가 자신의 의사를 표시하면 신하 자신이 남과 다른 것을 표시하려 한다.」161)에서도 보인다.

간문簡文의 「爲見其所欲」은 사람의 행동거지는 사람의 사상, 추구, 시비관념을 통해서 알게 될 수 있다는 것을 말한다.

본 죽간의 이하 문장은 파손되었다.

---

156) "안색과 용모는 온화하고 평이하여야 한다."
157) ≪楚系簡帛文字編≫, 1278 쪽
158) "君子所貴乎道者三, 動容貌, 斯遠暴慢矣, 正顔色, 斯近信矣, 出辭氣, 斯遠鄙倍矣."(『論語·泰伯』:)(군자가 도를 실천하는데 있어 귀중하게 여기는 일이 세 가지 있다. 몸을 움직이는 데 있어서는 난폭하거나 오만한 태도를 없애야 하고, 안색을 바르게 하여 진실한 모습을 보여 주어야 하며, 말을 입 밖에 내는데 있어서는 비루하고 사리에 어긋나는 일이 없어야 한다.)
159) ≪易·損·象傳≫: "君子以懲忿窒欲." ≪音訓≫: "欲, 晁氏曰:『孟作谷.』"
160) ≪上海博物館藏戰國楚竹書(一)·性情論≫: "慮谷(欲)淵, 而毋異, 退谷(欲)繁, 而毋輕."(생각(思慮)은 심사숙고 해야 하고 거짓된 마음이 있어서는 안 되며, 물러날 때는 순서 절차에 맞춰 나아가되 輕慢하지 말아야 한다.)
161) ≪韓非子·主道≫: "君無見其所欲, 君見其所欲, 臣自將雕琢; 君無見其意, 君見其意, 臣將自表異."

【譯註】

정리본은 '![]'자를 '見'자로 예정隸定하고 있으나, '視'로 예정해야 옳다. 구석규裘錫圭는 ≪郭店楚簡·老子甲≫(제2간)에서 '![]'자를 '視'자로 보고, "'視'자 아랫부분은 '見'자와 달리 아랫부분 '人'의 형태가 세워져 있다. 簡文에서의 '見'자를 '![]'으로 쓰는 것과는 다르다"라 하였다.162) '爲視丌(其)所谷(欲)'은 '상대방이 무엇을 원하는지를 살펴서 그에 맞게 행동하라'는 뜻이다.

또한 정리본은 제 8간의 마지막 '![]'자를 '其'자로 예정隸定하고 있으나, '其'자는 일반적으로 '![]'로 쓰며, '![]'자는 윗부분에 한 획이 더 있다. 따라서 '丌(其)'자가 아닌 '而'자로 예정해야 옳다.

---

162) "'視'字下部爲'立'人', 與簡文'見'字作![]字有別." 『郭店楚墓竹簡』(1998), p. 114 참고.

第9簡

害鹿而不敬子亦氏之惻吏䛑曰可胃圉可胃

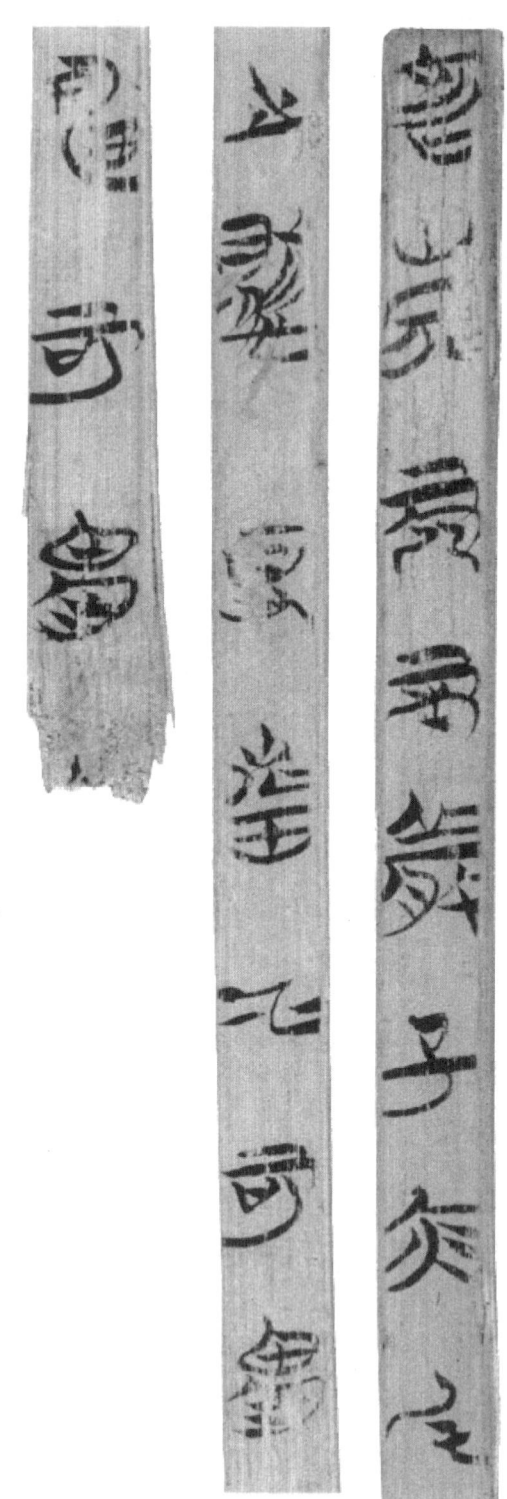

第 9 簡

「害(曷)鹿(麤)而不敬？ 子亦氏(是)之惻.」吏(史)䛅曰:「可(何)胃(謂)䩞(强)？ 可(何)胃(謂)□？」……

【해석】

「무엇이 무례하면서 공경하지 않은 것일까? 그대 또한 애통하게 여길 일이다.」사유가 물었다. 「무엇이 强입니까? 또한 ……은 무엇입니까?」

【上博楚簡原註】

본 죽간의 길이는 19.8cm이다. 상단은 평평하고, 하단은 파손되었다. 첫 번째 홈과 상단까지의 간격은 10.2cm이다. 문자는 총 19자이며, 그 중 殘字가 1자이다.

① '害鹿而不敬'

「害鹿而不敬」 구절은 「曷麤而不敬」으로 읽는다.

「害」자는 「曷(어찌 갈, hé)」의 의미로 쓰인다. ≪尚書·태서泰誓≫에서 「내가 어찌 감히 그분의 뜻을 벗어나는 일이 있겠소.」[163]라 하였는데, 돈황본敦煌本에서는 「曷」자를 「害」로 썼다. ≪尚書·湯誓≫에서 「이 해는 언제나 없어질 건가?」[164]라고 하였는데, ≪孟子·梁惠王上≫에서 이 구절을 인용하면서 「曷」자를 「害」로 쓴다. ≪일주서逸周書·도읍度邑≫「害不寢」 구절을 ≪史記·周本紀≫에서는 「曷爲不寢」[165]으로 쓴다.

「鹿」자는 「麗(원추리 록(녹), lù)」・「麤(거칠 추, cū)」・「粗(거칠 조, cū)」로 읽는다. ≪六書故≫에서는 「'麤'자에 대하여 ≪설문해자≫에서는 『'멀리 뛰어 간다'는 뜻이다』라 하였다. 속자는 '麁'로 쓰고, 혹은 '觕(거칠 추, cū)'로 쓰며 '粗'자와 통한다.」라 하였고, ≪說文解字≫에서는 「'麤'자는 '멀리 뛰어가다'의 뜻이다. 세 개의 '鹿'자로 이루어진 자이다.」[166]라 하였다. 단옥재段玉裁 ≪설문해자주≫는 「사슴은 쉽게 놀라 뛰어가는 동물이다. 그래서 세 마리의 '鹿'자로 된 자이다.

---

163) ≪尚書·泰誓≫: "予曷敢有越厥志."
164) ≪尚書·湯誓≫: "時日曷喪."
165) ≪史記·周本紀≫: "曷爲不寢."(어찌 잠을 자지 않는가?)
166) ≪六書故≫: "麤, ≪說文解字≫曰:『行超遠也.』俗作麁, 又作觕, 與粗通." ≪說文解字≫: "麤, 行超遠也. 从三鹿."

의미가 확대되어 '거칠다(노망鹵莽)'의 의미로 쓰인다. ≪玉篇≫과 ≪韻≫에서는 '정교하지 않다(不精)', '굵다(大)', '서투르다(疏)'라는 뜻이라 하였는데, 이는 모두 지금 쓰이는 의미이다. 속자俗字는 '麁'로 쓰기도 하며, 현재는 '粗'자로 쓰는데, '粗'자가 쓰이게 되자 '麤'자가 쓰이지 않게 되었다.」167)라 하였다.

「粗(거칠 조, cū)」자에 대하여, ≪說文解字≫에서는 「'粗'자는 '서투르다(疏)'의 뜻이다. 의미부 '米'와 소리부 '且'로 이루어진 자이다.」라 하였고, 단옥재段玉裁는 「이 자는 이른바 물건이 '정교하지 않다'라는 자의 가차자나 파생어로 쓰인다.」라 하였다.168) ≪附釋文互注禮部韻略≫에서는 「'粗'자는 '서투르다(疏)'의 뜻이다. ≪新補≫은 '麤'자와 같은 자라 하였다.」라 하였고, ≪古今通韻≫에서 「'粗'자는 즉 '麤'자와 같다.」라 하였고, ≪玉篇≫에서는 「'粗'자는 '굵다(大)', '대략(略)', '서툴다(疏)', '물건이 정밀하지않다'의 뜻이다.」라 하였다.169)

≪孔子家語·六本≫에서는 「공자가 태산泰山을 놀러갔을 때의 일이다. 영성기榮聲期가 성郕의 땅들을 사슴껍질로 만든 갓 옷을 입고 흰 띠를 두르고 거문고를 뜯으면서 노래를 부르고 다녔다.」170)라 하였고, ≪後漢書·오연전虞延傳≫「옛날에 안영晏嬰이 제齊나라에서 관리를 지낼 때 사슴 가죽으로 만든 옷이 온전치 않았다.」 구절에 대하여 李賢은 「안자晏子가 말하였다. 『안자는 베옷을 입고 사슴 가죽 옷을 입고 알현하겠습니다.』 공공이 말하였다. 『그대의 집은 그와 같이 가난한가. 어찌 옷이 그렇게 헤어졌는가.』」171)라 하였다.

본 구절의 「麤」는 예禮에 적합하지 않고, 천박하고 거칠다는 뜻의 파생어로 쓰인다.

≪禮記·중니연거仲尼燕居≫에서는 「敬而不中禮, 謂之野.」172)라 하였다.

【譯註】

제 9간의 두 번째 '![]'자를 정리본은 '鹿'자로 예정隸定하고 '거칠다'는 의미인 '麤'로 읽고 있다. 하유조何有祖(2013)는 "'廌(법 치, zhì)'자로 예정하고 '薦(천거할 천, jiàn)'으로 읽어야

---

167) 段玉裁≪說文解字注≫: "鹿善驚躍, 故从三鹿. 引伸之爲鹵莽之偁. ≪篇≫·≪韻≫云, 不精也·大也·疏也, 皆今義也. 俗作麁, 今人槩用粗, 粗行而麤廢矣."
168) ≪說文解字≫: "粗, 疏也. 从米, 且聲." ≪說文解字注≫: "按引伸叚借之, 凡物不精者皆謂之粗."
169) ≪附釋文互注禮部韻略≫: "粗, 疏也. ≪新補≫與麤同." ≪古今通韻≫: "粗, 麤也." ≪玉篇≫: "粗, 大也, 略也, 疏也, 物不精也."
170) ≪孔子家語·六本≫: "孔子遊于泰山, 見榮聲期, 行乎郕之野, 鹿裘帶索, 瑟瑟而歌."
171) ≪後漢書·虞延傳≫: "昔晏嬰輔齊, 鹿裘不完." 李賢: "晏子曰:『晏子布衣鹿裘以朝.』公曰:『夫子之家若此之貧也, 奚衣之惡也.』"
172) ≪禮記·仲尼燕居≫: "敬而不中禮, 謂之野."

한다"라고 하였다.173) ≪上博楚簡·容成氏≫ "虐所知多薦"174) 중의 '薦'자를 ' '으로 쓴다. 자형과 전후 문맥으로 보아 본 구절에서는 '薦'자로 예정하는 것이 옳다. ≪禮記·祭義≫ "仲尼嘗, 奉薦而進, 其親也慤, 其行也趨趨以數"175) 구절 중 '薦'자는 '제물을 바쳐 제사를 드리다'는 의미로 쓰인다.

② '子亦氐之惻'

「子亦氐之惻」은 「子亦是之惻」으로 읽는다.

「惻(슬퍼할 측, cè)」은 ≪설문해자≫에서 「'침통하다'의 의미이다. 의미부 '心'과 소리부 '則'으로 이루어진 자이다.」라 하였고, ≪玉篇≫에서는 「'惻'은 '슬퍼하다(悲)', '애통하다(痛)의 뜻이다.」라 하였다.176) 즉 '침통하다', '근심하고 슬퍼하다'의 뜻이다.

【譯註】

' '자는 제 5간에도 보인다. '氐'자로 예정하고 '是'로 읽는다.

③ 吏蕾曰: 可胃畺

「吏蕾曰: 可胃畺」 구절은 「史蕾曰: 何謂強」으로 읽는다. 畺

「畺」자는 의미부 '畕'로 이루어진 자이며, 갑골문에서는 「 」자로 쓴다.177) ≪은계췌편殷契粹編≫에서 「□□ 날에 行이 점을 쳐 묻습니다. 오늘 저녁 화가 없을까요? 변경지역에서.」178)라 하였는데, 郭沫若은 「'畺'자는 즉 '疇'자이다. 이 문장에서는 地名으로 쓰인다.」179)라 하였다. 하지만 이 자는 「疆」자가 아닌가 한다. 卜辭 문장으로 보아 왕이 교외에 거주하고 있으며, 이 「畺」자는 국경을 가리킬 수 있기 때문에 「疆(지경 강, jiāng)」자가 아닌가 한다.

---

173) 何有祖, 「讀『上海博物館藏戰國楚竹書(九)』札記」, 簡帛사이트, 2013-01-06. "楚文字中'鹿'·'薦'形體接近, 這裏也有可能是'薦'字, 此種寫法也見於上博『容成氏』48號簡·『天子建州』甲8諸'薦'字. '薦', 讀作'薦'. '曷薦而不敬?'"
174) 본 구절에서 '薦'자는 '盡'의 의미로 쓰인다. "내가 아는 바는 최선을 다해야 한다"라는 뜻이다.
175) "공자가 상제를 지냈을 때 제물을 스스로 받들어 올림에 임하여 정성을 다한 것 같아도 예법이 고르지 못하고, 보행 때는 종종으로 다닌 것이 경솔해 보였다."
176) ≪說文解字≫: "痛也. 从心. 則聲." ≪玉篇≫: "惻, 悲也, 痛也."
177) ≪甲骨文編≫, 522쪽.
178) ≪殷契粹編≫: "□□卜, 行貞: 今夕亡囚? 在畺."
179) 郭沫若: "畺卽疇字, 在此乃地名."

≪說文解字≫에서는「畺(지경 강, jiāng)'은 '경계'라는 뜻이다. 의미부 '畕'와 '三'로 이루어진 자이다. '三'은 '경계를 나누다'의 뜻이다.」180)라 하였다. 갑골문과 죽간문은 곡선으로 경계를 나타내었는데, 후에 ≪說文解字≫에서는 간단하게 세 개의 가로획으로 경계를 나타냈다. ≪集韻≫에서는「'畺'자는 혹은 '疆'·'䠲'·'壃'·'彊'자 등으로 쓴다.」181)라 하였다.

「疆(지경 강, jiāng)」자는「強(군셀 강, qiáng,jiàng,qiǎng)」자와 통한다. 예를 들어, ≪尚書·皋陶謨≫「疆而義.」182) 구절을 이현李賢의 ≪注≫는 ≪後漢書·楊震傳≫에서「強而誼」로 쓴다. ≪詩經·大雅·蕩≫「曾是疆禦」183) 구절을 ≪漢書·敘傳下≫에서는「曾是強圉」로 쓴다.

≪廣韻≫에서는「'強'은 '강건하다(健)', '사납다(暴)'의 뜻이다.」184)라고 하였다. 孔子는 ≪禮記·表記≫에서「君子가 엄중하고 정중하는 것을 '強'이라 한다.」185)라 하였다.

본 죽간의 이하 문장은 파손되었다.

【譯註】

제 9간은 제 8간으로 연결되는 죽간으로 제 9간의 마지막 자, 즉 제 8간의 첫 번째 자는 '敬'자가 아닌가 한다.186)

「害(曷)鹿(麗)而不敬？ 子亦尼(是)之惻.」吏(史)䛆曰「可(何)胃(謂)畺(強)？ 可(何)胃(謂)【9】敬㇏？」夫子曰:「敬也者, 䯮(信). 人之麃=(顔色)而爲之, 爲視亓(其)所谷(欲), 而……【8】

「어찌 무례하고 공경하지 않은 일이겠는가? 그대 또한 애통하게 여길 일이다. 사유가 물었다. 「무엇이 강강입니까? 또한 경敬은 무엇입니까?」공자가 말하였다. 「경敬이란 믿음이다. 사람의 안색을 보고 행동하고, 그 사람이 이른바 원하는 바를 살펴 행하고, ……

---

180) ≪說文解字≫: "畺, 界也. 从畕, 三其介畫也."
181) ≪集韻≫: "畺, 或作疆·䠲·壃·彊."
182) ≪尚書·皋陶謨≫: "疆而義."(강하면서도 이롭다.)
183) ≪詩·大雅·蕩≫: "曾是疆禦."(일찍이 포학하였다.)
184) ≪廣韻≫: "強, 健也, 暴也."
185) ≪禮記·表記≫: "君子莊敬曰強."
186) 王凱博, ≪≪史䛆問於夫子≫綴合三例≫, 簡帛, 2013-01-10.

第10簡

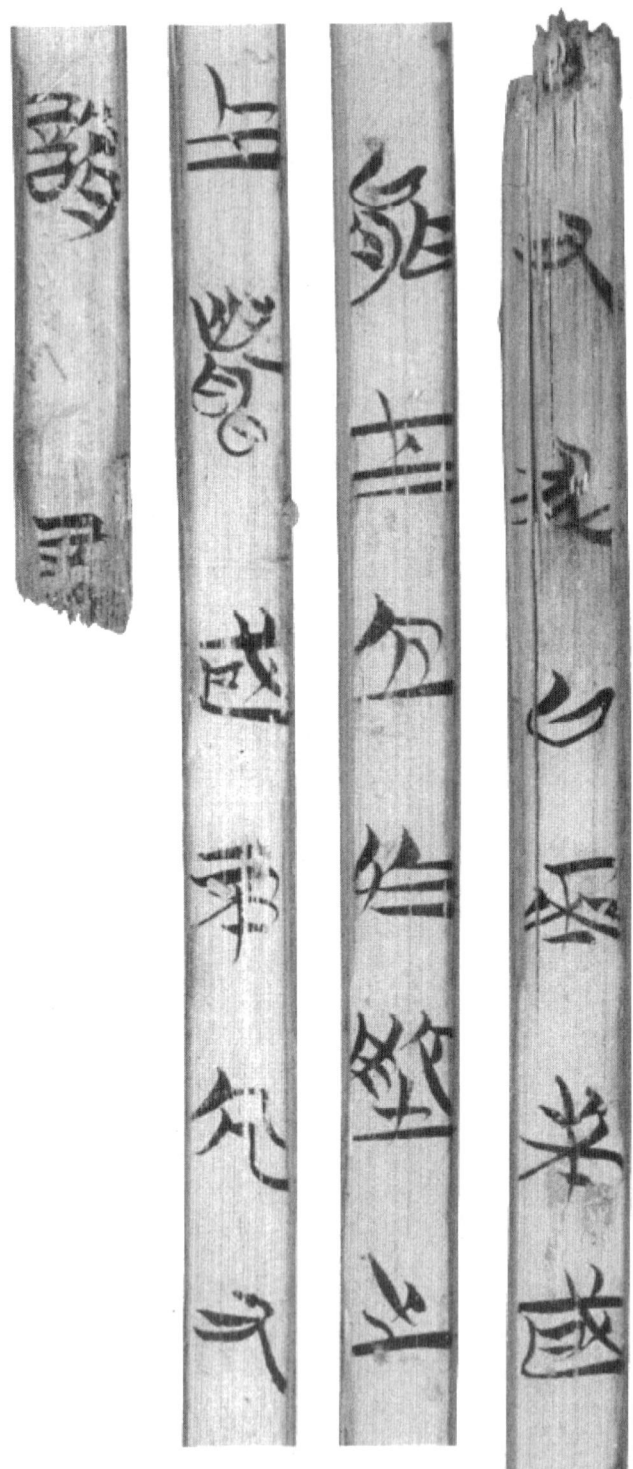

又民吕來未或能才立於陛之上䏁或不免又謂不

第 10 簡

……□又(有)民㠯(以)來, 未或能才(栽)立(粒)於埅(地)之上, 鼠(抑・噎)或不免又(有)諨(滑・猾)不(否)?……

【해석】

백성에게 보리를 주었는데, 만약에 땅 위에 씨앗을 뿌려 쌀알을 먹을 수 없다면, 백성들의 심한 혼란을 일으키는 것을 면치 못할 것이며, 혼란이 없다면?

【上博楚簡原註】

본 죽간의 길이는 25.4cm이고, 상단과 하단은 파손되었다. 첫 번째 홈은 상단과 7.5cm의 간격이 있고, 첫 번째 홈과 두 번째 홈의 간역은 16.8cm이다. 문자는 총 21자이며, 그 중 잔자殘字가 1자이다.

① □又民㠯來

「□又民㠯來」는 「□有民以來」로 읽는다.

첫 번째 자는 파손되어 분명하지 않다. 이 구절은 혹은 「후직后稷이 백성에게 우리 백성에게 내모來牟의 종자를 주시다.」[187]이나, '좋은 곡식 종자가 하늘로부터 내려오는 일'[188]이나, 혹은 '후직后稷이 상서로운 곡식을 얻은 일'[189]과 관련이 있는 것이 아닌가 한다.

　　思文后稷, 克配彼天. 立我烝民, 莫非爾極. 貽我來牟, 帝命率育, 無此疆爾界. 陳常于時夏.
　　(≪詩經・周頌・思文≫)
　　문덕이 두터운 후직께서는 하늘의 짝이 되실 만한 분이네. 우리 백성들이 곡식을 먹을 수 있음은 그분의 은덕이네. 우리에게 보리와 밀씨 내리심은 하늘이 명하여 백성을 두루 기르시게 하셨네. 이곳저곳을 막론하고 중국 땅에 도를 베푸셨네.
　　毛以爲, 周公自言我思先祖之有文德者, 后稷也. 此后稷有大功德, 堪能配彼上天. 昔堯遭洪水, 后稷播殖百穀, 存立我天下衆民之命, 使衆民無不於爾后稷得其中正. 言民賴后稷復其常性,

---

187) 朱熹≪思文・詩傳≫: "后稷貽我民以來牟之種."
188) ≪大雅・生民≫: "誕降嘉種."(좋은 곡식 종자가 하늘로부터 내려오다.)
189) "后稷得瑞穀."(后稷이 상서로운 곡식을 얻은 일.)

是后稷有大功矣. 由后稷有穀養民之故, 天乃遺我武王以所來之牟麥. 正以牟麥遺我者, 帝意所命, 用此后稷養天下之物, 表記后稷之功, 欲廣其子孫之國, 使無疆境於汝今之經界.(孔穎達, ≪疏≫)

≪毛傳≫이 주공周公이 문덕이 있는 우리 조상 생각하네라 하였는데, 이분이 곧 후직后稷이다. 후직后稷은 큰 공덕功德이 있어 능히 하늘과 같이 할 수 있다. 옛날 요堯 시대에 洪水를 만나지만 후직后稷이 백곡百穀의 씨앗을 뿌려 자라게 해 우리나라 백성이 생명을 존립할 수 있게 되었고, 백성들이은后稷이 베푼 중정中正을 얻지 않은 자가 없게 되었다. 이와 같이 后稷의 백성들이 일상적인 성품을 갖출 수 있었으니 이는 后稷의 큰 공이다. 后稷이 곡식으로 백성을 돌보고자 하니 하늘이 우리나라 武王에게 이른바 보리와 밀을 주신 것이다. 보리와 밀을 우리나라에 주신 것은 하늘의 명령이지만 이를 통하여 后稷이 천하의 만물을 양성하게 하고자 함이니 이는 또한 后稷의 공로를 말하는 것이다. 그 자손의 나라에 미치지 않는 곳이 없게 하니 이 경계와 저 경계가 없이 베풀게 되었다.

「來」자에 대하여 ≪설문해자≫에서는 「'來'는 이른바 주周나라 때 들여 온 질 좋은 보리인 '來'와 '麰(보리 모, móu)'이다. 두 개의 이삭과 하나의 뿌리로 이루어진 자이다. 이 자는 보리의 까끄라기가 있는 형상이다. 보리는 하늘이 내려 준 것이기 때문에 '行來'의 '來'의 의미로 쓰인다. ≪詩經≫은『우리에게 來(소맥)와 麰(대맥)를 내려주셨네』라 하였다.」190)라 하였고, 단옥재段玉裁는「하늘에서 내려왔다는 보리는 '來麰'이라 하고, 이를 한 자로는 '來'라 한다.」191)라 하였다. ≪집운集韻≫에서는 「'來'는 '來牟'라고 하며 모두 '보리(맥麥)'이다. 혹은 '秾'자나 '秾(밀 래{보리 리}, lái)'자로 쓴다.」라 하였고, ≪광아廣雅≫에서는 「'秾'는 '소맥小麥'이고, '麰'는 '대맥大麥'이다.」라 하였다.192)

② 未或能才立於墜之上

「未或能才立於墜之上」구절은 「未或能栽粒於地之上」으로 읽는다.

「才」는 「栽(심을 재, zāi)」자와 음이 통한다.

「立」은 「粒(알 립, lì)」으로 읽는다. ≪詩經·周頌·思文≫에서 「立我烝民」이라 하였고, 정현鄭玄은 「'立'자는 '粒'자로 써야 한다.」라 하였다.193) ≪史記·周本紀≫에서는 이 구절을 인용하여

---

190) ≪說文解字≫: "來, 周所受瑞麥來麰也. 二麥一夆. 象其芒朿之形. 天所來也, 故爲行來之來. ≪詩≫曰『詒我來麰』."
191) 段玉裁: "自天而降之麥, 謂之來麰, 亦單謂之來."
192) ≪集韻≫: "來, 來牟, 麥也. 或作秾, 秾." ≪廣雅≫: "秾, 小麥. 麰, 大麥也."
193) ≪詩·周頌·思文≫: "立我烝民."(우리 백성이 곡식을 먹다.) 鄭玄≪箋≫: "立當作粒."

「立」자를 「粒」으로 썼다. ≪尙書·益稷≫에서는 「烝民乃粒」이라고 하였는데, 공안국孔安國은 「쌀밥을 먹는 것을 '粒'이라 한다.」라 하였다.194)

「地(땅 지, dì,di)」자는 죽간에서 일반적으로 「坓」로 쓴다. 예를 들어, ≪곽점초간·太一生水≫「下, 土也, 而胃(謂)之坓(地). 上, 受燹(氣)也, 而胃(謂)之天.」195)(제10간) 구절 중의 '地'자를 「坓」로 쓰고, ≪상박초간(五)·競建內之≫「天不見禹, 坓(地)不生龍, 則訴者(諸)褀(鬼)神曰: 天坓(地)盟(明)弃(棄)我矣.」(제7간)196) 구절에서는 「坓」로 쓴다. ≪상박초간(二)·容成氏≫제 8간에서는 「坓」로 쓰고, ≪상박초간(二)·從政(甲篇)≫제 2간에서는 「坓」로 쓴다.

이 구절은 혹은 「未或能才(在)立於坓(地)之上」으로 읽는다.

③ 㐭或不免又謂不

「㐭或不免又謂不」은 「抑(噫)或不免有滑(猾)否」로 읽는다.

「㐭」자는 「抑(누를 억, yì)」로 읽으며, 부사副詞의 용법으로 쓰인다. 반문을 나타내거나 혹은 추측을 나타낸다. 예를 들어, ≪孟子·梁惠王上≫에서 「抑王興甲兵·危士臣, 構怨于諸侯, 然後快於心與?」197)라고 하였고, ≪晉書·姚泓載記≫에서 「物極則反, 抑斯之謂歟.」198)라 하였다. 혹은 「噫(탄식할 희, yī)」로 읽는다. 역접으로 '그러나'의 의미이다. 예를 들어, ≪尙書·金縢≫에서 「信, 噫公命我, 勿敢言.」199)라 하였다.

「謂」는 의미부 '言'과 소리부 '胃'로 이루어진 자이다. 자전에 없는 자이다. 소리부를 참고한다면 「滑(미끄러울 활, huá)」이나 혹은 「猾(교활할 활, huá)」로 읽을 수 있다. 고대에는 '滑'과 '猾'자가 서로 통한다. 예를 들어, ≪尙書·舜典≫「蠻夷猾夏」 구절을 ≪尙書大傳≫에서는 「蠻夷滑夏」로 쓰고,200) ≪잠부론潛夫論·지씨족志氏族≫에서 이 구절을 인용하면서 「猾」자를 「滑」로 쓴다.

---

194) ≪尙書·益稷≫: "烝民乃粒."(백성이 쌀밥을 먹다.) 孔安國≪傳≫: "米食曰粒."
195) "아래(下)를 흙(土)이라 하고 이는 즉 땅을 말한다. 위(上)는 기(氣)로 이는 즉 하늘이라 말한다."
196) ≪上海博物館藏戰國楚竹書(五)·競建內之≫: "天不見禹, 坓(地)不生龍, 則訴者(諸)褀(鬼)神曰: 天坓(地)盟(明)弃(棄)我矣."(하늘에서는 우 임금님을 보이지 않고 땅에서는 용이 출현하지 않자, 귀신에게 '천지를 확실히 나를 버리는 구나.'라 했다.)
197) ≪孟子·梁惠王上≫: "抑王興甲兵·危士臣, 構怨于諸侯, 然後快於心與?"(또한 왕은 甲兵을 일으켜 군사와 신하들을 위태롭게 하고 제후에게 원한을 얽어 만들어 놓은 뒤에야 마음이 유쾌하시겠습니까?)
198) ≪晉書·姚泓載記≫: "物極則反, 抑斯之謂歟."(만물이 극에 달하면 다시 돌아오는데, 어찌 이를 두고 하는 말이 아니겠는가?) '抑斯之謂歟'의 구절은 '其斯之謂與?'의 구조와 같다.
199) ≪尙書·金縢≫: "信, 噫公命我, 勿敢言."(정말입니다. 아! 주공께서 명하시어 우리들은 감히 말을 못하였습니다.

≪左傳·昭公二十六年≫에서 「無助狡猾」라 하였고, ≪經典釋文≫에서「'滑'자를 또한 '猾'로 쓴다.」라 하였다.201) 「謂」자는 혹은 「譮(게으를 과(빠르게 말할 화), huà)」자가 아닌가 한다. ≪集韻≫에서 이르기를 「'譮'자는 '게으르다(惰, 게으를 타, duò,huī)', '교활하다(黠, 교활할 힐, xiá)'의 뜻이다.」202)라 하였다.

본 간의 문장은 어떤 의미를 비유하고 있는 것 같지만, 파손된 문장이 있어서 전체적인 의미를 명확히 하기는 어렵다.

본 죽간의 이하 문장은 파손되었다.

【譯註】

'⿱'자는 '一'자의 이체자이다. ≪郭店楚簡·太一生水≫ "罷(一)块(缺)罷(一)涅(盈), 以忌(紀)爲墣(萬)勿(物)經."203) 구절 중의 '罷'자를 '⿱'자로 쓰는데 본 죽간의 '⿱'자의 이체자가 같은 자가 아닌가 한다. 초문자에서 '一'의 가차자로 쓰인다. 따라서 이 자는 '鈦'나 혹은 '罷'자로 예정할 수 있다.

≪상박초간(五)·季庚子問於孔子≫제1간 "罷不暫民矛之安才"204) 중 '⿱(罷)'자는 '抑'으로 읽고, 음은 '一'과 같다. ≪郭店楚簡·五行≫은 "妟人君子, 其義罷也. 能爲罷, 肰句能爲君子"205)(제16간)이라 하였는데, 이중 "妟人君子, 其義罷也" 구절을 ≪詩經·曹風·鳲鳩≫은 "淑人君子, 其義一兮"206)로 쓴다. 또한 ≪成之聞之≫ "貴而罷纕, 則民谷其貴之上也"207)(제18 간) 구절 중의 「翳」자 역시 '一'의 의미로 쓰인다. ≪곽점초간≫에서 '一'은 이외에도 '⿱'로 쓴다.208)

≪字彙≫에서는 "'翳'자는 '䘄(곤충 등에, 능)'자와 같다"209)라 하고, 「䘄」자에 대하여 ≪廣韻≫은 그 음이 '노늑절奴勒切'이라 하고, ≪集韻≫에서는 '닉덕절匿德切'이라 하였다. 즉 이 자는

200) ≪尙書·舜典≫: "蠻夷猾夏."(오랑캐들이 중국을 어지럽히다.) ≪尙書大傳≫: "蠻夷滑夏."
201) ≪左傳·昭公二十六年≫: "無助狡猾."(교활한 자를 도와주지 않다.) ≪經典釋文≫: "滑又作猾."
202) ≪集韻≫: "譮, 惰也, 黠也."
203) "해와 달이 교대로 한번 기울고 한번 차면서, 만물의 본원본원이 되어 영원히 변하지 않게 된다."
204) "抑不知民務之安在"로 읽을 수 있다. "백성에게 해야 할 일이 어떤 것인가요?"
205) "妟人君子, 其義罷也. 能爲罷, 肰句能爲君子"은 "淑人君子, 其儀一也. 能爲一, 然後能爲君子"로 읽을 수 있다. ≪詩經·曹風·鳲鳩≫는 '현명한 군자, 그 儀態는 始終一貫 한결같네'라 했다. 능히 始終一貫해야 군자가 될 수 있다."
206) "훌륭한 군자는 그의 언행이 한결같네."
207) "존귀하나 겸양할 줄 알면 민중들은 그 존귀함이 더욱 늘어나기를 원할 것이다."
208) ≪楚系簡帛文字編(增訂本)≫, 1 쪽.
209) "翳, 同䘄."

발음이 두 개다. 초간에서는 전절轉折관계를 표시하는 접속사 '抑'이나 숫자의 '一'의 가차자로 쓰인다. 이는 아마도 '━'이나 '⚹'로 쓰면 변경된 가능성이 있기 때문에 비교적 복잡한 형태인 '翳'로 쓴 것이 아닌가 한다.

第11簡

不可以弗戒之子之吏行百生畏亓利邦家呂㣈子之吏不行百生

第 11 簡

……不可以弗戒㇄. 子之吏(事)行, 百生(姓)㝵(得)亓(其)利, 邦家㠯(以)㢝(遲), 子之吏(事)不行, 百生(姓)……

【해석】
……그래서 경계하지 않으면 안 된다. 그대가 나라의 각종 일을 행할 때 백성들에게 이득利得을 얻도록 하고 나라가 항상 잘 다스려지도록 하여야 한다. 그대가 나라의 일을 잘 이행하지 못하면 백성은……

【上博楚簡原註】
본 죽간의 길이는 25cm이며, 상단과 하단은 파손되었다. 첫 번째 홈은 상단과 7.3cm의 간격을 두었고, 첫 번째 홈과 두 번째 홈 사이는 16.8cm의 간격이 있다. 문자는 총 25자이다.

① 不可以弗戒㇄
「不可以弗」구절은 고대문헌에서 자주 쓰이는 구절이다. ≪禮記·檀弓上≫에서「孔子既得合葬於防, 曰:『吾聞之, 古也墓而不墳. 今丘也, 東西南北之人也, 不可以弗識也.』於是封之崇四尺.」210)이라 하고, ≪左傳·哀公十六年≫에 子期가 말하기를「昔者吾以力事君, 不可以弗終.」211)이라 하고, ≪左傳·昭公元年≫에 祁午가 趙文子에게「吾子其不可以不戒!」212)라 하였다.
「戒」자 아래에 구두부호가 있다.

② 子之吏行
「子之吏行」은「子之事行」으로 읽는다.

---

210) ≪禮記·檀弓上≫: "孔子既得合葬於防, 曰:『吾聞之, 古也墓而不墳. 今丘也, 東西南北之人也, 不可以弗識也.』於是封之崇四尺."(공자가 이미 防에 합장한 뒤에 말하였다. 내 들으니 옛날에는 묘만 있을 뿐이고 봉분은 만들지 않았다고 한다. 이제 丘는 동서남북으로 돌아다니는 사람이니 표지를 하지 않을 수 없다. 이에 봉분을 만드니 높이가 사척이었다.)
211) ≪左傳·哀公十六年≫: "昔者吾以力事君, 不可以弗終."(지난 날 나는 온 힘을 기울여 군주를 섬겼기에 이제 죽는 마당에 유종의 미를 거두지 않으면 안 된다.)
212) ≪左傳·昭公元年≫: "吾子其不可以不戒!"(그대는 이번 일을 크게 경계하지 않으면 안된다.)

「事(일 사, shi)」는 치수 작업과 백성들이 농사짓는 것과 같은 백성을 이롭게 하는 일을 가리키는 것이 아닌가 한다. 고문문헌에서 「吏」와 「事」자는 통용된다. 예를 들어, ≪商君書·靳令≫에서 「朝廷之吏, 少者不毁也, 多者不損也.」213)라 하였고, ≪韓非子·飭令≫에서는 「吏」자를 「事」자로 쓴다.

「吏」자는 혹은 「使」로 읽는다.

③ 百生旻亓利

「百生旻亓利」는 「百姓得其利」로 읽는다.

「利(날카로울 리, li)」는 또한 수리공사로 백성들을 이롭게 한 것을 가리킨다. 예를 들어, ≪後漢書·張純傳≫에서 「明年, 上穿陽渠, 引洛水爲漕, 百姓得其利.」214)이라 하였고, ≪水經注≫(卷30)에서 「허위군許偉君이 말하였다. 성제成帝는 제방을 무너뜨릴 것을 제안한 적방진翟方進이 건의를 받아들인 후에 얼마 지나지 않아 자신이 하늘로 올라가 상제를 보는 꿈을 꾸었다. 천제가 화를 내며 말했다. 네가 감히 나의 용담龍潭을 훼손하여 물이 마르게 하느냐! 그 다음부터 백성들은 水利의 이득을 얻지 못했다. 당시 동요는 '적자위翟子威가 나의 제방을 무너뜨려 하는구나. 다시 돌려놓자 다시 쌓자. 제방을 다시 쌓아야 하네. 현명賢明한 지부知府는 폐기된 제방을 다시 쌓아야 한다네.'라 했다. 동요가 효험이 있어 허위군許偉君에게 '도수연都水掾'의 관직을 내리고 400여리의 제방을 쌓도록 하였다. 그 후로 백성들은 물 혜택을 얻었다.」215)라 하였다.

④ 邦家㠯㝅

「邦家㠯㝅」는 「邦家以遲」로 읽는다.

「방가邦家」는 「방국邦國」이나 「국가國家」와 같은 뜻이다. 이 단어는 ≪尙書·湯誥≫의 「俾予一人, 輯寧爾邦家.」 구절이나 ≪詩·小雅·南山有臺≫의 「樂只君子, 邦家之光.」 구절, ≪論語·陽貨≫의 「惡利口之覆邦家者.」 등에도 보인다.216)

---

213) ≪商君書·靳令≫: "朝廷之吏, 少者不毁也, 多者不損也."(조정의 관리들은 다른 사람에게 경시를 당하는 자도 남들로 부터 훼방을 받지 않고, 중시를 받는 자 역시 질투로 인하여 손해를 입는 일이 없어야 한다.)
214) ≪後漢書·張純傳≫: "明年, 上穿陽渠, 引洛水爲漕, 百姓得其利."(내년에 위로 陽渠까지 뚫어 洛水의 물을 끌어들어 배로 실어 나르면 백성이 수리사업의 이득을 얻을 것이다.)
215) ≪水經注≫(卷30): "偉君言: 成帝用方進言毀之, 尋而夢上天, 天帝怒曰: 何故敗我灌龍淵？ 是後民失其利. 時有童謠曰: 敗我陂, 翟子威, 反乎覆, 陂當復. 明府興, 復廢業. 童謠之言, 將有徵矣. 遂署都水掾, 起塘四百餘里, 百姓得其利."
216) ≪尙書·湯誥≫: "俾予一人, 輯寧爾邦家."(나 한 사람에게 그대들의 나라를 화평하고 편안하게 해 주도록 하셨

「徲」는 의미부 '彳'과 소리부 '犀'로 이루어진 자로 「遲(더딜 지, chí)」자의 생략형이다. 금문에서는 「徲」(≪伯遲父鼎≫)・「徲」(≪元年師☒≫)로 쓴다. 「遲」자에 대하여 ≪集韻≫에서는 「'遲'는 '기다리다(待)'의 뜻이다.」217)라고 하였고, ≪說文解字≫에서는 「'遲'자의 주문籒文은 의미부 '犀'를 써서 '遲'자로 쓴다.」218)라 하였고, 단옥재段玉裁 ≪說文解字注≫는 「이 자는 會意兼形聲字이다. ≪五經文字≫에서는 "지금 이 '遲'자는 주문籒文의 자이며, 당唐 나라 사람들은 경전經典에서 '遲'자를 쓰고 '遲(늦을 지, chí)'자를 쓰지 않았다"라 하였다.」219)라 하였다.

「遲」는 '기대하다', '기다리다'의 의미이다.

≪後漢書・章帝紀≫에서 이르기를 「朕思遲直士.」220)라 설명하였다.

본 구절은 나라에 치도가 장구하니, 이로써 나라가 잘 다스려지기를 기대한다는 의미이다.

「遲」는 또한 「治(다스릴 치, zhì)」로 읽을 수 있다.

【譯註】

제11간의 '☒'자를 정리본은 '徲'자로 예정하고 '遲'로 읽고 있으나, 이 자의 오른쪽 부분은 『上博楚簡(二)・容成氏』제 35간의 '厚'자인 '☒'의 형태와 매우 비슷하다. 따라서 이 자는 '徲'자로 예정隸定하고 '厚'로 읽을 수 있다. 『上博楚簡(二)・容成氏≫(제 35간)는 "湯是之又(有)天下, 厚丞(施)而泊(薄)斂(斂), 安身力㠯娄(勞)百眚(姓)"221)이라 하였다. '두터운 덕을 베풀다'는 뜻이다.

한편 ≪說文解字≫에서는 '遲(遲)'자의 혹체或體를 '迉(迉)'로 쓰고 주문籒文을 '遲(遲)'로 쓴다. '迉'자는 '迡(가까울 니{이}, ní)'자와 같은 자이다.222)

⑤ 子之吏不行, 百生

「子之吏不行, 百生」은 「子之事不行, 百姓」으로 읽는다.

소.) ≪詩・小雅・南山有臺≫: "樂只君子, 邦家之光."(즐거울사 우리님은 나라의 빛일세.) ≪論語・陽貨≫: "惡利口之覆邦家者."(날카로운 입이 국가를 전복시키는 일을 싫어한다.)
217) ≪集韻≫: "遲, 待也."
218) ≪說文解字≫: "遲, 籒文遲, 從犀."
219) 段玉裁: "兼會意・形聲也. ≪五經文字≫曰, 今從籒文, 謂唐人經典用『遲』不用『遲』也."
220) ≪後漢書・章帝紀≫: "朕思遲直士."(짐은 정직한 士大夫를 등용하고자 합니다.)
221) "湯王은 천하를 다스리게 되었고, 백성에게 후덕을 베풀고 세금을 면해주었으며, 백성들을 위하여 노력하고 솔선수범하였다."
222) 徐灝≪注箋≫: "孔廣居曰: 古文當從尼. 漢≪三公山碑≫'慭俗陵迉'・≪李翊碑≫'棲迉不就'可證. 遲訓徐行, 從尼義近. 古文迉從㠯乃傳寫之譌耳.≪玉篇≫迉作迡."

문장은 정반正反 구조 형식으로 강조하고 있다.
본 죽간의 이하 문장은 파손되었다.

第12簡

睹子之言大瞿不志所爲ㄴ夫子曰善才臨事而變堯不

第 12 簡

「……䎽(聞)子之言大䁸(懼), 不志所爲𠃊.」夫子曰:「善才(哉)! 臨事而䁸(懼), 堯不……」

【해석】

그대(공자)의 말을 듣고, 큰 두려움이 생겼고, 이른바 무엇을 해야 할지 모르겠습니다. 공자가 말하였다. 「훌륭하구나! 그대여! 일을 임할 때 항상 두려움을 가져야 한다.

【上博楚簡原註】

본 죽간의 길이는 23.6cm이고, 상단과 하단은 파손되었다. 첫 번째 홈은 상단과 6cm의 간격을 두었고, 첫 번째 홈과 두 번째 홈 사이는 17cm의 간격을 두었다. 본 간에는 문자가 모두 21개의 글자가 있다.

① 䎽子之言大䁸

「䎽子之言大䁸」 구절은 「聞子之言大懼」로 읽는다.

古文에서 「䎽」는 '聞(들을 문, wén)'의 뜻으로 자주 쓰인다. ≪설문해자≫에서는 「'聞'은 '소리를 알아듣는 것이다'의 뜻이다. 의미부 '耳'와 소리부 '門'으로 이루어진 자이다. 고문은 의미부 '昏'을 써서 '䎽'으로 쓴다.」223)라 하였고, 단옥재段玉裁 ≪설문해자주≫는 「가는 소리를 '聽'이라 하고, 오는 것은 '聞'이라 한다. ≪大學≫에서는 '마음에 내키지 않으며 들어도 들어오지 않는 것이다'라 하였다. '널리 명성이 나다'의 파생의미로 쓰인다.」224)라 하였다. ≪중산왕석정中山王䜌鼎≫은 「聞」자를 본 초간의 자형과 같이 의미부 '昏'과 '耳'를 쓴다.

「䁸(두리번거릴 확, jué)」자에 대하여, ≪설문해자≫에서는 「'䁸'자는 '아름다운 새가 놀라워 도망치려 하는 모습'이다. 손(又)으로 새를 잡으려 하자 놀라워 두리번거리는 모습이다. ≪詩經·魯頌·泮水≫『穬彼淮夷』225) 구절 중의 『穬(까끄라기 있는 곡식 광, kuáng)』자와 음이 같다. 또 다른 의미로 매우 급한 모양의 뜻이다.」226)이라 하였다. ≪흠정음운술미欽定音韻述微≫에서

---

223) ≪說文解字≫: "聞, 知聲也. 从耳, 門聲. 䎽, 古文从昏."
224) ≪說文解字注≫: "往曰聽, 來曰聞. ≪大學≫曰: 心不在焉, 聽而不聞. 引申之爲令聞廣譽."
225) "회 땅의 오랑캐 다 잡았네."
226) ≪說文解字≫: "䁸, 隹欲逸走也. 从又持之, 䁸䁸也. 讀若≪詩≫云『穬彼淮夷』之『穬』. 一曰視遽皃."

는 「矍」자는 '매우 급히 보는 모양', 또한 '두리번거리는 모양', '놀라 좌우로 둘러보다'는 뜻이다. ≪易經≫『놀라 두리번 거리다.(視矍矍)』.」227)고 하였다.

「矍」자는 「懼(놀랄 확, huò)」자와 통한다. ≪후한서後漢書·반고전班固傳≫에서「主人之辭未終, 西都賓矍然失容.」228)라 하였다. ≪집운集韻≫에서는 「'懼'는 '놀라다'나 '당황하여 살피다'는 뜻이다.」229)라고 하였고, ≪증수호주예부운략增修互注禮部韻略≫에서는 "'矍'자는 혹은 '懼'자로 쓴다.」고 하고, 또는 「≪後漢·李固傳≫에서는 『秦使懼然』230)라 하였는데, 일반적으로 '懼'자를 '矍'로 쓴다.」231)라 하였다.

「子」는 「孔子」를 가리킨다.

② 不志所爲ㄴ

「不志所爲」는 「非志所爲」와 의미가 같다. 혹은 「不知所爲」라고 읽는다.

이 구절은 행동거지를 통제하기 어렵다는 의미이다.

「爲」자 아래 구두부호가 있다.

③ 夫子曰: 善才! 臨事而矍

「夫子曰: 善才! 臨事而矍」 구절은 「夫子曰: 善哉! 臨事而懼」로 읽는다.

「선재善哉」는 칭찬하는 감탄사이며, 고대에 자주 쓰이던 구절이다. ≪左傳·昭公十六年≫에서는 「宣子曰:『善哉! 子之言是.』」232)이라고 하였다. ≪論語·顔淵≫에서는 「公曰:『善哉! 信如君不君, 臣不臣, 父不父, 子不子, 雖有粟, 吾得而食諸?』」라 하고, 「子曰:『善哉問! 先事後得, 非崇德與? 攻其惡, 勿攻人之惡, 非修慝與? 一朝之忿, 忘其身以及其親, 非惑與?』」233)라 하였다.

---

227) ≪欽定音韻述微≫: "矍, 視遽貌. 又矍矍, 左右驚顧也, ≪易≫『視矍矍』."
228) ≪後漢書·班固傳≫: "主人之辭未終, 西都賓矍然失容."(주인의 말이 끝나기도 전에 西都의 빈객이 놀라 실색을 하였다.)
229) ≪集韻≫:「懼, 驚懼, 又曰遽視.」
230) "진나라 사신이 매우 놀라다."
231) ≪增修互注禮部韻略≫: "矍, 亦作懼."('矍'자는 또한 '懼'로 쓴다.)·"懼, ≪後漢·李固傳≫『秦使懼然』. 通作矍."
232) ≪左傳·昭公十六年≫: "宣子曰:『善哉! 子之言是.』"(宣子가 말하였다.『훌륭하도다! 그대의 말이 옳다.』)
233) ≪論語·顔淵≫: "公曰:『善哉! 信如君不君, 臣不臣, 父不父, 子不子, 雖有粟, 吾得而食諸?』", "子曰:『善哉問! 先事後得, 非崇德與? 攻其惡, 勿攻人之惡, 非修慝與? 一朝之忿, 忘其身以及其親, 非惑與?』"(경공이 말하였다.『좋은 말씀입니다! 진실로 임금이 임금답지 않고 신하가 신하답지 않고 아비가 아비답지 않고 아들이 아들답지 않다면, 비록 곡식이 있다고 한들 내가 그것을 먹을 수 있겠습니까?』", "공자가 말하였다.

공자는 사유史䌛가 이미 자신이 가르친 도리를 깨닫고 세상을 다스리는 중대함을 인식하였음을 칭찬하고, 또한 세상을 다스리는 것은 매우 중요한 일이기 때문에 일에 임할 때 두려움을 가져야 한다하였다. 일을 임함에 두려움을 갖는 자는 자신의 편안함만을 추구하거나 일을 함부로 하지 않는다. 그래야 일을 최우선으로 하면서도 경계하게 되고, 사리에 맞는지 신중히 살피고, 공손하면서도 신중하고 계획을 잘 세우는 것이다.

④ 尭

「尭」자는 좀 더 연구가 필요한 자이다.

「不」자 아래의 죽간이 파손되어 의미가 분명하지 않다.

본 죽간의 이하 문장은 파손되었다.

【譯註】

제 12간의 마지막 '▨'자에 대하여 정리본은 알 수 없는 자라 하였다. 그러나 혹은 이 자의 윗부분은 '教'자의 윗부분 형태와 같기 때문에 '教'자와 관련이 있는 자가 아닌가한다. 본 ≪史䌛問於夫子≫의 제 4간 '▨'자를 정리본은 '斈'자로 예정하고, '教'자의 이체자라 하였다. ≪곽점초간·尊德義≫(제4간) 역시 '教'자를 '言'과 소리부 '爻'인 '▨'로 쓴다.234) ≪史䌛問於夫子≫는 '教'를 중시하는 내용이기 때문에, '▨'자는 '教'자와 관련이 있을 가능성이 있다. ≪상박초간(六)·孔子見季桓子≫ 제 8간의 '▨'자와 '▨'자는 모두 기본 소리부가 '爻'이다. 『孔子見季桓子』의 정리본은 "敩(親)又(有)易佋(佼)也, 而亡(無)㠯(以)盲者, 𤕓矣"로 釋文하고 '𤕓'자를 「狡」로 읽고 있으나, 이해가 쉽게 가지 않는다.235) 전후 문맥을 고려하여 모두 '教'자로 읽는 것이 옳은 것 같다. "敩又易佋也, 而亡㠯盲者𤕓矣"는 즉 "親有賜教也, 而無以享諸教矣"로 읽을 수 있다. '일반백성에게 친히 가르침을 주어야 하는데 만약에 모든 백성이 제대로 교육을 받지 못하게 된다면 이는 어진 군주가 취할 바가 아니다'라는 뜻이다. 하지만 '▨'자에 대하여 아직 확신할 수 없고 좀 더 연구가 필요하다. 이 자 뒤 부분이 파손되어 보이지 않기 때문에 '教'자와 관련성에 대해서는 단지 가능성만 제시할 뿐이다.

『훌륭한 질문이구나! 일을 우선시하고 이득을 뒤로 돌리는 것이 덕을 높이는 것 아니겠느냐? 자기 자신의 나쁜 점을 공박하고 남의 나쁜 점을 공박하지 않는 것이 사악한 마음을 다스리는 것 아니겠는가? 하루 아침의 분노로 자신의 몸을 잊고 나쁜 짓을 하여 그 영향이 자기 양친에게 미치는 것이 미혹된 것 아니겠느냐?』)

234) 『楚系簡帛文字編』, p. 320 참고.
235) 『上博楚簡(六)·孔子見季桓子』(濮茅左 整理, 2005), p. 207 참고.

≪史䌛問於孔子≫ 主要參考文獻

張峰,〈≪上博九·史䌛問於夫子≫初讀〉, 簡帛사이트, 2013-01-06
高佑仁,〈≪上博九≫初讀〉, 簡帛, 2013-01-08
蘇建洲,〈初讀≪上博九≫劄記(一)〉, 簡帛사이트, 2013-01-06
林志鵬,〈楚竹書≪鮑叔牙與隰朋之諫≫補釋〉, 簡帛사이트, 2007-07-13.
何有祖,〈讀≪上海博物館藏戰國楚竹書(九)≫札記〉, 簡帛사이트, 2013-01-06
程燕,〈讀≪上博九≫劄記(二)〉, 簡帛사이트, 2013-01-07
王凱博,〈≪史䌛問於夫子≫綴合三例〉, 簡帛사이트, 2013-01-10.
季旭昇,〈『史䌛問於夫子』釋讀及相關問題〉, 吉林大學社會科學學報, 第55卷第4期, 2015.
季旭昇,〈上博五芻議(上)〉, 武漢大學簡帛研究中心, 2006-02-18
李守奎 編著, ≪上海博物館藏戰國楚竹書(一)-(五)文字編≫, 作家出版社, 2007
滕壬生 著, ≪楚系簡帛文字篇(增訂本)≫, 湖北教育出版社, 2008
張守中 著, ≪郭店楚簡文字編≫, 北京文物出版社, 2000
殷周金文暨青銅器資料庫: http://app.sinica.edu.tw/bronze/qry_bronze.php
小學堂: 臺灣小學堂文字學資料庫, http://xiaoxue.iis.sinica.edu.tw/.
中國古代簡帛字形辭例數據庫, http://www.bsm-whu.org/zxcl/index.php.
簡帛研究: 山東大學文史哲院, http//www.jianbo.org. http//www.bamboosilk.org

부록: 공자 어록문 종합석문 및 우리말 해석

❶ 孔子詩論(第 1 卷)

‖詩 序‖

行此者, 丌(其)又(有)不王虘(乎)■? 孔=(孔子)曰: 眚(詩)亡隱(離)志, 樂亡隱(離)情, 旻(文)亡隱(離)言.【1】

≪校讀記≫

[□□□□□□□□]行此者, 其有不王乎■? 孔子曰: "詩無吝志, 樂亡吝情, 文無吝言[□□□□□□□□□□□□□□□□□□□□□□□□□]

【해석 1】

이러한 일을 행하는데 어찌 천하를 통일할 수 없겠는가? 공자가 말하였다. 詩歌는 사람의 의지를 드러내는 것이며, 樂曲은 인간의 정감을 드러내는 것이며, 문자란 함의된 내용을 드러내는 것이다…

寺也, 文王受命矣■. 訟坪(平)悥(德)也. 多言逡(後), 丌(其)樂安而屖, 丌(其)訶(歌)紳(繟)而茤(荡)■, 丌(其)思深而遠, 至矣■. 大顕(夏)盛悥(德)也, 多言【2】

≪校讀記≫

寺也, 文王受命矣. ≪頌≫平德也, 多言後, 其樂安而屖, 其歌紳而逖, 其思深而遠至矣. ≪大雅≫盛德也, 多言

【해석 2】

(≪大雅·文王≫) 이는 時運이기 때문에 文王이 천명을 받은 것이다. ≪頌≫詩의 특징은 큰

德에 있으며, 내용은 대부분이 후대 자손에 관한 것이다. ≪頌≫의 음악 리듬은 느슨하고 완만하며, 曲調는 느리고 길게 울려 펴지며, 사상은 심오하고 높다. 리듬·곡조와 사상이 모두 극치를 이룬다. ≪大雅≫의 특징은 盛德에 있으며, 대부분 ……에 관하여 말하고 있다.

也. 多言難而悁(悁)退(懟)者也, 衰矣少矣. 邦風丌(其)內(納)勿(物)也, 尃(溥)舊(觀)人谷(俗)安(焉), 大會(斂)材安(焉). 丌(其)言殳(文), 丌(其)聖(聲)善. 孔=(孔子)曰: 佳(唯)能夫【3】

≪校讀記≫
也. 多言難, 而怨懟者也衰矣少矣. ≪邦風≫, 其納物也, 博觀人欲焉. 大斂材焉, 其言文, 其聲善. 孔子曰: "唯能夫"

【해석 3】
(≪小雅≫는 ……의 내용이다. ≪小雅≫는) 災難에 대한 恨歎이나 怨恨에 관한 시의 내용이 많다. 이는 당시 사회가 쇠락하였기 때문이며, 詩의 편폭 또한 적다. ≪邦風(國風)≫은 내용이 매우 광범위하며, 이를 통하여 민간의 풍속을 살펴볼 수 있다. 또한 그 안에서 대량으로 유용한 재료를 수집할 수 있는데, 그 歌詞는 화려하고 곡조 역시 아름답다. 공자가 말하였다. "≪詩經≫을 이해하여야 능히 ……할 수 있다."

曰: 詩丌(其)猷坪(平)門▇. 與戏(賤)民而龡之, 丌(其)甬(用)心也酒(將)可(何)女(如)？ 曰: 邦風氏(是)也▇. 民之又(有)慼(罷)惓(惓)也, 卡=(上下)之不和者, 丌(其)甬(用)心酒(將)可(何)女(如)？【4】

≪校讀記≫
曰: "詩其猷平門歟與? 賤民而逸之, 其用心也將何如？ 曰: ≪邦風≫是也. 民之有慼患也, 上下之不和者, 其用心將何如？

【해석 4】
(공자가 말하기를): ≪詩經≫은 커다란 문과 같이 義理를 크게 밝히는 것이다. 일반백성과 함께 즐거움을 꾀하고자 한다면 어떤 시를 고려해야 하는가? ≪邦風≫(≪國風≫)이 바로 그것이

종합정리 425

다. 백성에게 슬픔과 우환이 있고 위아래가 융합하지 못하니 그 마음 씀이 장차 어떠한가?

訟

氏(是)也■. 又城(成)工(功)者可(何)女(如)? 也■. 清<g>(廟), 王悳(德)也■. 至矣！敬宗<g>(廟)之豊(禮), 㠯(以)爲丌(其)夲(本), 秉旻(文)之悳(德), 㠯(以)爲其<g>■. 肅雝(雍)……【5】

≪校讀記≫

是也. 又成功者何如？曰:≪頌≫是也."■.≪清廟≫, 王德也至矣. 敬宗廟之禮, 以爲其本;"秉文之德", 以爲其質; 肅雝

【해석 5】

(≪大雅≫)이다. 성공에 관한 것이 있는가? 성공적인 왕정은 ≪頌≫에서 찾을 수 있다. ≪淸廟≫는 왕이 천하를 통일한 德에 관한 내용으로, 극치를 이루고 있다. 즉 ≪淸廟≫는 宗廟의 예(禮)를 존경하는 것을 가장 근본으로 삼고, "濟濟多士, 秉文之德(수많은 선비들이 문왕의 덕을 받들어)"을 本業으로 삼는다. "肅雝[顯相. 濟濟多士, 秉文之德(아름다운 청묘에 공경하고, 엄숙하고 덕 많은 제사 돕는 대신들 모였네. 수많은 선비들이 문왕의 덕을 받들어)"

多士, 秉旻(文)之悳(德). 虐(吾)敬之. 剌(烈)旻(文)≫曰: 乍競隹(唯)人, 不(丕)㬎(顯)隹(唯)悳(德). 於唇(乎), 前王不忘！虐(吾)敓(悅)之. 昊=(昊天)有城(成)命, 二后受之. 貴愈(且)㬎(顯)⑦矣. 訟【5】

≪校讀記≫

[≪清廟≫曰"肅雝顯相, 濟濟]多士, 秉文之德." 吾敬之. ≪烈文≫曰: "亡競唯人", "不顯唯德", "於乎前王不忘", 吾悅之; "昊天有成命, 二后受之." 貴且顯矣. ≪頌≫

【해석 6】

(≪清廟≫는) "……수많은 선비들이 문왕의 덕을 받들어"라 했기 때문에 나는 이를 존경하고, ≪烈文≫은 "이를 데 없이 훌륭한 사람", "큰 덕 있는", "아아! 이전의 임금을 잊지 말기를"이라

했기에 나는 매우 좋아하고, 《昊天有成命》의 "넓은 하늘의 밝은 명을 문왕과 무왕께서 받으시고"와 같이 존귀하고 혁혁한 내용을 《頌》이 찬양하고 있기 때문에(나는 《頌》……다)

大夏

褱(懷)尒𣌭(明)悳(德), 害(曷)? 城(誠)胃(謂)之也. 又(有)命自天, 命此文王, 城(誠)命之也■, 信矣! ■ 孔=(孔子)曰: 此命也夫■. 文王隹(唯)谷(裕)也, 𠭁(得)虖(乎)? 此命也!【7】

《校讀記》

[王, 予]懷爾明德"曷, 成謂之也; "有命自天, 命此文王", 成命之也, 信矣. 孔子曰: "此命也夫. 文王雖欲裕已, 得乎? 此命也.

【해석 7】

(《大雅·皇矣》편은) "하늘이 문왕에게 말하기를 나는 네가 밝은 덕을 지니도록 하겠다"라 했는데, 이는 무슨 의미인가? 이는 하늘이 진심으로 문왕에게 충고하고 있다는 의미이다. "하늘로부터 명이 있어 문왕에게 명하시니"라는 것은 하느님이 진실로 문왕에게 명령을 내린다는 것을 가리킨다. 이는 진실 된 것이다. 즉 공자가 말하기를 "이런 것이 곧 명령이다. 문왕이 하늘로부터 명령을 받을 수 있었던 것은 문왕이 너그러운 덕을 갖추고 있었기 때문이지 않겠는가? 이것이 곧 하느님의 명령인 것이다. 그래서 문왕은 하느님의 명(命)을 받은 것이다.

少夏

十月善諀(諞)言■. 雨亡政■·節南山, 皆言上之衺也, 王公恥之. 少旻(文)多惥=(疑矣), 言不中志者也. 少〓丌(其)言不亞(惡), 少又怎安■. 少叀·考言則言讒人之害也■. 《伐木》【8】

《校讀記》

《十月》善諀言. 《雨無政》·《節南山》皆言上之衺也, 王公恥之. 《小旻》多疑, 疑言不中志者也. 《小宛》其言不惡, 少有佞焉■. 《小弁》·《巧言》則言讒人之害也. 《伐木》[□□]

【해석 8】

≪小雅·十月之交≫는 풍자와 비평을 잘 묘사한 작품이고, ≪小雅·雨無正≫과 ≪小雅·節南山≫은 왕실의 쇠락을 읊은 것으로, 王公들은 이를 부끄럽게 여긴다. ≪小旻≫은 많은 의문을 제기하고 있는데, 이 의문은 자신과 생각이 다르기 때문이다. ≪小宛≫에는 심하게 원망하는 말은 없고, 단지 仁義스럽지 않은 자들에 대한 것이다. ≪小弁≫과 ≪巧言≫의 내용은 다른 사람을 참언하여 해를 입히는 것에 관한 내용이다. ≪伐木≫은

實咎於其也■. 天保丌(其)㝵(得)彔(祿)蔑䦆(疆)矣, 巽(饌)㝵(寡), 悳(德)古(故)也■. ≪諆父≫之𦵩(責), 亦又(有)㠯(以)也■. 黃鳥則困而谷(欲)反丌(其)古也, 多耻者丌(其)𢖺之㡯(乎)? 䔯=(䔯䔯)者莪則㠯(以)人蒜(益)也. 棠=(棠棠)者芋則【9】

≪校讀記≫

實咎於其也. ≪天保≫其得祿蔑疆矣, 選寡德故也. ≪祁父≫之刺, 亦有以也. ≪黃鳴≫則困而欲, 恥其故也, 多恥者其病之乎? ≪菁菁者莪≫則以人益也. ≪裳裳者華≫則[□□]

【해석 9】

(≪伐木≫은) 실제 자기 자신의 잘못을 말하고 있다. ≪小雅·鹿鳴之什·天保≫의 내용 중 爵祿과 만수무강을 얻은 것은 至高한 君德을 받들었기 때문인 것이다. ≪小雅·鴻雁之什·祈父≫의 풍자 또한 그 원인이 있는 것이다. ≪小雅·鴻雁之什·黃鳥≫는 곤궁하여 고향으로 돌아가고자 하는 이유를 노래한 것으로, 수치를 많이 당한 사람은 곧 마음에 상처를 받았기 때문이 아니겠는가? ≪小雅·南有嘉魚之什·菁菁者莪≫는 사람으로 인하여 복을 맞이한다라는 의미이고, ≪小雅·甫田之什·裳裳者華≫는 곧 ……이다.

┃邦 風┃

聞(關)疋之改(怡)■, 梂木之㫑(时)■, 灘㠯之㬎(智)■, 鵲棟之逯(歸)■, 甘棠之保(褒)■, 綠衣之思, 鳧=(鳧鳧)之情■. 害曰童而皆歧於丌(其)初者也■. ≪聞(關)疋≫㠯(以)色俞(喻)於豊(禮)【10】

≪校讀記≫

  ≪關雎≫之改, ≪樛木≫之时, ≪漢廣≫之智, ≪鵲巢≫之歸, ≪甘棠≫之褒; ≪綠衣≫之思, ≪燕燕≫之情, 曷曰動而皆賢于其初者也? ≪關雎≫以色喻於禮, [□□□□□□□□]

【해석 10】

  ≪關雎≫는 남녀 애정이 禮義로 전환됨을 말하고, ≪樛木≫은 時運에 대하여, ≪漢廣≫은 지혜에 관하여, ≪鵲巢≫는 여인의 시집감을, ≪甘棠≫은 稱頌에 관한 내용이고, ≪綠衣≫는 생각에 관하여, ≪燕燕≫은 정에 관한 내용이다. 이들 모두는 결국 처음보다 결과가 좋다고 말할 수 있다. ≪關雎≫는 남녀애정을 통하여 예의범절을 깨닫게 하고 있다.

  青(情)蛬(愛)也▪. 聞(關)疋之改(怡), 則丌(其)思賺矣▪. 樛木之旹(时), 則㠯(以)丌(其)彔(祿)也▪. 灘呈之智(智), 則智(智)不可㝵(得)也, 鵲棥之遅(歸), 則徣者……【11】

≪校讀記≫

  [□□□□□□□□□□□□□]情愛也. ≪關雎≫之改, 則其思益矣. ≪樛木≫之时, 則以其祿也; ≪漢廣≫之智, 則知不可得也; ≪鵲巢≫之歸, 則離者

【해석 11】

  (≪燕燕≫) 情은 애정에서 비롯된 것이다. ≪關雎≫의 전환은 작가의 생각이 풍부함을 말하는 것이고, ≪樛木≫의 時運은 군자가 福祿을 얻을 수 있는 운수에 관한 것이고, ≪漢廣≫의 지혜는 얻을 수 없는 것을 아는 것이고, ≪鵲巢≫의 혼인은 곧 이별하는 자가 (멀리 멀어져 있음을 말하는 것이다).

  好, 反內(納)於豊(禮), 不亦能改(怡)㦰(乎)▪? ≪樛木≫福斯(斯)才孴=(君子), 不【12】

≪校讀記≫

  [□□□□□□□□]好, 反納於禮, 不亦能改乎? ≪樛木≫福斯在君子, 不[□□□□□□□□□□□□, 不亦□□乎? ≪漢廣≫□□□□, 不]

【해석 12】

(≪關雎≫는) 혼인에 대한 즐거움이고, 이 즐거움을 통하여 '禮'를 표현하는 것인데, 이가 어찌 또한 전환이 아니겠는가? ≪樛木≫의 복록은 군자가 (때가 잘 만난 것이 아니던가?)

可㝵(得), 不㕛不可能, 不亦智(智)互(恒)虐(乎)？ ■ 鵲樔出㠯(以)百兩, 不亦又德虖(乎)？ ■ 甘【13】

≪校讀記≫

[求不可得, 不窮不可能, 不亦知恒乎？ ≪鵲樔≫出以百兩, 不亦有離乎？ 曰:[□□□□□□□□□□□□□□□□□□□□□]

【해석 13】

(≪漢廣≫은) 사내가 맺어질 수 없는 여인을 탐하지 않으며, 가능하지 않은 일을 무리하게 하지 않는 내용인데, 이는 바로 일반적인 경우를 아는 것이 아니겠는가? ≪鵲巢≫의 많은 수레가 시집가는 사람을 맞이한다는 것 또한 부모의 집을 멀리 떠나간다는 것이 아니겠는가? ≪甘棠≫은

兩矣■, 亓(其)四章則愈(愉)矣■. 㠯(以)琴(琴)瑟(瑟)之敚(悅), 㤅好色之志, 㠯(以)鍾鼓之樂,【14】

≪校讀記≫

兩矣, 其四章則逾矣. 以琴瑟之悅, 凝好色之願; 以鍾鼓之樂, [□□□□□□]

【해석 14】

(≪鵲巢≫는) 배우자의 수레에 대한 언급이고, (≪關雎≫)제 4장은 기쁨에 대한 언급이다. 琴瑟을 타는 기쁨으로 숙녀를 좋아하는 마음을 표현하고, 鐘鼓의 음악으로 (혼인의 즐거움을 나타내고 있다.)

及亓(其)人, 敬蛬(愛)亓(其)查(樹), 亓(其)保(褒)厚矣■. 甘棠之蛬(愛), 㠯(以)召公【15】

≪校讀記≫
及其人, 敬愛其樹, 其褒厚矣. ≪甘棠≫之愛, 以召公[之□也; □□□□者]

【해석 15】
(≪甘棠≫은) 그 사람을 생각하여 그 사람과 관계가 있는 나무를 경애하는데, 어찌 그 보답이 도탑지 않겠는가! 감상(甘棠)에 애정을 가지는 것은 소공(召公)을 사모하고 있기 때문이다.

邵公也▬. ≪綠衣≫之惪(憂), 思古人也▬. 𪉨=(𪉨𪉨)之情, 㠯(以)丌(其)蜀(篤)也▬. 孔=(孔子)曰: 虐(吾)㠯(以)𦵔𠭚(得)氏初之詩, 民眚(性)古(固)然▬. 見丌(其)㺱(美), 必谷(欲)反一本. 夫𦵔之見詞(歌)也, 則【16】

≪校讀記≫
[□也. ≪甘棠≫之褒, 美]邵公也. ≪綠衣≫之憂, 思古人也. ≪燕燕≫之情, 以其篤也." 孔子曰: "吾以≪葛覃≫得氏初之詩, 民性固然. 見其美, 必欲反, 一本夫葛之見歌也, 則……

【해석 16】
(≪甘棠≫은) 邵公을 찬미한 것이다. ≪綠衣≫의 시름은 故人을 그리워 하는 것이다. ≪燕燕≫의 우애는 홀로 남게 된 외로움을 읊은 것이다. 공자는 말하였다." "나는 ≪周南·葛覃≫편으로부터 인간의 원초적인 생각을 찾아볼 수 있다. 인간의 본성은 본래 이와 같은 것이다. 그 아름다움을 보며 근본을 되돌아보고자 한다. 칡 덩굴(葛藤)을 노래한 것은 잎이 아름답기 때문이다……

东方未明又(有)利詞(词)▬, 牉(將)中之言不可不韋(畏)也▬. 湯之水丌(其)炁(愛)婦悡(𦟤)▬, 菜𦵔之炁(愛)婦,【17】

≪校讀記≫
[□□□□□□□□□□□□□□□]≪东方未明≫有利始, ≪將仲≫之言不可不畏也. ≪揚之水≫其愛婦悡, ≪采葛≫之愛婦[□, □□□□□□□□]

【해석 17】

≪東方未明≫에는 풍자하는 말이 있고, ≪將仲子≫ 중 '言'은 두려워하지 않을 수 없는 것이며, ≪揚之水≫는 부인이 이별의 한을 노래한 것이고, ≪菜葛≫은 여인과의 애정을 노래한 것이다.

┃綜 論┃

因木苽之保(报), 呂(以)愈(喻)兀(其)悁(捐)者也. 折杜則情憙(喜)兀(其)至也■.【18】

≪校讀記≫

[□□□□□□□□□]曰. ≪木苽≫之报, 以输其怨者也. ≪朸杜≫則情, 喜其至也."■. [孔子曰: □□□□□□□□□□□□□□□]

【해석 18】

木瓜로 보답함으로써 줌(捐)에 대한 자신의 마음을 표현하는 것이다. ≪朸杜≫의 情은 (집에) 돌아옴을 기뻐한 것이다.

溺志, 既曰天也, 猶又(有)悁(損)言■. 木瓜又(有)臧惡而未尋(得)达也■. 交【19】

≪校讀記≫

[□□□□□□□□□□□□□□□□□]溺志, 既曰天也, 猶有怨言. ≪木瓜≫有藏願而未得达也. 交[□□□□□□□]

【해석 19】

(≪柏舟≫는) 자신의 의지로 어떻게 할 수 없기 때문에 단지 하느님만을 외치는데, 이는 곧 원망하는 말이다. ≪木瓜≫는 바라는 마음을 감추고 표현해 내지 않고 있다.

㠯(币)帛之不可法(去)也■. 民眚(性)古(固)然, 兀(其)陞(離)志必又(有)呂(以)愈(逾)也■. 兀(其)言又(有)所载而後內(納), 或前之而後交, 人不可觧也. 虗(吾)呂(以)折杜尋(得)雀□【20】

≪校讀記≫

  [□□□]帀帛之不可去也. 民性固然, 其吝志必有以輸也. 其言有所載而後入, 或前之而後交, 人不可觥也. 吾以≪朻杜≫得雀□[□□□□□□□□]

【해석 20】

  (≪木瓜≫는) 예물이 없어서는 안 된다는 것을 말해주고 있다. 민간의 풍속이 원래 그렇다. 마음속에 품고 있는 생각을 반드시 펼쳐내려 한다면, 이른바 예물이 없어서는 안 된다. 마음속에 품고 있는 생각을 말하러 갈 때 수레에 물건을 싣고 가며, 그런 연후에야 상대방으로부터 선물을 받을 수 있는 것으로, 혹 먼저 예물을 보내고 난 후 다시 상대방과 대면하는 것은 예의에 맞게 행하기 위한 것이다. 이렇게 해야만 상대방이 거절하지 않으며, 상대방과 대화를 할 수 있다. 따라서 나는 ≪朻杜≫로부터 爵位의 (어려움을 알 수 있다.)

  貴也. 賢大車之囂也, 則呂(以)爲不可女(如)可(何)也. 審零之賻也, 丌(其)猶酡與■? 孔=(孔子)曰: 宛丘虐(吾)善之■, 於差虐(吾)悳(喜)之■, 尸勖虐(吾)信之■, 文王虐(吾)岂之, 清【21】

≪校讀記≫

  貴也; ≪將大車≫之囂也, 則以爲不可如何也? ≪湛露≫之益也, 其猶酡歟? 孔子曰: ≪宛丘≫吾善之, ≪猗嗟≫吾喜之, ≪鳲鳩≫吾信之, ≪文王≫吾美之, ≪清[廟]吾敬之, ≪烈文≫吾悅

【해석 21】

  (≪小雅·甫田之什·裳裳者芋≫는) 복을 얻었음을 노래한 시이다. ≪將大車≫(≪小雅·谷風之什·無將大車≫)의 소란함은 자기 자신이 어떻게 하면 좋을지 모르기 때문이다. ≪小雅·南有嘉魚·湛露≫의 풍요로움은 군신의 연회를 찬미하는 표현이다. 공자가 말하기를 "≪陳風·宛丘≫는 내가 매우 좋아하는 시이고, ≪齊風·猗嗟≫는 나를 매우 기쁘게 하고, ≪曹風·鳲鳩≫편에서 노래한 내용을 나는 믿고, ≪大雅·文王之什·文王≫편을 찬미하고 싶고, ≪淸廟≫는

  之. 宛丘曰: 旬(洵)又(有)情, 而亡望. 虐(吾)善之. 於差曰: 四矢反, 呂(以)御躍(亂). 虐(吾)悳(喜)

之■. 旨鴋曰: 丌(其)義一氏, 心如结也. 虗(吾)信之. 文王曰: 図王才上, 於邵于天. 虗(吾)岜之.【22】

≪校讀記≫

[之, ≪昊天有成命≫吾□]之 ; ≪宛丘≫曰: "洵有情, 而無望"吾善之 ; ≪猗嗟≫曰: "四矢反, 以禦亂"吾喜之; ≪鳲鳩≫曰: "其義一兮, 心如结也"吾信之; 文王在上, 於邵于天"吾美之;

【해석 22】

……≪宛丘≫편은 "진실로 하고 싶어 그러는지 모르나, 바라는 바 아닐세"라 했기 때문에 나는 이를 좋아하고, ≪猗嗟≫는 "네 개의 화살이 똑같은 곳에 꽂히니 세상의 난을 방지하네"라 했기 때문에 나는 기쁘게 생각하고, ≪鳲鳩≫는 "언행이 한결 같으니, 마음을 맺어놓은 듯 단단하네"라 해서 나는 이를 믿고 ≪文王≫편에 "문왕께선 백성의 군주이시니, 그의 덕행 온 천하를 밝히네"라 했으니, 내가 이를 찬미한다.

麇(鹿)鳥㠯(以)樂詞(詞)而会, 㠯(以)道交見善而孝(俲), 冬(終)虗(乎)不猒(厭)人■. 免虘丌(其) 甬(用)人, 則虗(吾)取【23】

≪校讀記≫

[□□□□□□□□□□□□□□□□□□□□□□□□□□□□□□□□]≪鹿鳴≫以樂始而会以道交, 見善而俲, 终乎不厭人. ≪兎置≫其用人, 則吾取

【해석 23】

≪小雅·鹿鳴≫은 음악에 관한 내용으로, 道(禮)로써 모임이 이루어지는 것을 반영한 것이며, 모임 때 선행을 보고, 그를 따르고자 하니 결국은 싫증을 느끼지 않게 한다. ≪兎置≫는 인재를 등용하는 내용이기 때문에, 나는 이 내용을 취하고자 한다.

㠯(以)□蔎之古(故)也■. 后稷之見貴也■, 則㠯(以)文武之悳也■. 虗(吾)㠯(以)甘棠㝵(得)宗宙(廟)之敬■, 民眚(性)古(固)然. 甚貴丌(其)人, 必敬丌(其)位. 敓(悦)丌(其)人, 必好丌(其)所爲.

亞(惡)丌(其)人者亦然.【24】

≪校讀記≫

　以□□之故也. 后稷之見貴也, 則以文武之德也. 吾以≪甘棠≫得宗廟之敬. 民性固然, 甚貴其人, 必敬其位 ; 悅其人, 必好其所爲. 惡其人者亦然. [□□]

【해석 24】

　(≪大雅·生民≫) 칡 넝쿨이 칭송되어지는 것은 그 잎이 무성하게 우거져 있기 때문이며, 后稷이 존경을 받는 것은 후세 문왕과 무왕의 덕행으로 인한 것이다. 나는 ≪甘棠≫으로부터 宗廟에 대한 존경을 배웠다. 이는 백성의 풍속이 원래 이와 같아, 만약에 어떤 사람을 존경하면 그 사람이 머물렀던 곳을 존경하며, 그 사람을 좋아하면 그가 한 일들을 좋아한다. 그 사람을 싫어하면 이와 반대되는 행위를 한다.

　肠=(肠肠)≫少人■. 又(有)兔不耑(逢)告(时)■. 大田之裦(卒)章智(知)言而又(有)豊(禮)■. 少明不……【25】

≪校讀記≫

　……[≪君子]肠肠≫小人」, ≪有兔≫不逢时, ≪大田≫之卒章知言而有禮, ≪少明≫不……

【해석 25】

　≪蕩≫은 소인에 대한 내용이고, ≪有兔(≪王風·兔爰≫)≫는 때를 만나지 못한 것에 대한 한탄이며, ≪小雅·大田≫의 마지막 장은 분별력(知音)과 예의에 관한 내용이며, ≪小雅·谷風之什·小明≫은 ……할 수 없음을 노래한 것이다.

　忠■. 北白舟悶■. 浴風不■. 翏莪又(有)孝志■. 隰又(有)長楚导(得)而慸之也.【26】

≪校讀記≫

　[□□□□□□]忠, ≪邶·栢舟≫悶, ≪谷風≫負, ≪蓼莪≫有孝志, ≪隰有萇楚≫得而悔之也, [□

종합정리　435

□□□□□□□□□□□□□□□□□□□□□□□□]

【해석 26】

……편은 忠誠에 관한 것이며, ≪邶風·柏舟≫는 번민과 관계가 있으며, ≪小雅·谷風≫은 悲傷에, ≪小雅·谷風之什·蓼莪≫는 효심에 관한 것으로, ≪檜風·隰有萇楚≫는 얻고 난 다음에 후회하는 내용을 읊은 것이다.

女(如)此. 可斯雀之矣, 㦑丌所㤈(愛), 必曰虐(吾)奚舍之, 宾赠氐(是)也. 孔=(孔子)曰: 七䘒𢚓(知)難■, 中氏君子■, 北風不𢇃(絶)人之怨子, 立不【27】

≪校讀記≫

[□□□□]如此, ≪可斯≫誚之矣. 離丌所愛, 必曰吾奚捨之, 賓贈是也" 孔子曰: "≪蟋蟀≫知戁, ≪螽斯≫君子, ≪北風≫不絶人之怨, ≪子立≫不[□□□□□□□□]

【해석 27】

(그 사람을 싫어함이) 어떻겠는가? 이는 곧 ≪小雅·節南山之什·何人斯≫에서 소인배를 힐책한 것과 같다. 사랑하는 사람을 잃게 되면 반드시 "내가 어찌 그를 잊을 수 있으리"라고 말하며, 喪禮에 필요한 좋은 물건을 바치는 것은 그를 그리워하기 때문이다. 공자가 말하였다. ≪唐風·蟋蟀≫은 어려움을 앎에 대한 표현이고, ≪周南·螽斯(仲氏)≫는 군자에 대한 내용이고, ≪邶風·北風≫은 원망이 끊이지 않음을 나타내고 있는 시이다. ≪鄭風·子衿≫은 감히 하지 않음은

□亞而不㥫. 牂又薺𢡆(愼)㤭(密)不智(知)言■. 青䘃智(知)【28】

≪校讀記≫

[□□□□□□□□]□惡而不閔, ≪墻有茨≫愼密不知言. ≪青蠅≫知[□□□□□□□□□□□□□□□□□□□□□□□□□□□]

【해석 28】

악독하면서 연민의 정이 없고, ≪鄘風·墻有茨≫는 신중하고 면밀하여 직접 자신의 생각을

말하지 않고, ≪小雅·甫田之什·青蠅≫은 중상모략하는 참인(讒人)에 대한 내용임을 알 수 있다.

惓而不智(知)人■, 涉秦丌(其)㡭(絶), 律而士■, 角幡婦■, 河水智,【29】

≪校讀記≫

[□□□□□□□□□]≪卷耳≫不知人, ≪涉溱≫其絶, ≪芣苡≫士, ≪角枕≫婦, ≪角幡≫知, [□□□□□□□□□□□□□□□□□□□□□□□□□□]

【해석 29】

≪周南·卷耳≫는 사람이 어떻게 되었는지 알 수가 없고, ≪涉溱≫(≪褰裳≫)은 장차 단교하려는 내용을 읊은 것이며, ≪著而(≪著≫)≫는 신랑에 대하여 묘사한 것이고, ≪角枕≫(≪葛生≫)은 신부에 관한 내용이다. ≪河水≫(≪邶風·新臺≫)는 앎을 노래한 것이다(군자가 하지 말아야 할 바를 아는 것).

❷ 紂衣(第 1 卷)[1]

≪上博楚簡≫:

子曰: 㚖(好)䫜(美)女(如)㚖(好)紂衣, 亞▬(惡惡)衖(巷)白(伯). 則民咸(咸)㑥而型(刑)不刨. 㫗(詩)員(云):「㦤(儀)型文王, 蔓(萬)邦复(作)㠯■」. 子曰: 又(有)國者章㚖(好)章惡, 㠯(以)眡(示)民

1) '≪郭店楚簡≫'은 ≪郭店楚墓竹簡≫(荊門市博物館編著, 文物出版社, 1998年 5月 第一版)(≪郭店楚簡≫)을 가리키고, ≪禮記本≫에 해당되는 문장은 ≪十三經注疏≫本을 참고하기로 하고, 필요에 따라서는 清 孫希旦≪禮記集解≫(中華書局 1989년 2월 초판)를 참고하였다. ≪上博楚簡交讀記≫란 '李零'의 ≪上博楚簡三篇校讀記≫(李零, 2007年8月, 北京人民大學出版社. 이하 ≪上博楚簡校讀記≫로 간칭함)를 함께 참고자료로 제시한 것이다. ≪上博楚簡≫≪치의≫는 모두 978자, ≪郭店楚簡≫의 ≪치의≫는 모두 1156자, ≪禮記本≫ ≪치의≫는 1549자이다. 또한 ≪禮記本≫ ≪치의≫는 모두 25장으로 되어 있으나, ≪郭店楚簡≫과 ≪上博楚簡≫은 모두 23장으로 되어있다. ≪禮記本≫의 제1장·제16장과 제18장의 일부가 ≪郭店楚簡≫과 ≪上博楚簡≫에는 없고(≪十三經注疏本≫을 기준으로 함), ≪禮記本≫의 제7장과 8장이 ≪郭店楚簡≫과 ≪上博楚簡≫에서는 제14·15·16장으로 분리되어 있다. 이와 같은 이유는 전국시대에는 ≪치의≫가 본래 23 장으로 구성되어 있었는데, 전해 내려오면서 漢代의 유학자들이 수정하였기 때문일 것으로 추측된다.

【第 1 簡】

≪郭店楚簡≫

夫子曰: 好媺(美)女(如)好妓(緇)衣, 亞(惡)亞(惡)如(如)亞(惡)沽(巷)白(伯), 則民臧(臧)𠂢(它?)而型(刑)不屯. ≪寺(詩)≫【1】員(云):「敡(儀)型(刑)文王, 萬邦乍(作)孚」■. 子曰: 又(有)或(國)者章好章亞(惡), 以視民

≪禮記本≫

子曰: 好賢如緇衣, 惡惡如巷伯, 則爵不瀆而民作愿, 形不試而民咸服. 大雅曰:『儀刑文王, 萬國作孚.』(2章) 子曰: 有國者章善癉惡, 以示民

≪上博楚簡交讀記≫

子曰: 好美如好緇衣, 惡惡如巷伯. 則民咸力而型不頓. 詩云: 儀型文王, 萬邦作孚. 子曰: 有國者章好章惡, 以示民

【해석】

공자가 말하였다. 좋은 일을 좋아하는 것을 ≪치의≫에서 좋아했었던 것 같이 하고, 악한 일을 미워하기를 항백(巷伯)을 미워하는 것과 같이 하면, 백성이 모두 복종하여, 형벌을 집행할 필요가 없다. ≪詩經·大雅·文王≫이 말하기를 "문왕을 본받으면 온 세상이 곧 믿고 따른다"라고 했다.

공자가 말하였다. 나라를 가진 자는 선(善)을 밝히며, 악을 밝히고(악을 드러내 증오하게 함), 백성에게 후(厚)한 것을 보여 주어야 한다.

≪上博楚簡≫

厚, 則民情不弋. 告(詩)員(云):「靜(靖)龏(恭)尒立(位), 吘(好)是正植(直)■.」子曰: 爲上可𠭥而笻(智)也, 爲下可頑而齒(志)也, 則君不惥(疑)兀(其)臣-(臣, 臣)不或(惑)於君. 寺(詩)員(云):

【第 2 簡】

≪郭店楚簡≫

厚, 則民【2】青(情)不紉(弋). ≪寺(詩)≫員(云):「情(靖)共尒立(位), 好氏(是)貞(正)植(直)■.」子曰:

爲上可䀠(望)而智(知)也, 爲下【3】可頑(述)而䛂(志)也, 則君不悇(疑)其臣, 臣不惑於君. ≪寺(詩)≫員(云)

≪禮記本≫
　厚, 則民情不貳. 詩云:『靖共爾位, 好是正直.』(11章) 子曰: 爲上可望而知也, 爲下可述而志也, 則君不疑於其臣, 而臣不惑於其君矣. 詩云

≪上博楚簡交讀記≫
　厚, 則民情不忒. 詩云:「靖恭爾位, 好是正直.」子曰: 爲上可望而知也, 爲下可述而志也, 則君不疑其臣, 臣不惑於君. 詩云

【해석】
　(나라를 가진 자는 선(善)을 밝히고, 악을 드러내, 백성에게 후(厚)함을 보여 주어야 한다.) 그래야 백성의 정이 변하지 않는다. ≪詩經·小雅·小明≫은 "그대의 직위에서 안정되고 공손히 하며, 정직한 사람을 좋아하라(그러면 신이 네 소원을 듣고 축복을 크게 내려주리)"라 했다.
　공자가 말하였다. 군주(상급자)는 공명정대하고 투명하여 다른 사람이 보면 바로 알 수 있어야 하며, 신하(하급자)는 각자의 등급에 따라 자신의 직분을 충실히 하여 바로 알 수 있게 해야 한다. 그래야 만이 군주는 신하를 의심하지 않고, 신하는 군주에게 의혹을 품지 않는다. ≪詩經≫은

≪上博楚簡≫
「叴(淑)人尋-(君子), 丌(其)義(儀)不弋.」尹髲(誥)員(云):「隹(惟)尹夋及康(湯), 咸(咸)又(有)一㥯(德)■.」子曰: 上人惥(疑)則百眚(姓)惑, 下難𥁰(知)則君長□□□□□□□□

【第 3 簡】
≪郭店楚簡≫
「叴(淑)人君子, 其義(儀)不【4】弋(忒)」≪尹髲(誥)≫員(云):「隹(惟)尹(伊)舩(尹)及湯, 咸又(有)一㥯(德)■.」子曰: 上人悇(疑)則百眚(姓)賊(惑), 下難【5】智(知)則君倀(长)裟(勞). 古(故)君民者, 章好以視民

≪禮記本≫

　　尹吉曰:「惟尹躬及湯, 咸有壹德.」詩云:「淑人君子, 其儀不忒.」(10章) 子曰: 上人疑則百姓惑, 下難知則君长勞. 故君民者章好以示民

≪上博楚簡交讀記≫

　　「淑人君子, 其儀不忒.」尹誥云:「惟尹允及湯, 咸有一德.」子曰: 上人疑則百姓惑, 下難知則君長[勞. 故君民者, 章好以示民]

【해석】

　　(≪詩經·鳲鳩≫는) "정숙한 군자의 언행은 한결 같네"라 했고, ≪尙書·尹誥≫는 "나 이윤과 탕은 모두 한결같은 덕이 있다"라 했다.
　　공자가 말하였다. 윗사람(군주)이 의심이 있으면, 백성은 의혹하게 되고, 아랫사람이 이해하지 못하면 군주가 수고로울 것이다. 백성에게 임금 노릇하는 자는 좋아하는 것을 밝힘으로써 백성이 원하는 것을 드러내야 하며, (미워하는 것을 신중하게 드러내서 백성의 음란한 것을 막아야 백성이 미혹되지 않는다.)

≪上博楚簡≫

　　谷, 勤惡㠯(以)盧民淫, 則民不惑. 臣事君, 言丌(其)所不能, 不訂(詒)丌(其)所能, 則君不裝(勞). ≪大頭(雅)≫員(云): "上帝板=(板板)□□□□□□□□□□

【第 4 簡】

≪郭店楚簡≫

　　𢓜(欲), 懂(謹)亞(惡)以柒民涇〈淫〉, 則民不賊(惑). 臣事君【6】, 言其所不能, 不訂(詞)其所能, 則君不裝(勞). ≪大頭(雅)≫員(云): "上帝板板, 下民卒担(疸)." ≪少(小)頭(雅)≫員(云): "非其【7】止之共

≪禮記本≫

　　俗, 愼惡以御民之淫, 則民不惑矣. 臣儀行不重辭, 不援其所不及, 不煩其所不知, 則君不勞矣.

≪詩≫云: "上帝板板, 下民卒瘅." ≪小雅≫曰: "匪其止共,

≪上博楚簡交讀記≫

　欲, 謹惡以御民淫, 則民不惑. 臣事君, 言其所不能, 不辭其所能, 則君不勞. ≪大雅≫云: "上帝板板, [下民卒疸."≪小雅≫云曰」

【해석】

　미워하는 것을 신중히 하여 백성의 음란한 것을 막아야 백성이 미혹되지 않는다. 신하가 군주를 섬김에 있어, 할 수 없으면(할 수 없다고) 말하며, 할 수 있는 일은 사양하지 않아야 군주가 수고롭지 않다. ≪詩經·大雅·板≫은 "하늘(군주)이 자주 바뀌면 백성이 고생하네"라고 하였고, ≪詩經·小雅·巧言≫은 "공경하는 마음을 갖지 아니하면, 군주만이 수고하게 되네"라고 했다.

≪上博楚簡≫

　隹(惟)王之功■.」子曰: 民㠯(以)君爲心, 君㠯(以)民爲體(體). □□□□□, 君冊(好)則民谷之. 古(故)心㠯(以)體(體)焉, 君㠯(以)民亡. ≪告(詩)≫員(云):「隹(惟)秉或(國)□□□□

【第 5 簡】

≪郭店楚簡≫

　唯王恭. 子曰: 民以君爲心, 君以民爲體. 心好則體安之, 君好則民忿(欲)【8】之. 古(故)心以體法, 君以民芒(亡). ≪寺(詩)≫員(云): "隹(誰)秉㦱(國)成, 不自爲

≪禮記本≫

　惟王之邛(12章) 子曰: 民以君爲心, 君以民爲體. 心莊則體舒, 心肅則容敬. 心好之, 身必安之. 君好之, 民必欲之. 心以體全, 亦以體傷, 君以民存, 亦以民亡. ≪詩≫云: "昔吾有先正, 其言明且清, 國家以寧, 都邑以成, 庶民以生. 誰能秉國成, 不自爲

≪上博楚簡校讀記≫

　惟王之邛. 子曰: 民以君爲心, 君以民爲體. [心好則體安之], 君好則民欲之. 故心以體焉, 君以

民亡. ≪詩≫云: "惟秉國[成, 不自爲]

【해석】

　　오직 군주만이 수고롭게 되네"라고 했다.
　　공자가 말하였다. 백성은 군주로 마음을 삼고, 군주는 백성으로 身體를 삼는다. 마음이 좋으면 신체가 편안해지며, 군주가 좋아하는 것 또한 백성도 원하게 된다. 마음은 몸이 좋지 않으면 상하게 되는 것과 같이 군주는 백성으로 인하여 망할 수도 있다. ≪詩經·小雅·節南山≫은 "누가 국가의 정무를 주관하는가? 자기 자신이 정직하지 못하면 백성은 더욱 수고스럽게 된다"라고 했고,

≪上博楚簡≫

　　正, 卒裦(勞)百眚(姓).」≪君舀(牙)≫員(云):「日俋雨, 少(小)民隹(惟)曰命, 晉夅(冬)耆(祁)寒, 少(小)民亦隹(惟)曰令■.」子曰: 上玨(好)慐(仁), 則下之爲慐(仁)也静(爭)先. 古(故)长民者章志,

【第 6 簡】

≪郭店楚簡≫

　　貞, 卒裦(勞)百眚(姓)"≪君舀(牙)≫員(云): "日俗雨, 少(小)【9】民隹(惟)曰悁(怨), 晉冬旨(耆)滄, 少(小)民亦隹(惟)曰悁■." 子曰: 上好慐(仁), 則下之爲【10】慐(仁)也爭先. 古(故)伥(长)民者, 章志

≪禮記本≫

　　正, 卒勞百姓."≪君雅≫曰: "夏日暑雨, 小民惟曰怨, 资冬祁寒, 小民亦惟曰怨."(17章) 子曰: 上好仁, 則下之爲仁爭先人. 故长民者, 章志

≪上博楚簡校讀記≫

　　正, 卒勞百姓.」≪君牙≫云: "日暑雨, 小民唯曰怨, 資冬祁寒, 小民亦唯曰怨." 子曰: 上好仁, 則下之爲仁也爭先. 故长民者章志,

【해석】

  자기 자신이 정직하지 못하면 백성은 더욱 수고스럽게 된다"라 했고, ≪상서·군아≫는 "여름에 덥고 습하면 백성들은 매일 매일 원망을 하고, 겨울 내 추우면 백성은 또한 매일 매일 원망을 하게 된다"라고 했다.
  공자가 말하였다. 윗사람이 仁을 좋아하면, 아랫사람은 仁 실천하기를 힘쓴다. 그런고로 백성을 다스리는 자가 仁을 좋아하는 의지를 백성에게 드러내면,

≪上博楚簡≫

  㠯(以)卲(昭)百眚(姓), 則民至(致)行믁(己)㠯(以)兌(悅)上. ≪告(詩)≫員(云):「又(有)共悳(德)行, 四或(國)川(順)之.■」子曰: 䡥(禹)立品(三)年, 百眚(姓)以㥛(仁)頷, □□□□□□□□

【第 7 簡】

≪郭店楚簡≫

  以卲(昭)百眚(姓), 則民至(致)行믁(己)以敓(悅)上【11】. ≪寺(詩)≫員(云):"又(有)⿸悳(德)行, 四方㲋(順)之■." 子曰: 䡥(禹)立三年, 百眚(姓)以㥛(仁)道, 剴(豈)必【12】聿(盡)㥛(仁)? ≪寺(詩)≫員(云):"成王之孚,

≪禮記本≫

  貞教尊仁, 以子愛百姓, 民致行己以說其上矣. ≪詩≫云:"有梏德行, 四國順之."(6章) 子曰: 禹立三年, 百姓以仁遂焉, 豈必盡仁? ≪詩≫云:"赫赫師尹, 民具尔瞻."≪甫刑≫曰:"一人有慶, 兆民賴之."≪大雅≫曰:"成王之孚,

≪上博楚簡校讀記≫

  以昭百姓, 則民致行己以悅上. ≪詩≫云:「有共德行, 四國順之.」子曰: 禹立三年, 百姓以仁道, 豈[必盡仁. ≪詩≫云:"成王之孚],

【해석】

  그런고로 백성을 다스리는 자가 仁을 좋아하는 의지를 백성에게 드러내면, 백성들은 자신의

행동을 이룸으로써 그 윗사람을 기쁘게 한다. ≪詩經≫은 "덕행을 깨달으면 온 천하가 여기에 순응한다"라고 했다.

　　공자가 말하였다. 禹가 등극한지 삼년 만에 백성들은 인을 실천하였다. 그렇다고 어찌 백성 모두가 어진 자였겠는가? ≪詩經≫은 "성왕의 참됨과 진실함은 부하 민중들에게 모범이 되었네"라고 했고, (≪상서·여형≫은 "군왕 한 사람에게 미덕이 있으면, 만민 모두가 이익을 받네"라고 했다.)

≪上博楚簡≫

　　下土之弋(式)" 呂型(刑)員(云):「一人又(有)應(慶), 墓(萬)民訦之■.」子曰: 下之事上也, 不從丌(其)所㠯(以)命, 而從丌(其)所行. 上册(好)□□□□□□□. □

【第 8 簡】

≪郭店楚簡≫

　　下土之弋(式). 邵(呂)型(刑)員(云): 一人又(有)慶, 墓(萬)民賸(賴)【13】之■. 子曰: 下之事上也, 不從其所以命, 而從其所行. 上好此勿(物)也【14】, 下必又(有)甚安者矣. 古(故)

≪禮記本≫

　　詩云: 赫赫師尹, 民具尔瞻. 甫刑曰: 一人有慶, 兆民賴之. 大雅曰: 成王之孚, 下土之式(5章) 子曰: 下之事上也, 不從其所令, 從其所行. 上好是物, 下必有甚者矣. 故

≪上博楚簡校讀記≫

　　下土之式." ≪呂刑≫云: 一人有慶, 萬民賴之. 子曰: 下之事上也, 不從其所以命, 而從其所行. 上好[此物也, 下必有甚焉者矣. 故]

【해석】

　　부하 민중들에게 모범이 되었네"라고 했고, ≪상서·여형≫은 "군왕 한 사람에게 미덕이 있으면, 만민 모두가 이익을 받네"라고 했다.

　　공자가 말하였다. 아랫사람이 윗사람을 섬기는 것은 그 명령하는 바를 따르지 않고 그 행하는

바를 따르는 것이다. 윗사람이 그 물건을 좋아하면 아랫사람은 반드시 더욱더 많이 좋아한다. 그런 까닭에

≪上博楚簡≫

　　上之毌(好)亞(惡), 不可不斳(誓)也, 民之橥也. ≪告(詩)≫員(云):「虢━(虢虢)帀(師)尹, 民具尒䚻(瞻)■.」子曰: 长民者衣備(服)不攺, 𨑾容又(有)棠(常), □□□□□□□□□□

【第 9 簡】

≪郭店楚簡≫

　　上之好亞(惡), 不可不誓(愼)也, 民之䈞(柬)也. ≪寺(詩)≫【15】員(云):"虡(虢)虡(虢)帀(師)尹, 民具尒䚻(瞻)■. 子曰: 倀(长)民者, 衣備(服)不攺, 僉頌(容)又(有)棠(常), 則民愳(德)【16】弌(一). ≪寺(詩)≫員(云):"其頌(容)不攺, 出言

≪禮記本≫

　　上之所好惡, 不可不愼也, 是民之表也. (4章) 子曰: 長民者, 衣服不貳, 從容有常, 以齊其民, 則民德一. ≪詩≫云:"彼都人士, 狐裘黄黄, 其容不改, 出言

≪上博楚簡校讀記≫

　　上之好惡, 不可不愼也, 民之表也. ≪詩≫云:"虢虢師尹, 民具而瞻. 子曰: 长民者衣服不改, 從容有常, 則[民德一. ≪詩≫云:"其容不改, 出言]

【해석】

　　그런 까닭에 윗사람은 좋아하고 싫어하는 것을 신중하게 하지 않을 수 없으며, 이는 곧 백성의 모범이 되기 때문이다. ≪詩經≫은 "혁혁하게 지위가 높은 太師와 尹氏여, 백성이 모두 지켜보고 있네"라 했다.

　　공자가 말하였다. 민중을 다스리는 자는 의복이 예법에 어긋나지 않게 하고, 항상 규칙에 따라 행동해야 만이 백성들의 덕도 한결같다. ≪詩經≫은 "언제나 의젓한 그 모습이 예법에 어긋나지 않고, 말 또한

≪上博楚簡≫

所信■. 子曰: 大人不䎽(親)丌(其)所䟴(賢), 而信其所賤; 叄(教)此㠯(以)遊(失), 民此㠯(以)䋐(變). ≪告(詩)≫員(云): "皮(彼)求我則, 女(如)不我㝵(得). 埶(執)我戜☰(戜戜), 亦不我力." ≪君紳(陳)≫員(云): "未見

【第 10 簡】

≪郭店楚簡≫

又(有)✓, 利(黎)民所信■. 子曰: 大人不新(親)其所䟴(賢), 而【17】信其所戔(賤); 叄(教)此以遊(失), 民此以䋐(變). ≪寺(詩)≫員(云): "皮(彼)求我則, 女(如)不我得. 埶我【18】戜(仇)戜(仇), 亦不我力" ≪君迪(陳)≫員(云): "未見

≪禮記本≫

有章; 行歸于周, 萬民所望."(9章) 子曰: 大人不親其所賢, 而信其所賤; 民是以親失, 而教是以煩. ≪詩≫云: "彼求我則, 如我不得. 執我仇仇, 亦不我力." ≪君陳≫曰: "未見

≪上博楚簡校讀記≫

[有訓, 黎民]所信. 子曰: 大人不親其所賢, 而信其所賤; 教此以失, 民此以煩. ≪詩≫云: "彼求我則, 如不我得. 執我仇仇, 亦不我力." ≪君陳≫云: "未見

【해석】

말 또한 법도에 맞으니 백성이 모두 그를 믿고 따르네"라고 했다.

공자가 말하였다. 대인들이 어진 사람을 친하게 여기지 않고, 천한 바를 믿으면, 교화하는 것을 잃게 되면 백성은 이로 인하여 변하게 되는 것이다. ≪詩經≫은 "그가 처음에 나를 찾을 때 행여 얻지 못할까 걱정하더니, 나를 얻고 나선 원수를 대하듯 믿지 아니하네"라고 했고, ≪상서·진군≫은 "성인의 도를 보지 못할 땐

≪上博楚簡≫

耴(聖), 女(如)丌=(其其)弗克見, 我既見, 我弗貴耴(聖)■." 子曰: 大臣之不䎽(親)也, 則忠敬不

足, 而賏(富)貴⊇迱(过), 邦家之不寍(寧)也. □□□□□□□□□

【第 11 簡】

≪郭店楚簡≫

聖, 如其弗克見; 我既見, 我弗迪聖■."子【19】曰: 大臣之不新(親)也, 則忠敬不足, 而賏(富)貴已 迱(过)也, 邦豙(家)之不寍(寧)【20】也, 則大臣不台(治), 而埶(褻)臣忨(託)也. 此以大臣

≪禮記本≫

聖, 若己弗克見; 既見聖, 亦不克由聖."(15 章) 子曰: 大臣不親, 百姓不寧, 則忠敬不足, 而富貴 已过也, 大臣不治, 而邇臣比矣. 故大臣

≪上博楚簡校讀記≫

聖, 如其人弗克見; 我既見, 我弗迪聖."子曰: 大臣之不親也, 則忠敬不足, 而富貴已过, 邦家之 不寧也. [則大臣不治, 而藝臣托也. 此以大臣]

【해석】

≪상서·진군≫은 "아직 성인의 도를 보지 못할 땐 그 사람을 감당하지 못할 것 같이 하더니, 내가 성인의 도를 보고 나서는 도리어 성인의 도를 따르지 않네"라고 했다.

공자가 말하였다. 대신들이 친하지 않으면 충성과 공경하는 마음이 부족하게 되고 부귀가 과분 하게 된다. 국가가 평안하지 않으면 대신들은 나라를 다스릴 수가 없게 되며 근신(近臣)들이 중임을 맡게 된다. 그런 까닭에 대신은 공경하지 않으면 안되는데,

≪上博楚簡≫

不可不敬也, 民之蕰也. 古(故)君不與(以)少(小)悔(謀)大, 則大臣不令. 轊公之≪尃(寡)命≫員 (云): 毋呂(以)少(小)慸(謀)敗大煮, 毋呂(以)辟(嬖)御疐妝后, 毋呂(以)辟(嬖)士疐夫=向(卿)使(士) ■. 子曰:

【第 12 簡】

≪郭店楚簡≫

不可不敬, 民之蕊(蔭)也. 古(故)【21】君不與少(小)悔(謀)大, 則大臣不情. 楚公之夏(顧)命員(云): 毋以少(小)悔(謀)敗大【22】怍(作), 毋以卑(嬖)御息(塞)妝(莊)句(后), 毋以卑(嬖)士息(塞)大夫·卿事(士)■. 子曰:

≪禮記本≫

不可不敬也, 是民之表也; 邇臣不可不慎也, 是民之道也. 君毋以小謀大, 毋以遠言近, 毋以內圖外, 則大臣不怨, 邇臣不疾, 而遠臣不蔽矣. 葉公之顧命曰: 毋以小謀敗大作, 毋以嬖御人疾莊后, 毋以嬖御士疾莊士大夫·卿士. (14 章) 子曰:

≪上博楚簡校讀記≫

不可不敬也, 民之蕊也. 故君不與小謀大, 則大臣不令. ≪祭公之顧命≫云: 毋以小謀敗大作, 毋以嬖御盡莊后, 毋以嬖士盡大夫卿士. 子曰:

【해석】

그런 까닭에 대신은 공경하지 않을 수 없는데, 이는 백성들의 儀表이기 때문이다. 그런고로 군주는 小臣과 일을 도모하지 않고, 대신과 일을 도모하기 때문에 대신들이 원망하지 않는다. ≪祭公之顧命≫은 "小臣의 계략을 가지고 대신의 계획을 망치지 말며, 嬖御(폐어, 비천한 출신으로 왕의 총애를 받는 사람)의 사람으로써 莊后(장후)를 버리지 말고, 폐사로써 장사·대부·경사를 미워하지 말아야 한다"라고 했다.

공자가 말하였다.

≪上博楚簡≫

长民者𠭰(教)之㠯(以)悳(德), 齐之㠯(以)豊(禮), 則民又(有)呂心; 𠭰(教)之㠯(以)正(政), 齐之㠯(以)型(刑), 則民又(有)免心. 古(故)慈(子)㠯(以)悉(愛)之, 則民又(有)罤(親); 信㠯(以)結之, 則民怀=(不怀); 龍(恭)㠯(以)位(涖)之, 則民又(有)孫=(孫心). ≪旹(詩)≫員(云):

【第 13 簡】

≪郭店楚簡≫

 伥(长)民者耆(教)之【23】以悳(德), 齐之以豊(禮), 則民又(有)懽(歡)心; 耆(教)(教)之以正(政), 齐之以型(刑), 則民又(有)孚心【24】. 古(故)学(慈)以炁(愛)之, 則民又(有)新(親); 信以結之, 則民不怀(倍); 共(恭)以位(莅)之, 則民【25】又(有)愻(遜)心. ≪寺(詩)≫員(云):

≪禮記本≫

 夫民教之以德, 齐之以禮, 則民有格心; 教之以政, 齐之以刑, 則民有遯心. 故君民者, 子以愛之, 則民親之; 信以结之, 則民不倍; 恭以涖之, 則民有孙心.

≪上博楚簡校讀記≫

 长民者教之以德, 齐之以禮, 則民有恥心; 教之以政, 齐之以刑, 則民有免心. 故慈以愛之, 則民有親; 信以结之, 則民不倍; 恭以涖之, 則民有遜心. ≪詩≫云:

【해석】

 민중을 다스리는 자가 덕으로써 가르치고 예로써 정제(整齊)를 시키면, 백성들은 곧 근면 성실하게 된다. 정령(政令)으로써 가르치고 형벌로써 정제(整齊)를 시키면, 백성들은 도피를 하고 만다. 그런고로 군주가 자식을 사랑하는 마음으로 백성을 사랑하면 백성들과 친해지고, 믿음을 가지고 맺으면 백성은 배반하지 않으며, 공손한 마음으로 임하면 백성 또한 순종하는 마음을 갖는다. ≪詩經≫에 이르기를

≪上博楚簡≫

 「虗(吾)夫=(大夫)龏(恭)虘(且)會(儉), 㤅人不斂.」≪呂型(刑)≫員(云):「眬(苗)民非甬(用)霝(命), 折(制)吕(以)型(刑), 隹(惟)复(作)五虐之型(刑)曰金■.」子曰: 正(政)之不行, 耆(教)之不竝(成)也, □□□□□□□□

【第 14 簡】

≪郭店楚簡≫

"虗(吾)夫夫共歔斂, 㭉人不敛." ≪呂型(刑)≫員(云): "非甬(用)臸, 折(制)以型(刑)【26】, 隹(惟)乍(作)五瘧(虐)之刑曰法■." 子曰: 正(政)之不行, 䎽(教)之不成也, 則型(刑)罰不【27】足耻. 而雀(爵)不足懽(劝)

≪禮記本≫

≪甫刑≫曰: "苗民匪用命, 制以刑, 惟作五虐之刑曰法." 是以民有惡德, 而遂絶其世也. (3 章) 子曰: 政之不行也, 教之不成也, 爵祿不足劝也, 刑罰不足耻

≪上博楚簡校讀記≫

"吾大夫恭且儉, 靡人不敛." ≪呂刑≫云: "苗民非用霝, 制以刑, 惟作五瘧之刑曰法." 子曰: 政之不行, 教之不成也, [則刑罰不足耻. 而爵不足劝]

【해석】

"우리의 대부 모두가 공경하고 절검하니 검소하지 않은 자 없네"라고 했고, ≪여형≫은 "苗民의 군주는 선함으로 백성을 다스리지 않고, 형벌을 만들어 백성을 다스리고, 오직 오학의 형벌만을 법이라고 했다"라고 했다.

공자가 말하였다. 정치가 행해지지 않고 가르침이 이루어지지 않으면, 형벌은 부끄러움을 느끼게 하지 못하며, 작록(爵祿)은 권할 것이 못된다.

第 15 簡

≪上博楚簡≫

也. 古(故)上不可㠯(以)藔型(刑)而翌(輕)㶼(爵). ≪康㬎(诰)≫員(云): 「敬明乃罰.」≪呂型(刑)≫員(云):「虱型(刑)之由(迪)■.」子曰: 王言女(如)絲, 亓(其)出女(如)緍; 王言女(如)索, 亓(其)□□□ □□□□□□□□□□

≪郭店楚簡≫

　也. 古(故)上不可以埶(褻)型(刑)而翌(輕)雀(爵). ≪康昪(誥)≫員(云): "敬【28】明乃罰." ≪呂型(刑)≫員(云): "翻(播)型(刑)之迪▄. 子曰: 王言女(如)絲, 其出女(如)綍, 王言女(如)索;【29】其出女(如)絣(綍). 古(故)大人不昌(倡)流. ≪寺(詩)≫員(云): "誓(愼)尒出话,

≪禮記本≫

　也. 故上不可以褻刑而輕爵. ≪康誥≫曰: "敬明乃罰." ≪甫刑≫曰: "播刑之不迪." (13 章) 子曰: 王言如絲, 其出如綸, 王言如綸; 其出如綍. 故大人不倡游言. 可言也, 不可行, 君子弗言也; 可行也, 不可言, 君子弗行也. 則民言不危行, 而行不危言矣. ≪詩≫云: "淑愼尔止, 不愆于儀."(7 章)

≪上博楚簡校讀記≫

　也. 故上不可以藝刑而輕爵. ≪康誥≫云: "敬明乃罰."「≪呂刑≫云: "播刑之迪." 子曰: 王言如絲, 其出如綸; 王言如索, 其[出如綍. 故大人不倡流. ≪詩≫云: "愼而出话],

【해석】

　그런고로 윗사람은 형벌을 더럽히고 벼슬을 가볍게 여겨서는 안 된다. ≪강고≫에서 말하기를 "공경하여 형벌을 밝게 하라"고 했고, ≪여형≫에는 "형벌은 도리에 맞게 선포되어야 한다"고 했다.
　공자가 말하였다. 왕의 말이 실과 같으면 그 나오는 것은 '윤(綸)'과 같고, 왕의 말이 윤과 같으면 그 나오는 것은 '불(綍)'(관을 묶는 굵은 새끼줄)과 같다. 그런고로 대인은 헛소리를 하지 않는 것이다. ≪詩經≫에는 "그대의 행동을 조심하고 삼가서, 위엄있는 의태(儀態)를 공경하도록 하라"라 했다.

≪上博楚簡≫

　敬尒威義▄. 子曰: 可言不可行, 尋_(君子)弗言; 可行不可言, 尋▄(君子)弗行. 則民言不舎行_(行, 行)不舎言. ≪告(詩)≫員(云): "虘(淑)訢(愼)尒(爾)止, 不侃□□." □□□□□□□□□□

【第 16 簡】

≪郭店楚簡≫

　　敬尒愄(威)義(儀)■."子曰: 可言【30】不可行, 君子弗言; 可行不可言, 君子弗行. 則民言不陞行, 不陞【31】言. ≪寺(詩)≫員(云): "㲃(淑)誓(愼)尒止, 不侃(僭)于義(儀)" 子曰: 君子道人以言, 而巠以行.

≪禮記本≫

　　子曰: 王言如絲, 其出如綸, 王言如綸; 其出如綍. 故大人不倡游言. 可言也, 不可行, 君子弗言也; 可行也, 不可言, 君子弗行也. 則民言不危行, 而行不危言矣. ≪詩≫云: "淑愼尒止, 不愆于儀."(7 章) 子曰: 君子道人以言, 而禁人以行.

≪上博楚簡校讀記≫

　　敬爾威義. 子曰: 可言不可行, 君子弗言; 可行不可言, 君子弗行. 則民言不危行, 行不危言. ≪詩≫云: "淑愼爾止, 不衍[於義."子曰: 君子道人以言, 而恒以行]

【해석】

　　(공자가 말하였다. 왕의 말이 실과 같으면 그 나오는 것은 낚싯줄(綸)과 같아지고, 왕의 말이 그물(索)과 같으면 그 나오는 것은 관을 묶는 밧줄(綍)과 같아진다. 그런고로 대인은 함부로 말을 하지 않는다. ≪詩經≫은 "그대의 행동을 조심하고 삼가서)

　　위엄 있는 의태(儀態)를 남들이 공경하도록 하라"했다.

　　공자가 말하였다. 말만하고 행동으로 옮기지 못할 것을 군자는 말하지 않으며, 행동만 하고 말하지 못할 것 또한 군자는 행하지 않는다. 백성들의 말은 그 행동을 넘어서지 않고, 행동은 말을 넘어서지 않는다. ≪詩經≫은 "그대의 행동을 조심하고 삼가서 그 위엄 있는 (의표에 허물이 없이 하라"고 했다.

　　공자가 말하였다. 군자는 사람을 인도하기를 말로써 하고 사람을 경계하기를 행동으로써 한다.)

≪上博楚簡≫

　　古(故)言則慮丌(其)所冬(終), 行則旨(稽)丌(其)所蔽(敝); 則民斬(愼)於言而敦(謹)於行. ≪告

(詩)≫員(云):「穆-(穆穆)文王, 於幾義之■.」子曰: 言術(率)行之, 則行不可匿. 古(故)尋■(君子)寡(寡)言而行, 㠯(以)坕(成)亓(其)信, 則民不

【第 17 簡】

≪郭店楚簡≫

古(故)言【32】則慮(慮)其所終, 行則䇎(稽)其所幣(敝); 則民誓(愼)於言而㦷(謹)於行. ≪寺(詩)≫云:"穆穆【33】文王, 於偮(緝)迴(熙)敬止■." 子曰: 言從行之, 則行不可匿. 古(故)君子䁻(顧)言【34】而行, 以成其信, 則民不

≪禮記本≫

故言必慮其所終, 而行必稽其所敝; 則民謹于言而愼于行. 詩云:"愼爾出話, 敬爾威儀."≪大雅≫曰:"穆穆文王, 于緝熙敬止."(8 章) 子曰: 言從而行之, 則言不可飾也; 行從而言之, 則行不可飾也. 故君子寡言而行, 以成其信, 則民不

≪上博楚簡校讀記≫

故言則慮其所終, 行則稽其所敝; 則民愼於言而謹於行. ≪詩≫云:"穆穆文王, 於緝熙止." 子曰: 言率行之, 則行不可匿. 故君子寡言而行, 以成其信, 則民不

【해석】

그런 까닭에 말은 반드시 그 끝나는 바를 신중하게 여기고, 행동은 반드시 그 폐단되는 바를 생각한다. 그러면 백성은 말을 조심하고 행동을 삼갈 것이다. ≪詩經≫은 "깊은 덕을 지닌 문왕이여 끊임없이 존경하소서"라고 했다.

공자가 말하였다. 군자는 말한 바를 좇아 행하기 때문에 그 행위는 은닉하기 힘들다. 그런고로 군자는 말을 적게 하고 행동으로써 그 믿음이 이루어지도록 한다. 그렇게 하면 백성은 그 아름다운 것을 크게 하고(과장하지 않고),

≪上博楚簡≫

能大亓(其)顡(美)而少(小)亓(其)亞(惡). ≪大虽(雅)≫員(云):「白珪(圭)之砧, 尚可磊(磨); 此言之

砧, 不可爲.」≪少(小)虽(雅)≫員(云):「夋也君子, 㞡(則)也大壺(成).」≪君奭≫員(云): □□□□□
□□□□□]

【第 18 簡】

≪郭店楚簡≫

能大其姤(美)而少(小)其亞(惡). ≪大虽(雅)≫員(云):"白珪之石, 尚可【35】砦(磨)也; 此言之砧 (玷), 不可爲也."≪少(小)顗(雅)≫員(云):"躬(允)也君子, 㞡(厠)也大成"≪君奭≫【36】員(云):"昔 才(在)上帝, 戠(割)紳觀文王悳(德), 其

≪禮記本≫

得大其美而小其惡. ≪大雅≫云:"白圭之砧, 尚可磨也; 此言之砧, 不可爲也."≪小雅≫曰:"允 也君子, 展也大成."≪君奭≫曰:"昔在上帝, 割紳觀文王德, 其

≪上博楚簡校讀記≫

能大其美而小其惡. ≪大雅≫云:"白珪之砧, 尚可磨; 此言之砧, 不可爲."≪小雅≫云:"夋也君 子, 展也大成."≪君奭≫云:"[昔在上帝, 割紳觀文王德, 其]

【해석】

그 악한 것을 작게(축소) 할 수 없다. ≪대아≫에서 말하기를 "흰 구슬은 흠집(허물)을 갈면 되지만, 말은 흠집(허물)을 어떻게 할 수가 없다네"라 했고, ≪소아≫에는 "진실로 군자이니 진정 큰일 이루시겠네"라고 했고, ≪군석≫에서는 "옛날의 상제는 문왕의 덕행을 신중하게 관찰하시어 천명이 그대 몸에 내리셨네"라고 했다.

≪上博楚簡≫

集大命于氏(是)身■."子曰: 君子言又(有)勿(物), 行又(有)陛, 此㠯(以)生不可敚(奪)志, 死不可 敚(奪)名. 古(故)君子多聁(聞), 齊而守之; 多旨(志), 齊而罜(親)之, 青(精)䇂(知), 陛而行之

【第 19 簡】

≪郭店楚簡≫

　　集大命于氒(厥)身■."子曰: 君子言又(有)勿(物), 行又(有)【37】達(格), 此以生不可攺(奪)志, 死不可攺(奪)名. 古(故)君子多酮(聞), 齊而獸(守)之; 多志, 齊而【38】新(親)之; 精智(知), 達(略)而行之.

≪禮記本≫

　　集大命于厥身."(24 章) 子曰: 言有物而行有格也, 是以生則不可奪志, 死則不可奪名. 故君子多聞, 質而守之; 多志, 質而親之; 精知, 略而行之.

≪上博楚簡交讀記≫

　　集大命于是身."子曰: 君子言有物, 行有格, 此以生不可奪志, 死不可奪名. 故君子多聞, 齊而守之; 多志, 齊而親之; 精知, 略而行之

【해석】

　　천명이 그대 몸에 내리셨네"라고 했다.
　　공자가 말하였다. 말은 징험(徵驗)이 있어야 하고, 행동은 법칙이 있어야 한다. 이렇게 생활하면 뜻을 빼앗을 수 없고, 죽어도 이름을 빼앗지 못한다. 고로 군자는 많이 듣고, 이를 바르게 해서 지켜 나가며, 많이 인식하고 바르게 해서 가깝게 하고, 깊이 이해하고 간략히 해서 행하여야 한다.

≪上博楚簡≫

　　□□人君子, 丌(其)義(儀)一也.」≪君迪(陳)≫員(云): "出內(入)自尒市(師)雩, 庶言同■." 子曰: 句(苟)又(有)車, 北見丌(其)鷖; 句(苟)又(有)衣, 北□□□□□□□□□

【第 20 簡】

≪郭店楚簡≫

　　≪寺(詩)≫員(云): "雹(淑)人君子, 其義(儀)弌(一)也"≪君迪(陳)≫員(云): "出內(入)自尒市(師)

于(虞),【39】庶言同■.″子曰: 句(苟)又(有)車, 必見其敳(第); 句(苟)又(有)衣, 必見其幣(敝); 人句(苟)又(有)行,

≪禮記本≫

≪君陳≫曰: "出入自尔師虞, 庶言同." ≪詩≫云: "淑人君子, 其儀一也."(18 章) 子曰: 苟有車, 必見其軾; 苟有衣, 必見其敝; 人苟或言之, 必聞其聲; 苟或行之,

≪上博楚簡校讀記≫

[≪詩≫云: "淑人君子, 其儀一也." ≪君陳≫云: "出入自爾師雩, 庶言同." 子曰: 苟有車, 必見其轍; 苟有衣, 必見其[敝; 人苟有言, 必聞其聲; 苟有行]

【해석】

≪詩經≫에 이르기를 "어진 군자는 행동거지가 한결같네"라고 했고, ≪상서·군진≫에는 "대중의 의견을 좇아서 행하면 모든 사람의 의견이 일치한다"라고 했다.

공자가 말하였다. 수레가 있으면 반드시 수레의 덮개가 있고, 의복이 있으면 반드시 옷의 수무늬를 볼 수 있으며, 사람에게 행위가 있다면

≪上博楚簡≫

北見丌(其)成, ≪告(詩)≫員(云): "備之亡臭(斁)■." 子曰: ム(私)惠不襄(懷)悳(德), 君子不自甾(留)安(焉). ≪告(詩)≫員(云): "人之玨(好)我, 覞我周行■." 子曰: 隹(唯)㝅■(君子)能玨(好)丌(其)匹, 少(小)人殹能玨(好)丌(其)匹.

【第 21 簡】

≪郭店楚簡≫

必見其成, 句(苟)又(有)言, 必甶(聞)其聖(聲).【40a40b】≪寺(詩)≫員(云): "備(服)之亡懌■." 子曰: ム(私)惠不薹悳(德), 君子不自甾(留)女<安(焉)>. ≪寺(詩)≫員(云): "人之好我【41】, 旨我周行■." 子曰: 唯君子能好其駜(匹), 少(小)人剴(豈)能好其駜(匹).

≪禮記本≫

必見其成. ≪葛覃≫曰: "服之無射."(22 章) 子曰: 私惠不歸德, 君子不自留焉. ≪詩≫云: "人之好我, 示我周行."(21 章) 子曰: 唯君子能好其正, 小人毒其正.

≪上博楚簡校讀記≫

必見其成, ≪詩≫云: "備之亡懌." 子曰: 私惠不懷德, 君子不自留焉. ≪詩≫云: "人之好我, 示我周行." 子曰: 唯君子能好其匹, 小人豈能好其匹.

【해석】

반드시 그 결과를 볼 수 있다. ≪詩經≫에서 말하기를 "의복을 입으니 아름답네"라고 했다. 공자가 말하였다. 사사로이 은혜를 베풀거나, 덕이나 의리에 맞지 않는다면 군자는 그 곳에 편안하게 머무르지 않는다. ≪詩經≫에서 말하기를 "나를 좋아하는 사람은 나를 큰 길로 인도하네"라고 했다.

공자가 말하였다. 군자는 친구를 능히 좋아할 수 있지만, 소인이 어찌 그 친구를 좋아할 수 있겠는가?

≪上博楚簡≫

古(故)君■(君子)之旮(友)也又(有)䜭, 丌(其)惡也又(有)方. 此㠯(以)邇(邇)者不惑, 而遠者不惥(疑). ≪告(詩)≫員(云):「君子玨(好)塾■.」子曰: 巠(輕)絲(絕)貧賤, 而屋(厚?)絲(絕)賵(富)貴, 則好㤅(仁)不

【第 22 簡】

≪郭店楚簡≫

古(故)君子之友也【42】又(有)向(鄉), 其亞(惡)又(有)方. 此以徫(邇)者不賊(惑), 而遠者不悕(疑). ≪寺(詩)≫員(云): "君子好敊(述)■." 子曰:【43】巠(輕)絲(絕)貧戔(賤), 而厚絲(絕)賵(富)貴, 則好㤅(仁)不

≪禮記本≫

故君子之朋友有鄕, 其惡有方; 是故邇者不惑, 而遠者不疑也. ≪詩≫云: "君子好仇."(19 章) 子曰: 輕絶貧賤, 而重絶富貴, 則好賢不

≪上博楚簡校讀記≫

故君子友也有向, 其惡也有方. 此以邇者不惑, 而遠者不疑. ≪詩≫云: "君子好述." 子曰: 輕絶貧賤, 而重絶富貴, 則好仁不

【해석】

그런고로 군자는 누구를 좋아함에도 준칙이 있으며 남을 싫어함에도 반드시 그 도리가 있다. 그런 까닭에 군자 주위에 있는 인재들은 미혹되지 않으며, 멀리 있는 자들이 그를 의심하지 않는다. ≪詩經≫은 "군자는 그의 친구를 좋아하네"라고 했다.

공자가 말하였다. 빈천한 친구와 절교하기를 쉽게 하고, 부귀한 친구와 절교하기를 쉽게 하지 못하는 것은 어진 이를 좋아하는 마음이 굳지 못하고

≪上博楚簡≫

臤(堅), 而亞_(惡惡)不頁也. 人佳雖曰不利, 虐(吾)弗信之矣. ≪岂(詩)≫員(云): 「璱(朋)蚕(友)卣(攸)図=(攝, 攝)曰(以)威義(儀)■.」子曰: 宋人又(有)言曰: 人而亡丕(恒),

【第 23 簡】

≪郭店楚簡≫

臤(堅), 而亞(惡)亞(惡)不紵(著)也. 人唯(雖)曰不利, 虐(吾)弗信【44】之矣. ≪寺(詩)≫員(云): "倗(朋)友卣(攸)쁲(攝), 쁲(攝)以悁(畏)義(儀)■." 子曰: 宋人又(有)言曰: 人而亡賁(恒),

≪禮記本≫

堅, 而惡惡不著也. 人雖曰不利, 吾不信也. ≪詩≫云: "朋友攸攝, 攝以威儀."(20 章) 子曰: 南人有言曰: 人而無恒,

≪上博楚簡校讀記≫

堅, 而惡惡不著也. 人佳雖曰不利, 吾弗信之矣. ≪詩≫云: "朋友攸攝, 攝以威儀." 子曰: 宋人有言曰: 人而亡恒, [不可爲卜筮也. 其古之遺言與? 龜筮猶弗知, 而況於人乎? ≪詩≫]

【해석】

악을 미워하는 것이 뚜렷하지 않기 때문이다. 설사 어떤 이가 이익을 위한 것이 아니라고 말하여도 나는 그것을 믿지 못하겠다. ≪詩經≫은 "친구 사이가 굳건히 유지되는 것은 인격과 위엄이 함께 하기 때문이네"라고 했다.

공자가 말하였다. 송나라의 어떤 사람이 말하기를 "사람이 항상심이 없으면

≪上博楚簡≫

□□□□□□□□……員(云): "我龜既猒(厭), 不我告猷■.

【第 24 簡】

≪郭店楚簡≫

不可爲【45】卜簹(筮)也. 其古之遺言鬼(與)? 龜菩(筮)猷(猶)弗智(知), 而皇(況)於人唐(乎)? ≪寺(詩)≫員(云): "我龜既猒(厭)【46】, 不我告猷■." 二十又三【47】

≪禮記本≫

不可以爲卜筮. 古之遺言与? 龜筮猶不能知也, 而況于人乎? ≪詩≫云: "我龜既厭, 不我告猶." ≪兌命≫曰: "爵無及惡德, 民立而正事. 純而祭祀, 是爲不敬; 事煩則亂, 事神則難." ≪易≫曰: "不恒其德, 或承之羞." "恒其德偵, 婦人吉, 夫子凶."(24 章)

≪上博楚簡校讀記

云: "我龜既厭, 不我告猷."■

□□

【해석】

복서(卜筮)할 것이 없다"고 했다. 이는 아마 옛부터 전해 내려오는 말이 아니겠는가? 이러한 사람은 귀서龜筮도 알 수가 없는 것인데, 하물며 사람은 어찌하겠는가. ≪詩經≫은 "거북이도 싫증이 나서 나에게 길흉을 알려 주지 않네"라고 했다.

① 民之父母

(1) 1→3

囲륫(夏)螽(問)於孔子:「≪訽(詩)≫曰:『幾(凱)俤君子, 民之父母』, 敢螽(問)可(何)女(如)而可胃(謂)民之父母?」孔=(孔子)含(答)曰:「民【1】

囜父母虖(乎), 必達於豊(禮)樂之篮(源), 百(以)至(致)『五至』百(以)行『三亡(無)』, 百(以)皇(橫)于天下. 四方又(有)敗(敗), 必先箮(知)之. 亓(其)【2】

囜胃(謂)民之父母矣.」

자하가 공자에게 물었다. 「감히 여쭙겠습니다. ≪詩·大雅·泂酌≫편에서 말하기를 「화락和樂하고 단정한 군자님은 백성의 부모다.」라 했는데, 어떠해야만 백성의 부모라 할 수 있습니까?」 공자가 대답하였다. 「백성의 부모란【1】

이른바 백성의 부모란 반드시 예악의 근본을 통달해서 「五至」를 이루고 「三無」를 행해야, 천하에 널리 펼 수 있고 사방에 재앙의 조짐이 있으면 반드시 이것을 먼저 알 수 있는 것이다. 이것을【2】백성의 부모라고 하는 것이다.

(2) 3→5

子륫(夏)曰:「敢螽(問)可(何)女(如)而可胃(謂)『五至』?」孔=(孔子)曰:「『五至』虖(乎), 勿(物)之所至者, 志亦至安(焉). 志之【3】

囜至者, 豊(禮)亦至安(焉). 豊(禮)之所至者, 樂亦至安(焉). 樂之所至者, 慹(哀)亦至安(焉). 慹(哀)樂相生. 君子【4】

百(以)正, 此之胃(謂)『五至』.」

자하가 「감히 묻자옵건대, 무엇을 五至라고 합니까?」 라고 물었다. 공자는 「만물이 있는 곳이면 마음의 心志가 미치고, 심지가 있으면……【3】

심지가 닿는 곳에 예의가 또한 생기며, 예의가 생기는 곳에 즐거움 또한 있게 된다. 즐거움이

있는 곳에 슬픔이 또한 생기게 된다. 그런 까닭에 슬픔과 즐거움이 서로 생기게 된다. 군자는【4】
군자가 이것으로 바르게 하는 것이다. 이것을 五至(다섯 가지 지극함)라고 한다.」

(3) 5→6→7→8
子憂(夏)曰:「『五至』既蘭(聞)之矣, 敢蘭(問)可(何)胃(謂)『三亡(無)』?」孔=(孔子)曰:「三亡(無)
虖, 亡(無)聖(聲)之樂, 亡(無)豊(體)【5】
之豊(禮), 亡(無)備(服)之裳(喪). 君子㠯(以)此皇(橫)天下, 奚(傾)耳而聖(聽)之, 不可㝵(得)而蘭
(聞)也; 明目而見之, 不可【6】
㝵(得)而見也, 而㝵(得)既塞於四海(海)矣, 此之胃(謂)三亡(無). 子憂(夏)曰: 亡(無)聖(聲)之樂,
亡(無)豊(體)之豊(禮), 亡(無)備(服)之裳(喪), 可(何)志(詩)【7】
是氐(泥)?」孔=(孔子)曰:「善才(哉)! 商也, 酒(將)可孝(教)時(詩)矣, 『城(成)王不敢康, 洒(夙)夜
言(基)命又(宥)窑(密)』, 亡(無)聖(聲)之樂, 『祺(威)我(儀)尸=(遲遲),【8】
不可選也』, 無體之禮.『凡民有喪, 匍匐救之』, 無服之粲(喪)也.」

자하가 물었다.「五至(다섯 가지 지극함)에 대해서는 이미 들었습니다. 그렇다면 三無(세 가지
없음)란 무엇을 말하는 것입니까?」공자가 말하였다. 소리 없는 즐거움과 형용 없는 예의,【5】
형식적인 상복이 없는 상례喪禮를 가리킨다. 군자는 이를 천하에 널리 행하나, 귀를 기울여
들어도 들을 수 없고, 눈을 크게 뜨고 보아도 볼 수 없는 것이지만,【6】
그 기운은 능히 천지에 가득 차게 되는데, 이를 三無라 한다. 자하가 말하기를 소리 없는 즐거움
과 형용 없는 예의, 형식적인 상복이 없는 상례는 ≪시경≫ 중에 어떤 시가 이에【7】
해당되는 것입니까?「훌륭하도다! 子夏여! 이제부터 너에게 ≪시경≫을 가르칠 수 있겠구나.
『성왕成王은 편히 쉬지 않고, 아침부터 저녁까지 천명을 좇아서 백성에게 관대하게 대하고 편안한
생활을 하도록 힘썼네.』는 곧 소리 없는 음악이요,『의젓한 그의 용모는 넘쳐 나【8】
[헤아릴 수 없네.』라는 것을 형용 없는 예의라 하며,『모든 백성이 초상이 있을 때 엉금엉금
기어가서라도 구제한다.』는 것이 형식적인 상복이 없는] 상례를 가리킨 것이다.」

(4) 9→10→11→12→13→14
子憂(夏)曰:「亓才(哉)䜊(語)也, 敚(美)矣! 厷(宏)矣! 聿(盡)【9】
於此而已𤍽?」孔曰:「何爲其然! 猶有五起焉.」子夏曰:「可㝵(得)而蘭(聞)與(歟)?」孔=
(孔子)𤍽(曰):「亡(無)聖(聲)之樂, 燹(氣)志不韋(違)【10】

亡(無)體(體)之豊(禮), 禔(威)我(儀)尸=(逮逮); 亡(無)備(服)之喪(喪), 內虐(恕)㕚(巽)悲. 亡(無)聖(聲)之樂, 塞於四方; 亡(無)體(體)之豊(禮), 日逑(就)月相(將); 亡(無)體(體〈服〉)之【11】

喪, 屯(純)悳(德)同明. 亡(無)聖(聲)之樂, 它(施)汲(及)孫=(孫子); 亡(無)體(體)之豊(禮), 塞於四海(海); 亡(無)備(服)之喪(喪), 爲民父母. 亡(無)聖(聲)之樂, 熒(氣)【12】

志旣悳(得); 亡(無)體(體)之豊(禮), 禔(威)我(儀)異=(翼翼); 亡(無)備(服)発(喪), 它(施)汲(及)四國. 亡(無)聖(聲)之樂, 熒(氣)志旣從; 亡(無)體(體)之豊(禮), 上下禾(和)同; 亡(無)備(服)【13】

発(喪), 㠯(以)畜萬邦. ∠【14】

자하가 말하였다. 「선생님의 말씀은 훌륭하신 말씀입니다. 정말 아름답고 위대하십니다. [그럼 이것만으로 다하는 것입니까?【9】

공자가 이에 대답했다. 「어찌 그렇겠는가? 군자의 행동은 아직도 오기五起가 있다.」 자하가 물었다.] 「가르침을 얻을 수 있겠습니까?」 공자가 대답했다: 「소리없는 음악은 기운과 뜻이 어긋나지 않고,【10】

소리 없는 음악은 기분과 뜻이 서로 어긋나지 않으며, 형용 없는 예의는 위의威儀가 유유자적 한가롭고, 형식적인 상복이 없는 상례는 내 입장에서 생각하며 몹시 슬픈 것이다. 소리 없는 음악은 사방에 울려 퍼지며, 형용 없는 예의는 일취월장하게 되며, 형식적인 상복이 없는 상례는【11】

순수한 덕이 널리 밝아진다. 소리 없는 음악은 자손에 까지 울려 퍼지고, 형용 없는 예의는 온 천하에 미치고, 형식적인 상복이 없는 상례는 백성의 부모가 되는 것이다. 소리 없는 음악은 기운과【12】

의지가 이미 얻어지고, 형용 없는 예의는 위의威儀가 신중엄숙하고, 형식적인 상복이 없는 상례는 만방에 미치게 된다. 소리 없는 음악은 기운과 뜻이 원하는 대로 따르게 되고, 형용 없는 예의는 위와 아래가 화목하게 되며, 형식적인 상복이 없는 상례는【13】

덕화가 만방에 퍼지게 된다.【14】

② 子羔

(1) 1→6→2

㠯(以)又(有)虞是(氏)之樂正古(瞽)帇(瞍)夒(夔)之子也. 子羔曰: 可(何)古(故)㠯(以)悳(得)爲帝? 孔=(孔子)曰: 昔者而弗殜(世)也, 善與善相受也, 古能給(治)天下, 坪(平)萬邦, 吏(使)亡(無)·又(有)·少·大·忌(肥)·毳(瘠), 吏(使)虘(皆)【1】

导(得)丌(其)社稷(稷)百眚(姓)而奉守之. 堯見坴(夋·俊·舜)之惪(德)殷(賢), 古(故)讓之. 子羔曰: 堯之导(得)坴(夋·俊·舜)也, 舜之惪(德)則城(誠)善【6】

𢼸(歟)? 伊(抑)堯之惪(德)則甚盟𢼸(歟)? 孔=(孔子)曰: 鈞也, 坴(夋·俊·舜)嗇於童土之田, 則【2】

순舜은 ……유우씨有虞氏는 음악音樂 관장官長인 질기質夔의 아들이다. 자고가「순은 어떻게 황제가 될 수 있었습니까?」라고 묻자, 공자는「옛날에는 제위의 전수傳受를 세습世襲하지 않고, 현자가 현자에게 물려주었다. 그래서 천하를 다스리고, 만방萬邦을 평정하여, 왕래가 없든지 있든지, 크던 작든, 비옥하든지 메마르든지 간에, 상관없이 모든 나라 백성들이 모두 받들었다.【1】

나라 백성을 얻어 다스리고 지켜낼 수 있었다. 요堯 임금은 순舜이 재덕才德이 있고 현명하다는 것을 알고 그에게 천하를 선양禪讓하였다. 자고가 물었다. 요임금이 순제舜帝를 등용한 것은 순의 재덕才德이 뛰어나고, 그의 덕행德行이 훌륭해서입니까?【6】

(순舜의 재덕은 확실히 훌륭합니까?) 아니면 요堯가 심히 훌륭한 밝은 재덕才德을 지니고 있어서입니까?」공자가 대답하였다. 모두가 훌륭하다. 순은 황량한 토지를 가서 경작하였으며,【2】

⑵ 3

之童土之莉(黎)民也. 孔=(孔子)曰【3】

황무지에 거주하는 백성이다. 공자가 말하였다.【3】

⑶ 4

虗(吾)昏(聞)夫坴(夋·俊·舜)丌(其)幼也, 每㠯(以)孝寺(侍)丌(其)□(親)【4】

「나는 순舜이 어렸을 때 항상 효도하며 부모님을 잘 모셨다라는 말을 들었다. ……【4】

⑷ 5正→5反

或㠯(以)𠂤(文)而遠. 堯之取坴(夋·俊·舜)也, 從者(諸)卉茅之中, 與之言豊(禮), 敓(悅)□【5正】
子羔【5反】

[正] 혹은 절제하고 멀리하였다. 요堯가 순舜을 들판에서 등용하고, 예의에 대하여 논하자 순은 기뻐하였다.【5正】

[反] ≪子羔≫【5反】

《자고》편

(5) 8→7→14

睪而和, 古(故)夫坴(夋·俊·舜)之㥁(德)丌(其)成(誠)𣪘(賢)矣, 釆(播)者(諸)出(畎)啻(畝)之中, 而吏(使)君天下而受(俌). 子羔曰: 女(如)坴(夋·俊·舜)才(在)含(今)之殜(世)則何若? 孔=(孔子)曰【8】

亦絽(紀)先王之遊道. 不奉盟(明)王, 則亦不大渡(使). 孔=(孔子)曰: 坴(夋·俊·舜)丌(其)可胃(謂)受命之民矣, 坴(夋·俊·舜), 人子也.【7】

囗厽(參)天子事之■.【14】

화목하였다. 그런고로 요堯는 순舜의 재덕才德이 훌륭함을 알고 논 두둑에서 순舜을 발탁하여 천하를 다스리고, 천하의 군주가 되어 국사國事를 결정하도록 하였다.」자고가 물었다.「만약에 순이 지금 사람이었다면 어떻게 되었을까요?」공자가 말하였다.【8】

이 또한 선왕先王의 언행言行에 대한 기록이다. 훌륭한 왕을 만나지 못하여 힘써 일할 기회가 없었을 것이다.」공자는 말하였다.「순제舜帝는 대명을 받은 일반 백성이라고 할 수 있다. 순제舜帝는 일반 백성의 아들이다.」【7】

하상주夏商周 삼대三代의 시조始祖 우禹·설契과 후직后稷 삼왕三王은 모두 받들어 모셔졌다.【14】

(6) 9

子羔問於孔子曰: 厽(參)王者之乍(作)也, 虘(皆)人子也, 而丌(其)父戔(賤)而不足受(俌)也與(歟)? 殹(抑)亦城(成)天子也與(歟)? 孔=(孔子)曰: 善, 而(爾)問之也舊矣. 丌(其)莫【9】

자고가 공자에게 물었다:「왕이 되신 세 분은 모두 본래 평범한 자제이셨으며, 부친들은 또한 훌륭한 인격의 소유자가 아닌 비천한 사람들이었습니까? 그리고 그들은 하늘이 내려 주신 분들이셨습니까?」공자가 말했다.「좋은 질문이다. 매우 오래 된 일이라 모두 잘 알지 못하는 일이다……【9】

(7) 11上→10→11下→香港中文大學文物館藏簡牘

囗也, 觀於伊而旻(得)之兌(娠)厽(參)【11上】

息(年)而畫(劃)於伓(咅·背)而生=(生, 生)而能言, 是禹(禹)也. 高(契)之母, 又(有)酉(娀)是(氏)之女【10】

也遊於央(瑤)臺之上, 又(有)鯥監(銜)卵而階(錯)者(諸)丌(其)前, 取而軟(呑)之, 兌(娠)【11下】

三息(年)而畫(畵)於膺, 生乃唐(呼)曰:【香港中文大學文物館藏簡牘】

【해석】

　(우禹의 모친은 유신씨有莘氏의 딸이다.) 이수伊水에서 보고 삼년을【11上段】임신하여 등을 갈라 우禹를 낳았고, 우는 낳자마자 말을 할 줄 알았다. 이가 곧 우이다. 설契의 모친은 유아씨有娥氏의 딸이다.【10】그의 모친이 앙대央臺에서 노닐고 있을 때, 제비가 알을 물어다 그녀 앞에 놓고 가자 이를 먹고,【11下段】삼년을 임신하여 가슴을 갈라 낳았다. 우는 낳자마자 말을 하였다.【中文大學殘簡】

(8) 12→13

　欽(吟), 是卨(契)也. 句(后)稷(稷)之母, 又(有)會(邰)是(氏)之女也, 遊於串(玄)咎(丘)之內, 冬見芺攼(蘖)而薦之, 乃見人武, 墮(履)吕(以)懇(祈)禱曰: 帝之武, 尚吏(使)【12】

　是句(后)稷(稷)之母也. 厽(參)王者之乍(作)也女(如)是. 子羔曰: 然則厽(參)王者簹(孰)為【13】

　'흠欽'하고 소리를 지르며 태어났는데, 이가 바로 설契이다. 후직后稷의 모친은 유태씨有邰氏의 딸이다. 현구玄丘에서 놀고 있을 때가 겨울임에도 불구하고 엉겅퀴가 무성하게 자란 것을 보고 이를 뜯어다 상제에게 바쳤다. 이에 천제天帝의 발자국을 발견하고 이를 따라 가면서 『아 하느님의 발자국이구나. 바라옵나이다.【12】

　이가 바로 후직后稷의 모친이다. 삼왕三王은 이렇게 해서 태어나셨다.」 자고가 물었다:「그렇다면 삼왕三王은 누가……【13】

③ 魯邦大旱

1) 1

　魯邦大旱, 哀公胃(謂)孔=(孔子):「子不爲我圖(圖)之?」孔=(孔子)含(答)曰:「邦大旱, 毋乃遊(失)者(諸)型(刑)與悳(德)虗(乎)?」唯【1】

　노 나라에 큰 가뭄이 들자, 애공은 공자에게「당신은 우리나라를 위하여 대책을 모색하지 않습니까?」라 했다. 공자는「노나라가 큰 가뭄에 든 것은 형법刑法과 덕치德治의 다스림을 잃었기 때문이 아니겠습니까?」라 했다. 오직【1】

2) 2→3→4→5

　之可(何)才(在)? 孔=(孔子)曰:「厎(庶)民曆(知)敓(說)之事, 鬼也, 不曆(知)型(刑)與悳(德), 女(汝)

毋悉(愛)珪璧犧帛於山川, 政(正)坓(型)與[德]【2】

노 애공은 「어떻게 하면 될까요?」라 했다. 공자는 「일반 백성은 단지 '설제說祭'를 거행하고 귀신을 섬겨 가뭄을 극복하려만 하고, 형법刑法과 덕치德治를 모릅니다. 당신께서는 규벽圭璧과 폐백幣帛을 땅에 묻는 제사에도 인색하지 말 것이며, 이외에도 또한 형법과 (덕치 정치를) 실행하시오.」【2】

出遇子贛曰:「賜, 而(尒)昏(聞)鯹(巷)洛(路)之言, 毋乃胃(謂)丘之喬(答)非與(歟)? 子贛曰:「否𣪠(也), 虐(吾)子女(若)達(重)命丌(其)與(歟)? 女(如)夫政坓(刑)與悳(德), 曰(以)事上天, 此是才(哉)■. 女(若)天〈夫〉毋悉(愛)圭璧【3】

犧帛於山川, 毋乃不可∟. 夫山, 石曰(以)爲膚, 木曰(以)爲民, 女(如)天不雨, 石酒(將)籲(焦)∟, 木酒(將)死, 丌(其)欲雨或甚於我, 或(何)必寺(恃)虐(乎)名虐(乎)? 夫川, 水曰(以)爲膚, 魚曰(以)【4】

爲民, 女(如)天不雨, 水酒(將)沽(涸), 魚酒(將)死, 丌(其)欲雨, 或甚於我, 或(何)必寺(恃)虐(乎)名虐(乎)?」孔=(孔子)曰:「於唐(呼)……【5】

공자가 밖에서 자공子貢을 만났다. 공자가 물었다. 「사賜(자공)야! 거리에서 나도는 소문을 들어 봤는가? 내가 애공에게 건의한 내용이 잘못되었다고 말하지 않던가?」. 자공은 이에 대답하였다. 「백성들은 잘못된 것이 아니라고 합니다. 당신께서는 비교적 천명을 중시하시지요! 만약에 형법과 덕치로 정치를 한다면 이는 하늘의 뜻을 따르는 것으로, 옳습니다. 만약에 규백圭璧을 귀중하게 여기지 않고 산천 신령께 기우제를 지내는 것을【3】

인색하게 해서는 안 됩니다. 지내지 않으면 안 됩니다. 산은 암석을 피부로 삼고, 나무를 백성으로 삼습니다. 만약에 비가 오지 않으면, 암석은 햇빛에 검게 그을리고, 나무는 말라 죽기 때문에 그들은 우리보다 비를 더욱 간절히 바랍니다. 그러니 산천 신령이 어찌 교만하게 자연섭리를 무시하고 비를 내리지 않겠습니까? 하천은 물을 피부로 삼고, 고기를【4】

백성으로 여기니, 만약에 하늘에서 비가 내리지 않아 물이 고갈되면 물고기가 장차 죽게 될 것이기 때문에 산천신령은 우리보다 더 비 내리기를 갈망할 것입니다. 그러니 산천신령은 어찌 교만하게 자연섭리를 무시하고 비를 내리지 않겠습니까?」 공자가 말하였다. 「오호라!……【5】

3) 6

公剴(豈)不飲(飽)朷(粱)飤肉才(哉)殹(也), 亡(無)女(如)戾(庶)民可(何)■【6】

큰 가뭄으로 기황饑荒인데도 왕공들은 여전히 배불리 풍성한 음식과 고기를 먹고 있지 않은가!

백성들은 이렇게 할 수 없지 않은가.【6】

④ ≪從政(甲)(乙)≫

(1) 甲1→甲2→甲3→甲4

酣(聞)之曰: 昔三弋(代)之明王之又(有)天下者, 莫之舍(予)也, 而囝取之, 民皆㠯(以)爲義, 夫是則戠(守)之㠯(以)信, 㝅(敎)【甲1】

之㠯(以)義■, 行之㠯(以)豊(禮)也. 其㗆(亂)王舍(予)人邦豪(家)土墜(地), 而民或弗義, □……【甲2】

豊(禮)則戞(寡)[過]而爲㥕(仁), 謞(敎)之㠯(以)型(刑)則述(逐)■.

酣(聞)之曰: 善=人=(善人, 善人也. 是㠯(以)䀠(得)臤(賢)士一=人=(一人, 一人)諛(譽)…….【甲3】

四㞷(鄰). 達(失)臤(賢)士一人, 方(謗)亦坂(反)是=(是, 是)故孨=(君子)䜊(愼)言而不䜊(愼)事……【甲4】

(1) 甲1→甲2→甲3→甲4

(공자의 말씀을) 듣건대, 옛날 하夏나라 상商나라 주周나라 등 삼대三代는 모두 천하를 다스리는 훌륭한 군주가 있었다. 그러나 누가 이들 군주君主에게 그 지위를 준 것이 아니라, 재덕才德으로 스스로 취한 것이다. 그렇기 때문에 백성들은 이를 정당한 행위로 여겼다. 따라서 훌륭한 군주는 믿음으로 천하를 수호하고, (도의道義로)【甲1】

도의로 천하를 인도하고, 예의로 백성을 대하였다. 하지만 혼군昏君이 당시의 군주가 가까운 사람에게 국가와 토지를 이양하는 것을 백성은 정당한 행위가 아니라고 생각하였다.【甲2】

예의는 과실을 줄이면 인의仁義가 행하여지고, 형법으로 백성을 교도하면 법을 이용하여 이득을 취하려고만 한다. 들건대, 선인善人은 선인을 천거하기를 좋아한다. 현사賢士 한 사람을 얻으면, 이 한 현사로 인하여 존경을 받게 된다. ……【甲3】

주변 국가. 만약에 현사賢士를 잃으면, 훼방을 피하려 하나, 오히려 그 훼방이 닥쳐오게 된다. 그런 고로 군자는 언행言行에 신중하면서, 실행하는 일에는 신중하지 않는다.【甲4】

(2) 甲17→甲18→甲12→乙5→甲11

[……君子先]人則啓道之, 遂(後)人則奉相之, 是㠯(以)曰㝬=(君子)難得而惕(易)叓(使)也, 亓叓(使)人, 器之■, 少(小)人先=(先人), 則塈(絆)敓之[後人]……【甲17】則毚(暴)毇之, 是㠯(以)曰少(小)人惕(易)㝵(得)而難叓(使)也, 亓叓(使)人必求備安(焉)■.

䎽(聞)之曰: 行在异(己)而名在人, 名難靜(爭)也.【甲18】

䪫(埻)行不佚(倦), 㭁(持)善不猒(厭), 唯㸚(世)不僓(識), 必或智(知)之, 是古(故)……【甲12】

……㝬=(君子)㢸(強)行, 㠯(以)㞢(待)名之至也. 㝬=(君子)䎽(聞)善言㠯(以)改(改)亓【乙5】

言. 見善行, 內(納)亓(其)惪(仁)安(焉), 可胃(謂)学(學)矣■.

䎽(聞)之曰: 可言而不可行, 君子不言; 可行而不可言, 君子不行【甲11】

(2)
군자는 다른 사람보다 앞(나은 점)에 있으면 길을 열어 주고 인도해 주며, 다른 사람보다 뒤(나은 점이 없으면)에 있으면 자기보다 나은 사람을 받들어 모시고 도와준다. 따라서 군자는 얻기 힘들지만, 섬기기는 쉽다. 군자는 사람 부림을 재량에 따라 적재적소에 일임한다. 그러나 소인은 다른 사람보다 먼저 하나 오히려 다른 사람의 길을 막는다.【甲17】

(만약에 다른 사람의 뒤에 있게 되면) 곧장 방해하고 해를 입힌다. 그런 고로, 소인은 쉽게 얻을 수 있지만, 섬기기가 어렵다. 그것은 사람을 임용할 때 완전한 능력이 갖추어지기를 바라기 때문이다.

들건대, 행동거지는 자기 자신이 하는 것이지만, 명성은 다른 사람에 의해 결정되기 때문에, 명성을 얻기란 쉽지 않다.【甲18】

항상 일을 돈독히 행하되 태만하지 않고, 싫증내지 않고 항상 좋은 일을 행한다. 이러한 행위는 일반 세인들이 잘 몰라준다 해도 반드시 알아주는 사람이 있을 것이다. 그런고로,【甲 12】

군자는 힘써 행하면서 명성이 오기를 기다린다. 군자는 또한 좋은 말은 들으면【乙5】

좋은 말 하는 것을 배운다. 선행을 보면, 자신 또한 이를 직접 배워 행동으로 실행하는 것을 학습이라 한다.

들건대, 말만하고 행동으로 옮기지 못할 것을 군자는 말하지 않으며, 행동하고 설명하지 못할 것 또한 군자는 행하지 않는다고 했다.【甲11】

(3) 甲15→甲5→ 甲6→甲7→乙1→乙2→甲16→乙3→乙6→甲8→甲9, 甲10

毋夆(暴)・毋禫(虐)・毋惻(賊), 毋佮(貪). 不攸(修)不武(〈戒〉), 胃(謂)之必城(成)則夆(暴); 不

(教)而殺則禢(虐)■; 命亡(無)戠(時), 事必又(有)絜(期)則惻(賊)■, 爲利桂(枉)【甲15】

事則贍(貪)■.

聞(聞)之曰: 從正(政), 章(埔)五德■, 臣(固)三折(愼)■, 斂(除)十悄(怨)■. 五德: 一曰慢(寬)■, 二曰共(恭)■, 三曰惠■, 四曰惌(仁), 五曰敬■. 君=(君子)不煖(寬)亡(無)【甲5】

曰(以)頌(容)百眚(姓)■; 不共(恭)則亡(無)曰(以)斂(除)辱■; 不惠則亡(無)曰(以)聚民; 不惌(仁)……【甲6】

……則亡(無)曰(以)行正(政), 不敬則事亡(無)城(成). 三折(愼), 戠(持)行見(視)上卒飤(食)【甲7】

[九]曰軋(犯)人之矛(務)■, 十曰口惠而不繇(由)■, 興邦豪(家), 綱(治)正耄(教), 從命則正(政)不褧(勞). 窣(雍)戒先遝(慝), 則自异(己)司(始). 昱(顯)訃(嘉)懽(勸)信, 則憍(僞)【乙1】

不章■, 毋占(佔)民贍(歛)則同, 不膚(敷)灋(法)贏(盈)亞(惡), 則民不悄(怨)■.

聞(聞)之曰: ……【乙2】

曰(以)軋(犯)賡輳(犯), 見不訓, 行曰(以)出之■.

聞(聞)之曰: 君=(君子)樂(樂)則綱(治)正■. 悥(憂)則……【甲16】

復(復). 少(小)人樂(樂)則忝(疑)■, 悥(憂)則閣(昏)■, 妟(怒)則剌(勝)■, 思(懼)則怀(背)■, 恥則軋(犯)■.

聞(聞)之曰: 從正(政)不綱(治)則亹(亂)■, 綱(治)巳(也)至則□……【乙3】

不武則志不逶(若)■, 惌(仁)而不智(知)則……【乙6】

而不智則奉(逢)挐(災)害.

聞(聞)之曰: 從正(政)又(有)七幾(機), 獄則興, 愯(威)則民不道■, 遽(嚴)則遊(失)衆■, 恟(猛)則亡新(親)■, 罰則民逃■, 好囧(刑)【甲8】

[則不祥, 好殺則民复(作)亹(亂)■. 凡(凡)此七者, 正(政)薢=(之所)司(殆)也.

聞(聞)之曰: 志歔(氣)不旨(至), 其事不……【甲9】

曰: 從正(政)所矛(務)三■, 敬·誂·信=(信, 信)則貝(得)衆■, 誂則遠=戻=(遠戾, 遠戾)所曰(以) ……【甲10】

(3) 甲15→甲5→ 甲6→甲7→乙1→乙2→甲16→乙3→乙6→甲8→甲9, 甲10

(사무四毋)난폭한 짓을 하지 말아야 하고, 잔악한 짓을 하지 말아야 하며, 남을 해치지 말아야 하고, 탐닉하지 말아야 한다.

수신修身하도록 하지도 않고 훈계하지도 않고 성과를 이루려고 한다면 이는 곧 난폭한 짓이다.

제대로 교화하지도 않고 제멋대로 백성을 해치려하면 잔악한 짓이다. 동원 명령을 시기적절하게 내리지 않으면서 일이 잘 이루어지기를 바라는 것도 남에게 상해傷害를 입히는 것이다. 이익을 위하여 법을 어기는【甲15】

그릇된 판단을 내리는 것을 '貪'이라 한다.

들건대, 정치는 우선 오덕五德을 행하도록 노력하고, 삼신三愼을 성실히 실행해야 하고, 십원十怨을 없애야 한다. 오덕이란 첫째는 '관관(관용)', 둘째는 '공공(공경)', 셋째는 '혜惠(은혜)', 넷째는 '인仁(어짐)', 다섯째는 '경敬(정중)'이다. 군자가 만약에 '관관(관용)'을 베풀지 않으면【甲5】

백성들을 포용할 수 없고, 공경하지 않으면 치욕을 제거할 수 없으며, 은혜를 베풀지 않으면 백성들이 모이지 않으며, 인자하지 않으면,【甲6】

정치를 할 수 없으며, 공경하지 않으면 일이 이루어지지 않는다.

삼신三愼이란 행동거지를 바르게 하며, 시선을 적절하게 하여 윗사람을 바라보고, 식사를 마친 후에……【甲7】

(아홉 번째의 원망은) 다른 사람의 일을 범하는 것이고, 열 번째는 말로는 은혜를 베푸는 듯하나 마음으로는 실제로 순응하지 않는다. 집정자가 나라를 흥성시키고, 올바른 교화로 다스리고자 한다면, 천명에 순응하여 정치를 하면 힘들지 않게 할 수 있다. 마음속에 사악한 마음이 싹트기 전에 이를 없애고 경계하려면, 반드시 먼저 자신부터 일을 잘 처리하여야 한다. 아름다운 선행은 칭찬하고, 성실함을 권장하면 위선과 거짓 행위는 자연스럽게 (감소된다).【乙1】

감소한다. 백성의 재산을 탐하지 않으면 서로 화합하게 되며, 법을 잘못 적용하여 나쁜 법을 만연시키지 않으면 백성은 원망하지 않게 된다.

들건대【乙2】

만약에 징벌懲罰하게 되면 오히려 그 해가 나에게 미칠 수도 있으니, 어긋나는 행위를 하면 솔선수범해서 모범적인 행위를 보여 줘야 한다.

들건대, 군자의 즐거움은 나라를 정도正道로 다스리는 것이고, 걱정거리가 있으면,【甲16】

자기 자신을 먼저 반성한다. 소인은 즐거운 일이 있으면 결단이 없게 되고, 걱정이 있으면 곧 바로 혼란에 빠지게 되며, 분노憤怒는 이기려 하기 때문이고, 두려운 일이 있으면 배반하려 하고, 수치스러운 일이 있으면 이를 숨기기 위하여 범법犯法을 저지른다. 들건대, 잘 다스리지 못하면 혼란에 빠지게 되고, 잘 다스리게 되면 ……하게 된다.【乙3】

……하나 용감하지 않으면 즉 자신의 의지를 실행시킬 수 없고, 인(仁)하나 지혜롭지 않으면 즉 ……【乙6】

자신도 알지 못하는 사이에 재해를 입게 된다.

들건대: 종정從政에는 일곱 가지 관건(칠기七機)이 있다. 만약에 감옥으로써 엄격하게 다스리면 백성들은 일어나게 되고, 위협을 가하면 백성들은 도의道義를 잃게 되고, 엄하면 백성들이 모이지 않게 되고, 너무 사나우면 신변에 친한 사람이 없게 되고, 형벌刑罰을 중시하면 백성들은 도망가게 되고, 형법을 자주 행하게 되면 〈상서로운 일이 없게 되고,【甲 8】사형을 자주 행하게 되면〉 백성은 혼란하게 된다. 종정자는 이른바 이 일곱 가지로 백성을 다스린다.

들건대, 뜻(지기志氣)이 없으면 그 일은 이루어지지 않으며【甲9】

종정자從政者는 '경敬(존경)'·'조誂(선행)'·'신信(믿음)' 등 세 가지 일에 힘을 써야 한다.(삼무三務) '믿음'이 있어야 민심을 얻을 수 있고, '선행'하여야 화를 면하게 되고, 화를 면하게 되면……【甲10】

(4) 甲13→甲14→乙4→甲19

狀(然)句(後)能立道.

聞(聞)之曰: 孖=(君子)之相讓(就)也, 不必才(在)近邇(昵)藥(樂)……【甲13】

……又(有)所又(有)舍(餘)而不敢隶(盡)之■, 又(有)所不足而不敢弗圖……【甲14】

……也.

聞(聞)之曰: 遣(怨)忌(誨)而共(恭)孫(遜), 萫(教)之纙(勸)也. 恩(溫)良而忠敬, 息(仁)之宗囘……【乙4】

之人可也.

聞(聞)之曰: 行隯(險)至(致)命, 饇(饑)滄(寒)而毋斂(會), 從事而毋說(詑), 君子不曰流言戝(傷)人■.【甲19】

(4)

그런 연후에야 도道가 세워지게 된다.

들건대, 군자의 사귐은 방탕하고 무례한 행위를 하는데 에는 함께 하지 않는다.【甲 13】

여유가 있을 때, 이를 모두 써 버려서는 안 되고, 만약에 부족하면, ……하지 않으면 안 된다.【甲 14】

들건대, 잘못을 뉘우치고 공손하도록 하는 것은 이른바 권면勸勉의 효과이다. 온화하고 양심적이며, 충성하고 공경하는 것은 곧 仁의 근본이다.【乙4】

의 사람은 할 수 있을 것이다.

듣건대, 위험한 행동은 생명에 지장이 있게 하며, 기한飢寒 때에는 회동을 거행하지 말고, 일을 처리할 때는 소송으로 다투는 일이 없도록 해야 한다. 군자는 유언비어로 남을 해치지 않는다.【甲19】

⑤ 仲弓

(1) 爲政: 1→4→26→2/5→28→7→8→14→9→10→19/17→13→22

季逗子叀(使)中(仲)弓爲帄(宰), 中(仲)弓言(以)告孔=(孔子)曰:「季是(氏)【1】……叀(使)𩂠(雍)也從於帄(宰)夫之逡(後), 𩂠(雍)也僮【4】愚, 志(恐)怠(貽)虐(吾)子憨(羞), 志(願)因(因)虐(吾)子而䛈(治).」 孔=(孔子)曰: 𩂠(雍)[女(汝)]【26】……懇昏(聞)之, 夫季是(氏)河東之城(盛)豪(家)也, 亦【2】……吕行豆(矣), 爲之, 宗〈余〉思(誨)女(汝)■.」

中(仲)弓曰:「敢昏(問)爲正(政)可(何)先?」【5】中(仲)尼【28】[曰]老=(老老)慈幼, 先又(有)司, 譽(擧)殹(賢)才, 惑(赦)忱(過)懇(擧)辠(罪).【7】辠(罪), 正(政)之旨(始)也.」 中(仲)弓曰:「若夫老=(老老)慈{=}幼(慈幼), 既昏(聞)命豆(矣). 夫先又(有)司爲之女(如)可(何)?」 中(仲)尼曰:「夫民安舊而匡(重)懇(遷).」【8】 杲(早)叀(使)不行, 妥(委)尾(蛇)【14】又(有)城(成), 是古(故)又(有)司不可不先也.」 中(仲)弓曰:「𩂠(雍)也不愍(敏), 唯(雖)又(有)殹(賢)才, 弗䚘(知)懇(擧)也. 敢昏(問)懇(擧)才【9】女(如)之可(何)?」 中(仲)尼[曰]:「殹(賢)才不可弇(弇)也. 懇(擧)而(爾)所䚘(知), 而(爾)所不䚘(知), 人丌(其)籨(舍)之者.」 中(仲)弓曰:「惑(赦)忱(過)懇(擧)辠(罪), 則民可(何)夋(要)【10】山又(有)㟅(崩), 川又(有)濼(竭), 胄=(日月)星唇(辰)獸(猶)差, 亡不又(有)忱(過), 殹(賢)者=(者, 著),【19】型(刑)正(政)不懃(緩), 悳(德)季(敎)不佘(倦).」

中(仲)弓曰:「若出三【17】者, 既昏(聞)命豆(矣), 敢昏(問)道民興悳(德)女(如)可(何)?」 孔=(孔子)曰:「迪(陳)之【11】備(服)之, 慾(緩)忱(弛)而忝(倦)扴(服)之. 唯又(有)㪣(孝)悳(德), 丌(其)【13】……卡=(上下)相逡(復)言(以)忠, 則民懽(歡)丞(承)孠(敎), 害(曷)囗者不【22】……

(1)
계환자季桓子가 중궁仲弓에게 가신이 되어 주기를 청하자, 중궁이 이 일을 공자에게 말했다. 중궁이 말하였다. "계씨季氏가【1】……저 옹雍으로 하여금 재부宰夫의 일을 종사하였지만 그 후, 옹雍은 【4】우둔하기 때문에 선생님을 부끄럽게 하는 누를 끼칠까봐 걱정이 되어, 삼가 선생님의 가르침에 따라 다스리고자 합니다"라 말했다.

　　공자가 말하였다. "옹雍아, 너【26】⋯⋯⋯⋯들어서 알다시피, 계季씨의 가족은 하동河東 지방에서 세력이 큰 집안이다. 또한【2】⋯⋯또한 가서 일을 담당하도록 하여라. 내가 너를 위하여 가르쳐 주도록 하겠다."

　　중궁이 말하였다. "감히 여쭙는데 정치는 무엇부터 시작해야 됩니까?"【5】

　　공자가 말하였다.【28】"노인을 공경하고 어린이를 보살펴야 한다. 우선 유사有司를 임명하여 각자의 일은 담당하도록 하고, 현명한 인재를 추천하여 임용하여야한다. 또한 작은 과실을 용서하고, 죄는 바로 잡아야 한다.【7】⋯⋯죄罪는 정치의 시작이다".

　　중궁이 말하였다. "노인을 공경하고 어린이를 보살피는 것에 관해서는 선생님의 가르침을 듣고 이미 이해하였습니다. 그리고 '先有司' 즉 실무를 담당하는 유사를 먼저 임명하는 것은 어떻게 해야 합니까?"

　　공자 중니仲尼가 말하였다. "백성들은 옛날의 제도에 습관이 되어 급진적 개혁은 좋아하지 않으며, 거처를 이동하는 것을 싫어하고 안정된 생활을 중요시한다.【8】 너무 조급하게 실행하지 말고, 천천히 여유롭게 집행하여야 【14】성공할 수 있다. 그래서 실무를 담당하는 유사有司를 먼저 앞세우지 않을 수 없는 것이다."

　　중궁은 말하였다. "저 雍은 총명하지 못하여 비록 현인과 재인이 있다고 하나 등용할 줄 모릅니다. 감히 여쭙는데 어떻게 하면 현명한 인재를 등용할 수 【9】있겠습니까?"

　　공자 중니仲尼가 말하였다. "현명하고 재능이 있는 인재란 결코 가려지지 않는 법이다. 네가 아는 인재를 추천하라. 그렇다면 네가 모르는 인재를 남들이 어찌 그냥 내버려 두겠느냐?"

　　중궁이 물었다. "작은 과실을 용서하고 죄는 바로 잡으며, 백성이 어떻게 하면 좋아하게 될까요?"【10】

　　"산이 무너질 때도 있고, 하천 물이 마를 때도 있고, 해와 달과 별의 운행이 차질이 있을 때도 있듯이, 백성 또한 과실이 없지 않을 수 없기 때문에, 현자는【19】형법과 정령을 느리고 더디게 실행하면 안 되고, 도덕적 교화를 게을리 해서는 안 된다."

　　중궁이 말하였다. "만약 이 세 가지에 관한 것이라면【17】 이미 선생님의 가르침을 듣고 알게 되었습니다. 감히 여쭙는데 어떻게 해야 민중을 인도하여 도덕을 진흥시킬 수 있겠습니까?"

　　공자가 말하였다: "도덕을 발흥하여 이로써【11】 백성을 따르도록 하고, 너그럽게 온화한 마음

으로 설복시키고, 부모님께 효덕孝德하고자 한다면,【13】……위 아래 사람이 모두 충성스러운 마음으로 백성을 대해 주면, 백성은 교화를 즐겁게 받아들인다. 이렇게 된다면 해로운 것이 없게 된다."【22】

(2) 事君: 27→15→20B→6→23B→23A→24/→25→12→21→20A→18→16→3

……中(仲)弓曰: "敢【27】昏(聞)民务(務)." 孔=(孔子)曰:「善才(哉), 昏(聞)虐(乎)足吕(以)孝(教) 壴(矣), 君【15】子所渫(竭)丌青(情), 悽(盡)丌斳(愼)者, 三害(曷)近與(歟)矣.」【20B】售(雍), 女(汝)晉(知)者." 中(仲)弓合(答)曰:「售(雍)也弗昏(聞)也.」孔=(孔子)曰:「夫祭, 至敬之【6】杏(本)也, 所吕(以)立生也, 不可不斳(愼)也, 夫喪【23B】至炁(愛)之衾(卒)也, 所吕(以)城(成)死也, 不可不斳(愼)也; 夫行, 巽(遜)迷(來)學(學)【23A】之. 百=(一日)吕(以)善立, 學(學)皆終; 百=(一日)吕(以)不善立【24】所學(學)皆堋(崩), 可不斳(愼)虐(乎)？」

中(仲)弓曰:「舍(今)之君子叀(使)人, 不聿(盡)丌选(導)【25】……也法(廢), 不及丌(其)城(成). 蠲=(獨主)猒(厭)人, 戁(難)爲從正.」孔=(孔子)【12】曰:「售(雍), 亘=(古之)叟(事)君者, 吕(以)忠與敬, 唯丌戁(難)也, 女(汝)隹(惟)吕(以)□……【21】……丌答.」中(仲)弓曰:「舍(今)之君=(君子), 孚(復)怂(過)戎(捍)析(責), 戁(難)吕(以)內(納)朿(諫).」孔=(孔子)曰:「舍(今)之君□【20A】……毋自陲(惰)也. 昔三弋(代)之明王又(有)四海之內, 猷(猶)來【18】……宜小人之至者, 孝(教)而叀(使)之, 君=(君子)亡所朕(厭)人. 舍(今)女(汝)相夫【16】子又(有)臣塹(萬)人, 道(導)女(汝)思老丌(其)豪(家), 夫【3】

(2)
……중궁이 말하였다. "감히【27】백성의 의무에 대하여 묻겠습니다."

孔子가 말하였다. "좋구나! 물음이. 가르치면 된다. 군자는 ……【15】이른바 온 정성을 다하고 신중을 기하는 것이 이 세 가지라면, 이는 거의 성과를 이루게 된다."【20B】

"옹雍아, 너는 그것을 알고 있느냐?"

중궁은 말하였다. "저는 들어본 적이 없습니다."

공자가 말하였다. "제사는 정성을 다하여 경의를 표하여야 하고,【6】(제사) 존경을 표현하는 근본이고, 그래야만이 편안하게 마음을 의탁하고 생활할 수 있기 때문에 신중하지 않을 수 없다.【23B】(상례喪禮) 가장 사랑하는 자의 최후이고, 죽은 자를 위하여 모든 일을 해 주어야하므로 신중하지 않을 수 없다. 이른바 행위는 공손하고 근면성실하게 열심히 배워야 하며,【23A】(나라를 다스리는 자가) 매일매일 선한 마음으로 임하게 된다면, 그 배움은 좋은 결과가 있을 것이다. 그러나 매일 선함을 세우지 않는다면, 【24】이렇게 되면 배움이 모두 엉망이 되고 마는데, 설마하니 신중하지 않을 수 있느냐?"

중궁이 말하였다. "지금의 군주들은 기꺼이 사람을 시켜 그를 인도하지 않습니다.【25】……폐지되고, 실효를 거두지 못하게 되고, 또한 단독적으로 독행을 하고 다른 사람에게 미움을 사게 되는 행위를 한다면, 정도를 따라 다스리기 어렵습니다."

공자가 말하였다.【12】"雍아! 고대에 군주를 모실 때, 충성과 공경으로 일을 처리했다. 비록 어렵겠지만 너는 반드시……【21】……그러면 잘못이다."

중궁이 말하였다. "지금의 군주는 자신의 과실을 고집하고, 과실을 지적하면 싫어하여 간언을 드리기 어렵습니다."

공자가 말하였다. "지금의 군자는【20A】……스스로 태만해져서는 안 된다. 옛날 3대 하상주夏殷周의 성명聖明한 군주가 천하를 다스리게 되니, (마치 천하의 백성이 모두) 몰려드는 것 같았다.【18】……마땅히 소인적인 행동을 하는 자는 가르쳐 교화토록 하며, 군자는 사람을 싫어하며 회피하지 않는다. 지금 중궁 너는 계계씨를 보좌하려 가는데,【16】계환자季桓子 집에는 많은 신하가 있다. 그들은 너(중궁仲弓)의 계획을 도와 종신토록 이 집안을 위해 헌신하려 할 것이며,【3】……

(3) 부간(附簡)
……埅(偃).」孔=(孔子)曰:「唯正(政)者, 正也. 夫子唯又(有)與(擧), 女(汝)蜀(獨)正之, 幾(豈)不又(有)怔(匡)也.」中(仲)【부간】……

(3)
풀은 바람에 따라 쓰러진다고 들었습니다. 공자가 말하였다. "정치란 바르게 하는 '정正'이다. 비록 계환자季桓子가 어떤 조치를 취한다하더라도 네가 개인적으로 바로 잡고자 한다면, 어찌 바로 잡지 못하는 일이 있겠는가?" 中仲……

⑥ 相邦之道

1)
……先丌(其)欲, 備(服)丌(其)弜(强), 牧丌(其)惓(倦), 靑(靜)弖(以)寺(待), 寺=(待時)出. 古(故)此

事=(事事)出政=(政, 政)母(毋)忘所司(治), 事……【1】

……상방자相邦者(보좌하여 나라를 다스리는 자)는 먼저 백성이 원하는 바를 헤아리고, 강한 백성을 순복하도록 하며, 백성의 우환을 염려하고, 일은 신중하고 차분하게 기다렸다가 시기적절하게 행동 실천해야 한다. 따라서 모든 일들을 처리할 때는 그 정령政令에 따라 성실하게 실행하고, 나라를 다스리는 도리를 잃지 않아야한다. 일은【1】

2)

□□□人, 可胃(謂)叟(相)邦矣.」公曰:「敢昏(問)民事?」孔=(孔子)……【2】

□□□ 사람은 상방상邦이라 할 수 있습니다. 공공(애공哀公)이 물었다. "감히 민사를 여쭈어도 되겠습니까?" 공자……【2】

3)

……實官蒼(倉), 百攻(工)懃(勤)於事, 㠯(以)實實(府)庫, 众(庶)囻懃(觀)於四枳(肢)之褧(藝), 㠯(以)備軍旅……【3】

……농민들은 농경에 힘써 관창官倉이 풍족하게 하고, 백공百工들은 근면 성실하게 일에 종사하여 부고府庫가 풍족하게 될 수 있도록 하고, 서민들은 기예 수련을 통해 강한 신체로 강성한 군대가 될 수 있도록 준비해야 한다.【3】

4)

者. 孔=(孔子)退, 告子贛(貢)曰:「虘(吾)見於君, 不昏(問)又(有)邦之道, 而昏(問)叟(相)邦之道, 不亦蟄(欽)唐(乎)?」子贛(貢)曰:「虘(吾)子之答也可(何)女(如)?」孔=(孔子)曰:「女(如)䛑(斯)ㄑ.」【4】

공자가 퇴각하여 나온 후 자공에게 말했다. "내가 군주를 대면했을 때, 나라를 세우는 도리에 대하여 물어보지 않고, 나라 백성들을 도와주는 도리에 대하여 물어 보았다. 훌륭한 생각이 아닌가?" 자공은 "스승님 당신께서는 어떻게 대답하셨습니까?』라로 물었다. 공자는 "너 스스로 생각해 보아라."라고 하였다.【4】

⑦ 季康子問於孔子

(1) 1; 2→3→4

季庚(康)子䎽(問)於孔=(孔子)曰:「肥, 從又(有)司之逡(後), 靇(抑)不蟴(知)民秀(務)之安(焉)才(在)? 唯子之𦣳(貽)頧(羞), 青(請)昏(問): 羣=(君子)之從事者於民之【1】

曰, 囿囷乏囙昜何?」

孔子曰: 回也囚悳(德), 此君子之大矛(務)也.
庚(康)子曰: 靑(請)昏(問)可(何)胃(謂)㤥(仁)之㠯(以)悳(德)?
孔=(孔子)曰: 羣=(君子)才(在)民【2】之上, 埶(執)民之中, 絁(施)𧦝(誨)於百眚(姓), 而民不備(服)安(焉), 氐(是)羣=(君子)之恥也, 是古(故), 羣=(君子)玉亓(其)言, 而碩(展)其行, 敬城(成)亓(其)【3】悳(德)㠯(以)臨民=(民, 民)䀠(望)亓(其)道而備(服)安(焉), 此之胃(謂)㤥(仁)之㠯(以)悳(德). 虘(且)笑(管)中(仲)又(有)言曰:「羣=(君子)龏(恭)則述(遂), 喬(驕)則汓(侮), 浦(備)言多難【4】𠃌.」」

계강자가 공자에게 물었다.
"저 비肥는 직무를 담당하여 수행 한 후에는 백성을 위하여 해야 할 일이 무엇인지 잘 모르겠습니다. 선생님께 누를 끼칠까봐 부끄럽습니다만, 감히 선생님께 여쭙겠습니다. 군자가 정치 업무를 처리할 때 백성의 일 중 가장 중요한 의무는 무엇인가요?"【1】

공자께서 말씀하셨다.
"백성에게 덕德으로써 인仁을 실천하는 것이 군자의 큰 의무이다."

계강자가 물었다.
"어쭙겠습니다. 덕으로 인을 실천하는 것이 무엇인지요?"

공자께서 말씀하셨다.
"군자는 백성의 위에 있으면서【2】 백성을 다스릴 때, 백성에게 말을 삼가지 않아 만약에 백성이 따르지 않게 된다면, 이는 군자의 치욕이다. 그래서 군자는 말을 옥玉같이 소중히 여기고, 행동을 신중하게 하며,【3】 덕을 겸손하게 실천하여 백성을 대하면, 백성은 도를 선망하며 복종하게 된다. 이것이 바로 덕으로써 인을 실천하는 것이다."

관중管仲이 말하였다.
"군자가 공경을 하게 되면 나라의 일이 순조롭게 되고, 교만하면 모욕을 당하게 되고, 말을 하고 싶어 하는 대로 많이 하면 많은 어려움이 만나게 된다.【4】

(2) 8, 21→22A, 13→14→15A→9→10A→10B

囗囗曰:「𠃌也縈(營)㲋(剛)含(今)語肥也, 㠯(以)尻(居)邦豪(家)之述曰:『羣=(君子)不可㠯(以)不=弜=(不强, 不强)則不立【8】

□□□□□□□□□愧=(畏威)則民癹(然)之. 毋信玄曾(譖), 因邦䒭=之所取(賢)而塱(興)之. 大辠(罪)殺【21】之, 臧(臧)辠(罪)型(刑)之, 少(小)辠(罪)罰之. 句(苟)能固獸(守)【22A】, 囗囗囗𠃌.」

囗囗曰:「𠃌而行之, 民必備(服)矣. 古(故)子㠯(以)此言」, 爲奚女(如)?」

孔=(孔子)曰:「繇(由)丘ㄴ, 簪(觀)之, 則歆(微)【13】言也已. 虔(且)夫壓(剛)含(今)之失=(先人), 蒐(世)三代之連(傳)卓(史)ㄴ, 幾(豈)敢不呂(以)亓(其)失=(先人)之連(傳)等(志)告ㄴ.」

庚(康)子曰:「肰(然)亓(其)宔(主)人亦曰:『古之爲【14】邦者必呂(以)此.』」孔=(孔子)曰:「言則娩(美)矣. 然【15A】▨. 因囝回:「▨冀(異)於丘所=(之所)昏(聞). 丘ㄴ, 昏(聞)之牀(臧)曼(文)中(仲)又(有)言曰:「孶=(君子)弝(强)則逨(遺), 惎(威)則民不【9】道(導), 盅(嚴)則遊(失)眾, 盟(猛)則亡(無)新(親), 好型(刑)則【10A】不羊(祥), 好殺則复(作)腦(亂).」是古(故), 臤(賢)人之居邦豪(家)也, 娞(夙)塱(興)夜痲(寐)【10B】

계강자가 말했다.「▨ 영예금營剛수이 비肥에게 나라를 안전하게 다스리는 방법으로써『군자는 강하지 않으면 안 되고, 강하지 않으면 올바르게 설 수 없다.』라 했습니다.【8】

□□□□□마치 군자가 백성을 경외하고 두려워하면 백성 역시 그렇게 한다. 오묘한 말로 남을 헐뜯는 참소를 믿지 않으면 나라의 현인賢人이 흥하게 됩니다. 큰 죄는 죽이고,【21】가렴주구苛斂誅求한 죄는 형刑으로 다스리며, 작은 죄는 벌罰해야 합니다. 이렇게 된다면 진실로 나라는 확실하게 잘 유지할 수 있게 됩니다.」【22A】

계강자康子가 말하였다.「▨하고 그것을 행하면 백성들이 반드시 따를 것입니다. 선생님께서는 그 말을 어떻게 생각하십니까?」

공자가 말하였다.「제가 그것을 평가하면, 그 말은 훌륭한 말입니다.【13】또한 예금剛今 선인은 삼대三代가 계속된 사관인데, 어찌 그는 선인으로부터 전해 내려오는 나라를 다스리는 방법을 알려주지 않았겠습니까?」

계강자가 말하였다.「그렇습니다. 그 예금剛今이 또한 말하길,『옛날에【14】나라를 다스리기를 모두 이와 같이 하였습니다.』라 하였습니다.」

공자가 말하였다.「훌륭한 견해이군요. 그렇습니다.」【15A】

공자께서 말씀하였다.「▨내가 듣는 것과 다르다. 듣기에 장문중臧文仲이 말했습니다.『군자가 강하면 백성을 잃을 것이며, 위협을 가하면 백성은 인도할 수 없으며,【9】엄격하면 백성을 잃을 것입니다. 포학하게 굴면 반드시 가까이하는 자가 없을 것이며 형벌을 좋아하면 상스럽지 않게 된다.【10A】살인을 좋아하면 난을 일으킨다. 그러므로 현인賢人이 나라에 거처하도록 하고, 아침 일찍 일어나고 밤늦게 잠을 자야합니다.』【10B】

(3) 18B→11A, 22B→11B→18A→6→7→17
田肥民則安, 謄(邪)民不鼓. 氏(是)古(故), 臤(賢)人大於邦, 而又(有)奇(勮)心, 能爲禝(鬼)【18B】

宎(深)佝(劬). 氏(是)古(故), 夫㪺(迫)邦甚, 難民能多一【11A】

㦯(滅)速毋死(恒)! 才(災)遂=(後之)殜(世)比䚻(亂), 邦相懷毀, 衆必亞(惡)善, 臤(賢)人【22B】矣』.」

庚(康)子曰:「毋乃肥之昏也是左(佐)虖(乎)? 古(故)女(如)虗(吾)子之足(疏)肥也.」孔=(孔子)回:【11B】㫃(辨)曰:「子之言也已砫(重). 丘也昏(聞)羣=(君子)【18A】▨』」.

囩囗曰:「▨盇(蓋)施(施)肥也.」

孔=(孔子)曰:「丘昏(聞)之孟者(子)昃(側)曰:『夫箸=(書者)㠯(以)箸(著)羣=(君子)之悳(德)也.【6】夫詩(詩)也者, 㠯(以)誖(誌)羣=(君子)忎=(之志). 夫義者, 㠯(以)斤(謹)羣=(君子)之行也. 羣=(君子)涉之, 尖=(小人)蓳(觀)之, 羣=(君子)敬城(成)兀(其)悳(德), 尖=(小人)毋(晦)寱(寐)【7】

▨』▨ 囩囗曰:「▨者, 因古䒑(典)豊(禮)而章之, 毋逆百事, 旨(皆)青(請)行之.」【17】

밭이 비옥하면 즉 백성이 평안하게 되고, 땅이 피폐하게 되면 백성은 입지하여 살 곳이 없게 됩니다. 그런고로 현인賢人은 나라를 다스림에 매우 중요한 일이고, 현인은 나라를 위하여 몸과 마음을 다하며, 능히 조상을 받들어 모시고,【18B】

나라를 위해 힘써 일합니다. 만약에 나라를 심히 핍박을 하면 백성을 더욱 어렵게 합니다.【11A】

……신속히 괴멸시켜 계속되지 않도록 해야 합니다. 재난이 있게 되면 후에 세대가 계속해서 혼란해지고, 나라를 다스리는 자는 훼멸하고자 하는 마음을 품게 되며, 대중이 선을 싫어하게 됩니다. 그래서 현인은【22B】

계강자가 말하였다. 저 비肥는 어리석어 보좌하기가 쉽지 않지요? 그러니 당신께서 저 비肥를 깨우쳐 주십시오. 공자가 말하였다.【11B】

「당신의 말씀을 이미 중요하게 여겼습니다. 저 구丘가 듣기로 군자는 ……【18A】

계강자가 말하였다. 「많은 가르침을 베풀어 주시기 바랍니다.」

공자께서 말씀하셨다. 「내가 맹자측孟子側(맹지측孟之側)에게 들었습니다. 『문장은 군자의 덕을 담아내야 합니다.【6】

이른바 시라는 것은 군자의 의지를 기록하여 드러내는 것입니다. 의표儀表라는 것은 이로써 군자의 행실을 신중히 하고 삼가고자 하는 것이다. 군자君子는 행동으로 실천하지만, 소인小人은 관찰하기만 하고, 군자君子는 덕에 대하여 정성을 다하여 이루고자 하며, 소인은 이에 대하여 몽매하다.【7】

□』□」 계강자가 말하였다. 「□한 자는 옛 고전적의 예의禮義 제도에 따라 이를 명백히 드러내고 모든 일을 이에 거역되는 일이 없도록 하고 모두 그에 그것을 행하도록 하시오.【17】

(4) 12→15B, 19→20→23

「□安=(安焉). 复(作)而輾(乘)之, 則邦又(有)穫. 夭=(先人之所)善, 亦善之. 夭=(先人之所)史(使)【12】……亞(惡)勿史(使), 夭=(先人)夭=(之所)灋(廢)勿記(起), 肰(然)則民迅(抈)不善, 眯(迷)父兄子俤(弟)而侴賕【15B】

降尚(端)以比, 民之俈(勸)敫(美)弃亞(惡)毋逗(歸), 訢(愼)少曰(以)倉(合)大, 疋(疏)言而窨(密)獸(守)之. 毋欽遠, 毋詣(指)逐; 亞(惡)人勿歇(戕), 好【19】人勿貴, 救民曰(以)賸(辟), 大皋(罪)則夜(赦)之曰(以)型(刑), 堊(臧)皋(罪)則夜(赦)之曰(以)罰, 少(小)則訕之. 凡欲勿祟(狂), 凡遊(失)勿㐌(危), 各【20】堂(當)亓(其)曲曰(以)城(成)之. 肰(然)則邦坪(平)而民顐矣. 此殸=(君子)從事者之所商(適)廷(呈)也.」【23】

「□어찌 그러하겠습니까? 일을 하는데, 그것을 계승하면 곧 나라에 얻음이 있을 것입니다. 선인이 이른바 선호하는 바는 또한 선호하고, 선인이 이른바 추구하는 바는【12】……나라가 잘못된 점이 있으면 이를 사용해서는 안 되고, 선인들이 폐기廢棄한 잘못된 점을 다시 부흥시키지 말아야 한다. 만약에 그렇지 않게 되면, 백성들은 또한 불선不善한 범죄를 저지르게 되고, 부모자식과 형제들 사이가 미혹하게 되고, 뇌물을 주고받으며 천거하게 됩니다.【15B】

가장 아래 있는 것과 가장 위에 있는 것을 상호 비교합니다. 백성에게 아름다운 일은 권하고, 악을 버리고 다시는 반복하지 않게 하고, 작은 것들을 삼가 신중하여 크게 되는 것을 조심하고, 말은 항상 적게 하되 반드시 지켜 이행하도록 합니다. 또한 멀리 있는 것을 부러워하지 말고, 추방된 자를 너무 질책하거나 책망하지 말아야합니다. 싫어하는 사람을 죽이지 말고, 좋아하는 사람을【19】너무 귀하게 여기지 않아야 합니다. 백성을 구하는데 형법으로써 하고, 큰 죄는 형刑으로써 다스리고, 뇌물을 받은 죄는 벌罰로서 다스리며, 작은 죄는 꾸짖으면 됩니다. 무릇 욕망을 위하여 욕심을 버리지 못하면서 몸부림치지 말고, 잘못을 저질러 위험에 빠지지 말아야 합니다. 각각【20】마땅히 사물의 변화에 따라 원만하게 대처하여 이루어져야합니다. 그리하면 곧 나라가 태평해지고 백성이 평안해집니다. 이는 군자가 일을 함에 있어 추구해야 하는 것입니다.」【23】

(5) 5

□□□□□□□□□□首(擾)事皆㝵(得)亓(其)嚁(勸)而㝵(強)之, 則邦又(有)橭(姦)童(動)百

眚(姓), 送之曰(以)□□【5】

……일에 소란을 피워 혼란을 야기 시키고 스스로 강해지려고 하는 자가 있다면, 즉 나라에는 백성을 나쁘게 동요하게 만든 자들이 있게 되는데, 이러한 자는 응당히 내쫓아야 합니다.

(6) 《昔者君老》【2】→16

至命於闈=(闈門), 曰(以)告迲=人=(寺人, 寺人)內(入)告于君=(君, 君)曰:'卲(召)之.'大(太)子內(入)見, 女(如)祭祀之事(≪上博楚簡·昔者君老≫【2】)

□之必敬, 女(如)賓客之事也. 君曰:『𦎫(薦)豊(禮)【16】

……궁중 옆문에 도착하여 시인侍人에게 조견하겠다는 사실을 알리면, 시인侍人은 궁궁으로 들어가 군왕에게 보고한다. 군왕이 '태자를 조견召見하겠다'라고 하면 태자는 안으로 들어가 제사를 지내는 것처럼 정중하게 군왕을 배알한다."(≪上博楚簡·昔者君老≫【2】)

반드시 공경하기를 귀한 손님을 맞이하는 것 같이 해야 합니다. 군왕이 말합니다.『예물을 바쳐라.……

⑧ 君子爲禮

1. '君子爲禮': 1→2→3

顔(顔)囦(淵)時(侍)於夫=子=(夫子. 夫子)曰:「韋(回), 君子爲豊(禮), 以依於㤥(仁).」顔(顔)囦(淵)复(作)而含(答)曰:「韋(回)不慭(敏), 弗能少(稍)居也.」夫子曰:「迣(坐), 虗(吾)語女(汝). 言之而不義,【1】

口勿言也; 視之而不義, 目勿視也; 聖(聽)之而不義, 耳勿聖(聽)也; 逹(動)而不義, 身毋逹(動)安(焉).」顔(顔)囦(淵)退, 雪(數)日不出, ☒【2】

[問]之曰:「虗(吾)子可(何)其膡(瘦)也?」曰:「肰(然), 虗(吾)新(親)昏(聞)言於夫子, 欲行之不能, 欲迲(去)之而不可, 虗(吾)是以膡(瘦)也.」顔(顔)囦(淵)時(侍)於夫=子=(夫子, 夫子)曰:【3】

안연이 공자를 모셨다. 공자께서 말씀하셨다. "안회야, 군자가 예를 행함에 있어 인仁에 근본을 두어야 한다." 안연이 읍揖하고서 대답하였다. "저는 민첩하지 않아서, (가르침을 받기 위해) 잠시 머물러서는 아니 되겠습니다." 공자께서 말씀하셨다. "앉아라, 내 너에게 말하겠다. 말을 함에 의롭지 않으면,【1】

입은 말하지 말며, 보는 것이 의롭지 않으면 눈은 보지 말며, 듣는 것이 의롭지 않으면 귀는 듣지 말며, 행동이 의롭지 않으면 몸은 움직이지 말아야 한다." 안연이 물러나 며칠간 두문불출杜門不出하였다.【2】

"그대는 어찌 그리 야위었는가?"라 물었다. "그렇습니다. 내가 선생님의 말씀을 친히 듣고, 이를 실천하고자 하나 하지 못하고 거역하고자 하나 하지 못합니다. 그래서 이렇게 근심 걱정하여 야위었습니다."라 하였다. 안연이 공자를 모시고 있었는데, 孔子께서 말씀하셨다.【3】

2. '獨智'·'獨貴'·'獨富': 9A→4→9C→9B→9D

韋(回), 蜀(獨)智(知)人所亞(惡)也, 蜀(獨)貴人所亞(惡)也, 蜀(獨)贎(富)人所亞(惡)〼【9A】〼困(淵)记(起), 法箬(席)曰: 「敢䎽(問)可(何)胃(謂)也?」 夫子[曰]: 智(知)而𣬉(比)信(節), 斯人欲其【4】□(長)智【9C】也. 貴而䏌(一)壤(讓)【9B】, 斯人欲其長貴□(也); 富而【9D】

안회야! 홀로 지식을 누리는 것은 사람들이 싫어하는 바이고, 홀로 귀함을 누리는 것은 사람들이 싫어하는 바이며, 홀로 부유함을 누리는 것은 사람들이 싫어하는 바이다. 【9A】

안연이 일어나 앉은 자리를 넘어 앞으로 나아가 말했다. "감히 묻건대 무엇을 일컫는 것입니까?" 공자께서 말씀하셨다. "지혜로우면서 신뢰가 있으면, 그 사람은 더욱【4】 지혜롭고자 하는 것이며,【9C】귀하게 여기면서 능히 사양할 줄 알면【9B】그 사람은 더욱 귀하게 되고자한다. 부귀하면서 능히 【9D】

3. '容貌': 5→6→7→8

〼好. 凡色毋憂(憂)·毋佻·毋復(怍)·毋謠(慆)·毋【5】

免(俛)視毋昊(側)䁈(睼). 凡目毋遊, 定視是求. 毋欽(欠)毋去(呿), 聖(聲)之㑿(疾)俆(徐), 爯(稱)其眾寡(寡)【6】

頸而秀. 膋(肩)毋登(廢)·毋同(傾), 身毋躯(偃)·毋倩(靜), 行毋㞃(眡)·毋敫(搖), 足毋支(蹁)·毋高(蹻). 其才(在)【7】

𡩋(廷)則欲齊=(齊齊), 其才(在)堂則【8】

좋게 해야 한다. 무릇 얼굴빛은 근심이 없게 하고, 교활함이 없게 하며, 부끄러움이 없게 하고, 두려워하는 기색이 없어야 하며, ~하지 말아야 한다. 【5】

고개를 숙이지 말고 똑바로 바라보며 곁눈질하지 말아야 한다. 무릇 눈은 이곳저곳을 두리번거리지 않고 시선은 보고자 하는 곳에 안정적으로 고정을 하여야 한다. 하품을 해서는 안 되며 입을 크게 벌려서도 안 된다. 말을 할 때의 빠름과 느림은 청중 인원수의 다소에 따라 상대적으로

맞게 해야 한다.【6】

목은 똑바로 세워야한다. 어깨를 쳐지게 하거나 웅크리지 말아야 한다. 몸은 쓰러지게 하지 말며, 멈추게 해서는 안 된다. 행동할 때는 산만하게 주위를 둘러보거나 몸을 흔들어서는 안 된다. 행진할 때 걸음걸이는 비틀거리거나 거만하게 걷지 말아야 하며 중후해야 한다. 만약에【7】

조정에서는 장엄하고 정제되고자하며, 그가 관아에 있으면【8】

4. '仲尼三友': 10→弟18

昔者仲屍(尼)緘(箴)徒三人, 帝(悌)徒五人, 芫(玩)贅(嬉)之徒【10】

者, 皆可以爲者(諸)侯叟(相)歆(矣). 東西南北. 不畸(綺)囗【弟18】

옛날에 중니에게 아버지와 같이 간언할 수 있는 사람이 세 사람이 있었고, 형처럼 섬기는 사람이 다섯 사람 있었으며, 친구로서 함께 즐기는 사람【10】

……는 모두 제후와 재상이 될 수 있다. 동서남북으로 ……하지 않다【弟18】

5. '子羽問仲尼': 11→15→13→16→14→12→弟22

行[子]人子羽猶(問)於子贛(貢)曰:「仲屍(尼)與虐(吾)子產管(孰)臤(賢)?」 子贛(貢)曰:「夫子絅(治)十室之邑亦樂, 絅(治)(萬)室之邦亦樂, 肰(然)則【11】

堂(?)與壐(禹)管(孰)臤(賢)?」 子贛(貢)曰:「壐(禹)紅(治)天下之川囗【15】

非以爲异(己)名, 夫【13】

子絅(治)時(詩)箸(書)【16】

囗亦以异(己)名, 肰(然)則臤(賢)於壐(禹)也, 與螯(舜)【14】

管(孰)臤(賢)?」 子贛(貢)曰:「螯(舜)君天下【12】

子甜(聞)之曰:「賜, 不虐(吾)智(知)也. 囗(夙)興夜妹(寐), 以求甜(聞)【弟22】

행인行人 자우子羽가 자공子貢에게 물었다. "공자께서 우리 정鄭나라 자산子產과 더불어 누가 현명하다고 보는가?" 자공이 말하였다. "공자께서는 열 집 되는 작은 마을을 다스리는 것이 즐겁고, 만 집의 나라를 다스리는 것 또한 즐겁다고 하셨다. 그러하므로【11】

堂은 우禹임금과 더불어 누가 더욱 현명한가?" 자공이 말하였다. "우禹임금은 천하의 하천을 다스렸다.【15】

자신의 공功으로 여기지 않다.【13】

공자께서 시詩와 서書를 편집하고(정비하고)【16】

또한 자신의 공功으로 하지 않았다. 그렇다면 우禹임금보다 어질며, 순舜임금과【14】

누가 어진가?" 자공이 말하였다. "순임금은 천하【12】

공자께서 듣고서는 이렇게 말씀하셨다. "사賜(자공)야, 나를 아는 것이 아니구나. 일찍 일어나고 늦게 잠들고, 이로써 듣기를 구하고【弟22】

⑨ 弟子問

1. 계자의 제위: 2+1,

子曰:「朕(延)陵季子, 其天民也虖(乎)? 生而不因(因)其浴(俗), 吳人生十=(十七)㐱(年)【2】而歔(讓)燮(札)俑(用)虖(乎)其雁, 朕(延)陵季=(季子)僑而弗受. 朕(延)陵季=(季子), 其天民也虖(乎)?」子贛(貢)【1】

공자께서 말씀하셨다.「연릉계자延陵季子는 어찌 천민天民(현자賢者)2)이겠는가? 자계부의 子繼父位(생생)하고 제번諸樊이 주장하는 형사제계兄死弟繼(급及)하는 습속을 따르지 않았고, 오吳나라 백성들이 다시 17년 후【2】

……오나라 백성들이 계찰季札에게 왕위를 계승하게 하고자 예를 갖추어 초빙하였다. 그러나 연능계자延陵季子는 다른 곳으로 거처를 옮기고 이를 받지 않았다. 그렇다면 연능계자延陵季子는 일반 평민인가요?」자공子贛은【1】

2. 부모의 상(자공): 7+8

……□. 曰:「虐(吾)䎦(聞)父母之喪【7】

飤(食)肉女(如)飯土, 酓(飲)酉(酒)女(如)泾(淆), 信虖(乎)?」子贛(貢)⌐曰:「莫新(親)虖(乎)父母, 死不覤(顧)生, 可言虖(乎)其信也, □【8】

……□가 말하였다.「내가 듣기로 부모님의 장례는【7】

고기 먹는 것을 밥 먹듯 하고, 술 마시는 것을 탁수 마시듯 흥청망청하니, 이를 믿을 수 있겠는가?」자공子貢이 말하였다.「부모만큼 친한 존재도 없는데도 돌아가시고 나서 슬픈 마음이 생겨나지 않는다면 말이 되는가? 이를 믿을 수 있겠는가.【8】

3. 군자의 도(재아): 11+16, 24, 14

---

2) 천민天民이란 '천리天理에 밝고 천성天性에 순응하여 사는 사람'이라는 뜻으로 '현자賢者'라는 의미가 있다.

□也, 此之胃(謂)怠(仁). 쉴(宰)我昏(問)君子, 曰:「余(予), 女(汝)能訢(愼)紀(始)與冬(終), 斯善款(矣), 為君子虐(乎)?【11】

□安(焉)冬(終).」子曰:「寡(寡)閆(聞)則沽(固), 寡見則緭(肆). 多閆則覞(惑), 多見則【16】
女(汝)安(焉)能也．【24】

從虐(吾)子, 皆能又(有)時(待)虐(乎)? 君子道朝(昭), 肰(然)則夫二晶(三)子者【14】

이다. 이를 일컬어 인仁이라고 한다. 재아가 군자에 대해 물었다.「재아! 네가 시작하기를 신중히 하고 끝까지 할 수 있다면, 이는 매우 훌륭한 것이다. 이렇다면 군자가 아니겠는가?【11】
어떻게 하면 시종일관始終一貫 마칠 수 있겠습니까?」공자께서 말씀하셨다.「들은 것이 적으면 독단적이고, 본 것이 적으면 방자해지게 된다. 많이 듣고 미혹되는 데로 남겨두고, 많이 보고【16】
네가 어찌 능히 할 수 있겠는가.【24】
나를 따르는 제자들은 모두 능력을 갖출 수 있는가? 군자의 도는 분명히 드러내야 하는 것인데, 그런데 나의 제자들 중에는【14】

4. 언행일치(안회): 12, 13, 15
[又(有)夫行也, 求為之言, 又(有)夫言也, 求為之行, 言行相泝(近), 肰(然)句(後)君子．子【12】
邉(就)人, 不曲方(防)以法(去)人．」子曰:「君子亡所不足, 無所(又)有奓(餘), 割(蓋)【13】
曰:「韋(回), 埊(來), 虐(吾)告女(汝), 其(豈)緱(阻)襟(絶)虐(乎)? 隹(雖)多閆(問)而不吝(友)臤(賢), 其【15】

[행동은] 말로써 설명되어져야 하며, 말이 있으면 행동이 요구되어져야 한다. 언행이 서로 가까워야 비로소 군자이다.【12】
다른 사람이 성취될 수 있도록 해야지 곡해하고 방해하여 다른 사람이 멀어지도록 해서는 안 된다.」공자께서 말씀하시기를,「군자는 부족한 것이 없고, 또한 분수에 넘치도록 소유하고자 하지도 않는다.【13】
말했다.「회回야, 이리와라. 내가 너에게 말하겠다. 어찌 저지하고 거절한다고 하는가? 비록 견문이 넓으며, 현자를 가까이 하지 않으면【15】

5. 제자와의 동행(자로, 거백옥, 안연): 17, 18, 19, 20
弗王, 善款(矣)夫, 安(焉)能王人, 繇(由)．子迗(過)書(曹)□【17】
者, 皆可以為者(諸)侯相(相)款(矣). 東西南北 不畸(綺)□【18】

종합정리 485

長, 巨(蘧)白(伯)玉侙(侍)唇(乎)子=(子, 子)贎_(惇惇)女(如)也其聖(聽). 子洛(路)達(往)唇(乎)子=(子, 子)噩_(諤諤)女(如)也, 女(如)或(誅)【19】

□囦(淵)駇(馭), 至老丘, 又(有)戎(農)植其槈而訶(歌)安(焉), 子虖(撫)唇(乎)軒而【20】

천하의 왕이 될 수 없는 것은 사실인데 어찌 백성의 왕 노릇을 하겠는가? 「유由야! 공자가 조曹□를 지나【17】

……는 모두 제후와 재상이 될 수 있다. 동서남북으로 ……훌륭하지 ……하지 않다.(훌륭하지 않은 것이 없다)【18】

나이가 많은데, 거백옥蘧伯玉이 공자를 시좌侍坐하면 공자는 돈독하게 하는 말을 청취하고, 자로가 공자에게로 가면 공자는 기탄없이 말하여 나무라는 듯 하고……【19】

안연이 말을 몰아 노구老丘에 도착했다. 농사를 짓는 사람이 호미(槈, 호미 누, nòu)를 땅 위에 세워두고 노래를 하였다. 공자는 수레에서 예를 갖추고【20】

6. 政事: 4, 3, 5, 6, 9, 10

□(之)風也, 譈(亂)節而愯(哀)聖(聲). 曹之喪, 其必此唇(乎)？ 韋(回)!」子戁(嘆)曰:「烏(於)！莫我智(知)也夫.」子遊(游)曰:「又(有)坠(施)之胃(謂)也唇(乎)？」子曰:「偃!【4】

毋又(有)柔孝(教), 毋又(有)首猷, 植(直)【3】

者, 可迲(略)而告也.」子曰:「少(小)子, 坴(來), 取余言, 春秋不亙(恆)至, 耆老不返(復)壯, 臤(賢)者伋(及)【5】

安(焉).」子曰:「貧戔(賤)而不約者, 虞(吾)見之喜(矣), 賏(富)貴而不喬(驕)者, 虞(吾)翻(聞)而[未之見也.]」【6】

士, 虞(吾)見之喜(矣), 事而弗受者, 虞(吾)翻(聞)而未之見也.」子曰:「人而下臨, 猷(猶)上臨也.【9】

女(汝)弗智(知)也唇(乎), 繇(由)! 夫以衆軋(犯)難(難), 以新(親)受彔(祿), 糉(勞)以城(成)事, 色(嗇)以恆(擅)官, 士戠(治)以力則𢿨(敗), 以【10】

□바람 때문이다. 혼란스런 리듬과 슬픈 노랫소리는 조曹나라 군주가 상을 당하였기 때문에 이와 같지 않겠는가? 안회야!」공자가 탄식하며 말하였다. 「아! 나를 알아주는 이 없구나.」자유子游가 말하였다. 「무엇을 시행해야 할까요?」 공자께서 말씀하셨다. 「언偃아!【4】

너무 온화하게 가르치지 말고, 좋은 계략만을 추구하지 말라. 정직하게……【3】

……는 요약 정리하여 요점을 알려 주겠다.」 공자께서 말씀하셨다. 「제자들이여, 자! 나의 말을

들어 보아라. 시간은 영원하지 않고, 늙은이는 다시 건장해질 수 없다. 현명한 자는 시기에 적절하게【5】

공자께서 말씀하셨다.「빈천하면서도 구차하지 않은 자를 나는 보았으나, 부귀하면서도 교만하지 않은 자에 대하여 나는 들어보았으나 [보지는 못했다]」.【6】

……선비는 내가 보았다. 섬기면서 받지 않는 자는 내가 들었으나 보지는 못하였다.」공자께서 말씀하셨다.「사람을 대함에, 아랫사람을 대하는 것을 윗사람 대하 듯 해야 한다.【9】

너는 알지 못하는 것 같다. 자유子由! 백성들이 어려움을 당하게 하고 친함으로써 일을 종사토록하고 힘들게 일을 마치도록 하고 인색하면서 관직을 남발하게 되면, 일을 처리하는 사람이 힘써 일하나 결국은 실패한다.【10】

7. 군자의 태도: 21, 22, 23, 附簡

虐(吾)未見邦而信襪(絶), 未見善事人而愿(憂)襪(絶). 含(今)之殊(世)□【21】

子餰(聞)之曰:「賜, 不虐(吾)智(知)也. □(夙)興夜寐(寐), 以求餰(聞)【22】

□□之又(有)」子曰:「刺(列)唐(乎)其下, 不斬(折)其枳(枝), 飤其實【23】

曰:「考(巧)言窒(令)色, 未可胃(謂)慐(仁)也. □者其言参而不可【附簡】

나는 나라에 믿음이 끊이는 것을 보지 못했고, 다른 사람을 잘 섬기면서 걱정이 끊이는 것을 보지 못했다. 오늘 날의 세상은【21】

공자께서 듣고서는 이렇게 말씀하셨다.「사賜(자공)야, 나를 아는 것이 아니구나. 일찍 일어나고 늦게 잠들고, 이로써 듣기를 구하고【22】

가 있다.」공자께서 말씀하셨다.「그 아래에 놓고 그 가지를 꺾지 말고 그 과실을 먹고【23】

말하기를,「듣기 좋은 말과 얼굴빛을 좋게 꾸민 것은 仁이라고 할 수 없다. □에는 말은 하고도 실천할 수 없으면.」【부간附簡】

⑩ 孔子見季桓子

1) 1+4+20+3+24+21

囧子見季趄(桓)子.「聾(斯)睧(聞)之, 害(蓋)臤(賢)者是能皋(親)」【1】

□慐=(仁, 仁)者是能行耶(聖)人之道, 女(如)子〈夫〉皋(親)慐(仁), 行耶(聖)人之道, 則虐(斯)【4】

未足, 剴(豈)敢訨(譕)之? 女(如)夫視(見)人不猒(厭), 睧(聞)豊(禮)不券(倦), 則【20】

聲(斯)忠=(中心)樂之.」夫子曰:「上不㲋(親)息(仁)而槃(薄)專, 臑(聞)亓(其)旨(治)於㾯(失)人㡭(乎)? 夫士品勿(物)」【3】

不竆(窮), 君子流亓觀安(焉), 品勿(無)備矣, 而亡(無)城(成)悳(德)【24】

者, 羣=(君子)悳(德)㠯(紀)而立帀(師)保, 訢(愼)亓(其)豊(禮)樂, 逃亓(其)【21】

공자가 계환자를 뵈었다. 계환자가 말하기를 「제가 듣건대 어진사람만이 능히 (인자와 가까이 지낼 수 있다합니다.)」【1】

어진 사람만이 바로 성인의 도를 행할 수 있습니다. 만약 어진사람과 가까이 지내고 성인의 도를 행하고자 하나, 저 사斯는【4】

능력이 부족하니 어찌 감히 다른 생각을 가질 수 있겠습니까? 무릇 사람을 대함에 사납지 않고, 예禮를 들음에 게을리 하지 않으면 곧……【20】

저 계자는 마음속으로 기꺼이 즐거운 마음으로 행하기를 바라고자 합니다.」 공자가 말하길 「윗사람이 어진(仁)이와 친하지 않고 은덕을 널리 베풀지 못한다면, (그러면 곧 현자를 잃는 것이다) 다스림은 사람을 잃는 것에 있다는 그 말을 들어보았는가요? 사인士人은 천지만물의 이치를 분별하고」【3】

만물은 무궁무진한바, 군자는 두루 살펴보고 관찰하여야 한다. 만약에 이러한 자연의 두루 섭렵하지 못한다면, 아마도 덕을 이룰 수 없을 것이고 ……【24】

군자는 덕으로 기율을 정하고 스승과 보호자를 세우고 예악禮樂을 삼가 존중하여야 하나, 그것을 피하고자 한다면 ……【21】

2) 16+9+6+10+8

者也。女(如)此者, 安(焉)舁(與)之尻(居)而善(察)臑(問)亓(其)所學(學)? 先【16】

息(仁)爰(援)息(仁)而進之, 不息(仁)人弗旻(得)進矣, 訂(治)旻(得)不可, 人而与(歟)?【9】

緐(由)息(仁)舁(歟), 害(曷)君子眂(聽)之?」 趄(桓)子曰:「女(如)夫息(仁)人之未善(察)亓行【6】

尻(居), 可名而智與(歟)▇?」 夫子曰:「虐(吾)臑(聞)之, 唯息(仁)人□□【10】

也. 敎(竊)易(賜)佲(敎)也, 而亡(無)㠯(以)盲(享)者(諸)易(敎)矣. 唯非息(仁)人也, 乃【8】

것이다. 이와 같은 사람은 어떻게 하면 그와 함께 할 수 있으며, 그의 배움을 관찰하고 물을 수 있겠습니까? 먼저……【16】

어진사람이 어진 사람을 추천하여 나아가도록 해야지, 어질지 않은 사람은 벼슬길에 나가게 할 수는 없다. 세상을 다스림에 제대로 다스릴 수 없음은 이는 곧 사람과 관련이 있는 것이지

않겠는가?【9】

어진사람에서 비롯되는 것이니, 군자는 어찌 어진자의 말을 듣지 않겠는가?」계환자가 말하기를「어진사람이 그…… 그 행위를 살피지 못하면【6】

……에 처해있다면 그는 지혜롭다고 명명命名할 수 있습니까?」공자가 말하기를「제가 듣건대, 어진사람만이……」【10】

오히려 가르침을 주어야 하나, 만약에 모든 사람이 제반의 가르침을 누릴 수 없게 된다면, 이는 또한 어진 자가 아니고,【8】

3) 12+2+7+26+14+11

亓(其)勿(物). 與(邪)蠕(僞)之民, 亦昌(以)亓(其)勿(物), 審二逃(道)者昌(以)觀於民, 唯又(有)諭(逾)弗遠【12】

矣.」趕(桓)子曰:「二道者可㝵(得)耴(聞)㕕(歟)?」夫子曰:「言即至矣, 唯(雖)【2】

虐(吾)子勿㛸(問), 古(故)牆(將)昌(以)告. 㤻(仁)人之道, 衣備(服)北(必)中, 覾(容)㒳(貌)不求贏(贏)於人, 不壇(誼)【7】

也, 趈(好)裹(還)隹(唯)聚, 卬(仰)天而難(嘆)曰:「役不奉(捧)㠯(芸), 不昧(味)酉(酒)肉……」【26】

不飢五穀, 鳴(鳥)仉(居)危杆, 剶(豈)不難虐(乎)? 賎(抑)㕕(邪)民之行也, 好㓲(砌)宍(美)昌(以)爲㠯【14】

此与(與)㤻(仁)人變(卙)者也. 夫與(邪)蠕(僞)之民, 亓(其)述(術)多方安(焉)【11】

……이러한 '물物'로 하는 것입니다. 사악한 백성과도 역시 이러한 '물物'로 합니다. 그래서 두 도(二道)를 잘 헤아려 이로써 사람을 관찰하여 살피면, 잘못된 것이 있어도 너무 잘못 되지는 않을 것입니다.【12】

계환자가 말하기를「무엇을 이도二道라 하는지 제가 들어 볼 수 있겠습니까?」공자가 말하기를「제가 말씀드리려 했습니다……」【2】

당신께서 물어보시지 않아도 말씀드리려 했습니다. 어진사람의 도란 의복은 반드시 알맞아야 하고, 용모는 다른 사람보다 더 뛰어나려 하지 않으며, 적절하지 않으면……【7】

모으고, 모으고 오직 거두어들이는 것만 좋아하면, (백성들이) 하늘을 바라보며 탄식하여 말하기를「부역을 하고도 채소 芸를 얻을 수 없고 술 맛을 모른다.」라고 하니 ……【26】

오곡을 먹지 못해 굶주리고 새가 위태로운 나뭇가지 위에서 우는 것과 같다면 어찌 어려운 일이 아니겠습니까? 그래서 사악한 행위를 하는 사람은 아름답게 꾸미기를 좋아하는 것으로

苗를 삼으며……【14】

이것과 어진사람의 도는 서로 다른 것입니다. 이른바 사악하고 위선적인 사람들은 다양한 묘책을 꽤하게 될 것입니다.【11】

4) 22+19+17+18+13
迷(悉)言之, 則忑(恐)舊(久)虐(吾)子.」趄(桓)子曰:「虐(斯)不迁(佞), 虐(吾)子迷(悉)言之, 猶忑(恐)弗智(知), 皇(況)亓(其)女(如)……」【22】
弔(微)言之唐(乎)? 夫子曰:「與(邪)蟡(僞)之民, 衣備(服)肝(好)悫(作)□□【19】
□旨求贏(贏)於人. 㙊(閑)華(䡮)戏(衛), 興(輕)道學至(淫), 言不壹(當)亓(其)所, 虐(皆)同亓(其)□, 此㝅(邪)民也.【17】
行年民舊(久), 䁪(聞)學, 不箸(察)不㒪(依), 亓行板(叛)囦囧圓【18】
□此與(邪)民也. 邑(卬)不僕, 出言不忎(忌), 見於羣=(君子)大爲毋槷(攝), 此與(邪)民【13】

상세하게 말하자면, 당신에게 많은 시간이 필요하게 될지도 모릅니다.」 계환자季桓子가 말했다. 「내가 총명하지 못하여서 그대가 자세하게 말한다할지라도 알아듣지 못할까 염려하는데, 하물며 간략하게 말씀하신다면 어떻게 해야 합니까? ……」【22】

간략하게 말한다면요?」 夫子께서 말씀하셨다. 간사한 백성들은 의복을 화려하게 차려 입기를 좋아하고, ……【19】

취지가 남을 이기기 위하여 군대 훈련에만 열중하고, 도를 경시하고 음침한 것을 배우기를 좋아하고, 언행은 실질적이지 못하고, 이른바 모두 □과 것이 곧 사악한 백성들이 하는 짓이다.【17】

백성이 나이가 어리지 않음에도 백성들이 학습學習에 대하여 듣고도 자신을 성찰하지도 않고 의뢰하지도 않으니, 그 행동은 공경하는 행위와 애도하는 마음에 어긋나는 행위를 합니다.……【18】

이것이 간사한 사람입니다. 바라볼 때 얼굴에 공손한 모양이 나타나지 않고, 말하는 것도 조심하지 않으며, 군자를 만나도 언행을 신중히 할 줄을 모릅니다. 이것이 바로 간사한 사람입니다.【13】

5) 23, 25; 15, 5, 27
□(君)子又(有)道, 生民之賏【23】
民喪(㦻)不可戁(侮). 衆之所植, 莫之能瀯(廢)也. 衆之䎮□, 莫㦱舘□也.【25】
君子巫(恒)㠯(以)衆福, 句(後)拜四方之立(位)㠯(以)童(動). 君子眊之㠯(以)亓所眊, 聑(睦)之㠯(以)亓其所谷(欲). 智(知)不行矣, 不慧(憚)㞷(謙)蠿(絶), 㠯(以)爲㠯(紀)㞷(謙), 此民□【15】

爲信昌(以)事亓(其)上. 急(仁)亓(其)女(如)此也. 上唯逃智, 亡不豳(亂)矣. 是古(故)魚(吾)道之孥=(君子), 行冠(忨)弗見也, 吾(語)鲁(論)弗見也, 魚(馭)蠹(馳)弗見也.【5】

是耆(察), 求之於中, 此昌(以)不惑, 而民道(導)之ㄥ【27】

군자의 도道가 있는 것이 백성들의 귀한 보물입니다.【23】

백성들을 무시해서는 안 된다. 백성들이 이른바 세운 계획을 없애서는 안 됩니다. 백성들의 □한 바가 □ 할 수 있는 것이 없게 될 것입니다.【25】

군자는 항상 중인衆人들의 다복多福을 먼저 강구하고, 후에 세상의 입지立地를 숭상하며 행동한다. 군자는 또한 그들이 보고자 하는 것이 무엇인가를 관찰하도록 하고 이른바 그들이 원하는 것이 무엇인가를 바로 살펴보아야 한다. 만약에 이를 실천할 수 없다는 것을 알면 겸손하게 물러나는 것을 두려워하지 말아야 한다. 또한 이를 겸덕의 규율로 삼아야 한다. 그러면 백성은【15】 믿음으로 윗사람을 받들어야 합니다. 인이란 바로 이런 것입니다. 만약에 윗사람이 이러한 사실을 알지 못한다면 바로 혼란이 야기됩니다. 그러므로 내 자신이 도를 실천하고자 하는 군자는 행동을 헛되이 하는 자가 없고, 말을 험악하게 하는 사람이 없으며, 마차를 빨리 모는 자를 볼 수 없습니다.【5】

관찰하고, 중용中庸의 덕德을 구하고, 이로써 미혹되지 않게 하면, 이에 백성들이 따를 것입니다.【27】

⑪ 顔淵問於孔子

1) 內(入)事(仕): 1+12A+2B+2A+11+12B+5

回諺(顔)困(淵)奝(問)於孔=(孔子)曰:「敢奝(問)君子之內(入)事(仕)也又(有)道虐(乎)?」孔=(子)曰:「又(有).」諺(顔)困(淵)[曰]:「敢奝(問)可(何)女(如)?」孔=(孔子)曰:「敬(儆)又(宥)禍(過), 而【1】

[先]有司, 老=(老老)而懋(慈)學(幼), 鑁(豫-捨)絞(繳)而收貧. 彔(祿)不足則靑(淸), 又(有)余(餘)則臽(辭).【12A】

敬(儆)又(宥)禍(過), 所以爲退也. 先【2B】

[有司], 所以【2A】

夏(得)靑=(情. 情)老=(老老)而懋(慈)學(幼), 所以尻(居)毚(患)也, 敓(捨)絞(繳)而收貧, 所以取(取)【11】

新(親)也. 彔(祿)不足, 則靑(淸), 又(有)余(餘)【12B】
則詞(辭), 所以尋信也. 害(蓋)君子之內事也女(如)此矣.」

【해석】
　안연이 공자에게 물었다. "감히 묻사온데 군자가 처음으로 벼슬자리에 나아갈 때 도가 있습니까?" 공자가 말했다. "있다." 안연이 말했다. "감히 묻사온데 어떠합니까?" 공자가 말했다. "경고를 하고 난 다음, 삼가 작은 죄과는 용서해주고, 또한 "【1】
　유사가 솔선수범하여 노인을 공경하고 어린 아이를 사랑으로 보살피며 가렴苛斂을 없애고 빈자貧者를 구제해 주어야 한다. 봉록이 부족하면 청렴淸廉하게 살도록 하며, 봉록이 여유가 있으면 사양토록 하여라.【12A】
　……경고를 하고 난 다음 작은 죄과는 용서해주고, 이른바 양보하는 관대함을 베푸는 것이다. 먼저【2B】
　그래서 유사가 솔선수범하면【2A】
　정감을 얻을 수 있다. 정감으로 노인을 공경하고 어린 아이를 사랑으로 보살피는 것으로 행해진다면, 이는 인仁에 있을 수 있다. 가렴苛斂을 없애고 빈자貧者를 구제해 주면 이른바【11】
　친함을 얻을 수 있다. 봉록이 충분하지 않으면 청렴淸廉하게 살도록 하며, 봉록이 여유가 있으면【12B】
　사양하면 믿음을 얻을 수 있다. 이른바 군자가 벼슬에 나아가는 도는 이와 같은 것이니라.

2) 內敎: 5+6+7+9

　睿(顔)囦(淵)曰: 「君子之內(入)事(仕)也, 悼(回)既籥(聞)命矣. 敢籥(問)【5】
君子之內敎也又(有)道㡷(乎)?」 孔=(孔子)曰: 「又(有).」 睿(顔)囦(淵):「敢籥(問)可(何)女(如)?」 孔=(孔子)曰: 「攸(修)身以先, 則民莫不從矣. 前【6】
以專(博)㤅(愛), 則民莫遺(遺)新(親)矣. 道(導)之以僉(儉), 則民智(知)足矣. 前之以讓, 則民不靜(爭)矣. 或(又)迪而敎【7】
之能=(以能), 戔(賤)不㕻(肖)而遠之, 則民智(知)欽矣. 女(如)進者萑(勸)行, 退者智(知)欽, 則亓(其)於敎也不遠矣.

【해석】

안연이 말하였다. "군자의 벼슬 나아가는 길에 대하여 저 안회는 잘 들었습니다. 감히 묻사온데……【5】

군자의 내교에 도가 있습니까?" 공자가 말했다. "있다." 안연이 "감히 묻사온데 어떻습니까?" 공자가 말했다. "우선 먼저 몸을 닦기를 솔선수범하면 백성이 따르지 않음이 없다."【6】

또한 먼저 널리 사랑을 베풀며 백성이 어버이에게 효도함을 버리지 않을 것이다. 검소함으로써 앞장서서 백성을 인도하면 백성이 만족함을 알 것이다. 앞장서서 먼저 겸손하고 사양하면 백성이 다투지 않을 것이다. 또한 백성이 재능을 갖추도록 이끌어 주고 가르치면 ……【7】

능력을 갖추도록 가르쳐 주면, 빈천하고 불초함에서 멀어지게 되고, 백성은 공경이 무엇인지를 알 것이다. 열심히 노력하는 자에게는 그 행위를 더욱 더 격려하고, 노력하지 않는 자에게는 공경하는 법을 알게 한다면 그 가르침에서 멀지 않을 것이다.

3) 明(名)至: 9+10+8

奮(顔)困(淵)曰:【9】

「君子之內敎也, 悼(回)旣畲(聞)矣=(已矣). 敢畲(問)至明?」 孔=(孔子)曰:「悳(德)城(成)則名至矣, 名至必俾(卑)身=(身, 身)給(治)大則彔(祿)【10】

……而㝱(得)之, 少(小)人靜(爭)而逢(失)之【8】

【해석】

안연이 말하였다.【9】

"군자의 내교는 제가(回) 이미 가르침을 받았습니다. 감히 지극히 밝은 것에 대해 묻사옵니다." 孔子가 말했다. "덕이 이루어지면 명성이 나게 되고 명성이 높아지면 반드시 자신을 낮추어 겸손하여야 하고, 자신을 잘 다스리면 봉록은.【10】

(군자는 사양하기에) 얻을 수 있고, 소인은 다투기 때문에 잃는다.【8】

4) 斷章: 3, 4, 13, 14

□□□□□□□□□□□□□□□□□□□必不才(在)戀(兹)之內矣.」奮(顔)困(淵)西【3】

【해석】

반드시 그 안에 있지 않겠는가! 안연이 서쪽으로……【3】

□□□□□□□□□□□□□□□□□□□内矣. 俑(庸)言之信, 俑(庸)行之敬(謹)【4】

【해석】

평상시의 말을 미덥게 하고, 평상시의 행실을 삼가 공손하게 한다.

□□□□□□□□□□□□□□□□屰(逆)行而信, 先尻(居)忠也; 貧而安樂, 先尻(居)【13】

【해석】

간언을 행할 때는 믿음으로 하고 먼저 忠에 근본으로 해야 한다. 가난해도 편안하고 즐겁게 여겨 먼저 ……에 머문다.【13】

□□□□□□□□□□□□□□□□□□□□□□□□□□□□□□□□□示則斤, 而母(毋)谷(欲)旻(得)安(焉)【14】

【해석】

가르치고 이끄는 것을 분명하게 하고, 얻고자 하지 말라.【14】

⑫ 史䏁問於夫子

(一) 1+2

"亓(其)子□之." 吏(史)䏁曰: "䏁也, 古(故)齊邦䑣(敝)吏(史)之子也. 亡(無)女(如)煮(圖)也."……【1】旣之, 㠯(以)亓(其)子, 子亓(其)身之弍(貳)也. 含(今)吏(使)子帀(師)之, 君之, 睪(擇)之斳(愼)矣. □……【2】

【해석】

"그……하였다. 사유가 말하였다. "유䏁 저는요, 제齊나라 관리의 아들입니다만, 좋은 구체적인 계획이 없습니다."……【1】이미 그래왔듯이 그 아들이 세습하는 것은 자식이 아비의 분신이기 때문이다. 지금 아들로 하여금 세습의 법도에 따라 세자가 되게 하고 군주가 되게 하는데, 이러한 선택은 신중해야 한다."……【2】

(二) 3+10
必(必)厇(危)亓(其)邦豪(家), 賜〈則〉能貴(潰)於雪=湅=(禹湯, 禹湯)賜〈則〉學(學)自……【3】……
亯(始)又(有)民㠯(以)來, 未或能才(栽)立(粒)於陞(地)之上, 罷(一)或不免又(有)謂(滑)不(否)?……
【10】

【해석】
반드시 나라가 위험할 것이고, 우禹임금이나 탕湯임금의 좋은 전통이 궤멸될 수 있다. 우禹임금과 湯임금은 ……로 배워【3】……백성이 보리를 가지고서 만약에 땅 위에 씨앗을 뿌릴 수 없게 된다면, 백성들이 심한 혼란을 맞이하게 되는 것을 면치 못할 것이 아니겠는가?……【10】

(三) 4+5+6+7
巫(恒)眽(聽)同古(故), 蠢(教)於词(治)唐(乎)才(哉), 词(治)昃(得)可(何)人而与(舉)之?……【4】
……莫之能豎(豎)也. 子曰(以)尼(是)見之, 不亓(其)難与(與)言也, 虗(且)夫囗……【5】……也."史蕾曰:"可(何)胃(謂)八乚?"夫子曰:"內(納)与(與)賹(貨), 幽色与(與)酉(酒), 大鐘貞(鼎)……【6】……
斂(美)宔室, 區(驅)輕(騁)畋獵(獵), 与(舉)獄詾(訟), 此所以遊(失)【7】

【해석】
그렇게 해서 항상 백성들의 말을 경청하고 함께 하며, 가르침을 다스림의 근본으로 삼아야 하지 않겠는가! 그렇다면 다스릴 때에는 어떤 인재를 등용해야 할까?……【4】……이를 방치해서는 안 된다. 그대는 이것으로써 살펴보면 말하기가 어렵지 않을 것이다. 또한 ……【5】……사유는 "무엇이 八입니까?"라고 물었다. 공자는 "징세와 재물, 여색과 술, 큰 종정鍾鼎……【6】화려한 종묘, 마차를 빨리 몰며 수렵하는 것, 소송을 하는 것 등은 신뢰를 잃는다.【7】

(四) 9+8
"害(曷)䳵(薦)而不敬? 子亦尼(是)之惻." 吏(史)蕾曰:"可(何)胃(謂)畺(強)? 可(何)胃(謂)國

?"……【9】……敬∠" 夫子曰:"敬也者,旨(信). 人之竜=(顔色)而為之, 為視亓(其)所谷(欲), 而……【8】

【해석】

"조상에게 제사를 받칠 때 어찌 무례하고 불경스럽게 하겠는가? 그대 또한 애통하게 여길 일이다." 사유가 물었다. "무엇이 強입니까? ……"【9】……경敬이란 무엇입니까?" 공자가 말하였다. "경敬이란 믿음이다. 사람의 안색을 보고 행동하고, 그 사람이 이른바 원하는 바를 살펴 행하고, ……【8】

(五) 11+12

……不可以弗戒∠. 子之吏(事)行, 百生(姓)旻(得)亓(其)利, 邦家曰(以)㝵(厚); 子之吏(事)不行, 百生(姓)……【11】"……酯(聞)子之言大瞿(懼), 不志所為∠. 夫子曰:「善才(哉)! 臨事而䠱(懼). 尭(教?)不……"【12】

【해석】

……그래서 경계하지 않으면 안 된다. 그대가 나라의 각종 일을 행할 때 백성들에게 이득이 되도록 하고 나라가 후덕하게 다스려지기를 바라야 한다. 그대가 나라 일을 잘 이행하지 못하면 백성은……【11】"……그대(공자)의 말을 듣고 큰 두려움이 생겼고 이른바 무엇을 해야 할지 모르겠습니다." 공자가 말하였다. "훌륭하구나! 그대여! 일에 임할 때 항상 두려움을 가져야 한다. ……가르치면(?) ……하지 않게 되고【12】

| 역주자 소개 |

최남규崔南圭
대만동해대학 박사(지도교수 周法高, 중국고대언어학, 1994)
중국남경대학 박사(지도교수 莫礪鋒, 중국고대시학, 2000)
중국예술대학 박사(지도교수 黃惇, 중국 서예학, 2005)
현 전북대학교 중어중문학과 교수

주요저서
戰國시대 楚簡과 서예(서예문인화, 2008), 중국고대 金文의 이해 I (서울신아사, 2009)
중국고대 金文의 이해 II(서울신아사, 2010)
상해박물관장전국초죽서·공자시론, 치의, 성정론(소명출판, 2012)
중국 戰國시기 楚나라 문자의 이해(학고방, 2012)
중국 고문자연구(학고방, 2015), 곽점초묘죽간(학고방, 2016)

상해박물관장전국초죽서
공자어록문편 孔子語錄文篇 下

초판 인쇄 2019년 2월 16일
초판 발행 2019년 2월 23일

주   편 | 마승원馬承源
역   주 | 최남규崔南圭
펴 낸 이 | 하운근
펴 낸 곳 | 學古房

주   소 | 경기도 고양시 덕양구 통일로 140 삼송테크노밸리 A동 B224
전   화 | (02)353-9908 편집부(02)356-9903
팩   스 | (02)6959-8234
홈페이지 | http://hakgobang.co.kr/
전자우편 | hakgobang@naver.com, hakgobang@chol.com
등록번호 | 제311-1994-000001호

ISBN   978-89-6071-870-8 94700
        978-89-6071-867-8 (세트)

값 : 40,000원

이 도서의 국립중앙도서관 출판예정도서목록(CIP)은 서지정보유통지원시스템 홈페이지(http://seoji.nl.go.kr)와 국가자료공동목록시스템(http://www.nl.go.kr/kolisnet)에서 이용하실 수 있습니다.(CIP제어번호: CIP2019006747)

■ 파본은 교환해 드립니다.